四川省公

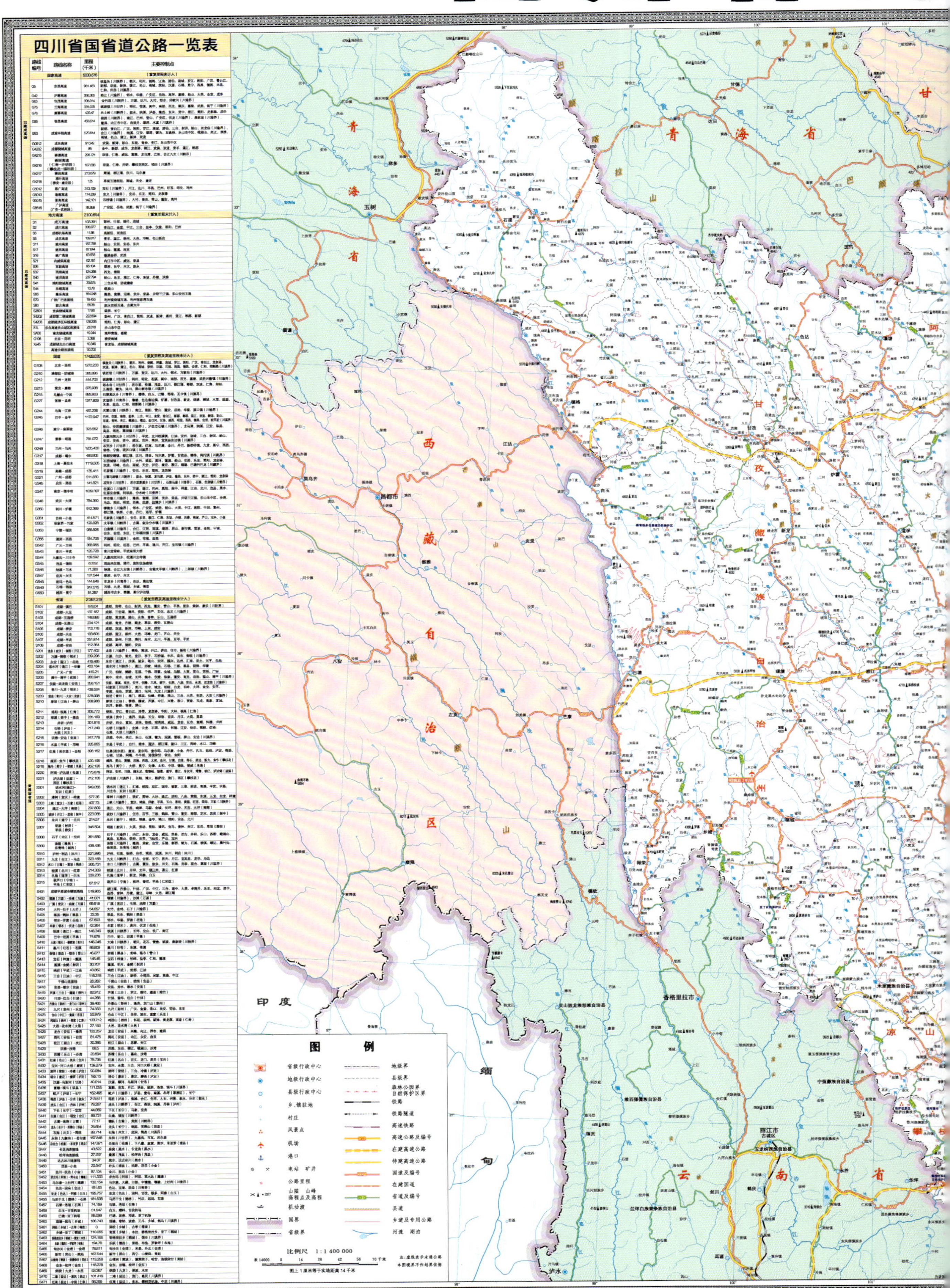

成都地图出版社 四川省交通运输厅 编制

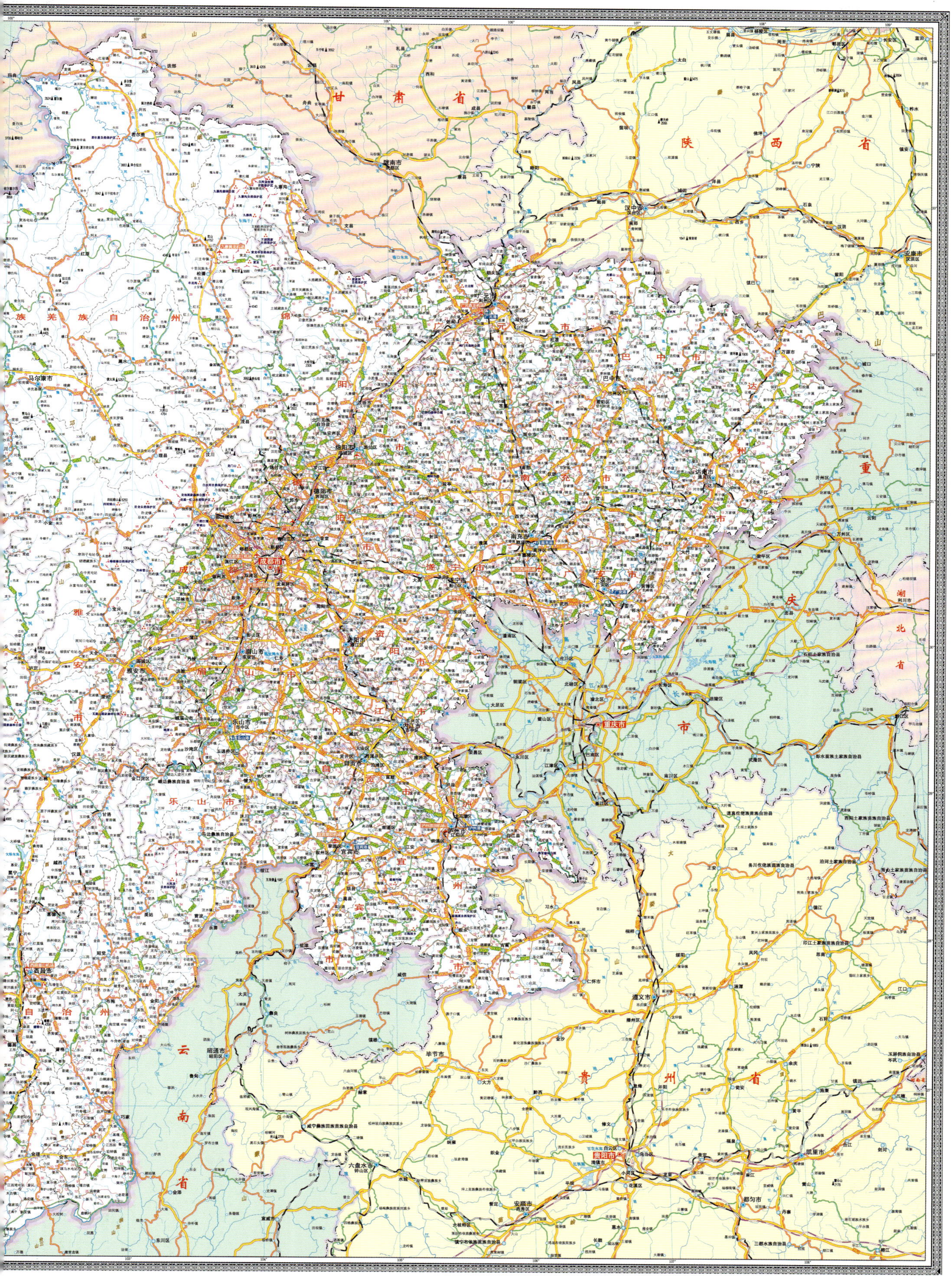

甘肃省
陕西省
重庆市
湖北省
贵州省
云南省
成都市
重庆市
汉中市
安康市
马尔康市
绵阳市
德阳市
南充市
遂宁市
资阳市
雅安市
眉山市
乐山市
内江市
自贡市
宜宾市
泸州市
昭通市
毕节市
遵义市
贵阳市
六盘水市
安顺市
都匀市
凯里市

2016年7月

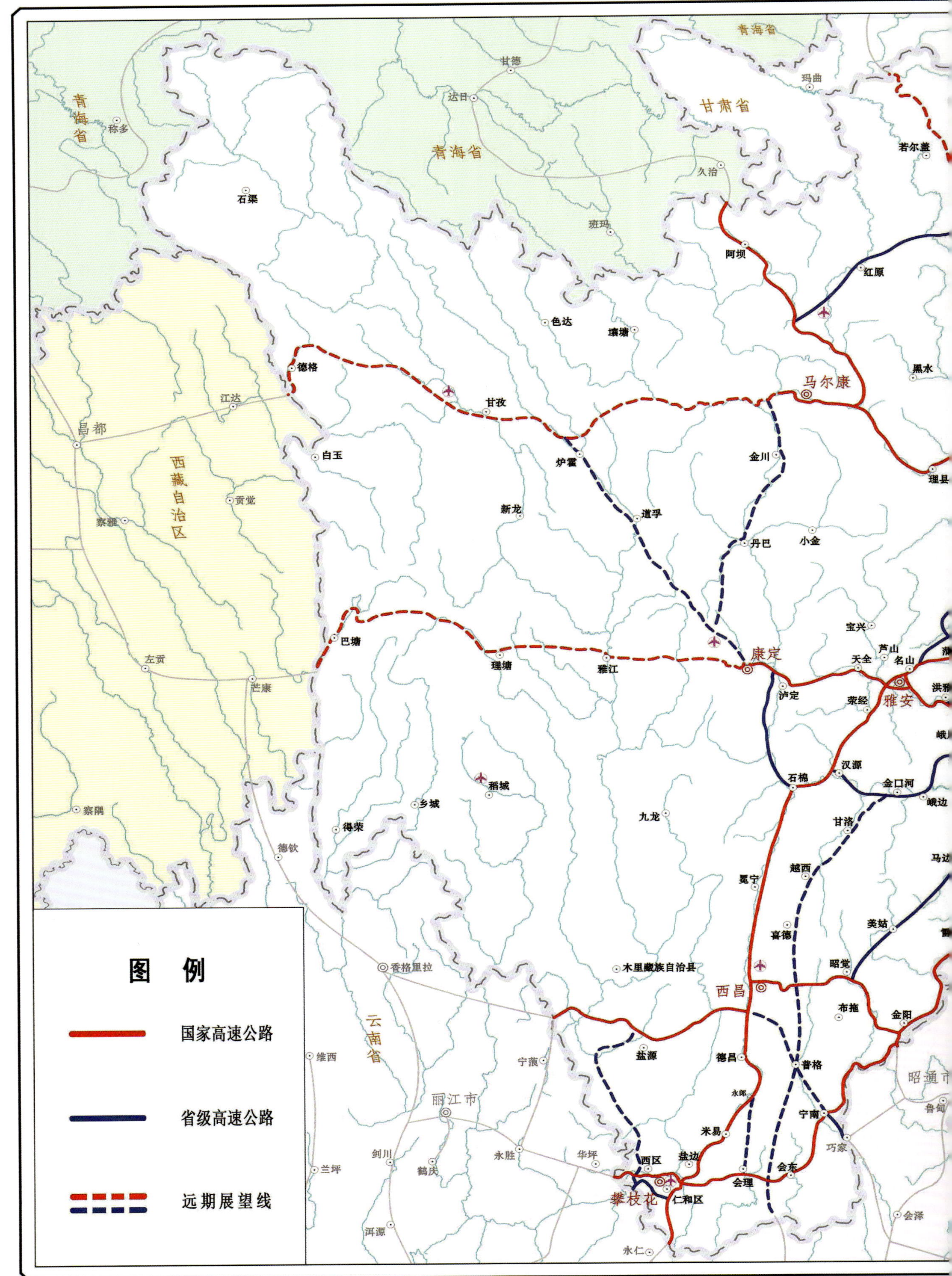

四川省发展改革委员会　四川省交通运输厅　编制

四川省高速公路网布局规划示意图

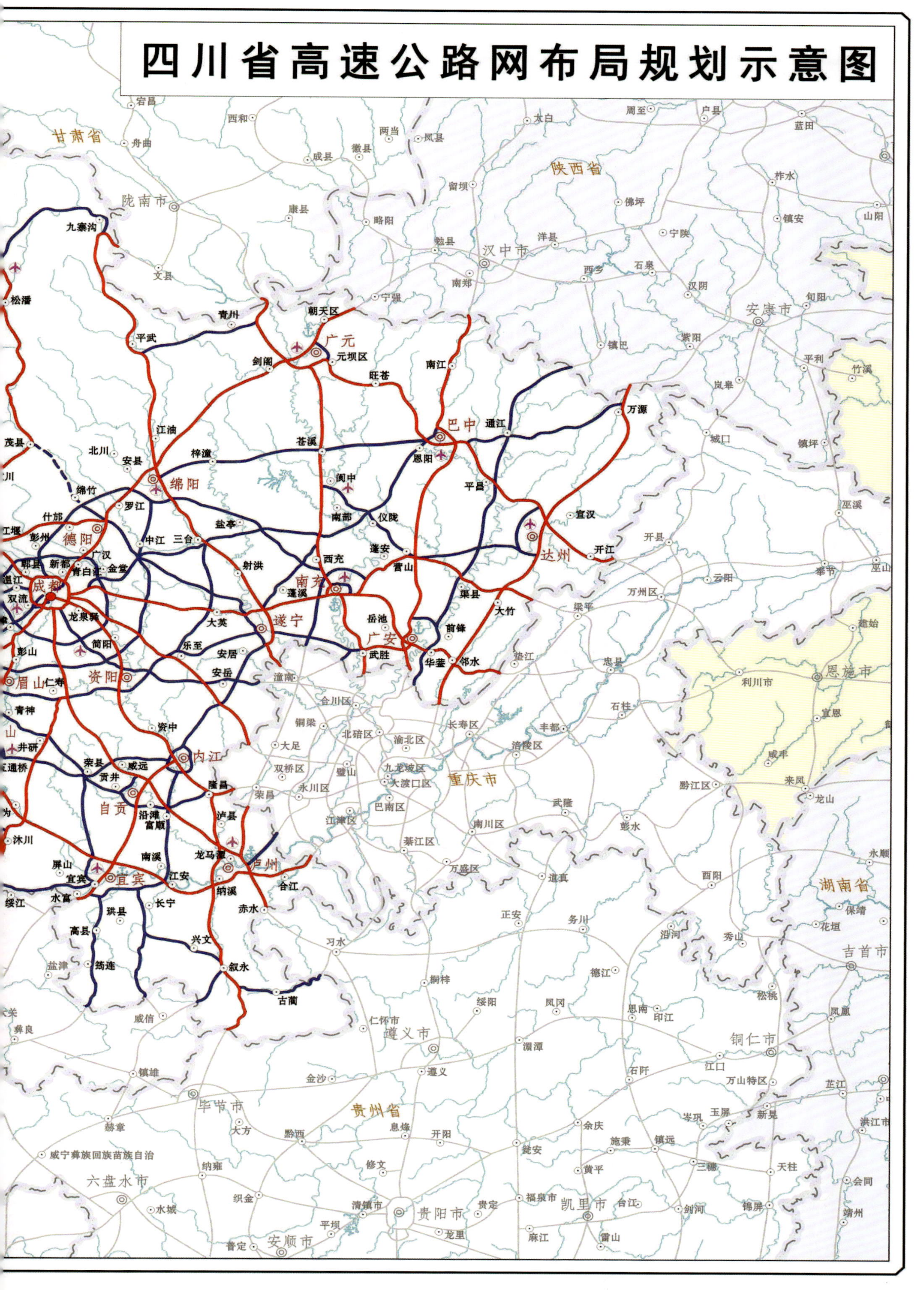

四川省“十三五”

四川省交通运输厅航务管理局　编制

内河水运发展规划图

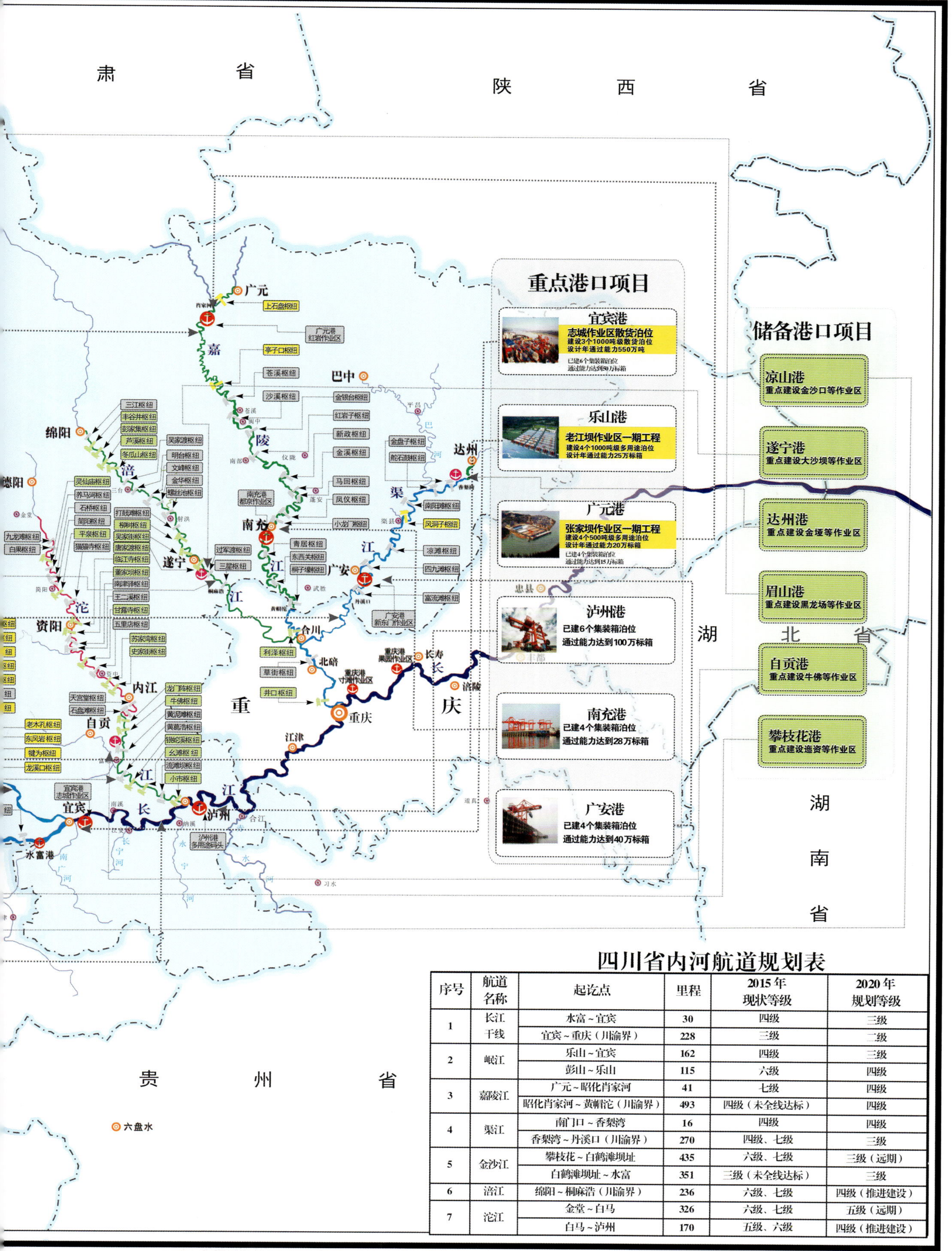

四川省内河航道规划表

序号	航道名称	起讫点	里程	2015年现状等级	2020年规划等级
1	长江干线	水富～宜宾	30	四级	三级
		宜宾～重庆（川渝界）	228	三级	二级
2	岷江	乐山～宜宾	162	四级	三级
		彭山～乐山	115	六级	四级
3	嘉陵江	广元～昭化肖家河	41	七级	四级
		昭化肖家河～黄桷沱（川渝界）	493	四级（未全线达标）	四级
4	渠江	南门口～香梨湾	16	四级	四级
		香梨湾～丹溪口（川渝界）	270	四级、七级	三级
5	金沙江	攀枝花～白鹤滩坝址	435	六级、七级	三级（远期）
		白鹤滩坝址～水富	351	三级（未全线达标）	三级
6	涪江	绵阳～桐麻浩（川渝界）	236	六级、七级	四级（推进建设）
7	沱江	金堂～白马	326	六级、七级	五级（远期）
		白马～泸州	170	五级、六级	四级（推进建设）

2016年7月

四川交通年鉴
2020
SICHUAN
TRANSPORT YEARBOOK

四川交通年鉴

SICHUAN 2020 TRANSPORT YEARBOOK

四川省交通运输厅交通史志总编室　编

四川科学技术出版社

图书在版编目（CIP）数据

四川交通年鉴. 2020 / 四川省交通运输厅交通史志总编室编. --成都：四川科学技术出版社，2021.4
ISBN 978-7-5727-0109-2

Ⅰ.①四… Ⅱ.①四… Ⅲ.①交通运输业－四川－2020－年鉴 Ⅳ.①F512.771-54

中国版本图书馆CIP数据核字（2021）第068511号

四川交通年鉴2020

编　　者	四川省交通运输厅交通史志总编室
出 品 人	程佳月
责任编辑	戴　玲
封面设计	益　人
责任出版	欧晓春
出版发行	四川科学技术出版社 成都市槐树街2号　邮政编码 610031 官方微博：http://e.weibo.com/sckjcbs 官方微信公众号：sckjcbs 传真：028-87734035
成品尺寸	210mm×285mm
印　　张	26.50　字数970千
印　　刷	深圳市精一瑞兰印刷有限公司
版　　次	2021年4月第1版
印　　次	2021年4月第1次印刷
定　　价	280.00元

ISBN 978-7-5727-0109-2

* 本书如有缺页、破损、装订错误，请寄回印刷厂调换。
* 如需购本书，请与本社邮购联系。
地址/成都市槐树街2号　电话/（028）87734035
邮政编码/610031

2020
四
川
交
通
年
鉴

《四川交通年鉴·2020》分部主任、特约撰稿人

分部主任

李武强　厅公路局

任胜平　厅航务局（省地方海事局、省船舶检验局）

曹驰宇　厅运管局

张　钧　厅高管局（厅高速执法总队）

特约撰稿人

陈超超　厅办公室

徐荣耀　厅办公室

李　鑫　厅法规处

王世龙　厅规划处

吴佳沁　厅财务处

唐潇潇　厅人教处

陈　跃　厅建管处

孙博文　厅公路处

杨　倬　厅审批处

宋薇平　厅运输处

陈泓冰　厅安监处

陈　博　厅安监处

夏　历　厅审计处

谢富刚　厅科信处

彭　烺　厅外经处

冯　畅　驻厅纪检监察组

李　军　厅公安处

马婧然　厅信访处

单　贝　厅离退休处

廖迎春　厅机关党委

王显智　厅机关党委

李鹏程　省交战办

唐开川　省交通工会

陈亮吉　省交通工会

刘友春　厅公路局

郝苑苑　厅公路局

易　翥　厅航务局（省地方海事局、省船舶检验局）

杨钱梅　厅航务局（省地方海事局、省船舶检验局）

刘　松　厅运管局

蒋智力　厅运管局

李洪平　厅高管局（厅高速执法总队）

李济杉　厅高管局（厅高速执法总队）

谭　静　四川交职学院

鲜晓丽　厅质监局

陈　辉　省交科院

匡成刚　省公路设计院公司

何　芳　省交通设计院公司
何梦冉　路网中心
袁俊周　厅结算中心
谭举鸿　厅造价站
张浩庆　厅造价站
程　鸿　监理处
李　京　大件处
刘涛声　交通宣传中心
曲美丽　厅信息中心
王雪岭　川高公司
王兰洁　成渝公司
钟　艺　成渝分公司
黄怡昕　藏高公司
高建铭　成雅分公司
孙思齐　成仁分公司
田明静　成乐运营分公司
文凤玲　遂广遂西公司
王心怡　省港航公司
肖宇涵　川西公司
雷　蕾　成南公司
罗林章　川北公司
黄　陶　川东公司
黄进舟　川南公司
郭高州　攀西公司
秦　璐　成绵公司
蔡昆良　雅西公司
廖一静　雅康公司
罗祖红　汶马公司
郭玲梅　雅眉乐公司

吴　佩　成德南公司
马取贵　成都市交通运输局
余　茜　成都市交通运输局
戴慧琳　自贡市交通运输局
夏林秀　攀枝花市交通运输局
曾志刚　泸州市交通运输局
周　琴　泸州市交通运输局
郭青利　德阳市交通运输局
罗鹏程　绵阳市交通运输局
冯传斌　广元市交通运输局
鲁丕华　广元市交通运输局
何　亮　遂宁市交通运输局
彭高华　内江市交通运输局
刘可棣　乐山市交通运输局
王国平　南充市交通运输局
谢胜东　南充市交通运输局
胥思伟　宜宾市交通运输局
李自东　达州市交通运输局
柏守全　达州市交通运输局
文雪琨　广安市交通运输局
吴德权　广安市交通运输局
郭　亮　巴中市交通运输局
李艳梅　巴中市交通运输局
张　鑫　雅安市交通运输局
魏　平　眉山市交通运输局
左燕洁　资阳市交通运输局
王廷强　阿坝州交通运输局
唐　源　甘孜州交通运输局
孟　松　凉山州交通运输局

编辑说明

一、《四川交通年鉴》是反映四川交通各方面发展情况的大型专业年鉴，是逐年编纂连续出版的资料性工具书。2020卷是继1987年创刊以来的第34部。全书近80万字、350余幅图片，反映2019年四川交通的基本面貌、发展状况和取得的新成就、新经验以及出现的新问题。由四川科学技术出版社出版，国内外公开发行。

二、本年鉴框架结构一般分三个层次：类目、分目、条目。全书设《特载》《概况》《大事记》《交通基础设施建设》《交通运输》《交通管理》《交通行政机关》《交通科技教育文化》《市州交通》《荣誉榜》《附录》11个类目。由于内容特点，《特载》《大事记》只设两个层次。条目为全书的主要表现形式。

三、本年鉴基本内容分为综合情况、动态信息和辅助资料三部分。主要记述上一年度信息资料，特殊资料、背景资料等适当上溯下延。全书注重体现专业特点、年度特色和时代特征，力求在充分反映成绩和经验的同时，如实反映存在的问题和不足。

四、本年鉴注重收录图片资料，分彩插和内文配图两种形式编录，力求全书图文并茂。彩插以专题化、系列化的形式，重点反映四川交通运输大事、要事和主要建设成就，为了突出年度特色，在卷首专题图片部分特设《不忘初心 牢记使命主题教育》《数字交通》《四川交通要闻》《交通精准扶贫》等板块；内文配图以文系图，形象直观补充反映相关内容。

五、本年鉴稿件和资料由四川省交通运输厅机关各处（室）、厅直有关单位和各市（州）交通运输局及四川省交通投资集团有限公司所属有关单位提供，并经各单位（部门）领导审核和保密审查。主要统计数据以省交通运输厅业务主管部门提供的统计资料为准。

六、本年鉴注重提高实用性，刊载有四川省公路交通图、四川省高速公路网布局规划示意图、四川省“十三五”内河水运发展规划图。

七、为行文简洁，在目录前特制《有关机构（单位）全称简称对照表》和《四川省高速公路全称简称对照表》，在《附录》类目刊载《常用缩略语注释》。

八、本年鉴具有双重检索功能，书前列有中英文目录，书后配有索引。

九、本年鉴网络版地址：https://scjtnj.org.cn，读者亦可通过“四川交通掌上年鉴”微信小程序查阅。

有关机构（单位）全称简称对照表

全　称	简　称
中华人民共和国国家发展和改革委员会	国家发展改革委
中华人民共和国人力资源和社会保障部	人力资源社会保障部
中华人民共和国住房和城乡建设部	住房城乡建设部
中华人民共和国交通运输部	交通运输部
纪律检查委员会	纪委
国有资产监督管理委员会	国资委
中国共产党四川省委员会	中共四川省委
四川省（市、县）人民政府	省（市、县）政府
四川省人民代表大会常务委员会	省人大常委会
中国人民政治协商会议四川省委员会	省政协
中共四川省委直属机关工作委员会	省直机关工委
四川省市场监督管理局	省市场监督局
亚洲开发银行	亚行
国家开发银行	开行
中国工商银行	工行
四川省财政厅	省财政厅
四川省人力资源和社会保障厅	省人力资源社会保障厅
四川省住房和城乡建设厅	省住房城乡建设厅
四川省交通运输厅	省交通运输厅
四川省交通运输工会委员会	省交通工会
四川省交通运输厅公路局	厅公路局
四川省交通运输厅航务管理局	厅航务局

全　称	简　称
四川省交通运输厅道路运输管理局	厅运管局
四川省交通运输厅高速公路管理局 四川省交通厅高速公路交通执法总队	厅高管局 （厅高速执法总队）
四川交通职业技术学院	四川交职学院
四川省交通运输厅工程质量监督局	厅质监局
四川省交通运输发展战略和规划科学研究院	省交科院
四川省交通厅公路规划勘察设计研究院公司	省公路设计院公司
四川省交通运输厅交通勘察设计研究院公司	省交通设计院公司
四川省路网监测与应急处置中心	路网中心
四川省交通运输厅高速公路监控结算中心	监控结算中心
四川省交通运输厅交通建设工程造价管理站	厅造价站
四川公路工程咨询监理有限公司	咨询监理公司
四川省大件公路管理处	大件处
四川省交通宣传中心	交通宣传中心
四川省交通运输厅信息中心	厅信息中心
四川省交通运输厅交通史志总编室	厅史志总编室
四川兴蜀公路建设发展有限责任公司	兴蜀公司
四川省交通运输厅办公室 （精神文明建设办公室）	厅办公室（文明办）
四川省交通运输厅政策法规处	厅法规处
四川省交通运输厅综合规划处	厅规划处
四川省交通运输厅财务处	厅财务处
四川省交通运输厅人事教育处	厅人教处
四川省交通运输厅建设管理处	厅建管处

全　称	简　称
四川省交通运输厅公路管理处	厅公路处
四川省交通运输厅行政审批处	厅审批处
四川省交通运输厅运输管理处	厅运输处
四川省交通运输厅安全监督处（应急办公室）	厅安监处（应急办）
四川省交通运输厅审计处	厅审计处
四川省交通运输厅科技和信息化处	厅科信处
四川省交通运输厅外经外事处	厅外经处
四川省纪委监委驻交通运输厅纪检监察组	驻厅纪检监察组
四川省交通运输厅航务海事处	厅航务海事处
四川省交通运输厅信访处	厅信访处
四川省交通运输厅离退休人员工作处	厅离退休处
中共四川省交通运输厅直属机关委员会	厅机关党委
四川省国防动员委员会交通战备办公室	省交战办
四川省交通运输发展战略和规划科学研究院	省交科院
四川省交通投资集团公司	省交投集团
四川高速公路建设开发总公司	川高公司
四川成渝高速公路股份有限公司	成渝公司
四川成渝高速公路股份有限公司成渝分公司	成渝公司成渝分公司
四川成渝高速公路股份有限公司成雅分公司	成渝公司成雅分公司
四川成渝高速公路股份有限公司成仁分公司	成渝公司成仁分公司
四川成渝高速公路股份有限公司成乐公司	成渝公司成乐公司
四川遂广遂西高速公路有限责任公司	遂广遂西公司
四川省港航开发有限责任公司	省港航公司
四川嘉陵江凤仪航电开发有限公司	凤仪公司
四川岷江港航电开发有限公司	岷江公司
四川港航嘉陵江金沙航电开发有限公司沙溪分公司	沙溪公司
四川港航嘉陵江金沙航电开发有限公司	金沙公司
四川泸州港务有限公司	泸州港务公司
四川广安承平港务有限公司	承平港务公司
四川长江水运有限公司	长运公司
四川南充都京港务有限公司	都京公司
四川汶马高速公路有限责任公司	汶马公司
四川雅康高速公路有限责任公司	雅康公司
四川川西高速公路有限责任公司	川西公司
四川成南高速公路有限责任公司	成南公司
四川省川北高速公路股份有限公司	川北公司
四川川东高速公路有限责任公司	川东公司
四川攀西高速公路开发股份有限公司	攀西公司
四川成绵高速公路有限公司	成绵公司
四川省川南高等级公路开发股份有限公司	川南公司
四川雅西高速公路有限责任公司	雅西公司
四川成德南高速公路有限责任公司	成德南公司
四川雅眉乐高速公路有限责任公司	雅眉乐公司
成都市交通运输委员会	成都市交委
乐山市交通运输委员会	乐山市交委
阿坝藏族羌族自治州交通运输局	阿坝州交通运输局
甘孜藏族自治州交通运输局	甘孜州交通运输局
凉山彝族自治州交通运输局	凉山州交通运输局

四川省已成、在建、规划高速公路全称简称对照表

全　称	简　称	全　称	简　称
成都至重庆高速公路	成渝高速公路	西昌至攀枝花高速公路	西攀高速公路
成都至绵阳高速公路	成绵高速公路	南充至重庆高速公路	南渝高速公路
成都城北出口高速公路	成都城北出口高速公路	邻水至垫江高速公路	邻垫高速公路
成都至乐山高速公路	成乐高速公路	攀枝花至田房高速公路	攀田高速公路
内江至宜宾高速公路	内宜高速公路	都江堰至映秀高速公路	都映高速公路
成都机场高速公路	成都机场高速公路	广元至巴中高速公路	广巴高速公路
成都至雅安高速公路	成雅高速公路	邛崃至名山高速公路	邛名高速公路
隆昌至纳溪高速公路	隆纳高速公路	乐山至宜宾高速公路	乐宜高速公路
泸沽至黄联关高速公路	泸黄高速公路	绵阳至遂宁高速公路	绵遂高速公路
西昌卫星基地高速公路	西昌卫星基地高速公路	雅安至西昌高速公路	雅西高速公路
广安至邻水高速公路	广邻高速公路	广元至陕西高速公路	广陕高速公路
达州至重庆高速公路	达渝高速公路	达州至陕西高速公路	达陕高速公路
成都至都江堰高速公路	成灌高速公路	成都至绵阳高速公路复线	成绵高速公路复线
广元至南充高速公路	广南高速公路	内江至遂宁高速公路	内遂高速公路
成都绕城高速公路	成都绕城高速公路	成都至自贡至泸州至赤水高速公路	成自泸赤高速公路
遂宁至回马高速公路	遂回高速公路	映秀至汶川高速公路	映汶高速公路
成都至南充高速公路	成南高速公路	纳溪至贵州高速公路	纳黔高速公路
绵阳至广元高速公路	绵广高速公路	达州至万州高速公路	达万高速公路
南充至广安高速公路	南广高速公路	广元至甘肃高速公路	广甘高速公路
成都至温江至邛崃高速公路	成温邛高速公路	乐山至雅安高速公路	乐雅高速公路
成都至彭州高速公路	成彭高速公路	巴中至南充高速公路	巴南高速公路
南充绕城高速公路	南充绕城高速公路	成都至德阳至南部高速公路	成德南高速公路
宜宾至水富高速公路	宜水高速公路	宜宾至重庆高速公路	宜渝高速公路
遂宁至重庆高速公路	遂渝高速公路	乐山至自贡高速公路	乐自高速公路

全　称	简　称
巴中至达州高速公路	巴达高速公路
遂宁至资阳至眉山高速公路	遂资眉高速公路
南充至大竹至梁平高速公路	南大梁高速公路
巴中至陕西高速公路	巴陕高速公路
丽江至攀枝花高速公路	丽攀高速公路
绵阳绕城高速公路	绵阳绕城高速公路
成都第二绕城高速公路	成都二绕高速公路
遂宁至西充高速公路	遂西高速公路
遂宁至广安高速公路	遂广高速公路
自贡至隆昌高速公路	自隆高速公路
内江至威远至荣县高速公路	内威荣高速公路
宜宾至叙永高速公路	宜叙高速公路
巴中至广安至重庆高速公路	巴广渝高速公路
成都至安岳至重庆高速公路	成安渝高速公路
叙永至古蔺高速公路	叙古高速公路
仁寿至沐川至新市镇高速公路	仁沐新高速公路
雅安至康定高速公路	雅康高速公路
汶川至马尔康高速公路	汶马高速公路
宜宾至彝良高速公路	宜彝高速公路
宜宾绕城高速公路	宜宾绕城高速公路
绵阳至西充高速公路	绵西高速公路
成都第三绕城高速公路	成都三绕高速公路
攀枝花至大理高速公路	攀大高速公路
营山至达州高速公路	营达高速公路
苍溪至巴中高速公路	苍巴高速公路
镇巴至广安高速公路	镇广高速公路
泸州至重庆高速公路	泸渝高速公路
泸州至永川高速公路	泸永高速公路
峨眉至汉源高速公路	峨汉高速公路

全　称	简　称
南充至潼南高速公路	南潼高速公路
乐山至汉源高速公路	乐汉高速公路
石棉至泸定高速公路	石泸高速公路
宜宾至攀枝花高速公路	宜攀高速公路
西昌至昭通高速公路	西昭高速公路
西昌至香格里拉高速公路	西香高速公路
永郎至会理高速公路	永会高速公路
华坪至丽江高速公路	华丽高速公路
银川至昆明高速公路	银昆高速公路
绵阳至九寨沟高速公路	绵九高速公路
北京至昆明高速公路	京昆高速公路
四川南充至重庆潼南高速公路	南潼高速公路
巴中至万源高速公路	巴万高速公路
重庆至广安高速公路	渝广高速公路
苍溪至巴中高速公路	苍巴高速公路
四川马尔康县至青海久治县高速公路	川青高速公路
四川西昌至云南昭通高速公路	西昭高速公路
德昌永郎至会理高速公路	永会高速公路
宜宾至叙永高速公路	宜叙高速公路
攀枝花至宁南段高速公路	攀宁高速公路
攀枝花至盐源高速公路	攀盐高速公路
宜宾至威信高速公路	宜威高速公路
宜宾至新市高速公路	宜新高速公路
泸州至古蔺至金沙高速公路	泸古金高速公路
遂宁至德阳高速公路	遂德高速公路
康定至新都桥高速公路	康新高速公路
德昌至会理高速公路	德会高速公路
简阳至蒲江高速公路	简蒲高速公路
德阳至都江堰高速公路	德都高速公路

Contents 目 录

交通基础设施建设

港口建设

公路水路勘察设计

交通运输

道路运输

水路运输

交通管理

交通规划

公路管理

航务管理

道路运输管理

工程质量监督管理

造价管理

工程监理

路网监测与运行管理

大件公路管理

政务管理

体制改革　法治建设

财务管理

人事教育管理

外经外事

交通审计

交通行政审批

交通公安

交通战备

交通行政机关

四川省交通运输厅

纪检工作

机关党建

工会工作

交通科技教育文化

交通科技

交通教育

文明行业创建

智慧交通

交通宣传

交通史志年鉴

市州交通

成都市交通

自贡市交通

攀枝花市交通

泸州市交通

德阳市交通

绵阳市交通

广元市交通

遂宁市交通

内江市交通

乐山市交通

南充市交通

宜宾市交通

达州市交通

广安市交通

巴中市交通

雅安市交通

甘孜藏族自治州交通

凉山彝族自治州交通

荣誉榜

先进名录

优秀专家

人物选介

附录

调研报告

法律法规索引

统计资料

机构及领导名录

Main Contents

2019年6月至9月，省交通运输厅党组及31个厅直单位参加“不忘初心、牢记使命”第一批主题教育。通过加强领导、精心安排、创新方式等措施，扎实推进学习教育、调查研究、检视问题、整改落实四项重点举措，圆满完成主题教育各项工作；形成调研报告118份，高标准推进“8+3+2”专项整治，实施交通运输为民服务解难题、便民服务办实事专项工程。

2019年6月10日至14日，省交通运输厅开展“不忘初心、牢记使命”主题教育集中学习　厅直机关党委 供图

2019年6月24日，省交通运输厅党组中心组成员一行赴泸定开展“不忘初心、牢记使命”革命传统教育　厅直机关党委 供图

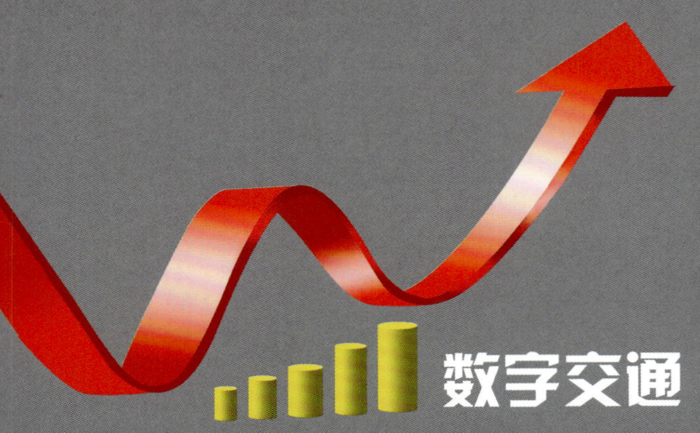

数字交通

2019年四川农村公路建设情况

新（改）建农村公路：**25 153**公里

建设完成投资：**246.7**亿元

通车总里程：**28.6**万公里

（不含专用公路4 376公里）

2019年四川普通国省干线公路建设情况

新改建普通国省干线公路：**1 867.7**公里

建设完成投资：**527.8**亿元

通车总里程：**38 793**公里

2019年四川高速公路建设情况

高速公路建设完成投资：**857.5**亿元

ETC改造完成投资：**36.7**亿元

通车总里程：**7 520**公里（居全国第**2**、西部第**1**）

2019年四川公路里程年底到达数（公里）

公路总里程：**337 095**

国道：**22 548**　省道：**23 696**　县道：**22 584**

乡道：**49 688**　村道：**214 203**　专用公路：**4 376**

2019年四川交通建设完成投资（亿元）

1 925.4

其中：养护、智慧交通及其他专项建设完成投资（亿元）

169.7

2019年四川水路客货运输量

旅客运输量：**1 930**万人次　旅客周转量：**18 192**万人公里

货物运输量：**6 896**万吨　货物周转量：**305.6**亿吨公里

2019年四川公路客货运输量

旅客运输量：**72 387**万人次　旅客周转量：**4 376 586**万人公里

货物运输量：**162 668**万吨　货物周转量：**15 275 471**万吨公里

2019年四川内河航运建设情况

内河水运完成投资：**53.6**亿元

航道总里程：**11 725**公里（通航里程**10 540**公里）

2019年四川客货站场建设情况

客货站场建设完成投资：**33.4**亿元

客运站总数：**32 885**个　其中等级客运站：**2 141**个

简易站及招呼站：**30 725**个　货运站总数：**19**个

5月17日　零时，汶马高速公路实现分段试通行,从而结束马尔康不通高速公路历史，实现全省21个市（州）政府所在地全部通高速公路。汶马高速公路全长172公里，起于汶川县城以南，与映汶高速公路相接，止于马尔康市城区以东，主线设置桥梁52公里/121座（特大桥11座）、隧道96公里/32座（特长隧道12座），桥隧比86.5%。该路是西北向连接青海、新疆的高速公路出川大通道，是内地深入阿坝藏区羌区的经济走廊和交通枢纽，对四川省融入国家“一带一路”“丝绸之路经济带”发展战略具有重大意义。

汶马高速公路桃坪段　曲 娟 摄

相关链接：汶马高速公路是蓉昌高速公路（国道4217）的一段，是阿坝州州府马尔康市的第一条高速公路，也是中国在建高速公路中桥隧比最高的高速公路。

2019年5月，汶马高速公路汶川至理县桃坪、理县薛城至古尔沟段、理县尽头寨至马尔康三段计105公里试开通，加上年底开通的桃坪至薛城段与米亚罗至尽头寨段，汶马高速全线试开通148公里，仅剩古尔沟至米亚罗段未开通。从成都绕城高速公路出发到古尔沟约3小时，到马尔康约4小时。

汶马高速公路木堆寨特大桥　　汶马公司 供图

汶马高速公路桃坪互通　谭新耀 摄

6月14日　由中国公路学会桥梁和结构工程分会、中国公路学会国际合作部联合主办的2019世界交通运输大会——桥梁发展论坛在北京召开，开幕式举行了第36届国际桥梁大会获奖桥梁颁奖仪式，授予四川省交通运输厅公路设计院公司被誉为国际桥梁界“诺贝尔奖”的乔治·理查德森奖、古斯塔夫·林德撒尔奖两项大奖。这是继6月12日国际桥梁大会颁发此奖后国内再次颁奖，体现了对这一奖项的高度重视。两个奖项分别被厅公路设计院公司负责设计的四川合江长江一桥、四川泸定大渡河大桥夺得。同时夺得国际桥梁大会仅有的5个工程奖项中的两项，充分展现了四川公路设计单位的实力、四川设计师的能力，以及中国从桥梁大国向桥梁强国迈进中的四川力量。

THE INTERNATIONAL BRIDGE CONFERENCE

GEORGE S. RICHARDSON MEDAL

Presented to

SICHUAN HIGHWAY PLANNING, SURVEY, DESIGN AND RESEARCH INSTITUTE LTD.

For a single, recent outstanding achievement in bridge engineering on the

Sichuan Hejiang Yiqiao Bridge of Yangtze River

Presented by the

ENGINEERS' SOCIETY OF WESTERN PENNSYLVANIA®

In association with

ROADS and BRIDGES MAGAZINE

INTERNATIONAL BRIDGE CONFERENCE®

2019

THE INTERNATIONAL BRIDGE CONFERENCE

GUSTAV LINDENTHAL MEDAL

Presented to

SICHUAN HIGHWAY PLANNING, SURVEY, DESIGN AND RESEARCH INSTITUTE LTD.

For the outstanding engineering and construction work that encompassed both aesthetically pleasing and environmentally sound practice on the

Xingkang Bridge on Luding Dadu River

Presented by the

ENGINEERS' SOCIETY OF WESTERN PENNSYLVANIA®

Sponsored by

COVESTRO LLC

INTERNATIONAL BRIDGE CONFERENCE®

2019

四川合江长江一桥、四川泸定大渡河大桥获奖奖牌

相关链接：国际桥梁大会是美国西宾夕法尼亚州工程师协会主办的极具声誉的国际桥梁学术会议，在世界桥梁界具有极高的影响力。

国际桥梁大会的奖项设立于1988年，共设有乔治·理查德森金奖、古斯塔夫斯·林德撒尔金奖、约翰·卢布林金奖（该项奖为个人奖项）、亚瑟·海顿奖和尤金·菲戈奖等5个奖项，每年评选一次，先由世界各国的桥梁学会，对本国的桥梁经过严格比选后，再推荐至国际桥梁大会评选。每个奖项每年至多只有1项桥梁工程获奖（如评委认为该年参选项目达不到要求，奖项可空缺），迄今已成功举办35届，被誉为桥梁界的“诺贝尔奖”。其中，乔治·理查德森奖为设立最早、影响最大的奖项，授予给近期完成的在世界桥梁工程设计、施工、科研方面取得杰出成就工程项目的奖项，是分量最重的奖项。古斯塔夫斯·林德撒尔奖是国际桥梁大会一项为优秀桥梁工程规范设立的杰出成就奖，评选内容主要包括桥梁的实用性、技术创新、材料革新、外观设计、环境协调以及其公众参与度等。

1

2

1 合江长江一桥。其设计主要有六项创新：3项结构设计创新（桥梁拱肋、横撑构造、主梁形式的创新），钢材用量减少，结构自重减轻，施工风险和建造成本降低。一是对矩形桁式拱肋进行加劲，即在吊杆处受压腹管采用全加劲，其余受压腹管采用浅加劲，解决受压腹管稳定问题，增强拱肋整体刚度。二是根据主拱横向受力行为特点，提出一种新的组合式横撑，每组横撑设置在主拱的同一独立单元内。相比传统的横撑形式，横撑与主拱连接处的振动应力峰值降低20%，减少现场焊接接头58%，减少材料用量23%，显著减轻悬拼单位质量，大幅减少接头高空安装量和焊接量。三是主梁采用“钢格子梁+钢-混组合桥面板”的新型结构，这种组合结构桥面板总厚度仅为15厘米，整体性好，比钢筋混凝土桥梁自重减轻58%，比传统的钢混叠合梁自重减轻20%，比钢箱梁用钢量减少约27%

2 雅康高速公路泸定大渡河大桥。该桥是一座1 100米单跨钢桁梁悬索桥，桥道系采用钢混组合桥面板。主缆矢跨比1/9，采用平行双吊索体系，吊索间距10米，跨中设中央扣。左岸采用深159米的隧道锚，右岸采用重力锚；两岸均为188米高钢筋混凝土门形桥塔。大桥桥面宽度24.5米，双向四车道，设计时速80公里，设计寿命100年。2018年12月正式通车

9月16日　2019年全省交通重点项目集中开工仪式在德阳隆重举行，中共四川省委书记彭清华出席活动并宣布开工。省政府副省长杨洪波作动员讲话，副省长李云泽主持，省交通运输厅党组书记、厅长汪洋介绍全省集中开工的交通重点项目情况。此次集中开工“8+21”共29个项目，总投资1 808亿元，涉及五大经济区、四大城市群的11个市（州），将进一步推动省委“一干多支、五区协同”“四向拓展、全域开放”战略部署落地落实。

2019年9月16日，2019年四川省交通重点项目集中开工仪式在德阳举行

2019年全省集中开工交通重点项目示意图

相关链接：2019年全省交通重点项目集中开工“8+21”共29个项目。“8”是指8个高速公路项目（981公里，总投资1 573亿元），即国道0615线久治至马尔康高速公路、国道7611线昭通（川滇界）至西昌段高速公路、国道5线京昆高速公路绵阳至成都段扩容工程、绵阳至苍溪高速公路、苍溪至巴中高速公路、宜宾至威信高速公路、德阳中江至遂宁高速公路、泸定至石棉高速公路。

“21”是指21个国省干线及红色旅游公路项目（1 255公里，总投资235亿元），一是省道460线理塘县城至章纳乡公路、省道459线巴塘经波密至理塘章纳乡公路、国道318线康定过境段、国道215线石渠洛须镇至柯洛洞段、国道215线白玉县城至巴塘县城、省道314线道孚县扎拖至新龙县城段、国道347线茂县两河口至红原壤口段公路、省道220线日部至热脚段公路、国道350线双桥沟至小金红色旅游路、水磨古镇红色旅游景区连接公路、国道350线小金至丹巴公路、国道350线四姑娘山镇过境公路、国道213线松潘县城过境路、国道348线盐源小高山隧道、国道227线甘凉界至巴享垭口段、省道465线会理县云岩村至米易界、国道356线金阳界至布拖县城段公路等17个项目，是四川省甘孜、阿坝及凉山三州重要的旅游公路，也是重要的扶贫公路，项目建设对于进一步改善区域交通出行条件，推动“交通+旅游”融合发展，促进区域经济社会发展和旅游资源开发具有重要意义。二是国道542线旺苍县城嘉川至东河段公路、国道350线什邡经德阳至中江快速通道、成德大道德罗示范段、通江县沙溪至长胜红色旅游公路等4个项目，是四川省国省干线公路提档升级项目或重要经济干线，项目建设对进一步提升干线通道通行能力，缓解城区交通压力和促进区域经济快速发展具有重要作用。

9月30日 赤水河红军大桥建成，为新中国成立70周年隆重献礼。川黔大通道古蔺至习水段高速公路赤水河红军大桥全长2 009米，主桥为1 200米双塔单跨钢桁梁悬索桥。该桥四川岸为隧道式锚碇，长78.35米，主墩索塔高228.5米，桥位位于古蔺县太平镇。贵州岸为重力式锚碇，主墩索塔高243.5米，桥位位于习水县习酒镇。该项目的建成不仅将为四川省新增一条南向出川大通道，促进成都—贵州（重庆）—珠三角、北部湾出海走廊的形成和完善，更增强四川省与东盟、南亚以及澳新等地区的经济联系，加快四川省对外开放的步伐，更好地融入“一带一路”倡议中。

赤水河大桥 陈 龙 摄

赤水河大桥

相关链接：川黔共建赤水河红军大桥由四川省铁投集团投资、四川路桥集团承建，于2017年上半年开工。建设者通过科技创新，工艺工法革新，比预期缩短工期18个月，技术革新创造经济效益达5 000万元以上，同时也为同类型桥梁建设积累了丰富的经验。该桥的建成，标志着川黔大通道古蔺至习水段高速公路全线贯通，为通车奠定了坚实的基础。

川黔大通道古蔺至习水段高速公路是新时期四川省南向大通道布局中，成都—贵州（重庆）—珠三角、北部湾出海走廊建设的一条高速公路。其中，赤水河红军大桥位于川黔交界的乌蒙山区和中国工农红军“四渡赤水”的革命老区，西连四川古蔺，东接贵州习水，横跨赤水天险，紧扼川黔咽喉，是四川南向通道建设中川黔大通道上的重点控制性工程和关键门户。项目建成后将有效落实交通扶贫政策，有力带动红色旅游扶贫产业，进一步完善区域路网，有效降低区域物流成本，增强川南、黔北、渝西等地的经济联系。

11月6—7日　2019年全国推动“四好农村路”高质量发展现场会在成都市蒲江县召开。交通运输部部长李小鹏出席会议并讲话，四川省副省长杨洪波出席会议并致辞，国务院扶贫办副主任洪天云出席会议并讲话，副部长戴东昌主持会议。会上，四川省交通运输厅党组书记、厅长汪洋作经验交流发言。会议公布了2019年交通运输部、农业农村部、国务院扶贫办联合命名的蒲江县、邻水县、高县、苍溪县等83个“四好农村路”全国示范县名单，并对部分获奖县（市、区）授牌，四川、江苏、福建、湖南省交通运输厅及河南省焦作市、浙江省台州市、山东省五莲县、贵州省盘州市作交流发言。李小鹏肯定了蒲江路景交融、路产融合、路通村美的新景象。部相关司局主要负责同志、国务院扶贫办、农业农村部等有关部委代表，各省（区、市）交通运输主管部门负责同志参加会议。

1 会议现场

2 交通运输部部长李小鹏（前右二）在现场听取四川省“四好农村路”建设介绍

1 蒲江县蒲朝路白云乡段

2 广元市苍溪县农村公路

12月27日　在2020年全国交通运输工作会议上，交通运输部为第二批共21家“交通强国建设试点单位”授牌，四川省交通运输厅入选。

省交通运输厅党组专题学习研讨《交通强国建设纲要》

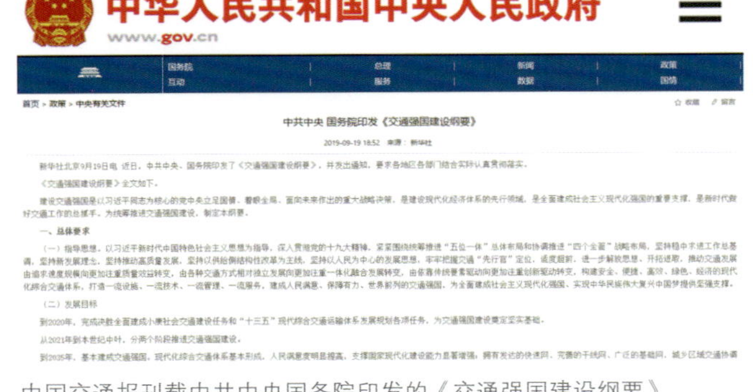

中华人民共和国中央人民政府

www.gov.cn

国务院　总理　新闻　政策
互动　服务　数据　国情

首页 > 政策 > 中央有关文件

中共中央 国务院印发《交通强国建设纲要》

2019-09-19 18:52　来源：新华社

新华社北京9月19日电 近日，中共中央、国务院印发了《交通强国建设纲要》，并发出通知，要求各地区各部门结合实际认真贯彻落实。

《交通强国建设纲要》全文如下。

建设交通强国是以习近平同志为核心的党中央立足国情、着眼全局、面向未来作出的重大战略决策，是建设现代化经济体系的先行领域，是全面建成社会主义现代化强国的重要支撑，是新时代做好交通工作的总抓手。为统筹推进交通强国建设，制定本纲要。

一、总体要求

（一）指导思想。以习近平新时代中国特色社会主义思想为指导，深入贯彻党的十九大精神，紧紧围绕统筹推进“五位一体”总体布局和协调推进“四个全面”战略布局，坚持稳中求进工作总基调，坚持新发展理念，坚持推动高质量发展，坚持以供给侧结构性改革为主线，坚持以人民为中心的发展思想，牢牢把握交通“先行官”定位，适度超前，进一步解放思想、开拓进取，推动交通发展由追求速度规模向更加注重质量效益转变，由各种交通方式相对独立发展向更加注重一体化融合发展转变，由依靠传统要素驱动向更加注重创新驱动转变，构建安全、便捷、高效、绿色、经济的现代化综合交通体系，打造一流设施、一流技术、一流管理、一流服务，建成人民满意、保障有力、世界前列的交通强国，为全面建成社会主义现代化强国、实现中华民族伟大复兴中国梦提供坚强支撑。

（二）发展目标

到2020年，完成决胜全面建成小康社会交通建设任务和“十三五”现代综合交通运输体系发展规划各项任务，为交通强国建设奠定坚实基础。

从2021年到本世纪中叶，分两个阶段推进交通强国建设。

到2035年，基本建成交通强国。现代化综合交通体系基本形成，人民满意度明显提高，支撑国家现代化建设能力显著增强；拥有发达的快速网、完善的干线网、广泛的基础网，城乡区域交通协调

中国交通报刊载中共中央国务院印发的《交通强国建设纲要》

相关链接：会议要求，交通强国建设试点单位要力争用1年至2年时间，取得试点任务阶段性成果。用3—5年时间，取得相对完善系统性成果，打造一批先行先试、典型样板，并在全国范围内有序推广。试点单位要按照试点工作要求，聚焦落实交通强国建设纲要重点任务，围绕重点领域、优势领域、急需领域或关键环节，大胆创新，积极探索，抓紧完善试点实施方案和任务申报。预期成果要具备一定的行业领先地位和特色，确保预期成果可量化可考核，形成良好的示范效应。

12月29日　仁沐新高速公路井研至孝姑段主线顺利建成，具备通车条件，标志着四川高速公路建成里程突破7 500公里。按照交通运输部取消省界收费站的统一安排，仁沐新高速公路井研至孝姑段将在12月31日24时开通试运行。通车后，井研至孝姑的通行时间将由90分钟缩短至30分钟。

1　仁沐新高速公路三江互通枢纽　川高公司 供图
2　工人在现场操作数控自动化钢筋笼滚焊机
3　操作拱架安装车作业

相关链接：仁沐新高速公路是《国家高速公路网规划（2013—2030年）》国道4216线成都至丽江公路、全省高速公路网“16.5.5.8网”的重要组成部分，是国家西部的重要经济通道、沿江通道、旅游通道和脱贫致富通道。项目主线起于仁寿满井镇，止于屏山新市镇，全长156.628公里，桥隧比38.58%；马边支线起于沐川新凡镇，止于马边县城北，全长43.847公里，桥隧比76.37%。

仁（寿）井（研）试验段49.88公里于2015年1月开始建设，并于2016年12月29日建成通车。井（研）新（市）段（含马边支线）全长150.595公里，概算投资202.36亿元，于2017年6月开始建设，按照分段建成通车的思路，进行建设管理，计划2019年底井研至孝姑互通段（约46公里）建成通车；2020年底孝姑互通至沐川枢纽至马边段（约64公里）建成通车、五指山隧道贯通；2021年底全线建成通车。

12月31日　省交通运输厅召开干部大会，省政府副省长杨洪波出席会议并作重要讲话。中共四川省委组织部副部长、省公务员局局长陈冠松主持会议并宣读省委任职通知。省交通运输厅党组书记罗佳明作表态发言。

2019年12月31日，省交通运输厅召开干部大会。图为干部大会现场

相关链接：会上副省长杨洪波指出，近年来，省交通运输厅领导班子坚持以习近平新时代中国特色社会主义思想为指导，认真贯彻落实党的十九大和省委十一届历次全会精神，团结带领全省交通运输系统干部，以强烈的责任担当和实干拼搏精神，推动交通运输高质量发展，取得突出的工作成绩，为四川省建设现代立体交通运输体系、推进交通强省建设打下了坚实的基础。杨洪波强调，省委省政府对交通运输工作高度重视、寄予厚望。省交通运输厅领导班子要讲政治、顾大局，深刻把握中央、省委关于建设交通强国的重要要求，加强制度创新和能力建设，积极推进交通治理体系和治理能力现代化。要抓落实、促发展，保持战略定力，破解难题、狠抓落实，全力实现交通投资高位运行、项目建设加快推进，确保交通脱贫攻坚任务圆满完成、交通管理服务提质增效。要强管理、带队伍，坚持事业为上、以事择人，大力营造踏实干事、拼搏实干的浓厚氛围，努力建设一支特别能吃苦、特别能战斗的高素质专业化交通运输人才队伍。要强化廉政风险防控，规范权力运行，确保交通运输系统干部能干事、干成事、不出事。罗佳明表示，完全拥护、坚决服从省委决定，将尽快熟悉情况、转换角色，全心全意谋交通事、做交通人，全力服务四川交通发展，认真落实好省委省政府确定的目标任务和规划方案，加快推进建设“四向八廊”战略决策部署，一张蓝图绘到底，一茬接着一茬干，奋力让美好蓝图变成生动现实，更好地服务全省经济社会发展大局。

12月31日　全省19个高速公路省界收费站全部取消。31日晚，交通运输部举行取消高速公路省界收费站系统切换仪式。部党组书记杨传堂、部长李小鹏等部领导在京参加仪式。四川省取消高速公路省界收费站领导小组组长、副省长杨洪波在省分会场出席切换仪式，统筹指挥协调全省高速公路并网切换工作，省政府副秘书长代永波，省交通运输厅党组书记罗佳明、省取站领导小组成员单位负责同志参加。同时，四川省作为全国5个省份之一，在国道5京昆高速川陕省界七盘关收费站与李小鹏部长视频连线。

四川省副省长杨洪波，省政府副秘书长代永波，省交通运输厅厅长罗佳明等在四川省分会场参加切换仪式

省交通运输厅副厅长张勇带队，在七盘关收费站现场参加切换仪式

相关链接：2018年5月16日，国务院常务会议决定取消高速公路省界收费站，拉开了交通运输降本增效、供给侧结构性改革的序幕。四川在全国率先进行取站试点，2018年成功取消川渝两地10处高速公路省界收费站。2019年，党中央、国务院作出力争1年内基本取消高速公路省界收费站的重大部署。2020年1月1日零时，四川省顺利实现系统切换，成功取消剩余9处高速公路省界收费站，圆满完成目标任务。

12月31日　凉山州布拖县阿布洛哈村对外通道打通。凉山州布拖县阿布洛哈村通村硬化路主体工程的基本建成，标志着四川省提前一年完成交通脱贫攻坚兜底性目标。

1 阿布洛哈村通村硬化路。既是全省也是全国最后一条通建制村硬化路。项目起于拉果乡布歪村至伟木村通村路K11+000处，止于乌依乡阿布洛哈村小学，全长3.8公里，为四级公路。该项目全线位于高山峡谷地带，地质结构复杂，岩层破碎，施工难度大

2 阿布洛哈村通村硬化路。该路建成后，老百姓的出行时间由过去需要沿着陡峭山路步行3个多小时到达对外通道公路，缩短到30分钟以内便可到达，切实解决了当地群众生产生活出行难问题，为阿布洛哈村群众打开了一扇脱贫致富的大门

相关链接：媒体聚焦——中央电视台新闻频道《朝闻天下》报道阿布洛哈村通村路艰难的建设过程、《新闻直播间》现场直播了阿布洛哈村峡谷摆渡车开通运营；新华社播发《这条路足以告诉世界：脱贫攻坚，我们有多努力！》并现场做了新媒体直播；人民日报客户端刊登《今天，全国最后一个不通公路的建制村对外通道打通》报道；四川电视台、四川日报都做了系列报道，四川新闻网等主流媒体在现场也做了多角度丰富多彩的报道。

2019年，四川交通脱贫攻坚取得决定性进展。深入推进“两通”等交通脱贫兜底工程，启动新一轮“凉推”和“甘推”，继续开展“四好农村路”建设，着力服务乡村经济社会发展，加快推进一批资源路、产业路、旅游路建设，持续做好定点帮扶工作，巩固帮扶成果。

交通民生工程兜底脱贫

● 2019年，新（改）建农村公路2.5万公里，整治通乡通村破损路面2 697公里，实现乡乡通油路、村村通硬化路。12月31日，凉山彝族自治州布拖县乌依乡阿布洛哈村的峡谷摆渡车正式运行，最后一个不通硬化路的村——阿布洛哈村打通了对外通道。

泸州市泸县玄滩镇涂场村“社社通”农村公路 陈昌群 供图

绵阳市平武县响岩镇中峰村公路 黄 丹 蒲 滔 摄

1
2
3

1 巴中市通江诺水河天井坝村至柳林村联网路

2 甘孜州甘孜县通乡油路甘扎路　王云汉 摄

3 甘孜州甘孜县色西底乡盘山公路

1	2
3	4
5	6

1 凉山州宁南县大同乡迎丰村通村水泥路

2 凉山州阿布洛哈村峡谷摆渡车

3 广元市苍溪县东兴村招呼站

4 巴中市通江县乡村客运覆盖93%建制村。图为巴中乡村客运车辆

5 乐山市犍为县农村客运——便民小客车

6 宜宾市叙州区龙池乡村客运站

● 新增4 520个建制村通客车，具备条件的建制村通客车率达98.9%；建制村通邮率达100%。

● 建成贫困地区安全生命防护工程1.5万公里、渡改桥65座。

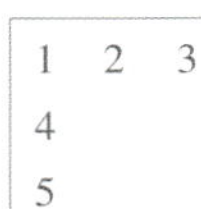

1 2 3 广安市邻水县实施“百里安防千里绿廊工程”，完成安防工程600公里、农村公路通道绿化1 000公里，实现客运路线安防工程、标志标牌、绿化配套全覆盖

4 2019年7月7日，位于川滇黔交界处的鸡鸣三省大桥主拱合龙。鸡鸣三省大桥是全省渡改桥项目之一，其建成将结束四川叙永县、云南镇雄县两个国家级贫困县隔河相望不相连的历史 陈 龙 摄

5 凉山州宁南县葫芦口镇大兴村钢架桥

产业路、资源路服务乡村经济社会发展

● 全面启动实施新“甘推”“凉推”方案，全年两州交通投资均超百亿元。

1 2 3
4 5
6

1 国道549线桑然路与乡得路改建工程路线交汇于甘孜州乡城县。两项目为第三轮“甘推”加快建设的国省干线公路和乡城县旅游经济发展要道，分别于2017年1月和10月正式开工。图为国道549线桑然路无名山隧道开挖钻孔作业场景

2 国道549线乡得路马鞍山隧道出口拌合站建设标准化

3 省道455线甘孜色达县亚龙乡至甘孜县下雄乡锣锅梁子段

4 凉山州脱贫攻坚改造后的省道216线棉桠段 王 伟 摄

5 公路修进去，新村建起来——凉山州盐源县藤桥乡麻柳村 曹正林 摄

6 雅安市名山县至美茶园绿道 张 燕 供图

1 成都市龙泉驿区农村公路 刘 斌 摄

2 “交通+旅游+产业”公路的建设，加快了乡村振兴与群众致富奔小康的步伐。图为广安市邻水县袁市镇大光明村

3 达州市宣汉脆李产业园

4 国道 248 线阿坝州马尔康境内段 秦玥嘉 摄

持续推进“四好农村路”建设

● 2019年，四川交通高水平举办全国和全省推动“四好农村路”高质量发展现场会，成功创建4个全国示范县、17个省级示范县，国家级示范县总数达10个，并列全国第一。

成都市崇州道明镇农村公路 陈 龙 摄

达州市宣汉农村公路

1 成都市邛崃市南宝山农村公路 王 进 摄

2 巴中市恩阳农村公路

3 2019年，省交通运输厅持续巩固帮扶成果。图为金口河区共安彝族乡象鼻村通组路修复场景

4 阿坝州小金县营盘村村道

持续巩固定点帮扶成果

● 2019年，交通运输部定点帮扶的小金、黑水、壤塘、色达4个县全部高质量脱贫摘帽；省交通运输厅定点帮扶的沐川县和金口河区脱贫成果持续巩固，越西县初步具备脱贫摘帽条件。

特载
TE ZAI

四川交通年鉴

部省领导关怀四川交通运输

2018年12月31日，中共四川省委书记彭清华在省交通运输厅《关于赴交通运输部争取支持金沙江白格堰塞湖交通灾后恢复重建有关情况的汇报》上批示：很好，要把国家支持资金切实用好。12月29日，省人民政府副省长杨洪波批示：感谢交通运输部对四川省白格堰塞湖交通恢复重建工作的有力支持帮助。省交运输通厅积极主动、工作成效明显，望再接再厉，跟进衔接，争取资金尽快到位。

2019年2月25日，省人民政府副省长杨洪波在省交通运输厅《关于高速公路景观及绿化建设推进情况的报告》上批示：很好，同意下步工作安排，加快推进该项工作并适时向省委省政府报告有关情况。

2019年3月28日，中共四川省委书记彭清华在省交通运输厅《关于全省高速公路网规划修编情况的汇报》上批示：原则赞成。要在此基础上把“十三五”开工建设项目和拟列入“十四五”规划项目在深入评估论证基础上梳理出来。4月2日，省人民政府副省长杨洪波批示：请交通运输厅按照清华书记批示精神，进一步完善规划，明确分阶段时间节点，增强针对性和可操作性。尽快形成成果按程序审批。

2019年9月19日，省人民政府副省长杨洪波在省交通运输厅《关于申报交通运输部科技示范工程有关情况的报告》上批示：此事意义重大，请精心组织，力争成功。

2020年1月13日，省人民政府副省长杨洪波在省交通运输厅《关于报送2019年工作总结和2020年工作打算的报告》上批示：过去一年，交通运输系统讲政治、顾大局、勇担当、善作为，圆满完成各项目标任务，成效显著。同意所作工作安排，望不断进取，再创佳绩。

（陈超超）

决胜全面小康 决战“十三五”收官
奋力开创交通强省建设新局面

◎ 四川省交通运输厅党组书记、厅长 罗佳明

省交通运输厅党组书记、厅长罗佳明作工作报告　交通宣传中心 供图

召开2020年全省交通运输工作会议，主要是以习近平新时代中国特色社会主义思想为指导，深入贯彻落实党中央国务院、省委省政府和交通运输部系列决策部署，总结2019年交通运输工作，分析当前形势，部署2020年交通运输工作。

2019年全省交通运输工作

2019年，在中共四川省委省政府坚强领导下，全省交通运输系统以习近平新时代中国特色社会主义思想为指导，全面落实巩固、增强、提升、畅通“八字方针”，持续推动交通运输高质量发展，取得了九个方面的突出成效。

（一）交通投资继续保持高位运行

深入实施综合交通建设三年行动，全省全年公路水路建设完成投资1 805亿元，连续9年投资超千亿元。建成荣泸高速公路等7个项目（路段），全省高速公路建成总里程突破7 500公里，新增出川通道2个，共计达到21个。新开工马久高速公路等9个项目、1 066公里，高速公路建成和在建总里程突破1.1万公里。完成国省干线公路提档升级1 868公里，九寨沟地震、白格堰塞湖等交通恢复重建工作全面推进；普通国道PQI（公路路面性能使用指数）达88.6，路况水平总体良好。岷江港航电综合开发工程有序推进，犍为航电枢纽船闸试运行，尖子山航电枢纽开工建设；嘉陵江川境段全线通航。

（二）交通脱贫攻坚取得决定性进展

全年新（改）建农村公路2.5万公里，整治通乡通村破损路面2 697公里，特别是啃下了最后一个不通硬化路的村——阿布洛哈村这个硬骨头，实现了乡乡通油路、村村通硬化路；新增4 520个建制村通客车，具备条件的建制村通客车率达98.9%；建制村通邮率达100%。建成贫困地区安全生命防护工程1.5万公里、渡改桥65座。全面启动实施新“甘推”“凉推”方案，两州交通投资均

超百亿元。高水平举办全国和全省推动“四好农村路”高质量发展现场会，成功创建4个全国示范县、17个省级示范县，国家级示范县总数达10个，并列全国第一。交通运输部定点帮扶的小金、黑水、壤塘、色达4个县全部高质量脱贫摘帽；省交通运输厅定点帮扶的沐川县和金口河区脱贫成果得到持续巩固，越西县初步具备脱贫摘帽条件。

（三）交通强省建设规划体系加速完善

完成《四川交通强省总体发展战略研究》等系列研究成果。成功纳入全国第二批交通强国建设试点省份。修编出台《四川省高速公路网规划（2019—2035年）》，创新采用“高速化”公路方式实现全覆盖。开展川藏铁路建设配套公路等方案研究。全面启动“十四五”规划研究。制定实施“五大经济区”交通协同发展实施方案，健全厅领导联系指导机制，下沉开展项目跟进、调研指导、问题反馈、工作调度。

（四）运输服务加快转型升级

成功举办全国取消高速公路省界收费站工作推进会，全面取消剩余9个省界收费站，圆满完成车道改造、门架系统和入口治超安装联调。全省ETC用户数达930万户，安装率80%、居全国第三位。完成货车收费政策调整，清理规范地方性通行费减免政策，全年优惠减免通行费53亿元。省政府印发《四川省推进运输结构调整三年行动计划实施方案》，省交通运输厅与中国铁路成都局公司签订《共同推进多式联运、联程运输发展合作协议》，推动大宗货物运输“公转铁、公转水”。全年完成铁路货运量7 410万吨，比上年增长7%；集装箱铁水联运量4万标箱，比上年增长14%；水路货物周转量305亿吨公里、比上年增长13.3%。成都国际铁路港集装箱铁公水多式联运示范工程上升到国家示范工程。公路货运枢纽（物流园区）覆盖70%以上市（州），综合客运枢纽覆盖95%的高铁站。规范推进新业态发展，新增定制客运试点线路72条，整合网络货运车辆8.6万辆。成德眉资毗邻城市间客运班线公交化进程加快。新（改）建交通厕所336座。建成“司机之家”3个、“五好”高速公路15条。

（五）绿色智慧交通稳步实施

实施打赢蓝天保卫战等5大专项行动，强力推进中央环保督察反馈意见整改，高质量完成长江经济带生态环境警示片问题整改。严格船舶港口污染防控，与省生态环境厅、住房建设厅联合发文加强船舶水污染转移处置监管，全省主机功率22千瓦以上船舶均配备油水分离器。新增和更新城市公交车辆中新能源车比重超过50%。持续深化“交通+旅游”融合发展，完成九黄机场至红原机场公路、国道318线康定至雅江段等示范项目，建成幸福美丽乡村旅游示范路557公里，宣汉县大窝村村道、雅安市名山区至美茶园绿道获评“2019全国美丽乡村路”。普通公路路域环境综合整治持续推进，高速公路路域景观绿化品质全面提升。交通运行监测与应急指挥、市场信用、道路运输、高速公路、航务海事等行业综合管理与服务系统基本建成，灾备中心、物流信息平台、智慧高速、智能公交等项目加快推进，成都绕城、二绕西、雅康等平安智慧高速公路试点初见成效。成功申报“四川省钢管混凝土桥梁工程技术研究中心”等3个科研基地。发布行业标准1项、地方标准8项。合江长江一桥、泸定大渡河大桥分别获得世界桥梁顶尖奖项——乔治·理查德森奖和古斯塔夫·林德撒尔奖。西攀高速公路等4个项目入选“建国七十周年公路交通勘察设计经典工程”。

（六）重点领域改革有序推进

推进综合交通运输管理体制改革，成都、泸州等市已实现“大交通”管理，泸州、甘孜等17个市（州）已出台交通运输综合行政执法改革方案。完成省交通运输厅机构编制事项调整，厅属事业单位行政职能已划转厅机关。推进组建省港投集团，泸州、宜宾、乐山三港整合加速。深化交通投融资改革，发行收费公路专项债券20亿元，四川交通投资基金撬动社会资本投入16.82亿元，通过股权转让、资产证券化等方式经营性项目存量资产逐渐盘活。省政府出台《四川省高速公路“建设—运营—移交”项目管理办法》，成功招商高速公路项目

10个、总里程1 019公里、总投资1 757亿元。深化“放管服”（详见《附录》）和“最多跑一次”改革，取消下放行政许可事项5项；省本级“最多跑一次”改革事项实现全覆盖，绝大部分市县“最多跑一次”改革事项覆盖比例达90%以上；交通运输网上审批服务省市县“一张网”试运行成效显著。建立“一带一路”（详见《附录》）友好稳定战略合作关系，与老挝、孟加拉等国签署合作备忘录。四川交职学院招收“一带一路”国家留学生307名，居全省高职院校首位。

（七）安全生产形势总体稳定

开展平安交通三年攻坚行动和“防风险保安全迎大庆”等专项行动，处置安全生产违法行为3 600余起，排查整治安全隐患7 800余项，新建农村公路安防工程2.1万公里，拆解老旧船舶1 300余艘，安装安全智能防控系统“两客一危”（详见《附录》）车辆3.2万辆，全省交通运输安全生产事故起数和死亡人数比上年分别下降14.9%、13.7%，水上交通、公路管理领域生产安全责任事故“零发生”。圆满完成宜宾市长宁县“6·17”地震、汶川“8·20”强降雨特大山洪泥石流等抢通保通保运任务。建成国家区域性公路交通应急装备物资储备（四川）中心。重要节点、重点时段持续安全平稳，没有发生重大群体性事件。

（八）行业治理能力持续提升

完成《四川省道路旅客运输管理办法》修订，配合省人大出版《〈四川省高速公路条例〉释义》。强化行政执法“三项制度”“四基四化”建设。高速公路“一路四方”联动机制向乡镇一级延伸。深入推进扫黑除恶专项斗争，查处“黑车”和违规经营车辆1.45万辆，取缔地下班线19条；查获高速公路非法营运行为1 425起，追缴高速公路通行费522万余元。修订《四川省高速公路投资人信用管理办法》。在全国率先出台《四川省通行高速公路严重违法失信行为信用联合惩戒管理办法》，建立守信联合激励和失信联合惩戒制度，累计曝光重点监管营运驾驶员3 202名，纳入“黑名单”管理人员272名，对220家交通运输诚信企业实施联合激励。

（九）全面从严治党扎实推进

深入学习习近平新时代中国特色社会主义思想和十九届四中全会精神，深化中心组理论学习、“四好一强”班子和“五好党支部”建设，强化党员积分制管理和党员干部培训，省交通运输厅党组被表彰为“四好一强”领导班子创建活动先进班子、党组（党委）中心组理论学习先进单位。扎实开展“不忘初心、牢记使命”主题教育，形成调研报告118份，高标准推进“8+3+2”专项整治，实施交通运输为民服务解难题、便民服务办实事专项工程。建立内部销号制度，强化巡视、审计、督查等反馈问题整改。深入开展蒲波严重违纪违法“以案促改”。加强形式主义、官僚主义专项治理。开展第二轮对4个直属单位的政治巡察，处理处分27人。开展内部审计和扶贫资金专项审计，强化领导干部经济责任审计。坚持好干部标准，鲜明“四个一线”的用人导向，领导班子和干部队伍结构不断优化。深入实施人才强交战略，2人获批享受国务院特殊津贴，10人分获部省科技英才、育人名师、技术能手等称号。开展建国70周年系列活动。扎实推进传承弘扬“两路”精神十大重点工作，大力宣传其美多吉先进事迹。四川交通6次登上中央电视台《新闻联播》、18次登上《人民日报》等中央主流媒体。省交通运输厅政府网站年度绩效评估位居省直部门前列，政务新媒体被评为“十佳省直部门政务新媒体”，四川交职学院入选中国特色高水平专业建设单位A档。《四川交通年鉴》荣获全国年鉴编纂出版质量评比特等奖。精神文明、职业资格、统战群团、老干部、机关后勤等工作有力推进。

全省交通运输发展工作思路和重点任务

2020年，全省交通运输总体思路：以习近平新时代中国特色社会主义思想为指导，全面落实中共中央、国务院和省委省政府、交通运输部决策部署，坚持稳中求进工作总基调，坚持贯彻新发展理念，加劲加力，创新思路，统筹推进交通运输发展导向、发展方式和发展动力的根本性转变，坚决打赢交通脱贫攻坚收官战，圆满完成“十三五”规划目标任务，奋力推进交通强省建设，确保实现高质量发展，为决胜全面小康、推动治蜀兴川再上新台阶当好先行。主要目标是务必做到“三个确保”和“三个保持”。

——确保“十三五”规划目标全面完成。高质量完成“十三五”规划目标和建设任务，五年全省公路水路投资超过7 000亿元，确保高速公路建成里程超过8 000公里，普通国道二级及以上公路占比超过65%，普通省道三级及以上公路占比超过50%。

——确保交通脱贫攻坚任务全面完成。全省新（改）建农村公路1万公里，完成“畅返不畅”全面整治；全面完成剩余具备条件的13个乡镇、491个建制村通客车任务，试点实施乡村客运“金通工程”，确保高质量完成“两通”兜底目标。补齐藏区彝区交通发展短板，确保全面完成新一轮甘推、凉推规划目标任务。

——确保交通强省建设全面推进。全面贯彻落实《交通强国建设纲要》，制订出台《关于贯彻落实交通强国建设纲要 加快建设交通强省的实施意见》，全面启动交通强国试点示范，实施一批重大工程、重大项目，努力开创交通强省建设新局面。

——保持交通建设投资持续高位运行。2020年全省公路水路建设完成投资确保1 400亿元、力争1 700亿元。其中，高速公路1 000亿元，普通国省干线公路470亿元，农村公路106.5亿元，内河水运38亿元，运输站场及其他专项85.5亿元。

——保持重点项目建设持续高速推进。高速公路确保新开工9个项目、400公里以上，力争新开工600公里以上；确保建成12个项目（路段）、700公里以上，力争再建成德都、绵九高速公路等项目（路段）；新增出川通道3条，总数达24条。普通国省干线新（改）建1 500公里，基本完成地震、泥石流等灾后恢复重建任务。加快推进内河航运、枢纽工程、信息化等重点项目建设。

——保持行业治理能力持续高效提升。聚焦问题短板，深化综合交通运输发展体制机制改革，持续完善行业法规体系、规划体系、政策体系、标准体系，健全应急体系，推动行业治理体系和治理能力现代化建设取得实效。

2020年的交通脱贫和投资建设目标任务已经分解下达各地各项目。受疫情影响，各项工作进度相对滞后。现在到年底满打满算只有275天时间，时间紧、任务重，我们必须突出重点、把住关键，倒排工期、挂图作战，高效组织、昼夜奋战，确保把疫情造成的损失补回来，圆满完成年度各项目标任务。要重点抓好以下八个方面的工作。

第一，抓好交通扶贫脱贫攻坚。一是高质量完成“两通”兜底任务。当前的工作重点要放在查漏补缺上，省交通运输厅已组织厅领导带头，分区分片全面开展挂牌督战。各地要对照验收标准，突出硬化路“畅返不畅”、管养不落实、需要依托国省干线实现通畅、农村客运“通返不通”等突出问题，同步组织开展大排查、大整治，确保6月底前全面高质量完成建制村通客车和“畅返不畅”整治任务，确保“两通”成果经得起检验。二是加快补齐贫困地区交通短板。建成汶马高速公路和国道549线桑堆至乡城段等扶贫项目，全面完成部省扶贫共建协议和新甘推、凉推建设任务，加快全面实现所有州府通高速、州府到县通三级及以上公路。三是努力打造“四好农村路”金字招牌。统筹脱贫攻坚和乡村振兴实施，制订实施农村公路管理养护体制改革方案，全面推行县乡村三级“路长制”，推进农村公路建管措施“四落实”。开展乡村客运“金通工程”试点，“四统一”提升农村客运服务能力和水平。高水平组织第四批“四好农村路”省级示范县创建，支持创建全域示范市。

第二，抓好交通强省建设。一是高质量谋划落实《交通强国建设纲要》。各地要围绕中共四川省委省政府即将出台的实施意见，结合本地实际，进一步细化落实，实现“具体化、项目化”。全面开展交通强国建设试点，高标准打造一批交通强省示范市、示范县。二是高起点谋划“十四五”交通运输发展。加快编制“十四五”综合交通运输规划和各分项规划，研究谋划“十四五”综合交通建设万亿工程，落实到具体项目。全面推进规划项目前期工作，形成梯次合理的项目储备。对于符合条件的项目，省里支持各地提前启动实施。三是高标准开展专项规划研究工作。加强统筹协调，编制完成综合立体交通网规划纲要，加快形成国家和省级公路国土空间规划“1+1+3”规划成果。完成普通省道网规划调整工作。围绕支撑乡村振兴战略实施，统筹结合乡镇建制村行政区划调整，提前介入、加强与民政部门对接，做好农村路网规划调整，有序推进通组道路建设。

第三，抓好国家和省重大战略实施。一是加快成渝交通一体化发展。加快制订成渝地区双城经济圈交通发展三年行动方案，加快成资渝、南潼、泸永等川渝高速公路大通道建设，推进川渝毗邻地区国省道提档升级和城际快速通道建设，强化路网互联互通。加快实现成渝轨道交通和常规公交“一卡通”，推进客运“一票制”、货运“一单制”。大力发展达州至万州港铁水联运、宜宾至重庆“水水中转”班轮，加强港口合作联动，优化长江上游航运资源配置。筹备召开川渝两省市毗邻市县交通发展论坛，共商深化两地交通合作。二是加快对外开放大通道建设。围绕建设西部陆海新通道和内陆开放经济高地，加快马久、宜彝、宜攀沿江等高速公路项目建设，力争建成叙威、攀大、成资渝3个大通道项目；力争新开工古金、开梁、康新、西香等项目，实现出川通道建成和在建达35条。加快推进岷江犍为、龙溪口等航电枢纽建设，持续提升长江上游航运能级。三是加快推进区域交通协调发展。强化厅领导分片联系机制，深化厅地联动机制，持续推进“五大经济区”交通协调发展，确保实现新进展、新突破。成都平原经济区要以成德眉资交通同城化为重点，建成天府国际机场高速公路、成宜高速公路，推进区域客运班线公交化改造和货物跨市运输，加快建设成都国际性综合交通枢纽。川南经济区要加强港口资源整合，大力发展多式联运，加快内自快速通道等市际干线建设，推进内自交通同城化发展。川东北经济区要加快绵苍巴高速公路等重点项目建设，建成巴万高速公路，积极打造东向北向综合交通枢纽。攀西经济区要加快宜攀、西昭、乐西等高速公路建设，推动金沙江航道建设，构建南向开放重要门户。川西北生态示范区要抓好都江堰至四姑娘山山地轨道交通等重点项目建设，加快“交通+旅游”融合发展。四是抓好交通专项工程实施。抓好绵阳广元山区公路改善工程实施，确保年内建成6个主通道项目。抓好川陕革命根据地红军烈士陵园交通专项改善工程实施，力争年内开工建设通江至王坪高速公路。加快推进川藏铁路配套公路实施，加强川藏高速公路前期研究。抓好“8·8”九寨沟地震、白格堰塞湖等交通灾后恢复重建，高标准推进川九路新示范工程等项目。

第四，抓好交通运输供给侧结构性改革。一是加强衔接融合。新开工客运枢纽4个、货运枢纽（物流园区）3个，加快完善综合枢纽集疏运系统，提高运输效率。优化城市交通枢纽、换乘站点布局，推动公路与城市道路等无缝衔接。推动交通运输领域军民融合深度发展。牵头编制完成全省物流发展规划。二是降低运输成本。申报建设第四批国家多式联运示范工程，推进大宗货物运输“公转铁、公转水”。拓展ETC应用场景，优化货车安全快捷通行。加快完善高速公路联网收费系统，认真落实 “绿色通道”等政策措施。三是改进提升服务。建立道路客运“春风行动”常态化推进机制，研究拓展服务范围。全面发展定制客运服务，实现省内二类以上班线定制客运服务全覆盖。新（改）建交通厕所136个，新增7个“司机之家”。建立对口服务机制，提升大件运输许可管理与服务水平。四是增强发展动能。以冷链运输、零担货运、网络货运等为重点，加快培育道路货运龙头骨干示范企业、多式联运企业、门到门承运人企业。推广城乡物流集中共配模式，推进县级城乡共同配送物流体系建设试点。推动跨境道路货物运输发展。五是深化开放合作。加紧与贵州、广西等省市对接合作项目落地，共建西部陆海新通道。落实川港、川欧合作协议，推动与俄罗斯、新加坡等国家交流合作，培育孵化“走出去”名单。

第五，抓好绿色智慧交通融合发展。一是深化“交通+新业态”融合发展。深入推进“交通+旅游”融合发展，加快红色旅游公路、旅游服务区、旅游航道等建设，打造一批交旅融合示范项目，建成一批美丽旅游公路示范工程。深化交通与装备制造产业融合，加快推广应用新能源和清洁能源车船，推动船舶靠港使用岸电，淘汰国三及以下排放中重型柴油货车。扎实开展长江经济带船舶和港口污染突出问题专项整治，全面系统提升船舶和港口污染防治能力，加快推进航运绿色发展。持续实施绿色出行行动计划，推动成都、自贡、泸州、眉山公交都市创建。二是深化“交通+大数据”融合发展。推进“数字交通”建设，加快构建全省综合交通大数据中心体系。启动绕城和成宜高速公路智慧化试点，开展成绵高速公路扩容数字化试点。建成投运高速公路灾备中心。健全完善平安智慧高速公路建设标准体系。加快普通公路治超管理、地灾遥感监测等信息化试点。三是深化“交通+新科技”融合发展。聚焦工程建设、公路管养、行业治理等重点领域，强化关键核心技术攻关研发，做强行业发展技术储备。完成高寒高海拔地区公路工程质量监测与控制科技示范工程。启动马久高速公路高原生态环保科技示范工程。

第六，抓好路网服务保障品质提升。一是提升工程建设品质。围绕宜攀、乐西、绵九等重点项目，推广“四新”技术，研究应用BIM（建筑信息模型）+项目管理，努力打造一批超级示范工程。强化地方铁路建设项目质量安全监管。二是提升路网运行服务品质。完善高速公路服务质量评价工作机制，打造一批高速公路特色服务区。新建普通国省道服务区（停车区）25个。实施国省道路面养护工程1 500公里，建设养护中心（养护站）64座，实现“十三五”迎部检排名升位。实施高等级航道二类维护900公里，保障重点航道畅通。三是提升安全保障品质。健全安全生产责任体系，加强科技兴安，开展坚守工程质量安全红线等专项行动。做好城市轨道交通运营安全监管。健全预警预测和协调联动机制，加强交通防汛减灾和地质灾害防范。抓好信访维稳。

第七，抓好行业治理体系和治理能力建设。一是加强法治建设。加快四川省道路运输条例（修订）和四川省交通建设管理条例等立法进程。强化《四川省道路旅客运输管理办法》宣传贯彻。全面完成交通运输综合行政执法改革。加强行政执法标准化建设。二是推进行业改革。推动综合交通运输体制机制改革。深化交通投融资体制机制改革，完成交通运输领域财政事权和支出责任划分改革，研究健全政府主导、分级负责、多元筹资、风险可控的资金保障和运行管理机制。三是优化营商环境。强化支持民营企业健康发展政策落实，研究出台促进运输服务提质增效政策措施。深化“放管服”改革，推进“证照分离”改革全覆盖试点。深入开展行业扫黑除恶专项斗争，重点整治行业乱点乱象。推进“信用交通省”建设，加强交通运输企业监管，加快构建行业新型监管机制，既要放得开，也要管得好，不断提升行业发展质量和水平。四是扩大社会参与。加强政务信息公开，健全公众参与交通运输重大决策、重大规划的机制，拓宽公众参与交通治理渠道。提高“12328”“12122”等行业热线服务水平，全面提升高速公路客服能力，及时回应群众诉求。

第八，抓好全面从严管党治党。一是全面加强党的建设。深化“不忘初心、牢记使命”主题教育，扎实开展“学用新思想、建功新时代” 主题活动。持续抓好“四好一强”领导班子、“五好党支部”建设等工作，实施支部建设示范工程，全面推进党建与业务深度融合。严格落实意识形态工作责任制，牢牢掌握意识形态工作领导权。二是扎实推进党风廉政建设和机关作风建设。持续抓好巡视反馈问题整改和“以案促改”等工作，加强交通扶贫领域腐败和作风问题专项治理。健全完善内控管理体系，加强项目、资金重点监管，强化落实市、县监管主体责任。持续加强内部审计，强化扶贫资金审计。传承弘扬交通铁军精神，锤炼优良工作作风。三是大力加强干部队伍建设。聚焦交通强省建设，选优配强各级班子，加强干部教育培训和人才培养，加强优秀年轻干部队伍建设。研究组建行业新型智库组织，强化决策支撑。大力发展现代交通运输职业教育，建设优质院校。四是提升行业发展软实力。实施进一步提升交通运输发展软实力专项行动，持续深化思想政治教育（意识形态）、核心价值践行、宣传舆论引导、文化建设示范、行业文明创建等六大工程建设。做好史志年鉴、职业资格、统战群团、老干部和后勤服务保障等工作。

（该文为交通运输厅党组书记、厅长罗佳明及厅党组副书记、副厅长张琪在2020年4月1日全省交通运输工作会议上的讲话摘要）

概况

GAI KUANG

2020

四川交通年鉴

四川概况

SICHUAN GAIKUANG

区　位　**地理区位**　四川古称巴蜀，简称蜀。地理位置东经97° 21＇～108° 31＇，北纬26° 03＇～34° 19＇，东西长1 075公里，南北宽921公里，东邻重庆，南连贵州、云南，西靠西藏，北接陕西、青海、甘肃。辖区面积48.5万平方公里，占全国土地总面积的5.05%，居新疆、西藏、青海、内蒙古之后，列全国第五位。四川以其独特的地理环境、丰富的自然资源以及开发较早的农耕经济而享有“天府之国”的美誉。

经济区位　四川四面环山，气候多样，资源和物产富足，历来是中国西部地区具有重要经济地位的省份。四川虽然存在不沿边、不靠海的先天不足，但亦有其独特条件和巨大潜力：从地理位置来看，四川作为西部10个省（自治区、直辖市）之一，与除新疆、宁夏外的其他7个省（自治区、直辖市）接壤，是中国西部地区人流、物流、信息流的重要通衢，是云、贵、藏、青、甘等省（自治区）经济发展的重要依托，是西南、西北和中部地区的重要连接点；从区域市场来看，四川是西部特别是西南地区各种经济要素和商品的重要集散地；从交通条件来看，四川是承接华南、华中，连接西南、西北，沟通中亚、东南亚的重要交通交会点和交通走廊。四川特有的区位优势，使四川有条件成为辐射国内市场和“一带一路”国际经济格局的西部经济高地。

地貌特征　四川境内有青藏高原、云贵高原、横断山脉、秦巴山地和四川盆地五大地貌单元，地势西高东低，高差悬殊。以龙门山、邛崃山和大凉山主脊线为界，四川地貌可分为两大区域：东部是盆地，西部是大幅隆起的高原和山地。东部盆地周边山地海拔1 000～3 000米，盆底海拔200～750米，属中国地势划分的第二阶梯上相对凹陷部分；西部山地海拔多在4 000米以上，属中国地势划分的第一阶梯。四川山脉连绵，江河纵横。其盆地东南缘，长江两岸海拔在250米左右，西部的贡嘎山主峰海拔为7 556米，高差超过7 300米。

四川泸沽湖　　　　厅史志总编室　供图

地貌类型复杂多样是四川地貌的另一大特征。平原、丘陵、山地和高原4种内陆地貌类型齐全。平原分布于盆地西部及河流两岸；丘陵分布于盆地中部及盆东平行岭谷底部；山地主要分布于凉山州、甘孜州、阿坝州的东南部，高原分布于川西北的甘孜州和阿坝州境内。

气候特征　四川地处亚热带地区，东、西部地貌差异显著，气候复杂多样，尤以气候垂直特征明显，为中国气候带最多的省区之一。其中，川西高山峡谷地区以亚热带气候为基带，从下至上依次呈现暖温带、温带、寒温带和永冻带气候特征。这种复杂多样的气候为四川农业的发展提供得天独厚的优越条件。

四川气温差异显著。根据热量、降水、日照的差异，大致可分为东部盆地、川西高原和川西南山地三大区域。东部盆地年平均气温在14℃～19℃之间，春季气温回暖早，夏季长但少酷热，秋季低温来得早，冬季温暖而少霜雪；川西高原地区年平均气温低于8℃，气候垂直变化明显，气温低，多霜雪，雨量小，日照丰富；川西南山地谷地年平均气温在15℃～20℃之间，山地年平均气温在5℃～15℃之间，冬暖夏凉，四季不分明。

资　源　**土地资源**　四川辖区面积48.6万平方公里。四川土壤类型丰富，垂直分布特征明显。平原、丘陵主要为水稻土、冲击土、紫色土等，是农作物的主要产区。高原、山地依海拔高度分别分布不同土壤，其中多数有利于多种作物的生长。占比重较大的紫色土富含钾、磷、钙、镁、铁、锰等元素，土质风化度低、土壤发育浅、肥力高，极利于农业生产。四川湿地资源极其丰富，主要类型有河流湿地、湖泊湿地、沼泽和沼泽化草甸湿地及库塘湿地四大类。九寨沟高山湖泊群湿地、若尔盖高原泥炭湿地、黄龙钙化湿地群、泸沽湖湿地等湿地景观闻名全球。

水资源　四川大部分地区位于亚热带季风气候区，雨量充沛，河流水系发育良好，地表水、地下水和重复水储量巨大，其中以河川径流量最为丰富。境内流域面积50平方公里及以上河流共有2 816条，号称“千河之省”。水资源总量约2 616亿立方米（其中地下水资源量616亿立方米），为长江径流三大补给区之一。其中，岷江年径流量900亿立方米，为长江各大支流之冠。四川充足的水资源所蕴藏的水能，占全国四分之一。

四川甘孜州贡嘎山风景　　厅史志总编室　供图

生物资源　四川复杂的地形结构、气候类型和充裕的雨水为多种生物的生长繁衍提供了良好的自然条件，成为连缀华中、西南和青藏高原三大动植物区的走廊地带，古今动植物同存，数量种类繁多，素有“中国植物缩影”和“物种富乡”之誉，为全球25个生物多样性热点地区之一。仅高级植物就有1万余种，占中国植物总类的三分之一，居全国第二位，其中国家重点保护植物达63种。四川还是药用植物的主要产地和油料植物的生产基地，经济林木的栽培历史悠久。四川境内的野生动物种类占全国的46.4%，居全国第二位。其中有脊椎动物近1 300余种，占全国的45%以上。全省有国家一级保护动物32种、二级保护动物113种，分别占全国的34.3%和40.1%。举世闻名、被誉为“国宝”的大熊猫就主要生活在四川。四川毛皮用动物和药用动物种类繁多。全省雉类资源亦极为丰富，雉科鸟类达20种，占全国雉科总数的40%，其中有许多珍稀濒危雉类，如雉鹑、四川山鹧鸪、绿尾虹雉等。

矿产资源　四川地质构造复杂，地层发育完整，成矿条件有利，是中国少数矿藏资源极为丰富的省份之一。全省矿产种类齐全，储量丰富，已查明资源储量的矿种、矿区分别为101种和1 906处，其中有43种矿产的保有资源储量位居全国前五位。全省矿产资源分布相对集中，区域特征明显，地域组合较好，伴生矿种多，易于开采冶炼，为西部乃至全国的矿物原材料生产和加工大省。

旅游资源　四川拥有秀美的山川和独特的人文景观，是中国旅游资源种类繁多、门类齐全的省区之一。有世界自然与文化遗产5处。其中，自然遗产3处（九寨沟、黄龙、四川大熊猫栖息地），自然和文化双重遗产1处（峨眉山—乐山大佛），文化遗产1处（青城山—都江堰）。列入联合国“世界生物圈保护区”的4处（九寨沟、卧龙、黄龙、稻城亚丁）。国家级风景名胜区15处，省级风景名胜区79处，国家5A级旅游景区12个，中国优秀旅游城市21座，国家历史文化名城8座，自然保护区166个，其中，国家级自然保护区31个。卧龙、蜂桶寨、喇叭河、草坡、鞍子河、黑水河6个大熊猫自然保护区作为大熊猫世界自然遗产地最精华区域进入《世界自然遗产名录》。森林公园137处，其中，国家级森林公园44处。已发现地质遗迹220余处，有世界级地质公园3处，国家级地质公园18处，其数量居全国前列。

人口民族宗教　四川是中国人口大省。2019年，人口出生率10.7‰；人口死亡率7.1‰；人口自然增长率3.6‰。年末常住人口8375.0万人，比上年末增加39.0万人。依经济发展水平和自然条件差异，人口分布呈东多西少特征。

四川民族众多。除汉族外，还有55个少数民族，其中世居少数民族有彝族、藏族、羌族、苗族、回族、土家族、纳西族等14个。四川拥有中国最大的彝族聚居区、第二大藏族聚居区、唯一的羌族聚居区，为全国第五大少数民族聚居的省份。

四川有佛教、道教、伊斯兰教、天主教、基督教5种宗教。佛教、道教分布较广；川西高原上的甘孜州、阿坝州和凉山州木里县是藏族聚居地，居民信仰藏传佛教；信仰伊斯兰教的回族群众主要分布在川西北和川西南的阿坝州、凉山州等地区；天主教、基督教的信众多分布在长江沿线的大中城市及农村。

历史沿革　四川是中国古人类文化发源地之一，也是中国经济开发较早的地区之一。旧石器时代晚期，中国境内最早原始人类之一的资阳人就生活在四川，并使用旧石器从事生产。古史传说的“蚕丛时代”即指四川古人类以养蚕著称的时代，“蜀”之得名亦与之有关。从新石器时代晚期到青铜器时代，两个较大的奴隶制国家——巴国和蜀国的人民就在今四川盆地东部和西部辛勤垦殖，创造了灿烂的“巴蜀文化”。20世纪80年代后期，广汉三星堆、新津宝墩、都江堰芒城、郫县古城、温江鱼凫城、成都金沙等一系列考古发掘证实，早在距今4800—4000年左右的成都平原，已逐渐形成分布密集、规模庞大的古城群。

公元前316年，秦并巴、蜀，分置巴郡和蜀郡。战国秦昭王时，蜀守李冰父子兴建都江堰，灌溉成都平原，农业迅速发展，四川至今仍受其惠。秦末，刘邦以巴蜀为战略后方，出兵关中，建立汉朝。汉武帝元封五年（公元前106年），以今四川地域为中心，置益州，故四川又有“益州”之称。两汉时期，四川经济进一步发展，文翁兴学，开创西汉一代官学制度；牛耕、铁农具普遍使用，蜀酒已有特色；工矿业、手工业、商业相当发达。成都与洛阳、邯郸、临淄、宛城同为五都之一，世称“西都”。221年，刘备建立蜀汉政权，定都成都。263年，蜀汉为魏所灭。两晋南北朝期间，四川多次卷入战祸，经济一度衰落，但战乱较北方为轻，其间先后出现较为安定的时期，故时有“天下多乱，惟蜀得免”之说，不断有人入蜀避乱，并带来技术和资财，为四川经济的再次发展提供有利条件。隋炀帝大业三年（607年），废州置郡，实行郡县二级制，设蜀、巴等24郡。唐太宗贞观元年（627年），分全国为十道，巴蜀地区属剑南道、山南道和江南道。其时四川经济再次进入发展的高潮，成都平原成为全国最发达的地区之一，时称“扬一益二”。907年，王建建立前蜀；934年，孟知祥建立后蜀。965年，北宋平蜀。宋真宗咸平四年（1001年），改川峡路为益州路（后改为成都府路）、梓州路（后改为潼川府路）、利州路和夔州路，合称“川峡四路”，“四川”之名即由此而得。宋代是四川经济文化又一个大发展时期，确立都江堰岁修制度并沿袭至今，设置“茶马司”以茶易马，其蜀锦、

四川阆中观星楼　　厅史志总编室　供图

麻纸、印刷和刻书均居当时先进行列，深井钻凿技术更是领先世界，交通运输和商业也较发达，世界上最早的纸币——交子始现成都，成都地位仅次于汴京和临安，被誉为“名都乐园”。元朝在各地置行中书省。至元二十三年（1286年），合并川峡四路置“四川等处行中书省”，简称“四川行省”，此为四川建省之始。1363年，红巾军将领明玉珍在重庆称帝，国号大夏。1371

年，明军灭大夏，统一四川。1644年，明末农民起义军首领张献忠由湖广溯江而上，在成都建立大西政权。1646年，大西政权灭亡。清朝对四川采取一系列休生养民政策，使四川经济得以迅速恢复并发展，其中“湖广填四川”和“改土归流”政策影响尤为深远。其时红苕、玉米等新型粮食作物普遍种植，烟叶、蚕丝业继续发展，糖、酒业逐步兴盛，特别是以自贡为中心的盐场具有相当规模。

民国初年，四川出现长达近20年的军阀混战局面。第二次国内革命战争期间，中共四川省委先后组织领导20次武装起义。1932年，红四方面军主力入川，建立川陕革命根据地。抗日战争时期，四川成为抗日大后方和中国抗日的兵源、财源、粮食和物资基地。1949年12月，四川解放。1950年，四川划分为川西、川东、川北、川南4个行署和重庆直辖市。1952年，四川恢复省制，重庆由直辖市改为省辖市。1955年，西康省撤销，金沙江以东各县并入四川。1997年，重庆又改设为直辖市。至2019年，四川省共有地级行政区划21个，其中副省级市1个、地级市17个、民族自治州3个；有县级行政区划183个，其中市辖区54个、县级市18个、县107个、民族自治县4个。

经济建设 四川经济开发较早，历史上就以畜牧农耕、凿井煮盐、养蚕织锦著称。近年来，四川遭受“5·12”汶川特大地震、“4·20”芦山强烈地震、“8·8”九寨沟强烈地震以及特大山洪泥石流等重大自然灾害，又经历国际金融危机和国内经济下行，面对复杂经济形势、多重矛盾交织、自然灾害频发的严峻考验，中共四川省委、省政府带领全省人民坚持以习近平新时代中国特色社会主义思想为指导，深入学习贯彻党的十九届五中全会精神和习近平总书记对四川工作系列重要指示精神，认真贯彻落实省委十一届七次、八次全会决策部署，统筹推进“五位一体”总体布局，协调推进“四个全面”战略布局，沉着应对多重困难挑战，牢牢把握稳中求进工作总基调，始终保持专注发展定力，统筹做好稳增长、促改革、调结构、惠民生、防风险各项工作，深入推进“一干多支、五区协同”“四项拓展、全域开放”重大战略部署，经济社会发展取得新成绩，治蜀兴川呈现新局面。2019年，全省实现地区生产总值46 616亿元，比上年增长7.5%。全年地方一般公共预算收入4 070.7亿元，同口径增长7.7%。全年全社会固定资产投资比上年增长10.2%。社会消费品零售总额20 144.3亿元，增长10.4%。城镇居民人均可支配收入实现36 154元，增长8.8%；农村居民人均可支配收入实现14 670元，增长10%。居民消费价格上涨3.2%。

2019年9月30日，赤水河红军大桥顺利建成 陈 龙 摄

四川工业门类齐全，发电量、天然气等产品产量均居西部各省（直辖市、自治区）第一位，机械、电子等行业在全国占有重要地位。2019年，全省规模以上工业企业资产总计49 024.52亿元，企业单位数14 599个，营业收入44 125.23亿元，利润总额3 036.89亿元。电子信息、装备制造、食品饮料、先进材料、能源化工五大支柱产业实现营业收入3.9万亿元，比上年增长11%，电子信息产业营业收入率先突破1万亿元。制定推进数字经济发展的指导意见，5G、大数据、区块链、超高清视听等产业加快发展，成功获批国家数字经济创新发展试验区。出台推动四川建筑业高质量发展的实施意见，建筑业总产值达1.76万亿元。

四川现代农业体系初步形成。2019年，召开全省建设现代农业产业体系推进会，出台加快建设现代农业产业体系推进农业大省向农业强省跨越的意见，第一产业增加值增长2.8%。突出抓好现代农业园区建设，考核评定35个省级星级现代农业园区。建成高标准农田26万公顷，油菜籽产量继续保持全国第一。

四川是西部最大的市场和物资集散中心，商业机构门类齐、网点覆盖面广，为全国贸易大省。2019年，深入实施消费升级行动计划，出台《四川省完善促进消费体制机制实施方案》，消费基础性作用不断增强。城镇消费品零售额15 830.2亿元、增长10%，乡村消费品零售额4 314.1亿元、增长11.6%。深入推进市场拓展“三大活动”，组织14万余家企业开展活动超过1.2万场次，成交额近8 000亿元。诚信示范商业街区建设有序推进，重点商品销售保持较快增长，网络消费、体验消费、智能消费等新业态快速发展，“双十一”当天，全省实现网络零售额240.4亿元，增长30.1%。

成宜高速公路双古互通　　厅史志总编室 供图

四川招商引资和经贸合作取得重大成果。积极开展“外贸促进三年行动”，全省货物出口额3892.3亿元、增长16.8%，总量居全国第8位。积极参加第二届中国国际进口博览会，成交额23.9亿美元、比上届增长24.5%。全年实际利用外资突破124.8亿美元、增长13%，总量居中西部第一，引进到位国内省外资金10 955.1亿元、增长4.4%。在川落户的世界500强企业新增5家、达到352家，其中在川落户的境外世界500强企业247家。

四川立足省情，积极推进旅游产业由资源优势向经济优势的转变，并将其作为支柱产业之一予以重点培育，提出发展大旅游、建设旅游经济强省的目标，制订一系列促进旅游业加快发展的政策措施，推动旅游业较快发展。2019年接待国内游客7.5亿人次，国内旅游收入11 594.32亿元。接待入境游客414.78万人次；实现旅游外汇收入20.2亿美元。全年实现旅游总收入11 594.32亿元。

开放通道建设扎实推进。主动对接国家西部陆海新通道总体规划，编制形成加快西部陆海新通道建设实施方案，与13省（自治区、直辖市）签订合作共建西部陆海新通道框架协议。全年开行中欧班列（成都）1 551列、连续4年居全国第译，综合重载率86.4%、同比提高20.7个百分点。着力打造陆海互济的对外经济走廊，出川大通道达34条。成贵高铁建成投运，成自宜高铁、渝昆高铁、汉巴南铁路南巴段开工建设，川藏铁路雅林段、成南达万高铁、西成铁路、西渝高铁前期工作取得重大进展。泸州至重庆荣昌等高速公路推进顺利，成都至绵阳扩容等8条高速公路开工建设。全省铁路运营里程超过5 200公里，其中高速铁路1 250公里，高速公路通车里程约7 500公里。嘉陵江利泽航运枢纽开工建设，岷江港航电综合开发稳步推进，全省四级及以上航道达1 532公里。成都国际航空枢纽加快建设，双流国际机场年旅客吞吐量达5 585万人次，国际（地区）通航航线达126条、居中西部第一。巴中恩阳、甘孜格萨尔、宜宾五粮液机场建成通航，全省民用运输机场达15个。

四川形成以微波、光纤、卫星、程控电话、无线寻呼、图文传真等组成的现代通信体系。2019年四川邮电业务总量5 602.8亿元。其中，邮政业务总量447.8亿元；电信业务总量5 155.0亿元。年末固定电话用户1872万户，移动电话用户9 444万户。

科技文化教育　2019年，全省科技成果登记项目数965项。其中，国际领先26项、国际先进173项、国内领先357、国内先进183项。全省专利申请量131 529项。技术合同成交金额1 200亿元。

悠久的历史赋予四川兼容并蓄、追求和谐的文化传统，灿烂夺目的古蜀文明为四川社会主义先进文化建设积淀了丰厚底蕴。2019年，四川大剧院、城市音乐厅等建成投用，《中国机长》《哪吒》等四川元素电影热映。全省电视综合覆盖率98.8%，广播综合覆盖率97.8%，县级融媒体挂牌120家。第十八届世警会成功举办，全省在第二届全国青运会上获得71枚金牌、63枚银牌、73枚铜牌。

四川已形成初等教育、中等教育、高等教育相互衔接，普通教育、职业教育、特殊教育协调发展的教育体系。2019年，全省有各级各类学校24 558所，在校生1 498.6万人，专任教师数教职工91.8万人。有普通高校129所，普通本科招生52.5万人，在校生166.1万人，毕业生40.2万人。

（本栏目撰稿人：交　鉴　岑　松）

（本栏目资料和数据主要参考《四川统计年鉴》2020卷及相关部门官方网站）

四川交通历史与现状

SICHUAN JIAOTONG LISHI YU XIANZHUANG

古代交通 **陆路交通** 商周时期，巴蜀地区陆路交通就有所开拓。“武王伐纣，蜀亦从行”（《华阳国志·序志》），“武王伐纣，实得巴蜀之师”（《华阳国志·巴志》）。在广汉三星堆和成都金沙遗址，出土了与中原地区玉器形制完全相同的玉璧、玉璋、玉琮等。证明四川盆地与外界已有密切的联系。在《蜀王本纪》和《华阳国志·蜀志》中保存的五丁开山、石牛开道、武都担土、山分五岭等神话传说，正是巴蜀先民辟山开道的有力说明。

古代巴蜀与中原地区的联系要翻越秦岭和大巴山，故交通道路的开辟多选择在河谷，并修栈道以克服艰险。穿越秦岭的古道有4条：陈仓道、褒斜道、傥骆道、子午道；穿越大巴山的古道有3条：剑阁道、米仓道、洋巴道；从渭水上游翻越秦岭西段和岷山的通道有2条：仇池道和阴平道。

罗江白马关古道　　厅史志总编室 供图

秦汉三国时期，是古代巴蜀交通大发展并形成基本格局的时期。陆路交通最大的变化是，相当一部分道路，由过去只能供人、畜行走的窄道，转为可通马车的大道。两汉时期，蜀中较为重视修治道路。官府或征调民力大规模治路，或私人捐款修路建桥，并勒碑石记其事，一时蔚为风气。

巴蜀地区的交通，在前代奠定的基础上，经过南北朝和隋唐时期的发展，有了较大改善。州县之间，道路相通，往来便捷，北经关中，可以直入长安，达于中原。

宋代，成都到长安的川陕干道，仍是四川主要的陆路交通干线。该路经汉州（今四川广汉）、绵州（今四川绵阳）、剑州（今四川剑阁）、过剑门关而达利州（今四川广元），再经金牛道而达兴元府（今陕西汉中）。此外，由阆州、巴州而到汉中的米仓道，是四川通往陕西的另一条重要陆路干线。

元朝十分重视交通建设，在全国广阔的领域建立“站赤”制度，首次在西南边疆省区设置站赤。“元制站赤者，驿传之译名也。”（《元史·兵志》）陆站以成都辐射全川，有的达于外省，历史形成的几条主要交通干线基本沿用，个别有所调整。明代四川陆路交通在元代基础上进一步改善和发展，特别是藏族地区的交通发展，从此改变历史上由甘肃、青海入藏为主要通道的格局。

清代四川驿站，沿袭明制。驿站分东南西北四路，驿站管理以驿丞专司和地方州县管理两种形式进行。清代四川交通的一项突出成就，是康熙四十五年（1706年）建成川藏交通的大渡河上第一桥——泸定铁索桥。在技术方面，巴蜀先民最突出的创造，就是在高山峡谷地带发明栈道建设技术。栈道有石栈和木栈两种，《四川通志》载："考此特殊工程，有木栈与石栈之分。木栈施于森林茂盛山地，系斩伐原始森林，铺木为路，或杂以土石。石栈则施于悬崖绝壁，无径可通之处，或缘岩凿孔，插木为桥。"蜀人在交通技术方面的另一贡献就是发明索桥。川西山区河流湍急、峡谷深陷，建桥相当困难，当地人民因地制宜发明索桥，其制虽艰，但往来迅速，行旅方便。由于四川古代造索桥系用竹索，所以也称笮桥，其后演进，有溜筒等形制。

四川古道交通的嬗变与演进，绵延3 000余年。至20世纪初引进欧美汽车和筑路新技术为标志的公路交通出现，始有质的变化。古代道路交通与近代公路交通，是历史发展过程中的两个不同阶段，四川古道交通，对促进区域内外经济和文化交流，社会发展作出巨大贡献，也为近现代四川公路、铁路交通建设，提供有益的借鉴。

水路交通 四川内河航运历史悠久。据《尚书·禹贡》记载，蜀国运往夏王朝的贡品，即沿嘉陵江转汉水、渭水、黄河而达夏都。战国时期，长江逐步发展成为进出川的重要交通路线。《史记·张仪列传》记载："秦西有巴蜀，方船积粟，起于汶山，浮江已下至楚三千余里。"西汉以来，巴蜀造船技术发展迅速。唐宋时期，商品运输繁盛，万斛之舟来往于成都、维扬（今扬州）之间。清代，四川航运又有发展。重庆开埠以后，西方列强带来轮船和治河技术，四川内河航运开始变革，轮船运输业兴起。总体而言，四川内河航运仍依赖自然河道通航，天然港口靠船，航道缺乏整治，港口疏于建设，船舶修造工业薄弱，四川内河航运业仍十分落后。

现代交通 **公路交通** 四川公路交通始于1913年，川督兼民政长胡景伊倡修成都至灌县（今都江堰市）马路，至1925年冬建成，长55公里，次年开行汽车。1925—1949年，为四川公路交通初创阶段。20余年间，川、康两省建成公路8 742公里，但不少公路晴通雨阻。全省仅有汽车4 000余辆，由于公路和汽车数量少，全省陆路交通大部分地区仍依靠人力和畜力运输。

20世纪50年代，四川集中力量修建成阿、沐石、宜西、东巴、川藏等干线公路，少数民族地区交通状况大为改观。1958—1965年，国家对公路建设实行"依靠地方、依靠群众、普及为主"的方针，四川出现全民修路的热潮。各地新（改）建一批国防、经济干线，修通一批支农和调运"死角粮"的公路，新（改）建一批支援"三线"建设的重点公路和林业专用公路，公路数量大幅度增长。全省新建公路17 900公里，是"一五"时期总和的3倍还多；新增通汽车的县城40个；新建大中型桥梁34座，改渡为桥28处，基本形成以国省干线公路为骨架，以县乡公路、机耕道、架车路、驮运路为纵横经络的道路网。

1966—1976年，四川除白玉、得荣两县外，各县均通汽车。通车的人民公社达全省人民公社总数的75.5%；全省新建各种大桥295座44 072米，并建成第一座混凝土斜拉桥和主孔跨径116米的九溪沟石拱桥。

20世纪80年代，中共四川省委、省政府提出要像抓农业那样抓交通，并要求"全省动员、各方出力、艰苦奋斗，支援交通建设"。由眉山倡导并推广到全省的公路加宽改造，拉开公路技术改造的序幕，四川公路建设开始从"数量型"到"质量型"的转变。这一时期，四川公路建设的特点是既重视公路建设的数量，又强调公路的质量，尤其重视高等级公路的发展。通过多渠道筹集建设资金，在加宽干线公路，改造大中城市进出口公路，兴建高等级公路，修建大型公路桥梁，加快老、边、少地区的公路建设，加强已成公路的养护，建设"标美路"等方面做出显著成绩。1988年，全省实现县县通公路。

至1990年底，全省公路总里程达9.7万公里，居全国第一位，其中建成二级以上高等级公路717公里。5年新建和改造山区公路1万公里，新建桥梁1 820座6.9万米。重点整治干线油路700公里，建成标美路1 700公里、整形路4 100公里，公路好路率由1985年的37%提高到56.8%。公路运输站点进一步向农村延伸，全省1万多个公路运输站点的85%均分布在县城和县以下广大农村。

"八五"期间，通过采取"以工代赈""公路建设大包干"和开展"交通发展年"等活动，全省新（改）建公路10 458公里，公路总里程达100 724公里。其中，等级路59 707公里、二级以上高等级公路2 876公里。公路好路率从"七五"期末的56.8%提高到74.2%。全省新（改）建县级以上汽车站111个。"八五"期间四川公路建设最突出的成果，是1995年9月建成通车的全长340.2公里的成渝高速公路。该路的建成结束四川没有高速公路的历史，对四川及整个西南地区经济社会的发展具有重大意义。内宜高速公路、二郎山隧道、万县长江大桥、涪陵长江大桥等重点建设项目的相继开工，成绵高速公路的部分通车，都是"八五"期间公路建设取得的重大成就。

"九五"期间，四川交通抓住国家实施西部大开发战略的契机，以空前的建设规模和超常规的发展速度，取得瞩目成就。全省以高速公路为主骨架的三级路网建设取得突破性进展，除建成成绵、成都城北出口、成都机场、内宜、成乐、成灌、国道108线西昌泸沽至黄联关段、隆纳、成雅、达渝罗江至大竹段、广邻等11条高速公路外，还有在建高速公路500公里。至2000年底，行政区划调整后的四川，公路总里程达108 529公里，居全国第二位，其中高速公路通车里程1 000公里，居西部第一、全国第六；二级以上公路9 000公里，比1995年净增6 617公里；高级、次高级路面铺装率33%，比1995年提高14%。全省99%的乡和86%的村通公路，基本形成以成都为中心、以国省干线公路为骨架，连接城乡、沟通山区、贯通相邻省（自治区、直辖市）的公路交通网络。

“十五”期间，四川交通发展任务重，投资规模大，增长速度快，建设质量好。主要表现为：全省交通基础设施建设完成投资751.6亿元，比“九五”期间增长59%，超过新中国成立至“九五”期末完成投资的总和；建成成南、绵广、南广、达渝、成都绕城、成彭、成温邛等759公里高速公路，高速公路通达17个市（州）；全面完成47个项目、4 276公里三州通县油路建设任务，使三州州府所在地与各县城间全部以油路相连，行车时速平均提高1倍以上，实现三州交通事业一步跨越20年。至2005年底，全省公路总里程达11.5万公里，比“九五”期末增加2.4万公里。其中，高速公路通车里程1 759公里，新增759公里；二级以上公路1.3万公里，新增4 000公里；公路密度为每百平方公里23.5公里，增加5公里；高级、次高级路面铺装率42%，提高7.6个百分点。

“十一五”期间，按照中共四川省委九届四次全会确定的建设西部经济发展高地的战略定位和构建西部综合交通枢纽的战略部署，四川交通发展的主要任务是构建枢纽、打开通道、完善路网、支撑高地，变“蜀道难”为“蜀道通”。其具体目标：一是确保到2012年全省高速公路通车里程达到3 500公里，力争超过3 800公里；建成12条出川高速公路通道，初步形成贯通南北、连接东西、通江达海的西部公路交通枢纽，实现成都与周边多数省市中心城市朝发夕至，形成北抵环渤海、东达长三角、南至珠三角和北部湾等经济区及出海港口的22小时公路交通圈。二是到2012年基本完成7个干线公路出川通道和九寨、川东北、川南、川中、川西5条经济环线的改建任务，并改造国省干线公路8 348公里，力争实现全省国省干线公路中二级以上公路达到1.6万公里，占国省干线公路总里程的80%。三是加快实施“十一五”农村公路规划内剩余5万公里的农村公路建设任务，并到2011年改建农村断头公路17 355.8公里，使内江、眉山、攀枝花、遂宁、资阳、自贡、宜宾、广安等8个市提前实现 “油路到乡、公路到村”，眉山、自贡、遂宁、内江等平原微丘地区实现60%的村通水泥（油）路。四是加快实施国家公路运输枢纽总体规划和市县两级公路运输站场布局规划，力争超额完成建成1 700个农村客运站的“十一五”规划目标。

雅康高速公路对岩枢纽互通　　厅史志总编室 供图

“十二五”时期，全省交通运输系统紧紧围绕构建畅通安全高效的现代综合交通运输体系总体目标，努力克服重大自然灾害和宏观经济下行等多重考验，开拓创新，砥砺奋进，迎来历史上发展速度最快、发展质量最好、发展成效最佳的时期，实现基础设施由“补欠账”到“促发展”，服务水平由“保基本”到“上档次”的重大转变，取得投资总量（6 081亿元）、BOT招商融资总量（1 774亿元）、高速公路新增通车里程（3 335公里）、公路网总里程（31.5万公里）、农村公路总里程（26.8万公里）和新（改）建里程（11.6万公里）、安保工程建设规模（2.44万公里）、争取交通运输部补助资金（949亿元）等多项指标在全国领先的优异成绩，为全省实施“三大发展战略”、实现“两个跨越”提供有力保障。

2015年是“十二五”规划收官之年，全省交通运输系统认真贯彻中共四川省委、省政府的决策部署，圆满完成各项任务。一是完成投资再创新高。全年完成投资1 305亿元，超过上年水平，继续位居全国第一。二是脱贫攻坚开局良好。研究制订总投资2 450亿元的精准扶贫专项方案和《大小凉山地区交通建设推进方案》等3个攻坚方案，为打好交通脱贫攻坚战奠定了良好基础。三是重大项目有力推进。绵西、营达等4条高速公路、长江宜宾至重庆航道“三升二”单滩整治、岷江港航电综合开发犍为枢纽等项目开工建设，成都二绕东段等9个高速公路项目506公里建成通车，全省高速公路通车里程突破6 000公里。四是普通公路加快发展。新（改）建国省干线公路2 400公里、农村公路2.6万公里，全面超额完成中共四川省委、省政府确定的民生工程目标任务。国省干线公路路况和管理养护水平不断提升，路面使用性能指数（PQI）提升到87.5，迎接交通运输部检查工作实现排名升位。五是灾后重建快速推进。国道108线雅安至荥经段、国道318线雅安至二郎山段和3条经济干线公路基本完成重建，国道351线多功至芦山县城段建成通车，农村公路累计建成1 390公里，为规划目标的96%，汽车客运站和水运项目全部完工。国道213线映秀至汶川段全面开工建设，省道303线巴朗山隧道全线贯通，绵茂路汉旺至清平段基本建成。六是服务能力明显提高。高速公路ETC用户突破110万，日均通行超过26万辆次。改造高速公路收费站26处，4对高速公路服务区被评为全国百佳示范服务区，19对服务区被评为全国优秀服务区。泸州市入选交通运输部综合运输服务示范城市建设。港口集装箱吞吐能力较上年新增33万标箱，完成集装箱吞吐量62万标箱，比上年增长40%，其中铁水联运集装箱吞吐量2.5万标箱，比上年增长125%。七是安全形势稳中向好。大力开展道路交通安全综合整治深化巩固年行动，超限5吨以上货车违规进入高速公路数量大幅下降，普通公路超限率控制在4%以下，行业重大以上生产安全事故“零发生”。八是改革创新不断深化。积极推进9个方面30项改革工作，通过政府购买服务方式筹措交通建设资金，交通运输部PPP试点项目国道0511线德阳至都江堰段已签订投资协议及特许权协议。九是依法行政持续推进。推动出台《四川省高速公路条例》和《四川省港口管理条例实施办法》，研究完善7个方面32项管理制度。清理公布部门权力事项，启动行政审批网上服务平台建设。

2016年，省市合力推进138个交通重点项目建设，雅康、汶马等高速公路项目进展顺利，成安渝高速公路重启建设并实现二绕至省界段建成通车，全年建成高速公路项目6个、503公里，高速公路通车总里程达到6 519公里，提升三个位次跃居全国第二；绵九、峨汉等群众期盼已久的11个高速公路项目开工建设，新开工里程1 013公里、总投资1 490亿元，成功招商项目9个、1 055公里、引进社会投资1 500亿元，均超过2012年来4年总和；全省高速公路建成和在建里程超过8 600公里。加快推进普通国省道提档升级和大中修工程，完成新（改）建2 200公里、大中修2 000公里，全省普通国道二级及以上比重达到57%。汶川地震灾后发展振兴重点项目映秀至卧龙公路、巴朗山隧道及绵茂路汉旺至黑滩隧道段建成通车，雅安乐英至夹金山等芦山地震灾后重建“3+5”干线公路项目全部建成通车。

2017年，全省高速公路实现市（州）全通达。雅康高速公路雅泸段等7个项目（路段）、301公里建成通车，全省高速公路通车总里程达6 820公里，甘孜藏区结束不通高速的历史。成都至宜宾等12个项目、1 396公里开工建设，总投资2 391亿元，年度新开工项目里程和投资规模均创历史之最。宜攀高速公路单体投资（886亿元）创全国之最。全省高速公路建成和在建总里程达到9 785公里。普通国省干线公路建设成就超级工程。世界海拔最高的特长公路隧道国道317线雀儿山隧道建成通车，打通川藏北线的最大瓶颈，央视以“超级工程”向世界展示。新（改）建普通国省干线公路1 996公里，实施大中修工程1 537公里。国省干线公路服务保障水平持续提升。

2018年，全省建成雅康、汶马（部分路段）、巴陕、绵西、成彭扩容等高速公路436公里，高速公路建成总里程达7 238公里，实现所有市（州）政府所在地通高速公路，新增3个贫困县通高速公路，全省134个县（市、区）通高速公路，出川高速通道达到19条。新开工成南扩容、德昌至会理等高速公路，全省高速公路建成和在建总里程超过1万公里。建成全国第二长高速公路隧道米仓山隧道和雅康高速公路泸定大渡河大桥等一批超级工程。国省干线公路新（改）建2 112公里，实施养护工程1 713公里，基本实现市（州）至县通二级（三州三级）及以上公路目标。川九路灾后恢复重建新示范工程、成雅和成资快速通道等一批重点项目启动建设。

全省高速公路建成总里程突破7 500公里，新增出川通道2个、达到21个。新开工马久等9个项目、1 066公里，高速公路建成和在建总里程突破1.1万公里。完成国省干线公路提档升级1 868公里，九寨沟地震、白格堰塞湖等交通恢复重建全面推进；普通国道PQI达到88.6，路况水平总体良好。

公路运输　20世纪50年代，全省60%的县不通汽车，大部分地区依靠人力和畜力运输。全省仅有4 000余辆汽车，且大多是拼凑起来的“万国牌”，车辆性能差，运效低。

20世纪50年代后期，四川公路客货运输迅速发展。1960年，全省民用汽车拥有量达1.52万辆，完成社会客、货运量分别为1 503万人次和1 644万吨，比1949年分别增长2.1倍、77.3倍和42.8倍。

20世纪70年代，全省公路运输业有了更快的发展。

1970年，全省民用机动车已达2.65万辆。其中，汽车2.59万辆，完成社会客、货运量2 283万人次和2 466万吨。到1978年，民用机动车发展到12.8万辆，其中汽车拥有量6.05万辆，比1949年分别增长25倍和11.3倍，社会客、货运量分别为7 185万人次和4 824万吨。

1997年初，全省民用机动车拥有量122.1万辆，其中汽车54.2万辆，比1978年分别增长8.5倍和8倍；完成社会客货运量11.83亿人次和4.3亿吨，比1978年分别增长15.4倍和8倍；全行业拥有经营业户31.3万户，从业人员达88.2万人。公路运输在全省综合运输体系中居主导地位，客运、货运、维修、搬运装卸、运输服务五大市场突飞猛进地发展，1996年驾驶员培训也纳入交通行业管理。

“八五”期间，四川实施“一长一短一点”（超长客运、出租汽车客运、汽车站点建设）发展战略，取得显著成效。“九五”期间，为进一步培育、发展、规范客运市场，又提出并实施“三大系统”（跨省超长客运系统、直达快速客运系统、农村客运系统）发展战略。“南下、北上、东进、西出”，建立以民工疏运为主的跨省超长客运系统。1993—1997年，跨省超长客运创营业收入10亿余元，其中，企业纯利润1亿元以上。截至1998年底，全省已开通20个省（自治区、直辖市）的跨省客运班车，省际客运班线发展到297条、1 584班，最长的班线成都—伊宁单程达3 445公里，全省民工年疏运量近200万人次。1998年以后发展以高速公路为龙头的直达快速客运系统。直达快速客运以成都—重庆、成都—绵阳、内江—自贡高速公路为载体，实行高速公路客运经营权有偿使用和客运线路专营，并将一流的车辆，一流的服务，一流的管理以及“航空式”优质文明服务引入公路运输。拓展以县城为中心，乡镇为结点，站场为依托，干支相连，乡村相通的农村客运系统。

2000年，四川道路运输能力明显增长，全省道路客运量增长逾20倍，旅客周转量增长近22倍，道路货运量增长逾15倍，货物周转量增长逾36倍。道路运输在四川综合运输体系中独占鳌头，承担社会新增客、货运量中的95%和55%。

2005年，迎来道路运输业发展的新时期，客运市场的内涵不断丰富，以高速公路为依托的全省快速客运网络辐射到18个市（州）；以旅游包车为主、旅游班车为辅的旅游客运网络形成，旅游客运车辆发展到2 563辆；跨省超长客运线路延伸到全国24个省（自治区、直辖市）；出租汽车发展到21个市（州）政府所在地和142个县级城市，车辆达3.18万辆；农村客运车辆发展到2.62万辆，乡村客车通达率分别达99%和88%。

2013年，全省客运车辆达5.2万辆，城市公交车、出租汽车发展到2.69万辆和4.29万辆。发展省际市际客运班线118条，新开通32条高速直达客运班线。通公路的乡（镇）、建制村客车通达率分别达到95%和77%，比上年分别提高2.5%和1%。全省营运货车58.5万辆，总吨位262万吨、比上年增长4.7%。集装箱车辆达到1 535辆，比上年增长5.2%。全省公路客、货运量分别完成27.69亿人次和17.33亿吨，比上年分别增长4%和9.4%。

阿坝州“金通工程” 李晧洌 摄

2014年，全省公路客运量、货运量分别完成12.6亿人次和14.2亿吨，分别比上年增长2.1%和下降6.3%，旅客周转量、货物周转量分别完成630亿人公里和1 510.5亿吨公里，分别比上年增长5.2%和18.6%；道路货运加快转型升级，发展城际货运专线班车、集装箱等专业运输，推进甩挂运输试点。全省新增集装箱车辆111辆，总数达1 651辆。

2015年，四川道路运输客运量、旅客周转量、货运量、货物周转量、高速公路货运量分别完成12.34亿人次、632.82亿人公里、15.04亿吨、1 693.26亿吨公里、11.22亿吨，比上年分别增长-2.6%、0.4%、5.8%、12.1%、7.2%。

2016年，四川道路运输客运量、旅客周转量、货运量、货物周转量、高速公路货运量分别完成10.97亿人次、597.84亿人公里、14.60亿吨、1 565.31亿吨公里、12.25亿吨，比上年分别增长-11.53%、-10.99%、5.36%、5.72%、9.1%。

2017年，综合客运枢纽建成和在建项目达到39个，覆盖90%的高铁站。纳入部规划的9个货运枢纽（物流园区）已建成3个，其余6个全部开工建设。

2018年，货运结构不断优化。制订运输结构调整三年行动计划实施方案。成立以网络节点为支撑、以业务合作为纽带的区域甩挂运输联盟。扎实推进无车承运人试点，单车运输成本降低10%。成功入选国家多式联运示范工程3个。推动泸州、宜宾港开通至广州港、钦州港铁水联运班列。全年运输200吨以上特殊大件货物223件，有力支持全省重装产业发展。累计完成公路货运量17.3亿吨、货物周转量1 813亿吨公里，分别比上年增长9.5%、8.1%。客运服务提档升级。大力推动预约、定制、响应式等个性化客运服务，在16条市际县际班线开展定制客运试点，涌现出顺庆区“全域公交”，犍为县、江安县“便民小客车”等农村客运服务新模式。成都、眉山、泸州、自贡等四个国家级“公交都市”创建取得积极进展。2018年全国绿色出行宣传月暨公交出行宣传周启动仪式在成都举行。开通全省第一条跨市城际公交线路天府新区视高至兴隆湖公交。开通西南地区第一条有轨电车线路蓉2号线。有序推进网约车新政落地实施，网约车与传统出租汽车加快融合发展。广安市创新建设特色集镇“综合运输服务中心”。

2019年，成功举办全国取消高速公路省界收费站工作推进会，全面取消剩余9个省界收费站，圆满完成车道改造、门架系统和入口治超安装联调。全省ETC用户数达930万，安装率80%、居全国第三。完成货车收费政策调整，清理规范地方性通行费减免政策，全年优惠减免通行费53亿元。省政府印发《四川省推进运输结构调整三年行动计划实施方案》，厅与中国铁路成都局公司签订《共同推进多式联运、联程运输发展合作协议》，推动大宗货物运输“公转铁、公转水”。全年完成铁路货运量7 410万吨、比上年增长7%，集装箱铁水联运量4万TEU、比上年增长14%，水路货物周转量305亿吨公里、比上年增长13.3%。成都国际铁路港集装箱铁公水多式联运示范工程上升到国家示范。公路货运枢纽（物流园区）覆盖70%以上市（州），综合客运枢纽覆盖95%的高铁站。规范推进新业态发展，新增定制客运试点线路72条，整合网络货运车辆8.6万辆。成德眉资毗邻城市间客运班线公交化进程加快。新改建交通厕所336座。建成“司机之家”3个、“五好”高速公路15条。

内河航运 1950年，四川初建重庆港九龙坡码头。从1953年起，交通部和各级政府先后组织对长江干流和运输任务重的中小河流进行重点建设。由交通部投资整治长江“日航困难，夜航危险”的航段，配置“锁链”式航标，重庆至宜昌的轮船实现分段夜航，适应每年100多万吨粮食外调和大批工业品进川运输的需要；由省投资将金沙江屏山至新市镇、乌江涪陵至彭水、岷江乐山至宜宾开辟为轮船航道，同时大力开辟和整治小河支流，使其与干流衔接。从1952年至1957年，全省开辟与整治26条小河1 385公里。

嘉陵江青居枢纽　　厅史志总编室 供图

1958—1960年，交通部长江航务局和四川省交通厅先后对长江干流航道进行大规模整治，并增加绞滩、航标、信号台等助航设施，同时还分别整治嘉陵江南充至重庆航段及渠江航道、乌江航道，并试点开辟金沙江航道，使重庆至宜宾段航标实现电气化、乌江绞滩实现机械化。1961年，四川航道里程17 181公里，比1957年净增5 073公里。此期，四川加快长江宜宾港、重庆港、涪陵港和万县港四大港口建设。扩大港口规模，增设泊位和锚地，增加缆车、浮吊、岸吊等设备，使其码头装卸条件大大改善，基本能适应运输需要。

1966—1976年，四川对长江大渡口至江津蓝家沱航道进行全面整治，将嘉陵江南充至广元木船航道开辟为轮船航道。交通部长江航务局在重庆蓝家沱、猫儿沱新建两个大型装卸作业区，四川省投资建成乐山王浩儿大件码头、四川维尼纶厂黄磏中转站码头、泸州天然气化工厂尿素码头。同时，各地集体航运企业自力更生发展机动船舶，全省70%的木船实现机械化，由此带动水运制造业的迅速发展。20世纪80年代，四川逐步建成由60多家大、中、小企业组成的协作配套的水运制造业体系，实现船舶的自造自修。

20世纪80年代，随着改革开放的深入，四川内河航运发展迅速。至1996年，四川内河航运的发展变化主要表现为：轮船通航里程大幅度增加。1950年全省仅有长江干流和嘉陵江等约10%的航道能通行轮船。通过不断整治和渠化航道，到1996年全省轮船通航里程达4 724公里，比1950年增长近3倍。长江航道经过综合治理后，1 500吨～3 000吨级的大型船队可由上海直达重庆，长江川境段全面实现夜航。部分港口装卸实现机械化。机械化的装卸码头分别与铁路、公路相衔接，实行水陆联运。运输实现机动化。20世纪50年代初期，四川省地方航运部门仅有小轮船6艘（172吨、853客座、4 865千瓦），省内水路运输主要靠木船。1956年开始木船机动化改造，1996年，全省地方航运部门共有各种机动船1 127艘（24 515吨、109 654客座、221 035千瓦），运输驳船2 102艘（546 962吨），当年完成客运量和旅客周转量分别比1950年增长31.58倍和669倍，货运量和货物周转量分别比1950年增长14.72倍和33.07倍。客货轮加快更新换代。20世纪80年代船舶更新换代更为迅速。客轮船型愈加美观，机型愈发先进，设施日趋齐全；货轮全部使用大功率内燃机，拖带能力成倍提高。川江船舶动力装置实现内燃机化，机型实现系列化，船体实现钢质化，蒸气机、杂牌柴油机和木质轮船被淘汰，高速气垫船、水翼船发展迅速。水上旅游运输兴起。20世纪70年代末，长江水上旅游运输逐步兴起。其后大宁河、岷江、嘉陵江和乌江水上旅游运输发展迅速。至20世纪90年代中期，全省仅进出川旅游客运企业就发展到27家，旅游客船发展到122艘、5.24万客座。1996年，全省水上客运量达5 310万人次、旅客周转量达35.9亿人公里。水运制造业有长足发展。全省有大中小型造船厂60多个，既能建造适合行驶中小河流的拖轮、客轮、驳船，又能建造行驶长江等大河的大型客货轮、高档豪华旅游船舶和高速气垫船舶，实现船舶建造不出省。采用的“双尾”和“平头涡尾”新船型，船舶时速由27公里提高到32公里，达到国内先进水平。

1997年，重庆市划归中央直辖，四川及时调整水运发展规划，一方面实施“以陆补水”政策，一方面加快水运基础设施建设，并积极探索水资源综合利用，走出一条“以电养航、滚动开发”“水陆并举、以副补航”的新路子。

“九五”期间，全省建成航电枢纽工程2个，渠化航道108公里，整治航道491公里、险滩73个，使全省3～7级航道达2 383公里，占航道总里程6 089公里的39.14%。2000年6月竣工的乐山大件码头，码头岸线长115米，设计750吨泊位1个。其直立式桥吊跨度39米、高28.5米，起重最大单件550吨，是当时国内内河起重和跨度最大的桥吊，被誉为“岷江大力神”。

“十五”期间，四川内河航运基础设施建设的重点是嘉陵江航道梯级开发，渠江渠化，二滩库区港口、南充港和宜宾菜园沱码头建设，并充分借用长江“黄金大通道”建成与高速公路衔接的水运主通道，以形成港航配套、干支相通、通江达海的水陆联运网络。2005年底，嘉陵江渠化开发初见成效，规划建设的13个航电枢纽已建成4个、在建7个，渠化四级航道112公里；建成渠江金盘子航电枢纽；完成岷江大件航道续建工程和岷江成都至乐山段航道整治工程，整治航道348公里；建成泸州集装箱码头、二滩库区港口、广安港、南充港一期工程等重点项目，新增港口泊位19个，全年港口新增吞吐能力318万吨、200万人次、集装箱2.5万标箱。建成农村渡口1 307个。

2008年，泸州港多用途码头二期工程进展顺利，泸州港二期续建工程及进港铁路、宜宾港志城作业区一期工程实现开工。长江干线宜宾以下全线实现千吨级船舶昼夜通航。嘉陵江航道渠化整治工程进展顺利，渠化四级航道216公里，建成新政等航电枢纽。

2009年，根据《泸州—宜宾—乐山港口群布局规划》《宜宾港总体规划》《乐山港总体规划》等规划，加快推进泸州港二期续建工程和宜宾港志城作业区一期工程建设，泸州港多用途码头二期工程形成生产能力，全省港口集装箱吞吐能力从2007年的5万标箱提升到50万标箱；长江宜宾至泸州段整治工程完工，宜宾以下实现千吨级船舶昼夜通航；嘉陵江川境段13级航电枢纽已建成8级、在建5级；《岷江（乐山—宜宾段）航电开发规划》经省政府批准实施，岷江航电综合开发和作为成都经济区水运口岸的乐山港项目前期工作全面启动。

2010年，水运港口建设迈上新台阶。宜宾港用两年时间建成并开港试运营，全省港口集装箱吞吐能力由3年前的5万标箱提升到100万标箱。广安港及渠江广安段航运工程实现当年制订规划和提出项目、当年开工建设，提前2年实现全省港口集装箱吞吐能力建成和在建规模达到200万标箱的目标。岷江航电和港口综合开发确定建设、养护、运营一体化模式和业主组建原则，前期工作加快推进。嘉陵江沙溪、凤仪场枢纽实现设计蓄水，嘉陵江川境段规划的13级航电枢纽累计建成11级，在建2级。

2011年，“四江六港”（详见《附录》）水运主通道和重要港口建设加快推进。全年完成投资25亿元。岷江港航电综合开发前期工作全面加快。宜宾港后方陆域及港区配套设施工程完工。泸州港进港铁路建成投运。泸州港二期续建工程、广安港一期工程加快建设。南充港、广元港开工建设，全省港口集装箱吞吐能力建成和在建规模达到233万标箱。嘉陵江渠化工程和渠江广安段航运工程等水运主通道加快建设。积极推进长江川境段航道等级提升工程，水富至宜宾段三级航道整治工程完成工程可行性研究编制。组织开展岷江（成都—乐山段）、渠江（达州—广安段）、沱江、涪江、金沙江等5条重要河流水运资源调查工作。

2012年，省政府出台《关于加快长江等内河水运发展的实施意见》，泸州港建成全省首个百万标箱大港，嘉陵江渠化工程、渠江广安段航运工程、南充港、广元港等水运重点项目加快推进，岷江港航电综合开发前期工作取得实质性进展。

2013年，广安港新东门作业区、南充港都京作业区一期工程投入试运营，全省港口集装箱年吞吐能力达193万标箱。嘉陵江苍溪航电枢纽工程全面建成。岷江港航电综合开发前期工作积极推进。渠江广安段航道整治工程加快推进。

2014年，内河水运建设加快推进。广元港红岩作业区一期工程、宜宾港志城作业区重件泊位、南充港化工园区专用码头建成投运。渠江四九滩至丹溪口航道整治工程基本完成。眉山市岷江汉阳航电枢纽建成投运。积极推进岷江港航电综合开发和嘉陵江川境段航运配套工程建设。全省新增三级高等级航道里程71公里，四级及以上高等级航道里程达到1 015公里；新增港口集装箱吞吐能力25万标箱，港口集装箱年吞吐能力达218万标箱。

2015年，南充港都京作业区一期工程总投资完成投资2.5亿元，为年度计划的100%。广元港红岩作业区一期工程主体全部完成，港务大楼装修、智能生产设备安装、控制系统施工处于收尾工作。广安港新东门作业区一期工程完成投资0.58亿元。南充港河西作业区化工园区专用码头工程完成投资4亿元，为年度计划的100%，12月30日开港试运行。

2016年，全省新增四级航道190公里，四级及以上高等级航道超过1 500公里；岷江犍为枢纽加快推进，嘉陵江航运配套二期工程等4个项目开工建设。

2017年，岷江港航电犍为枢纽实现右岸截流，龙溪口等4个航电枢纽开工建设。嘉陵江亭子口枢纽以下达到四级航道标准。

2018年，岷江龙溪口航电枢纽开工建设。岷江犍为航电枢纽、长江川境段航道整治等项目加快推进。嘉陵江航道川境段实现全江畅通，利泽枢纽初步设计取得批复。泸州、宜宾、乐山三港整合启动实施。

2019年，岷江港航电综合开发工程有序推进，犍为航电枢纽船闸试运行，尖子山航电枢纽开工建设；嘉陵江川境段全线通航。

铁路交通 四川修建铁路酝酿于清光绪二十九年（1903年）。时任四川总督的锡良奏准由四川自行集资修建成都经重庆至宜昌达汉口的川汉铁路，并于1904年1月在成都设立川汉铁路公司。1911年，辛亥革命爆发，川汉铁路停建。抗日战争时期，动工修建成渝铁路，但因财力物力困难未能铺设轨道。至1949年底，四川仅有一条全长67公里的准轨铁路——綦江铁路，专门为重庆钢铁厂运输煤焦和铁矿石，附带承担少量旅客和其他民用物资运输业务。

1952年7月，新中国第一条铁路成渝铁路全线建成通车，实现四川人民40年的愿望。1958年11月，第一条出川铁路宝成铁路建成通车。1959年11月，内昆铁路内江至安边段建成通车。1964年，中共中央制订加快西南“大三线”（战略后方基地）建设的重大决策，国务院把成昆、川黔、贵昆和襄渝铁路作为西南“大三线”建设的重点工程，组建西南铁路建设指挥部，调集铁道兵和铁路职工31万人参建。1965年7月，川黔铁路建成通车；1970年7月，成昆铁路建成通车；1973年10月，经陕西通往湖北的襄渝铁路全线通车。同时，配套建成一批铁路支线和专用线。

1975—1990年，四川铁路建设的重点为干线电气化改造。1975年7月，中国第一条电气化铁路宝成铁路实现全线电气化，襄渝铁路（达县以北）和成渝铁路也先后完成电气化改造。1990年，四川准轨铁路营运里程2 795公里，比中华人民共和国成立初期增长40倍，初步构成全省的铁路骨架，其中有4条干线出川，从东、南、北3个方向与全国铁路网连通。省内各类型牵引机车597辆，其中内燃、电力机车比重达73%，宝成、成渝、成昆、川黔线（四川境内段）的牵引动力全部实现电气化或内燃化。在成都铁路局所属的川铁路线中，50千克以上的重型钢轨占正线的90.4%；各类旅客列车1 349辆，品类齐全，乘坐舒适，部分卧车还装有空调设备；四川开行直达北京、上海、广州、合肥、浦口、西安、太原、郑州、武汉、兰州、乌鲁木齐、贵阳、昆明等大城市和省内沿线市县之间的特快、直快或其他旅客列车。1990年与1953年相比，客运量由359万人次增加到4 094万人次，增长10.4倍；货运量由240.7万吨增加到6 022万吨，增长24倍。1990年，铁路运输所承担的客、货周转量分别占四川综合运输体系客、货周转量的31.9%和75.2%。

1991年12月，川黔铁路实现全线电气化；1992年6月，达成铁路开工建设；1992年12月，宝成铁路（四川境内）复线开工建设；1993年，成昆铁路（四川境内）电气化改造开工；1997年，达万铁路（四川境内72公里）开工建设；1998年，内昆铁路新建水富至梅花山段（川境内25公里）开工建设；1999年，内宜铁路电气化建设开工。

至2001年底，达成铁路和成昆铁路电气化改造工程、宝成铁路复线工程、成都铁路枢纽工程相继竣工投入营运，内昆铁路、达万铁路、筠连铁路和泸叙铁路正加紧建设，全省铁路营运里程达4 000多公里。2002年，四川境内的宝成、成渝、内昆、襄渝等干线铁路全部实现电气化；总投资5亿元，历时近8年的成都铁路西环线通过验收投入试营运，成都成为中国率先拥有中心城市铁路环线的省会城市。渝怀、遂渝、万宜3条新线开工。

2012年，四川铁路客运量、旅客周转量分别为7 997万人次、303亿人公里，货运量、货物周转量分别为8 867万吨、818亿吨公里。

2013年，四川加快成绵乐城际铁路、兰渝铁路等在建铁路项目。西成客专于3月实现开工建设；成蒲铁路于8月底完成招标实现开工建设；成兰铁路取得环保部变更环评批复，于9月份恢复施工，全面开工建设；成贵铁路、成昆铁路扩能改造成峨段和米攀段3个项目于12月底实现开工建设。川藏铁路成都（朝阳湖）至雅安段可行性研究报告审批前置要件齐备，初步设计完成审查；川藏铁路雅安至康定（新都桥）段及成都枢纽接轨方案的可行性研究报告完成初审，国土、环保等要件编制工作加快推进；成昆铁路扩能改造峨眉至米易段项目建设书获批复。

西成高铁上行驶的动车组列车　　曹宁 摄

2014年，四川铁路客运量、旅客周转量分别为8 778万人次、272亿人公里，货运量、货物周转量分别为7 192万吨、690亿吨公里。

2015年，四川铁路客运量、旅客周转量分别为9 078万人次、272亿人公里，货运量、货物周转量分别为5 893万吨、614亿吨公里。

2016年，四川铁路客运量、旅客周转量分别为11 321万人次、302亿人公里，货运量、货物周转量分别为5 452万吨、605亿吨公里。

2017年，四川铁路客运量、旅客周转量分别为12 499万人次、318亿人公里，货运量、货物周转量分别为5 397万吨、637亿吨公里。

2018年，四川铁路客运量、旅客周转量分别为14 982万人次、380亿人公里，货运量、货物周转量分别为5 223万吨、721亿吨公里。

2019年，成贵高铁建成投运，成自宜高铁、渝昆高铁、汉巴南铁路南巴段开工建设，川藏铁路雅林段、成南达万高铁、西成铁路、西渝高铁前期工作取得重大进展。全省铁路运营里程超过5 200公里，其中高速铁路1 250公里。

航空交通　1931年8月，中国航空公司重庆办事处成立，为四川最早的民用航空机构。同年10月21日，沪蓉航线汉口至重庆航段通航。1933年6月4日，重庆至成都航段通航，全长1 981公里的沪蓉航线贯通。1935年，中国航空公司先后开辟重庆至贵阳、重庆至昆明航线；欧亚航空公司开辟西安至成都航线。同时，中国航空公司在重庆珊瑚坝建设机场。成都、南充、内江等地修建简易机场。1938年10月，四川航线由战前的8条增至17条。抗战胜利后，四川开通飞往越南河内、缅甸仰光等国际航线。1946年7月，四川有简易机场28个。

1949年底，中国人民革命军事委员会民航局驻渝办事处在重庆成立。1950年8月1日，开通天津经北京、汉口到重庆的航线。陆续开通重庆至成都、昆明、贵阳等地的航线。至1954年，四川先后开通12条国内航线，分别以重庆或成都为起点，通达北京、天津、上海等12个大中城市。

1956年，民航重庆管理处迁至成都，1957年1月，更名为民航成都管理处。至1978年，四川拥有各型民航飞机31架。同时，四川从1955年开始组建民航飞行队伍，到1978年共有各类空勤人员469名。1959年、1966年，成都双流机场和重庆白市驿机场先后改（扩）建，“三线”建设时期又新建西昌青山机场。1955—1978年，四川开辟新航线72条，分别通往省外各主要大中城市和省内的成都、重庆、西昌、南充、达县、泸州等；共飞行86 242个班次，完成运输总周转量20 399.11万吨公里、旅客运输量198.1万人次、货邮运输量111 785.6吨。1956年5月29日，四川使用CV-240型飞机飞越号称“世界屋脊”的喜马拉雅山脉，试航北京经成都至拉萨航线成功；1965年3月1日，四川使用伊尔-18型飞机正式开航该航线。成都双流国际机场1978年发运旅客第一次突破10万大关，达112 655人次。

1979—1998年，民航管理体制由军队领导为主的政企合一体制逐步改为企业体制。1986年9月19日，四川省航空公司（1992年更名为四川航空公司）成立。1987年10月15日，成都双流机场进行体制改革，独立经营核算。1998年，四川拥有波音、图-154、运-7、空客A321等各型运输和通用航空飞机59架。空勤人员总数增多，人员结构发生变化，飞行领航员、机械员、通信员较1978年前大为减少。1998年与1978年相比，空勤人员总数增加3.3倍，其中驾驶员增加2.6倍、乘务员增加15.2倍。同时，新建和改（扩）建一大批机场。成都双流国际机场改（扩）建后，3 600米的主跑道可供波音747-400型飞机起降；西昌青山机场改造后，成为可适应各类大型飞机起降的国家一级机场。此外，南充都尉坝、达川、宜宾、泸州机场均进行扩建；绵阳、广元和阆中机场新建工程进展顺利。四川共开辟新航线323条，其中国内干线303条、地方航线13条、国际和地区航线7条，还开通成都至新加坡、泰国曼谷等国际航线以及成都至日本广岛、马来西亚吉隆坡等国际客货包机航线。1998年，四川经营飞行的航线达200余条，通达国内外70余个大中城市，仅成都飞往各地的航线就有53条。

1999年，泰国安琪尔航空公司开通曼谷至成都定期航线，成都双流国际机场首次接纳外航定期航班。2000年，中国西南航空公司引进波音737-800客机2架，新开辟成都—武汉—温州、成都—泰国普吉等国内、国际航线8条，至当年底，该公司已拥有以波音、空中客车为主体的飞机40架，开通飞行国际、地区和国内航线190多条，通航城市60余个，其航线总里程达21万公里，实现安全飞行10余万小时，并创造成都—拉萨航线安全飞行35年的纪录。2000年，四川航空公司在国内率先引进5架国产“新舟60”和5架巴西EMB145飞机，投入以中国西部地区为重点的支线航空运输，当年，该公司开通飞行国内航线130多条，形成以成都、重庆为基地，辐射全国各主要城市的干支线航空运输网络。此期，四川机场建设取得突破性进展。新建广元机场、绵阳机场、攀枝花机场、九寨黄龙机场、南充机场；成都双流国际机场扩建工程完工，成为中国五大航空港之一。2007年，四川民用航空完成的全社会客运量、货运量分别达1 713万人次、32万吨。2008年，20个国内航空公司和外国的航空公司开通飞行四川地区的航线，基本形成以成都双流机场为枢纽、涵盖省内和西藏的轮辐式航线网络。2009年，四川民用航空完成全社会客运量、货运量分别达1 947万人次、32万吨。2010年6月30日，四川与中国民用航空局在成都签订《关于加快推进四川民航发展的会谈纪要》。民航局与四川省政府承诺在四川省民用机场体系的完善、成都双流国际机场航空枢纽建设、支线机场建设和运营、基地航空公司发展、通用航空业务发展等方面，加大政策、资金的支持力度，共同协调解决四川民航建设、改革与发展等重大问题，积极推进四川省民航重大项目建设与发展。

2013年，民航方面围绕建设“一个枢纽，三个网络”的工作目标，进一步巩固和强化现有双流机场区域性枢纽机场优势地位，积极推进成都国家级国际航空枢纽和西部地区门户枢纽建设，加快成都新机场前期工作，推进支线机场项目建设。

南充机场扩建工程、阿坝红原机场、稻城亚丁机场建设推进顺利，其中稻城亚丁机场9月16日正式通航，阿坝红原机场于9月进行校飞，南充机场民航扩建工程完工。开展成都新机场前期工作，项目选址报告已获得国家民航局批复，项目预可行性研究报告、立项申报相关要件专题报告已编制完成，并经过中咨公司预评审，立项请示于12月底报国务院、中央军委审批。巴中机场、乐山机场、甘孜机场、达州机场迁建选址报告已获国家民航局选址批复，并已编制完成预可行性研究报告，其中巴中、甘孜机场预可行性研究报告已报国务院、中央军委。

2014—2018年，四川民用航空完成全社会客运量、货运量分别为3 752万人、45万吨；4 204万人、67万吨；4 609万人、60万吨；4 976万人、61万吨；5 484万人、64万吨。

2019年，成都国际航空枢纽加快建设，双流国际机场年旅客吞吐量达5 585万人次，国际（地区）通航航线达126条、居中西部第一。巴中恩阳、甘孜格萨尔、宜宾五粮液机场建成通航，全省民用运输机场达15个。

（本栏目撰稿人：岑　松）

大事记

DA SHI JI

2020

四川交通年鉴

2019年四川交通运输大事记

1日　2019年元旦假日期间（2018年12月30日—2019年1月1日），全省日均投放营运客车4.5万辆，完成客运量576万人次，比上年下降17.6%。

3日　8时48分，宜宾市珙县发生5.3级地震。地震发生后，交通运输部党组书记杨传堂在出差途中向省交通运输厅党组书记、厅长汪洋致电了解珙县地震交通受灾情况，要求抓紧查灾核灾，科学组织抢通保通，确保灾区通行安全，为抢险救援做好保障，并要求将有关情况及时报部路网中心。

△　中国公路学会2018年度科学技术奖获奖名单公布，厅公路设计院公司川西强震艰险山区高速交通路基抗震及安全保障关键技术、长江上游地区特大跨（820米）钢箱梁悬索桥设计施工关键技术研究、灾害环境下都汶公路建设与修复关键技术研究与应用3个项目获二等奖；基于承载能力量化分析的公路隧道支护体系设计方法与工程应用、强震后山区公路地质灾害演变规律及防灾减灾成套技术2个项目获三等奖。

5日　全国首个覆盖5G信号的地铁站（成都地铁10号线太平园站）正式开通。

10日　2019年全省交通运输工作会议在成都召开，会议总结2018年全省交通运输工作，部署2019年工作。厅党组书记、厅长汪洋作题为《贯彻八字方针 抢抓战略机遇 加快构建现代综合交通运输体系》的讲话，厅党组副书记、副厅长张琪主持会议。

14日　全国首辆5G公交车在成都二环高架进行空车试跑。乘客可以在公交车上体验每秒2.4G的下载速度，几秒钟就能下载一部蓝光电影。

23日　《四川省高速公路“建设—运营—移交”项目管理办法》出台。

△　《四川省普通国省干线公路养护工程管理办法》印发实施。《办法》共九章、五十二条，对普通国省干线公路养护工程管理适用范围、管理责权、项目管理、监督管理等作出明确规定，自2019年1月27日起施行。

29日　全省发布普通国省干线公路2018年度PQI（路面质量指数）民生工程目标考核结果。2018年度全省普通国省干线公路路面使用性能指数PQI达88.8。全省检测普通国省干线16 833公里，路网优良路占比为87.9%，比2017年度提升1.8%；路网次差路占比为4.2%，比2017年度下降2.1%。21个市（州）均完成省政府下达2018年度民生工程PQI考核目标。

30日　南溪长江公路大桥正式通车。该桥是四川省首个渡改桥PPP模式的项目，总投资6.5亿元，由厅公路设计院公司设计，四川路桥集团承建。大桥桥位路线全长2 100米，桥长1 499米，主桥宽30.5米，为主跨572米双塔双索面叠合梁斜拉桥，系世界首例两侧边跨形式及跨度均不对称的双工字形叠合梁混合梁斜拉桥。

1日　四川省交通旅游大数据应用试点工程获得省

发改委立项批复。该项目为交通运输部“十三五”期在全国9个省（市）开展的信息化试点示范工程，也是全省交通运输信息化“十三五”发展规划确定的重点项目。

11日　春节假日期间（2月4日—10日），全省道路旅客运输日均投入营运客车4.52万辆，累计发班67.5万次；准备应急车辆500辆、应急调用382辆，应急加班405班次；累计疏运旅客1 456万人次，比上年下降9.8%。

14日　交通运输部公布《2018年度交通运输行业重点科技项目清单》，四川省《软围岩隧道机械掘进设计理论研究及装备研发》等5项科技项目获批纳入部重点科技项目清单。

15日　都江堰至四姑娘山山地轨道交通扶贫项目获得省发改委核准批复正式立项。项目起于成灌高铁都江堰站，止于阿坝州小金县四姑娘山镇，规划车站12个，全长约123公里，总投资约190亿元，由省交投轨道公司作为项目业主负责推进。

19日　成都地铁9号线全自动无人驾驶列车正式亮相。

22日　厅公路设计院公司取得由省科学技术厅、财政厅、国家税务总局四川省税务局联合认定的国家高新技术企业证书，被认定为国家“高新技术企业”，系厅直系统内首个国家高新技术企业。

24日　5时38分，自贡市荣县发生4.7级地震，震源深度5公里。交通运输部部长李小鹏第一时间作出重要批示，要求四川省交通运输厅指导市县交通运输部门做好灾损排查、抢险救援、保通保畅等工作，注意安全。厅党组书记、厅长汪洋迅速安排部署地震应急处置有关工作，要求贯彻落实部长李小鹏重要批示精神，加强指导和督促，严控安全隐患和次生灾害，确保交通运输安全通畅。

26—27日　交通运输部副部长戴东昌率部工作组赴阿坝州调研定点扶贫工作，在黑水县实地察看扎红隧道、别窝村通村硬化路、双溜索乡农村客运站等项目建设和运营情况，慰问热拉村贫困户，并在黑水县召开工作座谈会，通报部脱贫攻坚专项巡视问题整改情况，听取厅及甘孜阿坝两州和黑水等四个部定点扶贫县工作汇报，对四川省交通脱贫攻坚工作，特别是定点扶贫工作给予肯定。

21—27日　省级专项评估检查及成效考核组对金口河区脱贫攻坚成效进行考核验收，省交通运输厅牵头定点帮扶工作顺利通过2018年度省直部门（单位）定点扶贫年度实地考核。

27日　宜宾市2018—2020年三年交通大会战农村公路首个EPC项目成功签约，该项目总投资约18亿元，拟新（改）建翠屏区县乡道及环金秋湖片区、观斗山片区等五大区域农村公路约500公里。

3月

1日　厅运管局印发《2019年道路运输安全生产监督检查执法工作计划》。《计划》对安全监督检查方式、监督检查范围及频次、时间安排及工作任务等进行明确规定。

△　取消高速公路省界收费站调研座谈会在成都市召开，北京、天津、河北、辽宁、吉林、上海、江苏、浙江、安徽、福建、江西、山东、重庆、四川、贵州15个省市交通运输主管部门及相关单位参加。交通运输副部长戴东昌出席会议并强调，2019年要切实做好京津冀、长三角区域及辽吉、赣闽、川渝黔等片区取消高速公路省界收费站工作。四川省交通运输厅党组成员、副厅长张勇介绍成功取消川渝10处省界收费站的经验。

5日　交通运输部、公安部、国管局、中华全国总工会对2018年绿色出行宣传月和公交出行宣传周活动成绩突出集体和个人进行通报表扬，四川省交通运输厅道路运输管理局以及成都市公共交通集团有限公司、成都轨道交通集团有限公司等被评为“2018年绿色出行宣传月和公交出行宣传周活动成绩突出集体”，8人被评为全省交通运输行业“2018年绿色出行宣传月和公交出行宣传周活动成绩突出个人”。

7日　成（都）德（阳）同城首条地铁公交专线“广汉—新都地铁3号线直达公交”开通试运行，实现广汉与成都地铁三号线无缝接驳。

19日　省交通运输厅网络舆情信息管理系统正式启用。该系统进一步强化互联网主流网站、论坛等网络媒体舆情信息采集、编辑、审核、办理等功能，通过建立电子文档分类目录，实现网络舆情信息、舆情专报、舆情办理情况等资料的统一管理和储存，全面提高行业网络舆情监测、处置工作效率。

20日　厅印发《协助交通运输部做好小金等四县定点扶贫工作2019年帮扶方案》，就支持四县加快交通运输事业发展、指导四县全面推进脱贫攻坚工作等五个方面制定26条具体帮扶举措。

22日　由四川宜宾港（集团）有限公司和重庆港务物流集团有限公司合作，重庆港盛船务有限公司（重庆港务物流集团有限公司全资子公司）开行的集装箱班轮从宜宾港起航前往水富港，标志着“宜宾—水富”零运价集装箱公共班轮实现常态化运行。

25日　2018年四川省科学技术奖励大会在成都召开。厅公路设计院公司主研的3项成果获2018年度四川省科技进步奖，其中，“强震后山区公路地质灾害演变规律及防灾减灾成套技术”“川西强震艰险山区高速交通路基抗震及安全保障关键技术”获二等奖，“高性能清水混凝土制备技术开发与桥梁工程应用”获三等奖。

27日　厅运管局印发《四川省进一步加快汽车维修电子健康档案系统建设实施方案》。《方案》提出，到2019年12月底，建立覆盖全省21个市（州）的“服务社会、评价客观、查询方便”汽车维修电子健康档案系统，实现一类汽车维修企业全覆盖，二类汽车维修企业80%覆盖，三类汽车维修企业（汽车综合小修类）30%覆盖，形成有效的汽车维修数据开放共享应用体系，为车主、维修企业和管理部门提供多样化的信息服务。

28日　四川省交通运输厅党组副书记、副厅长张琪率队赴重庆就深化川渝合作交通运输相关事宜进行充分沟通和协商，并达成多项共识：完善合作机制，形成川渝两地交通部门定期或不定期的磋商机制；加快推进省际高速公路规划建设，强化省际通道建设时序、建设标准的沟通衔接，力争同步建成通车，充分发挥通道效益；共同开展成渝城市群交通一体化发展规划研究，推动成渝地区高质量发展；加快推进嘉陵江利泽枢纽建设，进一步梳理嘉陵江、涪江重庆段航道情况，共同打造高标准水运通道；共同加强对毗邻地区市、县（区）交通运输局的指导督促，进一步消除省际间毗邻地区国省道“瓶颈”路段，打造高品质的国省干线公路网；推动港口合作，加强信息共享，完善综合交通管理联动互助机制。

26至29日　川滇两省三方联合整治金沙江向溪库区通航环境。四川省交通运输厅航务局联合云南省航务管理局、三峡集团枢纽运行局对向家坝、溪洛渡库区水域开展巡航检查活动。主要检查库区水上交通安全、环保、扫黑除恶等内容，派出海巡艇5艘、执法人员30余人，巡航里程200余公里，检查码头（船舶停靠点）8处、渡口5个、各类船舶27艘、修造船点2处，并向近百名船员进行现场安全宣传。

27日　四川省国家区域性公路交通应急装备物资储备中心进出通道连接线工程动工建设。项目建成后，将进一步打通四川省国家区域性公路交通应急装备物资储备中心与周边路网有效衔接，为确保区域内应急抢险和战备应急装备物资进出奠定交通基础。

30日　18时许，凉山州木里县雅砻江镇立尔村发生森林火灾。凉山州交通运输系统立即开展应急救援保通保畅工作：及时成立保通保畅工作组，建立协调联络机制，明确工作职责。州公路局成立森林火灾应急救援公路保通保障工作小组，指导督促沿线公路局将养护人员和机械安排到沿线重点关键路段。救灾通道沿线启动应急运力保障预案，确保运输车辆及时到位。

△　全国最长地铁山岭高瓦斯隧道——成都地铁18号线龙泉山隧道贯通。18号线起于火车南站，经高新区、天府新区后，穿越龙泉山至成都天府国际机场，集市域快线与机场专线为一体，全长66.71公里，是国内在建的最长城市轨道交通线路。

1日　零时起，全省高速公路对正常装载合法运输车辆实施高速公路差异化收费。内容包含：在全省高速公路网省市国企所属的53个高速公路路段实施正常装载合法运输普通货车“递远递减”差异化收费；在全省高速公路网实施正常装载合法运输国际标准集装箱通行费差异化收费及四川货车ETC卡交费优惠。通过实施分路段、分轴型、区别支付方式、区别行车里程等组合式差异化收费政策，有效降低物流运输成本，提高路网综合运输效率。

△　广元、南充、广安市三港联动发展框架会议召开。

2日　四川省公路规划勘察设计研究院有限公司举行揭牌仪式。中国公路勘察设计协会发来贺电。省交通运输厅党组书记、厅长汪洋，厅党组成员、总工程师、一级巡视员陈乐生出席揭牌仪式。

△　成都建成全球首条5G地铁轨行区线路。成都地铁10号线太平园站往簇锦站方向轨行区完成5G测试验证，宣告成都建成全球首条5G地铁轨行区线路，下一步将尽快实现地铁10号线全线5G网络覆盖。地铁10号线连接成都双流国际机场，机场航站楼已实现移动5G网络覆盖。

7日　成资渝高速公路全线控制性工程沱江特大桥引桥盖梁浇筑全部完成。

8日　清明节小长假期间，全省日均投放客车4.42万辆，日均输送旅客204.6万人次；累计输送旅客614万人次，比上年下降6.27%。全省高速公路网出口总车流量855.07万辆，较上年上升10.22%。假期期间，以成都为中心的绕城高速公路及成南、成渝、成安渝、成自泸、成雅等放射线高速公路车流量较为集中，全省高速公路网整体运行平稳。

9日　厅咨询监理公司取得省市场监督管理局核发的新营业执照，公司名称正式变更为“四川公路工程咨询监理有限公司”，由全民所有制企业改制为国有独资有限公司。

12日　第16届中国土木工程詹天佑奖颁奖大会在北京举行。省公路设计院公司凭借合江长江一桥第八次获得詹天佑奖杯。该桥主跨530米，是世界最大跨径钢管混凝土拱桥。

24日　“时代楷模”其美多吉同志先进事迹报告会在成都市金牛宾馆大礼堂举行。其美多吉30年如一日扎根雪域高原，用青春和汗水传递邮件，用忠诚和奉献履职尽责，在平凡的岗位上作出不平凡的业绩，获得“时代楷模”称号。

26日　“广西防城港—四川广安”直达冷链班列正式开通。广西防城港至四川广安的首列直达冷链班列抵达广安港。这是东盟国家水果首次经防城港搭乘“点对点”铁路直达冷链专列进川，广安借力国际陆海贸易新通道，在四川省率先打通至防城港市的冷链专列。

30日　成都市重点工程——成都市绕城高速公路蜀源立交正式通车。

5日　五一小长假期间，全省高速公路网出口总车流量1 207.97万辆，日均301.99万辆，比上年上升7.9%，与节前路网运行趋势研判基本一致；ETC车流量321.58万辆，占比26.62%；以成都为中心的成雅、成自泸、成安渝、成南、成巴、成灌高速公路车流量较为集中。全省日均投放4.3万辆客车参与旅客输运，日均道路客运量193万人次；累计完成客运量772万人次，比上年下降5.83%。

8日　为促进货运物流业“降本增效”，全省即日起启动道路普通货物运输无车承运人试点工作。

△　都江堰城市公交公司获得“交通运输企业安全生产标准化建设等级证明”，达标等级为“一级”，是

省内唯一一家获得该证书的公交客运企业。

9日　沱江自贡至泸州航道等级提升工程（自贡段）建设用地预审报告获自然资源部批复。该项目是在自然资源部印发关于占用永久基本农田用地预审通知后，全省首个取得用地预审批复的水运项目。

17日　零时，汶马高速公路实现分段试通行，实现全省21个市（州）政府所在地全部通高速公路。汶马高速公路全长172公里，起于汶川县城以南，与映汶高速公路相接，止于马尔康市城区以东，主线设置桥梁52公里/121座（特大桥11座）、隧道96公里/32座（特长隧道12座），桥隧比86.5%。

23—26日　交通运输部党组书记杨传堂到阿坝州壤塘县、甘孜州色达县，就定点扶贫县“两不愁三保障”落实、“两通”目标完成等情况开展调研，并在阿坝州召开定点扶贫县脱贫攻坚推进现场办公会。调研期间，杨传堂书记与中共四川省委副书记、省长尹力就推动四川交通运输改革发展交换了意见。

24日　由中国教育发展战略学会思想道德建设专业委员会主办，四川交职学院承办的“新时期高职院校思想政治教育热点及前沿问题研究现场交流会暨全国高职院校思想道德建设研究中心成立大会”在成都温江举行。

30日　横跨川黔两省的古蔺至习水段高速公路赤水河大桥实现合龙，9月底完成主体工程。该桥全长2 009米，主桥为双塔单跨钢桁梁悬索桥，其中主跨1 200米，主塔高243.5米，是世界上山区同类型钢桁梁悬索桥中第一高塔、第二大跨的峡谷大桥。

6月

6日　四川省工商银行“高速通・工银e钱包”新产品发布会在成都市举行，在全国率先启动高速公路ETC线上发行。

7日　成宜高速公路ZCB3-2五通大桥贯通，这也是成宜高速公路荣县段首座全幅贯通的桥梁。

9日　营达高速公路关键性控制工程——铁山特长瓦斯隧道实现双向贯通，比计划工期提前半个月。隧道左线长3 872米，右线长3 909米。铁山隧道是营达高速公路施工难度最大、技术要求最高、危险系数最大的特长隧道。

10日　端午假期，全省日均投放4.3万辆客车参与旅客运输，日均道路客运量173万人次，累计完成道路客运量547.5万人次（不含出租汽车、城市公交车）。假日期间，全省未发生较大及以上道路行车事故，未发生大规模旅客滞留和重特大服务质量投诉等情况，全省道路旅客运输平稳有序。全省高速公路网运行整体平稳。全省高速公路网出口总车流量683.58万辆次，较2018年上升9.8%。其中，MTC车流量396.12万辆次，比上年上升8.3%；ETC车流量287.46万辆次，比上年上升11.9%。以成都为中心的成雅、成灌、成南、成自泸、成彭等放射线高速公路及成都绕城高速公路车流量较为集中。

11日　厅运管局在成都传化公路物流港开展“司机之家”建设试点工作。

13日　国内首创时速140公里8A编组市域车——成都地铁18号线列车正式亮相。13日，成都地铁18号线列车在中车成都机车车辆有限公司正式对外亮相。该车辆采用8A编组，最高运行速度可达时速140公里，是国内首创这一时速的市域A型车。

14日　由中国公路学会桥梁和结构工程分会、中国公路学会国际合作部联合主办的2019世界交通运输大会——桥梁发展论坛在北京召开，开幕式举行第36届国际桥梁大会获奖桥梁颁奖仪式，授予省公路设计院公司被誉为国际桥梁界“诺贝尔奖”的乔治・理查德森奖、古斯塔夫・林德撒尔奖两项大奖。这是继6月12日国际桥梁大会颁发此奖后国内再次颁奖，体现了对这一奖项的高度重视。这两个奖项分别被省公路设计院公司负责设计的四川合江长江一桥、四川泸定大渡河大桥夺得。

18日　交通运输部对四川省交通运输厅开展四川宜宾市长宁县6.0级地震交通抗震抢险作指示。交通运输部书记杨传堂指示：应通未通的可作为重点，加固完善的要关注，损毁重建的要边改边建，不影响、少影响人民群众生产生活，需部支持的可以提出。10时，交通运输部部长李小鹏与四川省交通运输厅党组书记、厅长汪洋视频连线，了解宜宾市长宁县6.0级地震交通抗震救灾工作情况并指示：进一步核实灾情，包括道路、交通基础设施、其他重大建设项目等受损情况；及时掌握、确定和发布路况通行情况及绕行信息，为抢险救援和人民群众出行提供交通保障；做好抢修抢险、保通保畅等各项工作，保证救援力量能够进得去，被困群众能够出得来；加强对危险路段的监测，落实科学救援措施，重视在建工程项目，保障救灾人员和设备安全，避免次生灾害发生；加强与地震、民政等多部门协同联动，密切关注和评估灾情发展态势；在抢险救援的同时做好防洪防汛安全生产工作。

19日　7时许，交通运输部党组书记杨传堂、部长李小鹏与四川省交通运输厅党组书记、厅长汪洋视频连线。李小鹏传达了习近平总书记、李克强总理、刘鹤副总理重要指示批示精神。杨传堂就进一步深入贯彻落实中央领导重要指示批示精神，坚决打赢宜宾市长宁县6.0级地震抗震救灾攻坚战提出8项工作要求。

△　截至19日上午8时，宜宾市长宁县三里半至慈竹浩、竹海至龙头、龙头至双河、双河至梅硐、双河绕城线、巡场塘坎至珙泉坝底、孝儿至恒丰至珙泉等通往震中的7条主要农村道路已抢通，当地安排机具设备和人员进一步巩固抢通成果，做好后续保通准备。

△　西部六省市取消高速公路省界收费站第一次省际会商在遂宁市举行，四川省交通运输厅党组成员、副厅长张勇出席会议。

21日　中铝集团云南铝业公司与泸州港务公司深化合作签字仪式暨中铝集团云铝股份驻泸州办事处揭牌仪式在泸州港举行。

22日　2019年国家公路网重点桥隧监测（四川）首次会议在成都市召开，会议介绍重点桥隧内、外业监测检查工作要求、内容及相关流程，安排部署重点工作。

29日　嘉陵江全江通航启航仪式在广元市红岩作业区举行。嘉陵江作为全国内河主通道中第一条全江渠化的河流，通过实施梯级航电枢纽工程，广元到重庆的航道里程比渠化前缩短56.2公里，成为一条“水上出川大通道”。

3日　合江长江公路大桥主拱顺利合龙。该桥全长1 420米，其中主桥长668米，引桥长752米，主跨达507米，桥型为飞燕式钢管混凝土系杆拱桥，系同类桥型世界第一跨径。桥宽为跨江段27米，符阳路连接线段22米，是合江县长江上第一座地方公路大桥和首个纳入PPP模式（详见《附录》）的项目，项目预算总投资5.1亿元。该桥建成后直接将国道353线与省道438线相连接，惠及江北片区5个乡镇和合江县城40余万人。

7日　位于川滇黔交界处的鸡鸣三省大桥主拱合龙。大桥长286.4米，主跨为180米钢筋混凝土上承式拱桥，双向两车道，两侧人行道。该桥于2016年纳入四川渡改桥项目开工建设。

10日　四川省交通运输厅和中国铁路成都局集团公司签订《共同推进多式联运、联程运输发展合作协议》。

15日　国道8515线泸荣高速公路主线全线贯通，作为该高速公路重要控制性工程之一的特兴枢纽互通已具雏形，为年内实现通车打下坚实基础。

23日　嘉陵江首单航运业务完成。8时，甘肃省明珠矿业两艘满载重金属矿粉的500吨级货船抵达辽宁省营口港。自此，嘉陵江川境段534公里全部渠化完成，广元到重庆的航道里程比渠化前缩短56.2公里，全年可通行500吨级船舶，丰水期可通过1 000吨级船舶，全江年通过能力可由最初的200万吨提高到4 000万吨。

26日　岷江犍为航电枢纽工程9台机组管型座安装验收工作完成。

29日　泸州市2019年第三季度重大项目集中开工仪式在合江县大桥镇白沙长江大桥开工现场举行。此次动工的白沙长江大桥跨长江连接合江县大桥镇和神臂城镇、白沙镇，桥梁全长1 329.9米、宽27.5米，估算投资7.4亿元，为主跨520米的双塔独柱中央平行索面斜拉桥，是同类桥型世界第一跨径。

30日　全国首个省级“四好农村路”培训基地——四川省“四好农村路”培训基地在成都市郫都区战旗村挂牌成立。揭牌仪式结束后，培训基地开展第一期培训，厅公路局、21个市（州）交通运输局、第四批“四好农村路”省级示范县重点培育县（市、区）交通运输局等有关负责人参加。

31日　宜宾港被交通运输部明确定位为长江干支中转重要港口。交通运输部公开发布《关于推进长江航运高质量发展的意见》，将宜宾港明确定位为金沙江、岷江与长江实现干支中转的唯一港口。

8月

1—2日　全国取消高速公路省界收费站工作推进会在遂宁市召开。四川省交通运输厅党组书记、厅长汪洋作典型经验交流发言。

10日　中国邮政发行《川藏青藏公路建成通车六十五周年》纪念邮票，由省公路设计院公司设计的“川藏第一桥”——雅康高速泸定大渡河大桥被选为川藏公路邮票主图，这也是该公司继丰都九溪沟大桥和万县长江大桥入选纪念邮票后，第三座桥入选纪念邮票。

13日　由四川路桥承建的2022年冬奥会重点项目延（庆）至崇（礼）高速公路金家庄螺旋隧道右洞成功贯通，该项目获吉尼斯世界纪录“世界最长的公路螺旋隧道”认证并授牌。隧道全长4.2公里，隧道左洞长4 228米、右洞长4 104米，进出口高差超过250米，长度和高差超过海内外其他螺旋式隧道。

18日　经过60天抢修，宜叙高速公路灾后重建提前2天完成中共四川省委省政府下达的重建目标任务，解除交通管制，恢复全线通车。宜宾市长宁县“6·17”地震发生后，宜叙高速公路36处受损，其中路基10处、桥梁7处、房屋5处、路面10处、隧道1处、涵洞和边坡滑坡3处。

20日　凌晨，阿坝州汶川、茂县、理县等地受暴雨影响，突发泥石流、塌方等自然灾害，造成都汶高速公路、多条国省干线公路阻断。厅党组书记、厅长汪洋立即作出批示：“阿坝州山高坡陡，地形地质复杂，灾害较多，抢通工作务必科学组织，确保万无一失”。

23日　继嘉陵江全江通航首航船队7月23日抵达辽宁营口港后，四艘货船由重庆果园港出发后抵达广元港张家坝作业区，标志着嘉陵江航运实现常态化通航。

24日　陈毅故居旅游大道正式通车，结束了资阳市没有一级公路的历史。该项目全长约12公里（起于乐至县陈毅广场，止于陈毅故居景区停车场），是乐至县第一个PPP建设项目，总投资5.99亿元。

26日　九绵高速公路首座隧道——下甘座隧道右洞顺利贯通。下甘座隧道为双向四车道分离式隧道，右线全长1 119米。

28日　四川省市场监管局发布地方标准公告（2019年发字第2号），全省交通运输行业《公路桥梁超高强钢管混凝土技术规程》等8项地方标准正式获批发布，并于9月1日起正式实施。

30日　国道351线锅巴岩段（K3091–K3092）1公里路面堆积体全部清除，国道351线宝兴境内全线应急便道抢通，可供抢险救灾车辆、机具、物资等应急通行。

31日　国道345线宜达路全线建成通车。宜达路是国道345线青海启东至西藏那曲线路的重要组成部分，项目的建成将结束石渠县境内不通国道的历史。

△　8月份，泸州港实现综合吞吐集装箱量18 235标箱，单月首次突破1.8万标箱，打破2016年12月保持的17 411标箱综合吞吐箱量记录。其中，水运集装箱吞吐量完成14 077标箱，再次突破1.4万标箱，铁路集装箱装卸量4 158标箱。外贸集装箱吞吐量5 425标箱，件杂散货吞吐量69 304.33吨，各项指标均保持全面增长势头。

9月

8日　6时42分，内江市威远县（北纬29.55度，东经104.79度）发生5.4级地震，震源深度10千米。地震发生后，交通运输部部长李小鹏作出批示：应急办、公路局、路网中心继续关注地震对道路交通的影响情况，指导四川省厅做好路网通畅、安全等工作，重要情况及时报告。四川省交通运输厅党组书记、厅长汪洋第一时间安排部署，厅安全总监王波带队工作组迅即赶赴灾区指导交通应急抢险工作，同时安排内江市、威远县交通运输局立即开展交通灾损排查和应急处置。截至11时，震区附近内威荣、成自泸、成渝、内宜、遂宜毕高速公路通行正常。

10日　由省公路设计院公司设计并监理的渡改桥工程——泸州市车辋大桥主桥格子梁顺利合龙。该桥跨越赤水河，全长256米，桥宽12米，为净跨径220米中承式钢管混凝土拱桥。

12日　汶马高速公路狮子坪特长隧道进口端右洞贯通。该隧道是汶马高速项目控制性工程之一，全长13.1公里，属高海拔超特长隧道，隧道最大埋深1 500米。

16日　2019年全省交通重点项目集中开工仪式在德阳重举行。此次集中开工“8+21”共29个项目，总投资1 808亿元，涉及5大经济区、4大城市群的11个市（州）。

23日　泸州市全域公交线路获全国“新能源公交高品质线路”称号，是四川省唯一获此殊荣的公交线路。泸州市全域公交线路由50条农村公交线路组成，投入128台新能源公交车，实现江阳全区89个行政村全覆盖，惠及40余万名民众，每年为村民节约出行成本2 000余万元。

26日　四川省长大公路隧道（群）运营安全工程实验室获批建设。省发展改革委以《关于四川省长大公路隧道（群）运营安全工程实验室项目的复函》批复同意由交职学院建设该项目。至此，全省交通运输行业省级工程实验室增至2家。

27日　攀枝花市金沙江三堆子大桥建成通车。

28日　雅康高速公路康定连接线建成通车。雅康高速公路康定连接线是甘孜州康定市与雅康高速公路、雅叶高速公路康定过境段连接的重要节点工程，主要由升航特大桥、升航互通、康定收费广场及进城加宽段组成，全长4.8公里。

29日　四川省港航投资集团有限责任公司揭牌仪式在成都市举行。

△　四川东出铁水联运始发班列驶出达州经开区瓮福专用铁路站，发往万州港，先后抵达日本、韩国、泰国。四川东出铁水联运班列正式开通、四川东出经达州至万州港长江货运出海新通道成功开辟。

30日　赤水河红军大桥建成，为新中国成立70周年隆重献礼。川黔大通道古蔺至习水段高速公路赤水河红军大桥全长2 009米，主桥为1 200米双塔单跨钢桁梁悬索桥。该桥四川岸为隧道式锚碇，长78.35米，主墩索塔高228.5米，桥位位于古蔺县太平镇。贵州岸为重力式锚碇，主墩索塔高243.5米，桥位位于习水县习酒镇。

1—7日　国庆假期全省日均投入营运客车4.34万辆，完成客运量1 916万人次，比上年上升1.16%。其间发生一般道路运输行车事故2起、死亡2人，比上年均下降33.3%，未发生较大及以上事故。全省水路客运日均投放客（渡）船2 187艘、55 763客位，水路旅客运输日均运量为20.4万人次，累计完成水路客（渡）运量143万人次，比上年减少7.8%。

8日　岷江尖子山航电项目开工仪式在眉山市彭山区举行。尖子山航电是岷江中游航电综合开发中的第一级，以航运为主，发电为辅，可通行五百吨船舶。总工期计划30个月，一枯五孔冲沙闸要达到防汛高程，船闸、厂房基础处理全部完成，一汛永久围堰形成，为一汛施工创造条件。

9日　10时，四川省重点水运工程建设项目岷江犍为航电枢纽工程三期围堰成功实现截流。截流成功后将封闭临时航道，抬高上游水位后保证右岸船闸通航。犍为枢纽于2015年开工建设，项目全部建设后，岷江乐山至宜宾段162公里航道将达三级航道标准，可常年通行1 000吨级船舶，丰水期通行3 000吨级船舶。

15日　四川省召开2019年社会扶贫工作推进暨脱贫攻坚奖表彰大会，表彰50个“2019年四川省脱贫攻坚奖先进集体”和100名先进个人。部驻四川藏区定点扶贫联络组等4个省外帮扶集体获“2019年四川省脱贫攻坚奖先进集体”称号。

19日　成都绕城高速公路249条车道全部实现ETC功能，率先在全省实现ETC车道全覆盖。

21日　汶马高速公路最后一座高瓦斯隧道米亚罗3号隧道全线贯通，该隧道为分离式公路双线隧道，长4 361米，最大埋深319米。

24日　省道217线麦尔玛至唐克段公路改（扩）建工程主体完工，全线贯通。该线路全长109.8公里，按三级公路标准进行改造，计划总投资63 981万元，于2018年7月开工建设。

25日　由厅公路局和省公路学会联合推荐的雅安市名山区中国至美茶园绿道、宣汉县三墩乡大窝村村道两条农村公路，获得中国公路学会评选的“2019全国美丽乡村路”。

11月

1日　京津冀沪宁晋川交通职教联盟2019年年会暨高峰论坛在四川交职学院举行。会议总结联盟2019年度工作，阐释2019年联盟在专业建设创新发展、人才素质培养推进及联盟品牌提升方面的举措。

4日　《四川交通志・内河航运志》正式出版。该书是省交通运输厅全国第二轮修志5部试点志书之一，也是四川内河航运行业首部志书。全书真实记载1986—2005年20年间四川航道渠化整治、船舶向大型化和现代化发展过程，反映航运企业向现代企业管理化迈进、各项法规管理制度不断完善的历程。

6—7日　2019年全国推动“四好农村路”高质量发展现场会在成都市蒲江县召开。交通运输部部长李小鹏出席会议并讲话，四川省交通运输厅党组书记、厅长汪洋作经验交流发言。会议公布2019年交通运输部、农业农村部、国务院扶贫办联合命名的蒲江县、邻水县、高县、苍溪县等83个“四好农村路”全国示范县名单，并对部分获奖县（市、区）授牌。四川、江苏、福建、湖南交通运输厅及河南省焦作市、浙江省台州市、山东省五莲县、贵州省盘州市作交流发言。

8—9日　交通运输部部长李小鹏到甘孜州色达县、阿坝州小金县等地，就部定点扶贫县脱贫攻坚工作开展调研和座谈。在色达县洛若镇、霍西乡、色柯镇、杨各乡，李小鹏现场察看农村公路管养、部定点扶贫项目霍（西）五（色海）路建设情况，并进村入户走访慰问困难群众，在丹巴县了解了通乡路等建设情况。

12日　泸州市叙永县鸡鸣三省大桥主体工程施工正式完成。

△　9时30分，岷江龙溪口航电枢纽工程一期一枯围堰成功合龙。

19日　四川省道路运输综合管理与服务信息平台（成熟部分）试点运行工作正式启动。该平台年内完成主要功能开发工作，具备试点运行条件。按照“边使用边完善、以用促建”的工作思路，14—15日，厅运管局分别在成都、眉山、南充、泸州四地召开平台试点运行动员部署会。

22日　国道245线仪陇段公路楠木至新政、马鞍至巴中段交工验收会在仪陇举行。该项目全长69.58公里，总投资15亿元，是南充市首个交通类PPP项目。

△　由四川交投成渝公司推动建设的四川省首家高速公路服务区体验式“司机之家”，在成仁高速公路汪洋服务区举行启用仪式。

△　由雅安市政府和宜宾市政府共同主办的“宜宾港雅安无水港授牌仪式”，在雅安市雨城区宜宾港雅安

无水港物流分拨中心举行。

△ 攀大高速公路宝鼎1号特长隧道双洞贯通。宝鼎1号隧道进口段位于攀枝花市仁和区中坝乡，右洞长2 543米，左洞长2 537米。

25日 交通运输部、国家发展改革委联合发布第一批“国家多式联运示范工程”，全国共13个项目被正式命名，成都国际铁路港集装箱铁公水多式联运示范工程位列其中。

27日 国道0512线成乐高速公路扩容项目青龙场至眉山试验段建成通车，较原计划提前1个月。国道0512线成乐高速公路是连接成都与眉山、乐山两市最为便捷的高速公路大通道，也是连接成都双流机场的又一条快速通道。

29日 省交通运输厅、生态环境厅、住房和城乡建设厅联合印发《关于加强船舶水污染物转移处置联合监管的通知》。

12月

2日 昆明市、楚雄州、攀枝花市和凉山州四市（州）金沙江流域航运合作与发展座谈会议在西昌市召开。会议就加强航运发展规划的对接和合作，合力推动金沙江流域重点水运项目的落地实施，探索建立长效协调工作机制，协力做好乌东德、白鹤滩水电站下闸蓄水期航运保障等相关工作进行深入探讨和交流。

4日 中国公路建设行业协会公布2018—2019年度“李春奖”名单，四川交投成渝公司全额投资建设的遂广高速、遂西高速公路获奖。这是四川省继2006年成南高速公路获得“李春奖”后再次获奖。

5日 历时3年零8个月建设的攀大高速公路宝鼎二号隧道正式贯通。攀大高速公路于2016年4月开始建设，桥隧比达81%。宝鼎二号隧道全长8 775米，连续穿越瓦斯突出段落长达1 260米，高瓦斯段落长度达4 383米，是全国在建高速公路高瓦斯段落最长的隧道；穿越含煤地层72层，其中煤层厚度大于1米的25层、最厚煤层11.4米，是全国穿越煤层最多的隧道。隧道获得6项国家级专利、1项国家级QC、3项国家级工法、7项省级工法、2项省级QC。该隧道由四川路桥集团公路隧道分公司承建，是攀大高速（四川境）的控制性工程。

5—6日 2019年全省推动“四好农村路”高质量发展现场会在成都市蒲江县召开。会议宣读省政府命名第三批17个“四好农村路”省级示范县的决定并现场授牌。

7—9日 由《桥梁》杂志社主办、省公路设计院公司参与协办的2019桥梁发展科技创新大会暨桥梁创新成果展在成都市召开。交通运输部总工程师周伟，四川省交通运输厅党组书记、厅长汪洋出席会议并致辞；交通运输部原部长黄镇东、原副部长胡希捷，原总工凤懋润、周海涛，四川省交通运输厅副厅长张琪、陈乐生等出席会议。国内外专家学者共1 300余人参会。大会聚焦桥梁工程建设中的重点、热点、难点问题，邀请国内外院士、行业知名专家、大师等共举办60余场学术报告会，探讨桥梁行业发展方向，展示中国桥梁建设成就。

10日 12时，巴万高速公路巴州至通江段开通试运行，实现四川秦巴山集中连片贫困地区全部县通高速公路。巴万高速公路是四川省规划建设“18、9、9”网中9条东西横线之一，绵阳至万源（绵阳—梓潼—苍溪—巴中—通江—万源，总里程360公里）中的一段。本次通车路段为巴州至通江段（21公里），该项目由葛洲坝集团投资建设，由省交通设计院公司设计。试通车后，从巴中到通江的车程由原来90分钟缩短至40分钟。

△ 长江中游荆江河段航道整治工程昌门溪至熊家洲段工程获“2018—2019年度国家优质工程金奖”，该工程由省交通设计院公司水运监理所监理。

12日 省公路设计院公司获2019年交通运输行业重点科研平台创新奖。

13日 6—13日，全省新增通客车建制村226个。截至13日，全省累计完成通客车的乡镇85个、建制村3 161个，提前超额完成年度目标（交通运输部年度目标2 400个，省交通运输厅年度目标3 000个）。全省具备条件未通客车的乡镇剩99个、建制村剩1 426个。自贡、泸州、攀枝花、德阳、遂宁、南充、眉山、广安8市全面完成乡镇和建制村通客车工作。

17日　交通运输部举行“脱贫攻坚”专题新闻发布会。交通运输部新闻发言人、政策研究室副主任孙文剑，湖南、四川、甘肃三省交通运输厅有关负责人就脱贫攻坚工作进展情况等进行介绍并答记者问。中共中央十八大以来，全省累计完成交通扶贫投资6 000亿元，新（改）建贫困地区各类公路11万公里，推动贫困地区交通建设实现历史性跨越。

10日　厅运管局正式启用四川省道路运输车辆主动安全智能防控系统行业监管平台。

19日　省公路设计院公司“四川省钢管混凝土桥梁工程技术研究中心”正式授牌。

△　全长4 685米的攀大高速公路灰嘎隧道双线安全贯通。

23日　由甘孜州打造的全省“交通+旅游”融合发展示范项目国道318线康定至雅江段初步建成，这是省内第一条具有雪域高原特色的旅游公路，被誉为“中国人的景观大道”。

25日　2019年交通民生实事目标任务超额完成。截至12月24日，省交通运输系统建成纳入民生实事建设计划的农村公路6 827公里，超额完成目标任务；全省新（改）建农村公路2.49万公里。

26日　国道8515线荣泸高速公路（四川境）建成，四川又打通一条东向出川大通道。项目由四川铁投集团投资，四川路桥集团承建，起于泸州市泸县方洞镇川渝交界处接重庆潼南至荣昌高速公路，止于泸州市临港大道，接国道4215线成自泸赤高速公路，于12月31日24时开通试运行。

26日　成资渝高速公路控制性工程沱江特大桥合龙，为成资渝高速公路项目2020年建成通车打下坚实基础。沱江特大桥是成资渝高速公路全线唯一一座跨江大桥，全长1 465米。

27日　在2020年全国交通运输工作会议上，交通运输部为第二批共21家“交通强国建设试点单位”授牌，四川省交通运输厅入选。

29日　仁沐新高速公路井研至孝姑段主线建成，至此，四川高速公路建成里程突破7 500公里。于12月31日24时开通试运行。通车后，井研至孝姑的通行时间将由90分钟缩短至30分钟。

31日　省交通运输厅召开干部大会，省政府副省长杨洪波出席会议并作讲话。中共四川省委组织部副部长、省公务员局局长陈冠松主持会议并宣读省委任职通知，省交通运输厅党组书记罗佳明作表态发言。

△　四川省农村智慧物流提质增效项目签约仪式在省交通运输厅举行。泸州市叙永县，遂宁市大英县、蓬溪县，凉山州西昌市等县（市）政府以及15个市（州）交通运输局与杭州溪鸟物流科技有限公司（菜鸟乡村）签约。省交通运输厅党组成员、副厅长宁坚，省邮政管理局副局长罗萍，菜鸟网络资深总监、溪鸟科技副总裁秦磊，阿里巴巴集团战略发展部总监黄开琪共同出席签约仪式。协议约定，首批试点县（市）与菜鸟乡村事业部通过政策、资源和技术、商业的整合，鼓励县域快递企业开展资本合作，实现全县域农村物流快递共配效能升级，市（州）交通运输局引导协调辖区内的县（市、区）政府参与试点，围绕项目展开全方位合作，为激活四川农村物流配送双向运力资源提供新推力，推动农村物流配送降本增效。

△　全省19个高速公路省界收费站全部取消。

△　凉山州布拖县阿布洛哈村对外通道打通，四川省提前一年完成交通脱贫攻坚兜底性目标。阿布洛哈村通村硬化路是全省最后一条通建制村硬化路，也是全国最后一条通建制村硬化路。项目起于拉果乡布歪村至伟木村通村路K11+000处，止于乌依乡阿布洛哈村小学，全长3.8公里 ，为四级公路。项目建成后，老百姓出行时间由步行3个多小时缩短至30分钟。

（本栏目撰稿人：徐荣耀）

交通基础设施建设

JIAOTONG JICHU SHESHI JIANSHE

2020

四川交通年鉴

综　述　2019年，全省公路水运交通建设完成投资1 805亿元，连续9年超千亿元。其中，高速公路完成894.17亿元（ETC36.65亿元），国省干线完成527.81亿元，农村公路完成246.67亿元，站点建设完成33.39亿元，水运建设完成53.60亿元，智慧交通6.22亿元，部分专项工程完成43.15亿元。

高速公路建设　新建成荣泸高速公路（42公里）、汶马高速公路部分段（55公里）、仁沐新高速公路（45公里）、巴中至万源高速公路（21公里）、泸沽至黄联关高速公路扩容建设（70公里）、成都至乐山高速公路扩容建设（28公里）、叙永至古蔺高速公路（10公里）、成都经济区环线高速公路蒲江至都江堰段（60公里）、成都经济区环线高速公路德阳至简阳段（65公里）、营山至达州高速公路（92公里）等9个项目（路段），新增通车里程390公里（泸沽至黄联关高速公路扩容建设70公里、成都至乐山高速公路扩容建设28公里不计入新增通车里程），全省高速公路通车总里程达7 520公里，通车总里程继续排名全国第二位，西部第一位。新开工久马高速公路、西昭高速公路等9个项目1 065公里，全省高速公路建成和在建总里程突破1.1万公里。实现所有市（州）政府所在地通高速公路，新增通江1个贫困县通高速公路，新增2条出川高速大通道，出川高速通道达21条。建成迄今世界山区峡谷同类型桥梁中第一高塔，同时也是国内山区峡谷同类型桥梁第二跨度的钢桁梁悬索桥的叙古高速公路赤水河大桥。

国省干线及农村公路建设　完成国省干线公路提档升级1 868公里，九寨沟地震、白格堰塞湖等交通恢复重建全面推进；普通国道PQI（路面使用性能指数）达88.6，路况水平总体良好。

内河水运建设　岷江港航电综合开发工程有序推进，犍为航电枢纽船闸试运行，尖子山航电枢纽开工建设；嘉陵江川境段全线通航。

（厅建管处）

高速公路建设

GAOSU GONGLU JIANSHE

仁沐新高速公路仁寿至犍为孝姑段建成通车　2019年12月31日，国道4216线仁沐新高速公路仁寿至犍为孝姑段96公里建成通车。路线主线起于仁寿县满井镇，止于屏山新市镇；马边支线起于沐川县新凡镇，止于马边县城北，跨眉山市仁寿县、乐山市井研县、乐山市犍为县、乐山市沐川县、乐山市马边彝族自治县、宜宾市屏山县。路线全长200.5公里，桥隧比47%，其中主线156.63公里，桥隧比38.58%；马边支线43.85公里，桥隧比76.37%。全线采用双向四车道高速公路技术标准建设，设计时速80公里，路基宽24.5米。总投资244亿元。

（厅建管处）

仁沐新高速公路沐川互通　　厅史志总编室 供图

成都经济区环线高速公路蒲江至都江堰段部分建成通车　2019年，成都经济区环线高速公路蒲江至都江堰段蒲江枢纽互通至悦来互通60公里建成通车。路线跨成都市蒲江县、邛崃市、大邑县、都江堰市，主线全长101.4公里，设互通式立交14处（枢纽互通3座，一般互通11座），服务区2处，停车区2处；桥梁97座35 185米（特大桥7座15 315米，大桥65座18 619米，中桥25座1 251米），隧道总长2座883米，桥隧比35.56%；分离式立交23座，天桥及渡槽5座，涵洞、通道170道。总投资168亿元。

（厅建管处）

成都经济区环线高速公路德阳至简阳段部分建成通车 2019年，成都经济区环线高速公路德阳至简阳段65公里建成通车。路线跨德阳市旌阳区、中江县，成都市金堂县、简阳市，主线全长105.56公里，桥梁和隧道占路线全长24.14%。全线采用双向六车道公路技术标准建设，设计时速120公里，路基宽33.5米，分离式路基宽度17米。设桥梁95座22 702.178米，隧道3座2 789米；互通式立交13处、分离式立交42处、通道237处、天桥15处；服务区2处。总投资131亿元。

（厅建管处）

巴万高速公路部分建成通车 2019年，巴万高速公路21公里建成通车。路线起于巴中市巴州区清江镇巴达高速清江停车区，与巴达高速公路相接，经太平乡、麻石镇、芝苞乡、草坝镇、黄钟镇、长石乡，止于万源市北侧官渡镇，与达陕高速公路相交设官渡枢纽互通，全长约120公里，桥隧比达65.174%，设互通11座。全线采用双向四车道高速公路技术标准建设，设计时速80公里。项目采用PPP模式“BOT+政府股权合作”建设，投资人为中国能建葛洲坝集团股份有限公司，总投资188亿元。

（厅建管处）

巴万高速公路 交通宣传中心 供图

成乐高速公路扩容项目青龙场至眉山试验段建成 2019年11月28日，国道0512线成乐高速公路扩容项目青龙场至眉山试验段28公里建成通车。路线起于成都市三环路，止于乐山市辜李坝，接已建乐山至宜宾过境高速公路张徐坝互通式立交，全长138公里。项目采用PPP模式“BOT+政府补助”建设，投资人为省交投集团，概算约139亿元。

（厅建管处）

成乐高速公路 厅史志总编室 供图

荣泸高速公路建成通车 2019年12月31日，国道8515线荣泸（四川境）高速公路建成试运行。路线起于川渝界麻岩水库附近，经泸县方洞镇、奇峰镇、云龙镇、云龙机场、泸州市龙马潭区特兴镇，接成自泸赤高速公路泸州段，全长约42公里。主线采用双向四车道高速公路技术标准建设，设计时速100公里。设服务区1处，收费站5处。

荣泸高速公路奇峰互通 厅史志总编室 供图

（厅建管处）

叙古高速公路建成通车 2019年，叙古高速公路建成通车。路线起于泸州市叙永县正东镇灯盏坪枢纽互通，与宜叙高速公路接线，经古蔺县箭竹苗族乡、德耀镇、古蔺镇、永乐镇、太平镇，止于古蔺县二郎镇，随后跨越赤水河，接贵州省的仁（怀）赤（水）高速公路。路线全长65.74公里，采用双向四车道高速公路技术

叙古高速公路　　厅史志总编室 供图

标准建设，设计时速80千米，路基宽24.5米。设互通枢纽4处，服务区1处，收费站3处。

（厅建管处）

泸黄高速公路扩容改造项目竣工通车　2019年，泸黄高速公路加宽改造工程竣工通车。路线全长69.8公里；泸沽至漫水湾试验段（全长约11公里），采用路基宽由19.5米加宽至24.5米的双向四车道高速公路技术标准建设；漫水湾互通至终点采用原路加宽为双向六车道高速公路技术标准进行扩建；设计时速80公里，路基宽33米。估算投资38.4亿元。

（厅建管处）

营达高速公路全线建成　2019年，营达高速公路全线建成。路线起于南充市营山县境内的银昆高速公路新店互通，经营山县、达州市渠县和达川区，止于包茂高速公路石板互通，全长97.936公里。全线采用双向四车道高速公路技术标准建设，设计时速80公里，路基宽24.5米。总投资94.48亿元。

（厅建管处）

建设中的营达高速公路州河特大桥　　厅史志总编室 供图

汶马高速公路建设　汶马高速公路起于汶川县城以南凤坪坝、接映汶高速公路止点，设汶川枢纽互通连接映汶高速公路、汶马高速公路和汶九高速公路；沿杂谷脑河上行、与国道317线平行布线，经理县克枯、龙溪、桃坪、通化、木卡、薛城、蒲溪、甘堡至理县县城，再经理县朴头、古尔沟、沙坝、夹壁至米亚罗镇，穿越鹧鸪山，沿梭磨河下行，经马尔康县梭磨、止于马尔康县卓克基，全长172公里。主线设置桥梁121座（特大桥11座）52公里（包括互通及服务设施主线），隧道32座（特长隧道12座）96公里，桥隧比86.5%。设置互通式立交10处、服务区4处、停车区3处、管理分中心3处和养护工区4处、主线收费站1处。交通运输部批复总工期6年，项目总投资287亿元。汶马高速公路具有极其复杂的地形、地质、气候条件和极其脆弱的生态条件等特征，项目控制性工程为“两隧一桥”，即鹧鸪山隧道、狮子坪特长隧道、汶川克枯大桥。5月17日，分段试通行汶川至理县桃坪17公里、理县薛城至古尔沟段40公里、理县尽头寨至马尔康48公里，共计105公里；12月31日，新建成43公里试通行，实现起点汶川至古尔沟78公里、米亚罗互通至终点马尔康70公里有效连接，建成开通除狮子坪隧道段落影响外试运营148公里。

汶马高速公路穿行于雪山河谷　　高一涵 摄

2019年，汶马高速公路完成投资25.3亿元，为省交通运输厅下达年度投资目标25亿元的101.1%。累计完成投资约260亿元，占项目概算总投资90.6%。截至12月底，累计完成路基土石方100%，桥梁工程100%；隧道掘进及初支97.9%，二衬96.1%，路面工程79.5%，交安工程89%，机电工程79.5%，房建工程87.5%，绿化工程89%。其中，控制性工程狮子坪特长隧道左线完成开挖11.3公里，占设计总量86%，剩余1.8公里；右洞完成开挖10.7公里，占设计总量82%，剩余2.4公里，计划于2020年全线贯通。

汶马高速公路是雅康高速公路后的第二条藏区高速公路，分段建成通车后，结束了阿坝州州府马尔康不通高速公路的历史，实现了全省21个市（州）政府所在地全部通高速公路。

（汶马公司）

国省干线重点公路建设

GUOSHENG GANXIAN ZHONGDIAN GONGLU JIANSHE

概　况　2019年，四川省新（改）建普通国省干线公路建设里程1 868公里，为年度目标任务的124.5%；国省干线公路建设完成投资527.8亿元，为年度目标任务的102.4%。推进第四轮“甘推”、第三轮“凉推”，贫困地区新（改）建国省干线公路1 610公里，为年度目标任务的178.9%。全省国省干线公路投资较快增长，完成投资527.8亿元，比上年增长11.8%，为力争目标任务515.4亿元的102.4%。“交通+旅游”融合发展深入推进，公路发展品质稳步提升。

车在花中行——国道248线马尔康境内　　秦玥嘉 摄

公路建设管理　2019年，厅公路局贯彻落实中共四川省委、省政府将川九路打造为“新示范”工程和交通运输部高质量发展“新标杆”工程的要求和“安全畅通、绿色生态、智慧协调、融合发展”的理念，多次召开工作推进会，协调交通运输部公路局组织专家开展现场指导，于9月底完成老路改造路段路面工程，为九寨沟国庆开园奠定交通基础。贯彻绿色发展理念，组织召开理亚路示范工程现场观摩暨经验交流会，宣传推广“公路与自然和谐、交通与旅游融合”建设理念，提升国省干线公路发展品质。推进“交通+旅游”融合发展项目，完成九黄机场至红原机场、康定至雅江段等2个“交通+旅游”融合发展示范项目，推进国道227线理塘至稻城亚丁等10个“交通+旅游”旅游公路试点项目。改变以前由项目业主委托技术咨询工作为厅公路局委托，同时进一步对审查单位明确审查工作要求，提高技术咨询工作质量。全省实现国道345线石渠宜牛至达日四川境段、省道455线色达亚龙至甘孜县锣锅梁子段、国道353线雷波箐口隧道、国道218线小相岭隧道等重点项目建成通车。加快推进国道213线川汶路“6·24”地灾整治工程（含石大关隧道）、省道448线叠溪至松坪沟段等灾后恢复重建项目，其中省道448线叠溪至松坪沟段完成除隧道外的主体工程。阿坝州完成绵茂公路蓝家岩隧道新增划分的1 500米掘进任务。省道307线乐山市千佛岩隧道工程、省道304线广安官盛渠江特大桥以及省道201线、省道302线达州市宣汉县百里峡快速通道等一批重点项目建成通车。

质量和安全管理　2019年，厅公路局健全完善安全生产责任体系。落实分级监管体系，加强工程质量管控，强化质量通病治理；试点“智慧工地”建设，实时监测施工关键环节、检测指标等状况，推动项目施工由粗放型向精细化转变；积极推进桩基旋挖工艺、全断面硬岩隧道掘进机等“四新”技术应用，在特长隧道和高风险隧道中推广安全施工先进装备技术，淘汰或限制35项落后工艺、设备、材料。督促各市（州）各项目从严从紧落实安全生产管理各项制度，落实安全主体责任、监管责任，不定期开展明察暗访和安全专项检查，层层压实责任，绷紧安全之弦。全省国省干线公路建设项目未发生一起较大以上安全生产事故。国道318线巴塘至竹巴龙段白格堰塞湖灾后破损严重，厅公路局按照交通运输部加快抢通保通工作的要求，制定抢通工作目标，组织人员进驻现场蹲点督导，于3月底基本完成应急保通工程。

2019年，国道227线理塘至稻城亚丁段　　甘孜州交通运输局 供图

制度建设　2019年，厅公路局加强源头监管，出台《关于进一步加强普通国省干线公路工可和勘察设计工作的指导意见》《关于进一步做好普通国省道建设项目工程可行性研究报告和勘察设计审查审批工作的通知》《关于在普通国省干线公路工程可行性研究和勘察设计阶段进一步加强地质灾害防治工作的指导意见》，指导各地提升普通国省干线公路工可和勘察设计工作质量，将省道工程可行性研究纳入行业管理范围，从源头规范前期工作，提高前期工作质量和深度，提升公路抗灾能力。

（本栏目供稿单位：厅公路局）

农村公路建设

NONGCUN GONGLU JIANSHE

概　况　2019年，厅公路局印发实施《四川省农村公路建设管理办法（试行）》，进一步规范农村公路规划管理、资金管理、设计和审批、施工管理、质量管理及工程验收，促进农村公路建设管理水平提升。印发实施《四川省农村公路养护管理办法（试行）》，划清县、乡、村三级农村公路养护管理权力和责任范围，推动完善农村公路养护管理体系和工作机制，加强养护管理资金保障，规范养护管理作业行为，提升农村公路养护管理水平。全省农村公路建设完成投资246.7亿元，为力争目标235亿元的105.0%。新（改）建农村公路2.5万公里，其中贫困地区1.8万公里，农村地区交通补短板深入推进，城乡交通一体化水平持续提升，城乡交通发展不平衡态势逐步改变。农村公路发展由支撑脱贫攻坚转入到服务引领乡村振兴新阶段，要求下好“四个功夫”（“保持经济持续健康发展，要在推动产业优化升级上下功夫，在转变发展方式上下功夫，在提高创新能力上下功夫，在深化改革开放上下功夫。”），做好“四个统筹”，全力推动全省农村公路高质量发展。

交通脱贫攻坚　2019年，厅公路局全面完成兜底任务，交通脱贫攻坚取得重大突破。①建设任务精准锁定。组建19个工作组，对38个未摘帽贫困县通乡通村公路通畅情况逐项目核查，全面摸清底数，精准锁定剩余

2019年，巴中通江曲折环绕的扶贫新村路　　交通宣传中心 供图

未通畅乡镇和建制村以及畅返不畅建设任务。②强化督导帮扶。制订通乡通村硬化路调研指导工作方案和定点帮扶专项方案，实行重难点项目蹲点督导。协调28个“四好农村路”省级示范县结对帮扶凉山州及部4个定点扶贫县。完善脱贫攻坚过程考核实施细则。③加快项目推进。12月31日打通全国最后一条通村公路布拖县阿布洛哈村通村公路，全面完成剩余乡镇和建制村通硬化路任务，实现 “两个100%”兜底目标。累计完成“畅返不畅”整治工程任务2 979公里。④巡视巡察问题整改基本完成。制订专项巡视巡察问题整改工作方案，94个问题全面完成整改。

“四好农村路”建设 2019年，全省成功创建4个全国示范县（蒲江县、邻水县、高县、苍溪县）、17个省级示范县（平原地区6个：成都崇州市、都江堰市、邛崃市，德阳绵竹市、广汉市、什邡市；丘陵地区7个：南充营山县、遂宁蓬溪县、达州宣汉县、广安华蓥市、内江隆昌市、宜宾长宁县、自贡富顺县；山区3个：巴中南江县、泸州古蔺县、乐山金口河区；民族地区1个：凉山州会理县）。累计创建省级示范县45个、全国示范县10个。示范县覆盖18个市（州），引领带动作用更加凸显。组织开展“我家门口那条路”主题宣传，成功举办邛崃、平昌和犍为三站“四好农村路”展示周活动，“四好农村路”建设氛围更好、支持度更高。编制印发《四川省“四好农村路”一本通》，成为基层干部和广大群众知晓“四好农村路”政策法规和技术要点的“口袋书”，群众参与度更高、获得感更强。

2019年，康定县农村公路 交通宣传中心 供图

全国全省“四好农村路”现场会 2019年11月6—7日，全国推动“四好农村路”高质量发展现场会在成都市蒲江县举行。交通运输部部长李小鹏出席会议，并作《以管养体制改革推动“四好农村路”高质量发展 奋力谱写交通强国农村交通新篇章》讲话，要求做好“保两通、优治理、谱新篇”工作，全面推动农村公路高质量发展。四川省政府副省长杨洪波出席会议并致辞。国务院扶贫办副主任洪天云出席会议并讲话。交通运输部副部长戴东昌主持会议。省政府副秘书长代永波出席会议。会上，省交通运输厅党组书记、厅长汪洋作《党政主导 统筹推进 全面推动“四好农村路”高质量发展》交流发言。会议公布2019年交通运输部、农业农村部、国务院扶贫办联合命名的蒲江县、邻水县、高县、苍溪县等83个“四好农村路”全国示范县名单，并对部分获奖县（市、区）授牌，四川、江苏、福建、湖南等省交通运输厅及河南省焦作市、浙江省台州市、山东省五莲县、贵州省盘州市作交流发言。大会充分展示四川交通发展成就和四川交通人良好形象，促进省内外先进经验交流，受到交通运输部、农业农村部、国务院扶贫办等中央有关单位领导充分肯定及兄弟省份高度认同。交通运输部相关司局主要负责人，国务院扶贫办、农业农村部等有关部委代表，全国31个省（区、市）及新疆生产建设兵团交通运输主管部门负责人等参加会议。

2019年12月5日—6日，全省推动“四好农村路”高质量发展现场会在成都市蒲江县召开。省政府副省长杨洪波出席会议并讲话，省政府副秘书长代永波主持会议，厅党组书记、厅长汪洋通报“四好农村路”示范创建工作情况。会议宣读省政府命名第三批17个“四好农村路”省级示范县的决定并现场授牌。蒲江县、邻水县、巴中市恩阳区、宣汉县和遂宁市进行交流发言。

“四好农村路”管理培训 2019年7月30日，四川省“四好农村路”培训基地在成都市郫都区战旗村挂牌成立。该基地为全国首个省级“四好农村路”培训基地，标志四川省“四好农村路”管理培训迈入新的发展阶段，将源源不断为四川交通输出懂技术、会管理高素质人才，支撑四川建设交通强省更加有力。厅二级巡视员寇小兵和成都市交通运输局党组成员、总工程师聂斌共同为培训基地揭牌，揭牌仪式结束后，培训基地开展第一期专题培训。在全省开展“送教上门”活动，聚焦

2019年，达州市宣汉县大窝村村道和雅安市名山区至美茶园绿道获评“2019全国美丽乡村路”。图为雅安市名山区至美茶园绿道 交通宣传中心 供图

农村公路技术要点、法规制度和相关政策等内容，组建专家团队赴三州等20余个县开展现场宣贯培训指导，赠送《农村公路建设养护管理指南》1 500余本。组织开展《小交通量农村公路工程技术标准》《农村公路养护技术规范》等宣贯培训三期，培训覆盖21个市（州）及近50%县（市、区），行业基层干部政策掌握和技术管理能力持续提升。

农村公路管理政策体系构建 2019年，厅公路局印发《四川省交通运输厅关于推进农村公路“路长制”的指导意见》，推动建立农村公路县、乡、村三级路长组织体系，完善路长工作机制和制度，压实农村公路管理责任，促进农村公路管理由行业行为向政府行为转变。印发《四川省农村公路质量提升专项行动方案》，启动为期两年的农村公路质量提升专项行动，着力构建“体系健全、保障有力”的质量管理体系，提升基层质量把控能力，提高农村公路质量耐久性。印发《农村公路与乡村旅游融合发展示范项目建设指导意见》《加快推动农村公路高质量发展促进“美丽四川·宜居乡村”建设指导意见》等，推动行业树立新发展理念，提升公路建设品质。推荐达州市宣汉县大窝村村道和雅安市名山区至美茶园绿道获评中国公路学会“2019全国美丽乡村路”。继续推进落实四川省农村公路交叉口“六个一”工程建设方案和技术指导意见，基本实现重要农村公路与国省道交叉路口“六个一”全覆盖，农村地区“畅安舒美绿”的良好通行环境逐步成为现实。

（本栏目供稿单位：厅公路局）

2019年，四川农村公路 舒 超 摄

汽车站场建设

QICHE ZHANCHANG JIANSHE

概　况　2019年，四川省交通运输基础设施保障能力不断提升，汽车站场建设有新进展。全年完成部省补助资金90%投向贫困地区基础设施建设，完工3个精准扶贫地区县级客运站，88个贫困县客运站全覆盖。建成乡镇客运站241个、村级招呼站（牌）5 303个，覆盖精准扶贫地区90%以上的乡（镇）和89%以上的行政村。完成中央脱贫攻坚巡视反馈的33个闲置乡镇客运站整改。

米易县汽车客运站　米易县汽车客运站于2016年12月开工，2019年完工。该项目工程按交通枢纽＋城市地标要求设计，为二级客运站，项目投资3 500万元，占地面积27 047平方米。设计日发班车920班次、日均发送旅客量5 000人次。客运站建成有助于提高和改善米易县交通运输基础设施条件，增强客运能力和完善城市功能。主体部分：站房建筑为二层，建筑面积3 350平方米，建筑主体高15米；附属配套设施：检车棚、洗车台、维修工间、停车场、站前广场及绿化。建筑特点：绿色生态＋结构与形式相统一。建筑主体结构设计与方案设计主题完美结合。单元结构体系提高施工效率，降低建造成本。生态公园式停车场。

甘孜州雅江县客运站　雅江县客运站于2017年10月开工， 2019年11月完成。该项目工程按《四川省汽车客运站建设标准（试行）》要求设计，为三级客运站，项目投资1 067万元，总占地面积2 553.3平方米，总建筑面积900.11平方米，停车场面积1 000平方米。设计班线5条，设计日发班车10班次、日均发送旅客量500人次。设施设备：该站配备候车厅、售票厅、行包托运提取处、公共卫生间、站务用房、旅客服务设施、公共信息标志系统、信息化管理系统等。建筑特点：雅江客运站采用现代与藏式相结合的建筑风格，总体上采用藏式风格，同时结合现代手法，整体效果明快大方，外观形象也呼应平面布局“简洁、明快、大方”设计原则，与周边建筑协调统一。

雅江客运站外观　　厅运管局 供图

甘孜州色达县洛若旅游客运站　色达县洛若旅游客运站于2017年10月开工，2019年12月完成。该项目工程按《四川省汽车客运站建设标准（试行）》要求设计，为三级客运站，项目投资1 190万元，总占地面积9 904.74平方米，总建筑面积3 224.88平方米，停车场面积2 000平方米。设计班线8条、日发班车20班次、日均发送旅客量300人次。设施设备：该站配备候车厅、售票厅、行包托运提取处、公共卫生间、站务用房、旅客服务设施、公共信息标志系统、信息化管理系统等。

色达县洛若客运站外观　　厅运管局 供图

建筑特点：色达县洛若旅游客运站采用现代与藏式相结合的建筑风格，总体上采用藏式风格、同时结合现代手法，使色达客运站既具有现代建筑的气质又不失藏式建筑风格的特点。在主立面上设计玻璃幕墙，整体效果明快大方；外观形象也呼应平面布局“简洁、直观、通透”的设计原则；通透的设计使内部空间像橱窗一样展现旅客川流不息的动感形象，而两侧和顶部的坡屋顶设计的动感飞翼气势恢宏，展现出交通建筑挺拔向上、展翅欲飞的姿态。

（本栏目供稿单位：厅运管局）

公路养护

GONGLU YANGHU

概　况　2019年，厅公路局持续推进管理转型服务提质，公路养护管理水平不断提升。全省公路养护工程完工1 500公里、在建1 000公里；公路养护设施建成91个（养护中心20个、养护站71个）；公路服务设施建成27个；“厕所革命”完成公路厕所67座、在建35座。各项养护年度建设目标全面完成。普通国道PQI指数达88.6，路况持续保持良等水平。持续开展路域环境综合整治，路域环境逐步从“绿化”向“美化”迈进。

迎检工作　2019年，厅公路局对标交通运输部“十三五”公路养护发展纲要和“十三五”期间部安排部署的各项重点工作任务，全面梳理全省“十三五”

2019年，国道213线郎川路若尔盖县段　　交通宣传中心 供图

养护工作情况，分析研判迎检形势。组织召开全省迎接2020年部检工作专题布置会，落实责任，明确任务，部署阶段性迎检工作。梳理并印发2020年提前实施养护工程项目计划清单和专项工作任务三张清单，指导市（州）提前启动实施路况提升项目和补齐工作短板。完成部年度路况抽检。交通运输部抽检全省3条国道（国道212线、国道213线、国道317线）1 043公里。全省普通国道路况抽检结果PQI值为93，全国排名第4，为历年年度路况部检最佳成绩。

2019年，公路预防性养护“四新”技术之就地热再生技术应用　　交通宣传中心　供图

养护工作质量提升　2019年，厅公路局修订并印发《普通国省干线公路养护工程设计（咨询）指南》，进一步规范和指导养护工程设计和咨询工作。督促建设、咨询、设计单位优化三方协作机制，做好方案咨询审查和报批工作，提升一次性通过率，完成大中修工程设计批复34个557公里。推广使用公路手机巡查App系统，进一步规范公路日常养护，截至年底，上报公路巡查日志47 000余条，巡查发现病害2 200余处；利用“普通公路灾毁调查审核信息系统”收集审核受灾信息，审核地方上报灾损数据 247条，涉及灾毁点位2 640处、路基损毁775万立方米、路面损毁238万立方米、桥梁损毁1 763延米。印发《进一步加快桥梁健康监测系统建设指导意见》，召开全省公路桥梁健康监测系统建设座谈会，指导各地加快推进桥梁健康监测系统建设。

养护行业管理　2019年，厅公路局全面规范养护行业管理。①加强桥隧养护管理。2019年度桥隧抽检巡查外业检测工作全面完成；强化挂牌督办，对养护管理落实不到位的8座桥梁、5座隧道实施厅级挂牌督办，对需整改的13座桥隧进行局重点督办；加强桥隧养护培训，组织全省桥梁隧道养护技术培训班2期，累计培训人员200余人次。②持续开展桥隧专项行动。全省普通公路隧道提质升级等三个专项行动的排查和评估工作全面完成。经排查，全省需进行提质升级的隧道229座，其中普通国道155座、普通省道74座。成都、巴中（国道347望王山隧道）、甘孜、攀枝花等4个市（州）完成隧道提质升级实施工作，其余市（州）在加紧推进。③“四新”技术进展显著。因地制宜引导各地在养护工程建设中采用微表处、沥青路面就地热再生等技术，不断推进“绿色养护”。④推进界桥隧管理工作。组织召开界桥隧管理专题研究会，探索建立完善跨界桥隧养护管理，解决目前管养责任不落实问题。⑤持续开展路域环境综合整治。督促指导各地以公路路面、路肩为重点，持续深入开展路域环境综合治理，营造良好路域环境。

灾害应对防范基础构筑　2019年，厅公路局积极构筑灾害应对防范基础。①汛期总体部署。牵头制订2019年汛期公路安全生产和应急管理工作实施方案，健全组织机构，落实工作责任，明确任务分工。②重点开展隐患排查、防范和治理。先后印发《关于进一步开展普通公路地质灾害和汛期安全隐患排查工作的通知》《关于进一步加强普通国省干线公路汛期重点隐患防范工作的通知》等文件，督促指导各地抓好公路抢通保通工作。③隐患防治跟踪督办。重中选重，对凉山、甘孜、阿坝、绵阳、巴中等5个市（州）的14处（段）重点安全隐患点防范与整治工作进行专项跟踪督办。④灾害应急响应。珙县5.3级地震、长宁6.0级地震、甘洛县特大泥石流、汶川县“8·20”暴雨灾害等灾情发生后，第一时间派人赶赴现场，指导和帮助地方开展抢险救灾工作。⑤重要时段保通保畅。加强重大节假日、社会敏感期等重要时段的工作重点部署，督促指导各地强化工作落实，确保国省干线公路安全运营。

（本栏目供稿单位：厅公路局）

航道建设

HANGDAO JIANSHE

概　况　2019年，全省有通航河流176条，通航水库湖泊147个，通航里程10 540公里。七级以上等级航道4 220公里，占40%；四级以上高等级航道1 532公里，占14.5%；形成以长江为干流，以岷江、嘉陵江、金沙江、渠江为主要骨干，以沱江、涪江为重要补充的航道体系。全省航道养护机构认真履职尽责，严格贯彻落实《中华人民共和国航道法》《航道管理条例》《四川省航道条例》等法律法规和《航道养护管理规定》等行业规章，依法依规开展例行养护、专项养护，通航建筑物管理和航道通航条件影响评价等工作，航道养护质量达标，计划执行效果满足要求。主要实施岷江犍为、龙溪口、虎渡溪、汤坝、尖子山航电枢纽、涪江唐家渡电航枢纽和广元港张家坝作业区工程（一期）7个重点项目建设。全省水路交通投资完成53.6亿元，为年计划48.5亿元的111%，其中7个重点续建项目完成投资42.10亿元，为厅考核目标35.9亿元的117%。为省政府考核目标22.8亿元的185%，超额完成省和厅考核目标。

（厅航务局）

岷江航道　　厅航务局 供图

航道例行养护　2019年，岷江、嘉陵江等重要航道养护管理机构认真制订年度养护计划并开展航道养护，定期对辖区内航道进行巡查，对浅滩河段采取航道疏浚，开展航标、整治建筑物检查和问题整改。航道维护与观测、航标维护、整治建筑物维护、船闸维护、船艇维护等工作方面开展效果较好，保障了省内高等级航道正常畅通运行。其他航道也开展航道巡查、航标设置及维护等基本养护工作，基本保证航道正常运行。全年，维护航道里程4 661.28公里，实施二类维护航道2 267.09公里，设标里程1 301.3公里，航标维护49.56万座天，维护正常率95%。例行养护完成航道疏浚和清障12.35万立方米，完成航道测量8.2平方公里，通航建筑物开放1 857闸次，通过船舶5 730艘次，船舶通过量194.64万吨。

（厅航务局）

航道专项养护　自2016年起，全省每年投入2 400万元省级补助资金结合地方配套资金用于岷江、嘉陵江、渠江、金沙江等重要航道的设施监测、修复、疏浚、清障等专项养护。2016—2019年下达计划67个，计划总投资17 518万元，省补助资金到位8 751万元。截至2019年底，实施完成专项养护计划项目总数42个，累计完成总投资8 534万元，其中，2019年完成专项养护项目14个，完成投资2 039万元，解决岷江、嘉陵江、渠江、金沙江等重要航道存在的安全隐患，保障航道基础设施正常运转。

（厅航务局）

通航建筑物管理 2019年，厅航务局协调推动嘉陵江等重要航道梯级通航建筑物统一调度，嘉陵江川境段13级通航建筑物实现市级统一调度，缩减各梯级通航时间，最大化提升提高通航建筑物使用效率。开展通航建筑物运行方案审核，督促嘉陵江等重要航道上的梯级通航建筑物管理单位按照《四川省航道条例》《船闸管理办法》科学制定通航建筑物运行方案并按规定报审，实现通航建筑物运行科学规划调度。督促通航建筑物运行单位严格执行运行方案，保障通航建筑物高效运行和科学维护，发挥通航效益。

（厅航务局）

航道通航条件影响评价 2019年，厅航务局在投资项目审批平台依法对航道通航条件影响评价审核依据、条件、程序、内容等予以公示，制定航道通航条件影响评价审核服务指南，按照“只跑一次”精神提高办事效率，为办事单位和个人提供更优质服务。依法组织开展航道通航条件影响评价工作。全年办理省级航道通航条件影响评价审核申请27件，同时组织开展航评审核意见执行情况监督检查，督促整改相关问题，规范涉航工程建设。

（厅航务局）

岷江犍为航电枢纽建设 2019年，岷江犍为航电枢纽项目建设三级船闸一座，船闸尺度220×34×4.5米，渠化三级航道20.2公里，建设标准2.4×60×500米，电站装机容量50万千瓦，概算总投资104亿元。2019年，省政府计划投资10亿元，厅计划投资15亿元，1—12月完成投资15.72亿元，为省政府、厅计划投资的157%、105%，累计完成投资78.87亿元，占总投资76%。截至年底，大坝、厂房、船闸等主体建设加快推进。

2019年10月9日，岷江犍为航电枢纽三期围堰成功截流 厅航务局 供图

（厅航务局）

岷江龙溪口航电枢纽 2019年，岷江龙溪口航电枢纽工程项目建设三级船闸一座，船闸尺度220×34×4.5米，渠化三级航道31.8公里，建设标准2.4×60×500米，电站装机容量48万千瓦，概算总投资155.29亿元。2019年，省政府计划投资5亿元，厅计划投资12亿元，1—12月完成投资12.75亿元，分别为省政府、厅计划投资的255%、106%。累计完成投资30.68亿元，占总投资20%。截至年底，项目完成左岸砂石拌和系统、临时设施、一期一枯围堰填筑合龙等。

（厅航务局）

岷江汤坝航电枢纽 2019年，岷江汤坝航电枢纽工程项目建设四级船闸一座，渠化四级航道13.8公里，装机容量6.9万千瓦，概算投资23.05亿元。2019年，省政府、厅计划投资均为2亿元，1—12月完成投资8.18亿元，为省政府、厅计划投资的409%。累计完成投资17.82亿元，占总投资85%。截至年底，项目加快推进大坝、厂房和船闸等主体工程建设。

（厅航务局）

岷江尖子山航电枢纽 2019年，岷江尖子山航电枢纽工程项目建设四级船闸一座，渠化四航道7.21公里（岷江干流）、渠化南河六级航道7.69公里、渠化府河六级航道4.89公里，装机容量6.9万千瓦，概算投资17.04 亿元。2019年，省政府计划投资0.5亿元，厅计划投资1.6亿元，1—12月完成投资1.65亿元，分别为省政府、厅计划投资的330%、103%。累计完成投资1.65亿元，占总投资15%。截至年底，项目完成一枯围堰，进入基坑开挖和砂石料场、砼拌合站建设。

（厅航务局）

广元港张家坝作业区一期项目建设 2019年，广元港张家坝作业区一期项目建设4个500吨级多用途泊位及相应配套设施，占用岸线长度338米，设计通过能力228万吨/年，其中件杂货147万吨/年，集装箱8.1万标箱/年，概算投资6.96亿元。2019年，省政府、厅计划投资均为1亿元，全年完成投资1亿元，占省政府、厅计划投资的100%。累计完成投资3.07亿元，占总投资44%。

（厅航务局）

遂宁唐家渡电航工程项目建设 2019年，遂宁唐家渡电航工程项目建设四级船闸一座，船闸有效尺寸120×12×3.5米，渠化涪江四级航道公里，总装机容量4.2万千瓦，概算投资37.1亿元。2019年，省政府、厅计划投资均为2.3亿元，1—12月完成投资2.28亿元，占省政府、厅计划投资的99%；累计完成投资7.79亿元，占总投资21%。

（厅航务局）

沱江自贡段航道等级提升工程开工动员 2019年12月27日，沱江自贡段等级提升工程开工动员大会在沱江富顺县狮市镇水域召开，大会由自贡市政府副市长鲜光鹏主持，厅航务局局长刘孝明参加会议并讲话。沱江自贡段航道等级提升工程上起自贡市大安区牛佛镇，下止富顺县长滩镇，具体建设内容包括新建幺滩、银蛇溪枢纽，改建黄葛浩、黄泥滩枢纽，及相应的航道配套工程，涉及整治航道103.9公里，总投资约78亿元。项目实施后，沱江航道将常年满足500吨级船舶通航要求，丰水期可通航千吨级船舶，届时自贡市水路运输将真正实现通江达海的目标。

（厅航务局）

嘉陵江利泽航运枢纽工程开工 2019年3月26日，嘉陵江利泽航运枢纽工程开工。利泽航运枢纽是嘉陵江干流渠化关键性工程，其具有渠化航道、发展航运和开发水电资源等综合效益，对彻底打通嘉陵江干流高等级航道、支撑和保障长江经济带建设、促进地区经济社会可持续发展具有重要意义。枢纽建成后，将渠化四级航道29.7公里，联通川渝两省市已建梯级，让嘉陵江川境段船舶通达重庆市实现通江达海。

（厅航务局）

岷江（龙溪口枢纽至合江门）航道整治工程动员大会 2019年12月30日，岷江下段航道整治工程开工动员大会在岷江营地举行。省发展改革委、省交通运输厅、乐山市发展改革委、乐山市交通运输局、乐山市航电办、犍为县人民政府、省港航公司、岷江港航电公司等相关部门、企业及群众代表参加动员大会。岷江（龙溪口枢纽至合江门）航道整治工程是岷江港航电综合开发的重要组成部分。该项目主要包括整治航道47公里，整治滩险14个，以及布置航道配套设施。项目建成后，岷江（龙溪口枢纽至合江门）将达到三级航道标准，可常年通行1 000吨级船队、2 000吨级单船，对促进四川内陆开放型经济快速发展具有重要的战略意义。

（厅航务局）

嘉陵江数字航道工程软件系统总体设计说明书评审会在成都召开 2019年2月26日，嘉陵江川境段航运配套工程嘉陵江数字航道工程软件系统总体设计说明书评审会在成都召开。会议听取并审阅嘉陵江数字航道工程软件系统总体设计说明书具体内容，观看软件系统原型演示。会议认为，嘉陵江数字航道工程软件系统总体设计说明书对软件系统总体结构、功能模块、数据库结构及运行维护方案等内容进行详细的设计，格式规范、内容完整、结构合理，符合有关标准和技术规范要求；总体设计方案合理，技术先进，设计内容对招标文件和需求规格说明书进行了较好的响应。会议一致同意项目总体设计说明书通过评审。该总体设计说明书通过评审，为下一步系统安装、测试、上线试运行等工作的开展奠定基础。

（杨榆彬）

岷江犍为航电枢纽工程右岸18孔泄洪闸闸墩提前浇筑完成 2019年3月19日，岷江犍为航电枢纽工程右岸18孔泄洪闸闸墩提前11天浇筑完成，达到坝顶高程，这是继二期三段围堰成功截流后又一个关键性节点的顺利实现，为枢纽工程后续按计划实现2019年安全度汛、首台机组发电、三期通航打下基础。

泄洪闸闸墩施工作为岷江犍为航电枢纽工程右岸18孔泄洪闸的关键子项，关系到枢纽工程建设整体进度。自泄洪闸闸墩开始施工以来，岷江公司组织施工单位采取闸墩定型钢模板、足额配备专业施工班组、24小时连续施工等保障措施，高质量高效率完成工程建设任务。泄洪闸闸墩施工完成后，该标段施工单位转入上部启闭机排架施工。

（杨榆彬）

嘉陵江利泽航运枢纽工程开工仪式在重庆举行 2019年3月26日，嘉陵江利泽航运枢纽工程开工仪式在重庆举行。重庆市政府党组成员陈和平、交通运输部水运局副局长郑清秀等出席开工仪式。

2018年，省港航公司按照《重庆市人民政府 四川省人民政府关于印发深化川渝合作深入推进长江经济带发展行动计划（2018—2022）的通知》要求，主动争取相关政策支持，落实利泽航运枢纽工程资金平衡方案，于年内取得工程可行性批复和初步设计批复，为 2019 年利泽航运枢纽开工建设创造条件。嘉陵江利泽航运枢纽位于嘉陵江干流中游重庆合川区钱塘镇与大石街道交汇处利泽场河段，是嘉陵江梯级开发规划的最后一级枢纽。该枢纽建成后，将渠化四级航道 29.7公里，打通嘉陵江全江渠化的最后一段，四川和重庆的船舶可经该枢纽实现通江达海，对推动川渝经济社会发展具有重要的战略意义。

（杨榆彬）

岷江犍为航电枢纽船闸工程过流验收完成 2019年5月9日，岷江公司组织乐山市交通基本建设质量监督站、四川省交通勘察设计研究院有限公司、四川省水运工程监理事务所以及各参建单位对岷江犍为航电枢纽船闸工程进行过流验收。验收分为观感质量组和内业资料组，分别对上引航道及导靠船建筑物工程、上下闸首工程、闸室工程以及内业资料等方面进行验收。验收的顺利完成，为岷江犍为航电枢纽度过汛期提供保障，为实现枢纽年底下闸蓄水目标奠定基础。

（杨榆彬）

岷江犍为航电枢纽工程 9 台机组管型座安装验收完成 2019年7月26日，岷江犍为航电枢纽工程8号机组管型座安装工艺和质量通过验收，具备二期砼浇筑条件。至此，犍为航电枢纽工程9台机组管型座全部验收完成，并移交土建进行二期砼浇筑。

2019年1月底，1号机组管型座内壳体和上下立柱整体吊装开始，至6月底，8号机组吊装完成，历时188天，提前完成全部9台机组管型座安装节点目标，为实现年底首台机组发电目标奠定基础。其间，岷江公司及施工单位克服机组台数多、设计厂家多、组装工位紧张、桥机通行困难等因素影响，精心组织、合理安排，在保证施工质量和安全的前提下，完成工作目标任务。

（杨榆彬）

交通运输部调研组开展交通生态环境保护专题调研 2019年8月6 日，交通运输部调研组到岷江港航电综合开发项目开展交通生态环境保护专题调研。调研组听取关于岷江港航电综合开发各项目环境保护工作的汇报，详细了解犍为、老木孔航电枢纽工程建设及环保措施建设、落实情况，并重点了解老木孔项目规划环评工作进展情况，对公司在项目开发建设过程中保护生态环境、发展绿色航电所做的努力给予充分肯定。调研组指出，岷江港航电综合开发项目对四川内河航运的发展和长江经济带的建设起着至关重要的作用，要求公司在后续工作中要以习近平总书记生态文明思想为指导，继续严格落实生态环境保护责任制，加强环境保护措施的细化及落实，加强绿色航电发展的宣传与引导，更好服务交通强国和美丽中国建设的总体要求。

（杨榆彬）

四川省港航投资集团有限责任公司成立 2019年9月29日，四川省港航投资集团有限责任公司成立揭牌仪式在成都举行。省政府副省长王凤朝、省国资委主任徐进、中共四川省委组织部副部长邓涛、省交通运输厅厅长汪洋、省港投集团董事长贺晓春出席会议并为省港投集团揭牌。省政府副秘书长王海峰主持揭牌仪式并宣读省政府关于省港投集团组建方案的批复。省直有关部门负责人，市政府有关负责人，100余家省属国有企业、金融机构、战略合作单位负责人，省港投集团所属企业负责人等约230人参加会议。

2019年9月29日，省港航公司揭牌仪式在成都举行 省港航公司 供图

（杨榆彬）

岷江犍为航电枢纽三期围堰成功截流 2019年10月9日10时，岷江犍为航电枢纽三期围堰成功实现截流，这对实现犍为枢纽年底“蓄水、通航、发电”三大目标，确保2020年项目建成并投入运行具有重要意义。犍为航电枢纽大坝有28孔泄洪闸，分三期建设，第三期围堰从9月20日开始戗堤填筑，剩余10孔泄洪闸堤坝成功截流。

（杨榆彬）

四川岷江（龙溪口枢纽至宜宾合江门）航道整治一期工程初步设计审查会召开 2019年11月28日，四川省交通运输厅在成都组织召开四川岷江（龙溪口枢纽至宜宾合江门）航道整治一期工程初步设计审查会。省发展改革委、厅航务局、乐山市交通局、宜宾市交通局等有关单位参加会议。会议就初步设计编制、审查等情况进行深入讨论，并采用BIM技术对涉及的47公里江段设计方案进行形象展示。经专家组审查，一致同意通过四川岷江（龙溪口枢纽至宜宾合江门）航道整治一期工程初步设计报告。

（杨榆彬）

岷江犍为航电枢纽实船试航完成 2019年11月15日，岷江犍为航电枢纽完成实船试航。试航前，为保障工作顺利进行，犍为航电枢纽协调当地政府，要求从12日起禁止一切企业、船舶、人员在岷江沙嘴至犍为大桥河段326米水位高程以下进行任何形式的活动，沿线两岸居民不得靠近岸边等危险区域，并将枢纽库区水位平稳蓄水至326高程。15日下午，在工作人员指挥下，5艘货船安全有序通过船闸。该次实船试航确定枢纽通航必要的水位、流量、航线等要素，为下一步船闸正式通航奠定基础。

2019年11月15日，岷江犍为航电枢纽完成实船试航　　省港航公司 供图

（杨榆彬）

港口建设
GANGKOU JIANSHE

概　况 2019年，全省有港口17个（规模以上港口6个），港口码头泊位1 830个（千吨级泊位47个），港口货物吞吐能力7 940万吨，集装箱吞吐能力233万标箱，初步构建起以泸州、宜宾、乐山—广元、南充、广安两大港口群为主，其他一般港口为辅的“6+6”枢纽互通港口体系。2019年全省港口建设主要是广元港张家坝作业区一期工程，该项目建设4个500吨级多用途泊位及相应配套设施，概算投资为6.96亿元。

（厅航务局）

全国政协常委赵振铣调研泸州港 2019年5月17日，全国政协常委、省政协副主席、民盟省委主委、省统筹城乡研究会顾问赵振铣率四川省统筹城乡研究会调研组调研泸州港。调研组一行实地查看进港铁路专用线、进口粮食指定口岸，在码头前沿听取泸州港关于港口物流通道、经济腹地建设等情况以及泸州港口岸功能优化、“电梯船”实际应用等情况的汇报。

（杨榆彬）

泸州港入选“影响四川十大工程” 2019年10月17日，由四川省网络文化协会联合四川新闻网传媒集团、四川手机报、麻辣社区组织开展的2019年“千万网民心中的四川奇迹——新中国成立70周年影响四川十大工程”颁奖典礼在成都举行。泸州港从200多个参评项目、60个入围投票项目中脱颖而出，入选“影响四川十大工程”之交通工程榜。

2019年10月，泸州港入选“影响四川十大工程” 省港航公司 供图

（杨榆彬）

中国（四川）自由贸易试验区川南临港片区进口肉类指定监管场地投运仪式举行 2019年10月25日，中国（四川）自由贸易试验区川南临港片区进口肉类指定监管场地投运仪式在泸州港举行，标志着泸州港完善口岸功能、优化营商环境再上新台阶。川南临港片区进口肉类指定监管场地是川滇黔唯一的水运进口肉类指定监管场地，仅用3个月就获批筹建，6个月完成项目建设，并于2019年9月一次性通过海关总署验收。该项目总占地面积1.15万平方米，建成3 700平方米冷链查验与存储一体化设施，设计库容3 300吨，年周转能力15万吨，具备进口冷冻、冰鲜肉类及其副产品的抽样、查验、检测、存储等功能，业务范围涵盖牛、羊、猪、鸡、鱼、虾等肉类产品。

（杨榆彬）

泸州港“荣昌物流无水港”正式授牌 2019年10月28日，泸州—荣昌共建物流无水港、城市候机厅授牌签约仪式在重庆市荣昌区远宏物流园举行。设立泸州港“荣昌物流无水港”是泸州港重要战略布局，是泸州港继昆明、成都、攀枝花、乐山、德阳之后建成的第六个无水港。

（杨榆彬）

南充港与工商银行携手亮相上海进博会 2019年11月6日，南充港作为工商银行智慧贸金平台产品“中欧e单通”全国首单客户与工商银行共同亮相上海进博会。南充港从阿联酋采购的4辆平行进口车，采取海铁联运方式，从迪拜海运至天津卸船，经铁路运至成都青白江。在此过程中，南充港先行先试，创造性使用工商银行新推出的“中欧e单通”平台。公司通过该平台可连通物流、银行、企业等多方数据，实时掌握中欧班列物流最新信息，查验提单和贸易背景，且纸质单据不再邮寄，而换为电子凭证，海路铁路联运可以凭提单进行融资，解决企业资金难题，提升平行进口车贸易的业务效率、资金安全和信息安全，为南充港深度融入国家“一带一路”战略和扩大企业国际贸易物流圈提供金融支持。

2019年10月25日，中国（四川）自由贸易试验区川南临港片区进口肉类指定监管场地投运仪式在泸州港举行 省港航公司 供图

（杨榆彬）

公路水路勘察设计

GONGLU SHUILU KANCHA SHEJI

省公路设计院公司概况 主要业绩 2019年，省公路设计院公司新增合同额22亿元，实现营收12亿元、利润总额7 595万元，比上年稳中有升，保持高位发展局面。2个项目获国际桥梁大会金奖，4个项目入选“建国70周年公路交通勘察设计经典工程”，成功申报“四川省钢管混凝土桥梁工程技术研究中心”。公司领导班子被厅评为2018年度“四好一强”班子。

生产经营 完成新一版四川省高速公路网规划编制、四川省高速公路车辆通行费定价办法研究等多个规划编制和课题研究，完成昭西、泸石等9个项目工程可行性编制或修编，完成或基本完成阆营、泸石等8个项目576公里初步设计，完成久马、巴万等5个项目382公里施工图设计，其中久马、广平等4个项目初步设计或施工图设计获批复；针对承担的29个重点项目，组织30余次设计回访和技术交底，派出170余名常驻、非常驻设计代表现场提供后期服务，保障在建项目顺利推进。取得西香、苍巴等多个高速公路项目勘察设计任务；地方市场、市政市场均取得较好成绩；取得成都、雅安等5个市（州）国土空间规划任务。累计派出36批130余人次，全力投入“8・20”阿坝州滑坡泥石流、“6・17”宜宾长宁地震和汛期应急抢险，深入灾区开展道路踏勘检测、应急处治、恢复重建等急难险重任务，为灾区道路抢通保通和后期重建提供技术支持。

转型发展 PPP、EPC项目取得新突破，全面进入工程设计施工总承包领域，成功中标公司第一个投资项目“国道4216线屏山新市—金阳—宁南—攀枝花段高速公路PPP项目”，进而以投资人身份承担相应勘察设计任务；公司首次承揽设计牵头EPC项目省道309线团结桥至普雄镇段公路改建工程、省道464线德昌乐跃经普格至布拖公路普格段升级改造工程。新业务拓展卓有成效，环境监测第一批6个噪声类CMA增项获得省市场监督管理局资质认定，取得新川九路环水保监测监理和验收项目；智慧交通取得成都市重点工程3条市管高速智能交通管控系统设计等项目；智能监测完成“工程结构安全智能监测云平台V1.0”TR版测试验收，并部署到厅信息中心交通云平台；BIM专业推进完善BIM+GIS基础平台，沿江、乐西高速公路建设管理平台上线，启动运维管理平台研发；测绘专业完成8个激光雷达扫描和实景建模任务，取得软件著作权2项，首次获全国测绘地理信息工程铜奖和省测绘地理信息科技进步二等奖。“走出去”初见成效，继续增强与大型企业、科研院校的战略合作，扩大经营渠道和范围；取得重庆、湖南等多个省外项目勘察设计和咨询审查；赴老挝、越南、科威特等国考察，探索国外市场。资质建设成效显著，取得工程设计风景园林工程专项乙级资质，通过试验检测综合甲级和桥隧专项甲级等级评定，为公司转型升级发展奠定坚实基础。

科技人才发展 新立项科研项目23项，完成58个部、厅科技项目结题验收；分两批发布并安装调试38个自主研发专业软件，使用范围超1 500人次。成功申报“四川省钢管混凝土桥梁工程技术研究中心”和“全国公路科普教育基地”，科研创新后劲持续增强。申报各类奖项56项，获得各类科技奖、质量奖32项，其中合江长江一桥、雅康高速公路泸定大渡河大桥分别获国际桥梁大会乔治・理查德森奖和古斯塔夫・林德撒尔奖，4项目获评“建国70周年公路交通勘察设计经典工程”。探索科技成果商业化产业化道路，推进桥面铺装整平层复合强化技术应用于更多工程，自主研发的“隧道全自动结构计算软件”实现对外销售“第一单”。开展20多次对外学术交流活动，参加2019年世界交通运输大会，协办北京茅以升科技教育基金会桥梁委员会、桥梁发展科技创新发展大会、中国公路学会工程地质和岩土分会等，邀请10多位中国工程院院士、200多位国内外知名专家及技术同行到四川考察。推荐各类专家学者87人次，33人进入省科技专家库，获评优秀青年岩土工程师、优秀隧道工程师各1人；博士后科研工作站首位博士后出站并新进3位博士后研究人员，引进新职工45人、紧缺型专业人才12人，加强人才特别是新进员工培训和轮岗锻炼，在引进顶尖人才和人才梯队建设方面有新突破。

技术质量管控 坚持技术会审制，进一步扩大项目覆盖面，充分发挥专家优势，解决重大方案决策和复杂技术问题，组织公司内外专家对泸石、沿江等项目10余个重大技术问题进行会审，保证技术质量，技术上单打独斗现象明显减少。坚持技术质量专题剖析机制，召开技术质量剖析会，各专业通过具体工程实例，找问题、剖原因，提出建立健全惩处机制、激励机制措施，提升公司质量管控意识。强化技术交流培训，召开工程造价、高速公路弃碴场、环水保设计等10余次交流会，送外参加各类培训80余人次，推进遥感解译、激光雷达、BIM、GIS、大数据等先进技术应用，加强雅康、汶马等项目技术总结，做好技术储备。严格执行质量管理体系，开展2次公司级质量管理体系培训，加大执行力度，开展2批次飞行检查，查找问题，督促整改，基本完成公司《管理体系文件》内容修订，融入奖惩激励机制，以提升质量水平。

公司治理 基本完成改企建制。按照厅统一安排部署，公司于3月4日取得企业营业执照，完成工商注册、税务和银行账户的变更登记，安置完成所有在编在岗人员，标志着转企工作基本完成。完成中层干部聘任，调整重组内设机构，平稳实现由事业单位到国有独资企业的转变。推进内控制度建设。围绕构建现代企业治理体系，基本完成60项制度新制订或修改完善工作，各项内部管理进一步制度化、规范化。持续加强信息化建设。推进信息化平台第三阶段开发工作和多项管理模块建设顺利完成，档案数字化顺利推进。对外宣传持续发力，创办公司微信号，深化与媒体合作，上中央电视台、中央人民广播电台5次，《人民日报》2次、《四川日报》12次。

党的建设 加强组织建设，成立公司党委、纪委、工会。开展“不忘初心、牢记使命”主题教育，充分体现公司特色亮点，得到厅充分肯定。加强思想教育引导，培树“崇尚技术”价值观，弘扬川院精神。培育党员工匠，建设“三支小分队”，争创“五好党支部”，增强凝聚力向心力。完善群众监督机制，强化党风廉政建设。发挥好技术优势，全力参与脱贫攻坚。公司党建、党风廉政建设、精准扶贫被厅考核为“好”，公司党委被评为先进基层党组织。

（匡成刚）

四川省高速公路网规划（2019—2035年） 2019年，受省交通运输厅委托，省公路设计院公司牵头、交通运输部规划院参与完成《四川省高速公路网规划（2019—2035年）》。四川省高速公路网规划以2014版规划为基础，优化调整既有规划高速公路14条，新增规划布局高速公路29条，新增规划研究路线9条，将全省高速公路网由原“16、8、8”网完善调整为“18、9、9”网，高速公路总规模达1.61万公里（另设规划研究路线1 900公里）。针对川西北高寒地区地广人稀、地质复杂、生态脆弱困难实际，规划创新提出“高速化”公路，即通过灵活掌握技术指标，不追求路基宽度，保证安全高速运行，加强交通管理，局部控制出入，实现“高速化”目标，满足公共服务均等化需要。《四川省高速公路网规划（2019—2035年）》研究历时3年多，完成省决咨委论证、省司法厅合法性审查等工作。2019年9月12日，中共四川省委副书记、省长尹力主持召开省政府第33次常务会议，会议审议通过编制的《四川省高速公路网规划（2019—2035年）》。

（张静晶）

四川省公路水路交通运输“十三五”发展规划中期评估调整方案 2019年，按照交通运输部《关于开展“十三五”专项建设规划中期评估有关工作的通知》要求，受省交通运输厅委托，省公路设计院公司完成《四川省公路水路交通运输十三五发展规划中期评估调整方案》。中期评估调整工作是从目标、任务、项目等方面对《四川省公路水路交通运输“十三五”发展规划》执行情况进行全面总结和评估，研究提出“十三五”后期交通运输发展的总体思路、调整方案和保障措施，是指导“十三五”后期交通运输行业发展纲领性文件和依法履行政府职能重要依据，对确保“十三五”规划目标任务如期完成，为全面建成小康社会提供交通基础支撑。

（张静晶）

乐西高速公路乐山至马边段设计 2019年，省公路设计院公司完成乐西高速公路乐山至马边段初步设计，项目为省高网规划中乐西高速公路北段工程。乐西高速公路是成都平原经济区与攀西经济区又一条联系通道，路线纵贯乌蒙山集中连片特困地区和大小凉山彝族主要聚居区，是重要扶贫通道。项目分为主线及支线（乐至高速公路联络线），路线总长83.26公里。主线起于乐雅高速公路冷山互通立交，路线由北向南展布，止于仁沐新高速公路马边支线，主线长76.99公里；支线起于乐自高速公路与乐宜高速公路交叉点关子门枢纽互通立交，路线由东至西展布，于大渡河南岸与主线沙湾枢纽互通立交相接，支线长6.27公里。主线和支线均采用双向四车道高速公路标准，设计时速80公里。项目建设对完善全省高速公路网，形成多通道连接西昌、攀枝花及云南，强化成都经济区对攀西经济区辐射带动，促进大小凉山地区扶贫攻坚等具有重要意义。

（王　芳）

阆营高速公路设计 2019年，省公路设计院公司完成阆营高速公路初步设计及施工图设计部分工作。项目主线起点位于阆中市西南，与广南高速公路（国道75线）相接何家坪村，向东在赵家湾村下穿兰渝铁路，在阆中市南侧规划边缘碑垭村处跨越嘉陵江后至南部华林村附近，经永定镇、楠木，在柴井乡与巴南高速公路设枢纽连接，然后沿仪陇县东侧规划边缘狮子山通过，向南至蓬安徐家镇，然后向东经营山回龙、法堂至新店与巴广渝高速公路交汇，与阆达高速公路营山至达州段顺接，路线全长83.26公里。主线在何家坪（枢纽）、彭城、朱镇、南部北、永定、楠木、柴井（枢纽）、仪陇东、徐家（枢纽）、回龙、新店（枢纽）设置11处互通式立交；主线公路采用双向四车道高速公路标准，设计时速100公里，整体式路基宽26米、分离式路基宽13米。蓬安支线起点起于徐家互通立交，向南经骑龙、金甲、封窦，于蓬安县城规划区东侧边缘折向东南，下穿达成铁路后至白玉与南大梁高速公路相接，全长21.52公里。设金甲、蓬安东、白玉（枢纽）三处互通立交，设计时速80公里。

（王 芳）

巴万高速公路设计 2019年，省公路设计院公司牵头完成巴万高速公路施工图设计。项目分为B1（巴中—通江）及B2（通江—万源）段，全长119公里，桥隧比73.63%。B1段起于清江枢纽互通立交与巴达高速公路相接，全长59.56公里。B2设计合同段起点位于巴中市通江县芝苞乡以东约2公里处朱家河坝附近，与B1设计合同段路线终点对接，经草坝、黄钟、长石、太平，止于万源市以北官渡，与达陕高速公路相接，全长60.76公里。全线主线采用双向四车道高速公路标准，设计时速80公里。

（王 芳）

2019年，巴万高速公路清江互通立交　　省公路设计院公司 供图

德遂高速公路初步设计 2019年，省公路设计院公司与铁四院联合体完成德遂高速公路初步设计。项目是四川省规划建设的“16、8、8”网中18条联络线之一、绵遂高速公路（绵阳—中江—遂宁）后半部分。项目起于中江县玉兴镇，接成都经济区环线高速公路德阳至简阳段，止于大英县回马镇，与遂回高速公路相连，路线全长82.64公里。省公路设计院公司完成后半段41.69公里初步勘察设计工作。项目全线按双向四车道高速公路标准建设，设计时速100公里，设置枢纽互通立交2处（含1处预留枢纽互通立交），7处连接地方一般互通式立交，停车区1处，服务区1处，2019年12月31日获行业主管部门批复。项目连接京昆（国道5线）、沪蓉（国道42线）和成渝环线（国道93线）三条国家高速公路，对进一步改善区域交通状况，构建西部综合交通枢纽，完善区域高速公路路网起着至关重要作用。

（王 芳）

国道4216线屏山新市至金阳段高速公路初步设计 2019年，省公路设计院公司完成国道4216线屏山新市至金阳段高速公路初步设计。项目位于川、滇两省省界金沙江一带，是《国家公路网规划（2013—2030）》中国道4216线成丽高速公路重要组成部分，又名沿江高速公路。项目起于宜宾市屏山县新市镇中都河左岸，设杨柳坝枢纽立交接国道4216线仁沐新段、宜新高速公路、昭乐高速公路串佛段，路线南行，止于金阳县芦稿镇下坝村，预留枢纽立交接国道4216线金宁段、国道7611线昭西高速公路。项目初步设计于2019年1月27日获交通运输部批复，项目定测阶段全长166.13公里，采用双向四车道高速公路标准设计，设计时速80公里，路基宽25.5米，设置枢纽互通立交2座、落地互通立交11座、桥梁69座32 905米、隧道39座118 815米、服务区3处、停车区1处，桥隧比91.3%，为国内高桥隧比、高隧道比代表性高速公路之一。

（郭 英）

国道318线巴塘县城至竹巴龙大桥段白格堰塞湖灾后恢复重建工程设计 2019年，省公路设计院公司完成国道318线巴塘县城至竹巴龙大桥段白格堰塞湖灾后恢复重建工程初步设计。2018年10月和11月，西藏自治区江达县境内两次发生山体滑坡，滑坡体堵塞金沙江干流河道并形成堰塞湖，堰塞湖泄流洪峰致使四川境白玉、德格、巴塘、得荣4县受损，造成国道318线巴塘至竹巴龙大桥段多段路基出现淹没垮塌，竹巴龙大桥梁体被冲毁。项目起于巴塘县城南侧的巴楚河大桥桥头，顺巴曲河左岸利用原路加宽，经巴塘电站大桥、江口、至水磨沟，进入苏洼龙电站淹没区进行新建，经朗达曲卡、竹巴龙乡，设金沙江大桥跨越金沙江后，止于西藏境电站还建道路项目起点（原金沙江大桥下游500米处），全长27.98公里（四川境长27.30公里，西藏境长0.68公里）。其中，改建段长10.67公里，新建段长17.3公里。项目于2019年12月20日获初步设计批复，概算9.64亿元，将原来三级公路（路基宽7.5米）提档升级为二级双车道公路，设计时速40公里（局部原路利用段设计时速30公里）。国道318线是联系内地与西藏最重要通道之一，项目对恢复正常通行能力、提高道路抗灾能力，保障国防安全，落实精准扶贫政策，促进区域经济协调发展和加快沿线旅游资源整合开发具有重要意义。

（郭 英）

国道7611线昭通（川滇界）至西昌段高速公路A2标段初步设计 2019年，省公路设计院公司完成国道7611线昭通（川滇界）至西昌段高速公路A2标段初步设计。项目采用双向四车道高速公路标准，设计时速80公里。路线起于昭觉县达洛乡，经昭觉县大坝乡、四开乡、柳且乡、洒拉地坡乡，喜德县北山乡，西昌市川兴镇、四合乡、小庙乡，止于国道5线西攀高速公路小庙枢纽互通立交，推荐方案路线全长94.49公里，设置2座枢纽互通立交、4座落地互通立交和2座服务区、1座停车区，桥梁长67座33 584米，隧道长12座34 375米，桥隧比71.92%。工程可行性批复路线全长184.8公里，其中与国道4216线成丽高速公路公用16.7公里、新建里程168.1公里，估算总投资300.12亿元，平均每公里新建工程造价1.79亿元。项目是《国家公路网规划（2013—2030）》都匀至香格里拉高速公路重要组成部分，是《四川省高速公路网规划（2008—2030）》第5条东西横线中一段，是攀西经济区便捷沟通相邻省份，打通对外通道主要经济干线和主要出入口公路通道。

（郭 英）

国道0615线久治（川青界）至马尔康段高速公路施工图设计 2019年，省公路设计院公司完成久治（川青界）至马尔康段高速公路施工图设计。项目是《国家高速公路网规划（2013—2030）》中德令哈至马尔康高速公路（国道0615线）重要组成部分，是规划中首都放射线北京至拉萨高速公路（国道6线）重要联络线，也是四川省高速公路网中16条放射线中一条，项目建设对实施深度贫困地区脱贫攻坚战略，完善国家和区域公路网，改善区域交通条件，促进沿线优势资源开发和经济社会协调发展，维护涉藏地区社会稳定长治久安等具有重要意义。路线起于四川、青海省界，接青海省已建花久高速公路，经阿坝、红原至马尔康，终点与在建汶马高速公路相接。路线全长219公里，全线按照双向四车道高速公路标准建设，分段采用技术标准，起点至吉灰和海子山至中壤口段151公里设计时速100公里；吉灰至海子山、中壤口至终点段68公里设计时速80公里。项目位于海拔3 000米以上，其中海拔3 000～3 500米段长121公里，3 500～4 000米段长98公里，沿线地质条件复杂、地形陡峻、沟谷狭窄、地形起伏大、桥隧比例高，沿线滑坡、崩塌、泥石流、软弱地基、季节性冻土、涎流冰及风吹雪等发育，地处高原湿地景观优美但生态极其脆弱，环保景观设计要求高。9月，项目被纳入交通运输部2020年生态环保科技示范工程。

2019年，久治（川青界）至马尔康段高速公路施工图设计外业勘测工作　　省公路设计院公司 供稿

（邹长富）

泸石高速公路初步设计 2019年，省公路设计院公司完成泸石高速公路初步设计。项目是《四川省高速公路网规划（2014—2030）》中8条南北纵马尔康至石棉高速公路重要组成部分，地处青藏高原东南缘横断山脉，属于典型高中山峡谷地貌，处于大渡河中上游。项目北接雅康高速公路，西经康定进入甘孜州腹地，可分别通过成都至康定至西藏高速公路和炉霍至康定高速公路进入西藏、青海，向东经雅安可达成都，向北经丹巴可进入阿坝州至青海。项目南连雅西高速公路，往南进

入凉山州，向东经汉源可至乐山市，具有衔接成都至康定至西藏、马尔康至泸定和雅西等高速公路的纽带功能，还可与雅康高速公路共同构成京昆高速公路雅石段辅助通道，建成后将沟通区域内多条高速公路和国省干线，进一步完善四川省高速公路网，扩大路网覆盖范围，极大地改善该区域公路骨架网，并与规划中的川藏与川青铁路，康定机场等共同构成区域综合交通运输体系。路线起于泸定县伞岗坪附近，止于石棉大杉树附近，全长97公里，采用双向四车道高速公路标准建设，设计时速80公里。项目于2017年11月获省发展改革委工程可行性批复，批复估算160.7亿元。

（邹长富）

成资渝高速公路天府国际机场至潼南（川渝界）段A1标段设计 2019年，省公路设计院公司完成成资渝高速公路天府国际机场至潼南（川渝界）段A1标段设计。项目是《四川省高速公路网规划（2014—2030）》16条成都放射线中成资渝高速公路重要组成部分，是成都新机场场外综合交通体系重要交通项目，是联系成都和重庆之间第四条高速公路大通道。路线位于四川省简阳市和资阳市境内，起点对接成都新机场高速公路，止点对接重庆市高速公路网布局规划的合川—潼南—安岳高速公路，路线全长109.57公里，A1标段路线55.85公里。A1标段采用双向四车道高速公路技术标准，设计时速100公里。项目于2019年10月获省交通运输厅施工设计批复，批复预算147.11亿元。

（邹长富）

京昆高速公路成绵段扩容工程A2标段初步设计 2019年，省公路设计院公司完成京昆高速公路成绵段扩容工程A2标段（三绕至成都段）初步设计并牵头汇总全线初设工作。项目起于绵阳游仙区魏城镇附近，与拟建绵阳至苍溪至巴中高速公路交叉相接，经石板、观太至永明后沿原路“四改八”加宽改（扩）建绵阳南环线高速公路至关帝镇附近；新建复线，于新中镇以南与在建成都经济区环线高速公路交叉；经和新镇、连山镇之后跨越北河、青白江与成都第二绕城高速公路相交；后沿成青快速通道止于成都绕城高速公路，接入成都市龙潭路主干线（成华大道），路线全长126.34公里，工程可行性总投资333.2亿元。项目全线采用双向八车道高速公路标准建设。项目实施将进一步加强成德绵三大城市之间交流与合作，有利于实现资源共享、优势互补，全面优化环成都圈空间结构，改善区域经济纵深发展条件，对全面激发全省经济发展动力和活力，支撑国家“成德绵协同创新”战略和四川“一干多支”发展格局具有重要意义。

（江　杨）

国道0512线成乐高速公路扩容建设项目E2标段施工图设计 2019年，省公路设计院公司完成国道0512线成乐高速公路扩容建设项目E2标段施工图设计。项目推荐方案路线里程全长136.12公里，桥梁总长99座39 444米，互通式立体交叉23处（其中枢纽7处）。主线分为三段，其中项目E2标段为眉山至辜李坝原路加宽段（起于试验段止点，止于乐山辜李坝，线路全长58.07公里），以及乐山城区过境复线段（起于棉竹北枢纽互通跨青衣江大桥西侧桥台处，与在建嘉峨大道平行布线，至符溪北与乐雅高速公路相接，路线全长8.51公里）。眉山至辜李坝采用双向八车道高速公路标准建设，设计时速100公里；乐山城区过境复线段采用双向六车道高速公路标准建设，设计时速100公里。扩容项目位于成绵乐城市群发展带，是《国家公路网规划（2013—2030）》《四川省高速公路网规划（2014—2030）》中国道0512线高速公路中一段，是区域路网骨干线。国道0512线高速公路先后串联成都、双流机场、眉山、乐山、天府国际机场，沿线旅游交通出行旺盛、旅游经济发达，项目建设有利于培育壮大旅游产业、实现景区协同发展。

（江　杨）

广平高速公路施工图设计 2019年，省公路设计院公司完成广平高速公路施工图设计。项目是《四川省高

2019年，广平高速公路青川互通立交效果图　　省公路设计院公司 供图

速公路网规划（2014—2030）》中东西横线之一，项目起止点分别为广元市青川县和绵阳市平武县，项目向东可通过广甘高速公路连接甘肃，进而连接西北地区，向西可通过九绵高速公路连接四川省阿坝州涉藏地区。项目建成后可加强广元市、青川县与平武县的便捷连接，并通过平武县进一步实现广元市与阿坝州顺直连通。项目建成后对外可连接中国西北地区，对内可连接广元、青川、平武、阿坝，能够有效增强省内、省外联系。路线全长91公里；全线采用双向四车道高速公路技术标准，设计时速80公里，路基宽24.5米，设置互通立交8处，桥隧比69.5%，建设工期5年。

（江　杨）

天府新区至邛崃高速公路初步设计　2019年，省公路设计院公司完成天府新区至邛崃高速公路初步设计。项目是《四川省高速公路网规划（2019—2035）》中京昆高速公路成都至雅安段扩容复线一段，起于新津县邓双镇，接成乐高速公路扩容项目，经新津县永商镇、邛崃市羊安镇、固驿镇、临邛镇，止于邛崃市孔明乡，与邛名高速公路相接，路线全长42公里，项目估算总投资87亿元。全线采用双向六车道高速公路技术标准，设计时速120公里，路基宽34.5米，是省内在建及已建高速公路中技术标准最高项目之一。项目地处天府平原区，土地资源宝贵，设计采用高架桥以及路基支挡等措施，最大限度节约、集约利用土地。通过对全线桥梁采用雨水收集系统，经过居民区段设置声屏障，结合地方规划选择取弃土场等措施最大限度地满足绿色发展要求。项目通过文山枢纽互通立交实现天邛高速公路、成乐高速公路扩容、成雅高速公路相互转换，项目建成后对完善区域路网布局、支撑沿线产业发展，实现区域优势互补、联动发展、协调发展具有重要意义。

（王万江）

泸州经古蔺至金沙高速公路（古蔺至川黔界段）初步设计　2019年，省公路设计院公司完成泸州经古蔺至金沙高速公路（古蔺至川黔界段）初步设计。项目起于泸州市古蔺镇东侧，接省道80线叙古高速公路，经龙山镇、观文镇、白泥乡、椒园乡，止于川黔界，止点与贵州段相接，路线全长39公里，估算总投资108亿元。全线采用双向六车道高速公路标准建设，设计时速100公里，项目工程规模大、造价高，桥隧比82%，工程可行性估算每公里造价2.77亿元，是目前省内每公里造价最高的高速公路。项目所涉地形、地质条件复杂，控制性工程多，设计及建设难度极大。建成通车后是未来成都至贵阳最便捷高速通道。项目是《四川省高速公路网规划（2019—2035）》中规划新增扩容通道“仁寿—泸州—贵州”重要组成部分。项目建设对畅通四川南向综合运输大通道，加强四川与北部湾港口、粤港澳大湾区陆路通道能力，完善川黔高速公路网，改善区域投资环境，推动区域资源开发，促进区域旅游业发展，实现扶贫战略具有重要意义。

（王万江）

苍巴高速公路初步设计　2019年，省公路设计院公司完成苍巴高速公路初步设计。项目是四川省规划建设的“16、8、8”网中8条东西横线之一绵万高速公路中一部分，连接兰海高速公路、成巴高速公路和万广高速公路。项目起于苍溪县以北茶店乡，与广南高速公路交叉设茶店枢纽互通立交，止于巴中南东侧与巴达高速公路设三岔子河枢纽，全长92.05公里，其中苍溪县境内49公里，巴中市境内43公里。全线桥隧比61.19%，项目设计采用双向四车道高速公路标准建设，设计时速80公里。项目将联系成都经济区与川东北经济带，扩大成都对周边辐射作用，同时对促进大巴山区川陕革命老区经济发展和扶贫建设，带动该区域经济，改善其投资环境具有重要意义。

（鲁晓娜）

南潼（四川境）高速公路施工图设计　2019年，省公路设计院公司完成南潼（四川境）高速公路施工图设计。项目是四川省、重庆市高速路网布局规划中重要南北纵线，环渝腹地区块高速公路主骨架。项目起于南充市顺庆区新复乡黄地坝，与广南高速公路相交，对接南充过境高速公路北段，经南充双桂、世阳、龙岭、金凤、华兴，遂宁农兴、蓬南，止于川渝界楠木湾，对接重庆潼南至荣昌高速公路。路线全长61.5公里，全线采用双向四车道高速公路标准建设，设计时速100公里。项目打破行政区域划分，强化成渝经济区高速路网综合布局，形成南充、潼南、大足、荣昌、泸州之间主骨架通道，构建便捷、通畅、高效、安全综合交通运输体系，促进成渝经济区一体化，支撑成渝经济区腹地快速发展，增加川渝之间新通道。

（鲁晓娜）

嘉陵江百利大桥设计　2019年，省公路设计院公司完成嘉陵江百利大桥设计。嘉陵江百利大桥新建工程是四川省人民政府办公厅确定的《2016—2020年建设推进方案》等4个交通专项方案之一，位于广元市苍溪县境南部片区，总投资5.1亿元，采用一级公路（兼具市政功能）标准设计，跨越嘉陵江水道为一主跨240米的预应力混凝土双塔双索面斜拉桥。斜拉桥孔跨布置为118+240+118米。主梁采用π型双纵肋构造，桥面宽32米，在π型主梁构造中属于较宽桥面类型，设计中采用空间梁格体系对桥面板应力进行综合分析，阐明剪力滞效应影响，并采用实体有限元软件分析拉索局部承压；为限制桥塔在施工中拉应力及引起混凝土构件开裂，采取多道横向顶推施工构造。桥塔为椭圆形拱塔造型，采用环氧喷涂预应力钢绞线拉索，象征“百利之门，苍溪之门”，寓意苍溪日月同晖，繁荣昌盛。大桥在百利坝侧主墩紧邻嘉陵江航道，水深10米，属深水基础施工，在设计中对百利坝主墩基础采用高桩承台构造，结合钢吊箱围堰施工组织设计，节省工程造价、缩短工期。

（田　波）

久马高速公路红原特大桥设计　2019年，省公路设计院公司完成久马高速公路红原特大桥设计。大桥位于四川省阿坝州红原县龙日坝乡境内，设计时速100公里，大桥造价5.94亿元。上部结构采用钢管混凝土简支桁架梁，桥面连续；下部结构采用钢管混凝土墩、桩基础；桥台采用柱式台、桩基础。采用桁架梁桥使结构轻型化，降低地震响应，与混凝土梁桥相比，主梁及桥墩自重各减轻35%和60%，墩柱地震内力降低24%，与钢梁桥相比，主梁自重相当，但用钢量减少38%，刚度提高到2.6倍，墩柱地震内力降低10%；采用钢管混凝土桥墩，比钢筋混凝土墩柱具有更好结构延性、承载能力和耗能性能，提升地震抗力；采用开发形状相同、水平方向刚度可设计抗震变刚度支座，将各墩支座水平刚度和桥墩水平刚度进行匹配，各墩总水平刚度一致，使各墩墩底地震内力响应接近；将主梁联长增加到300米，提高桥梁刚度，增加参与抗震桥墩数量，形成抗震结构体系将桥墩最大内力峰值削减53%，主梁地震位移相应减少85%；大桥在工厂内加工制造作业量占全桥总体工作量80%，不受高原恶劣气候影响，结构轻型，可施工快速；桥墩无需盖梁，桥墩空钢管安装重量仅为7吨，安装重量轻、采用设备小，仅需在墩柱钢管内灌注自密实混凝土，不需要运输、安装、拆卸模板，不需要绑扎和安装钢筋，可缩短现场施工工期80%。轻质高强钢管混凝土桥墩和钢管混凝土桁式主梁，材料用量省、资源节约，比钢筋混凝土梁桥减少混凝土用量55%；比钢结构桥梁减少用钢量38%。

（田　波）

乐西高速公路子莫格尼特大桥设计　2019年，省公路设计院公司完成乐西高速公路子莫格尼特大桥设计。大桥位于美姑县九口乡拉木克苦村和昭觉县拉一木乡拖堵村之间。桥位地形起伏大，美姑岸坡长，昭觉岸坡陡，地震烈度为Ⅷ度，地震动峰值加速度0.2g。大桥主桥采用95+180+180+95米预应力混凝土连续刚构，设计时速80公里。主桥和引桥均采用技术成熟、受力合理、经济耐久、施工方便结构形式。主桥一跨过河，不在水中设墩，减小道路桥梁对河道行洪影响；为减小对生态环境破坏，避免施工引起滑坡等次生地质灾害，尽量提高桥梁承台标高，减少挖方。对桥面雨水设置统一收集，集中处理后排放，避免污染。大桥主跨180米，主墩最大高度148米，交界墩最大高度84米，引桥墩最大高度79米，具有典型强震、大跨、高墩特点，且各联桥内墩柱高差大，抗震设计难度极大。对此，设计中根据桥墩高度采用不同桥墩截面尺寸、壁厚、放坡坡度等，保证各个桥墩刚度匹配、共同参与抗震受力；同一联桥各个桥墩墩高差异较大，采用调整橡胶支座厚度的方式，调节支座与桥墩组合刚度，实现共同受力；加强防落梁设计，采用纵向、横向、竖向三向限位设计，防止地震下发生落梁；采用抗震伸缩缝、环向钢丝绳支座等新材料新技术提高桥梁抗震性能。

（田　波）

乐西高速公路苏坝特大桥设计　2019年，省公路设计院公司完成乐西高速苏坝特大桥设计。该桥为建设在高地震烈度区的主桥净跨径350米上承式钢筋混凝土劲性骨架拱桥，上跨马边河及省道103线，全长835.5米，设计时速80公里，总投资2.1亿元。主拱采用等截面悬链线无铰拱，拱圈采用两拱肋，两拱肋间以横联连接，每拱肋为单箱双室截面，横向采用等宽8米，纵向采用外形等高5.8米。主桥拱上结构及引桥上部结构均采用28.5米预应力简支小箱梁。引桥下部采用空心薄壁墩，基础均为钻孔灌注桩基础。大桥通过合理的结构抗震体系，提高拱桥横向刚度和稳定性，减小横向地震位移；各立柱所

2019年，久马高速公路红原特大桥效果图　　省公路设计院公司 供图

受地震力分布较均匀，取得较好的抗震性能；设置粘滞阻尼器和可联动多向防落梁装置，既耗能减震，又有效防止行车道梁板落梁；提高上承式钢筋混凝土拱桥的整体抗震性能和防震减灾能力。主桥拱圈采用强劲骨架法施工，管内灌注C120超高标号混凝土，并采用两环浇筑简化主桥拱圈施工工序，有效缩短工期。大桥采用合理的劲性骨架结构设计，使盖梁实现无支架浇筑，提高施工安全性，节约成本，提高工效；通过在简支梁桥各桥墩上设置可联动多向防落梁装置，有效降低简支梁对各挡块的撞击力，并能限制简支梁横桥向与竖向振动和位移，防止简支梁落梁。

（田　波）

2019年，乐西高速公路苏坝特大桥效果图　　省公路设计院公司 供图

泸州市九支大桥设计　2019年，省公路设计院公司完成泸州市九支大桥设计。九支大桥为泸州市渡改桥工程之一，主跨225米，采用部分斜拉桥桥型结构，单索面中央布索配合主梁体外预应力结构，有效解决主梁结构受力和挠度控制，提高桥梁耐久性，具有良好景观效果。受两岸接线控制，大桥桥墩高度小于20米，采用塔梁一体、墩梁分离连续梁体系，施工中采用墩梁临时固结，合龙后进行体系转换，墩顶设置10 000吨位钢支座支撑体系，有效解决基础受力问题。斜拉索采用多重防护环氧喷涂钢绞线成品索结构，提高耐久性。全桥建立桥梁结构安全监测系统，对施工期和运营期大桥施工控制和运营健康进行有效监测。针对现场施工条件，基础施工采用钢板桩+咬合支护桩组合围堰进行施工。大桥建设可加强四川省合江县和贵州省赤水市的联系，改善两岸群众出行条件，有利于减少货物运输周转费用。

沿江高速公路溜筒河特大桥设计　2019年，省公路设计院公司完成沿江高速公路溜筒河特大桥设计。该桥位于凉山州雷波县下田坝乡境内，全长489.5米，主桥为325米钢管混凝土上承式拱桥，设计时速80公里，造价1.9亿元。大桥基础开挖量大、边坡陡，施工开挖扰动易诱发大规模岩体失稳，设计采取减少扰动施工工艺，同时施工出渣量大、运距远，为此，主桥锚塞体式拱座采用隧道开挖方式掘进，拟配合悬轨出渣技术，引桥墩基础开挖加强边坡防护。锚塞体混凝土用量较大，需进行大体积水化热控制、配合比优化设计。主桥采用钢管混凝土上承式拱桥，为减轻拱圈上部结构重量，立柱采用钢管混凝土格构式立柱，柱顶采用钢箱盖梁，上部采用双边钢箱组合梁。主拱横撑与钢箱盖梁兼顾结构受力，共同提高主拱和立柱横向稳定。根据地形条件，主拱施工采用无支架斜拉扣挂式缆索吊装方案，分节段安装。全桥采用变刚度支座分配地震、温度作用下立柱底内力，使高低立柱受力趋于均匀。变刚度支座与粘滞阻尼器对大桥起到协同减震的作用。主拱、立柱所有相贯焊缝采用焊后修磨技术，提高结构抗疲劳性能。

（田　波）

宜攀高速公路新金段西宁河特大桥设计　2019年，省公路设计院公司完成西宁河特大桥设计。该桥跨越金沙江一级支流西宁河，为宜攀高速公路新金段一座重要桥梁。大桥设计时速80公里，采用跨度510米上承式钢筋混凝土拱桥，为目前国内最大跨径钢筋混凝土拱桥，项目建安费3.8亿元。大桥采用分离式拱圈结构，为减少自重，标准段采用单箱单室截面，仅在拱脚变化段采用单箱双室截面，且拱圈混凝土为高抗裂C70混凝土；受制于加工场地狭窄、运输条件有限，采用加强横隔平行四片桁架，节段最大吊装重量约100吨，更有利于施工，弦管采用540×24毫米的Q420qc钢管，内灌C100超强混凝土，形成强劲性骨架构造；立柱采用钢内模，壁厚减小至35厘米，取消拱上垫梁以减小自重，并通过变刚度支座，合理分配各立柱受力，采用1.8米高预制I型混凝土梁+15厘米厚的合桥面板，减轻吊装重量，最大吊装重量仅57吨，实现立柱、桥面梁轻型化设计。

（田　波）

沿江高速公路西苏角特大桥设计　2019年，省公路设计院公司完成沿江高速公路西苏角特大桥设计。大桥位于凉山州雷波县东南侧33公里处，地震基本烈度为七度，按七度设防，设计为双向四车道，主桥采用整幅一孔380米上承式钢管混凝土拱桥，拱上及引桥道系均采用钢混组合梁。全桥建安费2.3亿元。大桥主拱采用钢管混凝土桁架式结构，立柱采用钢管混凝土格构式结构，拱肋主管及立柱主管均灌注C60钢筋混凝土。立柱盖梁采用钢箱+钢管桁架结构，桥道系采用双边箱钢混组合梁。主桥通过采用钢管混凝土格构式拱上立柱、钢桁架盖梁、双边箱钢混组合梁，最大限度减轻结构自重；利用变刚度支座，改善地震荷载作用下不同高度立柱及引桥墩内力值；在桥台、交界墩设置粘滞阻尼器，对主梁纵向限位等系列减震措施，保证桥梁具有抵抗高烈度地震的能力；拱上盖梁采用钢箱+钢管桁架式结构，确保上部结构传力有效同时增强主桥横向抗失稳能力。面对桥梁两岸地形陡峭，施工条件恶劣的情况，主桥在施工时，设置小墩位工具缆索吊完成施工机具运输及安装，并设置临时索道桥一座，完成便道无法达到处的混凝土泵送施工等多项举措，攻克复杂山区无法修建便道难题。

（田 波）

宜攀高速公路新金段中都河大桥设计 2019年，省公路设计院公司完成宜攀高速公路新金段中都河大桥设计。大桥全长1 009.5米，设计时速80公里，建安费3.57亿元。主桥长616米，按148+320+148米跨孔布设，主桥结构形式采用双塔、双索面、密索、对称扇形布置、预应力砼双纵肋主梁、索塔横梁设置竖向支座半漂浮体系结构。桥位处设计地震加速度高，桥面宽、跨度大，为提高大桥抗震能力，索塔采用波折腹板组合横梁，利用预应力混凝土顶底板抗弯、高强度钢腹板抗剪，相对于混凝土横梁，减小塔柱横向地震力20%；大桥主塔支座采用环向钢丝绳复合阻尼支座，通过支座产生剪切变形、钢丝绳圈发生构型改变、相互缠绕钢丝之间产生干摩擦来消耗震动能量，具有环向抗震、适应大变形、使用寿命长、维护方便等优点；斜拉索采用具有280MPa高应力幅抗疲劳性能钢绞线拉索体系，拉索外包具有防火隔热功能的护套，每根拉索塔端锚具内安装3个CCT单孔磁通量传感器，使拉索成为智能化拉索，实现拉索索力实时监测；此外，在长度大于100米拉索下端设置外置式HDMR永磁磁流变减震阻尼器，以减小较长斜拉索由支座及风雨导致振动，减缓拉索锚固端疲劳，延长拉索结构使用寿命和更换周期。大桥设置结构安全监测与预警评估系统。

（田 波）

国道213线松潘县城过境段改线工程松潘隧道设计 2019年，省公路设计院公司完成国道213线松潘县城过境段改线工程项目松潘隧道勘察设计。项目地处松潘县城西侧，是实现四川省阿坝州公路路网规划、完善公路网重要组成部分，建成后将缓解国道213线过境车辆对松潘县城区影响。项目路线全长11.3公里，其中利用段3公里，新建段8.3公里。其控制性工程松潘隧道，长3 216米，路线占比28.5%。松潘隧道洞口平均海拔2 950米，是典型高海拔公路隧道。隧址区地质条件复杂、不良地质发育，隧道洞身穿越岷江活动断裂，同时面临季节性冻土、涌突水、软岩大变形、瓦斯等多项技术难题。勘察设计单位加强地质勘察和水文资料收集，强化监控量测和地质超前预报，合理评估不良地质施工风险，对活动断裂不利影响进行针对性结构设计，并着重针对保温、抗防冻等措施进行专项设计，确保隧道施工安全并缩短建设工期。

（张 博）

国道347线茂县两河口至红原壤口段提升改建工程设计 2019年，省公路设计院公司完成国道347线茂县两河口至红原壤口段提升改建工程设计。项目起于茂县两河口、止于红原县壤口乡，是《国家公路网规划（2013—2030）》新增国道南京至德令哈中一段，是阿坝州境内东西向干线重要通道，是阿坝州国省道干线路网中重要组成部分，连接茂县、黑水县、红原县三县，是茂县经黑水通往红原最便捷通道。项目路线全长155.169公里，预算总投资23.68亿元。项目新建段以隧道工程为主，采用二级公路标准，设计时速60公里，建筑限界10米×5米，包含隧道、明洞11座13 027米，其中新建隧道5座、明洞4座，整治利用隧道2座。5座新建隧道围岩以变质砂岩、绢云千枚岩、板岩、炭质千枚岩为主。4座新建明洞主要解决坡面泥石流、坡面碎屑流、高危落石等地质灾害。2座利用隧道整治主要包括衬砌裂缝及渗漏水处治、衬砌结构加强设计、路面及仰拱病害处治和内装修复等。代表性隧道工程包括全长2 488米的上渔坝渡隧道、全长2 080米的贝尔隧道等。

（张 博）

诺水河至光雾山公路（米仓大道）双峰垭、铁厂隧道设计 2019年，省公路设计院公司完成诺水河至光雾山公路（米仓大道）铁厂、双峰垭两座特长隧道的两阶段勘察设计工作。项目主线起点位于通江县两河口乡，与既有公路省道408线顺接，止于南江县寨坡乡，与既有公路国道244线平交相接，路线全长85.39公里，除个别段落外，全线采用一级公路技术标准，设计时速60公里。项目批复预算总投资126.90亿元。全线新建隧道13座30 913米，含特长隧道3座16 755米，其中控制性特长隧道工程——双峰垭、铁厂隧道分别位于巴中市南江县汇滩乡、通江县铁厂乡。铁厂特长隧道长3 048米；双峰垭超特长隧道长8 560米，其通风斜井长2 070

米，双峰垭隧道也是四川省目前最长一级公路隧道。两座特长隧道穿越岩溶地层、断层、瓦斯地层，地质条件复杂。存在涌突水、塌方、瓦斯溢出等风险，建设难度大。项目建设对实现秦巴山集中连片贫困地区脱贫攻坚战略目标，支持革命老区发展，确保如期完成全省全面建成小康社会目标具有重要意义。

（张　博）

省道204线通江县城至诺水河公路隧道设计　2019年，省公路设计院公司完成通江县城至诺水河公路隧道设计。项目是省道204线通江县境内重要组成部分，起于通江县诺江镇，接环城北路与省道204线交叉口，通过环城北路及省道302线与国道347线相接，并进而连接巴万高速公路、镇广高速公路，止于诺水河镇，接拟建诺水河至光雾山公路，路线全长52.81公里，采用双向四车道一级公路技术标准，设计时速60公里，预算总金额58.22亿元，新建涪阳、青浴、板桥1号和板桥2号隧道4座7 781米，其中长3 677米的涪阳特长隧道为项目控制性工程。隧址区主要穿越侏罗系蓬莱镇组粉砂质泥岩和砂岩，地质条件较复杂，面临断层、涌突水、顺层掉块、危岩危石等多项技术难题。设计过程中加强水文地质资料收集，强化监控量测和地质超前预报，合理评估不良地质施工风险，对活动断裂不利影响进行针对性结构设计，确保隧道施工安全并缩短建设工期。项目建成后将有效串联涪阳、新场、青峪、板桥口、诺水河等主要乡镇，通过与诺水河至光雾山一级公路连接，将南江县米仓山国家森林公园、光雾山国家级风景区和通江县诺水河国家级风景区连成黄金旅游片区，充分发挥巴中市红色旅游和自然旅游资源优势，以交通带旅游，以旅游带产业，以产业促扶贫，推动区域旅游产业转型升级和跨越发展。

（张　博）

精密工程测量项目　2019年，省公路设计院公司在精密工程测量方向不断提升专业技能，完成多个精密工程测量项目。①大卡子隧道二等控制测量，该隧道长11 533米，进出口标高3 100米，隧道两端通行极其困难，二等水准测量路线只能徒步翻越大卡子山，山顶海拔高4 700米，技术人员历时70余天来回4次穿越无人区和高海拔地区顺利完成二等控制测量任务。②乐西高速公路大凉山1号隧道和2号隧道二等控制测量，隧道设计长度分别为15.3公里、12.5公里，其中大凉山1号隧道建成后将是四川省内最长高速公路隧道，该项测绘为后期隧道设计与施工提供可靠基础数据。③鲁南高铁2标CPIII测设工程技术咨询服务，线路长度18.7公里，是省公路设计院公司第一次参与完成的高铁相关精密工程测量。④雅砻江桐子林水电站大坝外部变形和近坝区滑坡体观测，90个监测点监测6期，是省公路设计院公司在水利行业工程测量领域又一拓展。

2019年，开展穿越无人区的大卡子隧道二等控制测量
省公路设计院公司 供稿

（达乾龙）

京昆高速公路绵成段扩容项目A1、A2标段航飞测绘　2019年，省公路设计院公司完成京昆高速公路绵成段扩容项目A1、A2标段航飞测绘。两个标段全长127.7公里，航飞测绘面积508平方公里。项目开展过程中克服陆航、飞行学院、民航机场和通航基地等复杂空域协调问题和多雾季节低空飞行问题，进场后抓住一切可能机会积极协调、随时调整方案、见缝插针组织作业，历经曲折坎坷，于除夕夜完成全部外业工作，于6月完成全部内业工作，获得高精度地形信息数据和高分辨率影像数据。项目点云密度高、数据质量好，部分数据用于“面向高速公路改扩建工程的机载激光扫描成果综合应用技术研究”项目研究。

（达乾龙）

成南高速公路扩容工程A4标段、B标段激光测绘　2019年，省公路设计院公司完成成南高速公路扩容工程A4标段、B标段激光测绘。项目外业采用机载激光雷达与车载激光雷达协同配合完成。机载激光雷达能够快速获取地表信息，有效克服测区海拔高差大、地形条件艰难、地质条件复杂等恶劣自然环境的影响；车载激光雷达能够在现有高速运行不断道、准确、快速获取已建公路地面现状数据。两种采集方式协同配合，实时高效获取高精度地形信息数据和高分辨率影像数据。经内业处理后生成数字线划图、数字高程模型、数字正射影像等数字测绘产品，为扩容项目初步设计提供高时效高精度数据支持，有效提高线路勘测设计效率。

（达乾龙）

四川省交通运行监测与应急指挥系统（二期）项目　2019年，省公路设计院公司完成四川省交通运行监测与应急指挥系统二期工程设计工作。项目建成后可形成涵盖全省动态感知、智能预警行业运行监测与应急指挥管理体系，对全省交通运行监测与应急处置能力提升具有重大意义。项目建成后基本形成“三级应用、两大体系”，即一套运行监测与应急指挥平台，供省、市（州）和县（区）三级用户共同使用以及涵盖公路水路交通重点业务领域、重点空间区域、运载装备、一线作业人员的交通运输运行监测体系和对突发事件及时预警、快速反应、协同联动、高效服务的交通运输应急管理体系。项目实现公路水路交通运输运行状态可视、可测、可控，提高交通运输安全保障、应急处置和运行服务水平。

（梁升晟）

科研项目获2019年度国家科技进步一等奖　省公路设计院公司作为参研单位完成的“复杂艰险山区高速公路大规模隧道群建设及营运安全关键技术”获2019年度国家科技进步一等奖。项目在复杂地形地质环境隧道群失稳灾变防控技术、高速公路大规模隧道群通风照明环境保障技术、高速公路大规模隧道群防灾救援联动控制技术等方面取得系列重大创新性成果，形成隧道群建设与营运安全关键技术体系，实现隧道群建设与营运安全、高效与节能目标。项目成果成功运用于都江堰—映秀—汶川高速公路、广元—川甘边界高速公路等多条高速公路隧道群建设中，为相近区域内大量新建交通线路的隧道群建设提供重要技术参考。为汶川地震、芦山地震、九寨沟地震灾后重建做出重大贡献。项目研究形成高速公路大规模隧道群通风照明环境保障技术及防灾救援联动控制技术成果，在四川、重庆、浙江等多个省市高速公路隧道群营运中得到大范围应用，取得显著经济效益，并在节能减排、低碳环保等方面取得重大社会效益。研究成果应用提高高速公路隧道群行车安全性，增加行车舒适度，并显著增强隧道群灾害防救能力。

（匡成刚）

“超500米跨径钢管混凝土拱桥关键技术”项目获奖　2019年，省公路设计院公司参与的“超500米跨径钢管混凝土拱桥关键技术”项目获国家科技进步二等奖。项目经过20余年研究和实践，通过理论分析、试验研究、实桥验证等攻克核心技术，形成超500米跨径钢管混凝土拱桥关键技术，突破安全和质量双重制约。研究成果支撑世界首座跨径突破500米钢管混凝土拱桥——合江长江一桥建设，并能向700米跨径进一步拓展应用。其刚度是同规模斜拉桥、悬索桥几倍至十几倍，造价可减少三分之一左右，在公路及高速铁路桥梁等领域均有重要推广应用价值，于世界大跨径拱桥技术发展起到了重要推动作用。

（孙　璐）

“大跨度缆索承重桥梁抗风关键技术与工程应用”项目获奖　2019年，省公路设计院公司参与“大跨度缆索承重桥梁抗风关键技术与工程应用”项目获国家科技进步二等奖。项目组历时20年，针对大跨桥梁风致振动特性开展系统研究。自行研制国际领先、世界最大桥梁边界层风洞，创新一系列风洞试验技术，建立一系列新桥梁风荷载数学模型，发展桥梁风振分析理论。提出大跨桥梁气动外形优化准则以及一系列风振气动控制措施，显著改善大跨度桥梁的抗风性能。研究成果为大跨度桥梁抗风性能评价提供试验平台、理论支撑和技术支撑。项目研究成果成功应用于数十项重大桥梁工程中，其中包括世界跨度排名前10位悬索桥中5座和世界跨度排名前10位斜拉桥中4座，以及欧美、非洲、东南亚等地多座大跨度桥梁。代表性工程有苏通长江大桥、香港昂船洲大桥、港珠澳大桥、川藏高速公路大渡河特大桥、美国Gerald Desmond Bridge Replacement、挪威Halogaland Bridge等具有世界影响桥梁，累计经济效益2.82亿元。

（孙　璐）

“强震后山区公路地质灾害演变规律及防灾减灾成套技术”项目获奖　2019年，省公路设计院公司主持的“强震后山区公路地质灾害演变规律及防灾减灾成套技术”项目获四川省科技进步二等奖。项目组以汶川地震极重灾区多条高山峡谷段公路重建为依托，通过近十年持续跟踪观测及研究，揭示强震后山区公路沿线地质灾害活动特征及演变规律，创立地质灾害预测和风险评估模型，提出震后高山峡谷区公路分阶段建设原则，形成系统的强震山区公路防灾减灾关键技术。项目研究获专利12项，发表论文88篇（其中SCI31篇、EI24篇），出版专著5部。研究成果在重要国际会议作报告25次。项目成果应用于四川1 000公里高速公路或国省干道恢复重建，提高公路抗灾能力，节约投资8.6亿元，社会经济效益显著，推广应用前景广阔。

（孙　璐）

"川西强震艰险山区高速交通路基抗震及安全保障关键技术"项目获奖 2019年，省公路设计院公司主持的"川西强震艰险山区高速交通路基抗震及安全保障关键技术"项目获四川省科技进步二等奖。项目组历时10年科技攻关，开发具有史料保存价值多功能路基震害查询数据库，突破传统方法无法同时考虑地震动三要素进行路基稳定性分析瓶颈，建立岩土地震工程时频分析理论和路基支挡结构性能控制抗震设计架构，提出基于位移控制的支挡结构抗震设计方法。推动雅康、汶马、成兰等进藏高速公路交通发展，累计经济效益12.4亿元，为中国西部第二阶梯向第一阶梯交通建设提供技术支撑。项目研究获国家发明专利2项，实用新型6项，软件著作权5项，专著5部，论文90篇。专家组鉴定认为"整体达到国际领先水平"。

（孙　璐）

"高性能清水混凝土制备开发与桥梁工程应用"项目获奖 2019年，省公路设计院公司主持的"高性能清水混凝土制备开发与桥梁工程应用"项目获四川省科技进步三等奖。项目围绕高性能清水混凝土制备与桥梁工程应用技术难题，通过理论与试验研究、工程实践，发明桥梁清水混凝土专用减水剂，开发配合比优化设计方法与匀质性控制技术，提出脱模剂与模板匹配技术及其涂刷工艺，明确质量控制目标。研究成果创新性、适用性强，在成仁高速公路10公里高架桥、成都市二环路28公里高架桥、遂广遂西高速公路26公里桥梁工程、武汉市雄楚大道高架桥等工程中成功应用；同时，推广应用在宁夏中卫黄河大桥、重庆江綦高速公路桥梁、甘肃兰永高速公路桥梁等工程中。解决清水混凝土构件表面色差、分层、气孔、鱼鳞等技术难题，提高混凝土桥梁安全性、耐久性与观赏性，总计节省投资近4亿元，经济社会效益显著。项目获国家发明专利2项、省级工法1项，发表学术论文10余篇，制订地方标准与指南2部。

（孙　璐）

"复杂服役环境高速公路桥隧路面铺装技术开发与应用"项目获奖 2019年，省公路设计院公司"复杂服役环境高速公路桥隧路面铺装技术开发与应用"项目获2018年度华夏建设科学技术奖二等奖。项目针对复杂服役环境高速公路桥隧路面铺装使用现状，开发新型钢桥面组合铺装结构、配套材料及施工性能优异阻燃、抗滑、降噪多功能隧道沥青路面铺装技术。项目相关技术成果全部转化应用，获国家发明专利11项，实用新型3项，主编省级技术规程1部，省级工法2项，发表学术论文20余篇。

（胡栋才）

"西部强震山区公路重大地质灾害致灾机理与风险防控关键技术"项目获奖 2019年，省公路设计院公司主持的项目"西部强震山区公路重大地质灾害致灾机理与风险防控关键技术"获第十届中国岩石力学与工程学会科技进步二等奖。项目通过系列创新，在震后地质灾害致灾机理、滑坡泥石流预测模型、灾害链风险评估预警及设备、地灾防控技术等方面取得研究成果总体达国际领先水平，并成功应用于汶马高速公路、映汶高速公路等万余公里强震山区交通干线建设，直接节约投资10.78亿元，保障强震山区生命线安全畅通，社会经济效益显著，具有极大推广价值。

（胡栋才）

省公路设计院公司项目获奖情况 2019年，省公路设计院公司4个项目获2018年度中国公路学会科学技术奖，其中二等奖两项，分别为主持项目"川西强震艰险山区高速交通路基抗震及安全保障关键技术"和参研项目"灾害环境下都汶公路建设与修复关键技术研究与应用"；三等奖两项，分别为主持项目"强震后山区公路地质灾害演变规律及防灾减灾成套技术"和"基于承载能力量化分析的公路隧道支护体系设计方法与工程应用"。

省公路设计院公司设计的合江长江一桥获第十六届中国土木工程詹天佑奖和2018—2019年度中国建设工程鲁班奖。该桥主跨530米，是目前世界最大跨径钢管混凝土拱桥，在新结构体系、施工技术等方面取得多项重大创新，形成大跨钢管混凝土拱桥成套建造技术，支撑中国第一部公路钢管混凝土设计规范编制，推动中国钢管混凝土桥梁建设，也是世界拱桥建造史上里程碑，获乔治·理查德森奖，该奖是国际桥梁大会设立最早、影响最大、份量最重奖项，授予在世界桥梁工程设计、施工、科研方面取得杰出成就工程项目，合江长江一桥获奖，标志着国际桥梁界对中国桥梁工程自主创新最典型代表——钢管混凝土拱桥的认可。

泸定大渡河大桥获古斯塔夫·林德撒尔奖。古斯塔夫·林德撒尔奖是国际桥梁大会对优秀桥梁工程规范设立的杰出成就奖，是对桥梁实用性、技术创新、材料革新、外观设计、环境协调以及其公众参与度等综合评价。省公路设计院公司成为有史以来唯一一个在一届大会中囊括五项金奖中两项的设计单位。

省公路设计院公司6个项目获2018—2019年度国家优质工程奖，分别是高新区红星路南延线跨府河桥梁工程、成都—自贡—泸州—赤水（川黔界）高速公路成都至眉山（仁寿段）项目、成都经济区环线高速公路简阳至蒲江段项目、国道317线雀儿山隧道、达万高速公路（四川境）项目、江油市涪江五桥。以上6项均为勘察设计项目，其中达万高速公路（四川境）为勘察设计加工程监理项目。

省公路设计院公司7个项目获中国勘察设计协会2019年度工程勘察、建筑设计行业和市政公用工程优秀勘察设计奖。其中，四川省合江县长江一桥、成都市红星路南延线府河大桥、省道303线映秀至卧龙公路工程地质勘察获行业优秀勘察设计一等奖，广安市环城大道官盛渠江大桥、乐自高速公路工程地质勘察、石坝（黔川界）至纳溪公路（A3合同段）工程地质勘察获行业优秀勘察设计二等奖，广西省柳州市广雅大桥荣获行业优秀勘察设计三等奖。

（胡栋才）

省公路设计院公司测绘获奖情况 2019年，省公路设计院公司成乐高速公路扩容建设青龙场至眉山试验段施工图设计融合测量项目获2019年全国优秀测绘工程铜奖。项目是省内第一条应用激光雷达扫描技术改（扩）建高速公路。公司在公路行业规范缺乏激光扫描测量技术应用于公路勘测相关内容情况下，科学组织，强化控制，尤其是通过采用新技术、摸索新工艺，多种测量方法融合使用，综合参照其他规范和行业经验优选关键作业参数和数据处理方法，利用精分类后激光点云获得满足公路施工图设计需要纵、横地面线数据；充分利用激光雷达扫描测量技术优势，路面扫描测量主要采用车载激光扫描，路面以外部分采用机载激光扫描，两种扫描方法相结合，再融合常规GNSS与水准测量加以纠正和检核；借助激光穿透性进行有效测量，不再通过砍伐植被来保证通视和GNSS信号接收，也不进入高速通行的路面进行测量，既充分满足日益严苛环保要求，也解决传统测量方法需要管制交通或断道作业的弊端，实现不断道、不管制交通情况下全路面精确测量，避免交通管制可能造成的大面积拥堵和数十万辆车通行效率下降，带来重大社会效益和经济效益，也节约大量运输成本。

省公路设计院公司的“国道0615线久治（川青界）至马尔康段高速公路A2标段初步勘察设计机载激光雷达扫描测量项目”“乐山至西昌高速公路马边至昭觉段A4标段大凉山2号隧道控制测量项目”分获2019年四川省测绘地理信息优秀工程金奖、银奖，“基于激光点云的道路工程断面数据自动化提取应用研究”获四川省测绘地理信息科技进步二等奖，标志着公司开拓新领域初显成效，以科技创新加快专业融合，推动先进测绘手段在公路领域的运用得到行业认可，并达到省内领先水平。

（张俊锋）

省公路设计院公司企业发展 2019年，省公路设计院公司被中国勘察设计协会评为“优秀勘察设计企业”，公司总工程师牟廷敏获评“科技创新带头人”，此次获奖进一步提升公司在业内知名度和影响力。省公路设计院公司取得由省科技厅、省财政厅、国家税务总局四川省税务局联合认定的国家高新技术企业证书。公司为厅直系统内首个国家高新技术企业，标志着公司正式迈入高新技术企业行列。近年来，公司大力推进“科技兴院”战略，形成以“国家重点实验室+行业研发中心+省重点实验室”三级科技创新平台，取得博士后科研工作站，为国家“高新技术企业”成功申报奠定坚实基础。省公路设计院公司申报的“复杂山区公路结构工程创新实践基地”被中国公路学会评为“全国公路科普教育基地（2019—2023年）”，也是四川交通系统首次获得该项基地认定。“复杂山区公路结构工程创新实践基地”整合公司现有国家工程实验室、行业研发中心、省工程实验室等各类科研平台及设施场所，科普基地主题明确、形式多样，是为公路行业从业者及公众提供科普服务的重要平台，也是科普工作重要载体。省科技厅正式授予省公路设计院公司“四川省钢管混凝土桥梁工程技术研究中心”牌匾。该工程技术研究中心是省公路设计院公司又一个“产学研用”创新平台，也是省内乃至国内唯一的关于钢管混凝土桥梁的工程技术研究中心。交通运输部评选表彰2019年度“十大创新平台”和“十大创新人物”，发布交通运输行业重点科研平台2019年十大技术突破和2020年十大攻关方向。省公路设计院公司郑金龙博士获“十大创新人物”称号，以公司为依托单位的“公路建设与养护技术材料及装备交通运输行业研发中心”攻克的“高海拔公路隧道建设与关键技术”被评为2019年度交通运输行业重点科研平台“十大技术突破”之一。

（胡栋才）

省公路设计院公司青年团队获奖情况 2019年，共青团四川省委、四川省青年联合会授予省公路设计院公司进藏公路隧道设计创新团队“四川青年五四奖章集体”荣誉称号。该团队通过近20年科技攻关与工程实践，完成700余座、里程近1 000公里复杂隧道工程勘察设计工作，创国内最长高海拔公路隧道——国道350线巴郎山隧道、涉藏地区第一长隧道——雅康高速公路二郎山隧道等超级工程，获国家科技进步奖、国家优质工程奖、詹天佑土木工程大奖等多项荣誉。团队设计完成的“川藏第一险”世界海拔最高超特长公路隧道——雀儿山隧道，2018年获国际隧道协会（ITA）年度工程大奖，是全国公路隧道首次荣获这一国际顶级大奖，填补高寒、高海拔超特长隧道重大技术空白，将中国公路隧道勘察设计水平推向世界顶尖行列，被中央电视台、《人民日报》、《超级工程》等相继报道。

省公路设计院公司勘察设计四分院（市政设计分院）被共青团中央、交通运输部等21个单位命名为2017—2018年度全国青年文明号，这是该分院继2017年被命名为2015—2016年度全国青年文明号后，蝉联全国青年文明号称号。该分院是一个设计人员年轻、知识程度高、技术搭配合理的公路、桥涵、市政综合设计处室，现有职工64人，35岁以下青年职工35人，占总人数55%。近年来，该分院设计完成新河路、巴南路、雅康路、新川九路等20余个省内外高速公路项目。

（胡栋才）

泸定大渡河大桥入选《川藏青藏公路建成通车六十五周年》特种邮票 2019年，中国邮政发行《川藏青藏公路建成通车六十五周年》纪念邮票，省公路设计院公司设计的“川藏第一桥”雅康高速公路泸定大渡河大桥被选为川藏公路邮票主图，这也是公司继丰都九溪沟大桥和万县长江大桥之后，入选邮票的第三座桥。该桥为1 100米单跨钢桁梁悬索桥，是建设在高海拔、高地震烈度区、复杂风场环境下超大跨径钢桁梁悬索桥，在提升抗震性能、防范地质灾害、桥隧布局等方面，采用多项创新设计，是极其复杂条件下特大跨桥梁建设的示范工程。该桥于2019年6月获国际桥梁界“诺贝尔奖”古斯塔夫・夫林德撒尔奖，现成为四川交通建设新名片和网红打卡地。

（张俊锋）

2019年桥梁发展科技创新大会暨桥梁创新成果展在成都召开 2019年12月6日—9日，由《桥梁》杂志社主办、省公路设计院公司参与协办的2019桥梁发展科技创新大会暨桥梁创新成果展在成都召开。交通运输部总工程师周伟，厅党组书记、厅长汪洋出席会议并致辞；交通运输部原部长黄镇东、原副部长胡希捷，原总工凤懋润、周海涛，厅领导张琪、陈乐生等出席会议。大会聚焦桥梁工程建设中重点、热点、难点问题，邀请国内外院士、行业知名专家、大师等举办60余场学术报告会，探讨桥梁行业发展方向，展示中国桥梁建设成就。省公路设计院公司罗玉宏、牟廷敏等7人分别作《四川桥梁技术的发展与创新》《钢管混凝土桥梁技术创新与发展前景》等专题报告；大会还举办桥梁创新成果展，省公路设计院公司特装展位吸引众多专家学者前来观展，并现场就桥梁创新技术等进行广泛交流，多方位、多形式宣传展示四川山区公路桥梁建设取得的重大成果和技术创新。大会吸引国内外专家学者1 300余人参会。

（胡栋才）

省公路设计院公司四川省交通工程检测设备计量检定站通过计量标准建标考核 2019年，依托省公路设计院公司成立的四川省交通工程检测设备计量检定站，通过四川省市场监督管理局组织的7项新建计量标准和2项复查标准考核并取得授权证书。本次建标的计量标准对应的被检设备均为国内绝大部分计量机构不能检校或者检校参数不全的设备，这些设备检测数据准确性对工程项目质量控制有重大影响，不仅填补了西南地区专业检测设备溯源空白，更辐射周边区域相关设备的量传溯源，为推动四川省交通行业专业计量能力快速提升奠定坚实基础。

（胡栋才）

省交通设计院公司概况 2019年，省交通设计院公司开展工作如下：

企业管理 完成转企改制工作。2019年3月13日，四川省交通勘察设计研究院有限公司正式成立，新组建3个专门委员会、11个职能管理部门、2个直属机构、12个业务分院、2个下属企业，健全企业法人治理结构，开启建设现代工程咨询企业新征程。深入完善制度体系。按照现代企业制度要求，新建11类94项制度文件，基本建立现代企业制度。系统谋划发展战略。完成公司发展战略研究及发展战略规划编制，确立“一体、两核心、三拓、五驱动”发展战略，制订“三步走”发展路径，明确争创全国一流现代工程咨询企业发展目标。同步制定三年行动计划，确保近期战略部署落地落实。持续提升治理能力。配套制度改革同步建立200多项管理流程，持续规范运转机制。加强目标管理，严格督办考核，62项年度重点工作目标任务圆满完成。全面推进生产经营、财务资金、技术质量管理工作提质增效。

经营业绩 经营业绩稳中有进。全年新增合同项目289个，新增合同产值突破10亿元。主营业务持续做强，水运市场新增合同产值1.4亿元，比上年增长45%；公路市场新增合同产值7亿元，增长4%。配套业务不断发展，亚通监理新增合同产值突破1亿元，济通检测新增合同产值0.5亿元。新兴业务持续拓展，新增2个EPC项目，实现合同产值0.3亿元；以投资人身份中标沿江高速公路勘察设计。资质信誉稳步提升。完成工程勘察综合甲级资质等10项证书企业法人名称变更，完成地灾治理工程监理甲级资质延续，完成生产建设项目水土保持方案编制单位水平评价证书4星升级，新增水利行业丙级、环境工程（水污染防治工程、污染修复工程）专项乙级资质。获交通运输部、四川省交通运输行业2018年度信用评价AA级，新取得四川省高速公路投资人信用评价A级。

技术服务 深入服务交通强省顶层设计。高质量完成省交通运输厅《四川省多式联运综合运输体系研究》《四川交通强省水运专项发展战略研究》《四川水运比较优势研究》等重点工作，为交通强省顶层设计提供技术服务。全力服务全省交通重点项目建设。做好广元至绵阳扩容和西昌至香格里拉、王坪至通江等17个高速公路项目工程可行性编制及专题研究，城口经宣汉至重庆、内江至南溪等7个高速公路项目约1 000公里的国土空间规划，渠江风洞子航运枢纽、沱江自贡段航道等级提升等8个水运项目工程可行性编制工作。持续推进沿江高速、德昌至会理、成都至南充扩容等12个高速公路项目勘察设计工作。做好广元至平武、营山至达州、都江堰至德阳高速公路和岷江犍为航电枢纽船闸等重点项目后期服务工作。切实保障全省取消省界收费站工作。高质量完成全省"撤站"4个路网总体设计项目、44个施工图设计项目，占全省"撤站"交通工程项目总数66%。积极服务交通脱贫攻坚。完成泸州、乐山等地18座"渡改桥"勘察设计任务，保障沿江临河群众安全出行。全年召开8次党委会议研究定点帮扶工作，结对帮扶贫困户32户，投入扶贫资金70余万元，公司负责人前往帮扶地区调研慰问7次，定点帮扶取得实效。参加重大灾害应急抢险。高质量完成宜宾长宁地震、凉山州甘洛县特大暴雨灾害灾情调查、抢通保通、恢复重建等多项技术保障工作。编制公司《公路抢通保通技术保障应急预案》。

勘察设计 完善质量管理制度体系。制订《项目总设计师实施办法》《技术委员会管理办法》《技术质量管理办法》等5项制度，完成公司QES管理体系文件并发布实施，质量管理制度不断完善。改革质量管理模式，建立起由公司总工办、咨询审核分院和项目承担部门共同参与的三级质量管控体系。严格产品质量管控。持续开展三年质量管理年活动，强化重大技术方案会审，增强事前指导、过程检查和成果验证"三环节"管理，开展飞行检查、质量评定和后期回访，加强质量管控。全年完成133个公路水运项目，产品合格率100%，无质量责任事故。加强技术总结交流。完成2019年度技术质量暨质量管理年年度总结，持续推进技术质量提质增效。举办春山技术沙龙活动3次，组织参加各类学术交流40余次，举办技术讲座5次，在"大家讲坛"发布绿色公路、新技术应用等专业技术讲稿17篇，组织开展勘察设计项目PPT汇报比赛，广泛营造崇尚技术、创新争优浓厚氛围。

创新驱动 BIM技术应用研发取得新成果。在12个项目中开展BIM技术应用，独立开展BIM技术服务3项，自主研发高速公路建设项目BIM管理平台，实现航道整治BIM技术正向设计，获省部级奖3项、软件著作权7项、专利2项，出版专著2部。先进技术推广应用取得新成效。在6个重点项目中推广运用无人机、无人船、激光雷达等先进技术，极大地提高测绘效率和成果质量，2个项目分获"2019四川省地理信息优秀工程"银奖、铜奖。产学研基地建设取得新进展。与重庆交大合作共建"长江航运工程与智能航道技术协同创新中心"，在公司挂牌设立"国家内河航道整治工程技术研究中心产学研合作基地"，联合争取重大项目、开展科技攻关、加强人才培养。科研创优工作取得新成绩。推进30个在研项目，其中8个项目通过成果验收。全年取得专利23项，获省部级奖23项，其中省部级科技奖4项。理亚路获中华人民共和国成立70周年公路交通勘察设计经典工程奖。创新发展取得新突破。依托多年技术积累，取得国家高新技术企业认证证书。

人才队伍 技术队伍更加壮大。制订《专业领军人物和技术骨干管理办法》，加强专业人才选拔、任用及培养。新增高级工程师34名，新增各类执业资格人员20名，招录硕士19名。干部选任更加严格。对原院125名中层干部进行转聘，开展谈心谈话全覆盖，并逐一签订履职承诺书。严格中层干部选任，制订《中层干部管理办法》《中层干部岗位设置方案》《中层干部动议办法》，提拔任用干部10人，交流调整任职4人。认真整改落实选人用人专项检查中发现的问题，切实提高选人用人质量。培养平台更加多元。组织开办干部管理效能提升、党务干部夯基提质、员工综合素质提升、工程师匠心铸造等5期培训班，完成培训450余人次。选派1人到宜宾长宁参加灾后重建援助工作，3人到省纪委、省交通运输厅顶岗学习锻炼。薪酬绩效更加科学。研究制订《薪酬管理办法》和《绩效考核管理办法》，建设激励约束相结合的薪酬绩效管理体系。

文化建设 文化活动。组织庆祝中华人民共和国成立70周年"同心同路"系列活动、端午"粽志成城"包香粽活动，秋季水果品鉴活动等，增强干部职工凝聚力向心力。开展"青春心向党、建功新时代"爱国主义教育基地参观和"牢记跟党初心、不忘青春使命"红军飞夺泸定桥纪念馆参观等教育实践活动，激励青年员工不忘初心、艰苦奋斗。完成院史编撰，传承公司历史文化。对外宣传。新华社藏区行进式主题采访报道对理亚路"交旅融合"设计理念作出高度评价。道路三分院设计的巴万高速公路巴中至通江段通车获中央电视台、《人民日报》、四川电视台等10余家中央和省级主流媒体报道。慰问关怀温暖人心。开展德会高速公路等8个项目、175人次的一线工地慰问，专程前往新疆昆仑山高海拔地区慰问国道216线民黑项目设计代表，把组织温暖送到最艰苦最需要的地方。开展劳模、困难职工、退休职工等慰问44次，增强公司人文关怀。文明创建再添佳绩。环境与景观工程分院被交通运输部、共青团中央评为"2017—2018年度全国青年文明号"。公司团组织获"省直机关五四红旗团支部"称号。公司连续三年被成都市公安局青羊区分局评为内保先进集体。

（省交通设计院公司）

国道7611线昭通（川滇界）至西昌段高速公路第A1标段初步勘察设计 2019年12月，省交通设计院公司参与编制的"G7611线昭通（川滇界）至西昌段高速公路第A1标段初步勘察设计”完成初步设计送审稿。项目是《国家公路网规划（2013—2030）》都匀至香格里拉高速公路重要组成路段，是《四川省高速公路网规划（2008—2030）》第五条东西横线中一段，是四川省攀西经济区主要经济干线和打通相邻省份重要通道。项目全长184.4公里，与沿江高速公路共线16.2公里，实际建设里程168.2公里，其中A1标段建设里程72.33公里。全线按双向四车道高速公路技术标准设计，设计时速80公里，路基宽25.5米。

（省交通设计院公司）

国道215线石渠洛须至德格柯洛洞段公路改建工程两阶段施工图设计 2019年4月底，省交通设计院公司编制的国道215线石渠洛须至德格柯洛洞段公路改建工程两阶段施工图设计文件完成正式稿。国道215线洛柯路是《国家公路网规划（2013—2030）》南北纵线川青界（真达村）至川滇界（贺龙桥）中重要一段。项目位于四川省甘孜州西缘，是甘孜州重要进出州通道，也是连接四川省与青海省纵向干线公路之一。项目路线起于石渠县洛须镇，经麻呷乡、俄支乡、竹庆乡、拉隆口、色巴村，止于德格县柯洛洞乡，全长115.83公里。全线按三级公路技术标准设计，设计时速30公里，路基宽7.5米，预算总投资16.8亿元。

（省交通设计院公司）

京昆高速公路广元至绵阳段扩容工程初步设计 2019年5月，省交通设计院公司参与编制“G5京昆高速广元至绵阳段扩容工程两阶段勘察设计初步设计”。项目是国家高速公路网中首都放射线国道5线京昆高速公路重要组成部分，也是四川省高速公路网中成都放射线成都至广元至陕西组成部分。路线起于广元绕城高速公路黑水塘附近，对接国道5012线恩广高速公路，与建成的国道5012线恩广高速公路、国道75线兰海高速公路形成枢纽互通式立体交叉，随后路线一路向西南方向延伸，在红岩镇西侧跨越嘉陵江，途经广元港、高观乡，从剑阁老县城普安镇东侧过境，随后途经柳沟镇、武连镇、演武镇、许州镇，从梓潼县西侧过境，经徐家镇，在魏城镇东南侧对接京昆高速公路绵阳至成都段扩容工程起点，路线全长123.82公里。全线按双向六车道高速公路技术标准设计，设计时速120公里，路基宽35.5米，总估算投资285.23亿元。

（省交通设计院公司）

京昆高速公路绵阳至成都段扩容工程初步设计 2019年12月，省交通设计院公司参与编制的“G5京昆高速公路绵阳至成都段扩容工程初步设计”通过四川成绵苍巴高速公路有限责任公司内部评审。项目是国家“十纵十横”综合运输大通道纵八线北京至昆明组成部分，也是国家高速公路网首都放射线国道5线重要路段。项目起点位于绵阳游仙区，途径绵阳市三台县、涪城区，德阳市中江县、旌阳区、广汉市，成都市金堂县、青白江区、新都区，止点与成都绕城高速公路相接，路线全长126公里，全线按双向八车道高速公路技术标准设计，设计时速分别为100公里、120公里，路基宽42米、41.5米、41米，概算投资343.97亿元。

（省交通设计院公司）

省道458线白玉县城经赠科至甘孜机场段公路改建工程施工图设计 2019年7月10日，省交通设计院公司编制的“省道458线白玉县城经赠科至甘孜机场段公路改建工程两阶段施工图设计”文件，取得甘孜州交通运输局批复。省道458线是白玉县出入县境主通道，是沿途乡（镇）通往甘孜州北部中心城市甘孜县主要道路，也是甘孜州北部格萨尔文化旅游带重要通道。项目起于白玉县河坡乡格学桥桥头，与国道215线平交，止于德格县马尼干戈乡，接国道317线，接点桩号K119+387.26，建设里程119.22公里。与国道317线共线46.38公里，止于甘孜机场（六十六道班）附近，路线全长165.6公里。全线按三级公路技术标准设计，设计时速30公里，路基宽7.5米。预算总投资9.4亿元。

（省交通设计院公司）

国道542线广元至巴中界公路改建工程可行性研究 2019年10月14日，省交通设计院公司编制的“国道542线广元至巴中界公路改建工程可行性研究报告”获省发展改革委批复。项目是《国家公路网规划（2013—2030）》普通国道网中西南地区重要联络线，加强四川东北部与重庆东北部联系。路线起于广元市昭化区范家坪附近，接国道542线广元至昭化段，经元坝镇、柳桥乡、白水镇、尚武镇、嘉川镇、旺苍县城、黄洋镇、普济镇、三江镇，止于广元与巴中交界处牛项颈附近，顺接国道542线巴中段。项目路线长85.6公里，其中原路改建43公里，新建路线42.6公里。全线采用双向四车道一级公路标准设计，设计时速60公里，路基宽23米，估算总投资70.3亿元。

（省交通设计院公司）

德会高速公路工程初步勘察设计 2019年9月，省交通设计院公司参与编制的“德昌至会理高速公路工程初步勘察设计文件”完成批复。项目地处凉山州德昌县、会理县，是《四川省高速公路网规划（2014—2030）》“16、8、8”网中20条高速联络线中一条，起终点分别联络京昆高速公路西攀段、成丽高速公路宜攀段；接宜攀高速公路后向南延伸可形成南北向又一条便捷西昌至昆明大通道。路线总体走向自北向南，起于德昌县锦川镇，经德昌县老碾镇至会理县六华镇，经益门镇至外北乡，从会理县城规划区东侧通过，于南阁乡南阁村设置南阁枢纽衔接拟建宜攀高速公路。路线全长78.47公里，按双向四车道高速公路技术标准设计，设计时速80公里，路基宽25.5米，概算总投资122.9亿元。

（省交通设计院公司）

国道0615线久治（川青界）至马尔康段高速公路工程初步勘察设计 2019年9月，省交通设计院公司参与编制的“G0615线久治（川青界）至马尔康段高速公路工程初步勘察设计文件”完成批复。项目是《国家高速公路网规划（2013—2030）》中德令哈至马尔康高速公路重要组成部分，是规划中首都放射线北京至拉萨高速公路重要联络线；也是四川省高速公路网规划39条出川通道之一，主要连接青海久治县、阿坝州阿坝县、红原县、马尔康县，并且与汶马高速公路、马尔康至川主寺高速公路相接，加强沿线地方之间经济联系，是藏区公路路网规划重要组成部分。路线全长219.2公里，全线按双向四车道高速公路技术标准设计，设计时速分别为80公里、100公里，路基宽26米、25.5米，概算总投资301.98亿元。

（省交通设计院公司）

省道410线朝天城区过境段工程初步设计 2020年3月，省交通设计院公司参与编制的“省道410线朝天城区过境段工程初步设计文件”完成批复。项目起于安乐河右岸锦屏村附近，与拟建的朝天区城市外环线顺接，路线沿安乐河右岸山坡开辟新线，在苟家岭上方设隧道穿越李家槽、刘家垭，至明月村，之后沿刘家沟右侧山坡展线下山，在刘家沟沟口路线右偏，沿羊木河左岸展线，终点与广元市朝天区大羊通道相接，路线总长7.68公里。项目采用二级公路技术等级设计，路基宽12米，设计时速40公里（其中隧道段设计时速60公里）。

（省交通设计院公司）

泸州至永川（川渝界）高速公路工程可行性研究报告 2019年11月，省交通设计院公司编制的“泸州至永川（川渝界）高速公路工程可行性研究报告”完成批复。项目是《四川省高速公路网规划（2014—2030）》20条高速公路联络线之一，连接四川省泸州市与重庆市永川区，是泸州市和永川区最便捷高速通道，是川渝两地重要省际通道。路线起于泸州市泸县境内隆纳高速公路牛滩镇附近，设置牛滩枢纽互通与隆纳高速公路进行交通转换，经奇峰镇、玄滩镇、毗卢镇，止于毗卢镇中锋村川渝省界处，路线全长41.64公里，全线按双向四车道高速公路技术标准设计，设计时速100公里，路基宽26米，估算总投资50.99亿元。

（省交通设计院公司）

国道245线会理通安至皎平渡（云南界）段改建工程可行性研究报告 2019年11月，省交通设计院公司编制的“国道245线会理通安至皎平渡（云南界）段改建工程可行性研究报告”完成批复。项目是《国家公路网规划（2013—2030）》中国道245线一部分，是四川省凉山州通向云南省的出川通道，在区域路网中具有十分重要的地位与作用。现会理通安至皎平渡段公路沿线地质灾害较多，经多年运营后，崩塌、滑坡等对该段道路损毁严重，通行能力差，原有公路状况不能适应当地日益增长的交通量需求，急需进行提升改造。项目实施对于提高区域路网联通能力、改善沿线人民群众出行条件、提高公路抗灾能力、促进沿线经济社会发展具有重要作用，建设需求迫切。路线起于会理县通安镇，经通安镇、竹箐乡、小米村，止于会理县与云南省禄劝县交界的皎平渡大桥，路线长度25.31公里，其中利用原路改建6.5公里，新建18.81公里。全线采用二级公路技术标准设计，设计时速40公里，路基宽8.5米，估算总投资7.76亿元，平均每公里造价3 065.69万元。

（省交通设计院公司）

绵苍高速公路A标段初步设计 2019年9月，省交通设计院公司与中交一院联合体编制的“绵阳至苍溪高速公路A标段初步设计”完成。项目位于四川省东北部，绵阳市和广元市境内，是《四川省高速公路网规划（2014—2030）》8条东西横向路线之一，川东北地区高速公路网重要组成部分，成都、德阳、绵阳、巴中经万源至陕西出川高速公路又一通道。路线起于绵阳市游仙区魏城镇、途径梓潼县、剑阁县止于苍溪县，全线长101.79公里，全线按双向四车道高速公路技术标准设计，设计时速80公里，路基宽25.5米。

（省交通设计院公司）

省道102线资阳至安岳公路工程两阶段施工图设计 2019年，省交通设计院公司编制的“省道102线资阳至安岳公路工程两阶段施工图设计”完成施工图设计工作。项目位于四川省资阳市雁江区、安岳县境内，是《四川省普通省道网布局规划（2014—2030）》中8条放射线之一，为省道102线成都—大足组成部分，也是资阳市构筑“九纵三横四连接”快速通道网络中“三横”重要组成部分，其建设将改变资阳南部腹地无高等级横向道路现状，成为资阳市（雁江区）通往重庆市最直接、最经济又一公路大通道（约210公里）。项目起于碧江大街与中兴街交叉路口，经雁江区宝台镇、南津镇、伍隍镇、东峰镇、小院镇、回龙乡，安岳县华严镇、驯龙镇、建华乡、大埝乡、镇子镇、岳源乡，止于岳源场镇北侧接安岳县规划城市西环线。路线全长63.03公里，全线按双向四车道一级公路技术标准设计，设计时速80公里，路基宽25.5米。

（省交通设计院公司）

泸州市渡改桥工程大沱子特大桥两阶段勘察设计 2019年，省交通设计院公司完成泸州市渡改桥工程大沱子特大桥两阶段勘察设计。项目是《四川省“渡改桥”建设推进方案（2016—2020）》中一座重要特大桥，位于泸州市合江县，跨越赤水河，连接实录与密溪两乡（镇），建成后将撤消观音岩、密溪、大沱子、实录场、桩桊湾5个渡口，结束赤水河该河段两侧多年来仅靠渡船通行历史。项目路线全长1.65公里，其中大沱子赤水河特大桥全长521米，引道全长1.12公里，桥宽10.5米，总投资11 492.7万元。项目所属赤水河河段属长江上游珍稀、特有鱼类国家级保护自然区缓冲区。根据相关专题报告要求，主桥跨径不小于200米，结合地形、地质、通航和行洪等条件，主桥桥跨布置为（110+200+110）米预应力钢筋混凝土三跨连续刚构，起点引桥采用3×20米预应力砼连续箱梁，止点引桥采用2×15米普通钢筋钢筋混凝土连续箱梁，桥梁全长521米；主桥主梁采用单箱单室截面，主墩采用双肢薄壁墩。水中基础采用钢围堰施工，主桥主墩采用爬模法施工，主梁采用悬臂浇筑施工，引桥采用搭架现浇施工。

（省交通设计院公司）

泸州市渡改桥工程先市大桥两阶段勘察设计 2019年，省交通设计院公司完成泸州市“渡改桥”工程先市大桥两阶段勘察设计。项目是《四川省“渡改桥”建设推进方案（2016—2020）》中一座重要特大桥。项目位于泸州市合江县先市镇，跨越赤水河，建成后将撤消楚滩、沙溪子、先市、西流沱4处渡口，消除渡运安全隐患，提高通行能力，节约运输成本，将为两岸居民出行提供便捷，提高合江路网体系综合服务性能。项目位于先市镇渡口下游约300米，跨越赤水河，项目起点接赤水河左岸，止点接右岸乡道，路线总长950.3米。先市大桥跨径组合为3×25米现浇预应力钢筋混凝土连续箱梁+240米中承式钢管钢筋混凝土拱桥+1×25米现浇预应力砼连续箱梁，起止点桥台均采用桩柱式桥台，桥梁全长358.02米。桥梁纵断面位于i1=2.99%、R=10 000米、i2=1.65%竖曲线上，平面位于直线上。拱座采用重力式，拱座底面根据基岩中风化线的分布，纵向成阶梯状布置。主桥交界墩分别为3号及4号桥墩，为双圆柱式桥墩，直接设置在两岸拱座上，墩径1.6米。主桥与引桥梁体高差通过盖梁上垫墙调整。引桥桥墩均采用钢筋混凝土双圆柱式墩身，钻孔灌注桩基础，桩顶及墩顶均设置系梁；墩径1.6米，桩径1.8米。主桥采用斜拉扣挂施工，引桥采用搭架现浇施工。

（省交通设计院公司）

宜宾长宁“6·17”地震灾后恢复重建项目一阶段施工图设计 2019年12月，省交通设计院公司参与编制的“宜宾长宁‘6·17’地震灾后恢复重建项目一阶段施工图设计”通过厅公路局审查并获批复。项目包含《宜府函〔2019〕44号附件——宜宾长宁“6·17”地震灾后恢复重建实施规划》中交通行业四条省道（省道312线兴文石海镇至珙县罗渡乡段、省道436线珙县巡场至玉和段、省道444线兴文县仙峰乡至珙县沐滩镇段、省道443线长宁县龙头镇至珙县巡场镇段），统一由宜宾市政府负责统筹解决恢复重建资金。项目分别位于宜宾长宁县、珙县和兴文县，公路等级为四级、三级和二级公路，全长237.81公里，其中，新建2.7公里，改建17.08公里，路面整治13.59公里，整治不良地质97处，零星段落路面进行修补。工程总投资4.29亿元。

（省交通设计院公司）

成南高速公路扩容工程项目勘察设计第A3标段初步勘察设计 2019年9月，省交通设计院公司参与成南高速公路扩容工程项目勘察设计第A3标段初步勘察设计工程测量工作。项目主体工程建设里程77.8公里，特大桥2座/2 657.9米，大桥23座/7 248.6米，中桥19座/1 194.7米，小桥15座/438.5米，长隧道1座/1 415米。中短隧道2座/1 175米，设互通式立体交叉6座，其中，一般互通立交5座，枢纽互通立交1座。桥隧比18.2%，建筑安装费85亿元。项目经过四川省德阳市和遂宁市，途径德阳市冯店镇、太安镇、仓山镇；遂宁市大英县玉峰镇、蓬莱镇、隆盛镇、船山区桂花镇。项目全线布设四等GPS控制点及四等水准点121个，航飞地形图108平方公里。

（省交通设计院公司）

京昆高速公路成绵段扩容工程（A1标段）初步勘察设计 2019年1月，省交通设计院公司参与“G5京昆高速公路绵阳至成都段扩容工程（A1标段）初步勘察设计”测量工作。根据交通运输部《公路“十三五”发展规划》和《四川省高速公路网规划（2014—2030）》，省交通运输厅决定开展京昆高速公路成绵段扩容工程项目。项目起于绵阳市魏城镇青杠村附近，与拟建绵阳至苍溪至巴中高速公路相交，经绵阳游仙区至三台县永明镇与绵遂高速公路相交，并对接绵阳南环线高速公路，利用既有绵阳南环线高速公路原路改（扩）建至绵阳涪城区关帝镇附近，之后路线在既有成绵高速公路东侧新建复线，经涪城区、中江县，在旌阳区新中镇上跨成都经济区环线高速公路，在新中镇省道106线与下一标段对接。主线全长68公里，另设连接线5.2公里。项目涉及绵阳市游仙区、三台县、涪城区、德阳市中江县、旌阳区。主要完成110个四等GPS控制点埋设和测量工作，并完成128公里111个四等高程控制点测量。

（省交通设计院公司）

京昆高速公路绵广段扩容工程A2标段两阶段初步设计 2019年5月，省交通设计院公司联合中交第二公路勘察设计研究院有限公司中标“G5京昆高速广元至绵阳段扩容工程A2标段两阶段初步设计”项目。项目是《国家公路网规划（2013—2030）》中京昆高速公路一段，也是《四川省高速公路网规划（2014—2030）》“16、8、8”高速公路网中成都至广元至陕西高速公路重要组成部分。京昆高速公路绵广段扩容工程起于广元绕城高速公路黑水塘附近，对接国道5012线恩广高速公路，与建成的国道5012线恩广高速公路、国道75线兰海高速公路形成枢纽互通式立体交叉，随后向西南方向延伸。项目途经柳沟镇、武连镇、演武镇、许州镇，从梓潼县西侧过境，经徐家镇，在魏城镇东南侧对接京昆高速公路成绵段扩容推荐方案（C7线）起点。项目全长68.8公里，完成90个GPS控制点，240公里四等三角高程，183平方公里1∶2 000地形图航空摄影。

（省交通设计院公司）

绵苍高速公路A标段初步勘察设计工程测量项目 2019年，省交通设计院公司完成绵苍高速公路A标段初步勘察设计工程测量。绵苍高速公路起于绵阳市游仙区，途经梓潼县、剑阁县至苍溪县，是《四川省高速公路网规划（2014—2030）》8条东西横向路线之一绵阳至万源中一段，川东北地区高速公路网重要组成部分，成都、德阳、绵阳、巴中、达州出川高速公路又一通道。项目路线经过绵阳游仙区（9公里）、梓潼县（32公里）、广元剑阁县（44公里）、苍溪县境内（18公里）4个区县，路线全长103公里。路线起于绵阳市魏城镇南，接拟建京昆高速公路成绵段扩容项目魏城（枢纽）互通立交，经徐家镇进入梓潼县石牛镇、东石乡，经梓潼县马迎乡，在剑阁县国光乡跨越剑盐路、跨越西河后，沿剑阁县广坪乡、碑垭乡在距白龙镇以南5公里处跨越剑南路，沿锦屏乡进入苍溪县白桥镇，沿亭子口水电站下游跨越嘉陵江，下穿兰渝铁路池鲤村大桥后，止于苍溪县以北茶店乡，在兰海高速公路广南段K82+960处形成“十”字枢纽互通立交，对接拟建的苍巴高速公路。全线设置魏城、梓潼、七曲山、马迎、国光、白龙、羊岭、白桥、苍溪枢纽共9处互通式立交。测绘完成全线控制测量及地形图航测。

（省交通设计院公司）

岷江（龙溪口枢纽至宜宾合江门）航道整治一期工程 2019年12月，省交通设计院公司编制的岷江（龙溪口枢纽至宜宾合江门）航道整治一期工程初步设计报告获批复。岷江是四川省大件装备产品进出川唯一通道，是构建国家高等级水运网重要组成部分。项目起于龙溪口枢纽沿岷江水道至屏山岷江大桥，全长47公里。全线按内河三级双向航道标准设计，设计航道尺度2.4×60×50米（水深×直线段宽度×弯曲半径），概算总投资9.31亿元。

（省交通设计院公司）

黄河甘肃大河家至炳灵电站航运建设工程初步设计 2019年9月22日，省交通设计院公司编制的黄河甘肃大河家至炳灵电站航运建设工程初步设计文件通过甘肃省临夏州交通运输局评审。工程位于甘肃省积石山县，工程河段长29公里。按照内河五级航道整治滩险5处，航道尺度为1.3×40×270米（水深×直线段宽度×弯曲半径），修建4座航标工作船码头，并同步建设航道配套工程，概算总投资4 475万元。

（省交通设计院公司）

金沙江溪洛渡至水富航道建设工程（四川段）工程可行性研究 2019年，省交通设计院公司完成金沙江溪洛渡至水富航道工程（四川段）工程可行性研究工作。项目起于溪洛渡枢纽下游长河湾码头至向家坝枢纽坝址，全长144公里。全线按内河三级双向航道标准设计，设计航道尺度3.0×60×480米（水深×直线段宽度×弯曲半径），估算总投资3亿元。

（省交通设计院公司）

黄河银川段航运建设一期工程施工图设计 2019年，省交通设计院公司完成黄河银川段航运建设一期工程四个批次基本施工。项目位于青铜峡电站下游，属宁夏银川平原河段一段，航道基本处于天然状态，是宁夏回族自治区重点建设内河航运工程，全长55公里。全线按内河五级航道标准建设，设计航道尺度1.3×22×270米（水深×航宽×弯曲半径）。概算总投资4.1亿元。

（省交通设计院公司）

渠江广安（四九滩—丹溪口）航运建设工程设计 2019年，省交通设计院公司完成渠江广安（四九滩—丹溪口）航运建设工程设计。项目上起四九滩枢纽，下至丹溪口，全长70.9公里，工程河段位于广安市，分为两段航道，一是四九滩枢纽坝下至富流滩枢纽（57公里），二是富流滩枢纽坝下至丹溪口（13.9公里）。全线按照内河三级航道标准建设。设计航道尺度2.4×60×480米（水深×直线段宽度×弯曲半径）。概算总投资2.4亿元。

（省交通设计院公司）

专稿

峡谷巨龙　举世瞩目

——记汶川克枯大桥设计创新

匡成刚　张俊锋

金秋十月，四川阿坝藏族羌族自治州色彩斑斓，景色秀美。当你驾车沿都汶高速公路前行，漫山的彩林彰显着别样的川西风情，进入汶马高速公路，映入眼帘的是一座比红叶还红艳的大桥，有人形容她就像一位山野的姑娘，朝着高原，火红的“裙摆”下摇曳着纤细的腿，蜿蜒从容地行走在崇山峻岭之间。这就是汶马高速公路汶川克枯大桥。

汶川克枯大桥全长6.4公里，由省公路设计院公司设计，是汶马高速公路重大关键结构工程，被列为交通运输部和四川省交通运输厅资助的科研桥，首创“全桥施工无模板”工艺和工厂化程度超过80%，是全国首座预应力钢管混凝土桁梁桥，是世界最大规模钢管混凝土梁桥工程，也是高烈度地区桥梁抗震典范，因其独特结构、多项创新，成为近两年各大媒体竞相报道的“网红”工程。

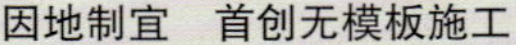

因地制宜　首创无模板施工

四川西部山区，地形多为深切峡谷，区域内地震断裂带纵横交错，震灾频发、震级高，冰雪雨雾极端天气、大型泥石流、滑坡等气象和地质灾害肆虐，整体生态环境极其敏感脆弱。汶马高速公路全线几乎在深山峡谷里穿行，有的地方连找一块构件预制完整场地都没有。在这样的复杂环境下，省公路设计院公司进行了精心精细的桥型比选。

在四川山区高速公路建设桥连隧、隧连桥，全程几乎“脚不沾地”，中等跨径高桥墩桥梁数量特别多，占路线总里程比重极高，采用钢筋混凝土构件，脆性破坏危害严重、结构自重大、地震响应高、结构体系抗震稳定性差，同时，现场预制场地要求高、现场作业环境恶劣且作业量大，很难满足该复杂条

汶马高速公路克枯大桥　　省公路设计院公司 供图

件下复合使用性能要求。混凝土材料用量高，也将严重影响当地生态，且混凝土梁桥施工模板用量多，模板运输、堆放、拆卸等环节占地多、周期长，工程质量控制困难。而采用传统钢结构梁桥时，虽抗震性能好，但钢材消耗量多、造价高，山区条件大件运输困难，没有大型组拼场地；施工现场安装大型设备无法进场、构件连接工作量大，质量控制环节多，正交异性桥面板的抗疲劳能力、桥面铺装抗耐久性能差，运营成本高。

设计团队在设计之初做了常规混凝土T梁桥等多个方案比选，但各方案材料指标、技术指标和工程造价等均不能完全令人满意。经过反复论证研究，在以往设计和建设雅西高速公路干海子大桥经验基础上，结合钢管混凝土具备自重轻、强度高、无模板、架设方便、施工场地要求低等优势，决定采用钢管混凝土材料，设计建造钢管混凝土桁梁桥，解决了面临的复

杂建设条件系列难题。

汶川克枯大桥外型全是钢管结构，与一般高速公路大桥相比，桥墩更细、更修长。大桥桥基、桥墩、盖梁、桁式主梁均是钢管混凝土，桥面板是带钢底板的组合桥面板，最大的特点是“全桥不需要模板”。没有模板，钢管就是“模具”。桥墩部分，确定钢管位置后，再浇筑混凝土，形成桥墩。上部结构部分，根据桥成型后的样式，分割成若干块钢管，由工厂统一定制生产，建设者只需现场组装，焊接、注入混凝土、安装即可。

汶马高速公路克枯大桥　　省公路设计院公司 供图

大桥上跨国道317线，在施工全过程必须确保317线通畅，且下部结构与国道空间位置无冲突。省公路设计院公司设计了一种先张法预应力钢箱混凝土盖梁，具有尺寸小、工厂化制造、安装快捷方便不影响下方国道交通等优势，与钢管混凝土墩柱采用管-梁节点连接，共同解决了这一难题。此外，钢管混凝土桁梁桥节点的疲劳问题是影响该类桥型寿命的关键因素，为确保结构安全，设计团队开展了一系列钢管混凝土节点疲劳性能试验研究，为大桥设计和施工提供了可靠的数据和结论。

创新突破　打造经典工程

“一开始，我看着这座钢管混凝土组合桁梁桥我是很疑惑的，但是后来我听了介绍，真的由衷为这座桥点赞。”“汶川克枯大桥的设计理念十分的创新，地形难度、特点，做出了非常巧妙的构思。”“这座大桥在整个桥梁界都是一个创新，而这种创新是可复制也可以推广的。”近两年，包括10多位中国工程院院士、全国工程设计大师在内的众多国内外知名桥梁专家现场参观了该桥建设施工，从疑惑到赞叹，是这些权威专家的共同观感，创新突破是他们的一致评价。

耗材少，污染少　与简支桥梁比较，钢管混凝土组合桁梁桥减少混凝土用量约60%；与同等规模常规桥梁相比，汶川克枯大桥混凝土用量减少40%，钢材用量减少30%，原材料生产及现场污染排放物减少30%，实现了资源节约和环保。

工厂化、集约化　本桥钢结构全部在成都附近工厂内加工制造组拼，运输至工地再重新组拼成安装整节段，施工现场组装后，在半成品车间焊接、涂装成整体，再运到桥址进行安装，工厂化生产率达80%，现场工程量仅20%，也确保了工程质量；现场工人由需500人减少到只需30余人，且可选择有利天气作业时间，在施工场地受限、昼夜温差大的进藏高速公路上，尤为实用，也为川藏铁路建设积累了经验。

建设工期更短　在现场，焊拼一跨钢桁梁只需20天，若采取传统方式，生产同等长度的T型梁需30天以上，施工周期节省三分之一以上。

抗震性能好　整桥采用钢管混凝土组合，重量仅为混凝土桥梁的50%，同时具有钢管和混凝土桥梁的优点，实现了“大震不倒、中震可修、小震不坏”的设计目标，8级地震可行、9级地震可修。

厚积薄发　技术领先世界

汶川克枯大桥创立了钢管混凝土桁架梁的科学计算方法，开发了管板节点、管梁节点、管柱节点等新型节点构造，建立了变刚度支座长联结构新体系，开发了整跨架设的快速化施工技术与装备，支撑制订了世界首部钢管混凝土梁桥和焊接节点疲劳技术规范，为类似川藏公路建设条件的工程探索了新的技术路径。无模板的施工工艺引领农民工人向产业工人成长，助推交通土建工程向工业化转型升级。桥梁建成后设计团队举办了两次国际学术报告会，进一步提升了该桥的国际影响力。

创新源于在实践中的匠心传承和勇于突破。几十年来，四川公路设计院持续进行钢管混凝土桥梁的研究和实践，第一座钢管混凝土拱桥、梁桥等，如世界最大跨度钢管混凝土拱桥——重庆巫山长江大桥、四川合江长江一桥、四川合江长江三桥、广西平南三桥和世界首创全钢管混凝土桁梁桥——干海子特大桥、腊八斤大桥……都出自省公路设计院公司。该团队在建成世界最大跨钢筋混凝土拱桥——万县长江公路大桥后，又开发了基于超高强（达到c120）的钢管混凝土强劲骨架成拱法，建造了近10座钢筋混凝土拱桥。

“建筑材料的变化”向“建筑结构的变化”改变的创新探索，造就了著名的干海子特大桥，克枯大桥对钢结构的创新运用则更进一步，实现了全桥不用模板。自1991年，首座钢管混凝土桥梁经省公路设计院公司设计诞生后，迅速在业内得到推广应用，在2015年正式规范诞生前，全国建成445座钢管混凝土拱桥。创新无止境，用技术“革命”推动行业进步，服务时代发展，始终是这个设计团队不改的初心。

汶川克枯大桥的成功再一次有力证明了业界的共识：钢管混凝土桥梁，世界看中国，中国看四川。

专稿

厅公路设计院六十六年辉煌业绩回顾

匡成刚　张俊锋

2019年4月2日，厅公路设计院举行揭牌仪式，正式更名为“四川省公路规划勘察设计研究院有限公司”，标志着该院结束长达66年的事业单位性质，踏上了建设现代企业的新征程。在这个具有里程碑意义的历史时刻，让我们一起共同回望这个素有“寻路人”之称的优秀团队走过的不平凡发展历程，见证他们取得的辉煌成就。

四川公路建设前期工作的主体力量

厅公路设计院于1953年成立，当时只是一个小小的设计科，仅有职工60人和算盘、圆规、篾尺等简陋工具，老辈们克服生活艰苦、地形艰险、匪患猖獗等种种困难，完成了成阿路、雅洪路、川云东路等公路测量。20世纪60年代，该院完成了770多公里的川藏南线公路测设以及当时国内最大的吊桥——渡口市雅砻江吊桥的施工图设计。70年代，该院桥梁勘察设计和施工技术取得突破，达到国内领先水平，成功设计了当时世界最大跨石拱桥——丰都九溪沟石拱桥、国内无支架吊装最大跨径钢筋混凝土箱形拱桥——宜宾马鸣溪金沙江大桥等国内著名工程。80年代，该院从1984年开始实行生产经营承包制，逐渐推行“一业为主，两头延伸”的经营策略，先后拓展房建、隧道、监理、交通工程、公路环保等专业，完成成都至德阳大件公路及当时国内最大跨长江公路大桥——泸州长江大桥等大批项目的测设。九十年代，随着高速公路建设全面兴起，该院不断完善专业结构配置，形成了高等级公路综合设计能力，设计了西南第一条、国内最长的山岭重丘区高速公路——成渝高速公路，以及荣获“国家科技进步一等奖”的万县长江大桥等众多典型项目。同时，隧道专业取得突破性发展，该院主持开发的公路隧道CAD系统达到国内领先水平，设计了四川第一座高速公路隧道——龙泉山隧道、西南地区最长的单洞三车道隧道——铁山坪隧道等知名工程。21世纪初，高速公路建设进入加快发展时期，随着计算机出图的全面普及、GPS等先进设备广泛应用，生产能力大大提高；ISO9001质量认证体系的实施，提升了产品质量，成功打造了全国示范性工程川九路、当时国内最长的公路隧道——华蓥山隧道、世界最大跨钢管混凝土拱桥——巫山长江大桥等一系列精品工程。“十一五”以来，随着四川构建西部综合交通枢纽战略实施，该院先后完成雅西、雅康等40多条高速公路以及干海子大桥、兴康特大桥、腊八斤大桥、雀儿山隧道、泥巴山隧道、米仓山隧道等大批著名精品工程、超级工程的勘察设计。

66年来，厅公路设计院肩负着改变“蜀道难”的历史使命，几代设计人艰苦奋斗、励精图治，累计完成6万多公里普通公路，5 000多公里高速公路、400余座大型桥梁、600余座公路隧道的勘察设计，承担300多项科研项目，主持参与30余项规范标准编制工作，荣获国家科技进步一等奖、国际隧道协会年度工程大奖、国家优秀设计金奖、詹天佑土木工程大奖等400多项，获得国家专利140多项，先后被授予“全国工程勘察设计先进企业”“全国文明单位”“全国交通运输系统先进集体”等众多荣誉称号。他们为“蜀道通”“蜀道畅”作出了重大贡献，当好了交通建设的先行。如今，该院发展为集设计、科研于一体的大型甲级工程咨询企业，主要从事各等级公路、桥梁、隧道、工业民用建筑、市政工程等的规划、勘察、设计、试验检测与科研等业务，持有公路行业、市政行业、建筑行业、工程综合勘察、测绘等20多个国家级甲级资质证书。现有各类从业人员1 500多人，拥有一支在国内颇具知名度的专家队伍，其中有全国工程设计大师、享受国务院政府特殊津贴专家、四川省工程勘察设计大师、四川省学术和技术带头人及后备人选、四川省有突出贡献的优秀专家等40余人。

山区公路勘察设计技术创新的行业典范

厅公路设计院坚持走“科技兴院”的发展道路，立足山区实际推进科研攻关与技术创新，取得了大批科技成果，设计了大批闻名国内外的精品、经典、超级工程，形成了独具特色的山区公路勘察设计成套技术，在山区公路、桥梁、隧道、抗震减灾、试验检测等五个方面具有国内领先的技术优势。在公路方面，设计了西南第一条高速公路成渝高速公路，以自然、环保著称的全国山区旅游示范公路川九路，以及全国设计与科技双示范项目雅西高速公路，成功破解高烈度地震山区高墩大跨桥梁建设、特殊特长隧道建设、连续长大纵坡行车安全关键技术等一系列世界级技术难题，取得40余项自主创新和统筹应用的重大技术成果，总结形成系列施工技术指南与实用工艺工法，累计为工程建设节约费用3亿多元，典型控制性工程多项指标创造了国内乃至世界同类工程新纪录。在桥梁方面，设计了世界最大跨石拱桥丰都九溪沟石拱桥、获得国家科技进步一等奖的世界最大跨钢筋混凝土拱桥万县长江大桥，以及世界第一座最长全钢管混凝土桁架桥干海子大桥。在隧道方面，设计了获詹天佑土木工程大奖的当时国内最长4 700多米的公路隧道——华蓥山隧道，超长深埋超10公里长、最大埋深达1 650米的泥巴山隧道，以及获国际隧道协会年度工程大奖、海拔4 377米的“世界高海拔特长公路第一隧”——雀儿山隧道。在公路抗震减灾综合技术方面，以汶川、芦山等大地震现场震害调查分析为基础，开展了一系列科技攻关，完成“汶川地震震害评估、机理分析及设防标准评价”“汶川地震灾后重建公路抗震减灾关键技术研究”等课题，形成高烈度地震山区公路抗震设计成套关键技术。在科研试验领域不断创新突破，打造集科研、试验、检测于一体的具有国内先进水平的科研试验基地，建成集“国家实验室、行业研发中心、省工程实验室”三个梯次的科研平台，获批博士后科研工作站和高新技术企业，拥有大批现代化路面、桥梁试验检测设备，先进的结构试验大厅及全世界加载能力最大的六自由度控制加载系统。承接完成南京长江四桥、港珠澳大桥、杭州九桥等国内知名项目试验研究；近年完成的科研课题中有10多项成果达到国内、国际领先水平；编写完成交通运输部行业规范《公路钢管混凝土拱桥设计规范》等涵盖桥梁、隧道、路面等多个专业的技术指南、规范30余部，多项成果填补国内外技术空白。

不畏艰险服务社会的技术先锋

厅公路设计院66年积淀了吃苦奉献、敬业执着、务实严谨、钻研拼搏的寻路精神，奠定了坚如磐石的根基，镌刻下了奋勇向前的足迹，交出了一份无愧于时代的答卷。

“踏碎多少高原荒漠，趟过多少险滩沟壑，帐篷野地燃篝火，泉水干粮解饥渴——”。院歌《寻路人》歌词是他们60多年艰苦创业的真实写照。无论岁月变迁、风云变幻，他们始终紧扣时代脉搏，几代人迎霜雪、趟急流、啃干粮，开展艰苦卓绝的测设工作；他们踏平二郎山，跨过大草地，勇闯无人区，穿越龙门山断裂带，深入世界屋脊青藏高原，不愧为是名副其实的开路先锋。1956年，院青年突击队抢测阿坝安曲至唐克一段路线时遭遇藏族叛匪突然袭击，5位队员牺牲。即便在“大跃进”“文革”时期，他们排除种种干扰，克服种种困难，全面完成工作任务。川藏、川青、川甘、川陕、川黔、川滇公路等主要出川通道都渗透了他们的汗水和心血，他们以实际行动践行了“一不怕苦、二不怕死，顽强拼搏、甘当路石，军民一家、民族团结”的“两路”精神。

在应对地震、洪灾、泥石流等自然灾害方面，这些“寻路人”更有丰富的经验、过硬的能力和突出的表现。2008年“5·12”汶川地震后，出动80多批1 200多人次深入映秀、汶川等极重灾区一线，绵茂路、映卧路踏勘等事迹堪称中国交通史上的英雄壮举。他们完成灾区800多公里公路、300多座桥梁、10多座隧道的应急检测评估，为部、省、厅决策部署道路抢险保通方案提供关键的第一手资料，获“全国交通运输行业抗震救灾先进集体”荣誉称号。在“4·20”芦山地震、“7·10”洪灾泥石流灾害，“6·24”茂县重大山体滑坡、“8·8”九寨沟地震，以及2018年的金沙江白格堰塞湖等应急抢险工作，他们都第一时间深入灾区，完成灾损调查、应急处治、恢复重建工作，编制出版行业首部公路应急抢险专著《公路应急抢通保通技术手册》并送发各地市（州）交通运输局，助推地方公路应急抢险能力提升。

他们还勇担社会责任，近年来承担甘孜州、凉山州48座溜索改桥工程设计，工作行程1万多公里，建设过程中后期服务行程达4万多公里，得到业主单位高度肯定，受到社会各界的好评。先后完成雅西、雅康、汶马、九绵等近4 000公里民族地区公路勘察设计，完成一大批秦巴山区、乌蒙山区等贫困地区建设项目前期工作，累计选派数十名专业技术骨干赴民族地区挂职帮扶，得到当地政府、领导和群众高度评价，被四川省政府评为“全省民族团结进步模范集体”。他们全力投入交通脱贫攻坚工作，以技术力量推动贫困地区高速公路、“四好农村路”“产业扶贫路”“渡改桥”等项目建设；持续开展对口帮扶地区交通配套设施完善、产业品牌设计推广、脱贫致富劳动竞赛、“爱心圆梦”等特色工作，对口帮扶的金口河区与沐川县2018年实现高质量脱贫。

沟通世界的对外交流合作伙伴

厅公路设计院早在20世纪60年代就走出国门，到亚非发展中国家，投入到缅甸、尼泊尔、赞比亚等基础设施经济援助工程测设施工之中，承担测设施工的索马里贝莱特温至布劳公路项目、南也门金吉巴尔大桥工程更分别获得国家优秀工程银质奖和南也门阿比洋省奖状。

20世纪90年代后，他们参与布隆迪、尼泊尔、坦桑尼亚等多个国家多个项目经济援助建设。进入新时代，随着国际交往日渐频繁，他们多次派员赴欧美学习考察，参加中美桥梁技术交流会、国际桥梁大会等高端会议并于2014年承办第十一届中美桥梁技术交流会，与著名的林同炎工程咨询公司合作，联合中标深港跨海大桥设计监理。近年来，他们把握“一带一路”等历史机遇，积极谋划“借船出海”发展战略，致力于开拓更加广泛的国际业务和市场领域。

如今，“寻路人”踏上了建设现代企业的新征程，相信他们将以更坚定的信念、更踏实的作风、更求真的精神搏浪潮头、扬帆远航，谱写新的华章。

交通运输

JIAOTONG YUNSHU

2020

四川交通年鉴

综　述　2019年，四川省道路运输客运量、旅客周转量、货运量、货物周转量分别完成7.2亿人次、437.7亿人公里、16.3亿吨、1 527.5亿吨公里，比上年分别增长-11.1%、-6.1%、-6.1%、-15.8%。水路运输客运量、旅客周转量、货运量、货物周转量、集装箱吞吐量分别完成1 920万人次、1.816 5亿人公里、6 897万吨、306亿吨公里、44万标箱，比上年分别增长-3.57%、-4.69%和0.51%、13.33%、-55.03%（2019年港口集装箱吞吐量统计口径发生变化，不含件杂货折算）。年内，四川交通运输状况呈现以下特点：

道路水路运输基础设施建设成效显著　全省道路运输站场建设完成投资33.39亿元，建设道路运输站场5 586个（含建成5 558个），其中：建设客运枢纽全覆盖工程项目31个（含建成5个），精准扶贫地区建成县级客运站6个、乡镇客运站241个、村级招呼站5 303个，建设公路货运枢纽5个（含建成3个）。长江宜宾至重庆段航道整治工程羊石盘至上白沙项目工程可行性研究年内取得批复；嘉陵亭子口枢纽以下达到四级航道标准；岷江犍为、龙溪口、虎渡溪、汤坝、尖子山等5个航电枢纽加快推进，岷江高等级航道达标升级工程全面铺开。

运输服务能力明显提高　道路客运运力结构进一步优化。2019年高级客车14 608辆，占比30.3%，较上年提高0.8个百分点；新增城市公交车644辆，城市公交车总数发展到3.43万辆；轨道交通（成都市）新开通5号线一二期、10号线二期、有轨电车蓉2号线非首开段（101.6公里），累计运营7条地铁线，1条有轨电车线，运营里程341公里，安全运营3 383天，年客运量达14亿人次；全省汽车客运站共享发展联盟成立，接驳运输联盟逐步迈向实体整合，与铁路接续接驳的客运班线发展到835条，较上年新增95条。农村客运全年新增通客车乡（镇）174个、建制村4 520个，全省乡（镇）、建制村通客车率99.1%和98.3%。旅游包车信息平台建设加快推进，交通+旅游融合发展趋势明显。全省201个三级以上车站实现联网售票，69个车站开展电子客票试点。城市公共交通一卡通互联互通工程持续推进，21个市（州）实现公交“一卡通”互联互通。制订出台《四川省出租汽车服务质量信誉考核办法》。全省交通运输领域计划新（改）建行业厕所312座（其中新建101座、改建211座），实际新（改）建336座（其中新建118座、改建218座），分别完成年度目标任务的116.8%和103.3%，完成省政府年度目标任务。全省“12328”电话系统受理业务共278 705件，比上年上升11.6%；限时办结率98.15%，抽查回访满意率96.67%，年内印发《四川省12328交通运输服务监督电话管理实施办法》，明确职能职责，规范办理流程，构建起全省“12328”电话规范高效的运行管理体系。泸州港、宜宾港获批国家临时开放口岸，泸州市获批港口型国家物流枢纽承载城市，泸州航运物流交易所完成筹建，“启运港退税+无水港”模式在泸州港先行先试。用好三峡过闸（升船机）绿色通道，全省121艘重点急运物资船舶优先过闸得到保障。推进多式联运“一单制”，制定《全省水路集装箱运输组织优化工程实施方案》。下放自贸区省级审批权限7项，支持自贸区建设发展。

道路水路货运物流体系建设加快推进　全省营运货车49.3万辆（比上年下降14.4%），总吨位488.8万吨（比上年增长11%），集装箱车辆2 378辆（比上年增长8.9%）。全省省际运输船舶390艘，千吨级船舶295艘，平均吨位3 115吨，增加45吨，过三峡船闸船舶标准化率89%。全省省际水运企业76家，万吨以上水运企业30家。三级Ⅳ类以上船舶生产企业58家，船舶工业健康发展。全省13个交通运输部第一批无车承运人试点项目推进顺利，运力整合效果明显，试点企业整合车辆约5万辆，占全省车辆总数的9%。水运多式联运发展成效明显。一是持续优化东向运输，泸州港依托长江推动多式联运，发展“天天直航快班（升船机）”。加密“天天直航快班（升船机）”和“水水中转航班”，宜宾—水富公共集装箱班轮实现常态化运行，宜宾港新开通宜宾—上海“五定”集装箱班轮航线，该班轮航线大幅缩短航班运行时间，提升周转效率，降低营运成本。推进达州至万州港铁路水路联运，9月底，达州开行首趟达州至万州港东出铁水联运班列。二是积极融入南向开放，与南向港口合作，泸州到广州双向班列、宜宾至钦州班列、广西防城港—广安铁海联运班列顺利开行。成都市、宜宾市、泸州市与钦州签署合作协议，推动南向班列稳定运行。三是支持泸州港、宜宾港参与的多式联运示范工程建设，泸州港示范工程验收。截至2019年底，全省开通泸州、宜宾至上海等集装箱班轮航线10条，每周发班34班左右，全年完成铁路水路联运4万标箱，比上年增长14%左右。积极配合国资委开展港口整合，推进港投集团成立，9月29日，省级港投集团挂牌成立。水路运输新增长点显现。一是嘉陵江川境段全面通航，6月底举行嘉陵江航运推介会暨全江通航启航仪式，开展嘉陵江扩能建设成果和水路运输服务能力推介，通过实船试验检验航道条件，年内基本实现常态化运行。二是金沙江水路运输发展呈现井喷态势，经向家坝过坝断面货运量达800万吨。三是岷江犍为航电枢纽工程年底通航，岷江港航电开发项目建成后，乐山到宜宾段162公里航道，将达到三级航道标准，能够全年通行1 000吨级船舶，对于四川构建畅通安全高效的现代综合交通运输体系，保障大件运输，推动沿江优势资源开发，促进经济社会长远发展具有重要的战略意义。

重大运输保障能力不断提升　完成春运、十一“黄金周”运输任务等重大道路运输保障任务。全省道路、水路运送旅客9 430万人次，比上年下降10.1%。其中，道路和水路客运分别运送旅客8 837万人次、593万人次，分别下降9.5%、18%。道路旅客运输日均投入客车4.47万辆；水路旅客运输日均投入客运船舶2 448艘。日均客运量235万人次左右，仍保持高位运行。高速公路出口总流量9 492.54万辆，比上年增长5.28%。2月7日出现峰值339.07万辆次，下降0.75%。

（厅运输处）

道路运输

DAOLU YUNSHU

概　况　2019年，全省道路运输系统完成客运量7.2亿人次、旅客周转量437.7亿人公里，分别比上年下降11.1%和6.1%；完成货运量16.3亿吨、货物周转量1 527.5亿吨公里。完成投资33亿元，为年度目标的106%；新增174个乡（镇）、4 520个建制村通客车，完成年度目标174%和151%，乡镇、建制村通客车率分别达99.1%和98.3%，11个市提前实现具备条件的乡镇和建制村100%通客车；建成乡（镇）客运站241个、村级招呼站（牌）5 303个，覆盖精准扶贫地区90%以上的乡镇和89%以上的建制村；全省公交车达3.4万辆，年客运量超40亿人次，公交专用道总里程达1 000公里，居全国各省（自治区、直辖市）前列；全年未发生重大及以上道路运输行车事故。

（蒋智力）

春运工作　2019年1月21日—3月1日春运期间，全省道路客运在为期40天的春运中形势总体平稳，实现“不发生重大及以上安全事故、不发生旅客大面积滞留现象、不发生重大服务质量投诉”的预期目标。主要特点：①客运量总体下降明显，但部分主线（站）有所回升。全省日均投入营运客车4.47万辆，累计疏运旅客8 837万人次，比上年下降9.5%。随着扫黑除恶专项斗争的开展，主要线路、客运站客流量回升2%左右。道路客运量下降主要原因除受高铁、私家车、网约车等因素影响外，部分市（州）客运班线公交化改造后，其客运量未纳入统计也是重要因素。②安全生产形势基本稳定。春运期间，发生一般事故11起、死亡13人，比上年分别下降21.43%和13.33%；发生较大道路客、货运输行车事故各1起、各死亡3人。③服务质量稳步提升。开展农民工平安返乡返岗和“情满旅途”专题活动，全省组织直达包车服务6 320车次，运送农民工超19.8万人次，中央电视台等主流媒体给予肯定性报道。

2019年1月9日，省交通运输厅召开全省道路水路春运工作电视电话会议　　交通宣传中心 供图

2019春运工作总体情况：①创建“便捷春运”，运输组织更加高效。各地开展春运需求调查分析，根据新需求新特点，合理制订运输方案，统筹安排运力资源，增加运输效能，做到让旅客走得了、走得好。运力准备充分。春运前，客运企业对全省现有的4.1万辆客运班车进行全面技术检查和检测，将符合条件的全部投

入春运；组织5 000辆包车客车，采取加班车和民工包车等方式投入春运高峰期紧急运输；组织1 640辆外省支援运力，主要参与全省后春运省际超长加班。运输调度有序。按照“先重点、后一般，先干线、后支线”原则，加强全省运力统筹协调，针对春运期间客流流向、流时、流量的不均衡性，有序组织调度运力，节前重点保障成都至省内各地的干线客运运力需求，节后重点保障川南、川东北省际长途客运运力需求。在春运高峰时段，对客运班线起讫地之间有多条高速公路或普通国省干道、快速通道联通的，采取客运车辆临时“多线运行”方式，选择通行速度最快的线路运行，提高运输效率。运输衔接顺畅。各级道路运输管理机构主动加强与铁路、民航的信息互通，统筹组织运力调度，合理安排城市公交、轨道交通、出租汽车、道路客运班线营运时间和发车频次，做好道路运输与其他运输方式衔接。全省落实平峰时段接续接驳车辆17 492辆（其中客车3 947辆、公共汽车5 548辆、出租车7 997辆），城市轨道班次2 509班次；高峰时段落实接续接驳车辆19 273辆（其中客车4 890辆，公共汽车6 013辆、出租车8 370辆），城市轨道班次2 661班次。应急保障有力。春运期间，各级运管机构主动与气象、公路和公安部门加强工作对接，进一步夯实应急联动机制，形成工作合力，妥善处置各类突发情况。②开展“农民工平安返乡返岗”和“情满旅途”专题活动，服务质量稳步提升。春运期间，各地运管机构、运输企业、汽车客运站开展“农民工平安返乡返岗”“情满旅途”专题活动，推进工作理念创新和服务手段创新，从道路运输各个环节创新服务举措，拓展服务内容，多措并举提升服务质量和服务水平。农民工出行便捷。各级道路运输管理机构加强与人力资源和社会保障、工会、当地政府驻外机构、乡镇政府等单位的衔接，收集掌握农民工返乡返岗信息，并组织运输企业节前深入务工人员集中的园区、厂区、大型企业以及大型工程建设项目，节后深入务工人员集中返岗的乡镇（村）开展出行需求调查，提供直达包车服务。其中，遂宁市运管处春节前免费组织5辆直达包车把农民工从广东顺德接回家过年，内江市运管处在浙江、深圳、贵阳组织农民工返乡专车直达包车，运输企业对农民工票价优惠每人150元至190元。绵阳、雅安、成都等地组织客车对接农民工专列，为农民工提供温馨服务。春运期间，全省组织直达包车服务6 320车次，运送农民工19.8万人次。各级道路运输管理机构组织开展好“情满旅途”活动。其中，达州开展“温暖回家路活动”。春运期间，全省二级以上汽车客运站增设226个农民工购票专门窗口，三级以上汽车客运站张贴欢迎农民工回家过年等各类暖心标语358幅。售票服务便捷。依托全省联网售票系统，拓展电话购票、手机App客户端购票、人工代理网点购票等多元化购票服务。春运期间，全省联网售票系统售出汽车票530万张，日均出售车票13.3万张，比上年增长38.6%。候车服务舒心。全省21个市（州）重点汽车客运站实行高峰时段候车厅24小时开放、免费热水服务，设立母婴哺乳区、重点旅客候车区和医疗服务点，为旅客提供更加舒适宽敞的候车环境和更人性化的候车服务。成都东客站通过增开售、检票窗口，缩短旅客站内候车时间，为母婴候车室、无障碍候车室添置轮椅、坐垫等便民服务设施，同时为行李箱破损的乘客免费提供爱心箱包。③创建“平安春运”，安全形势总体稳定。全省各级运管机构履行安全监管主体责任，督促运输企业严格落实安全生产主体责任，强化源头监管，加强督导检查，警示规范驾驶员安全行为，确保春运安全形势总体稳定。安全检查严格。各地采取“四不两直”（不发通知、不打招呼、不听汇报、不用陪同接待，直奔基层、直插现场）检查方式，按照“全覆盖、零容忍、严执法、重实效”要求，开展暗访和督查。春运期间，厅运管局督查和暗访检查61家道路运输企业，其中查实惩处1家、挂牌督办2家。责任落实到位。从严执行“六严禁”规定落实企业主体责任。运用重点营运车辆联网联控监控平台和道路运输第三方安全监测平台，严查严惩超速超载、疲劳驾驶、非法载客等违法违规行为，实行春运期间“一周一通报”、大假7天“一日一通报”制度，对省联网联控平台监测到11个市（州）、25家企业、29辆车、49辆次实际违法超速报警行为，督促属地运管机构严格依法依规进行处理。警示教育严格。以从严执行《四川省道路营运驾驶员记分管理办法》警示规范驾驶员安全行为。春运期间，对1 100名驾驶员实行记分（其中有101人记满15分以上，被列入重点监控名单并下岗学习；有16人记满20分以上，被列入行业禁止进入“黑名单”），形成有力震慑。④创建“诚信春运”，市场秩序不断规范。采取暗访为主的检查方式，重点督导各地扫黑除恶治乱下沉一级的落实情况，及时梳理推广各地治乱的有效措施，形成省、市、县三级齐抓共管共治的良好工作格局。扫黑除恶治乱有力。各级道路运输管理机构纵深推进扫黑除恶治乱工作，依法严厉打击超员超载、非法营运、甩客宰客等违法失信行为，对多次发生严重违法失信的运输企业、车辆、驾驶员建立失信记录，纳入重点监控名单和“黑名单”管理，市场秩序进一步规范。其中，达州、泸州等地强化部门联动，整治非法营运，主要客运线路、客运站客运量比上年回升2%左右。春运期间，全省出动执法人员66 062人次、执法车辆16 402辆次，检查车辆79 432辆次、处罚非法违法行为2 844起。旅客维权顺畅。发挥网络舆情和“12328”交通运输服务监督电话作用，及时办理网络舆情、受理各类投诉和咨询，为旅客排忧解难，维护旅客合法权益。为鼓励乘客实名举报违法违规行为和不文明行为，形成社会监督的信用环境，厅运管局组织在全省所有县际以上客运班线车辆和包车客运车辆上推广应用道路运输“安全与服务”微信公众管理平台，有效促进道路运输提升营运安全和服务质量。春运期间，“安全与服务”微信公众管理平台收到359条投诉，督促各级运管机构和企业查实处理投诉347条；厅运管局收到有效网络舆情信息249条，查实处理140条，18名驾驶员被责令停岗学习并纳入记分管理，23家客运企业和汽车客运站被要求整改，13家出租汽车公司被依法进行处理。⑤舆论宣传深入。各级道路运输管理机构加强春运宣传和信息服务，挖掘宣传交通运输系统干部职工和从业人员舍小家、为大家，始终坚持春运一线的奉献精神，报道道路运输守信经营的服务品牌，树立爱岗奉献的先进模范，弘扬社会正能量，唱响诚信主旋律。春节前，中央电视台10频道专题宣传四川省直达包车服务5分钟，成都市宣传春运先进典型人物4人，遂宁市对尹德洪见义勇为进行宣传和表彰，央视新闻、人民日报相继作报道，引起社会强烈反响，南充市通过媒体持续对农民工出行保障工作进行宣传。

（龚文波）

安全监管责任落实 2019年，全省道路运输系统进一步压实安全监管责任。①持续提升责任体系建设。加强制度完善。印发《局党政领导干部安全生产责任制实施细则》《四川省交通运输厅道路运输管理局安全委员会成员职责及工作规则》；编制道路运输安全监管权责清单和监管工作手册（省级层面），厘清法定职责和权责边界，待机构改革职能调整到位后再修订完善。推进企业安全生产标准化建设。年内完成20家道路危险货物运输企业安全生产状况评估工作。全面推进企业主要负责人和安全管理人员考核工作。对企业主要负责人和安全管理人员考核工作进行部署安排，全面构建“两类人员”持证上岗监管体系。完善道路运输应急管理体系建设。修订完善道路运输突发公共事件综合应急预案，进一步完善道路运输应急管理体系。②持续提高依法治安能力建设。健全完善安全生产执法机制。制定完善安全生产年度监督检查执法工作计划，按照“双随机一公开”原则开展7次监督检查。严格安全生产执法。坚决执行“一月一通报”，严格落实“六严禁”，对核实的违法违规行为一跟到底，从重从严惩处；持续开展隐患清零行动，保持严管重罚高压态势。严格执行较大事故挂牌督办制度。对所有人员死亡事故进行深度调查和行业倒查，及时开展安全生产事故、重大事故隐患警示、通报、约谈、挂牌督办和安全生产事故典型案例警示教育。对“1·28”事故所涉及的巴运集团进行事故深度调查，完成事故企业深度调查报告，降低巴运集团安全生产状况评估等级。对南充当代运业西充分公司问题整改开展挂牌督办，组织专家对西充分公司安全生产状况评估等级进行复核复评。修订完善道路运输领域监管制度体系，提高数字化监管能力。进一步完善风险企业筛查机制、严格重点监控名单管理规定，提高行业安全监管效能。③继续保持道路运输重点领域严管态势。完善预防机制。先后印发《安全生产风险管理暂行办法》《安全生产事故隐患治理暂行办法》及《安全风险辨识指南》。落实高危风险管控责任。公布两批十大风险客运企业、货运企业。绘制全省道路运输安全风险分布图，建立风险企业清单台账。强化隐患治理。进一步加强“两客一危”车辆联网联控工作，逗硬核实处理“问题车辆”，跟踪督促“长期不在线仍在运行车辆”的核查处理工作。④开展重点领域各项工作。开展道路运输领域三项安全生产行动。印发《四川省交通运输厅道路运输管理局关于切实推进营运驾驶员安全文明驾驶教育培训专项行动的通知》。制定出台《四川省道路运输车辆智能防控系统技术规范（试行）》，印发《四川省交通运输厅道路运输管理局关于开展四川省道路运输车辆主动安全智能防控系统服务商备案的通知》，按照相关规定先后对17家运营商进行专家评审、公示、公告，各地有1 500余车辆安装符合标准的主动安全智能防控系统平台、车载终端。做好重点时段的安全生产工作。做好春运、汛期、国庆等重点时段的安全工作部署。针对督导和暗访发现的问题和隐患开展暗访督查。印发《四川省交通运输厅道路运输管理局关于2019年春运服务和安全检查情况的通报》，要求各地切实落实整改。印发《四川省交通运输厅道路运输管理局关于切实加强道路运输安全生产及应急管理工作的通知》《四川省交通运输厅道路运输管理局关于加强道路运输领域安全生产重大风险防控开展道路运输地质灾害和防汛安全隐患集中排查工作的通知》等文件，对道路运输安全度汛工作进行全面部署。积极推进道路运输领域“防风险、保安全、迎大庆”专项行动。制订8条细化工作措施，建立百日攻坚隐患台账，每日推送重点违规违章和投诉举报信息，督促市（州）运管机构跟进督办整改，及时销号。⑤科技支撑作用进一步强化。用好“安全与服务”微信平台，落实举报奖励制度，接受社会监督。完善违法数据库、事故分析系统数据录入工作。强化数据基础研究，为行业管理部门进行道路运输安全生产形势分析、风险企业筛查、风险研判创造数据支撑。强化数据分析和结果运用。完成全国联网联控月度考核四川各项指标分析，绘制统计分析图，持续强化动态监控管理工作，对每月排名后三位的市（州）运管机构联合开展约谈，督促落实整改责任，动态监控质量逐渐提升，联网联控考核指标质量进一步提升，考核排名进入全国第一方阵。继续提升第三方监测平台监测质量。进一步优化细分监测指标，做好临界点报警数据的分类整理，增加专项监测内容，提高监测针对性。⑥基础保障能力进一步提高。应急运输保障机制进一步夯实，畅通信息报送渠道。指导宜宾长宁6.0级地震受灾地区应急运输工作，通过电子围栏筛查滞留灾区车辆，及时推送路况信息，协调运力支持汶川“8·20”山洪泥石流灾害滞留旅客疏运。继续实施从业人员安全素质提升工程。在全省客运、危货运输企业启用“四川道路运输安全云课堂”，推进实施道路营运驾驶员远程安全教育培训。提升安全文明出行意识。开展文明交通文明出行宣传教育专项行动，指导加强企业安全文明建设，组织开展“安全生产月”活动，倡导培育文明服务的行业风气和文明出行的社会风尚。

（厅运管局）

道路运输绿色发展行业升级 2019年，全省道路运输行业推进绿色发展。①完成交通运输部民生实事工作任务。初步建成全省汽车维修电子健康档案系统，覆盖21个市（州）100%的一类汽车维修企业、84%的二类汽车维修企业，完成与全国汽车维修电子健康档案系统的互联互通，实现维修数据自动采集，累计上传551万辆汽车维修数据。②组织营运车辆ETC安装。加强部署，广泛宣传，沟通协调，分类推进。截至12月底，全省40.2万辆营运车辆安装ETC，高速客车安装率100%，其他客车安装率91%，巡游出租车安装率94%，网约出租车安装率92%；4.5吨以上货运车辆安装率70%。③推进绿色汽车维修发展。实施机动车排放检测与强制维护（I/M）制度，实现M站市（州）全覆盖，共建成923家M站，开展尾气治理维修384 005辆次。推进挥发性有机物（VOCS）治理，升级改造4 802个喷烤漆房，升级改造率提升至76%，920家维修企业推广使用低挥发性水性漆。会同环保等部门规范汽车维修行业危险废物管理。④促进汽车维修行业转型升级。落实机动车维修“放管服”，取消机动车维修经营许可改为备案制，加强事中事后监督，组织开展全省汽车维修企业交叉检查，推进优质维修建设，促进汽车维修行业规范管理。运管工作人员到汽车维修企业开展全省汽车维修企业交叉检查。⑤开展汽车维修工职业技能比赛。会同省交通工会，组织全省汽车维修工职业技能竞赛，并推荐优胜选手参加全国比赛，获得优秀组织奖，1名选手获得交通技术能手称号，1名选手获四川省劳模称号。⑥抓好普通货运车辆“三检合一”。对普通货运车辆实行检验检测结果互认，实施“一次上线、一次检验、一次收费”，升级汽车综检机构信息化系统，完成检测数据与交通运输部汽车综检平台数据交换。截至年底，全省231家汽车综检机构实现“三检合一”，并可对全国普通货运车辆实施异地检测。

（胡学英）

2019年10月，全省举办汽车维修工职业技能大赛。图为闭幕式现场　　厅运管局 供图

全省道路货运降本增效 2019年，全省道路货运降本增效扎实推进。①配合厅运输处完成全省物流公共信息平台建设。启动进出四川省主要港口的集装箱运输车辆推行电子运单工作。按照交通运输部关于集装箱通行费优惠政策调研内容，集装箱运输车辆的识别和车辆轴数的辨别是落实优惠政策关键难点，将运政数据与集装箱载运电子运单数据结合，降低收费误判，提高优惠政策的引导作用。推进网络货运企业电子运单管理。利用全省网络货运监管平台引导网络货运企业使用电子运单调度车辆，保障监测数据准确完整有效，实现通过网络货运平台组织的运输车辆运行状况通过货运电子运单可查询、可追溯、可监管。②培育多式联运企业和门到门承运企业。督促多式联运试点示范企业完成试点工作任务。天府机场多式联运示范项目推进比较缓慢，龙泉驿西部汽车城多式联运示范项目受规划影响，专用线建设工作推进缓慢，2020年将重点督导，确保任务按时推进，达到交通运输部验收要

求。按照运输结构调整有关精神，推进综合运输货运场站物流园区建设。今后物流园区新增项目尽量支持综合运输货运场站，为多式联运发展提供基础设施。按照交通运输部多式联运试点工作要求，继续推荐多式联运示范企业。通过试点示范，引导企业开展多式联运服务，发挥各种运输方式比较优势。重点培育物流企业。依托网络货运平台企业，在运输组织能力进比较强的企业中选择一些作为门到门运输企业进行培育；在城市绿色货运配送试点城市开展城市配送门到门企业培育，重点扶持业务量大，监管体系完善及责任落实到位，运行质量高的城市配送企业，通过集中配送、共同配送做大作强；在农村物流配送企业中选择开展农村快递、邮政、电子商务物品运输的企业利用乡镇服务站开展门到门企业培育。③完成农村物流运输发展任务。完成县、乡、村三级农村物流节点建设工作任务。首先完成交通运输部“十三五”乡镇汽车综合服务站50个建设项目落地落实。其次，通过筛查，选择具备条件的乡镇客运站开展“十四五”项目建设准备工作。建立乡镇汽车综合服务站运行服务质量标准体系，指导汽车综合服务站建设好营运好。加强政策完善。印发《深化农村物流配送体系建设的实施方案》，通过政策协同、资源整合，完善服务网络，推进集中配送、共同配送服务。总结四川省2019年交邮融合发展合作工作经验。推广交邮融合发展的成功做法，重点推广攀枝花、遂宁两地交邮合作发展模式。④加强对外开放，国际交流合作，推动国际道路跨境运输发展。参与省交通运输厅组织的“一带一路”国际道路运输交流合作活动。参与国际道路运输联盟活动，建立服务国际道路运输企业的工作机制，帮助协调四川省运输企业国际道路运输发展相关事项。推进全省国际道路货运知道班车发展。建立与国际道路运输企业的服务机制，帮助协调国际道路运输合作事项。重点推进成都经凭祥至越南货运直达运输、成都经新疆到吐尔尕特口岸出境至吉尔吉斯斯坦比什凯克货运直达运输、四川经云南至越南货运班线开行。⑤深化道路货运转型升级，促进高质量发展，降本增效。贯彻落实《网络平台道路货物运输管理办法（暂行）》，组织开展网络货运平台许可管理规范工作。推进网络平台道路货物运输发展，开展网络货运企业网上服务能力认定和网络货运平台企业许可工作。完善网络货运平台监测工作。实现与交通运输部数据对接，实现监测数据与交通运输部检测平台的适时传输。继续推进城市绿色货运配送示范工程。对有条件的企业，向交通运输部推荐参与全国试点示范。以冷链物流、零担运输和网络平台为重点，加快培育道路货运龙头骨干企业，引导小微企业与骨干企业开展联盟合作。配合省交通运输厅高速公路差异化收费政策落地落实。鼓励国际标准集装箱运输车辆发展。继续开展“司机之家”建设工作。新增货运场站全部建设“司机之家”功能，选择具备条件的存量货运站场和货物集散地建设“司机之家”。

（厅运管局）

2019年7月10日，省交通运输厅与中铁成都局集团公司签订共同推进多式联运联程运输发展合作协议 交通宣传中心 供图

水路运输

SHUILU YUNSHU

概　况　2019年，全省水路运输服务能力逐渐提升，港口加快协调发展，集疏运体系积极布局，港口绿色智慧发展加快，航运企业加快发展，积极推动个体经营向企业化规模化发展，全省减少个体户1 373户、新增省内企业116家，达到346家。船舶标准化有序推进，全省省际运输船舶达390艘，过三峡船闸船舶标准化率89%。推出适合嘉陵江、岷江等符合川江特点的标准船型及主尺度系列，船型标准化体系逐步完善。船舶工业发展健康，全省三级Ⅳ类以上船舶生产企业63家。集装箱运输稳步发展，全省集装班轮航线达到10条。多式联运成效明显，全年完成铁水联运集装箱量4万标箱。落实“交通+旅游”融合发展专项行动计划，重点推进嘉陵江山水人文旅游试点项目，规划实施项目30个。加快推进水路交通“厕所革命”，建成水路客运码头厕所23个，超额完成目标任务。

（厅航务局）

水路货物运输　2019年，四川省完成水路货运量6 897万吨、货物周转量306亿吨公里，分别比上年增长0.51%和13.33%。其中岷江大件运输完成89批次、1.97万吨。全省港口累计完成货物吞吐量1 909万吨，港口集装箱吞吐量完成43.76万标箱，比上年减少55.03%，其中泸州港、宜宾港集装箱吞吐量分别完成21万标箱、22万标箱。全省铁路水路联运箱量达到4万标箱，比上年增长14.1%。

（厅航务局）

水路旅客运输　2019年，四川省完成水路客运量1 920万人次、旅客周转量18 165万人公里，比上年分别减少3.57%和4.69%。春运期间，全省日均投放客（渡）船2 442艘、62 351客位，累计完成水路客（渡）运量593万人次，比上年减少18%。通过精心组织、合理调配运力、强化现场监管，重大节假日期间未发生旅客滞留、投诉，水路客运秩序井然。

（厅航务局）

水运企业及运力　2019年底，四川省拥有水运企业346家，其中，省际水运企业76家，万吨船舶运力以上水运企业30家。全省拥有运输船舶5 160艘（其中货船3 648艘、客船1 512艘），总运力达132.2万载重吨，其中省际运输船舶390艘，过闸船舶标准化率89%。全省有1 000载重吨以上标准船舶295艘、89.8万载重吨。

（厅航务局）

多式联运　2019年，四川航运发展多式联运。一是持

2019年10月13日，万吨货轮停靠泸州港装卸货物　厅航务局 供图

2019年9月29日，四川东出铁水路联运班列首发仪式

厅航务局 供图

续优化东向运输，泸州港依托长江，推动多式联运，发展“天天直航快班（升船机）”。加密“天天直航快班”和“水水中转航班”，宜宾—水富公共集装箱班轮实现常态化运行，宜宾港新开通宜宾—上海“五定”集装箱班轮航线，该班轮航线大幅缩短航班运行时间，提升周转效率，降低了营运成本。推进达州至万州港铁水联运，9月29日，达州开行首趟达州至万州港东出铁水联运班列。二是积极融入南向开放，与南向港口合作，泸州到广州双向班列、宜宾至钦州班列、广西防城港—安铁海联运班列顺利开行。成都市、宜宾市、泸州市与钦州签署合作协议，推动南向班列稳定运行。三是支持泸州港、宜宾港参与的多式联运示范工程建设，泸州港示范工程验收。全省开通泸州、宜宾至上海等集装箱班轮航线10条，每周发班34班左右。

（厅航务局）

畅兴嘉陵江航运推介会 2019年6月28日，畅兴嘉陵江航运推介会在广元召开，省交通运输厅党组成员、总工程师陈乐生出席会议并讲话。会议由广元市副市长叶长春主持。会上，厅航务局主要负责人对嘉陵江通航条件、航道渠化、沿江港口作业区、水运企业分布等情况做详细介绍。广元市交通运输局向与会嘉宾推介嘉陵江航运和广元港的巨大发展潜力。企业代表分别做发言并签订合作协议。中共广元市委常委、组织部部长许东明表示，将继续加快水运设施建设，加快运输结构调整，不断推动嘉陵江航运深度融入现代综合交通运输体系。陈乐生强调，将进一步在港口服务能力、船闸联合调度、航运企业培育等方面下功夫，持续推动嘉陵江水运发展，真正实现嘉陵江通江达海。此次会议由省交通运输厅和广元市人民政府共同主办。中共广元市委市政府、厅航务局、厅相关处室，沿江行业主管单位及20余家相关企业负责人参加推介会。

（厅航务局）

嘉陵江全江通航启航仪式 2019年6月29日，嘉陵江全江通航启航仪式在广元市红岩作业区举行。交通运输部总工程师姜明宝，厅党组成员、总工程师陈乐生出席。启动仪式上，中共广元市委副书记、市长邹自景致辞，广元市政府副市长叶长春介绍广元市水路运输及港口情况，厅航务局主要负责人介绍嘉陵江水运建设和发展总体情况，企业代表甘肃明珠矿业公司代表作发言。姜明宝、陈乐生、邹自景共同启动嘉陵江全江通航的启航按钮。满载货物的“风顺666”“宇峰379”两艘500吨级货船和护航的“川海巡370”驶离港区，正式开启通江达海新航程。此次两艘货船所载货物是甘肃明珠矿业公司生产的重金属矿粉，共计1 000吨，从甘肃陇南通过公路转水路至广元港红岩作业区，经嘉陵江直航重庆果园港，再经长江到江苏张家港，最终到达辽宁营口。

（厅航务局）

2019年6月29日，嘉陵江全江通航启航仪式在广元市红岩作业区举行　　厅航务局 供图

推动港口协调发展 2019年，厅航务局推进省内港口与长江中下游港口协调发展，6月底，广元港与重庆果园港签订合作协议，通过干支联动、优势互补实现川东北地区货物通江达海。港口积极开拓货源腹地，泸州港、宜宾港分别在贵州赤水、雅安等地建立无水港，全省设立昆明、成都、攀枝花、德阳、乐山、赤水、雅安7个内陆无水港。

（厅航务局）

万吨级船舶首航长江叙泸段航道 2019年10月28日下午，万吨级船舶“祥福928”载着货物鸣笛调头起航，从“万里长江第一城”宜宾市水域离开，向目的地江苏省江阴市驶发。这是万吨级船舶首航长江叙（宜宾）泸（泸州）段航道，标志着长江干线上游航道通航能力进一步提升，对促进长江干线上游航道建设和上游水运发展具有重大意义。

（厅航务局）

分道航行规则实施首日式在泸州港举行 2019年

3月1日，长江干线四川段分道航行规则实施首日式在泸州港3号泊位举行。分道航行标志着长江上航行船舶如同在陆地上行驶的车辆，要遵循“实黄线”“虚黄线”及“斑马线”等交通规则，船舶分道航行，不能随意“变道”，更不能“逆向行驶”，以避免碰撞等事故发生。《长江上游界石盘至成贵高铁宜宾金沙江大桥段船舶分道航行规则（试行）》的实施，进一步规范了船舶通航秩序，提高通航效率，提升了长江四川段通航保障能力，有效促进四川港航业积极融入长江经济带。

（杨榆彬）

广西防城港至四川广安直达冷链班列开通 2019年4月26日，广西防城港至四川广安的首列直达冷链班列抵达广安港。该班列运载8个货柜的泰国进口水果，在港口冷藏加工仓库储存，随后销往重庆、成都及周边地区及北上广等城市。这也是东盟国家水果首次经防城港搭乘“点对点”铁路直达冷链专列进川，标志着广安借力国际陆海贸易新通道，在全川率先打通至防城港市的冷链专列。

（杨榆彬）

“迪拜·海外仓”投入运营 2019年4月23日，省港航公司位于阿联酋迪拜杰贝阿里自由贸易区（JAFZA）的“迪拜·海外仓”投入运营，该仓是公司融入国际物流市场的首个“海外物流基地”，标志着公司对外开放合作发展进入新阶段。此次设立的“迪拜·海外仓”仓库面积近2 000平方米、堆场面积15 000平方米，是公司实施全球化物流网络布局的重要成果，其成功落地弥补了公司“海外端”物流运作平台的“空白”，功能定位以全球“端到端”物流服务为主，业务涵盖揽货、验货、订舱、托运、仓储、包装、分拨、报关报检、货物保险等国际物流贸易相关服务，成为公司深度融入国家“一带一路”建设、长江经济带发展和四川“四向拓展、全域开放”战略的重要支点。

2019年4月23日，省港航公司“迪拜·海外仓”投入运营
省港航公司 供图

（杨榆彬）

泸州港获“2018年中国港口海铁联运超3万标箱码头”称号 2019年4月29日，泸州港获中国港口协会集装箱分会授予的“2018年中国港口海铁联运超3万标箱码头”荣誉称号，位列中国港口铁海联运集装箱码头前10名。2019年，泸州港发挥进港铁路专用线优势，借力政策支持，推动长江干线多式联运与江海联运发展，强化与成都国际班列的高效衔接，助推泸州港至钦州港、黄埔港铁海联运班列稳定化，融入长江上游（四川）航运中心建设。

（杨榆彬）

迪拜环球港务集团与省港航公司洽谈国际合作 2019年6月12日，迪拜环球港务集团（DP World）智慧物流总裁阿尔伯特·克拉克、亚太地区中国总经理本杰明·莱、智慧物流副总裁史蒂文·卫列特、迪拜和谐物流公司董事长菲利普·瑞贝克斯一行到省港航公司交流洽谈国际物流相关合作。迪拜环球港务集团一行实地调研成都国际铁路港口岸，了解国家及四川省对外开放政策、“四向通道”发展情况等。迪拜环球港务集团表达对中国“一带一路”项目的欢迎和支持，希望在四川落地“迪拜海外仓”项目的基础上，结合四川、迪拜两地的资源特色和商机，做强做精双向对流国际商贸、国际物流产业链。双方还围绕两地供需市场的冷链物流合作等达成一致意见，迪拜环球港务集团愿意作为港航公司在中东地区的平台对接服务商，双方在四川商品出口中东地区至迪拜港的集散、运输、物流、经销、交易撮合等方面开展深入合作，进一步发挥和扩大“海外仓”及国际物流团队的物流产业链集聚效应。

（杨榆彬）

泸州港首次靠泊万吨级船舶 2019年10月13日9时50分，泸州港1号泊位成功接靠重庆籍万吨散货船“祥福928”，这是泸州港自建成运营以来靠泊的最大载重吨位船舶，同时创下抵港船舶长度最长、宽度最宽、载货最多等多项纪录。“祥福928”船舶总长129.45米，型宽16.20米，型深7.30米，总吨位5 278吨，载货能力9 960吨，是继2006年泸州港驶入载货8 000吨大型货轮后再次迎来水上“巨无霸”，体现泸州港航道条件、靠泊能力和作业水平日趋改善后，服务自贸区川南临港片区的能力在逐步提升，带动泸州及周边地区经济发展的能力进一步增强，为泸州打造川南地区粮食集散中心提供坚强的运输保障。

（杨榆彬）

交通管理

JIAOTONG GUANLI

2020

四川交通年鉴

综　述　2019年，交通运输厅认真贯彻中共中央十九届四中全会精神，加快完善和发展交通运输制度体系，推动交通运输治理体系和治理能力现代化。①着力深化交通运输管理体制机制改革。综合交通运输管理体制改革被纳入中共四川省委重点改革事项，开展相关调研并形成调研报告报省委省政府，成都、泸州等市实现“大交通”管理。完成厅机构编制事项调整，厅属事业单位行政职能划转厅机关。有序推进综合执法改革，泸州、甘孜等17个市（州）出台交通运输综合行政执法改革方案。全面完成经营类事业单位转企改制和厅属国有企业公司制改制等工作。②着力完善行业管理制度体系。完成《四川省道路旅客运输管理办法》修订，配合省人大出版《〈四川省高速公路条例〉释义》，省政府出台《四川省高速公路“建设—运营—移交”项目管理办法》。编制发布《高速公路沥青路面养护设计指南》等8项地方标准。在全国率先出台《四川省通行高速公路严重违法失信行为信用联合惩戒管理办法》，建立守信联合激励和失信联合惩戒制度。制订印发《四川省重点公路建设从业单位信用管理办法》等6项制度标准。形成《四川省公路工程建设项目招标投标实施细则》等15项制度成果。③着力加强重点领域管理。强化行政执法“三项制度”“四基四化”建设。高速公路“一路四方”联动机制向乡镇一级延伸。深入推进扫黑除恶专项斗争，查处“黑车”和违规经营车辆1.45万辆，取缔地下班线19条；查获高速公路非法营运行为1 425起，追缴高速公路通行费522万余元。开展平安交通三年攻坚行动和“防风险保安全迎大庆”等专项行动，全省交通运输安全生产事故起数和死亡人数比上年分别下降14.9%、13.7%，水上交通、公路管理领域生产安全责任事故“零发生”。开展内部审计和扶贫资金专项审计，强化领导干部经济责任审计。建立内部销号制度，强化巡视、审计、督查等反馈问题整改。

（陈超超）

交通规划

JIAOTONG GUIHUA

概　况　2019年，省交通运输厅开展省高网规划调整，印发《四川省高速公路网规划（2019—2035年）》；结合最新形势，完成“十三五”公路水路“1+14”规划体系中期调整；加快推进公路国土空间控制规划编制，印发《四川省普通国省道国土空间控制规划编制指南》；启动“十四五”规划编制，印发“十四五”综合交通运输发展规划工作方案，初步形成“十四五”规划思路、主要目标和重点任务；启动全省农村公路网规划编制工作，研究形成农村公路网规划编制指南初步成果；形成四川高速公路服务区规划初步成果。制订交通扶贫攻坚2019年实施方案，印发实施《落实交通建设扶贫工作奖惩机制加快完成交通扶贫目标任务实施方案》和《打赢交通扶贫攻坚战2019—2020年剩余目标任务》；新增项目、资金、举措向贫困地区特别是深度贫困地区倾斜，全年安排贫困地区交通运输部、省政府补助资金183.8亿元，占总额的52%。争取交通运输部在“十三五”规划基础上额外新增车购税59.9亿元，倾斜支持凉山州交通扶贫攻坚；全省新（改）建农村公路2.5万公里，整治通乡通村破损路面2 979公里，实现乡（镇）建制村100%通硬化路；全省新增174个乡（镇）、4 520个建制村通客车，具备条件的乡（镇）、建制村通客车率分别达99.7%、98.9%。

（厅规划处）

交通建设项目前期工作　2019年，成绵扩容、中遂、宜威、绵苍、苍巴、南充绕城、阆营、泸永等8个高速公路项目、679公里获得工程可行性批复；马久、西昭、泸石等9个高速公路项目1 066公里举行集中开工动员，超额完成年初确定的开工1 000公里的建设目标；绵广扩容、天邛、古今等6个高速公路项目、421公里完成联合评估；康新等12个项目、1 500公里工程可行性报告基本编制完成。

（厅规划处）

交通建设计划执行　2019年，全省公路水路固定资产计划完成投资1 380亿元，围绕年度中心工作，省交通运输厅及时分解下达年度投资目标、全省重点公路水路交通项目年度建设任务，开展2019年交通建设投资计划编报和下达工作。全年下达交通运输部、省政府资金351亿元，其中交通运输部资金203亿元、省政府资金148亿元。全年公路水路固定资产完成投资1 805亿元（不含养护完成投资120.4亿元），为年度目标的130.8%。

（厅规划处）

交通+旅游工作 2019年，省交通运输厅梳理全省重点旅游景区交通现状，研究推动交旅融合发展工作思路，形成“四个一”行动工作建议，即出台一个实施意见、编制一个总体规划、建设一批融合示范新样板、制定一个技术指南。国道318线康定至雅江段、九黄机场至红原机场公路等2个示范项目基本完工，嘉陵江山水人文旅游线、国道318线最美景观大道南线等示范试点项目加快推进。

（厅规划处）

决策咨询能力提升 2019年，省交科院围绕交通强省，对接国家重大战略、重大政策、重大项目，先后完成重点项目27项，不断提升决策咨询能力。一是协同合作部规划院，推进交通强省战略研究，完成《四川交通强省战略纲要》的编制工作，提出战略定位、重点任务和行动计划。按照厅党组要求，研究起草《关于完善区域交通协调发展机制的建议》并提出具体举措14项报厅。紧紧围绕省委“一干多支、五区协同”高质量发展，组织开展关于交通“协同化、一体化、同城化”内涵及指标的专题研究，提出三个层次、三类指标，成果获厅主要领导签批认可。二是落实中共中央、国务院《关于新时代推进西部开发形成新格局》的文件精神，组织开展专题分析并形成文件解读与建议。围绕建设国家西部陆海贸易新通道，撰写《四川推进西部陆海新通道战略研究》报告。落实省委关于建设文化旅游强省的战略部署，研究形成《关于抢抓机遇加快推动交旅融合发展的工作思路及建议》，全面定量摸清交旅融合基本情况，完成9条精品旅游线路梳理，形成一个技术指南、一个指导意见。三是围绕乡村振兴战略，启动开展“支撑乡村振兴战略的农村交通运输发展路径及对策研究”，并形成调查研究报告；推动“四川省高速公路服务区规划研究”，为四川服务区转型升级提供指导；完成“四川省综合交通运输量调查分析及应用研究”“四川省交通运输经济运行分析研究”“四川省农村公路布局规划编制指南”“四川高原山区高速化公路内涵研究”“四川省水运比较优势研究”等专项课题研究。年内，全院提出项目指南征集建议6个，申报各类纵向科研项目18个。四是加快推动“十四五”交通运输规划体系研究工作，积极配合厅综合规划处，提出专项规划和专题研究清单，拟订《四川省综合立体交通网规划（2015—2050年）》编制工作方案，积极承担《四川省国家和省级公路国土空间规划》编制任务。

（省交科院）

西部陆海新通道建设发展战略研究 为贯彻落实党中央、国务院关于推进西部陆海新通道建设的决策部署，省交科院深入31个县市勘察调研，收集并统计相关指标数据110项，以西部陆海新通道国家布局为基础，围绕全省构建以“四向八廊”为主骨架的现代综合立体交通运输体系的核心目标，深入开展西部陆海新通道建设发展战略研究。该课题研究结合全省进出川通道不完善、枢纽功能有待提升、货物运输结构不合理的劣势短板，科学分析发展机遇和未来挑战，详细阐述四川推进西部陆海新通道建设发展的总体思路、空间布局、战略重点，提出“打造‘多点放射、多路并举、立体联动’互联互通陆海新通道体系”的研究建议，并在研究课题中新规划铁路通道11条2 316公里、高速公路通道6条2 663公里，为四川构建立体全面开发开放新态势、强化四川与周边省份互联互通、促进人员和物资跨区域流动、推进经济高质量发展提供决策支撑。

（省交科院）

四川省干线公路与城市道路衔接拥堵疏解研究 2019年，省交科院通过计算机仿真的方法构建干线公路与城市衔接仿真模型，模型中综合考虑车辆行为与路网环境，结合数据可视化手段直观反映网络交通运行状况，在仿真模型的基础上，引入公路网络干线拥堵传播理论，结合经典病毒传播模型构建干线公路与城市衔接拥堵传播模型，分析车流自组织情况下的网络分布确定网络拥堵传播范围并结合传统拥堵疏解策略制定思路划定网络协调控制策略应用范围，在对应范围中利用多次仿真试验确定具体策略实施方案，为应急预案制订提供指导思路并验证模型与方法的准确性。

（省交科院）

建设管理

JIANSHE GUANLI

概　况 2019年，厅建管处按照省交通运输厅统一部署，继续推进全省交通基础设施建设，加强建设管理工作。高速公路建设管理方面，加快推进续建项目，围绕年度目标细化分解任务，实现主动管理；严格项目计划管理，强化项目跟踪督导，建立高速公路建设推进月报告制度，实时梳理项目建设“进度清单”和“问题台账”；发挥省政府调度会议和交通建设联席会议机制作用，协调督促地方政府落实工作主体责任，及时解决各类要素保障问题。品质工程建设方面，以高速公路和重点水运建设为重点，以标准化为核心，通过“品质工程+”协同推进绿色公路、交通旅游融合和智慧工地建设。招标投标管理方面，修订出台《四川省公路工程建设项目招标投标管理实施细则》，不断完善招投标监管制度体系；落实高速公路招投标活动事中事后监管；启动全流程电子招投标系统建设和电子招标文件范本编制。从业单位信用管理方面，完成2018年度信用评价工作，对全省520家企业完成评价工作，评定A级从业单位54家、AA级从业单位32家、C级从业单位2家、D级从业单位1家、B级从业单位431家。

高速公路建设管理　2019年，省交通运输厅强化统筹，加快推动项目实施。续建项目加快推进，围绕年度目标细化分解任务，采用面对面方式与在建项目业主和投资人座谈对接，明确目标、形成共识、共同推动，做到抓早、抓实，实现主动管理；严格项目计划管理，强化项目跟踪督导，建立高速公路建设推进月报告制度，实时梳理项目建设“进度清单”和“问题台账”；发挥省政府调度会议和交通建设联席会议机制作用，通过分管副省长调度和向市（州）政府发点球等方式，协调督促地方政府落实工作主体责任，及时解决各类要素保障问题；对特殊重点项目采用周督导、日报告等方式，掌握项目推进动态，实时督促协调处理现场问题，确保通车目标任务实现。设计前期工作保障有力，注重勘察设计过程管控，及时组织重大技术方案专题研究，协调解决制约勘察设计工作的外部问题，督促项目业主、设计单位及咨询审查单位提高工作效率，报批设计文件；对报交通运输部审批项目，向上主动沟通汇报，超前落实审查工作，实时安排专人跟踪，确保第一时间取得批复；强化勘察设计质量管理，明确勘察设计在提升设计理念、全面应用GIS+BIM、强化总体设计和地勘工作质量，落实勘察设计精细化及品质工程、绿色公路、交通旅游融合各项管理要求，建立全过程安全性评价和环评、水保、压矿等要件动态评估机制和同步推进工作机制。前期项目设计梯次储备到位，按照“超前安排、平行作业、无缝搭接、整体推进”前期工作推进机制，超前储备新一轮高速公路项目勘察设计，为项目建设尽快开工创造条件。

品质工程建设　2019年，省交通运输厅持续推动公路水运品质工程建设实施意见和全员班组规范化管理指导意见，以高速公路和重点水运项目建设为重点，以标准化为核心，推进以信息化为重点的项目业主管理标准化、以精细化为重点的项目设计标准化、以装配化为重点的工程施工标准化和以班组化为重点的一线人员作业标准化，通过“品质工程+”协同推进绿色公路、交通旅游融合和智慧工地建设。项目管理过程中采用专题交流座谈、专题培训、现场督导、横向评比等方式强力推进，全省高速公路工程建设理念大幅提升，绵九、仁沐新、峨汉等一批高速公路项目建设基于BIM+GIS的项目管理系统，仁沐新、新机场、资潼、成都第三绕城等高速公路项目高标准建设施工“两区三场”（办公区、生活区、钢筋加工场、拌合场、预制场），钢筋数控加工、智能张拉、桩基旋挖等四新技术全面推行，施工质量水平和管理水平提升成效明显。

交通建设领域招标投标管理　2019年，省交通运输厅执行《四川省公路建设项目招标投标管理实施细则》，落实高速公路项目招投标活动事中事后监管。严格落实招标人规范招投标活动的主体责任，对涉及招标人和招标文件的异议投诉一律转其上级纪检部门实行一案双查，并明确严控总承包试点和招标人关联企业投标等监管措施，维护建设市场秩序。启动全流程电子招投标系统建设和电子招标文件范本编制，通过信息化手段增强招投标活动透明度和规范度，保证招投标工作公平、公开和公正。开展招投标突出问题专项治理，制定印发《关于开展交通建设招投标领域突出问题专项整治方案》，组织省、市、县三级交通运输主管部门，对全省在建、新开工或正在开展招投标活动的高速公路、国省干线公路、农村公路和水运工程建设项目开展专项整治工作，并对2018年以来招投标监管、投诉举报、巡视反馈、审计检查发现问题的处理及整改情况进行清理，对未处理的及时进行处治，研究落实加强行业管理制度措施。组织开展农村公路招投标管理工作调研，针对农村公路建设管理突出问题，组成调研组，前往宜宾市江安县、高县和甘孜州甘孜县、成都市金堂县、乐山市犍为县、阿坝州小金县等地深入调研，对农村公路招投标管理中的突出问题进行深入剖析，形成措施和建议。组织开展公路工程招投标管理制度评估和调研，在全省范围组织开展对《四川省公路工程建设项目招标投标管理实施细则（试行）》制度评估调研，多次召开专家研讨会，积极征求各方意见，广泛收集全国其他省（市）公路建设招标投标管理经验，《四川省公路工程建设项目招标投标管理实施细则》修订版10月印发实施。探索建立建设管理制度体系运行后评估机制，实时跟踪掌握、学习研究国家和省最新法律法规和政策变化，采取法律专家审查、管理服务对象评议、专家咨询论证等方式，组织开展对既有各项制度的合法性、适用性、有效性后评估，重新审议制度可能存在的监管漏洞和风险点，重新研究修改完善内容和风险防控措施，并在全省范围内开展普通公路建设项目招投标制度执行情况调研，在全面评估和调研的基础上，不断完善四川省公路工程建设管理制度体系。推进公路建设项目电子招投标工作，完成施工监理和施工全流程电子化招标上线试点运行。

从业单位信用管理 2019年，四川省公路水运建设市场信用信息管理服务系统，以“信用交通·四川”形式上线运行，对接交通运输部、四川省信用管理平台，实现项目信息、从业单位基本信息、业绩信息、信用信息及过程信用评价一网查询、一网通办。完成2018年度信用评价工作，对全省520家企业完成评价工作，评定A级从业单位54家、AA级从业单位32家、C级从业单位2家、D级从业单位1家、B级从业单位431家。

（本栏目供稿单位：厅建管处）

运输管理

YUNSHU GUANLI

概　况 2019年，全省道路水路运输管理工作有序开展。完成全省道路水路春运工作组织任务，道路水路客运量完成9 430万人次，日均客运量235.75万人次，“情满旅途”活动得到交通运输部肯定；成都国际铁路港集装箱铁（路）公（路）水（路）多式联运示范工程被正式命名为“国家多式联运示范工程”，指导成都铁路局集团公司等单位继续推进四川“空中+陆上”丝绸之路国际空铁公多式联运示范工程建设；督促指导成都交投等单位推进中国西部汽车物流多式联运示范工程建设；开行首单成都西部陆海新通道跨境公路货运班车；举办全省首届“12328”电话业务技能练兵竞赛，在全国属首次，受到交通运输部运输服务司领导肯定；印发和实施《四川省12328交通运输服务监督电话管理实施办法》，明确相应职能职责，规范业务办理流程，建立考核监督机制，巩固运行管理成果，构建全省“12328”电话运行管理体系；新（改）建行业厕所336座；完成城市轨道交通运营安全交叉检查；推进成都市、自贡市、泸州市、眉山市国家公交都市建设；指导成都市、泸州市推进全国城市绿色货运配送示范工程建设，在第一批22个项目中，成都市综合考核得分居第1位，泸州市居第13位；达州市入选全国第二批（24个）示范工程创建项目；指导泸州市推进全国综合运输服务示范城市建设，该项目年内正式通过交通运输部验收；督促乐山市犍为县、绵阳市涪城区加快城乡交通运输一体化示范县建设；配合省发展改革委完成《四川省物流降本增效综合改革试点工作方案》编制工作，四川省入选全国六个物流降本增效试点省之一；配合省发展改革委完成国家物流枢纽建设城市评审和上报工作，成都市成功入选“陆港型国家物流枢纽城市”；开展四川省促进南向通道暨西部陆海新通道物流降本增效研究，参与成渝双城经济圈合作筹备、国际道路运输发展研讨以及交通运输服务业、物流等重大调研任务；继续推进四川省交通运输物流公共信息平台暨四川省网络货运平台信息监测系统建设。

春运组织协调 2019年春运时间为1月21日—3月1日，全省道路、水路完成客运量9 430万人次，比上年下降10.1%。其中，道路客运日均投入营运车辆4.47万辆，完成道路客运量8 837万人次，下降9.5%；水路客运日均投放客（渡）船2 442艘（62 351客位），完成水路客（渡）运量593万人次，下降18%。全省落实接续接驳公交和客运班车1.09万辆，其中公交车累计完成接驳113.2万班次。高速公路路网车流量9 492.54万辆次，增长5.28%；2月7日出现春运车流最高峰（339.07万辆次），比上年春运峰值（341.64万辆次）下降0.75%。高速公路ETC车道通行车辆3 536.57万辆次，占路网总流量37.25%，比上年（3 070.04万辆次）增长15.19%。春运期间，全省开设226个农民工专用购票窗口，66条运营高速公路、271个服务区均设置农民工服务点为农民工提供信息咨询、方向指引、应急救助等温馨服务，组织开行农民工直达包车6 320辆次、运送旅客19.8万人次。全省交通运输服务监督电话系统受理业务33 453件，下降1%；收到投诉举报10 316件（占业务总量的31%），比上年下降10%。

春运期间全省发生道路运输行车事故14起、死亡20人，事故起数与上年比持平，死亡人数比上年上升

33.33%。其中，较大事故2起、死亡6人，增加2起、6人；一般事故12起、死亡14人，分别减少2起、1人，下降14.29%、6.67%；公路管理、水上交通、交通建设领域未发生因管理原因造成的安全事故。全省主要客运站未出现大量旅客滞留现象。高速公路路网和国省干线公路未发生大面积、长时间堵塞情况，全省路网运行总体稳定。成都市等10个市（州）交通运输局、厅运管局等7个厅直单位和成都市公共交通集团有限公司等54个基层单位获省交通运输厅通报表扬。

大型设备运输 2019年，全省完成通过大件公路的超限运输审批1 447件次，其中100吨以上319件次；完成大件公路涉路施工审批6件次；完成全省大件运输协调任务29趟次；完成大件运输监护通行4趟次；完成非大件公路重点大件运输协调6件次，完成省经济和信息化厅下达计划129件，完成率100%，全年确保大件公路所有大件运输任务万无一失。为加强大件公路及大件运输规范化、制度化管理，从制度层面进一步加强行业监管，根据《四川省大件公路及大件运输管理规定》，修订《四川省大件公路桥梁荷载试验管理工作实施意见》《大件公路巡查和大件运输监护运行工作实施意见》及《大件公路路政管理实施细则》等大件公路行业监管办法及规定7个。加强大件公路监管，把好大件公路涉路施工行政许可关，开展大件公路路面及桥梁技术状况排查，督促沿线交通运输局对不符合大件公路技术标准的跨线、监控设施、交通信号灯等整改到位，确保大件运输通道畅通。强化法治宣传和业务指导，深化法治政府部门建设工作，并到大件运输企业进行以“普法宣传进企业”为主题开展法治宣传活动，以宣传展板、手册等方式对大件公路协调管理、运输服务保障相关法律法规进行宣传。及早收集和下达全年大件运输计划，为大件公路沿线有关部门制订实施本辖区的涉路施工、道路维修改造计划及运输保障方案等工作留有充足时间，深受有关单位部门好评。建立与省内主要大件生产、运输企业及沿线交通运输局互联互通机制，明确互联互通内容、要求等事项，全力做好运输协调服务保障工作，确保大件运输安全、畅通。多次深入重装生产、运输企业切实为企业解难题，督促落实岷江犍为航道断航施工与大件生产、运输协调问题以及大件运输备用通道谋划问题。

交通运输服务监督电话系统建设 2019年，按照交通运输部要求，省交通运输厅继续加快推进“12328”交通运输服务监督电话系统建设和运行管理工作。全省全年“12328”电话系统受理业务278 705件，比上年上升11.6%；限时办结率98.15%，抽查回访满意率96.67%。举办四川省2019年“12328”电话系统运行管理提质增效培训班，加强各地业务人员对“12328”电话数据应用与业务工作结合的认识，进一步促进全省“12328”电话系统运行管理和综合服务能力提升。举办全国首次省级“12328”电话业务技能练兵竞赛，并取得成功，获得交通运输部领导肯定，在《中国交通报》《四川交通》杂志等进行宣传报道，实现以赛促学、以赛促练，有效提升话务员业务水平、服务质量和群众满意度。印发和实施《四川省12328交通运输服务监督电话管理实施办法》，明确相应职能职责，规范业务办理流程，建立考核监督机制，巩固运行管理成果，构建全省“12328”电话运行管理体系。2019年，全省纳入“灰名单”人员1 364人、“黑名单”人员47人，“灰名单”企业49家、“黑名单”企业2家。

2019年，四川省交通管理学校在成都举办全国首次“12328”电话业务技能练兵竞赛 厅运输处 供图

运输结构调整 2019年，省交通运输厅推进运输结构调整。3月印发《四川省推进运输结构调整三年行动计划实施方案》，制订6个方面24条工作措施。全年全省完成铁路货运量7 410万吨，比上年增长7.0%，比2017年增加428万吨，超额完成293万吨的目标任务；水路货运量2017、2018年显著下滑情况得到缓解，年内初步止跌并逐步平稳增长，周转量增长态势良好，2019年完成水路货运量6 896.5万吨，增长0.5%；周转量305.6亿吨公里，增长13.1%；集装箱铁路水路联运量4万TEU（国际标准箱），增长14%。深化交铁合作，7月10日，与中国铁路成都局集团公司签订《共同推进多式联运、联程运输发展合作协议》；9月17日，联合印发《落实“共同推进多式联运、联程运输发展合作协议”任务清单》，细化任务分工。年内开工建设5个与省内主要

港口、铁路、机场枢纽相衔接的公路货运枢纽（物流园区），实现70%以上市（州）均建有公路货运枢纽（物流园区）。按照零距离换乘要求，开工18个“全覆盖”综合客运枢纽站，建成和在建项目41个，覆盖全省95%高铁站。

多式联运示范工程建设 2019年，全省继续推进多式联运示范工程建设。2016年，成都国际陆港运营有限公司联合泸州港申报的成都国际铁路港集装箱铁（路）公（路）水（路）多式联运示范工程，成功入选全国首批示范创建项目，截至2019年，创建单位着力打造以成都为枢纽的“四向”多式联运互联互通网络格局，构建起成都向西至欧洲腹地和中亚各国，向东依托“蓉欧+”通道和长江水道辐射日韩、中国港澳台及美洲地区，向北至俄罗斯、向南至东盟“四向”国际物流通道。中欧班列开行及多式联运运量稳步增长，多式联运基础设施及功能日趋完善，在创新多式联运服务技术、优化联运模式、提升信息互联互通水平、探索区域间“蓉欧+”合作模式、加强多种运输方式联动协同等方面，为多式联运发展提供经验借鉴和示范引领。11月，交通运输部、国家发展改革委正式命名该项目为“国家多式联运示范工程”。

农村物流 2019年，建成42个乡（镇）运输服务站，农村物流网络节点覆盖率（通邮率）94.71%。推进邮政、快递进站经营，试点开通9条“交邮、交快”合作线路，道路运输企业、邮政快递企业和新型农业经营主体融合发展的良好局面初步显现。站场基础设施夯实。部省补助资金90%投向贫困地区基础设施建设，建成6个精准扶贫地区县级客运站，88个贫困县客运站全覆盖。建成乡镇客运站241个、村级招呼站（牌）5 303个，覆盖精准扶贫地区90%以上乡（镇）和89%以上建制村。完成中央脱贫攻坚巡视反馈的33个闲置乡（镇）客运站整改。与邮政、商务、农业农村等部门沟通协调，试点开通9条“交邮、交快”合作线路；指导地方人民政府与大型物流企业开展务实合作，12月31日，全省4个试点县（市）、15个市（州）交通运输局与杭州溪鸟科技有限公司签订四川省农村智慧物流提质增效项目合作协议，推动全省农村物流配送降本增效，受到交通运输部运输服务司领导肯定。

2019年12月31日，四川省农村智慧物流提质增效项目签约仪式在成都举行　　厅运输处 供图

交通运输行业“厕所革命” 2019年，全省继续推进“厕所革命”。省交通运输厅3月1日召开《2019年全省推进交通运输行业“厕所革命”电视电话会议》，并结合行业和地方实际，印发《四川省交通运输厅关于下达2019年度“厕所革命”目标任务的通知》，分解落实年度工作目标任务。高速公路、国省干线、汽车客运站、水路客运码头等领域分别制订专项实施方案，明确具体项目、实施标准、投入资金、建设工期和工作要求，明确年度工作“时间表”“任务书”“路线图”。省交通运输厅要求各单位建立“一厕一档”，对推进工作中需整改的问题、存在的不足，需及时向承建单位提出整改意见及建议。7月，召开交通运输行业上半年推进“厕所革命”工作会议。9月、10月等关键时间节点，全行业通报工作推进情况。针对推进工作缓慢的重点地区和单位，赴现场调研指导，积极安排完工项目验收考核工作。为保障“厕所革命”工作又好又快建设，盯紧各地完成进度，加大督导力度，工作中注重动态宣传，及时用手机短信、微信等现代化传媒手段加强互动。年内，全省交通运输领域计划新（改）建行业厕所312座（其中新建101座、改建211座），全年实际新（改）建336座（其中新建118座、改建218座），分别为年度目标任务的116.8%和103.3%，完成省政府年度目标任务。

泸州市通过综合运输服务示范城市建设验收 2019年底，交通运输部正式公布，北京、唐山、沈阳、上海、南京、镇江、宁波、济南、临沂、武汉、湘潭、广州、深圳、泸州等14个城市通过综合运输服务示范城市建设验收，泸州市是西部唯一、中西部地区三个之一获该殊荣的城市。泸州市于2015年入选全国第一批综合运输服务示范建设城市，创建工作有三个特点：①泸州市委、市政府高度重视创建工作。市长挂帅抓创建，健全机制常态抓创建，强化要素保障抓创建，为全省树立标杆和榜样。②在抓综合创建上用心和下功夫。泸州市在全省率先构建“铁水公空邮”综合交通运输管理体制，逐步建立和完善多种运输方式相互衔接的现代综合交通运输服务体系。把综合运输服务示范城市建设与公交都市、城市货运绿色配送、多式联运等其他运输服务示范工程建设结合起来，工作更联动，成效更明显。积极融入中国（四川）自由贸易试验区建设，以交通运输服务支撑自贸试验区改革创新。③提升综合运输服务有成果，在发展全域公交、定制客运、联程运输、多式联运和全程物流等方面取得成效，完成实施方案既定的创建任务。

城市公交优先发展战略 2019年，省交通运输厅继续贯彻落实城市公交优先发展战略，组织编制《2018年度四川省城市公共交通发展水平评价报告》；持续推进全省城市公共交通管理部门与城市公交企业名录更新报送工作；指导成都、泸州、自贡、眉山等4个“十三五”期间第一批全国公交都市创建城市完成年度创建任务；组织评选2019年全省“最美公交司机”；联合省公安厅、省机关事务管理局、省总工会开展“2019年绿色出行宣传月和公交出行宣传周”活动，全省绿色出行宣传月和公交出行宣传周活动启动仪式在泸州市举行。

城市轨道交通运营管理 2019年，省交通运输厅继续抓好城市轨道交通运营管理。督促成都市抓好《城市轨道交通运营安全风险分级管控和隐患排查治理管理办法》《城市轨道交通设施设备运行维护管理办法》《城市轨道交通运营突发事件应急演练管理办法》《城市轨道交通运营险性事件信息报告与分析管理办法》等文件的贯彻落实，进一步提升城市轨道交通运营安全水平及应急处置能力，保障城市轨道交通安全运营；组织专家对成都市轨道交通运营安全开展检查，督促成都市按照检查意见完成整改；接受交通运输部第七调研组轨道交通检查。成都地铁在部令落实、初期安全评估、服务评价、风险管控与隐患排查、设施设备管理、整改落实等方面得到交通运输部调研组肯定。

建制村通客车和区域交通运输一体化 2019年，全省建制村通客车工作有效推进。年内新增174个乡（镇）、4 520个建制村通客车，完成年度目标的174%和151%，乡（镇）、建制村通客车率分别达99.1%和98.3%，11个市提前实现具备条件的乡（镇）和建制村100%通客车。出台“三项标准”、落实1.97亿元四川省补助资金、建成“可视化”监管系统等工作得到交通运输部肯定。区域运输一体化发展加快。成都、眉山、德阳等地开通视高至兴隆、广汉至青白江、广汉至新都等3条毗邻城市公交化客运班线。成都平原经济区成都、德阳、资阳、眉山4地和川南经济区内江、自贡2地实现公共交通支付互通互惠。

建设“司机之家” 2019年，省交通运输厅结合全省物流运输流量流向情况和全省基础设施建设和布局情况，根据基础设施条件、园区服务功能及货车司机集散度情况，确定在成都新都传化物流基地、成德南高速公路金堂服务区开展“司机之家”建设试点。年内，成德南高速公路金堂服务区建成80平方米的“司机之家”，可同时容纳4名司乘人员休息；成都新都传化物流基地“司机之家”建设完工，并于11月完成验收。

交通运输行业自贸区建设 2019年，省交通运输厅推进自贸区建设工作，负责省自贸办联络工作。依托双流航空枢纽、成都国际铁路港、川南临港口岸，构建与“一带一路”沿线相关国家和长江经济带空、铁、公、水联运的综合物流服务体系。支持成都国际铁路港建设国家对外开放口岸，依托中欧班列（成都）等打造国际铁路运输重要枢纽，推进与泛欧泛亚国家（地区）枢纽城市的互联互通。支持成都国际铁路港建设国家对外开放口岸，依托中欧班列（成都）等打造国际铁路运输重要枢纽，推进与泛欧泛亚国家（地区）枢纽城市的互联互通。优化多种运输方式衔接、中转流程，完善多式联运标准和服务准则，探索与沿海沿边沿江重要枢纽城市高效联运新模式，加速构建集高铁、地铁、城际铁路、高速公路于一体的综合交通体系，建设中欧陆空联运基地。支持川南临港片区设立国家对外开放口岸，加快建设高等级航道，促进与长江主要港口的协同开放合作。

2019年，宜宾港获批国家临时开放口岸　　厅运输处 供图

（本栏目供稿单位：厅运输处）

安全管理
ANQUAN GUANLI

概　况　2019年，四川省交通运输系统深入贯彻落实习近平总书记关于安全生产的重要指示批示精神和交通运输部、四川省安全工作部署，坚持安全发展战略，围绕重点时段、重点领域、重点环节，紧盯一线强化监管，聚焦问题综合治理，取得良好成效。通过实施公路水路安全生产七项行动等一系列专项治理，特别是针对新中国成立70周年重要时段，开展交通运输“防风险保安全迎大庆”专项行动，采取27项保安全超常规措施，确保行业安全生产形势持续稳定。全年全省发生交通运输安全事故172起、死亡208人，比上年分别下降15%和14%，没有发生重特大生产安全责任事故。公路管理、水上交通领域未发生安全责任事故。省交通运输厅被省委办公厅、省政府办公厅评为“2018年度全省安全生产党政同责工作目标考核优秀单位”。

（李　丹）

2019年11月14日，交通运输部副部长刘小明（右二）在交通运输厅厅长汪洋（左一）陪同下，督导成都市地铁1号线春熙路站安全工作　　厅安监处 供图

安全工作责任体系建设　2019年，省交通运输厅继续强化安全工作责任体系建设。全年召开厅党组会12次、厅务会3次、厅安委会会议4次和电视电话会、专题会10次，中心组学习1次，坚持每月召开安全工作例会，学习贯彻落实习近平总书记关于安全生产工作的重要指示批示精神及中共中央、国务院、省委省政府、交通运输部关于安全生产决策部署，研究解决行业安全应急重点问题。由厅领导带队在春运、两会、汛期、建国70周年等重要时段开展安全工作明查暗访10余次。督促指导完善行业安全生产责任体系，按照“三个必须”原则，将明责、知责、尽责摆在更加突出的位置，强化安全规章制度顶层设计。压实管理部门监管责任，编制安全生产权责清单，厘清职责边界，规范履职行为。督促涉及综合执法改革的单位，履行安全生产监督管理和服务保障等职责。督促行业管理机构压实企业安全生产主体责任，推进企业安全生产标准化建设，开展标准化评价工作，发挥第三方管理维护单位作用。推进安全生产清单制管理工作，将安全生产清单制管理纳入年度交通运输安全目标考核内容。省交通运输厅党组多次召开厅党组会、厅务会和安委会会议研究部署交通运输安全工作。坚持每月召开安全例会，协调解决、跟踪督办突出问题。省、市、县三级行业监管责任、企业主体责任和全员岗位责任进一步落实。2019年，全省发生公路水路行业安全事故172起、死亡208人（2018年202起、241人），分别比上年下降15%、14%。其中，道路运输行车事故156起、死亡187人（2018年195起、229人），分别下降20.00%、18.34%；交通建设事故16起、死亡21人（2018年3起、7人），分别上升433.33%、200.00%；公路管理（2018年无事故）、水上交通（2018年4起、5人）领域未发生事故。全年较大事故发生8起、死亡24人（2018年5起、20人），分别上升60.00%、20.00%

（陈泓冰）

安全生产基础工作　2019年，省交通运输厅继续强化安全监督基础工作。年内建设公路安防工程2.1万公里，

完成船舶拆解1 320艘，制订新能源船舶更新专项方案。出台实施交通运输科技兴安十大行动计划，推广应用重点营运车辆、渡口渡船、施工场所智能视频监控技术，实时自动监测预警不安全行为。完成全省“两客一危”（详见《附录》）车辆智能视频监控安装3.2万辆。

（李　丹）

安全应急保障　2019年，省交通运输厅成立以厅党组书记、厅长为组长，分管厅领导为副组长，厅直相关单位（部门）主要负责人为成员的应急工作领导小组，全面统筹领导全省交通运输系统应急管理工作。围绕交通运输应急管理工作高质量发展主题，持续推进应急管理制度化、值班值守规范化、应急演练常态化，加强地震等自然灾害防治能力、交通运输突发事件处置能力建设，提升极端天气预警预防和重点时段应急保障水平，取得明显成效。制定印发《2019年交通运输安全生产和应急管理工作要点及任务分工》，细化应急管理工作要点，明确应急管理工作时间表和路线图，推进应急管理工作有序开展。全省交通运输应急管理体制进一步健全，应急预案体系不断完善，应急值班值守规范化持续加强，妥善处置宜宾长宁“6・17”地震、汶川“8・20”强降雨特大山洪泥石流灾害、凉山甘洛7月暴雨等重大自然灾害，完成抢通保通保运保安全工作任务。主汛期期间，全省各地采取强力措施，快速处置塌方量在千立方米以上道路阻断36条、80处。全省交通运输专业化值班值守、应急响应等应急管理工作受到交通运输部领导的肯定。

2019年6月19日，四川省副省长杨洪波（左三）现场指导宜叙高速公路抢险救灾　厅安监处 供图

（陈泓冰）

安全生产专项整治　2019年，省交通运输厅开展全省交通运输系统安全生产大检查行动。全年督查检查企事业单位1.4万家（次），打击严重非法违法行为3 400余起，处罚款近1 400万元。严格执行记分管理和黑名单制度，3 433名记满15分、288名记满20分的营运驾驶员被纳入重点监控名单。开展提升公路桥梁安全防护和连续长陡下坡路段安全通行能力专项行动。认真组织开展好严格公路超限超载专项整治行动、汛前国省干线、重点旅游公路危险路段专项整治行动、危险化学品道路运输专项整治行动和交通工程建设专项整治行动，消除各类事故隐患，坚决遏制群死群伤事故。

（李　丹）

安全隐患大排查大整治　2019年，省交通运输厅继续强化安全隐患大排查大整治。研判可能造成群死群伤事故的高危风险，列出重大风险清单，采取措施加强防控。结合防范重点，梳理出涉及11个市（州）32条重点地质灾害风险路段，逐条逐点制定针对性管控措施。开展隐患大排查大整治活动，排查整治安全隐患1万余项。成都市交通局在主汛期前清理沱江航道“僵尸船”和影响安全的废旧船舶928艘。泸州市交通运输局由班子成员带队对行业进行“解剖式”巡查，“把脉问诊”安全风险，“对症下药”整治隐患。

（李　丹）

安全宣传与培训　2019年，省交通运输厅继续加强安全宣传与培训。围绕“防风险、除隐患、遏事故”主题，制作《四川省公路水路行业安全生产典型事故警示录》，强化责任落实，普及安全法制，增强应急意识，防范交通运输安全生产重大风险，及时消除事故隐患，遏制安全生产重特大事故；举办全省交通运输安全生产与应急管理干部培训班，以大国博弈下的地缘政治与中国安全形势、应急管理能力建设及突发事件应对、道路交通安全与管理等为重点内容；省交通运输厅被省安委办评为“安全生产月活动先进单位”。

（李　丹）

2019年春运期间，厅高速公路交通执法第四支队八大队到国道4215线蓉遵高速公路成仁段永兴服务区开展春运普法宣传活动　朱锦鸿 摄

高速公路管理暨交通执法

GAOSU GONGLU GUANLI JI JIAOTONG ZHIFA

概　况　2019年，厅高管局（厅高速执法总队）完成年度各项目标任务，推动四川省高速公路管理和交通执法工作取得高质量发展。高速公路智慧交通建设方面，完成取消高速公路省界收费站任务，全年新增ETC用户580万户，用户总数突破930万户，ETC使用率达80%。建设龙门架1 524套，改建车道2 871条，更新计重设备685套，安置收费人员1 300余名，全省19个省界收费站全部取消；灾备中心建设取得阶段性进展；平安智慧高速公路建设试点成功；应急二期视频监控初见成效，基本实现全路网可视、可测、可控。高速公路交通执法方面，《〈四川省高速公路条例〉释义》出版，制定通行费定价办法和信用联合惩戒管理办法；推广“四基四化”建设试点，继续消化编外协助执法人员146名；“一路四方”联勤联动机制由市、县延伸至135个重点乡镇、村社；打造广元、巴中、遂宁3个集中办公中心，实现执法业务工作信息化；全年出动执法人员12.5万余人次，开展执法检查2万余次，检查客货运输车辆8.1万余辆次，查处违法车辆1 905辆次，劝返超限货车2 244辆次；入口治超常态化进行，违规超限货车保持“零驶入”。高速公路安全管理方面，建立安全生产责任体系，将安全生产责任和职责落实到一线操作层面，形成科学完备的尽责及督查体系；印发养护工程管理办法，督促营运公司投入近30亿元，超额完成1 000车道·公里高速公路路面大中修工作，处治完成9座三、四类桥隧，调整2万余块交通标志，完成隧道安全提升和高速公路命名编号及里程桩号调整；及时排查整治安全隐患，道路安全可控；扫黑除恶纵深推进，牵头制定行动方案，协助查获偷盗货车油料案件500余起、非法营运车辆719辆，追缴通行费100万元和被盗油料27吨。高速公路公共服务方面，指导营运公司投入资金2.8亿元，完成路侧“显山露水”2 680公里，提升中央分隔带1 800公里，改善绿化500余处，评选“最美高速”13条；完善应急预案，配备应急救援装备，设立应急物资储备点200余处，应急队伍3 000余人；完善空中应急救援体系，攀西高速公路西宁服务区建成全省第一个直升机应急救援点；制定《四川省“五好”高速公路评定办法》，创建“五好”高速公路15条；持续推进“厕所革命”，完成2017—2020年总任务83%，50处服务区厕所人性化设施得到提升，18处服务区厕所改善水源供给，12处服务区厕所节假日应急能力得到增强；评定复审星级服务区54对，全省星级服务区比例达80%。务实推进精准扶贫工作，在34条运营高速公路121个服务区建成扶贫专区（专柜），上架销售近70个贫困县1 500余种扶贫产品，销售金额超1 000万元。

2019年8月1日—2日，全国取消高速公路省界收费站工作推进会在遂宁市召开，深化收费公路制度改革取消高速公路省界收费站工作领导小组副组长、交通运输部副部长戴东昌（前排中）出席会议并讲话
厅高管局 供图

（厅高管局）

高速公路智慧交通建设　2019年，厅高管局（厅高速执法总队）完成取消高速公路省界收费站任务。全年新增ETC用户580万户，用户总数突破930万户，居全国第7位；ETC使用率80%，居全国第3位。建设龙门架1 524套，改建车道2 871条，更新计重设备685套，安置收费人员1 300余名，全省19个省界收费站全部取消，提前超额完成目标任务。灾备中心建设取得阶段性进展，房建工程主体结构全部完成，相关软硬件系统建设和管

2019年8月6日，厅高管局作客四川交通广播直播间，开展ETC推广应用在线访谈活动　　厅高管局 供图

理架构搭建协同推进。平安智慧高速公路建设试点成功，成都绕城高速公路、成都二绕高速公路西段、雅康高速公路3条试点路段成效明显。应急二期视频监控初见成效，省级平台汇集75个路段23 000余路视频，基本实现全路网可视、可测、可控。

（厅高管局）

高速公路交通执法　2019年，厅高管局（厅高速执法总队）推进高速公路法治建设。法规制度不断完善，《〈四川省高速公路条例〉释义》正式出版，制定通行费定价办法和信用联合惩戒管理办法。队伍基础不断夯实，推广“四基四化”建设试点，继续消化编外协助执法人员146名（累计996名，余45名），一线执法队伍日趋正规化、规范化、专业化；抽调骨干力量，组建2个大队，保障绵西、雅康高速公路等新通车路段安全畅通。工作机制持续巩固，“一路四方”联勤联动机制由市、县延伸至135个重点乡镇、村社；打造广元、巴中、遂宁3个集中办公中心，实现执法业务工作信息化。执法力度保持不减，全年出动执法人员12.5万余人次，开展执法检查2万余次，检查客货运输车辆8.1万余辆次，查处违法车辆1 905辆次，劝返超限货车2 244辆次，运输秩序良好。入口治超常态化进行，违规超限货车保持“零驶入”。

（厅高管局）

高速公路安全管理　2019年，厅高管局（厅高速执法总队）继续强化高速公路安全管理。责任体系不断健全，建立安全生产责任体系，将安全生产责任和职责落实到一线操作层面，形成科学完备的尽责及督查体系。道路设施安全可靠，印发养护工程管理办法，督促营运公司投入近30亿元，超额完成1 000车道・公里高速公路路面大中修工作，处治完成9座三、四类桥隧，调整2万余块交通标志，完成隧道安全提升和高速公路命名编号及里程桩号调整。重点时段保障有力，及时排查整治安全隐患，道路安全可控；“6・17”长宁地震后，排查整治安全隐患30余处，开设专用通道，保障3万余辆抢险救灾车辆出入灾区；“8・20”泥石流灾害后，投入大量人力、设备，清理堆积体30多万立方米，快速恢复通行能力。扫黑除恶纵深推进，牵头制定行动方案，协助查获偷盗货车油料案件500余起、非法营运车辆719辆，追缴通行费100万元和被盗油料27吨。

（厅高管局）

高速公路公共服务　2019年，厅高管局（厅高速执法总队）推动高速公路服务提档升级。指导营运公司投入资金2.8亿元，完成路侧“显山露水”2 680公里，提升中央分隔带1 800公里，改善绿化500余处，评选“最美高速”13条，路域景观绿化品质提升初见成效。不断完善应急救援体系，完善应急预案，配备应急救援装备，设立应急物资储备点200余处，应急队伍3 000余人；完善空中应急救援体系，攀西高速公路西宁服务区建成全省第一个直升机应急救援点。制定《四川省“五好”高速公路评定办法》，全年创建“五好”高速公路15条；持续推进“厕所革命”，全年累计完成2017—2020年总任务83%，50处服务区厕所人性化设施得到提升，18处服务区厕所改善水源供给，12处服务区厕所节假日应急能力得到增强。评定复审星级服务区54对，全省星级服务区比例达80%。

（厅高管局）

川高公司营运管理　川高公司是省交投集团全资子公司。截至2019年底，川高路网通达20个市（州），通车里程3 433公里，占集团75%、全省46%；在建里程1 700公里，占集团77%、全省46%；管理的高速公路总里程达5 133公里，占全省高速公路总里程近一半；资产总额和净资产分别占集团63%和59%。2019年，四川企业100强发布会在成都召开，川高公司再次入选百强榜单，位列第37。

项目建设　通车里程持续增长，仁沐新高速公路井研至孝姑段46公里建成通车；泸黄高速公路扩容项目主体工程完成，全线70公里建成通车。加快推进在建项目，仁沐新高速公路孝姑至新市段、马边支线加快实施；成资渝高速公路基主体工程接近尾声。路面工程分段开展施工，九绵高速公路剩余标段启动，全线土建工程加紧推进；乐西高速公路全线初步设计和控制性工程施工图设计获批，施工招标完成，施工单位进场，陆续开展施工。财政PPP项目入库取得新进展，德会高速公路成功入库并转入执行阶段；宜攀高速公路加快推动审批；成南高速公路扩容项目积极申请入库；宜攀高速公路前置要件完成，初步设计获批，施工图设计进一步优化；成南高速公路扩容项目全线工程可行性研究报告获省发展改革委核准，全线设计工作全面展开，入城复线段初步设计获批，施工图设计基本完成；德会高速公路初步设计获批，施工图设计基本完成；成绵、苍巴高速公路项目各类要件报批及初步设计工作同步开展；仁沐新高速公路、九绵高速公路、成资渝高速公路、泸黄高速公路扩容项目于年底前完成报交通运输部或报省交通运输厅手续；达万、广邻、纳黔、广陕4个高速公路项目完成竣工验收。标准化、机械化和精细化施工全面推行，生态环境保护理念和措施深入落实，信息化技术广泛运用，实现建设信息可查可溯，提升建设管理质量和效率。

收费管理 完成通行费收入135亿元，为历史新高位。顺利完成改革撤站、并网切换任务。公司管理的13处省界收费站全部拆除，在全省率先完成676个ETC门架、1 184条ETC车道、818套治超系统建设改造，同步开展网络信息安全系统、部站直连建设，率先完成并网切换联调联试；完成客货车优惠政策终止，全面落实四川省高速公路差异化收费政策；乐雅等6条高速公路完成“五好”高速公路创建；西充、槐树等12处服务区完成“厕所革命”；叙永、金堂服务区建成精品特色服务区；近30处服务区完成扫黑除恶专项提升；提前完成年度污水循环利用建设目标；配合完成攀枝花等8处服务区充电桩建设；专项追缴通行费2 325万元，办理逃费案件322起，移送公安机关立案处理104人、拘留23人、以诈骗罪判处5人。

8月22日，四川省委副书记、省长尹力（右一）视察指导都汶高速公路“8·20”泥石流灾害抢险救援工作　　川高公司 供图

财务管理 完成投资255亿元，创历史新高。实现营业收入158亿元，比上年增长12%。实现利润总额7.5亿元，增加近7亿元，达历史最高水平。严控融资成本，通过最低价比选方式提取流贷、发行债券，全年节约财务费用1.2亿元。高速公路成功实现资产证券化，隆纳高速公路资产证券化产品在深交所成功发行，以3.68%的利率实现融资16亿元，为深交所首单、全国第二单，创同类产品融资成本全国新低；内宜水高速公路资产证券化项目准备就绪，拟募集资金49亿元；发行川高系统首单公司债，成南公司债在上交所发行，以3.67%的利率实现融资5亿元，融资成本为当年同类债券最低，川高公司实现在上交所和深交所同时发债的创举。达万等6个高速公路项目竣工财务决算获批，雅西等9个高速公路项目竣工决算审计全面展开；乐西高速公路项目完成银团组建并提取贷款，德会、宜攀和成绵、苍巴高速公路项目银团组建全面推进；打造标准化、智能化财务报销流程，实现费用网上报销、发票联网查验。

养护管理 有效开展养护巡查工作，及时发现绵广高速公路水晶沟大桥病害隐患，高效组织实施抢险修复工程，确保道路安全运行；开创养护施工管理新模式，完成成都绕城高速公路夜间路面维修整治和绵广高速公路110公里双向路面大修工程；成功举办四川省职工职业技能高速公路养护岗比赛。

安全管理 迅速处置都汶高速公路“8·20”突发泥石流地质灾害，开展应急抢险工程，第一时间启动应急预案，第一时间疏导车辆撤离危险区域，第一时间疏通阿坝州生命线；持续开展道路安全风险点监测，对雅西高速公路瓦厂坪路段、纳黔高速公路雪山关隧道口等持续开展监测和风险评估，确保路网平稳运行；严格落实安全责任，开展“防风险保安全迎国庆”专项行动，实施主汛期防汛减灾、道路隐患排查整治等专项安全工作，全年未发生高速公路源头管理责任交通事故。

资产经营 会理特色小镇项目前期工作基本完成，首期地块将上市出让；启动攀西公司1.33公顷地块开发，完成南方公司3.2公顷地块调规变性；开通达陕高速公路百里峡和雅西灵山等多个互通，稳步实施多个项目，获取政府补助4.6亿元；处置金鸡关隧道、郎川置地公司等相关资产，形成资产清理盘活长效机制；完成融资345亿元，比上年增长33%。资产总额达2 611亿元、净资产达838亿元，分别增长7%和5%；完成高路文旅6亿元增资和股权收购；推进高路信息、高路建筑、高路绿化、高路物业等相关产业公司资质升级，全年取得6项业务资质，不断拓宽业务范围，增强市场竞争力；相关产业全年实现营收31亿元、利润3亿元；完成成都东等5处服务区非油项目移交实业公司经营；完成蜀南路桥公司股权转让和郎川水业公司注销。

交旅融合 推进交旅融合发展，高路房公司转型为文旅公司，成为集交通地产、旅游、康养和文化开发为一体的综合运营企业；对雅西、成资渝、九绵等高速公路沿线旅游资源进行整体规划，实现交通路产和文旅地产有效联动；推进成都、泸州等“高庐”系列交通地产项目，巴中恩阳交旅融合示范服务区一期完成建设，即将投入试运营。

智慧交通 完成“智慧眼”产品二阶段功能开发，

9月5日，川高公司与中国移动四川公司签署5G智慧交通战略合作框架协议，并举行战略合作会谈和5G智慧交通联合实验室揭牌仪式　　川高公司 供稿

在成都绕城高速公路投入运行；开展养护智慧巡检平台研发，启动巴陕高速公路米仓山隧道智能管控平台建设；数据中台建设加紧推进，涵盖建设、养护等15个业务管理系统的川高大数据平台整合为数据中台，为后续业务中台和商务中台服务，助力提升内部管理及公众服务水平；新建高速公路项目实现建设全过程数字化跟踪和记录，完成“实体工程+数字高速”双建目标；龙池车路协同及自动驾驶实验路段施工图设计完成，以成绵高速公路扩容项目为代表的川高“数字交通”研究和试点工程深入开展；川高公司智慧高速建设备受瞩目，参加世界交通运输大会、云栖大会、车路协同高峰论坛等重要会议，智慧高速成果被中央级媒体宣传报道，智慧高速经验被交通运输部重点调研，智慧高速发展受到行业领军企业高度关注。

内部管理　持续抓好内控运行管理工作，公司本部及试点单位试行内控管理办法，建立评价机制，完善《内控管理手册》，开展内控测试评价，形成相关评价成果；全面推动系统28家单位内控建设，基本完成全系统《内控管理手册》并试运行；配合省交投集团开展二类企业领导班子运行综合调研，主动开展直属企业领导班子运行综合调研，对领导班子运行进行综合研判；统筹推动企业文化、工商法务、信访稳定、后勤保障、数字化办公等一系列工作，确保公司高效有序运转；继续优化组织绩效考核体系和薪酬分配体系，推动川高系统全员绩效考核工作发展。

人才管理　加强人才引进和使用培养，举行多场校园宣讲会，全年招录硕士研究生36人、博士研究生2人；践行“产教融合”，联合四川交职学院开展智慧高速技能人才培养计划，重构员工知识体系和职业技能；一线人员转岗分流安置工作稳步推进，陆续出台相关工作方案及指导意见，积极推动系统内选调转岗工作。

（川高公司）

成渝公司营运管理　2019年，成渝公司获四川企业综合100强、服务业企业100强称号，蝉联四川外商系投资企业100强称号。成仁高速公路获“国家优质工程奖”，遂广、遂西高速公路获“李春奖”。公司所辖路段服务质量长期居于省内前列，绿化景观品质提升工程陆续完工，“畅安舒美”通行品质持续优化。继成仁、遂广、遂西高速公路后，成雅高速公路成功创建“五好”高速公路。“四川扶贫”销售专区在公司所辖路段服务区（停车区）实现全覆盖。全省首个多功能体验式“司机之家”在汪洋服务区正式启用。

项目建设　成乐公司应对“建设工期紧、征拆难度大、保通保畅任务重”等严峻考验，多措并举、并联推进，创新融资和投建模式，如期建成全省首条国高网经营性改（扩）建高速公路——成乐高速公路扩容项目青龙场至眉山试验段，累计投资20.13亿元，完成总投资目标100%，并在全省首次大规模应用高速公路路基中分带的“混凝土防撞护栏与绿化防眩组合方案”，混凝土护栏防护等级从Am级提高到SAm级，提高两个安全防护等级，道路景观风貌更加优美。成都第二绕城高速公路至青龙场段土建工程施工完成招标；E2标段累计完成路基32%、桥涵23%，全面恢复路基土石方、桥涵、防护及排水等施工；起点至成都第二绕城高速公路段正加快推进环评公参和初步设计批复工作。

投资创新　作为牵头方与中交路桥建设公司组成联

2019年1月3日，渔箭收费站撤站工程正式动工　　罗大明 摄

合体，成功中标天邛高速公路并实现开工动员，前期筹

备工作有序开展。

收费管理 全年完成通行费收入40.3亿元，成雅、成仁高速公路完成通行费收入10亿元，成渝、遂广遂西高速公路实现两位数增长。改革撤站工作克服时间紧、任务重等难题，抢抓工期，严控成本，按期完成ETC门架建设、收费车道改造和设备安装调试，公司所辖路段按时并网运行，平稳切换到新收费模式，确保道口快捷通畅。联合公安机关，破获利用ETC偷逃通行费等大案要案。

财务管理 公司整体及债项继续保持AAA信用评级；加大战略资源、金融股权等领域投放力度，成功助力省交投集团发行“中西部首单、深交所第一单”基础设施资产证券化产品，管理基金规模近20亿元；及时抓住资金成本下行窗口期，优化成仁高速公路、成乐高速公路扩容项目融资结构，调整银团构成，预计累计节约财务费用过亿元。

服务管理 开展技术革新，推动道路安全、工程养护方面的科研创新，采用极薄磨耗层、就地热再生等技术，有效降低路面预防性养护综合成本。养护管理信息化工作高效推进，在巡查车辆上率先安装“北斗OBU”智能化巡检系统，全国领先的通行费发票“纸改电”项目成功落地。交旅融合持续深入，整合沿线旅游资源，成雅高速公路探索打造熊猫文化主题高速，遂广、遂西高速公路所辖服务区成功举办“三区三节”主题活动，成乐旅游高速公路建设方案抓紧谋划。

安全管理 以深化“双重预防机制”体系建设为抓手，推进安全生产标准化建设。排查经营场所、办公区域环境污染风险，印发实行公司环保管理规范。全年未发生安全生产责任事故、管理源头责任事故和环境责任事件。

（成渝公司）

藏高公司营运管理 2019年，藏高公司完成建设投资45亿元。

项目建设 建成雅康高速公路康定连接线和汶马高速公路（除狮子坪隧道和试通车105公里以外路段）54公里，汶马高速公路累计试通车148公里。获取久马、泸石高速公路项目，总里程达316公里。跟踪康新、川汶等高速公路项目。完善企业治理，出台投资管理等重大关键制度。

收费管理 高速公路收费实现零的突破，雅康高速公路全线于11月20日凌晨正式收取车辆通行费。全年实现经营收入2 877万元，比上年增长433.4%，减免各类政策性免费车辆通行费71万元。全年完成路网代收通行费1.54亿元，平稳实现货车计重收费优惠政策到期终止。按时完成收费改革取消省界收费站各项工作。积极推动收费站、服务区外观形象标准化建设。雅康高速公路全线通车第一年即成功创建“五好”高速公路。

智慧交通建设 完成BIM综合管理系统、机电设备在线监测、桥梁健康监测系统、路网运行监测与应急指挥调度平台、气象局检测数据平台、车辆定位系统、北斗地质灾害云平台、智能辅助分流系统等26套平台建设工作，持续推进藏高公司建管养一体化管理平台建设。

科技创新 《G0615线久治（川青界）至马尔康段高速公路高原生态环保科技示范工程》成功入围交通运输部2020年科技示范工程。雅康高速公路获得四川省天府杯金奖1项，获得专利授权4项。

国道318线康定折多山隧道施工　　王宝明 摄

资金保障 全年融资50亿元，累计到位建设资金416.5亿元，保障项目投资建设顺利推进。全额到位雅康、汶马高速公路项目车购税资金177.2亿元。探索在建项目剩余建设资金缺口解决方案，成功置换4亿元地方债券资金。密切跟踪雅叶高速公路康定过境段建设模式变更情况，编制专项债实施方案，获得省交投集团6.5亿元两年期项目股东借款支持。

安全管理 完善制度体系建设，出台安全管理制度15项、环水保管理制度7项。不断强化过程管控，全面启动“双预防”“两库一图”“两清单、一卡一册”管理及安全生产“菜单式”管理，切实抓好汛期、冬季安全管理。全年未发生安全责任事故和环保责任事件。

多元发展 开创“藏区高速+旅游”新格局，加快推进雅康高速公路泸定大渡河桥旅游项目、川藏公路馆建设，有序推进汶马高速公路理县大沟综合服务区开发等项目，研究策划泸石高速公路王岗坪服务区综合开发项目方案，取得阶段性成果。

（藏高公司）

成渝高速公路四川段营运管理 2019年，成渝分公司在成渝高速公路四川段营运管理方面主要做了以下工作：

收费管理 完成通行费收入9.726亿元（含税），比上年增长13.74%。围绕“改革撤站”工作主线，一是从工程建设改造、ETC推广普及、人员统筹安置、稽查重点转换四方面攻坚突破，短时间内完成46套ETC门架系统建设和97条ETC车道改造工程建设，分别占成渝公司27.38%及25.73%，全国收费高速并网切换目标如期完成。二是坚持“转岗不下岗、安置不闲置”原则，完成收费人员转岗分流安置方案，并分期分批开展岗前任职培训；三是以“幸福成渝”为出发点，完成以转岗培训及模拟实战为主题的内江收费站特色打造方案。四是重点加强对取消省界站后新形势下稽查工作的梳理与分析，将稽查重点与重心放在ETC车辆及货车偷逃方面，取得明显成效，成渝高速公路全年系统内增收1.83万辆次，增收金额59.68万元，专项稽查查处偷逃车辆530辆，补收通行费28.46万元，全线查处ETC逃费车辆15辆，增收通行费10.79万元，保障取消货车计重、客车降类收费等政策的平稳落地。查处货车屏蔽标识站43辆，增收通行费4.45万元；查处货车跳秤、撬秤6辆，增收通行费1.79万元。五是加快推进平安智慧高速公路建设，推进成渝高速公路监控改造暨“应急二期”建设，完成信息发布、道路监控、服务区管理等综合业务信息管理子平台，致力实现基础设施数字化、运营管理智能化、行业管理协同化，出行服务便捷化；配合地方政府，收费站门户形象持续提升，政企合作及“一路四方”不断深化。

成渝高速公路　　成渝公司 供图

服务管理 一是稳步推进服务质量评定工作，针对发现问题做到有检查、有整改、有回复，全力为司乘人员提供更好的出行服务，在2019年全省高速公路服务质量评定年度排名第五位。二是做好“6·17”宜宾长宁6.0级、“12·18”资中5.2级地震灾害的应急响应，各收费站1小时内开通28条应急救援通道，多举措做好抢险救援等车辆免费通行、保通保畅工作，各服务区（停车区）及时设立抗震救灾服务点，确保抢险救援、医疗救护以及运送应急、灾区生活物资车辆在服务区得到服务保障。三是持续加强服务区治安管理，全年未发生盗抢以及治安案件。四是推进高速公路服务区“厕所革命”，全年提供免费洗手液2 074升，免费卷纸14 270卷；开展“情满旅途”活动，提高管理服务水平，全年好人好事59起，获得锦旗4面；完成内江服务区四星级复检工作。五是撤消内江、资阳监控室，合并成立成渝高速公路值班室，提高工作效率，实现资源共享。

安全管理 一是坚持防范化解重大风险，安全责任层层分解落实，安全红线意识得到加强；凝练“路畅人安、通达成渝”的安全文化理念和“安全作保障、安全创效益、安全促发展”的安全价值观，成功创建“四川省安全文化示范企业”。二是加大科技治安力度，路产管护信息化系统正式投入使用；开展巡逻排查和隐患治理，全年巡逻近5 000公里，排查并处置隐患点200余处，管辖路段全年未发生重、特大安全责任事故和源头安全责任事故，安全形势持续可控。三是进一步加强和规范路产管护清排障工作，明确清排障作业主体责任，推动路产管护标准化管理，加强路产管护队伍体系建设，推行路产管护队伍职业化三年建设试点。四是保障道路安全畅通，全线清排障车辆4 171辆次，比上年提升6.1%；增强协同应急处置能力，组织开展各类应急演练22次，其中道路危化品事故“双盲”演练被中国新闻网、光明网等多家中央级、省部级媒体报道。

养护管理 成渝高速公路路况平均MQI（道路技术状况指数）为94.56，道路技术状况评定等级为优。一是积极推进养护科研项目，从预防性养护层面出发，就不同路段在罩面、热再生、超薄磨耗层的应用上进行论证，精准把握成渝高速公路路面养护需求，其中牵头实施沥青路面就地热再生技术的科研课题研究，通过复拌再生、信息化控温等新技术，完成9.35公里现场施工，大力践行环保养护新理念；内江提篮拱桥体系转换作为全国首例工程圆满完工。二是创新开展组合式桥梁护栏提升方案技术研究和中央分隔带开口新型活动护栏开发研究，为提升成渝高速公路安全防护能力，降低护栏成本提供理论支撑。三是严格控制标线施工质量，加大主导力度，率先要求施工单位购买标线厚度检测仪及逆反射系数检测仪，及时检测新划标线质量情况，确保满足规范要求；全年完成3—7公里路面改造工程、渔箭收费站加减速车道改造、K2109路基滑移处治，以及K2114等36处水毁抢险处置工程。四是支持成都市东西轴线建设工作。

环境综合治理 稳步推进所辖9个点位的污水排放治理工作，成效显著；结合地方政府改造，对入城段、简阳北站、简阳站、资阳站立交区按“显山露水”要求实施绿化改造，其中入城段中分带改造形成灌木、花卉的错落搭配，起到较好效果。

（成渝分公司）

成雅高速公路营运管理 2019年，成雅分公司在成雅高速公路营运管理方面做了以下工作：

收费管理 深化联勤联动，加大稽查力度。合理运用科技手段，利用智能设备提升工作效能。采用大数据试点平台及绿通App进行绿通车辆查验，利用“黑名单”数据库稽核打逃，提升工作效率，确保通行费应收尽收。堵漏增收278万元，占成渝公司堵漏增收总额574万元的48.4%。按期完成“改革撤站”各项目标任务。一阶段完成新增28个非省界ETC门架系统建设与5.8GHz门架改造建设任务；同期完成15个收费站共计32条ETC专用车道与49根混合车道改造项目；二阶段完成全线门架与收费站服务器、工控机搭建与对应节点、软件的部署工作；完成治超设备与收费系统联网调试，新增入口治超三镜头抓拍系统等；完成值班室和15个收费站防火墙的安装以及安全策略的部署与4G路由器站部直连备用链路的建设，为2020年取消省界收费站系统并网切换工作奠定基础。全年完成通行费收入9.95亿元，比上年增长5.4%

服务管理 深化“厕所革命”，推进服务区智慧化交通建设。新津服务区完成新型智能厕所系统搭建任务，该系统能及时显示空余蹲位、温湿度，并随时监控探测厕所异味，启动空气净化功能，同时还可通过厕所入口前的大屏滚动播放入厕客流、相关环境信息显示、监督电话等。为解决成都高架桥沿线百姓的噪音诉求，在对高架桥前期加铺超薄磨耗层试验段进行评估及多方论证的基础上，将Thus—12极薄磨耗层技术进行推广应用，并对高架桥进行综合提升改造，包括全桥排水系统改造、桥梁护栏防护涂装、石羊匝道桥独柱墩处治等。2019年春节前夕，成雅高速公路新津服务区作为全国唯一服务区汇报点与交通运输部党组书记杨传堂视频连线，就服务区服务保障、安全保障、应急保障等工作安排部署情况，尤其是做好农民工等外出务工人员暖心服务等作简要汇报，并获全国2019年春运“情满旅途”活动成绩突出集体称号。成雅高速公路成功创建“五好”高速公路，公司在全省高速公路营运服务质量年度考评中位列第三。

养护管理 根据路检结果及现场调查情况，逐段分析并对不同路段制定详细的路面病害处治计划，在车流量达超饱和的情况下，与高速公路交警、执法部门沟通，按照轻重缓急，完成30车道·公里路面预防性养护目标任务，病害铣刨热铺33 149.97平方米，其中22车道·公里为沥青路面就地热再生处治，提高既有道路设施材料的回收利用率。为提升天桥净空富余度并为今后路面罩面施工预留空间，通过前期详细调查，积极与沿线地方政府及各相关单位协调，在优化施组方案及交通保畅方案基础上，对36座跨线天桥开展顶升工作。及时处置地质灾害。9月下旬巡查发现K1887+350处边坡出现险情，立即启动应急预案，成立应急抢险领导小组，第一时间邀请专家组、相关单位及部门到现场勘察，按时间节点完成应急处治。目前成雅高速公路全线无三、四、五类桥。

安全管理 开展各级安全生产检查214次，发现安全问题131处，全部整改完毕。累计处理交通事故1 489起、路产案件483起、道路巡查7 352趟次，巡查里程达107万公里，清障救援3 134次。公司连续保持清障率、巡逻率及服务及时率达100%，各项安全生产指标处于可控状态。利用路产管护信息化管理平台，科学分析路产管护大数据，为有的放矢整治事故多发路段安全隐患提供参考依据。巩固和加强“一路四方”联勤联动长效机制建设，完善信息沟通共享平台，积极探索在交通流

成雅高速公路 成雅分公司 供图

量日趋超饱和状态下道路安全保畅的新措施和新方法，研判道路交通形势，强化对施工现场易发拥堵节点的车流疏导值守和错峰出行调整等，保证道路罩面、护栏提升、中央活动栅栏加固改造、桥梁搭接、匝道梯次限速等专项施工的顺利进行以及施工期间的道路交通安全。持续推进双重预防机制建设，强化事故纵深防御。编制双重预防机制工作手册，指导和规范各单位狠抓落地运行，双重预防机制建设持续改进工作顺利推进。抓好做实重点时期安全管理，完成清明、五一、地方性文旅节日、国庆节期间“防风险、保安全、迎大庆”专项工作及汛期、秋冬季、元旦春节春运等重点时段的保畅维稳任务。充分发挥联勤联动机制作用，妥善处置“2·1”工业电石运输车辆侧翻燃烧抢险、“6·17”地震抗震救灾应急处置和K1887滑坡处置等突发险情。公司诉成都蜀高投资管理有限公司土地租赁合同纠纷案土地侵权部分判决执行完毕，公司胜诉，完成成都高架桥下土地移交手续。成都高架桥（高新段）桥下区域正式移交高新区管委会，推进双流段桥下区域移交工作。

（成雅分公司）

成乐高速公路营运管理 2019年，成乐运营分公司、成乐公司在成乐高速公路在营运管理及建设方面主要做了以下工作：

项目建设 积极应对“建设工期紧、征拆难度大、保通保畅任务重”等严峻考验，多措并举、并联推进，创新融资和投建模式，如期建成全省首条国高网经营性改（扩）建高速公路——成乐高速公路扩容项目青龙场至眉山试验段，累计投资20.13亿元，完成总投资目标100.00%，并在全省首次大规模应用高速公路路基中分带的“混凝土防撞护栏与绿化防眩组合方案”，混凝土护栏防护等级从Am级提高到SAm级，提高两个安全防护等级，道路景观风貌更加优美。成都第二绕城高速公路至青龙场段土建工程施工发布招标公告；E2标段累计完成路基30%、桥涵20%，全面恢复路基土石方、桥涵、防护及排水等施工；起点至成都第二绕城高速公路加快推进环评公参和初步设计批复工作。

成乐高速公路眉山收费站　　乐运营分公司 供图

收费管理 完成营业收入5.10亿元，比上年减少11.76%。一是改革撤站，成乐高速公路在规定时间内顺利完成ETC门架建设、ETC车道建设、治超点改造工作、网络安全防护工程建设等工作，如期进行联网收费新系统切换，实现全国联网收费。二是堵漏增收，持续做好数据筛查、异常车数据稽核、大数据分析，抓好免费节假日专项打逃、收费站现场管控工作，全年全线处理逃费车1.2万辆次，完成堵漏增收70万余元。眉山收费站获四川省“巾帼文明岗”称号。

创新实践 开展“能力建设培训年”活动，在收费讲堂、劳动竞赛的基础上，运营分公司以“春天计划”为主题，举办五次集中培训，员工受训面100%；制订并印发《公司“师带徒”管理办法》，以老带新、以优带差，进一步提升员工综合能力和素质。统一指挥综合平台搭建，运营分公司在总值班室搭建多方参与统一指挥综合平台，设信息、对账、收费监控、技术员、事故处理、服务区监控六个坐席，并公开选拔4名总值班室班长，确保平台运转达到预期效果。实现统一指挥、合署办公。发挥桥梁纽带作用，开展成乐高速公路通车20周年“感恩有你”座谈会、征文、纪念大会以及开办纪念展厅等系列活动；开展调研工作、建言献策，助力企业发展。运营分公司继续深化“厕所革命”，对夹江天福服务区卫生间进行升级改造，更新所有设施设备、新增面积122平方米并在厕所安装空调，成为全省首个实现空调全覆盖的服务区卫生间。

安全管理 完成眉山试验段扩容项目施工期间道路保通、保畅、保安全工作。牵头做好成乐高速公路扩容试验段半幅封闭施工的信息宣传、舆情引导和跟踪工作。配合成乐高速公路扩容项目施工完成天桥拆除、桥板架设、天桥钢箱梁架设交通组织方案制定、交通管制工作。青龙场至眉山试验段八车道通车运行，新青龙收费站如期开通运营。安全生产、环保工作可控可管。继续严格按照“党政同责、一岗双责、齐抓共管、失职追责”要求，扎实开展隐患排查治理、重大节假日安全保畅、扩容施工安全监管、汛期地质灾害防治、“安全生产月”活动等各项工作，全年无源头安全责任事故发生。完成眉山服务区污水处理设施改造工程，正式投入运行。联合西南交通大学开展成乐高速公路加宽扩容期间运营管理“三化三保”（“三化”即专业化、智能化、系统化，“三保”即保证道路的安全、保证道路和收费站口的畅通、保证运营服务质量不下降）课题研究，推进情况良好。扫黑除恶专项斗争成效明显。通过成立专项工作组加强现场监管、开展“一路三方”联勤联动专项行动、加强货车监管、发动货车驾乘人员开展群防工作等措施，打击偷盗货车燃油违法行为，服务区完全杜绝偷盗货车燃油事件的发生。道路养护持续向好。积极开展路基、路面、桥涵、绿化、交安及沿线设施的日常养护巡查检查和维修工作，并对病害严重路段进行专项处治，全年处治病害路段33处、13 714平方米。

内部管理 运营分公司正式启动并完成“建设专业公司、打造专业团队、争做专业员工”的“三专”发展战略专业员工顶层设计。开展“三项制度”改革，实施技能人员星级评定，在一线技能岗位推行《员工星级评定办法》，以一年为一个评定周期，岗位覆盖收费、管护、监控、服务区管理、收费稽查等；并且继续采取内部公开竞聘方式选拔站务管理员、总值班室班长、管护分队长等骨干28人；深化上派下挂制度，安排2名机关普通管理人员到基层锻炼，10名基层员工到公司上派学习。开展收费人员转岗分流工作，通过调研、座谈等形式掌握收费人员思想动态及转岗意向，制定转岗实施方案和业务技术培训方案，并落到实处。同时利用半幅封闭施工交通管制收费人员富余这一特殊窗口期，将富余人员安排至监控、稽查等岗位锻炼，提前适应拟转岗岗位工作。

（成乐运营分公司　成乐公司）

成仁高速公路营运管理 2019年，成仁分公司在成仁高速公路营运管理方面做了以下工作：

收费管理 夯实收费主业，取得试收费延期批文，开展针对性业务培训6次，规范收费业务流程。组织开展收费营销，完善沿线指路标志标牌设置，加大路网信息宣传，吸引车辆上路。与联勤单位协调，优化交通管制措施，减少车辆分流，提高车辆通行与道路使用效率。主线流量（白沙交调站）比上年增长9.6%，收费额再创新高。全力推进改革撤站工作，面对时间紧、任务重的情况，精心组织、倒排工期，全面完成门架系统建设和安装30套，车道ETC改造65条，称重检测系统升级改造30套，按时进行系统切换和并网运行。查漏稽核力度不减，强化技术打逃措施，将高清卡口系统和监控系统并网，提高收费数据筛选效率，全年对外稽核车辆27.2万辆次，小改大1.33万辆次，查处逃费车331辆，与相邻高速公路公司联合开展专项打逃行动5次。全年通行费收入首次超10亿元，单公里收费额近千万元，比上年增长18.08%，主要经济指标实现了历史最好水平。

服务管理 持续开展优质文明服务活动，组织岗位练兵，全年评选“收费服务明星”108人次，开展收费站“树榜样、争红旗”考评活动，打造标杆收费站，展示了收费窗口良好形象。在汪洋服务区建成全省首个体验式“司机之家”，项目围绕“舒适、便捷、实惠”的服务理念，持续加大公益设施设备投入，并作为典型在全国运输与物流学术年会上进行专题交流。持续巩固星级服务区建设成果，完善服务设施，安装4套智能抽纸设备，推进电动汽车充电站建设。公司营运服务质量连续多年全省排名第一，获省交投集团2019年度“经营管理先进集体”“财务管理先进集体”。

成仁高速公路二峨山隧道　　杜颖明 摄

养护管理 抓好养护基础，定期检测道路桥梁、路面、标志等技术指标，全线道路路况良好，成仁高速公路获“国家优质工程奖”。不断提升道路质量，实施交安设施提质升级，全线60%的中分带活动护栏升级为Am级防护护栏，隧道增设、更换标志标牌，补划道路标线5万平方米。全年完成养护专项工程28项，全省率先试点“畅安舒美、显山露水、增花添彩”的路域绿化景观提升打造，修剪总面积129万平方米，增加植物10余万株，道路品质进一步提升，被评为全省首批“最美高速”。全省首批完成国高网、省高网路网编号调整标志改造，新增、调整标志标牌1 900余块。按时完成隧道提质升级、桥梁防护能力等三项排查工作，相关数据资料一次性通过厅高管局审核，进行桥梁独柱墩排查及抗倾覆验算，结果满足规范要求。组织开展道路安全性后评价，并完成报告，对成仁高速公路道路安全状况进行全面、系统评价，为下一步提升安全管理等级提供依据。推进绿色管养，做好施工路段水土保持，采取降噪、扬尘防治、物料遮盖等环保措施降低施工污染，路面铣刨材料全部回收。

安全管理 重点完善管理体制和运行机制，推进安全生产标准化建设，针对涉路施工项目多的实际，制定《涉路穿跨越工程施工项目工作流程》，强化施工现场管理要求。认真开展“安全生产月”、安全生产宣传咨询日等专项活动，组织应急演练5次，按规范开展日常检查和定期检查，集中隐患排查21次，问题整改率100%。特殊天气道路防控持续加强，安装试行雾天预警系统，在重点路段、桥梁设置7个温度实时监测点，落实联络员及应急储备物资，确保道路结冰等发生险情的路段得到快速处置。探索信息化路巡管控新技术，试点4G—OBU数字巡查系统，提高路巡管控效率，建立清排障“五快”流程，并开展针对性培训演练，在全线设置4个全天候应急救援点，节假日会同联勤单位设置13个临时应急救援点，提高事故处置及清排障效率。会同联勤单位科学制定全线预警、分流等综合管制措施，开展二峨山隧道拥堵路段专项整治，大幅提升该路段节假日通行效率，回应群众关切，成都管理处获锦江区“交通安全综合整治工作先进单位”。开展服务区偷盗油专项整治行动，在全线服务区安装8套虚拟电子围栏监控系统，增设摄像、照明等安防设备，增加巡查值守人员，在汪洋服务区设立全天候警务站，从5月开展整治以来未接到一起治安报案，取得阶段性成果，仁寿管理处被评为仁寿县“内部治安保卫工作先进单位”。及时收集转运、集中处理收费站、服务区生活垃圾，定期维护服务区污水处理设备，保持有效运转，每年开展排污水检测，实现达标排放。与相关部门衔接，及时处置噪音污染投诉事件，信访维稳工作持续保持平稳态势，全年未发生安全、环保责任事故和管理源头责任事故。

创新实践　继续深化智慧交通建设，移动支付、治超报警系统等智能收费工作先行先试。4月，成都兴隆收费站全国首次进行“纸改电”试点，实现现金车道开具可抵扣通行费的电子发票，释放“营改增”政策红利，国务院国资委、省国资委等政府部门网站关注，中国交通报等近60家媒体报道。开展养护技术科研，组建科研团队，在特大桥上进行为期一年多的无缝桥面养护技术课题研究，养护信息化、混凝土耐久性提升、保持工程品质的养护技术标准等三项技术课题研究全面启动。开展“三项制度”改革试点，调研并制定详细工作方案，建立薪酬、绩效、岗位、竞聘等4项配套制度，优化岗位设置，实施岗位价值评估，组织本部员工竞聘上岗，改革相关工作全部按时完成。

（成仁分公司）

遂广遂西高速公路营运管理　2019年，遂广遂西公司在遂广遂西高速公路营运管理方面主要做了以下工作：

收费管理　完成通行费收入3.83亿元，比上年增长30.06%。其中遂广高速公路收入2.24亿元，增长17.7%；遂西高速公路收入1.59亿元，增长52.56%。一是堵漏增收稽查，对外专项收费稽查处临界车辆112辆次，堵漏增收1.2万元；小改大、免改正2 200余辆次，增收12万余元。二是收费政策落实，遂广遂西高速公路项目取得

2019年11月，遂西高速公路赤城湖大桥航拍图　　吴小军 摄

试收费延期正式批复；“取消货车收费优惠”“货车差异化收费”等工作顺利过渡。三是“改革撤站”，率先在成渝公司内部完成门架吊装和ETC车道改造工作任务，在规定时间内完成ETC门架机电设备安装工作，妥善安置收费人员转岗分流，保证全省“改革撤站”工作顺利实施。

养护管理　严格执行有关养护管理制度、督促管理处和监理落实监督管理职责。完成养护投入1 709.34万元。开展路面定期检测、嘉陵江特大桥（含水下）专项检测、路网命名编号调整工作、中央活动栅栏改造、青岩水库大桥桥台背墙及伸缩缝处置、弯道超高段横向排水研究、绿化景观品质提升等。开展汛期排查325次，排查点位290处，发现汛期隐患12处，全部及时进行处治。

安全管理　修订完善《遂广遂西公司涉路施工安全监管办法》；定期组织召开公司安委会会议以及开展春运、汛期、防风险保安全迎大庆等安全会议；组织专题安全生产教育培训3次、应急预案演练工作1次；组织开展“防风险、除隐患、遏事故”安全生产月主题活动，开展安全生产月启动仪式、安全生产咨询日等活动。安全生产月活动共制作宣传展板50余块、安全宣传横幅27条，发放安全宣传单6 000余份，推送安全知识30余次。全年未发生安全生产源头责任事故。

服务管理　路产管护方面，遂广高速公路全年发生路产补偿案件199起，结案率99%，清障救援681次；遂

西高速公路全年发生路产补偿案件117起，结案率98%，清障救援393次。治超工作方面，定期检查进站治超设备，及时维修设备故障。完成公司所有整体汽车衡的年度检定工作，保证设备正常。通过安装超限报警装置，执行入出站登记制度以杜绝超限超载车辆进入高速公路，全年未放入超载货车进站。机电监控工作方面，维修维护设备300余次，完成收费系统及通讯系统的培训工作和年度防雷和隧道机电检测工作。服务区工作方面，承办第一期全省高速公路行业营运管理工作交流会；举办第三届遂广高速公路飞龙服务区樱花节、蓬南服务区桂花节、遂西高速公路蓬溪服务区红枫节，遂广高速公路飞龙服务区成功创建四川省首个“平安服务区”。

（遂广遂西公司）

成都绕城高速公路和都汶高速公路营运管理 2019年，川西公司在成都绕城高速公路、四川都汶高速公路营运管理方面主要做了以下工作：

收费管理 收取车辆通行费10.21亿元，完成目标任务109.78%，比上年增长10.86%。因“8·20”特大泥石流灾害影响，映汶段中断收费1个月，恢复通行后，日均收费130万元以上。

经营管理 第三产业经营方面，实现高速公路非路收入5 134万元，同类业务比上年增长32%，居省交投集团路公司第一名；绕城高速公路资产负债率比公司成立时降低21.26%。政企合作方面，累计到位资金3.94亿元；以锦城绿道项目穿跨越绕城高速公路为契机，与成都市政府签订政府补贴资金8.6亿元框架协议，负责实施绕城高速公路沿线景观打造及后期维护；以绕城高速公路沿线桥下土地、景观平台等资源作为锦城绿道建设合作基础，推进项目合资开发，推动政企合作向多元化、复合化发展。管理模式转型升级方面，结合成都绕城高速公路和四川都汶高速公路路线特点，对标先进管理模式，重构组织机构、体制机制、薪酬分配、定员定岗、职能转变、绩效考核等，探索创新管理模式，推进智慧转型步伐。

保通保畅 成都绕城高速公路日均车流量超79万辆次，年车流量达2.8亿辆次，超设计流量2～3倍。为确保道路通畅，利用科技手段转型发展，提升道路管理和服务水平。①率先开展成都绕城高速公路“智慧眼”（视频分析）试点，在全省率先建成838路高清视频点位、9套门架式情报板、33套悬臂式情报板，具备并行处理200路视频分析能力，动态覆盖全线650个监控点位，9月上线以来试运行效果明显，国庆期间，事故数量比上年下降16.6%，有效提高道路管护、事故处理、缓堵保畅工作效率和服务水平，在世界交通运输大会上，获全国交通专家赞誉。②提升成都绕城高速公路路面和附属工程，完成主线施工任务（路面挖补罩面、交通安全设施施工、中央绿化带提升、路段门架式情报板安装等）170公里，提升道路舒适度、安全度和美观度，缓解了道路拥堵情况；其间采取的“白天占道挖补、夜间断道施工”的“无感无痛施工”得到好评。③完成高速公路收费联网切换，在川高系统率先完成ETC门架系统基坑浇筑，并按计划完成所有62套ETC门架吊装和189条车道改造。④创新攻关都汶高速公路车路协同项目。联合华为公司、中国移动、东南大学推进都汶高速公路车路协同项目，完成龙池路现场勘测并在不受干扰情况下进行封闭性试验。

安全管理 安全隐患治理方面，推进安全风险分级管控，开展隐患排查905次，专项整治活动8项，召开施工现场安全会79次，安全培训37批次，参培人员1 066人次，全年未发生安全生产责任事故和环境保护责任事件。路网监控方面，增加无人机监控手段，实时拍摄路况和监控死角；增设监控高清摄像头1 439个，实现全路段实时、动态监测和自然灾害自动报警及远程指挥。“双超”治理方面，路线所辖24个治超点劝返超载超限车辆13.9万辆次，出口移交执法处理29辆次，收取路产赔偿费332万元。制度建设方面，在绕东、绕西管理处完成路产管护标准化及安全内业规范化试点建设试点工作。获全国“安康杯”“先进单位”称号，2人分获“先进个人”“优秀个人”称号；参与的“复杂艰险山区高速公路大规模隧道群建设及营运安全关键技术”研究成果获“2019年度国家科技进步一等奖”。

服务管理 完成都汶高速公路绵虒服务区改造和成都绕城高速公路西服务区（5星级服务区）主体工程，推进大数据中心建设。在绵虒服务区设交投扶贫专柜，引进甘孜、阿坝、凉山州43种扶贫产品上柜。天府收费站“向阳花服务队”当选第六届中国公路学会“中国最美路姐”团队；成灌收费站获全国总工会“全国职工书屋”称号；映秀收费站被共青团中央授予“全国青年文明号”。

防汛抢险 “8·20”特大山洪泥石流灾害是都汶高速公路开通以来最严重的一次受损，造成部分路桥、隧道严重损毁，簇头沟段、登溪沟段双向交通中断，板子沟段单向交通中断。公司第一时间发现和上报灾情，封闭道路，开设应急抢险专用通道；第一时间成立抢险救灾领导小组和现场指挥部，组织力量核查灾情，开展现场救援和抢险保通，同时请求上级调集力量快速增援；第一时间提供综合性后勤保障，在水、电、通信、道路“四无四断”的恶劣条件下开展抢险自救。经过50小时连续奋战，于8月22日打通簇头沟路段成都到汶川方向应急抢险通道，8月24日打通簇头沟路段汶川至成都方向通道，9月2日登溪沟路段恢复双向通行，9月25日除板子沟桥段单幅通行外其他路段实现双幅双向贯通并恢复收费营运。

（川西公司）

成南南渝遂渝遂回高速公路营运管理 2019年，成南公司在成南、南渝、遂渝、遂回4条高速公路营运管理方面主要做了以下工作：

项目建设 推进扩容项目筹备，完成年度投资8亿元。项目工程可行性研究报告完成咨询审查，项目PPP入库完成地市级评审，环评报告报送省生态环境厅，用地预审、社稳评估、规划选址、通航论证、地震安全性评价、地质评估、矿产压覆等要件获批。引入成都入城复线段建筑美学咨询服务，完成成都入城复线段施工图勘察设计验收及地勘专项验收。与成华、新都、青白江区签订征拆协议，与成都市交通运输局及沿线地方政府就扩容项目“投资协议”和“特许经营权协议”基本达成一致意见，与成都交投集团基本达成金简快速路接入成都入城复线段匝道工程代建框架协议，与中铁建德简高速公路公司签订广兴枢纽互通成南“四改八”段落代建工程协议，代建工程完成投资 6 000万元。

成南高速公路　　成南公司 供图

收费管理 持续优化收费工作日常管理，科学核算分解收费任务，完善收费特情处置等工作流程，修订和新增《成南公司监控考核实施办法》《成南公司备品备件管理制度》等10余项管理制度及管理办法，收费管理更加精细。所辖4条高速公路清分收入累计15.47亿元，比上年增长5.6%，超额完成清分任务。其中，MTC清分7.22亿元，ETC清分8.25亿元，日均征收423.8万元；进出口流量7 576.7万辆次，比上年增长0.8%。依托“收费稽查打逃助手”等信息化软件平台，主动挖掘和打击“ETC降档逃费”等新型逃费行为，开展扫黑除恶专项斗争暨客车降类欠费追缴、春运专项稽查、专项作业车及集装箱车放行等专项稽查行动；对外稽查1 326次，查处逃交或少交通行费车辆30 820辆次，追缴通行费183.92万元，移送公安机关侦办案件4起，移交公安机关5人；对内监管3 573次，检查收费人员18 730人次，通报表彰14人，查处违规违纪人员574人次。完成实体站拆除，省界站拆除后路网运行正常，同步完成资产清理造册上报，为其他高速公路省界站的拆除起到借鉴示范作用；“全国取消高速公路省界收费站工作推进会”及“西部六省市取消高路公路省界收费站第一次会商会议”等全国部省级重要会议在遂宁召开，成南经验获充分肯定。开展全线收费站ETC车道改造、虚拟站门架等配套设施设备安装建设，完成新建门架56套，升级改造5.8GHz路径识别系统及省界虚拟站20套，改造ETC车道90条，治超点25套。探索搭建改革撤站后收费管理新模式，超前制定工作计划，为收费系统切换提前布局、做足准备。实施收费站优质服务“温馨工程”，认真践行、不断强化“小亭大爱、路畅人和”企业文化，一线员工凝聚力、使命感持续增强；定期开展收费服务质量检查、监控工作考核，及时解决热线投诉、收费争议等；完善道路和收费站节假日期间保通保畅工作应急预案，在收费站车流量高峰期，多措并举，采取增设复式收费、ETC车道应急引导处理、免收通行费期间设置小型客车免费通行专用车道等方式，及时缓解收费站拥堵。强化清排障工作效率，快速处理道路交通事故，确保道路正常通行。2019年春运、国庆等车流量激增时段，所辖各个收费站和沿线道路未出现大面积拥堵。

养护管理 贯彻“预防为主、防治结合”的养护管理理念，科学制定道路养护计划；实施重大养护工程，先后完成成南高速公路全线路面病害处治工程后续工程、高速公路命名编号及里程桩号调整、道路沿线绿化修剪景观提升、全线路面标线虚改实、公司旧办公楼整修工程以及南渝高速公路高坪收费站改造扩建工程等专项养护工程；加强日常养护作业，持续抓好道路绿化保洁，及时更换损坏交通安全设施，确保道路“畅、洁、绿、美”。严格落实养护作业上路施工许可审批要求，完善养护工程计量审核流程，指导监管施工单位按技术规范开展作业，合理设置占道施工交通管制区，做好占道施工期间道路保畅预案，全年上路施工未发生一起重大事故；探索采用新材料和新工艺，桥梁伸缩缝更换等耗时长、交通影响大的养护施工难题得到有效解决。建立健全养护设备技术档案，及时更新养护信息管理系统，公路桥梁管理评定以及预防性养护方案有了更加精确的数据支撑；注重养护从业人员素质能力提升，细化完善《成南公司高速公路养护简明手册》，下发各管理处推广运用，一线从业人员受到更加直观、可操作性强的技术指导。坚持日常巡视和专业检查相结合，按照养护规范要求检查频率开展路基、路面、桥梁、涵洞巡查；建立桥涵安全管控长效机制，实行桥涵隐患分类管控，采用现场巡查，扫描桥梁二维码等方式，及时掌握桥梁使用状况。完成全线23座桥梁局部构件病害为3类或向3类发展的2类构件施工图设计，纳入专项整治修复计划逐步实施。及时处置巡查中发现的隧道裂缝渗水病害，以及标志牌污损等问题，全线桥隧道路始终保持正常使用状态。抢抓遂回高速公路列入“五好”高速公路创建项目的有利契机，确定以创促改促建基本思路，严格对照“服务好、环境好、保障好、养护好、运行好”5大项29小项要求，逐一对标补短加固，遂回高速公路路容路貌得到明显改善。10月，遂回高速公路通过厅高管局“五好”高速公路创建验收。

安全管理 严格落实安全生产责任制，坚持“一岗双责”，以安全生产标准化二级达标为底线，逐级签订《安全生产目标责任书》。各管理处均建立隐患排查治理制度和安全台账，做到发现、报告、处治、闭合全过程记录。紧盯重要会议、重要活动、重要时间节点，常态摸排、动态研判潜在风险点，持续完善风险防控方案，人员、设备始终处于临战状态。完成中华人民共和国成立70周年大庆活动保畅等重大任务，获评“全省道路水路春运成效显著单位”，汛期安全生产工作得到省高管局书面通报表扬2次。开展安全检查和隐患排查整治，坚持全覆盖、高频率，建立重点时段管理处自查、领导带队督导检查的立体检查体系，采用人机指挥系统及时勘察路况等新技术，常态开展沿线道路桥涵隧道、收费站、服务区、办公区等作业场所安全检查。全年组织大检查5次，专项检查12次，发现处治闭合成南向K1914三绕施工处边坡塌方、K1934+240米下穿涵洞积水等安全隐患410处。不断提升综合救援能力，升级改造路产管护信息系统，完善清障救援信息化平台，上线运行路网运行监测平台。持续加强内控建设，购置大型装载机，完善大型货车故障专项处置预案，队员实现半军事化训练管理。公司全年辖区巡逻里程185.15万公里，出动清排障车辆7 606辆次，比上年减少3.52%；路政案件1 250件，减少8.89%，无一起因管理责任造成的交通事故发生。开展安全技能培训，组织3批91人次为期5天的脱岗安全生产管理培训、资格考试（复试），参训管理人员全部取得安全生产管理资格证书。强化路维队员作业安全防护，坚持班前安全讲评台制度，自主创新设计路维巡查车车载组合平台，基本实现现场图像记录和实时回传，及早发现提醒和纠正不规范作业行为。扎实开展“安全生产月”等系列安全宣传活动，发放各类宣传单4 300余份，悬挂安全宣传横幅38幅，联合高速公路交警、交通执法、沿途政府部门开展大型演练3次、交通安全宣传教育活动14次。强化联勤联动机制，优化收费站入口管控措施，协调配合高速交警公路、交通执法和地方治超办，共同推进治超工作。辖区路段未发生一起因超载超限货车引发的较大道路交通事故。

服务区管理 持续打造精品服务区，淮口服务区打造“淮梦前行”管理团队，参加川高公司“庆祝建国七十周年”品牌推选活动；遂宁服务区联合高速公路交警积极创建“平安服务区”，完成高清监控系统升级安装，初步建成综合性治安防控体系。注重提升服务质量，修订服务区管理人员日常考核机制，优化服务区标准化管理体系。继续强化服务区商家、加油站监管，确保食品安全、消防安全等。以公众需求为导向，完善提升服务区软硬件设施，升级改造卫生间设施、设置扫码取纸等，方便过往旅客。严格落实环境保护及污染防治长效工作机制，遂宁、南充辖区服务区及收费站污水处理设备完成施工并投入使用。

（成南公司）

绵广广陕广甘路营运管理 2019年，川北公司在绵广高速公路、广陕高速公路、广甘高速公路营运管理方面做了以下工作：

收费管理 收取车辆通行费15.49亿元，完成目标任务100.31%。整治逃费车辆19 054辆次，追缴通行费687.30万元。完成改革撤站及配套的门架系统、治超系统、路段中心系统、安全系统等附属工程建设。完成应急高清视频系统、隧道加强照明改造。完成收费站污水设施升级改造续建项目、广陕高速公路敷设128芯主干通信光缆的实体工程。适应收费政策调整，落实四川省高速公路差异化收费政策。加强稽查打逃堵漏增收工

广陕高速公路 川北公司 供图

作，建立收费服务质量评价联系机制，实现“绿通”车辆管理软件和出口车道扫码支付全覆盖。完成广甘高速公路“五好”高速公路创建，收费服务质量稳步提升，未出现服务质量投诉事件。

养护管理 认真贯彻预防性养护理念，管养结合，道路技术状况持续好转。京昆高速公路绵广段MQI（道路技术状况指数）98.96，PQI（路面使用性能指数）98.69；广陕段MQI95.43，PQI93.51；广甘高速公路MQI93.78，PQI91.2。完成日常养护经费2 619.99万元，占年度资金计划99.98%。完成40项养护专项实体工程，完成计量54 488.67万元，占年度计量总额85%。提前51天完成绵广高速公路219公里路面维修处治。自行组织及参加上级培训6次。参加川高系统养护技能比赛获第一名。修订《公路养护工程项目竣工文件编制办法》。道路中分带清杂及绿化景观品质提升试点工程效果明显，实现路侧“显山露水”。执行科学完善的日常巡查机制，及时发现水晶沟大桥病害隐患，用时45天高效完成抢险。

安全管理 持续强化安全监管责任，严防源头责任事故。全年路产总收入292.6万元，比上年下降47.60%；清排障作业1 379起，比上年下降30.39%。发生一般交通事故98起，比上年减少68.83%。保障重大节假日等特殊时段道路畅通，未发生社会影响大、性质恶劣的道路交通安全事故。完成各类安全专项12项，投入资金2 273.32万元。做好绵广高速公路中修工程和拆除省界收费站项目的安全管理、交通管制及保通工作。持续开展隐患排查治理，发现隐患264处，整改250处，未整改的14处列入专项进行整改。省安监局隐患排查系统对公司考核成绩为90分，属优良等级。落实三级培训制度，组织开展多层次、内容广泛的安全培训。针对辖区道路状况，特别加强涉路施工安全管理。安全生产形势总体可控，全年未发生源头安全责任事故。环保工作建章立制，通过隐患排查和督导，保障各收费站、服务区环保设施设备运行的完好率；完善垃圾清运方式，保证污染物处理及排放达标，未发生环保责任事故。

综合管理 ①人事管理方面，推进“三项制度”改革，实施全员绩效考核；开展管理人员竞聘上岗和一线人员定员定岗工作，组织选拔4名优秀员工补充到管理岗位；优化干部队伍结构，拟定《中层岗位员工离岗待退管理办法（试行）》上报川高公司；完成公司纪检监察（审计）室、金子山应急管理中心机构设置和工作人员调整；组织开展4期“校企合作”培训，指导监督各部门、各管理处做好业务技能培训工作，“智慧高速”人才选拔录取41人；调整员工企业年金缴费比例，补交企业所缴部分215.51万元，企业年金投资收益率6.98%，累计投资收益率46%；申报稳岗补贴42.1万元。②财务管理方面，与税务单位沟通，争取税务优惠政策，川北公司、成都分公司、广甘公司被授予“2018年度纳税大户”称号，成都分公司获29万元法人奖励、广甘公司获0.3万元法人奖励；成都分公司获2019年扶持资金638.2万元；配合广甘路、广陕路竣工决算审计；修订《全面预算管理办法》，编制《成本管控实施方案》；完成交投集团核算预算一体化系统启用工作。③后勤宣传方面——推进内控体系建设，启动内控试运行；完成8台（套）重大资产询价采购和资产清查、校核、报废处置工作；取得广甘路LJ3合同段和中兴广告等诉讼胜诉，避免重大法律风险；聚焦路面维修、改革撤站、水晶沟抢险等重点工作，组织拍摄《大道重生》《青春在路上》《决战水晶沟》等专题纪录片。

服务区管理 完成三产收入2 131.72万元，占预算102.03%。落实服务区三级管理的要求，加强公共区域管理及对经营商家监管工作。推行服管站考核，调动服管站工作人员积极性。整治中子服务区违规搭建铁梯、迁改服务区土特产市场，清理新安服务区占道经营等，进一步规范服务区秩序。协调中石油公司开展服务区超市、餐厅等经营场所装修改造，提档升级。实施中子服务区地表污水处理专项工程，场区地表污水排放达标。设立扶贫专柜，直销扶贫标识农副产品，助推扶贫事业。德阳北光小区闲置房屋处置工作有序推进。强化龙门取土坑土地协调工作。配合上级单位，尝试开展“政企合作”和“交旅融合”工作。

（川北公司）

南广邻达渝邻垫高速公路营运管理 2019年，川东公司在南广邻、达渝、邻垫3条高速公路营运管理方面主要做了以下工作：

收费管理 收取通行费11.91亿元，比上年增长14.19%；放行政策性免费车辆40万辆次，减免通行费4 000万元。推行城市车辆利用高速公路区间分流模式，与广安市政府签订《广安籍小型客车区间通行费用协议》，增收通行费300万元。开展业务培训20次，发放宣传资料20万份，强化通行费趋势判断，加强票、款、卡关键环节管理，推进内外稽查联动，开展内部稽查4次、“大车小标”“降类逃费”专项整治行动10次，查处各类逃费车辆1.2万辆次，追缴通行费136万元，获评川高系统收费管理质量考核第一名。

经营管理 与中国银行达州分行签订3亿元流动资金借款协议，完成7 500万元首笔款项提取，归还川高公司股东借款4 500万元，通过置换手段节约财务费用25万元。收回大竹南、岳池收费站改（扩）建政企合作项目补助资金3 124万元；合理利用税收优惠政策，减免企业所得税4 376万元，减免房产税和城镇土地使用税29万元。盘活闲置土地7.4公顷，实现收入37万元。加大服务区星级创建和后勤管理工作，实现服务区加油站租赁收入830万元、沿路广告收入134万元，全年实现三产收入1 000万元，超目标任务9.5%。完成营业收入12.50亿元，实现净利润4.13亿元，累计还本付息4.18亿元，国有资产保值增值率110%，公司获“成都市武侯区纳税百强企业”称号。

养护管理 投入2.59亿元，完成路面整治、桥梁维修加固及政企合作项目专项工程25个。修剪沿线遮挡、侵界行道树3.3万棵，清理恢复道路原大型浮雕3 748平方米，南广邻路在全省运营高速公路路域绿化景观品质提升中获评“最美高速”；完成SMA（沥青玛碲脂碎石混合料）罩面70双车道·公里、微表处罩面18双车道·公里，在全省通车5年以上路面技术状况抽检中，南广邻、达渝、邻垫路PQI（路面使用性能指数）得分94分；大竹服务区获评“四川省五星级服务区”，邻水、荆坪服务区获评“四川省四星级服务区”；广邻路通过竣工验收，实现公司所辖项目竣工验收工作清零。

智慧交通建设 完成邻垫路隧道机电系统改造、高清视频（含应急二期）改造、收费站服务器升级共24项8 400万元机电建设及改造投资。加快平安智慧隧道创建，实现“两客一危”预警、智能调光、应急模拟、综合监控管理四项智慧隧道功能，隧道安全管理水平大幅提升。在集团内首家试点直购电项目，每年节约隧道电费20万元。推进移动支付建设，全线24个收费站68条车道实现移动支付全覆盖。新建自由流虚拟站52个，改造ETC车道94条，升级25个收费站服务器，完成25个收费站和3个分中心收费网络安全体系建设，实现并网收费。在铜锣山隧道管理所建设职工培训中心，完成教学体系、培训方案编排，打造安全体验馆、机电实巡室、ETC模拟车道等5个现场教学点，经省总工会评估，被列为系统内首家“省级职工教育培训点（基地）”。

南广高速公路 游向平 摄

安全管理 与高速交警、交通执法开展联合调研，摸排全线行人上路、交通事故多发路段、地质灾害易发点，投入治理资金224万元，落实整治措施57项，整治安全问题29项；建立51个类别风险管控清单，明确二级风险2个、三级风险8个、四级风险41个，制作安全风险四色电子分布管控图41幅，各作业场所和设施设备风险告知卡400余份，开展高速公路法律法规宣传30次、路面巡查8 126次，收取路产补偿费627万元，办理达州市通川区张家坝段设置声屏障、广安市枣山片区与物流片区连接线工程下穿南广高速公路等穿（跨）越事宜15件，收取路产占用费839万元；全面落实安全生产主体责任，开展隐患排查治理、“双重”预防建设、安全文化建设等工作，成功处置2起危化品车辆、1起超高车辆损坏4座人行天桥事故。全年未发生安全生产责任、源头安全管理和较大以上事故，交通事故下降32.43%，行人死亡人数下降25%，公司获“2019年度广安市安全生产先进企业”称号。

内控改革 出台公司《薪酬管理办法》《绩效考核办法》及配套人事制度，建立个人履职能力考核与团队绩效考核相挂钩的考核机制，优化职位轮换，拓展职业空间。通过组织推荐、竞聘上岗，选拔充实4名中层管理人员，实现个人、团队、公司协同发展；采用员工自荐与部门（科室）负责人推荐相结合方式，探索建立企业内训师队伍。组织48名中高层管理人员到浙江大学学习，46名收费转岗人员参加机电技能培训，成功申报2名高级工程师，24名员工入选川高智慧高速技能人才培养计划；坚持“转岗不下岗”原则，探索收费体制改革后人员分流路径，采取班子成员分片包干、“一对一”交流方式，开展收费岗位调研，强化收费人员机电、交通服务等业务培训，完成2个川渝省界站取消后的人员安置工作；实现内控启动、风险评估、建设阶段目标，完成138项制度对标、89项流程梳理、14项访谈记录、290项穿行测试、118项流程图确认、265条风险分析、37项缺陷整改，编制涉及公司治理、发展战略等20个板块的《川东公司内控管理手册（初稿）》并试运行。加强法律事务管理，通过法律手段维护公司权益，强化法律顾问过程监督考核，提高应诉成功率。全年民事应诉案4件，索赔218万元，采取法律手段后赔偿20万元，公司被交投集团评为“2019年依法治企先进集体”。

（川东公司）

内宜宜水高速公路营运管理 2019年，川南公司在内宜、宜水2条高速公路营运管理方面主要做了以下工作：

收费管理 完善收费管理制度，强化日常监管，推行绩效考核，鼓励创新创效，通过精细管理提升工作效率、服务质量和管理能力。实施货车计重收费优惠政策到期终止及货车差异化收费工作。加强与高速交警、交通执法、地方公安及周边路网公司协调配合，分阶段开展各类专项打逃、追缴行动，查处各类逃费车辆3.5万辆次，增、补收通行费258万元。加大对临免、绿通、危化品车辆的检查和管控，把好源头责任关；配合公安机关开展高速公路扫黑除恶专项斗争，提高综合治理能力。“6·10”跨省逃费专案基本结束，对13名犯罪嫌疑人依法作出判决，维护收费秩序。妥善开展省界收费站拆除工作，加强政策宣贯和对外宣传，提前营造舆论氛围；新建门架38座、敷设光电缆35公里、新（改）建车道60条、安装调试收费移动支付设备51套；加强与云南水麻高速公路工作对接；公司各级领导和干部职工24小时驻站值班，靠前指挥，按期完成四川（冠英）省界收费站撤除、全国收费系统并网切换任务。全年，公司实现通行费收入6.31亿元。

四川冠英（省界）收费站鸟瞰图　　川南公司 供图

综合管理　坚持全面预算管理，严格控制成本费用，多渠道组织筹措资金，确保公司高效运转。分阶段完成现场访谈、穿行测试、流程图绘制、缺陷报告、内控手册初稿的修改和确认，启动内控制度试运行工作。摄制宣传片《四川（冠英）收费站大棚拆除纪实》在《学习强国》平台播放。

经营管理　开发利用回收闲置土地，与交投系统物流公司对接，筹划打造川南物流中心，盘活资产。做好宜宾南收费站改（扩）建工程后续工作，及时收回资金，确保项目收益安全归位。

安全管理　强化红线意识，做好路面大修整治、涉路施工、穿跨越工程安全管控，排查处置一般隐患82处，处置率98.78%，实现安全监管与整改到位闭合管理。新增GPS同频闪烁警示灯、匝道黄慢灯、事故多发路段减速标线等交通安全设施，配备360度事故现场勘察照明灯、车载实时监控系统、道路救援预警系统等安全应急设施，加大科技治安力度，保障安全通行环境。联合宜宾市叙州区应急管理局等单位，在金沙江特大桥开展危化品运输车辆泄漏事件综合应急演练，提升应急抢险救援能力。

养护管理　加大养护投入，投入养护工程费用7 500万元，完成急、难、险、重养护任务；落实桥梁安全运行十项制度，定期开展桥涵、隧道经常性检查，确保桥涵结构物完整和通行安全；加快推进自宜段路面大修整治续建工程进度，强化现场质量管理，完成66公里单幅沥青罩面及路面修补。对5个互通立交区、2个服务区、2个停车区进行绿化改造，改观路容路貌。完成2处拱涵加固、3处边坡抢险、声屏障增设、桥梁中墩防护等自主设计、自主监理工程项目，节约设计及监理费用，降低运营成本。

服务区管理　对宜宾东服务区、冠英停车区实施提升改造，协调服务区经营单位及地方水站、电力部门，解决用水用电问题；明确服务区绿化养护单位的养护责任，整体环境明显改善；落实公司、管理处、服务区工作站三级检查考核日常监管模式，定期联系当地食品、药品、安监、消防等单位到服务区检查指导工作，提升服务品质。

环境综合治理　严格执行工程建设“三同时”制度；加强对养护施工场地环境保护、水土保持、废旧材料再生循环利用，及时完成水源保护区标志牌设置、服务区雨污分离改造工程。

（川南公司）

西攀攀田泸黄高速公路营运管理　2019年，攀西公司在西攀、攀田、泸黄3条高速公路营运管理方面主要做了以下工作：

项目建设　探索总结改（扩）建工程建设管理经验，围绕“精细化管理 标准化建设”目标要求，把握加宽改造工程“边建设、边通车”特点，加快推进项目建设。1月1日，泸黄高速公路全线完成中面层铺筑，实现春节前六车道双向开放通行目标，缓解了西昌市交通压力。6月1日，项目实现主线双向贯通，比预工期提前1年。9月30日，公司克服西昌互通枢纽结构物多、桩基施工地质复杂、交通组织压力大的困难，实现西昌互通主线通车目标，比计划提前1年。全年完成投资12亿元，为年度计划投资目标11.9亿元100.8%；累计完成投资37.1亿元，占概算总投资38.4亿元96.6%。泸黄高速公路主线通车建设通过交工验收。项目建设以来，全线“路照建、车照跑”，未发生安全责任事故，进度、投资整体受控。德会高速公路建设工作稳步实施，公司积极做好前期工作，加快推进项目各项专题评审报批工作。1月10日，德会公司完成工商注册。9月19日，省交通运输厅对初步设计进行批复；9月28日，举行开工典礼。全年完成10亿元工程建设投资目标。

收费管理 以收费业务标准化为基础，全面提升收费管理水平。全年完成通行费收入7.709亿元，完成年度收费目标任务7.52亿元102.53%。以收费标准化建设为契机，落实差异化收费政策，编制完善新收费管理制度，按照“发卡量、收费额、优质文明服务、堵漏增收”四项考核指标，开展收费业务稽核管理，对收费人员进行全方位考核。强化对内稽查扩展稽查内容，通过加强现场管理和稽核稽查，严厉打击偷逃通行费行为，全年查处各类逃费车辆35 968辆次，追缴通行费收入271.05万元。在“改革撤站”工作中，建设ETC门架系统44套，完成车道改造63条，完成“改革撤站”工作任务，实现并网切换。

服务管理 强化服务区监管，提升公共服务水平。持续巩固攀枝花、米易和德昌服务区创建成果，不断拓展“服务区+”和完善服务区功能，不断优化服务区硬件设施，安装调试汽车充电桩；开展服务区精准扶贫专柜建设，推动服务区管理提档升级，实现“服务区+”模式新突破。

西攀高速公路　　攀西公司 供图

养护管理 以构建“畅、洁、绿、美、安”的行车环境为目标，开展路容路貌专项整治工作，辖区行车环境大力提升：对路面路基桥梁以及交安设施科学管养，采用新工艺新技术，通过开展热再生试验，探索路面修复技术，科学做好道路养护管理工作；热再生技术在西攀高速公路推广应用31.66公里，形成地方标准和一套成熟工法。结合攀西地域特色，不断提升道路绿化品质，改观路容路貌，行车环境更安全、舒适、快捷；与西昌市政府合作，将泸黄路道路两侧绿化带建设工作纳入城市绿色规划，打造蓝花楹景观带，营造路景合一行车环境。加强日常养护巡查与检查，坚持对道路设施经常性检查，做到病害早发现，隐患问题早整改，提高路面修补质量，增强道路质量使用寿命。西攀、攀田高速公路平均双向公路技术状况指数MQI（道路技术状况指数）96.13，PQI（路面使用性能指数）94.88，优良路率100%。攀田高速公路通过“五好”高速公路验收。

安全管理 以安全标准化建设为契机，围绕“安全、畅通、高效、优质”工作目标要求，将安全工作落实到操作层面：不断完善各级安全组织，落实“一岗双责”，及时传达贯彻各级安全会议精神，深刻吸取安全事故教训，认真分析安全生产形势，总结部署阶段性安全生产工作，重点开展雨雾、汛期等特殊时期隐患排查整治。履行“一路四方”单位职责，统筹资源、协调行动，高效处置各类涉路影响施工推进问题。针对泸黄路加宽改造实际情况，公司在按规范要求设置交安设施设备基础上，按照依据事实、确保安全原则，开展区域化全覆盖监管手段：一是将改（扩）建路段分为三个区，每个区配置路安保畅分队，创新联合巡查模式，实行定向管理，确保分流及时；二是结合建成后运营需求，提前在路段全覆盖补充安装监控视频探头，纳入联合指挥中心，实现施工路段车辆通行实时监控、自动巡检，第一时间掌握车辆流量、流速及事故情况，达到扁平化、可视化、精准化管控目的；三是在重点施工路段补充安排专职瞭望观察员，实现高密度、高频率、高效率网格化管理，确保车辆有序进入施工路段，提升通行效率；四是通过增加远端分流、控制货车通行、控制交通总量等措施以确保主线流量受控，保障车辆在施工路段通行顺畅；五是通过现场提示牌、远端电子情报板及电视、微信、抖音等媒体手段加大宣传力度，引导社会公众客观认识工程建设，合理规划出行线路。

（攀西公司）

成绵高速公路营运管理 2019年，成绵公司在成绵高速公路营运管理方面主要做了以下工作：

收费管理 强化收费管理，确保车道开启率，减少车道争议处置时间，将收费目标任务层层分解，全年通行费收入超8亿元，创历史新高。对内强化稽查监督职能，开展质量交叉检查，结合月度优胜评比活动，规范员工操作流程，提高员工服务水平，强化员工廉洁意识。对外加强与高速公路交警、执法大队协调配合，开展稽核临界车、ETC、MTC车等异常车数据，查处及追缴各类逃费车辆70辆次，追缴通行费19.53万元。推进“取消省界收费站”工程建设，完成13对ETC门架建设与改造工程；完成16条ETC专用车道和39条ETC车道的改造工程；完成光电缆铺设4万米；完成收费公路改革撤站人员转岗前期准备工作，确保取消高速公路省界收费站工程并网切换任务完成。

成绵高速公路广汉收费站　　成绵公司 供图

路产管理　提高巡逻质量，尽早清除路面障碍，及时消除事故隐患。路产人员全年参与处理交通事故及路产案件1 667起，比上年减少38起，下降2.2%。清排障4 177辆次，增长0.09%。突发事件平均响应事件7.92分钟/起，平均处置时间25.78分钟/起。

养护管理　按照预防为主、防治结合原则，围绕"路容靓丽、功能完善、安全舒畅"养护管理目标，日常小修保养实行自主养护与委托外包相结合的管理模式：保洁与绿化管养执行委托外包养护管理模式、路基路面小修和交安设施恢复等日常性工作执行自主养护管理模式。小修保养完成交通安全设施、路面、桥涵病害及服务设施日常维修1 534处；完成重大节假日、特殊活动、礼宾车队等各类迎检特情养护作业153次；开展车祸事故现场抢险、抛洒物处置、交安设施抢修372起；完成日常小修保养费用810万元。日常安全隐患排查397次，整治一般隐患162项，完成整治费用80余万元。完成专项养护工程5项，涉及路面养护维修、桥梁定期检查、水毁恢复处治、景观绿化品质提升、路面技术状况检测等项目，专项养护累计投入费用4 287万元。

（成绵公司）

雅西高速公路营运管理　2019年，雅西公司在雅西高速公路营运管理方面主要做了以下工作：

收费管理　科学分析测算通行数据、分解目标任务，加强路面施工和清障救援管理力度，减少车辆分流情况，落实"应免不受、应征不漏"政策，收取车辆通行费12.45亿元，比上年增长29.3%；减免通行费0.3亿元，占通行费收入2.4%；加强对鲜活车水产运输车等免费车辆检查力度，减免通行费比上年减少270万元；开展稽查工作，依法对各类偷逃通行费行为进行查处，处治逃费车辆1.6万辆次，挽回通行费损失169.85万元，完成年度目标任务178.8%，向公安机关移送偷逃通行费犯罪嫌疑人9名，6名被刑拘，沿线收费秩序持续好转。适应收费政策重大调整，平稳实现货车优惠政策到期终止和20—30座客车降类取消优惠，落实四川省高速公路差异化收费政策；收费服务能力增强，全路线收费站开通第三方移动支付功能；土山岗临时收费站于9月30日完成撤站工作；完成服务区经营租赁费用收缴工作，超额完成三产收入；政企合作项目成效显著，灵山收费站开通试运行，冕宁收费站改（扩）建工程等政企合作项目顺利推进，竞得冕宁拓展区土地4.49公顷，为公司产业多维度延伸发展奠定基础。

安全管理　深化监控轮巡、路安巡逻和联勤巡查有机结合的道路巡查方式，有效提高巡查效率和力度，发现并整治道路隐患170处，整治率100%。推进"双重"预防体系建设，监理完善施行《危险源辨识与风险评价清单》等，按照风险类别、危险程度和严重后果实行分类分级管理，强化安全风险防控。持续优化应急抢险和交通组织保障能力，荥经段K1958+600处大型塌方现场得到高质量处治，冬季、汛期、春运等特殊时节应急保通水平进一步提高。编制实施《道路养护施工作业标志标线布设和安全监管办法》《道路养护施工作业安全监管和考核办法》等，从制度保障上强化施工现场安全监管和考核，组织开展为期半年的涉路施工作业安全综合专项治理行动，施工作业安全管理水平得到进一步提升，全年未发生一起施工安全责任事故。完成安全生产标准化二级达标复审，形成《雅西高速运营期安全保障与管理措施评价研究项目》报告，探索和总结山区高速公路安全生产管理经验并取得成效。坚持"科技治安"，足额使用安全生产和机电专项经费，组织实施中央活动护栏、隧道进出口等交通安全设施升级改造工程，定期检测雾天防雾灯、隧道LED灯等，推动智慧山区高速安全运行水平预警信息化、管理职能化建设。持续强化超载超限及危化品运输车辆监控工作，劝返超载超限车18 574辆次、危化品运输车18 226辆次。持续开展道路安全风险点监测，对瓦厂坪路段干海子特大桥等进行持续监测，确保道路平稳运行。全线发生交通事故476起，比上年增长23%。死亡人数比上年下降12.5%，受伤人数比上年下降30%。

养护管理　实施预防性养护措施，及时处治道路病害，完成10座特殊桥梁年度定期检测，PQI（路面使用性能指数）92.82。实施路线景观绿化品质提升工程，打造"路景合一"和"畅安舒美"的通行环境。养护保畅攻坚克难，科学安排施工组织方案、有效保障通行效率，高效实施瓦厂坪应急抢险处治工程、荥经及石棉段

15公里路面中修工程，瓦厂坪山体变形路段于10月1日恢复双向双车道通行。K1971+770处人行天桥拆除从断道到恢复交通仅12个小时。推动冕宁收费站改（扩）建等36项专项工程进程，完成荥经安检站及互通改造、突破荥经县进出“瓶颈”制约，汉源服务区核心区房建主体工程、石棉南服务区及互通立交、冕宁服务区及互通立交均完工。成立设计咨询室，增加完善部门职能，继续推行自行设计和自主监理，完成自行设计7项、自主监理11项，节约经营成本约70万元。

服务管理 全年累计服务通行车辆618万辆次。按照川高公司加快向高速公路生活方式服务企业转型发展重要战略部署，从高速公路传统出行服务的优化升级出发，加强窗口服务队伍建设，分类实施星级评定；打造站容站貌、路容路貌等公共区域对外形象，推进“五好”高速公路建设、“厕所革命”工作；加强维护升级改造，进一步提升道路运行效率；强化环保和生态高速理念，助节能减排和污染防治；加强扫黑除恶、打黄扫非等综合治理。雅泸高速公路获第十七届中国土木工程詹天佑奖、四川省科学技术进步奖三等奖及全省运营高速公路路域绿化品质提升“最美高速公路”奖，登上2019年“千万网民心中的四川奇迹”“影响四川十大工程”榜单，“平安、和谐、美丽、幸福”雅西高速公路品牌效应逐步显现。

2019年11月5日，雅西高速公路灵山收费站正式开通营运 陆川 摄

（雅西公司）

乐雅高速公路营运管理 2019年，雅眉乐公司在乐雅高速公路营运管理方面主要做了以下工作：

营运管理 深化三项制度改革，规范一般管理人员薪酬体系，开展属地化社会招聘。修订财务、人事、后勤等一系列制度，编制《招投标管理办法规范性文件汇编》，开展内控制度体系建设，严格执行预算管理，提升治理水平。和相关营运高速公路公司与西南交大开展校企合作培训，在公司开展新入职管理人员及新提拔站队室级管理人员培训、公文写作培训、法律风险防控能力培训，开展收费业务流程操作、窗口服务、卡票款管理、收费稽查、机电基础知识等业务培训，分批次到川高公司稽查监控中心轮训，开展第一期“青年启航计划”培训。开展“四风”专项整治，监督招投标、招聘等重要环节，对收费管理、安全生产等重点领域进行效能监察，把牢廉洁风险；开展安全隐患排查，迅速处理汛期边坡垮塌事件，把牢应急风险；引入竞争性谈判机制选聘代理律师事务所，加大律师事务所工作过程管控，把牢诉讼风险；全面清理公司债务，追回国有资产，把牢债务风险，提高公司风险防控能力。乐雅高速公路“五好高速”创建达标，在全省高速公路年度服务质量评价中排名第四位；监控中心获乐山市“青年文明号”称号；东岳收费站共青团省委表彰为“优秀志愿服务团队”；公司“天下峨眉、乐雅至美”品牌获首届交通运输行业优秀文化品牌推选展示活动“优秀文化品牌”称号。

收费管理 收取车辆通行费2.29亿元，比上年增长3%。货车优惠政策到期终止、高速公路货车差异化收费等政策平稳落地，改革撤站、联网收费系统切换等任务完成。完成20个ETC门架新建、6个5.8GHz路径标识站升级改造、53条收费车道改造和10个分离式入口治超点改造，21名员工通过川高公司智慧高速技能人才选拔考试。制定重大节假日、重要任务工作预案，编制收费、稽查、监控管理标准，开展关键业务与人员履职情况稽查8 084次；建立打击偷逃通行费长效机制，查处逃费车辆12 977辆次，增收84万元。制定机电维护人员暂行管理办法、机电专项工程进度考核管理办法，针对性开展机电基础知识和技能培训12期138人次；完成新增ETC车道工程、入口治超系统升级改造、监控视频高清改造和隧道机电提质升级等机电硬件设施改造升级任务。机电故障数比上年减少35.18%。对收费工作进行一对一或不定时监控稽核，及时发布路况信息，报送各类信息7 500条，接听“12122”服务热线1 385次。

路产安全 出台《安全生产风险源辨识》《安全责任清单》，配备专职安全环保管理人员，将“一岗双责”落实到责任人。开展消防安全知识技能培训、消防逃生应急演练，不定期在服务区、沿线乡镇及学校进行安全知识宣传，留存宣传记录，规避安全风险。检查维护应急物资，保证应急救援基础；实现“四统一”（收费标准、服务流程、人员着装、车辆外观统一），执行“52050”（5分钟内出警，20分钟内到达现场，50分钟内处置完毕）响应机制，保证应急救援效率；开展汛期

乐雅高速公路　　雅眉乐公司　供图

应急处置演练，成立公司应急救援队伍，保证应急救援的能力。制定系统的施工审核方案，规范作业区布控及交通组织，各个环节合法合规。从硬件和软件上打造路产管护大队，制定路产管护大队稽查管理办法，强化半军事化管理。全年巡逻里程41.73万公里，清除沿线安全隐患1 253处，收取路产赔偿46.76万元、排障费18.95万元。

养护管理　完善养护施工单位管理考核办法，将施工单位的履约考核与计量支付挂钩。定期巡查路面病害、桥涵隧、高边坡、波形护栏、标志标牌等，指定专人负责公路技术状况评定工作，对存在病害有针对性地及时养护和预防性养护，确保道路路况稳定。从施工方案、施工组织、养护机具、材料、施工工艺、中间计量、完工验收等方面入手，强化施工现场质量管理，日常养护工程采用实时交工验收程序，专项养护工程采用过程抽检、交工检测程序。完成收费站污水设施升级改造工程、6处边坡蹓塌处治工程、声屏障工程及隧道洞口交安设施提档升级工程现场施工。肖家山、光华山隧道病害处治工程有序推进，景观绿化提升工程完成现场施工，全线失效标线部分修复，23处中央活动护栏完成升级改造。

服务区管理　瓦屋山服务区成功创建“四星级服务区”。服务区管理平台使用率加大，对商家、加油站、停车场、卫生间、消防设施等监管加强。开展“情系旅途”、民工返乡暖心志愿服务等，提供常用非处方药品、纸杯、咨询、热心帮扶等服务，发放旅游宣传资料等2 300余份，受到过往司乘及游客好评。夹江服务区完善场区全景摄像机，瓦屋山服务区接入自来水，增设户外休息区、应急用房、司机之家、母婴室、残疾人卫生间、LED屏和车位提示系统等。瓦屋山服务区设立旅游展览室，展示全线景区景点旅游宣传资料和宣传视频，拓展交通旅游服务功能，提升乐雅高速公路形象。

（雅眉乐公司）

成德南高速公路营运管理　2019年，成德南公司在成德南高速公路营运管理方面主要做了以下工作：

收费管理　做好通行费增收工作，开展对外打逃专项活动6次，主要整治假冒鲜活车辆、降档逃费车辆、货车数据错位等逃费行为，全年查处偷逃通行费车辆7 279辆次，追缴通行费46.51万元。加快推进ETC车道建设，基本完成12条货车ETC的设备安装工作；基本完成12个收费站入口广场治超设备安装；计划改造的51条ETC车道、15条ETC专用车道投入使用，24条混合车道完成设备安装及调试。按照川高公司统一部署，完成辖区路段12处ETC门架建设和4处5.8GHz路径标识站改造，51条ETC车道建设等相关软硬件升级改造及入口广场治超系统改造工作；全部完成现有门架及车道改造，完成软件调试，全部投入使用。落实差异化收费政策，费率切换期间，辖区内无群体性事件发生。开展机电维护工作，组织对全线12个收费站及监控（分）中心机电设施设备维护维修出勤431次，巡检827次，处置各类故障问题431次。全年收取车辆通行费9.27亿元，比上年增长25.78%；累计车流量1 965.84万辆次，比上年增长12%。

项目建设　开展西平互通建设，完成项目建议书及工程可行性报告审批，因基本农田影响和收费站需增设养护工区，拟报三台县发展改革局二次审批；组织设计单位重新编制完成工程可行性报告，通过绵阳市公路学会审查；完成监理及监理试验室比选工作，与三台县交通运输局签订水禽及湿地保护区影响评价报告编制协议书。开展鸣龙互通建设，完成项目建议书、工程

成德南高速公路长岭岗隧道　　成德南公司　供图

可行性报告和施工图及预算审批工作，完成监理及监理试验室比选、设计交底、涵洞（K22+710、EK0+108、FK0+025）变更设计工作。完成金堂老服务区改造工程一阶段、三台管理处配套用房工程施工图设计文件审查并印发正式图纸。取得沿线青白江、金堂、中江、三台、盐亭、西充、射洪7个区（县）不动产土地权证。完成沿线管理处、收费站污水处理设施修复工程现场建设，取得第三方水质检测报告。

养护管理 全面完成路域景观绿化品质提升试点工作，打造高速公路生态美丽走廊。受川高公司委托，编制养护工程项目内业资料统用表（土建部分），在川高系统下发使用。做好预防性养护工作，加强病害处治及时性，下发维修通知单1 137份，验收单1 137份，在规定时间内完成病害处治，确保高速公路总体技术状况处于优等水平。

安全管理 安排部署各项安全生产工作，确保目标责任层层分解，落实到位、责任到人。安全生产形势平稳，路产案件、清排障、交通事故等参考数据比上年降低，安全生产总体可控。交安专项工程有序推进，整体路况始终保持较高水平。做好冬季大雾、低温雨雪、冰冻灾害下道路保通、保畅、保安全工作，辖区路段未发生因路面结冰而导致的行车安全事故。开展汛期安全生产大检查，制定防汛工作方案，落实“汛前排查、汛中巡查、汛后复查”工作制度，突出重点路段、重点区域、重点部位，以点带面，确保检查工作“全覆盖、无死角”，安全隐患全面清零。规范、加强路维清障设施、设备管理工作，开展路维清障技能培训，加强督导，针对性做好救援力量储备工作，清障救援及时、高效，全年无有效投诉引起的负面事件发生。联合执法大队共同打击各类违建行为，对全线单立柱等广告牌进行拉网式隐患排查，凡存在安全隐患的，责令其相关单位立即整改，对辖区沿线桥梁、涵洞下部空间违堆、违建进行联合清理行动。组织开展多种安全宣传教育活动，开展2019年度职工安全教育系列培训会，提升安全生产意识。做好涉路施工管理，履行主体责任，真贯彻执行“安全第一、预防为主、综合治理”方针，全年未发生涉路（占道）施工安全事故。严格落实“回头看”检查制度，全年未发生源头性安全责任事故。

服务区及三产管理 将服务区品质星级化、设施完善化、管理规范化、服务人性化、物业专业化等标准要求融入服务区日常管理。实现服务区营运管理和监督检查在线化、常态化、智能化。组织开展服务区管理培训班，对服务区管理人员进行系统性培训，深化服务区规范化建设。完成成都青白江区港城大道占用成德南高速公路永久用地费用补偿协议书的签订及补偿费用的缴纳工作。对路线沿线广告牌脱落、铁架锈蚀等影响运营安全情况开展拉网式安全隐患排查，要求沿线广告单位加强自查自纠。

（成德南公司）

雅康高速公路营运管理 2019年，雅康公司在雅康高速公路营运管理方面主要做了以下工作：

收费管理 11月20日，雅康高速公路正式收取车辆通行费，全年收取车辆通行费1.00亿元（其中雅康高速公路初步清分收入1 831万元），比上年增加3 629.2万元，增幅57%；通行车辆1 167万辆次，其中第一批开通四个收费站（多功、天全、新沟、泸定）通行635.4万辆次，比上年增长15.59%；累计完成对外CPC卡调配132 450张。开展稽查42次、联合各部门进行大检查4次。完成取消省界收费站工作，完成全线20个ETC门架系统建设、30条ETC专用车道、29条ETC/MTC混合车道改造的设备安装工作、调试工作。

第三产业 非路产业经营平稳开展，三产经营收入346万元，完成各项工作目标。

智慧交通建设 按照“六层三体系”构架要求，以路段视频监控全覆盖为基础，以藏区高速公路大数据平台一期工程（雅康中心）为依托，融入智能交通视频分析、智能分流、泸定大渡河特大桥实时监测、智慧服务区等定制化智慧系统，形成具有雅康特色的平安智慧建设方案。监控中心发布信息2 008次、视频轮巡4 380次、处理事故218起。营运管理信息化子系统完成架构设计，初步实现收费核心业务及时上报，员工信息一手掌握，全体人员GPS定位+面部识别打卡。

雅康高速公路康定连接线升航特大桥 雅康公司 供图

服务管理 成功创建“五好”高速公路。天全服务区成功创建四星服务区，雅安、泸定服务区顺利创建三星服务区。

（雅康公司）

公路管理

GONGLU GUANLI

概　况　2019年，厅公路局推进治理体系治理能力建设，公路行业管理服务水平持续提升。①“放管服”改革深入推进。普通公路省本级5项行政审批事项全部纳入省政务中心统一受理，实现全程网办和“最多跑一次”。开通跨省大件运输并联许可平台2.0系统。协调受理70余件穿（跨）越方案审查。依规完成20余个收费审批项目。②路政和收费管理不断加强。2020年1月1日0时，全省19处省界站正式全部取消，正式并网切换运行。物流降本增效深入推进。累计建成166个固定超限检测站，启动15个普通公路治超管理系统建设试点。推进路政“四基四化”建设，深化交通、公安联合执法机制。开展收费公路立项报批和审查服务。国道212线南充市顺庆区西河大桥至西充县龙门桥段何家观收费站、原省道305线隆雅路富顺至荣县段、原省道106线洪雅至仁寿段先后停止设站收费。有序推进收费统计，按时发布《2018年四川省收费公路统计公报》及解读。③安全应急管理不断强化。开展隧道提质、长陡下坡安全隐患治理等专项行动，举办地震联合应急演练，应对白格堰塞湖、汶川暴雨泥石流以及长宁地震等突发自然灾害，全年未发生重大安全事故。④道路管养水平全面提升。完善桥梁风险监测，推进隧道提质升级等专项行动，圆满完成国检工作，命名编号调整顺利收官，系统部署缓堵保畅工作。

（厅公路处、厅公路局）

普通公路科技“治超”　2019年，厅公路局推进四川交通运输行政执法综合管理信息系统公路“治超”管理应用立项工作。确定乐山、遂宁、攀枝花、巴中等市共15个“治超”站作为项目试点先行系统建设和信息化改造，指导巴中平昌、南充仪陇、乐山犍为等地开展不停车检测和非现场执法工作，加快实现部、省、市、站四级联网和“治超”现场监督管理以及“治超”数据共享。

（厅公路局）

大件运输许可服务　2019年8月1日，四川省跨省大件运输并联许可平台2.0系统上线，四川省和陕西省作为交通运输部确定的试点省份，正式为全国大件运输企业提供更为高效便捷的审批服务。全省全年办结跨市（州）超限运输申请126 477件，跨省超限运输申请20 523件。

（厅公路局）

大件运输许可服务大走访　2019年3月至8月，厅公路局在全省开展以“深度调研、精准对接、主动服务”为主题的大件运输许可服务大走访活动。本次活动中，省级走访工作组走访德阳、乐山、凉山等6个市（州），组织15个市（州）审批工作人员开展大走访业务培训，上门走访企业8家，对60余家企业集中宣贯政策，建立片区服务微信群4个。摸清全省大件运输相关单位基本情况，并在审批部门和申请企业间搭建健康有效的沟通渠道，宣传大件运输审批服务及相关政策。结合企业提出的建议及诉求，完善四川省审批系统申请时间与审批时间不一致的系统漏洞，新增企业呼吁的超限证自动作废功能，进一步精简企业需提交的申请材料，从而优化审批服务工作，提升企业办证效率。

（厅公路局）

普通公路限高限宽设施和检查卡点专项清理行动　2019年7月至12月，厅公路局开展普通公路限高限宽设施和检查卡点专项清理行动。通过建立专项行动工作群，召开核查工作专题会，加大明察暗访力度等方式，督促指导地方认真组织开展清理行动。全省各地以此次行动为契机，梳理管辖范围内公路限高限宽设施和检查卡点设置情况，实行台账式管理，坚决整改规范违法违规设置的限高限宽设施和检查卡点，取得阶段性成效。此次专项清理行动中，全省普通公路累计排查清理限高限宽设施和检查卡点1545处，规范限高限宽设施和检查卡点825处，拆除124处。

（厅公路局）

航务管理

HANGWU GUANLI

概　况　2019年，全省航务海事系统坚持科学发展、安全发展、绿色发展的理念，加大水上安全设施设备投入，统筹推进渡改人行桥、安全监测巡航救助一体化、中高洪水位防洪桩建设、客船提档升级等本质安全工作；完善水上交通风险源辨识与管控，推行海事监管标准化管理、汛期中大型船舶“人盯船”制度、落实水上交通安全预警响应处置程序，水上交通职责进一步明确，管理制度机制进一步完善，确保全省水上交通安全形势稳定。大力推动运输结构调整，积极拓展港口腹地范围。在非法码头整治、砂石运输大幅减少的情况下，水路运输货运量逐步平稳增长，周转量增长态势良好，水上旅游成新的增长点。

水运建设市场管理　2019年，全省有在建水运重点工程7个，其中港口工程1个，航电枢纽6个，完成投资42.10亿元。各项目质量、安全、造价总体受控，生态环保、农民工工资支付等专项工作开展情况较好，水运建设市场管理工作形势总体稳定，市场秩序总体趋好。一是开展建设市场督查和自查。省、市两级主管部门严格执行《水运建设市场监督管理办法》，以省级行业监督指导、市级属地管理监督的方式开展省、市两级建设市场督查工作。结合2019年重点工作，针对水运建设市场中的招标投标领域突出问题整治、农民工工资支付保障、工程建设环境保护政策落实情况、建设程序执行情况、设计变更管理、信用评价奖惩、建设领域扫黑除恶等专项活动开展重点监督，并将水运建设市场督查列入“双随机、一公开”抽查事项清单和“互联网+监管”事项目录清单，健全完善抽查机制，科学制订检查计划，在综合检查中引入第三方检验检测机制。全年开展省级综合检查7次、专项检查1次，检查梳理问题41个，全面整改上年度检查中发现的37个问题，整改率100%。针对督查和自查中发现的问题，厅航务局督促市级交通运输主管部门和项目业主建立问题台账，研究整改措施，加强整改，确保检查形成闭环。

水路运输发展专题研究　2019年，厅航务局对水路运输发展进行专题研究。一是按照中共四川省委十一届三次全会的要求，开展长江上游航运中心建设思路研究。二是落实运输结构调整三年行动计划，开展水运比较优势研究，分江分片区进行调研，分析比较水路运输发展优势，并提出引导运输结构调整、吸引适水货源的建议意见。三是通过实船试验摸清嘉陵江航道条件及航行成本、探索研究适宜嘉陵江的优良船型，为畅兴嘉陵航运找准方向。

水路运政审批　2019年，厅航务局承接交通运输部下放的许可备案事项，及时将相关办理信息对外公布，并指导企业完成无船承运业务备案后做好运价备案，全省新增无船承运企业60余家。按照交通运输部和省政府要求在四川政务服务网上完善行政审批指南，优化审批备案流程，水路运政暨港口许可事项全面实现网上办理。

“双随机一公开”监管　2019年，厅航务局全面推行“双随机、一公开”（即在监管过程中随机抽取检查对象、随机选派执法检查人员，抽查情况及查处结果及时向社会公开）联合监管。按照交通运输部“双随机、一公开”检查制度，制订《2019年四川省国内水路运输市场督查工作计划》，按比例随机抽取运输企业4家、市级管理机构4个、县级管理机构4个，通过联合检查减少对生产企业的影响同时提高检查效率。

绿色港口建设　2019年，厅航务局加快港口岸电改造，推动靠港船舶使用岸电。泸州港、宜宾港和南充港15个泊位建成岸电设施15套并推广使用。全省公务船舶靠港码头使用岸电完成75%以上，泸州、宜宾港靠港集装箱船舶全部使用岸电。持续推进港口与船舶污染物接收、转运和处置设施建设方案建设任务，截至2019年底，17个市（州）全部完成方案编制工作并由市政府印发，且均完成75%以上建设任务。

全省水上交通安全形势 2019年，全省航务海事系统继续贯彻落实国家和四川省关于推进安全生产领域改革发展的意见精神，坚持科学发展、安全发展、绿色发展的理念，抓紧抓实水上交通安全及船舶防污染，认真落实安全监管责任，维护辖区水上交通安全形势，全年未发生统计范围内水上交通安全事故，实现“不跑一艘船、不死一个人、不发生一起事故”的目标，全省水上交通安全形势持续稳定。

安全责任链条建立健全 2019年，厅航务局持续推动落实安全生产主体责任，完成企业主体责任清单、地方党政责任清单以及涉水部门监管责任清单的编制修订工作，确定水上客运企业试点单位。明晰安全监管职能职责。进一步厘清各相关涉水部门职责，固化涉水部门、有船乡（镇）、封闭水域管理机构等对通航水域、非通航水域及各类船舶的安全监管责任。

规范安全检查督查 2019年，厅航务局落实《安全督查工作制度》要求，明确督查内容和督查流程，实现督查方案、督查内容、结果反馈、问题跟踪、闭环管理全过程制度化管控，促进安全督查工作向规范化、标准化、流程化转变。加强对客船、危险品船、砂石船等重点船舶，渡口、桥区、滩险、砂石作业点等重点水域的管控。全年派出督查组39个，发放督查通报23份，督查渡口51个、船舶79艘、船舶停靠点18处，发现问题及薄弱环节61处。

风险防控及隐患治理 2019年，厅航务局推广运行水上交通安全风险管控及隐患排查信息系统，落实风险防控及隐患排查治理双重预防机制，开展对水上交通风险源排查和定级工作，督促市县两级航务海事机构按照风险等级加强对风险源的巡查管控，加强对排查出安全隐患的跟踪，落实人员完成闭环管理，全年辨识排查风险源700个左右，其中，红色等级1个，橙色等级3个，黄色等级106个。

餐饮类船舶专项整治 2019年，全省航务海事系统整治餐饮船舶环保问题121起，搬迁21艘、拆解53艘，广元、成都将全市餐饮船全部接入市政污水网管中，确保餐饮船舶排放和停泊安全，全省餐饮船舶较2017年的165艘减少到82艘，68艘正常营业，14艘处于停业中，其中，18艘船舶污染物全部打包上岸，24艘接入城市管网，26艘安装生化处理设备。

水污染防治行动计划 2019年，泸州、宜宾、乐山、自贡、内江等17市完成港口和船舶污染物接收、转运及处置设施建设方案编制工作；自贡、泸州、宜宾、内江等17市印发实施船舶污染物接收、转运、处置监管联单制度及联合监管制度。省交通运输厅、住房城乡建设厅、生态环境厅联合出台《关于加强船舶水污染物转移处置联合监管的通知》，明确全省污染物转运处置方式、单证要求和监管职责。推进港口船舶污染物接收、转运和处置设施建设，8个市（州）完成港口规划，泸州、宜宾、乐山、自贡、内江、广元等13个市完成建设方案编制工作并由市政府印发，并完成建设任务的50%以上。

视频监控及巡航一体化建设 2019年1月4日，厅航务局印发《关于加强码头及船载视频监控系统建设管理工作的通知》，要求各地加强组织领导、明确监管主体。从视频监控的规划建设、监管、应用运行维护等环节把关，确保视频监控系统统一规划建设，打破“数据壁垒”，加强视频监控系统运行管理，建立完善信息安全制度。强化视频接入和监控抽查。经排查，全省仍在运行的视频监控有1 076个点位，接入省级平台698个，同时局监督处、运输处以指导和应急目的对局接入的视频系统进行抽查，督促各地强化视频监控值守工作，对视频中发现的问题及时向当地进行通报，以确保监控系统发挥纠错功能，保障水上交通安全。强化船舶定位设备的配备，截至年底，全省累计安装AIS船载定位终端1 075套，试点应用北斗定位系统34套，占船舶总数的11%。同时，推进监测巡航救助一体化工作。172个规划建设中，在建48个、未开工70个、完工54个。南充、巴中两市市级水上交通安全监管系统启动项目前期工作。

渡改桥撤渡 2019年，厅航务局推进渡改人行桥建设及撤渡清理工作。新建成渡改人行桥23座，在建15座，

2019年，建成的梓潼珠砂渡改人行桥 厅航务局 供图

沿江临水群众出行更加安全便捷。推进建桥撤渡，撤销建桥但未撤渡渡口32座，20座落实替代出行方案，全省渡口减少至886个，较“十三五”初减少33%，渡运安全隐患明显降低，水上交通安全得到显著提升。

渡改桥建桥撤渡工作专题会 2019年6月20日，省交通运输厅在成都召开渡改桥撤渡工作专题会，厅党组成员、总工程师陈乐生出席，厅公路局、厅航务局和厅相关处室负责人，以及自贡、泸州等8个市（州）交通运输局、航务局和12个重点县交通运输局负责人参加。会议通报自2011年以来全省渡改桥项目建设及其撤渡工作情况，各市（州）局汇报渡改桥建设及撤渡情况和下一步安排，厅相关处室和厅直单位作针对性发言。陈乐生强调，一要进一步加快在建项目建设进度和质量，在2020年完成全面取消一二类江河渡口的工作目标。二要做好已建桥的撤渡工作，在项目完工具备通行能力后，及时撤除渡口设施及标识，全面停运渡口。三是对短时无法撤销的渡口，要强化渡口渡船管理，加快渡口安全设施建设，全面实现渡口建设标准化、渡船监管信息化、渡工管理规范化，确保渡运安全通畅。四要严格控制新增渡口，原则上非新增水域不再增设渡口，对新增水域确需增设渡口的，要充分论证和从严把关。五是当前正值主汛期，各地要按照部、省、厅的要求，抓好抗震减灾及防汛度汛工作，确保行业安全形势的持续平稳。

高洪水位防洪桩建设 2019年，为解决汛期高洪水船舶系缆系泊问题，厅航务局将中高洪水船舶防洪桩建设纳入巡航救助一体项目中落实。要求各地结合辖区江河水势流态、河床底质、船舶分布情况，合理推进沿江防洪桩布点，规范辖区防洪桩强度、埋深等建设标准统一防洪桩建设标准。同时，强化防洪桩运用管理，以市为单位对辖区防洪桩统一编号，逐一确定地理坐标位置、着醒目色彩，并结合船舶防汛“一船一策”制度的相应要求，对每条船舶明确其防汛停泊具体桩号。全省建成500余套高洪水位防洪桩，船舶安全停泊度汛得到保障。

船舶管理 2019年，厅航务局推进船舶开航前自查和进出港报告制度，督促航运企业及业主落实主体管理责任。督促地方航务海事系统加强对半年一次的船旗国监督检查落实。并对船龄20年以上客船，25年以上货船进行清理，建立老旧运输船舶台账，全省有20年以上客渡船376艘，25年以上货船310艘，分别占船舶总数的4%和3%，督促各地积极向当地政府及交通主管部门汇报，从安全和环保入手提高老旧船舶的改造。成都从源头消除隐患，对不合格船舶全部吊离上岸并撤解。

船员管理 2019年，厅航务局全力运行质量管理体系，建立完善船员培训机构淘汰退出机制、异地调派审

2019年，船员理论无纸化考试现场 厅航务局 供图

核组长机制、异地增设培训点机制，不断优化船员培训、考试及发证管理工作，便利船员，坚持船员理论考试无纸化工作，督促地方2019年汛前完成持证船员集中安全教育培训，全省完成1.3万名船员集中安全教育。

通航安全管理 2019年1月18日，厅航务局印发《金沙江向家坝升船机通航调度规程（试行）》，共七章36条，进一步规范向家坝升船机的通航调度工作，保障船舶安全、有序、便捷、高效地通过向家坝枢纽河段。3月26—29日，厅航务局联合云南省航务管理局、三峡集团枢纽运行局对向家坝、溪洛渡库区水域开展巡航检查，主要针对库区水上交通安全、环保等内容，派出海巡艇5艘、执法人员30余人，巡航里程200余公里，检查码头（船舶停靠点）8处、渡口5个、各类船舶27艘、修造船点2处，并向近百名船员进行现场安全宣传，发现问题12类，均移交属地航务海事机构和三峡枢纽局依法处理，其中，行政处罚3起，发出整改通知书8份，打击库区水域超载、夜航等违法违规行为，并开启两省三方对库区水域联合管理的长效机制。

四川省航务海事综合信息平台建设 2019年，全省航务海事综合信息平台建设工作初具成效。一是初步完成各类业务系统开发工作。整合现有各类业务系统，初步完成海事监管、建设工程、航务综合、安全监测、水路运输、航道信息等6类业务主线、17个业务系统的开发工作。建成集运行动态监测监管、综合业务办理、现场监督检查等功能于一体的综合管理服务平台，实现省市县三级航务海事机构的业务协同。二是初步建成水路交通行业数据中心。协调部海事局完成9 742艘船舶船检、11 068个船员基础业务数据下发工作，梳理船舶营运、港口经营等营运数据，对接部南海保障中心完成长江、岷江、嘉陵江以及金沙江进出川船舶动态数据的采集工作。汇总全省渡口码头基础数据，收集嘉陵江、岷

江、渠江、金沙江、涪江、沱江等6条主要江河闸坝、桥梁、取水口等通航要素数据，建立通航要素基础数据库。梳理核心数据关联关系，建成船舶从建造、经营、买卖、拆解全过程，从业人员从入职、培训、晋升、退休的全职业，通航设施从建设、运行、维护、改造全周期的数据链条。形成全域关联、广泛互联的行业数据中心，统一为安全监管、应急救援、公共信息服务提供数据服务。三是开发建成现场检查移动端。在印发《安全监管标准化指南化》基础上，结合安全监管一张图建设，实现动态运行监测与现场监督检查业务的有效融合，基本实现“业务办理一平台、公共服务一中心、全面感知一张网、安全监管一张图”的行业信息化建设构架。

智慧海事建设 2019年，厅航务局探索研发“客渡之眼”客渡船智能监管设备，利用人工智能新技术，融合监管服务需求和后台应用数据，探索研发客渡船专用智能监控设备，实现船舶适航状态智能检测、船舶载客智能监督、救生衣穿戴智能识别、船舶航次智能报告、载客人数智能统计等五大功能。眉山市黑龙潭景区2艘旅游船以及乐山大佛景区3艘旅游船进入运行。建设2套船舶动态智能监测终端，建成具备船舶入境检测、船舶流量监测、船舶装置核查、电子抓拍等功能的智能断面管控卡口，两套卡口分别部署在金沙江和长江两江的川滇、川渝交界水域。

应急救援演练 2019年5月30日，省市联合水上交通

2019年5月30日，省市联合水上交通安全暨船舶防污染应急演练现场 厅航务局 供图

安全暨船舶防污染应急演练在富顺县沱江和釜溪河交汇处举行。本次演练首次展示气垫船、无人机、智能救生圈、水下机器人等先进设备，设置有气象预警发布、信息处置、自救互救、人员救助、事故升级指挥决策、消防灭火、转移事故船舶、防污染处置、水环境监测、装备及队伍展示等10个科目，参演船艇17艘，参演人员200余人。通过演练，验证水上运输事故应急预案的实用性和科学性，检验省、市联动应对和处置水路交通突发事件的能力，锻炼应急队伍，积累实战经验。省交通运输厅党组成员、总工程师陈乐生到演练现场指导。本次演练由四川省地方海事局、自贡市交通运输局、富顺县人民政府承办。四川省应急管理厅、自贡市人民政府、自贡市生态环境局、应急管理局、交通运输局和富顺县人民政府、全省21个市（州）海事局以及相关地市交通运输局等单位领导及相关人员到现场观摩。

行业先进典型宣传 为进一步加强行业先进典型培树，结合庆祝中华人民共和国成立70周年，2019年4

2019年9月17日，省交通运输厅党组成员、总工程师陈乐生（左六）参加成都场次报告团 厅航务局 供图

月—9月，厅航务局开展“蜀水逐梦 传承奋进”行业先进典型宣传活动。经地方各单位推荐、媒体挖掘采访，全省航务海事系统推出张豪龙、周溢辉等12名行业先进典型，组成先进典型事迹报告团，先后在南充、乐山、成都巡回报告，从不同角度、不同层面讲述先进典型的感人事迹，对“不忘初心、牢记使命”的内涵进行诠释，展现航务海事干部职工忠诚担当、奋发向上的精神风貌，激发干部职工的奋斗活力。

水上交通安全知识进校园系列活动 2019年，全省各级航海事部门结合实际，开展水上交通安全知识进校园系列活动。一是开设水上交通安全教育主题讲座。厅航务局于6月10日上午在成都外国语学校举行水上交

2019年，组织孩子们走进海事 厅航务局 供图

通安全知识进校园活动，近2 000名师生参加活动。全省各级航务海事部门主动与当地教育部门联系，围绕活动主题，因地制宜开展水上交通安全知识的主题讲座。二是开展航务海事开放日活动。有计划组织部分学生开展课外实践活动，内容包括实地观看水上救生演练、参观海巡艇等，通过直接观摩增强水上交通安全意识和安全防范能力。三是印发水上交通安全知识教育指南和水上交通安全知识宣传册2万余份，宣传内容包括乘船安全知识，救生衣、救生浮具的使用方法，安全过渡的注意事项等。

船检业务 2019年，全省完成船舶检验8 719艘次、172.91万总吨，累计功率82.23万千瓦，其中客船99 778客位，图纸审查89套，全省63家船厂完成产值1.6亿元，完成各项业务工作。

船舶检验业务培训 2019年，为解决渔船检验人员紧缺问题，厅航务局按照交通运输部海事局关于做好内河渔船检验业务培训、适任制资格考试统一安排，分别组织三批资质考试工作，全省有235人次参加培训考试。通过考核增强全省渔业船舶检验技术力量，推动渔船检验改革深入落地，并将渔船和商船检验相结合。

2019年，全省内河渔船检验业务适任制资格考试 厅航务局 供图

船型标准化和新能源船舶 2019年，厅航务局持续完善船型标准化体系，完成船型标准化设计专项工作，研究适合长江上游地区中转运输的200标箱左右标准船型，适合渠江和金沙江干支直达30标箱、60标箱船型主尺度系列，适用于四川境内嘉陵江、岷江以及干支中转的60标箱、100标箱和150标箱船型；研究开发长江5 000吨级标准散货船型；研究设计适合嘉陵江、岷江1 000～2 000吨级散货船标准船型；设计完成金沙江滚装船船型。同时开展全省20、30客位新能源船舶标准船型研究设计和16米级新能源海巡艇设计研究工作，积极试点新能源在全省旅游船和公务船艇的应用。

渔船检验 2019年，根据国家机构改革方案和《中共四川省委机构编制委员会关于调整交通运输厅机构编制事项的通知》精神，原农业厅渔船检验和监督管理职责划入省交通运输厅，划转后，按照政事分开的原则，渔船检验监督和行业指导等职责由厅运输管理处承担；渔船检验职责由厅航务局（省船舶检验局、省地方海事局）承担。2019年，四川省交通运输厅、四川省农业农村厅联合出台“关于四川省渔船检验和监督管理工作的指导意见”，开展渔船建造中期检验、营运检验等工作。

船检业务技能比武 2019年，按照交通运输部海事局相关要求，厅航务局组织开展全国船检业务技能比武初赛，并从中选出优秀人员参加全国比赛，厅航务局获得全国船检业务技能比武大赛国内运输河船组团体三等奖，敖梓鹏获国内运输河船组个人一等奖、黎映松获国内运输河船组个人二等奖，李明坤获国内运输河船组个人三等奖。

（本栏目供稿单位：厅航务局）

2019年，厅航务局参加全国船检业务技能比武大赛 厅航务局 供图

道路运输管理

DAOLU YUNSHU GUANLI

概　况　2019年，全省交通运输行业按照2019年中央经济工作会议、省委十一届三次、四次全会和省委经济工作会议、全国和全省交通运输工作会议精神，落实“巩固、增强、提升、畅通”八字方针总要求，着力提高综合交通运输网络效率，降低物流成本，确保安全稳定，推动科技创新，继续打好三大攻坚战。全年完成客运量7.2亿人次、旅客周转量437.7亿人公里，比上年下降11.1%和6.1%；完成货运量16.3亿吨、货物周转量1 527.5亿吨公里；新增174个乡镇、4 520个建制村通客车，完成年度目标的174%和151%；完成投资33亿元，占年度目标的106%。

道路运输脱贫攻坚　2019年，全省道路运输脱贫攻坚成效显著。建制村通客车加速。新增174个乡（镇）、4 520个建制村通客车，完成年度目标的174%和151%，乡（镇）、建制村通客车率分别达99.1%和98.3%，11个市提前实现具备条件的乡镇和建制村100%通客车。出台“三项标准”、落实1.97亿元省补资金、建成“可视化”监管系统等工作得到交通运输部肯定。农村物流发展深入。建成42个乡镇运输服务站，农村物流网络节点覆盖率（通邮率）达94.71%。推进邮政、快递进站经营，试点开通9条“交邮、交快”合作线路，道路运输企业、邮政快递企业和新型农业经营主体融合发展的良好局面初步显现。站场基础设施夯实。部省补助资金90%投向贫困地区基础设施建设，建成6个精准扶贫地区县级客运站，88个贫困县客运站全覆盖。建成乡镇客运站241个、村级招呼站（牌）5 303个，覆盖精准扶贫地区90%以上的乡镇和89%以上的建制村。全年完成中央脱贫攻坚巡视反馈的33个闲置乡镇客运站整改。

2019年，泸州市开展道路运输车辆集中安装ETC活动　厅运管局 供图

投资及民生实事任务全面完成　2019年，全省道路运输完成投资及民生事实任务。完成投资33亿元，为年度目标的106%。按期实现普通货运车辆网上年审。年审数量超1.87万件，为经营者减负1亿元。提前建成应用汽车维修电子健康档案系统。实现21个市（州）和一类汽车维修企业汽车维修电子健康档案系统全覆盖，累计上传数据551万条。完成营运车辆ETC安装任务。全省40.2万辆营运车辆安装ETC，通行高速的公路客车安装率100%。“厕所革命”成效明显。新建17个、改建108个汽车客运站厕所，三级及以上汽车客运站“厕所革命”全覆盖。堵点问题顺利解决。实现驾驶员背景网上核查，出租汽车从业资格证申请人不再提供相关证明。驾培服务改革持续推进。760所驾培机构全部提供“计时培训计时收费、先培训后付费”服务模式，月均学员选

择率11.32%。“司机之家”建设开局良好。建成并投用成都传化物流公路港“司机之家”。

完善行业新型监管体系 2019年，全省道路运输行业新型监管体系加速完善。“放管服”改革纵深推进。年内下放省级事项2项，向自贸区授权许可事项6项，行政审批事项取消2项。推行证照分离改革，道路运输站场经营许可等2项试行证明事项告知承诺制，凡是没有法律法规依据的证明一律取消，市、县级许可事项90%实现“最多跑一次”。事中事后监管纵深推进。制订出台行业严重违法失信行为联合惩戒办法及备忘录，实现跨部门联合惩戒。整合执法监管、社会监督和第三方监测等“三网数据”，创新实施重点监控名单、黑名单和曝光制度。“双随机、一公开”抽查制度落实到位，抽查重点道路运输企业62家。数字监管平台初步建成。集准入审批、业务管理和安全监管于一体、道路运输领域业务全覆盖的全省道路运输综合管理与服务信息平台试运行，省市县三级所有道路运输事项全部纳入省政府“一体化”平台运行。

道路运输绿色发展 2019年，全省道路运输绿色发展稳步实施。绿色维修提质升级。实施机动车尾气排放检测与强制维护（I/M）制度，建成M站923家，开展尾气治理维修38万辆次，机动车首检超标率逐年下降。升级改造喷烤漆房4 802个，920家维修企业推广使用低挥发性涂料水性漆，降低挥发性有机物有害物排放。二类及以上汽车维修企业危险废物贮存场地“三防”设施全完善。绿能装备比重持续提高。落实达标车型核查制度，道路运输新能源、清洁能源车辆达8.2万辆，占全部营运车辆13%。城市公交新增和更新车辆中新能源车比重超过90%，全省城市公交车辆88%为新能源与清洁能源公交车。城市绿色出行基础夯实。全省公交车辆达3.4万辆，年客运量超40亿人次，公交专用道总里程突破1 000公里，居全国各省（自治区、直辖市）前列。安排资金1 000万元，推动成都、自贡、泸州、眉山等4个城市开展智能公交系统建设。成都市地铁在营里程341公里，年客运量跃居全国第五。共享单车日最高使用量超过300万人次。

道路客运服务体系 2019年，全省道路客运服务体系进一步完善。2019年完成客运量7.2亿人次、旅客周转量437.7亿人公里，比上年下降11.1%和6.1%。供给结构更趋合理。新增定制客运试点线路72条，填补“门到门”客运服务空白。持续落实24小时在线和轨迹可追溯制度、趟次运输量报备制度、重点卡口查验制度，超长客运车辆从2018年底的868辆萎缩发展至581辆。联程运输发展加快。开工建设18个综合客运枢纽站，覆盖全省95%的高铁站。德阳、自贡、遂宁、宜宾等城市建成投运城市候机楼，开通机场快线，实现“地空联运、无缝对接”。成灌铁路犀浦站创新国铁与地铁安检互信、同台换乘，全国率先实现“零换乘”。区域运输一体化发展加快。成都、眉山、德阳等地开通视高至兴隆、广汉至青白江、广汉至新都等3条毗邻城市公交化客运班线。成都平原经济区成都、德阳、资阳、眉山等4市和川南经济区内江、自贡2市实现公共交通支付互通、互惠。精准监管体系更加完善。建成电子围栏，升级包车客运管理系统，为道路客运规范发展奠定科技基础。修订出租汽车服务质量信誉考核办法，打通驾驶员记分管理渠道，为提升出租车服务质量奠定法治基础。完成16.7万名网约车驾驶员、10.7万辆网约车辆合规认证，滴滴平台自2019年9月起不再新接入不合规人员。

道路运输行业安全形势 2019年，全省道路运输行业安全稳定形势持续向好。发生道路运输行车事故156起，死亡187人，比上年分别下降20%和18.34%，未发生重大及以上道路运输行车事故。责任体系不断完善。制订出台安全监管权责清单和监管工作手册，安全生产清单制管理落实，法定职责和权责边界更加明晰。企业主要负责人和安全管理人员考核工作启动。精准监管不断强化。应用联网联控结果，17 893名驾驶员被记分，305名驾驶员被依法吊销从业资格证并列入“行业禁止进入

2019年11月，交通运输部副部长刘小明（左三）乘坐地铁2号线查看安全保障工作

交通宣传中心 供图

名单”，该举得到交通运输部副部长刘小明肯定。风控能力不断提升。排查整改隐患3 156个，整改率100%，公布2批40家高风险客货运输企业名单。落实8 000万元省级专项补助，全省“两客一危”主动安全智能防控系统安装全覆盖。开展营运客货车驾驶员安全文明驾驶教育培训和考核，累计考核近20万人次。应急能力不断增强。完成中华人民共和国成立70周年“逐梦兴川”彩车专项运输保障任务、“8·20”汶川强降雨特大山洪泥石流应急抢险队伍和群众应急运输任务，以及春运等重点时段、世警会、中韩青少年体育交流活动运输任务。印发道路运输领域信访矛盾情况分析报告。

推进全省道路运输行业扫黑除恶专项斗争 2019年，全省道路运输行业扫黑除恶专项斗争工作进一步推进。乱象治理取得新成效。查处217起线索，查处非法营运“黑车”1.45万辆、违规经营2.41万辆次，取缔“地下班线”19条，查处和纠正驾培行业乱象825起。集中约谈70家网约车平台公司，全覆盖开展进驻检查执法。打伞破网取得新突破。移交政法机关、纪检监察部门黑恶线索56条，协调政法机关处罚非法组客人员1 500余人次，行政及刑事拘留318人，打掉10个犯罪团伙，并以非法经营、强迫交易、寻衅滋事等罪名判决相关罪犯。系统内6人被判刑、4人被开除公职、11人被党纪政务处分。扫建并举取得新进展。建立健全系统内外的定期会商、数据共享和部门联动等三项机制，推动定制客运纳入政府规章，实现运管机构“单打独斗”向多部门“齐抓共管”转变，从简单上路执法“人防”向大数据、电子眼、天网等“技防”以及物理设置专区等“物防”相结合转变，从点向线、面上延伸。

全省道路货运集约化发展 2019年完，全省道路货运降本增效，集约化发展取得突破。全年完成货运量16.3亿吨、货物周转量1 527.5亿吨公里。创新实施“宽进严控”试点思路，引导24家企业开展无车承运人省级试点，规范推动9家无车承运人国家试点，整合货运车8.6万辆，单车里程利用率70%以上，交易成本降低10%。联运机制创新完善。全国率先与地方铁路局建立共同推进货物多式联运和旅客联程运输发展合作机制，3个国家级多式联运示范工程有序推进，“一单制”在全国推广。开工建设5个公路货运枢纽，实现70%以上市（州）建有公路货运枢纽。国际跨境运输破冰试水。西部陆海新通道跨境（公路）货运班车开行3条主力线路，成都至东南亚公路货运开启四川西部陆海新通道。

（本栏目供稿单位：厅运管局）

工程质量监督管理

GONGCHENG ZHILIANG JIANDU GUANLI

概　况 2019年，全省各级质监机构以工程质量安全为核心，以法规、标准为准绳，开展公路、水运、地方铁路项目监督检查、现场抽检、量化评价等工作，打造品质工程；在交通建设领域开展安全生产专项整治和隐患排查治理工作，深化平安工地建设；围绕提高试验检测能力和检测结果可靠性，开展比对试验检测和盲样检测，不断提升交通建设项目质量安全监管能力，为全省公路水路完成投资1 805亿元提供质量安全保障。

2019年，全省交通质监工作会在成都召开　　厅质监局 供图

监督工作扎实有力。各级质监机构加大人员组织调度和经费保障，不断完善和创新项目监督管理，“监督工作组+专家+第三方检测机构”监督方式广泛推行，重

点项目监督推行清单制、台账制管理，引入大数据、远程视频监控技术，全年对32个在建高速公路项目3 405公里、3个重点水运项目、7个地方铁路项目376公里实现监督检查和质量抽检两个100%全覆盖，全年开展监督检查6 900余人次，发现问题2 800余个，实体抽检61万余点，查处工程质量投诉举报15起，约谈14家单位。地方铁路监督方面，理顺地方铁路监督工作机制，明确项目监督任务受理流程，将项目日常监督、专项监督、综合监督、实体检测频次纳入合同管理，抽检总体合格率99.8%，地方铁路建设质量明显好转和提升。

品质工程深入推进。部分建设投资人强化品质工程理念，编制公路水运品质工程建设指南，将品质工程相关内容纳入项目招标文件，加大品质工程创建力度。新开工高速公路项目100%实现桩基旋挖施工等11项四新技术应用，全省高速公路项目四新技术总体使用率近90%，浆砌边沟、小型模板等落后工艺均被淘汰，组建近500个标准化班组。公路实体质量总体可控，高速公路一次性抽检总体合格率97.29%，基本达到全国平均水平。钢筋保护层厚度指标提升明显，多个项目达到80%以上。6个高速公路通车项目交工验收质量评定合格率100%，近3年完成竣工验收的41个高速公路项目质量鉴定合格率100%，优良率92.7%。国省干线、农村公路交工验收合格率分别为100%、99%。厅质监局组织的主要原材料双重盲样编号抽检合格率95.5%，比上年提升4.3个百分点。全省近20个交通建设项目获得国家或省部级以上工程奖项，创建4个“四好农村路”国家级示范县和17个省级示范县，品质工程创建取得突破性进展，工程质量总体保持稳步提升态势。

安全风险防控取得实效。各级质监机构加大节假日、汛期、日常、专项、综合等安全监督检查力度，开展防高坠、电气火灾、瓦斯隧道等专项安全治理活动，省、市质监机构安全专项检查派出监督组238组次（其中暗访组24组次），出动检查人员742人次，督查在建项目240个，排查整改隐患924项。按照安全风险分级管控机制和隐患排查治理机制，对高速公路、重点水运、地方铁路等项目推行“监督责任人+清单台账制+销号制”管理，对2019年在建的80座特长隧道、137座特大桥、95座特殊结构桥梁、39座瓦斯隧道等重要工点建立完善风险和隐患分级管控台账，推进挂牌监督。推进“科技兴安”，高速公路项目均建立安全VR体验馆，多个项目运用BIM数字化技术建立施工安全风险管控平台，推广实时视频监控、智能门禁系统、人员实时定位系统等安全管控先进技术。全省26个在建重点公路水运项目平安工地建设考核均达到合格，全年交通建设领域节假日未发安全事故，未发生重特大安全生产事故，特别是水运建设项目实现事故零发生。

交通脱贫攻坚项目监督成效显著。建立农村公路质量监督长效机制，印发《四川省农村公路质量监督办法（试行）》《关于进一步加强农村公路建设质量监督管理的指导意见》，全面推进农村公路质量监管7个标准化建设。依照脱贫攻坚项目规划，对全省22个通乡通村项目进行质量监督抽查，总体合格率86.8%，对扶贫领域巡视发现的10类质量问题全部整改并通过验收，为高质量实现通乡通村两个100%提供监督指导。

脱贫攻坚项目监督有成效。印发《四川省农村公路质量监督办法（试行）》《关于进一步加强农村公路建设质量监督管理的指导意见》，建立健全农村公路监督制度。省、市、县三级质监机构加大监督检查和质量抽检力度，组织29家试验检测机构对全省18个市（州）69个区（县）371个农村公路项目进行免费帮扶检测，完成各类巡视巡查发现问题的整改，实现脱贫攻坚项目验收全部达标，为创建“四好农村路”17个省级示范县和4个全国示范县发挥质量控制监督和验收把关作用。

市场监管服务水平双提升。推进“最多跑一次”改革，将监理和试验检测行政审批事项纳入“四川一体化政务服务平台”，编制办事指南，优化办事流程，严格落实“首问责任制”和“限时办结制”，2019年，办理监理检测资质事项136项，人员注册注销3 637人次，按时办结率和群众满意度均为100%。以信用评价为抓手，对违法失信行为进行处罚，2019年，对61家监理企业的227个监理合同段、202家试验检测机构的509个工地试验室及现场检测项目进行信用评价，信用评价扣分处理145家单位、172人次。开展监理工程师“挂证”整治，清理挂靠人员900多人次，维护公平竞争的市场环境。

质量监督体系建设 2019年，省、市、县三级质监机构加强监督力量调配，加大监督经费保障，全省监督经费2 800多万元。不断完善和创新项目监督管理，强化项目质量安全动态管理，推行“监督工作组+专家+第三方检测机构”监督方式，重点项目监督推行清单制、台账制管理，对32个在建高速公路项目3 405公里、3个重点水运项目、7个地方铁路项目376公里实现监督检查和质量抽检两个100%全覆盖。加快建设质量安全监督管理平台，打造智慧质监，部分在建高速公路项目施工监控视频、试验检测数据接入，监督人员可远程查看关键工点视频监控及试验检测数据。

工程质量监督 2019年，全省各级交通运输质监机构进一步强化现场监督检查，开展监督检查6 900余人次，发现问题2 800余个，实体抽检61万余点，查处工程质量投诉举报15起，约谈14家单位，为提升项目质量安全水平和按期完成目标任务起到促进作用。对22个高速公路及重点水运项目开展主要原材料“双重盲样编号”抽检，共抽取原材料1 111组，合格1 061组，合格率

95.5%，总体合格率比上年提升4.3%，建设单位依据抽检结果自觉规避不合格材料生产商，规范建设市场。

品质工程建设 2019年，四川省新开工高速公路项目全部实现桩基旋挖施工等11项“四新技术”应用，高速公路项目“四新技术”总体使用率近90%，浆砌边沟、小型模板等落后工艺均被淘汰，组建近500个标准化班组。近20个交通建设项目获国家或省部级以上工程奖项，创建4个“四好农村路”国家级示范县和17个省级示范县，品质工程创建取得突破性进展。

地方铁路质量监督 2019年，厅质监局加强与省政府铁建办、成都铁路监督管理局协调沟通，理顺地方铁路监督工作机制，明确项目监督任务受理流程，监督地方铁路项目10个，固化“监督工作组+专家+第三方监督机构”的监督模式。规范监督工作机制，将项目日常监督、专项监督、综合监督、实体检测频次纳入合同管理，明确项目安全事故报送流程。开展地方铁路监督检查15次，发出监督整改通知单15份，发现和督促整改各类问题293个，实体质量检测超过47 000点，抽检总体合格率99.8%，比上年提高8%。

交（竣）工质量验收 2019年，厅质监局对当年通车的汶马、营达、泸黄等7个高速公路项目提前介入组织交工验收质量检测工作，交验检测紧跟工程施工进度推进，及时发现问题并督促整改，有效解决项目时间紧未能预留交验时间等问题，确保完成省交通运输厅通车目标任务。对内威荣高速公路、宜泸高速公路、成都第二绕城高速公路西段等7个项目开展竣工验收质量复测工作，其中绵遂高速公路遂宁段、宜泸高速公路、映汶高速公路、内威荣高速公路4个项目出具竣工验收质量鉴定报告，其余3个项目待质量问题整改完成后出具质量鉴定报告。

高速公路质量监督 2019年，全省高速公路一次性抽检总体合格率97.29%，其中，路基工程98.86%，路面工程98.28%，桥梁工程91.12%，隧道工程98.05%，抽检合格率达全国平均水平。钢筋保护层厚度指标提升明显，多个项目达80%以上。6个高速公路通车项目交工验收质量评定合格率100%，近三年完成竣工验收的41个高速公路项目质量鉴定合格率100%，优良率92.7%。国省干线、农村公路交工验收合格率分别为100%和99%。

安全监督检查 2019年，厅质监局加大安全监督检查力度，排查突出安全问题38个，对照问题逐一核查销号，确保交通运输建设领域安全生产形势持续平稳。开展安全生产月、安全生产大检查暨专项整治工作、汛期专项检查、隧道专项检查、电气火灾等安全专项活动，各级质监机构派出监督组238组次（其中暗访组24组次），出动检查人员742人次，督查在建项目240个，排查整改隐患924项，保障了全省交通建设领域安全生产。针对全省高处坠落事故多发现象，组织开展“反三违，防高坠”安全专项整治，梳理在建项目5米、20米、40米及以上的高处作业点，对现场作业安全防护的执行和监督检查提出具体要求。

平安工地建设 2019年，厅质监局按照建设单位自评、属地市（州）交通运输主管部门考核以及省交通运输厅复核的程序，组织完成全省高速公路和重点水运工程建设项目平安工地考核评价工作。考核23个高速公路和1个重点水运项目（包括24个建设单位、224个施工合同段和94个监理合同段），考核结果均达到合格等级。拟定《四川省公路水运工程平安工地建设管理和考核实施细则》，进一步明确省、市两级交通主管部门平安工地监督职责，规范项目从业单位平安工地建设考核程序，并将平安工地建设与信用评价考核挂钩。全年交通建设领域节假日未发安全事故，未发生重特大安全生产事故，水运建设项目实现事故零发生。

交通脱贫攻坚项目监督 2019年，为助力交通脱贫攻坚，提升“四好农村路”建设品质，182个县交通质监机构对农村公路实施全覆盖质量监督。厅质监局在调研21个市（州）5 216个农村公路项目基础上，印发《关于进一步加强农村公路建设质量监督管理的指导意

2019年，厅质监局工程师志愿帮扶检测农村公路　　厅质监局 供图

见》，明确农村公路监督流程和重点，促进监督工作规范化和标准化。依照脱贫攻坚项目规划，对全省22个通乡通村项目进行质量监督抽查，总体合格率86.8%，对扶贫领域巡视发现的10类质量问题全部整改并通过验收，为高质量实现通乡通村两个100%提供监督指导。强化业务指导及技术帮扶，对贫困地区交通运输及质监人员、驻村干部、综合帮扶队员、村两委等15 000余人进行专题技术讲座，组织29家公路工程试验检测机构对全省18个市（州）、69个区县、371个农村公路项目进行免费帮扶检测，为促进农村公路质量提升提供监督。

资质资信管理 2019年，厅质监局推进“最多跑一次”改革，将监理和试验检测行政审批事项纳入“四川一体化政务服务平台”，编制办事指南，优化办事流程，严格落实“首问责任制”和“限时办结制”，全年办理监理检测资质事项136项，人员注册注销3 637人次，按时办结率和群众满意度100%。以信用评价为抓手，对违法失信行为进行处罚，对61家监理企业的227个监理合同段、202家试验检测机构的509个工地试验室及现场检测项目进行信用评价，评出监理企业AA级6家、A级49家、B级6家，试验检测机构AA级5家、A级79家，信用评价扣分处理145家单位172人次。开展监理工程师“挂证”整治，清理挂靠人员900余人次。

（本栏目供稿单位：厅质监局）

造价管理

ZAOJIA GUANLI

概　况 2019年，省交通运输厅加强交通造价行业监管和指导，强化全省重点交通建设项目造价管理，交通造价管理工作取得成效。造价管理体系制度建设方面，全面贯彻实施《四川省公路水运工程造价管理实施细则》，修订《四川省高速公路项目建设工程造价监督管理实施细则》；开展交通运输部颁布新计价依据宣贯工作；组织全省交通造价业务能力提升培训；建立完善四川省交通建设工程造价咨询内部专家库，整合发挥行业技术力量。工程造价审查方面，主动抓关键环节，提高审核效率和审核质量，全年完成各类工程项目造价审核39项，送审724.6亿元，审核718.9亿元，审减5.7亿元，审减率0.8%。工程造价监督管理方面，拟定《全省在建高速公路造价监督检查工作方案》；开展年度造价分析和专项费用测算分析。造价定额管理方面，根据新颁布计价标准开展补充规定编制工作；加强材料价格信息管理，制订《四川省交通建设工程材料价格信息采集及综合计算规则（试行）》；发布材料价格信息四期。

交通建设造价管理体系建设 2019年，省交通运输厅全面贯彻实施《四川省公路水运工程造价管理实施细则》，修订《四川省高速公路项目建设工程造价监督管理实施细则》。组织开展全省21个市（州）交通运输局造价管理工作调研总结会，对各市（州）造价工作进行全面调研、评价和考核。组织召开全省造价管理工作会议，明确全年造价工作重点，下达工作目标任务。开展交通运输部颁布新计价依据宣贯工作，邀请主编专家及行业专家专题授课，全省200余名造价人员参加培训。组织全省交通造价业务能力提升培训，各市（州）造价站、厅相关处（室）及厅直单位60余人参加。建立完善四川省交通建设工程造价咨询内部专家库，在造价审核、材价评审、造价监督检查等重点工作中实施专家工作制，整合发挥行业技术力量。

工程造价审查 2019年，厅造价站加强工程造价审核把关。主动抓关键环节，提高审核效率和审核质量，在咨询审查过程提前介入、过程指导，建立造价审核联系会议制度，实行多行业专家协同审核制度，开展重大设计变更现场复核，实地了解具体点位、变更原因及变更方案。全年完成各类工程项目造价审核39项，送审724.6亿元，审核718.9亿元，审减5.7亿元，审减率0.8%。其中，重点建设项目初步设计概算审核6项，送审258亿元，审核257亿元，审减1亿元，审减率0.4%；调整概算审核1项，送审57亿元，审核58亿元，审增1亿元，审减率1.85%；施工图预算审核10项，送审378亿元，审核375亿元，审减3亿元，审减率0.8%；重大变更设计预算审核18项，对德都高速公路、巴广渝高速公路、营达高速公路等7个出现项目变更的进行工地现场复核，送审19亿元，审核16亿元，审减3亿元，审减率14.2%；水运工程项目审核1项，送审12.5亿元，审核11.7亿元，审减0.8亿元，审减率6%。

交通工程造价定额管理 2019年，厅造价站根据交通运输部颁布新计价标准开展四川省补充规定编制工作。3月，在全国率先启动人工工日单价测算工作，通过2个月测算对比，对执行新计价标准主要影响因素进行定量分析，按照规范性文件制定程序，及时出台四川省补充规定。同时，通过收集新计价标准使用情况，向交通运输部路网中心反馈新定额使用意见，提出查漏补缺建议。加强补充计价依据查定，组织对水磨钻机钻孔、柔性防护网、轻质泡沫混凝土三项公路工程补充定额进行实地测定、数据分析和专家评审，根据专家评审意见完成修改；加强对巴中市造价站等开展隧道机械开挖工程补充计价依据编制的技术指导，形成的部分成果在厅造价站备案。制定补充定额需求条目定期征集计划，根据实际需求和四新技术推广应用需求，组织开展2019年度实地查定工作。为进一步提升对特大型复杂公路建设工程的计价能力，组织相关单位前往广东省汕头市苏埃通道工程现场调研，为同类复杂大型盾构隧道项目的投资控制、造价管理、成本核算等提供借鉴。加强材料价格信息管理，针对材料价格信息管理中的代表性、时效性等方面存在的问题，结合新计价标准要求，制订《四川省交通建设工程材料价格信息采集及综合计算规则（试行）》，从2019年二季度起全面执行，明确材价信息采集、编制、发布的基本原则和具体规则。同时，按计划开展材料价格信息发布四期。

2019年，厅造价站工程师到成都市砂石料场调研砂石价格
厅造价站 供图

工程造价监督管理 2019年，厅造价站强化在建项目监督检查，结合四川省在建高速公路项目情况，拟定《全省在建高速公路造价监督检查工作方案》，落实监督检查责任，明确工作内容和分工，并于11月开展在建高速公路项目造价监督检查工作。开展竣工决算备案，形成工作流程、备案要件规范，完成决算备案审核3项，参建项目竣工验收工作2项。开展年度造价分析，完成2018年造价分析工作，形成造价分析报告，为预测工程造价和工程造价管理的决策提供科学和有效的参考依据。开展专项费用测算分析，总体完成仁沐新高速公路等项目测算工作，为下一阶段材料调差指导工作做好准备；梳理分析19项法律法规，完成《四川省高速公路项目投资估算土地使用及拆迁补偿费计价指导原则（征求意见稿）》，开展成南高速公路扩容、永泸高速公路等项目永久占地土地使用及拆迁补偿费综合单价测算相关工作。

（本栏目供稿单位：厅造价站）

工程监理

GONGCHENG JIANLI

概　况 2019年，咨询监理公司签订合同金额3.45亿元，完成目标任务105%；产值收费2.81亿元，完成目标任务112%。公司经营方面，贯彻“以咨询为龙头、发展设计检测、稳定监理”的总体战略，形成多层次、全方位、立体化的经营模式；抓住机遇，强化业务结构优化，加强对设计短板的投入，推进咨询业务向重大勘察设计项目延伸、试验检测研究中心向高速公路养护维修加固设计战略性发展；拓展经营空间，与9个市（州）交通局、省交投集团签订战略合作协议，成立雅安分院和达州办事处；实施项目精细化管理，对项目进行全覆盖检查，咨询、监理的汶马高速公路、雅康高速公路、大渡河特大桥等一批超级工程获得业主单位认可和好评；推进业绩录入，完成90项监理业绩、16项设计业绩和94项咨询业绩网上录入工作；完成试验检测基地建设，建成2 040平方米检测大楼，改造升级1 700平方米试验车间，新增试验场地1 500平方米，新安装到位

956万元专项检测设备；公司第一份不动产新津试验检测基地取得土地不动产登记权证。技术质量管理方面，内控体系效果显著，质量、环境及职业健康体系运行总体平稳；技术交流常态化，邀请行业知名专家和公司内部专家举办讲座12次，发表科技论文42篇；为行业主管部门当好参谋，为省交通运输厅相关制度、办法、技术规范等提供征求意见26份，组织专家参与高速公路竣工验收18人次；高速公路项目科研立项取得突破，作为参与单位成功申报“乳化沥青厂拌冷再生在川九路改建工程中的运用研究”“川南高速公路隧道岩溶灾害处治成套技术及衬砌长期安全性监测与评价研究”课题；在“6·17”宜宾长宁地震、“8·20”汶马高速公路山体滑坡和泥石流灾害等抢险救援中，主动参加抗洪抢险、救灾和灾后恢复重建工作，免费为贫困乡、村提供道路设计、咨询、检测以及监理等技术支持。人才队伍建设方面，引进高端人才24名（研究生14人、副高级及以上职称10人），择优转正优秀业务骨干36人；新增中高级职称人员21人，新增注册人员61人次，职业资格考试通过58人次，3人取得市场监督管理总局国家评审员资格。公司获评“2018年度四川省重点公路建设从业单位信用等级AA级单位”，并首获交通运输部“2018年度公路设计、检测企业信用等级AA级单位”“2018年度公路监理企业信用等级A级单位”称号；咨询项目获四川省优秀咨询成果一、二、三等奖共8项，监理项目获国家优质工程奖、“李春杯”“天府杯”等奖项8项。

2019年，咨询监理公司与绵阳交发集团签订战略协议　　咨询监理公司 供图

监理业务　2019年，咨询监理公司签订监理合同31个，合同金额1.61亿元，到账金额1.15亿元。完成监理项目业绩录入90余项。起草和修订监理业务相关管理办法9项，加强监理业务规范管理和过程管理。全面实行监理业务预算管理，规范车辆使用和租赁等持续整顿和精细化管理，用车成本比2017年节约近700万元，监理业务两年内实现扭亏为盈。严格实施绩效考核，调动员工工作积极性与主动性，提升监理项目生产效率。新增注册监理工程师23人，推出“监理微课堂”，完成安全、质量、技术等专业培训计46次，安全演练6次。针对巡察发现的问题召开专题会议，安排进行进一步的自查自纠和整改措施。严格执行“三重一大”议事细则，项目总监任命、项目驻地建设费用控制、绩效奖金发放等经过部门会议讨论通过，形成议事纪要，再报公司批准执行。监理的遂西高速公路获公路交通优质工程奖“李春杯”奖，达万高速公路、成仁高速公路获“国家优质工程奖”，丽攀高速公路、叙古高速公路、恩阳大道获省级优质工程奖“天府杯”金奖，广巴广陕高速公路、理亚路获省级优质工程奖“天府杯”银奖。

咨询业务　2019年，咨询监理公司签订咨询合同181个，合同金额5 012.85万元，到账金额4 323.42万元。完成咨询审查意见938份，发表论文7篇，参编中国工程建设标准化协会标准《公路波形钢腹板组合桥梁技术规程》和四川省交通运输厅《四川省高速公路改扩建施工保通保畅指南（试行版）》。申报广安市过境高速公路、叙永至威信高速公路等8个项目参加四川省优秀工程咨询成果评选中，2个项目获一等奖，4个项目获二等奖，2个项目获三等奖。

设计业务　2019年，咨询监理公司签订设计合同35个，合同金额6 963.95万元，到账金额6 138.94万元。完成广安市前锋区2018—2025年交通规划、武胜县综合交通运输“十三五”规划、成资大道（原资三快速通道工程）施工图设计（道路部分）、省道459线巴塘县城经波密至理塘县章纳乡界段施工图设计、西藏某边防路施工图设计、国道215线岗白路白格堰塞湖灾后重建两阶段设计、眉山市东坡区岷江二桥桥梁桩基加固工程施工图设计等项目。承接绵阳、广安、自贡、南充等地国省干道国土空间规划业务，完成省道431线名山百丈经雨城上里至芦山县城段新建项目一期工程、仁寿县交通基础设施国土空间控制规划采购项目初步设计。获昌都市交通运输行业2019年度“先进设计单位”称号。

检测业务　2019年，咨询监理公司签订检测合同69个，合同金额5 860.98万元，到账金额5 533.30万元。完成宜泸高速公路、成都二绕高速公路西段、内威荣高速公路、映汶高速公路等四条高速公路竣工验收检测和泸黄高速公路加宽工程交工验收检测任务。完成成彭高速公路桥梁定期检测、泸定悬索桥特殊检测、彭山岷江二桥和眉山东坡区岷江二桥施工监控任务。完成省质监局和甘孜州、阿坝州、泸州市等地方质检机构委托的监督检测任务。承担成乐高速公路扩容、港城大道、天府新区快速通道等三个项目钢结构检测。全年接受委托996份，收到样品5 093个，完成试验14 277项，发出报告4 730份，新津母体试验室收费占总收费7%，比上年增长1%。中标的绛溪三线道路工程、三岔一线道路工程及综合管廊工程、体育学院配套道路工程质量检测项目，是公司中标的第一批大型市政检测项目，为公司取得市政检测业绩，拓展市政检测市场打下基础。承担成乐高速公路扩容、港城大道、天府新区快速通道等三个钢结构检测项目，是公司首次承担钢结构检测业务，进一步拓展了检测业务范围。

招标技术服务业务 2019年，咨询监理公司签订招标代理合同34个，合同金额562.40万元，到账金额586.44万元。完成成南公司、汶马公司、遂广遂西公司、川西公司、南方公司、成渝公司下辖各营运公司的招标技术服务工作；协助川高公司编制完成四川省交通系统电子招标勘察设计示范文本，在四川省公共资源交易服务中心正式试点上线电子招标勘察设计示范文本；完成甘孜州、凉山州5次文件评审服务工作；完成3个试验设备采购招标项目。

（本栏目撰稿人：程　鸿）

路网监测与运行管理

LUWANG JIANCE YU YUNXING GUANLI

概　况 2019年，路网中心积极探索全省路网运行管理发展思路，开展全省路网运行管理综合业务培训，推进全省路网运行体制机制建设调研，完成调研报告两篇。开展节假日及突发事件情况下路网运行分析研判，向社会发布路网运行趋势分析、重点路段及点位预测预判和分流绕行建议。开展公路交调站点在线率专项整治，数据准确性核查试点，推进“交调二期”建设项目立项，交调站在线率提升至85%，公路交调统计工作在2019年全省交通运输统计工作综合测评中名列第一。参与“3·30”木里森林火灾、宜宾长宁“6·17”地震、汶川“8·20”山洪泥石流灾害等突发事件及省界收费站并网切换仪式视频连线工作，做好应急通信保障、现场信息采集传输、绕行方案制定；举办跨区域全路网综合协调调度桌面推演，与陕西开展应急视频会商专项演练，修编完善路网中心“1+5+1”应急预案体系架构；专业化值班全年“零失误”。“四川路网”微信、微博发布出行服务信息2 000余条，发布推文400余篇，单篇阅读量达3.5万人次。

路网运行管理 2019年，路网中心围绕全省路网运行保通保畅开展春节、清明、五一、国庆等节假日及突发事件情况下路网运行分析研判，及时向社会发布路网运行趋势分析、重点路段及点位预测预判和分流绕行建议，编制分析报告，开展后评估工作。推进全省公路交调工作规范化管理，开展交调站点在线率专项整治，对全省30个省级及以上公路交调站开展数据准确性核查试点，交调站在线率提升至85%；编制交调统计月度、季度、年度分析报告，公路交调统计工作在2019年全省交通运输统计工作综合测评中名列第一；制定《四川省国省干线省级交调站布局规划方案（2019—2030）》，加快推进“交调二期”建设项目立项；《高速公路网交通情况调查采集的虚拟化及综合应用研究》通过验收，成果应用将有效降低高速公路实体交调站建设运维费用，提升数据采集效率。优化“四川省公路网阻断信息报送系统”功能，开发移动终端公路交通阻断信息报送软件，提升信息报送质量和效率，全年报送路况信息1万余条。

应急处置与通信保障 2019年，路网中心参与“3·30”木里森林火灾、宜宾长宁“6·17”地震、汶川“8·20”山洪泥石流灾害等突发事件及省界收费站并网切换仪式视频连线工作，做好应急通讯保障和现场视频、航拍等信息采集和传输，及时绘制灾区周边交通图、救援通道示意图、绕行方案图，为领导决策和路段缓阻保畅提供技术支撑服务。举办跨区域全路网综合协调调度桌面推演，开展7次移动应急平台的各类操作演练，与陕西省开展两省应急视频会商专项演练，积累实战处置经验。对1个总体预案、5个专项预案和1个应急处置方案进行修编，进一步提升应急管理工作科学化、规范化水平。做好厅专业化应急值班工作，全年接听电话8 593个，处理文件4 223份，专业化值班“零失误”，被省政府办公厅评为全省工作绩效评价先进集体。

出行信息服务 2019年，“四川路网”微信、微博通过官方认证并加入“中国路网”政务矩阵平台，发布出行服务信息2 000余条；“四川路网”微信公众号原创及转载发布推文400余篇，单篇阅读量突破3.5万人次，被川内主流媒体广泛转载。参加交通运输部路网中心和中国交通广播联合举办的《交通会客厅：共话春运路网》春运特别直播节目，发布春运权威路况研判信息。与省气象服务中心建立信息共享机制，及时有效发布交通气象信息；深化与高德、百度、腾讯地图和四川交通广播等合作，实时共享突发阻断、突发事件等路况信息。

（本栏目供稿单位：路网中心）

大件公路管理

DAJIAN GONGLU GUANLI

概　况 2019年，大件处完成通过大件公路的超限运输审批1 447件（次），其中车货总重100吨～289吨259件（次），290吨～499吨58件（次），500吨以上2件（次）；完成涉路施工审批4件次；完成大件运输监护通行4次。健全完善《四川省大件公路及大件运输管理规定》相关配套实施细则。为加强大件公路及大件运输规范化、制度化管理，从制度层面进一步加强行业监管，修订《四川省大件公路桥梁荷载试验管理工作实施意见》《四川省大件公路涉路施工管理规定》《四川省大件公路综合检查实施细则》，起草《四川省大件公路特殊大件货物运输管理办法》，制定《大件公路巡查和大件运输监护运行工作实施意见》及《大件公路路政管理实施细则》等内部管理规范。

大件公路涉路施工监督检查 2019年，大件处按照《四川省大件公路设计技术指标规定》，全年监督检查6起涉路施工审查（批）的施工事项，监督检查主要内容为施工项目是否获得许可、是否按许可事项及要求进行，监督检查情况及时通报属地路政管理部门，督促其具体落实整改。

大件运输组织协调 2019年，大件处根据全年运输计划对重点大件运输进行运输协调29次。①单体重量290吨以上特大件运输组织协调。在每批次大件运输起运前3～5个工作日，向沿线交通运输局等有关单位送达大件运输通知，督促其做好空路障清排等保障服务工作；在运输过程中，针对运输企业反映的问题，及时与有关单位沟通协调，保障大件运输安全顺畅通行。②组织290吨以上的《大件运输方案》评审工作3次，按照《四川省大件公路及大件运输管理规定》，严格执行道路运输方案专家论证制度。③按照职能职责加强大件运输技术保障工作，协调运输企业做好运输前线路踏勘工作，空路障清除，合理布设停车点，全力做好运输协调服务保障工作，确保大件运输安全、畅通。④与四川省内主要大件生产、运输企业及沿线交通运输局建立大件运输互联互通机制，并与相关人员建立工作群，及时互通大件生产、运输等有关信息；通过公函、电话、上门走访等形式主动收集大件生产运输企业全年生产、运输计划，将大件运输计划提前发至沿线交通运输局。

大件运输调研 2019年，为切实解决岷江航道枯水期对全省重装产业发展的影响，大件处对红星路南延线、天府大道南延线、自贡至泸州大件公路开展实地调研，并与沿线交通运输局座谈，了解沿线道路技术状况及规划发展情况，3月—7月，对仁寿经自贡至泸州沿线地方普通公路现状、规划等情况进行实地调研，并与沿线地方交通主管部门开展座谈，在不增加太大投入和充分利用现有、在建、已规划的道路通过改造、加固、变更设计等措施开辟大件运输第二通道的可行性进行探讨，以长效解决岷江枯水期、岷江航电开发等岷江因素制约大件运输的问题，最终形成《关于利用红星路南延线和天府大道南延线以及自贡至泸州大件公路作为大件运输第二通道的调研报告》。并在省交通运输厅“不忘初心、牢记使命”主题教育第五指导组专题会上作汇报。

大件运输监护运行 2019年，大件处按照深化交通运输改革工作总体要求，结合调整后的职能职责，依据《大件公路巡查和大件运输监护运行工作实施意见》，全年对4批次重点大件运输进行监护通行，在运输前现场核查，运输过程中对重点桥梁、重要路段进行监护通行。

2019年8月5日，大连恒力石化项目5套大件设备运输保障工作　　大件处 供图

（本栏目供稿单位：大件处）

政务管理

ZHENGWU GUANLI

概　况 2019年，省交通运输厅严格按照中共中央、国务院、交通运输部、省委省政府部署要求，贯彻落实关于政务管理工作的会议和相关文件精神，规范政务管理工作的内容、形式和程序，政务管理工作水平不断提高。全年主动公开政府信息9 634条，未发生关于政府信息公开提起行政诉讼的情况。发布微博3 871条，微信1 035条，省交通运输厅政务新媒体被评为“微政四川2019年度十佳省直部门政务新媒体”、“城市力量”天府论坛年度影响力项目、微政道“突发应对”优秀案例等多个荣誉。完成各级政务信息目标任务，牵头抓好政务公开。全年编发网站信息9 634条，报送中共四川省委电子政务内网信息274条，填报省政府信息公开目录管理系统2 567条，处理回复网民来信651件，省交通运输厅被四川省人民政府办公厅评为“2019年度政务信息报送工作先进单位”。继续加强目标绩效管理，制订厅直各单位、厅机关各处室绩效管理方案，厅目标绩效管理工作领导小组对厅直各单位、厅机关各处室2018年度工作目标绩效完成情况进行综合考评。在省政府2018年度省直部门绩效考评中，省交通运输厅继续保持“优秀”等次。

（徐荣耀）

政府信息公开 2019年，省交通运输厅主动公开政府信息9 634条。其中，概况信息类4条，占0.04%；规范性文件信息类12条，占0.13%；政务动态信息类2 515条，占26.11%；人事信息类10条，占0.1%；财政信息类5条，占0.05%；其他信息类7 088条，占73.57%。与群众密切相关的重点事项、公共资金使用和监督情况、政府机构和人事信息情况等均主动公开。办结依申请公开20件，主要为信函申请，内容涉及行政许可、土地征收等类，均按规定办理答复。全年未发生关于政府信息公开提起行政诉讼的情况。全年发布微博3 871条，微信1 035条，其中，省交通运输厅政务新媒体被评为“微政四川2019年度十佳省直部门政务新媒体”、“城市力量”天府论坛年度影响力项目、微政道“突发应对”优秀案例等荣誉。

（徐荣耀）

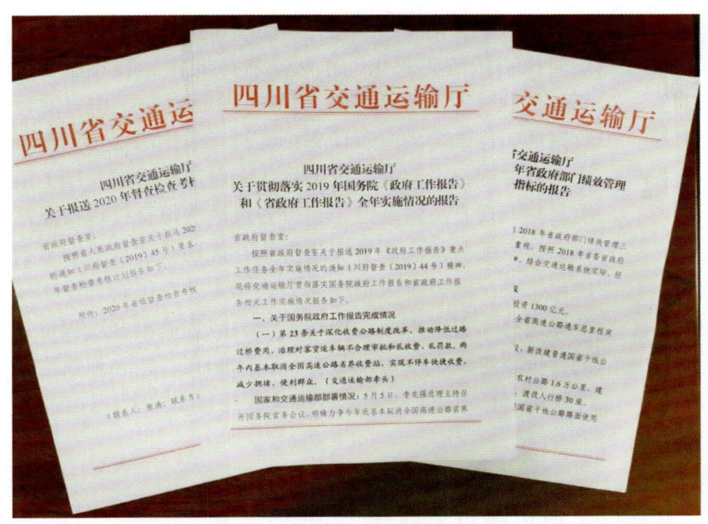

2019年，省交通运输厅认真贯彻落实省政府下达的目标任务，紧紧围绕中心工作抓好绩效管理　陈超超　摄

政务目标管理　2019年，省交通运输厅继续加强目标绩效管理。①目标管理继续保持优秀。在省政府2018年度省直部门绩效考评中，省交通运输厅继续保持“优秀”等次。厅目标绩效管理工作领导小组对厅直各单位、厅机关各处室2018年度工作目标绩效完成情况进行综合考评，经2019年第18次厅党组会议审议通过，厅航务局等11个厅属单位、厅财务处等10个厅机关部门为2018年度目标绩效考评先进单位，其余单位（部门）为合格单位。②严格落实精文简会。严格执行中共中央办公厅《关于解决形式主义突出问题为基层减负的通知》和省委、省政府办公厅《关于认真落实中央巡视组反馈意见 严格精简文件会议的通知》要求，严把发文关口，发文须经论证确有必要；加强对厅发文的统筹，精简发文数量；提高办文质量，弘扬“短实新”的优良文风，政策性文件原则上不超过10页；提高办文效率，推进机关信息化建设；减少会议数量，坚持务实高效。③统筹规范检查考核。贯彻落实好中共中央和省委《关于进一步统筹规范督查检查考核工作的通知》及中央《关于解决形式主义突出问题为基层减负的通知》，严格控制督察检查考核总量，对基层的督查检查考核事项减少50%以上，原则上每年开展一次综合性督察检查，坚决杜绝多头重复和重留痕轻实绩的问题，切实减轻基层负担。结合全省交通运输行业特点，创新采用卫星遥感等非现场方式开展督察检查考核，不断提高督察检查考核的科学性、针对性、实效性。④着力加强调查研究。贯彻落实好中共中央办公厅《关于加强调查研究提高调查研究实效的通知》，改进调查研究方式，把走出去调研和请进来调研、实地调研和案头调研、综合调研和专题调研结合起来，加强蹲点调研、跟踪调研，善于运用大数据等现代手段采集调研信息，做到有的放矢，真正把各方面情况摸清吃透，及时发现和有效解决行业发展中的困难问题。

（陈超超）

政务信息报送　2019年，省交通运输厅完成各级政务信息目标任务。全年向交通运输部、中共四川省委、省政府上报各类信息930条，被采用124条，报送量和采用率均排名靠前。牵头抓好政务公开。全年编发网站信息9 634条，报送中共四川省委电子政务内网信息274条，填报省政府信息公开目录管理系统2 567条，处理回复网民来信651件，政务公开质量不断提高。年内，省交通运输厅被四川省人民政府办公厅评为“2019年度政务信息报送工作先进单位”。

（徐荣耀）

体制改革　法治建设

TIZHI GAIGE　FAZHI JIANSHE

概　况　2019年，省交通运输厅继续开展推进部门立法、制度建设、依法行政、执法监督、复议应诉以及深化行业改革、信用体系建设等工作。推动构建以地方性法规、政府规章为主体的交通运输法规制度体系，确保在法治轨道上推进行业健康长远发展。加快推进部门机构、职能、权限、程序、责任法定化，确保行政权力于法有据、依法行使、受法制约。探索交通运输持续健康发展的路径方式，部署落实行业管理体制、放管服、供给侧、投融资等领域改革措施，逐步理顺建设管理养护体制，始终坚持有利行业发展的方向稳步推进改革。加快完善交通运输信用体系建设顶层设计，推动形成以信用为基础的新型监管机制，基本形成政府部门协同联动、行业组织自律管理、信用服务机构积极参与、社会舆论广泛监督的共同治理格局。

交通运输法规制度建设 2019年，省交通运输厅统筹推进行业法规制度建设。①加强重点领域立法。修订《四川省道路旅客运输管理办法》，进一步规范客运市场管理。制定《四川省高速公路条例释义》，进一步厘清高速公路管理职责边界。开展《四川省交通建设管理条例》立法调研，为弥补交通建设领域地方性法规空白做前期准备。②完善行业制度体系。完成《四川省公路工程建设项目招标投标实施细则》《四川省公路水运工程造价管理实施细则》等13项制度任务。③严格文件管理。强化合法性审查、公平竞争审查、备案审核、信息公开等工作，完成规范性文件合法性审查16件并依法备案公示。④加强立法效果评估。完成《四川省高速公路条例》《四川省水上交通事故处理条例》立法后评估，为后续修订完善奠定基础。

交通运输法治建设 2019年，省交通运输厅继续推进交通运输法治建设。①强化法制审查。开展《推进运输结构调整三年行动计划实施方案（2018—2020）》等4项重大行政决策合法性审查。推动法律顾问积极参与行业改革研究、民事合同签订等工作，2019年出具法律意见87份。②强化法治政府部门建设责任落实。组织8个暗访组对全省21个市级交通运输主管部门、56个基层执法站所和7个高速交通执法支队的法治建设情况开展暗访督察，抽考领导干部及执法人员840人次，评查案卷140份。③依法办理复议应诉。受理行政复议案25起，审结24起，行政诉讼案4起，审结3起，未发生一起败诉。④持续开展普法宣传。落实厅党组会、厅务会学法学政策计划，委托中国政法大学举办领导干部法治培训班，组织“1224国家宪法宣传周”“《中华人民共和国行政复议法》实施20周年”等系列活动。⑤加强征求意见稿管理。处理征求意见稿287件，回复行业意见420条。

交通运输执法监督 2019年，省交通运输厅持续从严从实开展交通运输执法监督。①加强重点领域执法。督导全省交通运输系统开展打击非法营运、违法超限等威胁人民群众切身利益和生产安全的违法行为，全年全省交通运输行政处罚案件50 488起，罚款17 553万元。②完成省政府“互联网+监管”平台执法数据对接。配合省政府建设“交通运输执法监督”动态屏，推送执法案件、执法队伍、执法效能分析数据，为省政府提供决策参考。③深化“四基四化”建设（交通运输部提出：基层执法队伍职业化、执法站所标准化、管理制度规范化、执法工作信息化）及“三项制度”（中央对行政执法工作部署的改革任务：推行行政执法公示制度、执法全过程记录制度、重大执法决定法制审核制度）落实。整合现有执法系统，建设省级执法综合管理信息系统，探索配套执法装备保障措施，推动执法核心业务信息化，系统购置进入招标环节。④规范队伍管理。实现人员建档、资格审查、资格考试、清理退出全过程信息化，全年组织执法培训4期，培训880人，新办理执法证件1 510个，年审公示备案执法证件11 654个，注销474个。

交通运输行业改革 2019年，省交通运输厅持续深化全省交通运输行业改革。①加强统筹协调。建立相关单位“一把手”抓改革责任机制及改革任务台账，督促推动各项改革任务落实落地。②推动综合交通运输管理体制改革。主动对接中共四川省委改革办，把综合交通运输管理体制改革纳入中共四川省委改革台账，联合中共四川省委编办开展改革调研，推动完善综合交通运输工作协调机制。③深化综合行政执法改革。召开全省综合行政执法改革交流座谈会、片区会等，指导市、县两级交通运输部门做好综合行政执法改革工作。泸州、内江等14个市（州）综合行政执法改革方案获批复，雅安、自贡等7个市向编办提交改革建议方案。④加强与交通运输部、省委沟通对接。及时跟进重点领域改革进展，总结提炼好做法、好典型，全年向交通运输部报送综合行政执法改革信息23条，向中共四川省委改革办报送行业改革信息24条。

行业信用体系建设 2019年，省交通运输厅加快构建全省交通运输行业信用体系。①强化制度支撑。督导相关单位制定《四川省重点公路建设从业单位信用管理办法》等6项制度标准。②强化联合惩戒。督导厅高管局率先建立高速公路严重违法失信行为信用联合惩戒工作机制，实现对违法超限运输、偷逃通行费、非法营运、暴力冲关、拒不执行行政处罚决定等严重违法失信行为联合惩戒。③规范信用评价。督促相关单位对全省36家高速公路投资人、440家出租汽车企业、419家道路危险货物运输企业、246家道路客运企业及5 946家汽车维修企业开展信用评价，累计曝光重点监管营运驾驶员3 202名，纳入“黑名单”管理人员272名。④加强守信激励。联合省发展改革委等部门开展民营企业“诚信百千工程”评选活动，对获得四川省“诚信企业”称号的220家交通运输企业在行政管理、公共服务、融资贷款等方面实行联合激励。

（本栏目供稿单位：厅法规处）

财务管理

CAIWU GUANLI

概　况　2019年，全省交通建设资金保障成效显著，落实到位部省补助交通建设资金348亿元；推动四川交通投资基金发挥更大作用，撬动社会投资16.82亿元；利用专项债政策，发行收费公路专项债券20亿元，支持11个地方公路项目建设。省交通运输厅全面实施预算绩效管理，完成部门预算整体绩效评价和转移支付绩效评价；配合交通运输部完成2018年车购税重点项目“雅安至康定高速公路”绩效评价工作，“雅安至康定高速公路”项目绩效评价得分第一，获“优秀”等次。开展厅属行政事业单位盘活闲置国有资产工作，加强国有资产日常监管；强化厅属企业监督指导，完成厅考核4家企业2018年度企业负责人经营业绩考核，签订2019年经营业绩考核指标责任书。推进内部控制建设；推进制度人才建设，组织制定制度4项，修订制度1项；强化部省补助资金使用监管；持续强化日常财务监管。推进国有企业改革，对厅属企业开展自查清理；按照省集中统一监管要求，提出企业分类处置改革建议方案；建立完善厅属企业出资人履职管理暂行办法等企业监管制度，国有企业监督管理体系初步形成；推进交通运输财政事权与支出责任划分改革。

2019年，召开省交通运输厅直属单位财务管理工作座谈会　　厅财务处 供图

建设资金保障　2019年，省交通运输厅全力做好建设资金保障工作。争取财政支持，确保部省补助资金及时到位。全年落实到位部省补助交通建设资金348亿元，其中部补助资金161亿元，省级交通专项资金187亿元，为完成全年交通建设投资任务提供资金保障；争取省财政厅支持，落实省级一般预算102亿元，新增地方政府一般债券60亿元；收回以往年度预安排资金25亿元。创新融资方式，多渠道筹措建设资金。积极推广运用专项债券，成功发行收费公路专项债券20亿元，用于8市（州）11个地方一级收费公路项目建设；四川交通投资基金实现第二期投资落地，通过设立专项基金对广安交通建设开发集团有限责任公司股权投资，专项用于广安市前锋货运站至枣山操场坝公路彭家至广安港口段与广安市华蓥山旅居城主通道田坝子至李子垭村（邻水界）两个项目建设；省级财政交通专项资金出资2.5亿元，撬动社会投资16.82亿元。规范债务管理，妥善化解存量债务风险。向省财政厅争取今年到期债券全额借新还旧，通过债券借新还旧，平滑年度债务支出，减轻即期偿债压力；隐性债务得以妥善处置，债务风险可控。

预算管理　2019年，省交通运输厅积极贯彻全面实施预算绩效管理。研究制定厅全面实施预算绩效管理的实施方案，明确目标任务，落实职责分工；完成中央对地方专项转移支付预算、部门整体预算、项目支出预算等绩效自评工作；选取部分厅直单位重点项目完成事前绩效评估工作，将评估结果作为编制2020年部门预算项目支出的重要依据；配合交通运输部完成2018年车购税重点项目“雅安至康定高速公路”绩效评价工作，部评价7个项目中“雅安至康定高速公路”项目绩效评价得分第一，获“优秀”等次。加强部门预算日常管理。按

月通报各单位预算执行进度，对绩效目标实现程度和预算执行进度实行“双监控”；完成2020年部门预算和2020—2022年支出规划编制工作，在财政压减项目支出预算规模的情况下，确保各单位重点支出和新增硬性支出；做好2018年部门决算和2018年政府财务报告编制工作，2018年度部门决算工作获省财政厅通报表扬；按时公开2019年部门预算和2018年部门决算信息，未受到社会公众质疑。完成《机关运行成本分析报告》《政府综合财务报告》编报工作。

国有资产管理 2019年，省交通运输厅强化责任落实，妥善处理历史遗留问题。对厅属行政事业单位专项国有资产自查中发现的问题开展专项整改工作，督促单位抓好整改落实；开展厅属行政事业单位盘活闲置国有资产工作，分类提出盘活使用建议，提高国有资产使用效益；持续开展历史遗留往来款清理催收工作，收回部分单位历史欠款，保持部分单位诉讼时效，切实维护债权。加强流程管控，国有资产监管规范有序。完成2018年行政事业单位年度资产报告、2018年度公共基础设施等行政事业性国有资产报告，2018年度行政事业单位国有资产报告工作获省财政厅通报表扬；按规定启用四川省省级机关国有资产处置网上交易系统，进一步加强国有资产处置管理；报废处置厅属单位资产6 916万元。

财务监管 2019年，省交通运输厅持续加强厅属企业管理。完成厅属企业2018年度企业财务决算会计报表审核汇总和2019年国有资本经营预算审核上报工作；配合省审计厅完成三家厅属企业专项审计调查，督促企业审计发现问题整改到位；加强厅属国有企业国有资本收益上缴工作，厅属企业上缴2018年度国有资本收益2 781万元；完成厅考核4家企业2018年度企业负责人经营业绩考核，签订2019年经营业绩考核指标责任书，加强对厅属重点企业的监督管理。持续推进内部控制建设。完成2018年度行政事业单位内控报告编报工作；开展内部控制建设重点抽查，逐一落实问题整改，以查促建，进一步推进厅直属单位内控建设；抓好厅机关财务管理、政府采购管理、固定资产管理、合同管理等制度执行，强化岗位职责和审批、决策、监督等内部控制机制，防范廉政风险。持续推进制度人才建设；制定《四川省交通运输厅部门预算管理办法》，修订《四川省交通运输厅机关财务管理办法》《四川省交通运输厅机关固定资产管理办法》，进一步完善内部审批、决策和监管机制，规范业务流程，防范内部控制风险；会同省财政厅修订《四川省省级财政交通专项资金管理办法》，进一步规范专项资金分配、使用和管理；指导基金管理团队制定《四川交通投资基金制度清单》；组织开展2019年财务人员会计继续教育，培训厅属行政事业单位、市县交通运输主管部门财务人员200人，提高行业财务人员财务管理水平。进一步强化部省补助资金使用监管。对2017年检查发现部省补助存量资金较多的甘孜州、凉山州进行现场督查；配合交通运输部开展定点帮扶4县2018年交通扶贫项目建设资金审计及以前年度发现问题“回头看”，督促地方立行立改；配合对乐山市金口河区等10个区（县）开展部省补助交通扶贫建设资金专项审计检查工作，针对发现问题指导各地整改落实。持续强化日常财务监管。开展厅直单位重点财务管理工作调研，组织开展违规发放工资奖金津贴补贴专项整治自查和重点检查、财务票据入账情况自查和重点抽查、厅属企事业单位涉企收费全面梳理等工作，指导和督促各单位抓好政策执行和问题整改，推动各单位强化内部管理，提高财务管理水平。

（本栏目供稿单位：厅财务处）

人事教育管理

RENSHI JIAOYU GUANLI

概　况 2019年，省交通运输厅继续加强人事教育工作。加强领导干部思想政治建设及教育培训，印发《2019—2023年交通运输干部教育培训工作实施意见》，举办2期处级干部读书班、1期领导干部能力提升班、1期构建现代综合交通运输体系专题研讨班、1期实施交通强省战略年轻干部铸魂培养培训班，选派省委“新时代治蜀兴川执政骨干递进培养计划”学员10名，全年统筹组织实施各级各类培训项目75个。鲜明政德导向、为民导向、担当导向、实干导向、廉洁导向、公认导向，结合交通运输实际，注重在急难险重任务、重大项目推进、艰苦复杂环境和锐意改革创新“四个一线”选任干部。年内，厅党组新提拔处级干部9人，交流调整43人。落实从严管党治吏主体责任，贯彻执行《党政领导干部选拔任用工作条例》和省委规定，坚持“凡提四必”，坚决防止干部“带病提拔”。加强对党风廉政建设、信访举报线索的核查甄别，向纪检监察部门征求党风廉政建设情况意见103人次。开展领导干部个人事项报告填报及查核、干部人事档案审核等工作，加强巡察、信访举报、个人事项报告、审计等结果运用，厅人事部门提醒谈话54人次，责令书面检查9人次，函询1人次，诫勉1人次。推进机构改革。联合省委编办开展综合交通运输管理体制改革调研，完成厅机构编制事项调整，推进交通运输综合行政执法改革，完成经营类事业单位转企改制和厅属全民所有制企业公司制改制等工作，印发加强厅属国有企业人力资源、工资总额管理等办法。做好人才引进和服务工作，聚焦行业发展需要，综合采用公开招考、择优选调、考核招聘、提拔重用等方式，注重从企事业单位、高等学校、科研院所等领域选拔优秀人才。招聘事业单位工作人员38名，考核招聘9名，接收军转干部5名，厅机关从高校中选调招录1名博士研究生。依托交通智库建设、科技项目攻关、大师工作室打造、职业技能培训基地创建等，助推人才培育成长。建立推动厅属院校高质量发展工作机制，四川交职学院获批中国特色高水平高职专业群建设单位（A档）。

干部选任 2019年，省交通运输厅党组坚持新时期好干部标准，鲜明政德导向、为民导向、担当导向、实干导向、廉洁导向、公认导向，结合交通运输实际，注重在急难险重任务、重大项目推进、艰苦复杂环境和锐意改革创新“四个一线”选任干部。2019年，省交通运输厅党组新提拔处级干部9人，交流调整43人。严格执行干部选任规定，强化对政治素质的深入考察，及时将干部履行安全生产、环境保护职责情况等纳入考察考核重要内容。厅党组选人用人工作总体评价、从严监督管理干部情况满意度分值均达97分以上，新提拔任用干部总体满意度分值为97.29分。对12家有用人权的厅直单位的41名新提拔干部开展“一报告两评议”工作，不存在“不认同”率在10%以上的情况。

领导干部思想政治建设 2019年，省交通运输厅为进一步深入学习贯彻习近平新时代中国特色社会主义思想和习近平总书记对四川工作、交通运输工作系列重要指示精神，及省委读书班暨警示教育专题班精神，5月22—29日，厅2019年处级干部读书班暨警示教育专题班在省交通管理学校举办，全厅300余名处级干部分两期参加为期3天的培训。厅党组副书记、副厅长张琪，省纪委驻厅纪检监察组组长、厅党组成员杜世相分别对构建综合交通运输体系、党风廉政建设等工作进行再讲解、再部署、再动员；专家教授围绕防范化解重大风险、构建区域协调发展新机制、交通大数据应用等方面进行专题讲授；全体学员赴省法纪教育基地开展现场警示教育。

2019年5月，省交通运输厅举办两期处级干部读书班。图为5月22日第一期处级干部读书班开班式现场　　李　爽　摄

领导干部教育培训 2019年6月17—21日，由四川省委组织部主办、省交通运输厅承办的全省打造现代综合交通运输体系专题研讨班在上海交通大学举办，四川省交通运输厅党组书记、厅长汪洋，上海交通大学党委常委、宣传部部长胡昊参加开班式。汪洋作开班动员讲话，要求深入学习贯彻习近平新时代中国特色社会主义思想，贯彻落实习近平总书记对四川工作系列重要指示精神，不忘初心，牢记使命，以交通强国战略部署为统领，紧紧围绕省委“一干多支、五区协同”“四向拓展、全域开放”（详见《附录》）发展战略，推进交通强省建设，构建安全、便捷、高效、绿色、经济的现代综合交通运输体系。此次研讨班课程设置有“交通强国”战略解读、建设西部国际陆海贸易新通道、乡村振兴与城乡交通一体化研究、城市群交通一体化发展、现代物流及供应链发展趋势研究等内容。邀请交通运输部、省交通运输厅、同济大学、上海交通大学的专家教授分别从国家层面、省级层面以及学术角度对打造四川省现代综合交通运输体系进行专题讲授。全省各市（州）分管领导、市（州）交通运输局及省直有关部门负责人50余人参加研讨班学习。

干部监督 2019年，省交通运输厅贯彻全省干部监督工作会议精神，凸显从严管理主基调，落实从严管党治吏主体责任。贯彻执行《党政领导干部选拔任用工作条例》和省委规定，坚持“凡提四必”，坚决防止干部“带病提拔”。加强对党风廉政建设、信访举报线索的核查甄别，全年向纪检监察部门征求党风廉政建设情况意见103人次。开展领导干部个人事项报告填报及查核、干部人事档案审核等工作，加强巡察、信访举报、个人事项报告、审计等结果运用，厅人事部门提醒谈话54人次，责令书面检查9人次，函询1人次，诫勉1人次。支持驻厅纪检监察组加强监督执纪问责，开展第二轮对4个厅直属单位的政治巡察。年内对18个厅直属单位选人用人工作进行专项检查和督促整改，实现3年内厅直单位专项检查全覆盖。开展组织人事部门“以案促改”工作，开展选人用人检查发现问题、审计反馈问题、违规兼职取酬问题、违规经商办企业问题等专项整改工作，取得较好成效。

交通强省战略年轻干部铸魂培养首期培训班 2019年9月17日，四川省交通运输厅实施交通强省战略年轻干部铸魂培养首期培训班在省交通管理学校举办。省交通运输厅机关党委书记胡洪波代表厅党组和厅长汪洋作开班动员讲话，要求参训学员深入学习贯彻习近平新时代中国特色社会主义思想和习近平总书记对四川工作、交通运输工作系列重要指示精神，坚定理想信念、加强党性修养，做到绝对忠诚、保持坚强定力，锤炼过硬本领、提升能力素质，发扬斗争精神、增强斗争本领，加强自我修养、保持清正廉洁，为推动全省交通运输高质量发展、建设交通强省作出贡献。本次培训班是厅党组贯彻落实中共中央、省委关于加强优秀年轻干部队伍建设决策部署，着眼交通运输高质量发展需要，发现培育选拔优秀年轻干部的具体措施。设置党的创新理论系统解读，重温党的历史、学习党的章程，从习近平总书记青年成长经历看当代青年的使命担当主题等课程；全省现代综合交通运输体系建设，构建区域协调发展新机制、推动交通运输高质量发展的全面解析；对风险防范、法治精神的深入阐述等内容。邀请交通运输部、省直机关党校、省社科院、四川大学、西南财经大学和厅直单位的专家教授进行专题讲授。厅直各单位、厅机关各处室50余名年轻干部参加学习。

2019年9月20日，四川省交通运输厅实施交通强省战略年轻干部铸魂培养首期培训班全体参训学员在四渡赤水干部学院接受红色教育 李爽 摄

人事制度改革 2019年，省交通运输厅有序推进机构改革。联合省委编办开展综合交通运输管理体制改革调研，完成厅机构编制事项调整，推进交通运输综合行政执法改革，完成经营类事业单位转企改制和厅属全民所有制企业公司制改制等工作，印发加强厅属国有企业人力资源、工资总额管理等办法。建立推动厅属院校高质量发展工作机制，四川交职学院获批中国特色高水平高职专业群建设单位（A档），完成“十三五”人才和教育培训规划中期调整。做好厅属学校、科研院所、医疗机构绩效工资专项据实核增，厅公路局医院被纳入首批省级医院薪酬制度改革试点单位。

人才引进和服务 2019年，省交通运输厅党组聚焦行业发展需要，优化引才聚才渠道，综合采用公开招考、择优选调、考核招聘、提拔重用等方式，注重从企事业单位、高等学校、科研院所等领域选拔优秀人才。全年招聘事业单位工作人员38名，考核招聘9名，接收军转干部5名，厅机关从高校中选调招录1名博士研究生。依托交通智库建设、科技项目攻关、大师工作室打造、职业技能培训基地创建等，助推人才培育成长。组织完成971名交通运输工程中、高级专业技术职称评审工作。获批享受国务院特殊津贴专家2人、交通运输部“交通运输青年科技英才”2人、“全国交通技术能手”5人、“四川省教书育人名师”“四川省天府万人计划教学名师”各1人，申报交通运输部高层次人才培养项目2项。组织全国交通运输行业职业技能大赛四川赛区预赛、汽车维修工职业技能竞赛，厅直院校有13人进入省集训队备战全国比赛，获各类技能大赛一等奖3项、二等奖3项、三等奖13项。

（本栏目撰稿人：唐潇潇）

外经外事

WAIJING WAISHI

概　况　2019年，厅外经处继续深化高速公路投资体制机制改革，创新高速公路招商机制，加强政策引导，促进对外交流合作。①完善制度，出台招商规则标准。规范全省高速公路建设投资模式，梳理项目前期工作程序，出台《关于印发四川省高速公路“建设—运营—移交”项目管理办法的通知》《四川省高速公路BOT项目投资人招标文件参考文本（2019年版）》，建立投资人信用评价体系，强化政策引导，完善顶层设计。②以项目招商为根本，积聚招商新优势。根据投资市场需求，配合形成梯次合理的招商储备项目库；加强项目推介力度，邀请潜在投资人参加项目招商对接会，针对项目建设方案、投资估算、经济技术指标、征地拆迁、优惠政策等问题征求潜在投资方意见，建立与潜在投资人的长效联系机制，搭建高效招商引资平台。全年1 019公里高速公路建设确定投资人，引入社会投资1 757亿元。③以行业管理为核心，实现招商新突破。率先在全国推行高速公路投资人信用评价管理，全年完成信用评价4次（年度评价1次、初次评价3次），涉及投资人52家（已投资企业36家、拟投资企业16家）。④以服务创新为驱动，激发市场新活力。开展全省交通运输领域PPP项目招商引资调研，梳理当前高速公路PPP项目推进存在的政策冲突问题，撰写《四川省高速公路PPP项目推进情况及工作建议》。⑤注重吸引民间资本投资，支持民营经济健康发展，建立吸引民间资本投资交通重点项目库，涵盖未来3年拟通过市场化方式投资建设运营的公路、水运工程（港口、航道等）、客（货）运枢纽站场（铁路客运站及周边）、机场等项目122个，总投资2 312亿元，进一步激发民间投资活力，保障民营资本平等参与项目投资。⑥严格执行上级要求，加快推进世界银行贷款项目。按照世界银行、部委和省级相关部门对贷款项目的管理要求，继续指导推进世界银行贷款芦山地震灾后恢复重建农村公路项目。⑦搭建国际交流平台，规范组织因公出访。加快推进“一带一路”合作进程，签署《老挝公共工程和运输部与四川省交通运输厅关于共同推进“一带一路”交通运输领域合作的谅解备忘录》等4份与外方的合作协议；四川合江长江一桥、泸定大渡河大桥分别获誉为桥梁奥斯卡奖的乔治·查理德森奖、古斯塔夫·林德撒尔奖，在第36届国际桥梁大会上，发表主题演讲；与多所海外高校达成战略合作，拓展与“一带一路”沿线国家的教育合作，开展汉语培训，弘扬中国传统文化。2019年，厅及直属单位出访团组25个104人次，因公出国（境）人次数和经费数额均控制在省外办审批数以内，未出现任何因公出国（境）违纪违规行为和公款出国（境）旅游案件。

高速公路项目招商引资　2019年，省交通运输厅紧盯全省高速公路确保开工1 000公里的目标，加大招商引资力度，全年1 019公里高速公路建设成功确定投资人，引入社会投资1 757亿元。成功招商国道5线成绵扩容、绵阳至苍溪、苍溪至巴中、国道7611线西昌至昭通、国道0615线久治至马尔康、泸定至石棉、泸州至永川（川渝界）、泸州经古蔺至金沙（古蔺至川黔界段）、天府新区至邛崃、乐山至马边等10个高速公路项目，全年招商里程创历史新高。

为做好高速公路招商引资工作，省交通运输厅进一步强化与市（州）纵向沟通和厅内会商机制，一是召开招商工作专题会，由厅主要领导、分管领导主持召开项目招商工作专题会，研究推进招商工作具体事宜，加快推进项目前期工作，指导市（州）研究出台优惠政策，改善项目经济效益，推动项目尽快挂网招商；二是加强招商重要文本审查，通过政府采购选择专业咨询机构，对项目实施方案、社会资本方资格预审文件和招标文件进行审查，重点审查投标人资格要求、评标办法、投资协议、项目合同等内容的可行性、合法合规性，保障招商工作规范高效；三是赴省外对接项目招商事宜，针对古蔺至金沙等出川通道，前往贵州省交通运输厅对接招商具体事宜，推动项目尽早落地；四是督促招商成功项目完善后续工作，督促已确定投资人的项目按照制度要求和招标文件约定，在规定时限内完成投资协议签订、项目公司组建和相关合同签订，组织投资人和项目公司参与2019年全省重点交通项目集中开工仪式；五是加强业务培训，在贵州财经大学举办2019年政府和社会资本合作项目招商引资业务干部技能提升培训班，对市（州）交通运输局等57余名学员开展PPP项目管理相关方法、操作实务等课程的培训，进一步提升行业从业人员理论水平和业务能力。

高速公路PPP项目政策引导 2019年，省交通运输厅继续完善高速公路BOT项目制度体系，强化全省高速公路招商引资顶层设计。①以省政府办公厅名义修订印发《关于印发四川省高速公路“建设—运营—移交”项目管理办法的通知》，根据国家宏观经济形势和金融货币政策，按照新出台相关管理办法，对原BOT管理办法中部分内容予以修订，进一步激发市场投资活力。②编制《四川省高速公路BOT项目投资人招标文件参考文本（2019年版）》，根据2017年以来国家和省级部门出台的特许经营、招投标等方面的法律法规文件，结合近两年招商实践经验，对《四川省高速公路BOT项目投资人招标文件参考文本（2016年版）》进行修订，指导规范地方招标工作。③按照省交通运输厅2019年推进信用体系建设工作方案，修订出台《四川省高速公路投资人信用管理办法》，明确信用评价对象，完善信息来源渠道，调整优化评价方法，推进信用联合奖惩，增强投资人信用管理工作科学性和公正性。

高速公路投资人信用评价 2019年，按照《四川省高速公路投资人信用管理办法（试行）》和新修订的《四川省高速公路投资人信用管理办法》等有关规定，通过实地走访、数据库查询和电话咨询等方式，对完成信用评价的企业，开展公共信用综合评价，全年完成信用评价4次（年度评价1次、初次评价3次），涉及投资人52家（已投资企业36家、拟投资企业16家）。拟投资企业中新增四川省公路规划勘察设计研究院有限公司、四川省交通勘察设计研究院有限公司等6家设计类企业。高速公路投资人信用评价有利于发挥各类社会资本专业优势，优化四川省高速公路投资市场结构。

世界银行贷款项目管理 2019年，省交通运输厅加快推进世界银行贷款项目各项前期工作，严格执行世行、部委和省级相关部门对贷款项目的管理要求，继续指导推进世界银行贷款“4·20”芦山地震灾后恢复重建农村公路项目。3个子项目全部完成土建工程施工招标采购工作并开工建设，完成工程产值4 000万元；委托第三方外部监测机构，开展环境管理、征地移民安置、社会影响和道路安全审查的监测、评估以及尽职调查工作，配合世行方面开展申诉的现场调查；按照管理备忘录要求，委托专业机构开展道路安全审查（RSA）、提款报账等工作；组织专家开展采购、环境管理、项目管理、提款报账等的专题培训和交流活动。

国际交流 2019年，省交通运输厅践行“一带一路”发展战略，打造互联互通、开放共赢合作体系。通过签订合作框架协议、开展国际合作办学、承担国外交通项目任务、国际会议学术交流，加强与“一带一路”沿线国家和地区政府机关、院校、企业的务实合作，在多个领域取得突破，进一步提升四川交通对外形象。交通合作方面，与老挝公共工程和运输部签署《老挝公共工程和运输部与四川省交通运输厅关于共同推进“一带一路”交通运输领域合作的谅解备忘录》，加快中老两国共建“一带一路”合作进程，进一步提升两国互联互通

2019年，四川交职学院在老挝建立鲁班工坊　四川交职学院 供图

水平；省交科院与日本日建设计集团签署《关于共同推进TOD项目设计合作的谅解备忘录》，建立长期战略合作伙伴关系，加快中日双方TOD项目设计的合作进程；厅公路设计院公司与老挝公共工程和运输部公共工程与运输研究所签署战略合作框架协议，深挖合作潜力，创新合作机制、模式和内容，建立友好稳定的战略合作关系；四川交职学院与孟加拉国达卡绕城高速公路开发有限公司签署合作备忘录，在孟加拉国本土人才培养、技术服务和共建“一带一路”人才合作上达成共识；学术交流方面，厅公路设计院公司设计的合江长江一桥、泸定大渡河大桥在第36届国际桥梁大会（IBC）分别获得被誉为桥梁界“诺贝尔奖”的乔治·理查德森奖、古斯塔夫·林德撒尔奖，成为有史以来唯一一个在一届大会中囊括2项大奖的设计单位；四川交职学院与美国康科迪亚大学欧文分校签署学术合作备忘录，加深两个姊妹学校在教育领域的联系；国际办学方面，四川交职学院招收来自老挝、柬埔寨、孟加拉国、马来西亚、印度尼西亚、塔吉克斯坦和蒙古等7国到中国留学生307名，居全省高职院校首位；四川交职学院在老挝开办中国汉语文化培训班、鲁班工坊等，拓展与“一带一路”沿线国家的教育合作，弘扬中国传统文化；在丹麦驻重庆总领馆的推动下，四川交职学院与丹麦职业教育联盟签署合作备忘录，结成姊妹学校，开展长期互惠互利的教育合作。

（本栏目撰稿人：彭　娘）

交通审计

JIAOTONG SHENJI

概　况　2019年，全省交通运输系统内部审计工作主动适应审计新形势、新要求，以问题为导向，理清审计思路，确定审计重点，开展审计工作，完成预算执行及财务收支审计、经济责任审计、交通建设项目审计，以及扶贫资金、农村公路等专项审计和审计调查等审计项目934个，审计总金额4 924 337.8万元，促进增收节支469.9万元，查出问题金额31 684.4万元，促进完善规章制度224项，提出建议意见被采纳964条。截至年底，全省交通运输系统设立内部审计机构150个（其中专职机构14个），配备内部审计人员581人（其中专职人员36人），参加各类审计业务培训625人次。

厅直单位项目审计　2019年，厅审计处组织开展13个项目（单位）审计，厅信息中心、厅后勤中心等2个单位2名领导干部经济责任审计；厅质监局、省交通工会、兴蜀公司、职业资格中心等4个单位2018年度预算执行及财务收支审计；四川交职学校旅游管理实训基地、宝马和BIM实训基地装修工程，厅信息中心省公路水路建设与运输市场信用信息服务系统等3个项目竣工结算审计；结算中心灾备中心专项投资审计；厅运管局四川省道路客运微机联网售票系统绩效审计、厅公路局医院原院长甘华山离任经济责任审计2个项目后续审计。发现预算执行、政府采购、内控管理等方面的问题99个，提出整改建议99条，追回违规发放津补贴等财政资金140.24万元，审减投资节约财政资金124.25万元，开展审计约谈1次，促进单位建立和修订“三重一大”、出差审批等内部管理制度18项，促进单位改进物资采购、合同管理等内部管理流程49项。整改过程中单位移送司法机关涉嫌犯罪案件1起。通过审计及整改工作，促进各单位严肃财经纪律，有效解决财务管理和经济运行中存在的突出问题，提高财政资金使用效益，促进领导干部依法履行经济责任，规范权力运行，促进单位建章立制，堵塞管理漏洞。

交通扶贫资金专项审计调查　2019年，厅审计处在全省开展交通扶贫资金专项审计调查，采取省、市、县三级交通部门联动，自查与重点检查相结合方式在全省范围内开展交通扶贫资金专项审计调查。在全省12个市（州）、93个扶贫县全面自查基础上，厅组成审计组对金口河区等10县（区）开展重点检查，并督促各地对照自查和省重点检查发现问题开展整改。重点审计2018年以来部省补助交通扶贫建设资金管理、使用情况。发现资金管理、项目建设管理、制度建设等方面问题58个，提出整改建议58条，追回违规对外单位借款、超招标控制价采购款等财政资金4 300.6万元，规范财政资金存放2亿元，由当地相关部门进行行政处罚181.38万元，促进单位建立和修订内部管理制度9项，促进单位改进内部管理流程16项。通过审计及整改工作，促进全省交通运输行业进一步完善扶贫资金管理机制，规范扶贫项目及资金管理，提高扶贫资金使用绩效。

配合外部审计　2019年，厅审计处配合各级审计机关、财评中心等部门开展相关审计工作。完成2019年贯彻落实国家重大政策措施情况跟踪审计、小金等4个部定点帮扶县交通扶贫资金审计调查、厅领导任期经济责任审计、川西北生态示范区部分高速公路专项审计调查，完成宜宾城市过境高速公路西段和宜宾至彝良高速公路项目调查了解工作、“8·8”九寨沟地震灾后恢复重建跟踪审计等外部审计配合工作并牵头完成相关整改。

规范内审基础工作　2019年，厅审计处提升行业治理水平，全面梳理厅内审工作各项制度，修订《四川省交通运输内部审计工作规定》，制订《四川省交通运输内部审计基础工作规范—基本规范》等8项内审工作基础规范，规范和指导全省交通运输系统内部审计机构和人员内部审计行为，保证审计质量，防范审计风险。审计“关口”前移，对拟调任的厅机关事业单位主要负责人开展任期经济责任审计，将事后监督变为事中监督。

对新任领导干部，及时送达经济责任告知书、经济责任重点风险提示清单，做到“早知道，早提醒”，做好“防未病”工作。厅直各单位及市县交通运输局结合本单位、本系统实际情况，制订《公司内部审计工作规定》《自建项目审计监督办法》等各项内部审计制度。2019年6月，省交通运输厅赴甘孜州交通扶贫项目审计督导组在巴塘县检查农村公路建设及资金使用情况。

（本栏目供稿单位：厅审计处）

交通行政审批

JIAOTONG XINGZHENG SHENPI

概　况　2019年，省交通运输厅深入贯彻中共四川省委省政府深化“放管服”改革优化营商环境决策部署，全面落实审批便民化服务、“互联网+行政审批”等改革要求，狠抓“最多跑一次”“全程网办”“一网通办”“证照分离”等改革举措落地落实。健全机制、创新手段，发挥各方积极性和主观能动性，形成上下联动、合力攻坚的良好局面，“放管服”改革取得明显成效，公路超限运输许可联网协同办理被省政府办公厅作为具四川特色的工作经验上报国务院办公厅，同时被省政府表彰为“2019年度全省深化‘放管服’改革优化营商环境工作先进集体”“2019年度省政务服务大厅先进窗口单位”。

行政审批制度改革　2019年，省交通运输厅持续不断深化全省交通运输行业行政审批制度改革，坚持问题导向、目标导向、结果导向，深入推进简政放权，进一步提高审批服务效能，激发交通运输市场发展活力。规范优化调整行政权力指导清单，组织开展全省交通运输行业行政权力事项动态调整工作，并同步调整公布责任清单；取消3项行政许可事项；下放2项行政许可事项；承接2项交通运输部下放省级交通运输部门行政许可事项，印发《关于贯彻落实国务院关于取消和下放一批道路运输行政许可事项决定的通知》《关于贯彻落实国务院关于取消和下放一批航务海事行政许可事项决定的通知》《关于做好国际船舶运输经营相关审批备案等事项调整工作的通知》，确保事项取消、下放、承接事项落实到位。深入推进“证照分离”改革，在2018年省交通运输厅实施8项“证照分离”改革基础上，2019年将24项事项纳入“证照分离”改革试点事项清单，制定改革举措和监管办法，并将经营许可、备案等信息及时归集到省政务共享平台。持续实施减证便民专项行动，省级取消自行设定证明事项14项，省级仅保留证明事项7项。实施证明事项告知承诺制试点，通过制定告知承诺书文本、事中事后核查办法、完善失信惩戒机制，切实减少繁琐证明。“最多跑一次”改革全面落地见效。学习借鉴浙江省交通运输“最多跑一次”改革经验，制发《2019年持续深化“最多跑一次”改革工作实施方案》，明确全省“最多跑一次”改革6个方面26项重点工作任务及责任分工。组织开展全省“最多跑一次”改革推进情况摸底调查和专题培训，制发《四川省交通运输厅关于在“不忘初心、牢记使命”主题教育活动中深入推进“最多跑一次”改革工作的通知》，通报并持续推进“最多跑一次”改革全面落地见效，省本级事项全部实现“最多跑一次”，积极推动全省绝大多数市县交通运输局“最多跑一次”事项全覆盖。

“一张网”改革　2019年，全省交通运输网上审批服务系统建成投入试运行。按照省一体化政务服务平台建设总体要求，建成并试运行四川交通运输网上审批业务办理系统，实现省市县交通运输许可事项“一张网”全覆盖和全程网办，审批全过程数据、电子证照信息与省一体化政务服务平台实时数据共享，打通与公安、工商等部门系统数据对接，实现与交通运输部门内部运政系统、跨省大件运输系统、高速公路执法系统等多个系统数据交换，通过直接调用系统信息数据，减少法定申请材料120个，精减率46%。系统自2019年10月9日进入全省试运行以来，有注册用户5 948个，省市县三级网上办理许可申请19万余件。积极推进“一网通办”工作，2019年省交通运输厅纳入省政府“一网通办”试点示范三个省级部门之一，第一批试点7个事项全部实现“一网通办”，形成可复制可推广的工作经验。在解决痛点、堵点、难点问题方面进行积极探索，创新推行公路超限运输许可联网协同办理，实现省交通运输部门公路超限运输网上审批系统与省公安交通管理部门“三指定”业务办理系统数据对接，申请人不再“两头跑”“两头办”，实现“一号申请、一窗受理、一网办理、一次出证”，将国家规定的审批时限由2到15个工作日缩减到0.5到2个工作日，被省大数据中心作为可复制可推广的工作经验由四川电视台进行专题报道。

交通窗口建设 2019年，省交通运输厅结合“不忘初心、牢记使命”主题教育，开展政务服务效能专项整改行动，组织开展政务窗口服务换位体验活动，完成窗口人员按要求重新配置工作，强化窗口服务，主动前往绵阳京东方、德阳二重等重点项目厂家及四川权兴物流有限责任公司、德阳中大运业有限公司等大件运输企业开展上门服务8次，主动为德阳豪晨运业有限公司、四川万联达恒升物流有限公司、四川益朋物流有限公司、洛阳市老战友汽车运输公司等企业开展业务申办培训12次。全年省政务中心交通运输窗口受理办理申请件14.5万件，按时办结率、现场办结率、群众评议满意率均达到100%，有效投诉为0。收到四川权兴物流、德阳中大运业、德阳豪晨运业等企业赠送的5面锦旗。

2019年，省交通运输厅党组成员、副厅长张勇（前右一）到省政务服务中心交通运输窗口检查指导工作　　厅行政审批处 供图

（本栏目撰稿人：杨　倬）

交通公安

JIAOTONG GONGAN

概　况 2019年，全省交通运输系统紧紧围绕中心工作，以维护社会稳定为己任，把加强综合治理工作作为保障交通改革发展的重要保证，统筹推进“扫黑除恶”专项斗争、社会治安综合治理、平安交通建设、反恐防范工作及打击枪爆违法犯罪等工作，聚焦风险防控，着眼补齐短板，健全矛盾纠纷排查调处机制，积极排查、防范和化解各种矛盾和问题，维护社会大局和行业和谐稳定，全年没有发生较大以上社会群体性及治安事件。省交通运输厅被中共四川省委办公厅、省政府办公厅评为“全省维护社会稳定工作目标先进单位”、全省“扫黄打非”先进集体。

“扫黑除恶”专项斗争 2019年，省交通运输厅坚持把线索摸排督办作为基础，利用公开渠道抓“明线”摸排，采取交叉暗访抓“暗线”摸排，摸排人民群众反映突出的重点线索1 800余条；坚持把专项整治作为关键，保持高压态势铁腕整治“黑车”、地下班线、驾培市场等十大乱象；坚持把联动协作作为重点，联合住建、水利等部门和有关地区合力根治；坚持把宣传教育作为先导，建立信息共享与推送发布机制，监测分析扫黑除恶舆情，营造强大整治声势；坚持把“打伞破网”作为目标，深挖乱点乱象背后的“保护伞”“利益网”。厅扫黑除恶专项斗争领导小组办公室（简称“扫黑办”）和绵阳、巴中市交通局、泸州市运管局被省扫黑办评为扫黑除恶专项斗争先进单位，厅典型做法和巴中市道路运输整治经验被省扫黑办向中央扫黑办推荐。

问题线索收集办结 2019年，省交通运输厅调动人民群众举报的积极性，拓宽发现识别涉黑涉恶问题渠道，通过媒体宣传报道，公布举报信箱、电话和网络平台、悬挂标语横幅等现有公开渠道主动收集线索。派出7个督查组深入基层一线和发挥行业协会作用，采取主动交叉暗访等方式，紧盯举报线索集中、群众安全感和满意度较低的重点地区，对“黑车”非法营运、运输市场垄断、驾培市场乱象等问题线索进行重点摸排，摸排出巴中江北客运站等人民群众反映较为突出的重点线索。全年办结1 700余条线索，其中全省道路运输领域办结217条，移交相关部门核查56条，营运高速公路办结752条（包括省扫黑办挂牌督办的19个线索问题），移交486条。

乱点乱象整治 2019年，省交通运输厅与省扫黑办、省公安厅联合印发交通运输领域乱点乱象整治行动方案，开展突出领域五大专项整治行动。道路运输领域选择“12328”热线群众投诉最多和从业人员上访最多的地区，线索摸排数量明显较少的地区为突破口，主动出击、下沉一线，始终保持高压态势铁腕整治，查处非法营运“黑车”1.45万辆、具有营运资质车辆违规经营2.15万辆次，取缔地下班线19条，查处和纠正驾培行业乱象825起，排查公布以大宗物资为重点的货运源头788个。营运高速公路领域以非法营运、偷逃高速公路通行费、偷盗货车油料等违法行为为打击重点，联合公安机关集中开展打非“百日攻坚”、春运前集中打非和打击路网偷逃通行费专项行动，查获非法营运案件774起，累计罚款550万余元，追缴欠费车辆166辆次，追缴金额50余万元，全省盗、抢柴油警情、案件分别比上年下降57%和61%。交通建设领域面向社会发出致项目业主和从业人员的两封公开信，组织开展多轮次专项督查，对2家企业违规行为按照有关规定进行信用降级、取消竞标名次等处罚，公路水运建设环境专项整治效果逐步显现。

联合执法攻坚 2019年，省交通运输厅加强上下沟通，定期报送工作动态，派员到省线索核查中心帮助工作，建立交通运输部门横向纵向核查、交通运输部门与公安机关信息共享核查、交通运输部门向纪委监委移交核查3种联动方式。联合水利、住建、自然资源等部门排查公布以矿山、砂石、建渣等大宗物资为重点的货运源头。联合公安、国土、市场监管部门，深入城市郊区、农村地区排查检查，重点整治驾校违法违规行为。厅和市（州）交通运输扫黑除恶专项斗争领导小组分工负责、密切配合，针对重点线索组成联合工作组与当事人见面沟通，实地暗访取证。厅运管局和高管局与省公安厅交警总队组成4个暗访组对道路运输乱点乱象突出的12个地区进行专项检查并督促指导问题整治。内江市侦办并批捕长期盘踞在高铁站点和高速公路出入口“黑车”非法营运的恶势力犯罪案件11件38人。巴中市破获2起带有黑恶性质的非法营运案件，打掉7个非法营运团伙，刑事拘留48人、行政拘留17人。

客运规范完善 2019年，省交通运输厅优化制度设计，从省级层面完善包车系统，规范包车审核；协调省司法厅将定制客运条款纳入《四川省道路旅客运输管理办法》修订案，规范网约车、定制客运发展；推动将查处的“黑车”等违法信息纳入信用体系实施联合惩戒。优化队伍建设，制订行业管理人员以及运政执法、协管人员培训教育计划，提升执法服务水平、明确岗位职责、规范执法流程。优化有效供给，鼓励全省各地根据需求及时投放巡游车、出租车、公交车及道路客车等运力，为城郊、城乡居民制订有针对性的运输服务方式，解决居民出行问题。全省发展定制客运线路52条，网约车合规化车辆9.9万辆，建制村通客车率95.5%，报请省政府同意每年列入农村客运发展专项资金1.97亿元。

宣传教育培训 2019年，省交通运输厅以专家专题讲座、印制宣传应知应会手册、制作宣传短视频和悬挂横幅标语4种方式，面向社会广泛宣传，营造人人参与扫黑除恶的良好社会氛围。建立信息共享与推送发布机制，动态监测、分析统计全省行业内扫黑除恶舆情，及时通过厅门户网站、手机报、微博、微信等平台及时发布扫黑除恶工作信息。制作“珍爱生命、拒乘黑车”专题宣传片，在汽车客运站、高速公路服务区等人员密集场所和班线营运客车上滚动播放。举办全省交通运输行业扫黑除恶培训班，抓住行业管理人员、交通行业从业者和广大人民群众三个重点开展培训教育，加强对派出督导组人员的工作培训，明确线索接报流程和值班人员岗位职责，增强对涉黑涉恶涉乱线索举报的识别和应对能力。

追责问责 2019年，省交通运输厅坚持把“打伞破网”作为目标，严肃追责问责。全省各级交通运输部门刀刃向内，抓重点地区、重点领域，以突出问题整治为抓手，打一点、查一线，整一处、带一面，深挖乱点乱象背后的“保护伞”“利益网”。开展“扫黑除恶”专项斗争以来，省本级向公安机关、纪检监察等部门移交14条涉黑恶及保护伞线索；全省系统内干部职工1人被判刑、4人被开除公职、2人被党纪政纪处分；协调政法机关行政处罚非法组客人员1 500余人次，行政拘留270人，刑事拘留48人，打掉10个恶势力犯罪团伙；集中约谈和个别重点约谈70余家网约车平台公司和巴中市运管处、通江运管所。

涉稳隐患排查 2019年，省交通运输厅坚持把隐患排查作为防范化解涉稳风险的根本手段，按照《四川省交通运输厅矛盾纠纷排查调处办法（试行）》，突出政策调整、企业改制、人员安置、工程建设等重点问题，把多次进京、赴省、到厅上访的信访老户和串联上访的特殊利益群体，坚持把可能引发集体上访、群体性事件的苗头性、倾向性不稳定因素作为排查的重点，春节、“两会”、国庆等重点时段，组织开展6次矛盾纠纷摸排，系统掌握城市客运、道路货运、征地拆迁、环保整治、企业改制、欠薪欠债等重点领域稳定动态，建立健全工作台账管理，逐个细化稳控措施，定期跟进评估，强化矛盾纠纷化解。

矛盾纠纷化解 2019年，省交通运输厅坚持做到“三个到位”抓化解。预警预测预判到位，与中共四川省委维稳办、省公安厅、省信访局、省网信办健全联席会议机制，定期召开会议，通报发展情况、研判新问题新情况，互通情报、互享信息。督促指导到位，多批次成立工作组，协助相关市（州）党委、政府上门排查、实地走访，综合运用经济、行政等手段和教育、疏导等方式，从源头上降低巡游出租车、网约车、道路货运涉稳风险。工作措施到位，坚持依法处置、舆论引导、社会面管控“三同步”原则，运用重点督导、蹲点督导和“负面名单”等方式，稳控化解矛盾纠纷。年内，协助成都、遂宁、自贡、眉山等相关市（州）党委、政府化解巡游出租车、网约车、道路货运等10余起可能引发较大规模聚集上访的群体性事件苗头隐患，稳妥处置20余件到省交通运输厅信访的问题。

稳定风险评估 2019年，省交通运输厅坚持把风险评估作为防范化解风险的关键，提升防控能力。推进《社会稳定风险评估实施细则（试行）》和公路、水路专项稳定风险评估制度和配套办法，将重大问题、重要干部任免、重大项目投资、大额资金使用等决策事项，运输结构调整、货运成本及运价监测、出租汽车经营权到期延续，公路水运重点工程、重大投资项目设立，企业改革改制，人民群众反映集中热点、难点问题的处置方案，系统职工切身利益的重大改革纳入评估范围，深入开展稳定风险评估。以重大事项决策、重要政策推行、重大项目建设和重大改革实施为重点，着手建立社会稳定风险评估咨询单位备案库，研究出台风险评估报告的具体编制办法，重点关注重大工程项目建设和重大政策出台可能带来的矛盾问题，推动风险评估在各个领域各个层面全面落实，避免因决策失误引发新的社会矛盾。

稳定风险管控 2019年，省交通运输厅建全上下衔接的维稳形势研判机制，不定期组织召开形势研判会，对重点稳定风险专题研判，坚决防止涉稳矛盾和问题隐患合流激化。完善舆情信息预警报告制度，通过“厅长信箱”、咨询投诉、微博微信平台和“12328”服务监督电话等多种方式收集客运市场、出租汽车、货运行业、重大事故和交通扶贫等方面苗头性、敏感性、潜在性的舆情诉求，密切关注网络舆情，对涉及范围广、社会关注度高的热点敏感问题，提前预测预判预警，及时封堵删除、落地核查在网上制造传播政治谣言和有害信息，实现从“舆情应对”向“舆情引导”转变。建立健全舆情炒作风险评估制度，制订舆情引导预案，按照立场鲜明、坦诚坦率、真实准确、快速透明原则，对热点问题适时发布信息，主动回应社会关切的舆情诉求，避免个案演变成舆情事件，发展为社会公共事件。

社会治安综合治理 2019年，省交通运输厅指导各地交通运输部门加强道路水路客运、城市轨道交通风险管控和物流领域安全风险防范，落实道路客运实名制工作管理和《零担货物道路运输服务规范》，优化公路水路安全联防考评。以路域环境综合治理、高速公路超限治理、公路安全生命防护工程、客运站“三不进站、六不出站”、旅客实名制管理、危险货物码头整治和打击航道非法行为为重点，推进“平安交通”建设。全省汽车客运站对开行的省际、市际客运班线全面实现售检票实名制管理，零担货物运输和客车附搭小件物品受理环节流程进一步规范，防控公共安全风险。联合省“扫黄打非”办、公安、文化执法部门，开展专项整治行动，切断非法出版物流通渠道，指导地方交通运输局参加禁毒委组织的毒品查缉行动；配合公安机关、高速公路营运管理部门，重点做好高速公路沿线“三电”设施安全保护工作。

反恐防范 2019年，省交通运输厅把反恐怖防范工作纳入交通强国发展战略，细化落实新时代交通运输行业反恐怖防范工作措施，打赢新中国成立70周年等一系列重点时段安保反恐工作。常态化开展涉恐隐患排查整治，推动将交通运输重点目标纳入省反恐办分类分级管理，对全省194个一二级汽车客运站、232座特大桥梁、101条特长隧道和7个危货港口反恐防范风险进行全面摸排，对问题隐患进行限期整改。严格落实反恐防范标准，推进《四川省一、二级汽车客运站反恐怖防范工作规范（试行）》实施，面向全省推广成都东站客运站、南充客运站试点经验。推进道路客运实名制购检票制度，严格落实客运站旅客行包检查、《零担货物道路运输服务规范》和寄递物流“3个100%”安全检查制度以及公共汽电车场站安防设施设备配备和轨道交通运营企业旅客安检等制度。组织2019年度全省交通运输行业反恐防范专题培训，全省21个市（州）交通运输主管部门及行业管理部门、厅直属单位及部分重点道路运输企业200多名人员参加培训。开展2019年度全省交通运输系统反恐防范应急演练，实战检验汽车站反恐防范应急机制的响应时间及处置措施，厅航务局、运管局、公路局和高管局联合公安交警和成都、泸州、广元等交通运输部门结合水上交通、运输保障等应急演练科目组织开展6次反恐应急演练，进一步强化和提升全省交通运输系统反恐防范意识和能力。

厅机关安全保卫 2019年，省交通运输厅安保人防、技防、物防能力持续全面提升。管理工作不断规范，消防维保单位每月开展消防安全例检，春节、“十一”等重点时段4次开展厅机关消防安全大检查，发出隐患通知书7份。健全厅机关安全防范巡查值守制度，建立办公区周界防护系统，修复全部视频监控设备，公共区域视频监控覆盖率95%以上，办公区安防全电脑化监控、自助响应、一键报警的自动化控制达100%。组织开展消防安全隐患排查整治，细化节假日、重大活动等时段的院内安保检查措施，举办“11·9”厅机关消防培训及演练，有效保障厅机关消防安全，年内厅消防和安保人员发挥积极作用，成功化解火灾险情1次，门岗值守人员筛查阻挡可疑人员进入厅机关20余名，有序引导群访集访群众20余次，协助厅机关相关部门维持大型活动秩序15次，确保厅机关良好的办公秩序。

禁毒工作 2019年，省交通运输厅按照全省三年禁毒人民战争实施方案（2018—2020年），推进新时代交通运输行业禁毒工作。强化监管，把交通运输业务工作与毒品查缉工作有机结合，推进全省道路客运实名制管理，在客车附搭小件运输受理环节严格执行寄递物流“三个100%”管理制度，加强对客运站场、行李房及旅客行包的检查，协助配合各级公安机关打击各种利用各种交通运输工具进行贩卖运输毒品活动，及时截断毒品内流中转渠道。注重引领，指导成都、广元、攀枝花、凉山等重点地区交通运输部门主动配合公安机关查缉毒品，深化“5·14”堵源截流机制，不断提升禁毒工作水平。发挥交通运输行业优势，开展禁毒宣传教育行动，确保重要时间节点禁毒宣传面90%以上，营造积极向上的行业禁毒群防群治的良好氛围。年内，厅5次组成暗访组赴成都及环蓉重点城市对禁毒工作进行检查，强化责任落实，堵塞工作漏洞。按照省禁毒委成员单位定点包片工作要求，组成督导组3次前往广元市参加省禁毒宣传活动，具体帮扶、督导禁毒工作。

公路水路安全联防 2019年，省交通运输厅综合运用年度目标管理考核，完善安全监管责任体系，逐级落实公路水路联防工作的一线管理者和操作者，成功创建4个“四好农村路”全国示范县和17个省级示范县，累计全国示范县10个，省级示范县45个，全国示范县总数位居第一。提升物防技防水平，组织开展隧道（机电）提质升级、防护栏安全性能提升、隧道（土建）提质升级、连续长陡下坡路段安全通行能力提升、桥梁安全防护能力提升等专项工作，全年改造隧道（机电）319个、养护中心（养护站）336个、服务设施71个、中央活动护栏1 444处、隧道（土建）2座、连续长陡下坡路段2处。加强货运企业安全管理，加大对危险货物运输车辆及随车驾驶员、押运员运输资质及从业资格等证件查验力度，检查危险化学品运输车辆3 987辆次，处理违法行为26起。开展公路水路安全隐患排查治理，派出检查人员3 600余人，排查出隐患1 602处，完成整改1 524处。强化治安防控体系建设，会同公安交警部门建立高速公路服务区偷盗车辆油料防治责任体系，建立联防响应机制，搭建信息互通平台，升级改造服务区硬件，提升服务管理效能。

平安交通建设 2019年，省交通运输厅以组织开展公路安全生命防护工程建设、危病桥隧专项治理、安全大检查、防坍塌防坠落反三违等专项行动为重点，依托治超站、养护站和村社组织开展路域环境综合治理，联合公路沿线乡镇、村社建立护路护线联防队伍开展巡路护路活动，推进平安公路建设。以客运站场为督查重点，推进道路运输企业安全生产风险分级管控和隐患排查治理规范体系建设，健全安全风险辨识分级管控清单和隐患排查整治闭环管理体系，推进客运站安全生产状况评估工作，实现客运站安全生产管理标准化、规范化，推进平安车站建设。建立全省危险化学品码头储罐安全监管台账，派出56个专项行动检查组，考核危险货物水路运输从业人员300余人次，加大对码头的安全监管力度，推进平安港口建设。联合省生态环境厅、省自然资源厅、省水利厅联合印发《关于进一步做好长江主要支流非法码头整治工作的通知》，对摸排出的非法码头368座（应取缔209座、拟规范提升159座），拆除193座，规范提升7座，拟于2020年前完成对嘉陵江、岷江、金沙江、沱江、渠江、涪江、赤水河等全省主要通航河流的非法码头整治工作，推进平安航道建设。

“扫黄打非”工作 2019年，省交通运输厅以清查整治非法出版物为主线，以开展专项行动为平台，以加强体制机制建设为保障，坚决封堵政治性非法出版物和有害信息，持续净化公路、水路运输公共场所的文化环境。会同省“扫黄打非”办组成联合检查组对成南、成渝、成乐等高速公路的6个服务区及成都市、乐山市、内江市、南充市等地的5个汽车客运站进行重点检查，运管、海事、高速执法等部门在车站码头、客运车船、高速公路服务区等重点区域开展出版物销售管理专项整治。成都市交通运输执法部门对市区所有汽车客运站、货运物流场站全覆盖清查，严堵各类非法出版物流入各地。厅信息中心、交通宣传中心多次对厅门户网站、刊物、记者站开展专项整治，配合公安机关组织开展联合打击行动。全省交通运输窗口单位基本无出版物无证销售摊点、无游商小贩兜售非法出版物、无非法出版物销售。

（本栏目供稿单位：厅公安处）

交通战备

JIAOTONG ZHANBEI

概　况　2019年，四川省交通战备工作以习近平新时代中国特色社会主义思想为指导，全面贯彻习近平强军思想，坚决落实总体国家安全观和新时代军事战略方针，贯彻全国交通战备工作安排和省政府、省国动委及省交通运输厅党组关于交通战备工作决策部署，持续开展《中华人民共和国国防交通法》法规宣传，完成四川省国防交通规章制度清理工作。加强交通战备信息化建设，初步形成民用运力网络化线上动员能力。持续推进目标管理工作，继续对各市（州）、重点县（区）交通战备工作实施目标管理，不断提高目标任务制定科学性、考核评价客观性、奖惩通报严肃性。加强交通战备工作机制建设，梳理完善全省交通战备各项工作制度，依法理顺工作关系，建立完善现代综合交通运输体系下的交通战备工作机制。聚焦支援战略投送、深化军民融合、夯实发展基础，切实践行忠诚、融合、服务的理念，忠诚履行为国防建设服务、为经济建设服务的职能，恪尽职守、主动作为，依法推动全省交通战备工作发展。

军事斗争准备交通保障　2019年，省交战办紧紧围绕战略投送支援能力生成，扎实做好应对主要战略方向复杂态势交通战备准备，始终坚持实战标准，及时修订完善战时交通保障预案，随时做好应对重大军事行动交通保障准备。着眼有效遂行各类保障任务，持续优化国防交通物资储备结构，完成全省国防交通储备物资情况普查工作，全省国防交通物资储备工作进一步加强。完成全省国防交通潜力数据统计更新，重点调查掌握特种车辆数量及分布情况，弄清全省重点国防交通保障力量分布和储备物资布局。提升交通战备信息化指挥水平，完成某平台建设，初步建立民用运力在线动员机制，民用运力动员征用流程得到进一步规范。全面落实交通战备勘察制度，组织开展重点道路战备勘察，分级分类统计各类交通保障目标，制订保障预案。

2019年，省交战办组织开展全省国防交通物资储备普查工作　　省交战办 供图

国防交通基础设施建设　2019年，省交战办贯彻经济建设与国防建设融合发展要求，用好省交通建设贯彻国防要求协商制度，理顺工作机制，不断推动交通建设贯彻国防要求工作制度化、规范化。加强与省发展改革委、省财政厅对接协调，以相关部队为重点，确定2019年省本级交通基本建设贯彻国防要求项目5个并安排落实补助资金。二是加快推进国防公路重点项目建设。进一步健全完善军地沟通机制，加强项目跟进督导协调，推进有关重点国防交通基础设施建设。省内某重点国防公路建设加快，项目进度符合预期；“十三五”规划和调增共3条重点国防公路列入国家重点国防公路2020年建设计划。三是努力构建综合交通战备保障体系，及时跟踪掌握川藏铁路建设情况，协调落实贯彻国防要求工作；积极推动省内重要港口贯彻落实国防要求，加强水路战备设施保障能力；不断提升省内重点机场国防运输保障能力。

应急应战综合保障能力　2019年，省交战办建强国防交通专业保障队伍，加强对

全省重点国防交通专业保障队伍2019年度综合演练在成都举行，省重点国防交通专业保障队伍公路运输大队整装待发　　省交战办 供图

2019年11月，省重点国防交通专业保障队伍钢桥架设大队实兵实装展开钢桥架设作业　　省交战办 供图

战略支援投送所涉及的应急抢险、运输等专业保障队伍管理，加强对国家和省级重点国防交通专业保障队伍建设，锻造应急应战拳头力量，提升遂行任务能力。科学实施全省国防交通专业保障队伍整组更新，着力提升国防交通保障力量发展质效和建用水平。开展队伍教育训练，深入贯彻习近平总书记2019年开训动员训令要求，以《国防交通专业保障队伍训练与考核大纲》为依据，实兵实装组织省公路运输大队以及全省战备钢桥架设业务骨干开展年度综合演练，展开钢桥架设、公路抢险和远程拉动等15个课目训练，开创西部战区国防交通专业保障队伍长时间、远距离、全要素、多课题训练演练的先河，探索出新时期国防交通专业保障队伍实兵、实装、实战化背景下训练演练新路子，也为坚持军民融合深度发展战略遵循下国防交通力量生成提升探索新途径。

通信线路安全保护　2019年，省交战办持续开展《四川省通信线路保护规定》宣传贯彻工作，以国家一、二级通信干线为重点，结合全国“两会”等重要时间节点和“5·17”世界电信日，联合省军区、省计划用电、节约用电、安全用电办公室，组织四川电信、长途通信传输局等单位，赴成都、德阳、凉山等地，协调处理矛盾20起，实现全省一、二级干线零阻断。组织指导全省各级交战办开展军警民联合护线宣传活动和世界电信日宣传活动，加强《四川省通信设施保护规定》宣传，发放宣传资料1万余份。

军事行动交通保障　2019年，省交战办建立健全军事交通保障制度，贯彻国家交战办加强公路运输投送军事交通保障要求，以服务于军队为指导思想，总结近年来重特大军事交通保障经验，会同公安交警、交通执法等部门，进一步规范军事交通保障工作流程和方法，探索建立适应军事行动新常态的军事交通保障新模式。突出重点任务保障，加强交通保障组织，以全军战略战役集训、战备拉动和跨区机动为重点，出色完成各类军事交通保障任务。加强川藏公路军事运输交通保障力度，实现全年进藏军事运输安全顺利。充分发挥国防交通专业保障队伍应急作用，主动承担政府重大应急交通保障任务，在都汶路应急抢险工作中，紧急调运3座ZB200装配式公路钢桥支援道路抢通保通。

（本栏目供稿单位：省交战办）

2019年，省重点国防交通专业保障队伍公路运输大队实兵实装展开远程机动演练。图为队伍展开高原机动作业　　省交战办 供图

交通行政机关

JIAOTONG XINGZHENG JIGUAN

四川交通年鉴

四川省交通运输厅

SICHUANSHENG JIAOTONG YUNSHUTING

综　述　1952年9月，四川省交通厅成立，1970年12月更名为四川省交通局，1980年5月更名为四川省交通厅，2009年12月更名为四川省交通运输厅。

四川省交通运输厅职能职责：贯彻执行国家有关交通运输行业的方针、政策和法律、法规。组织拟订并监督实施公路、水路等行业规划、政策和标准，会同有关部门组织编制综合运输体系规划，参与拟订物流业发展战略和规划。拟订全省交通运输地方性法规、规章草案，负责本系统、本部门依法行政工作，落实行政执法责任制。指导公路、水路行业有关体制改革工作，承担全省高速公路统一管理的有关工作。承担道路、水路交通运输市场监管责任，组织制定道路、水路运输有关政策、技术标准和运营规范并监督实施，指导城乡客运管理工作，指导出租汽车行业管理工作，会同有关部门制定运输价格。承担水上交通安全监管责任。负责水上交通管制、运输船舶及相关水上设施检验、登记和防止污染、救助打捞、通讯导航、危险品运输的监督管理工作，负责船员管理相关工作。指导水上交通安全事故、船舶及相关水上设施污染事故的应急处置，依法组织或参与事故调查处理工作。负责提出公路、水路固定资产投资规模和方向、省财政性资金安排建议，按照规定权限审批、核准国家、省规划内和年度计划规模内固定资产投资项目。会同有关部门拟订公路、水路有关规费政策并监督实施，提出有关财政、土地、价格等政策建议。指导交通运输行业审计工作。承担公路、水路建设市场监管责任。拟订公路、水路工程建设相关政策、制度、技术标准并监督实施，组织协调公路、水路有关重点工程建设和工程质量、安全生产监督管理工作。负责对交通行业和产业项目的招标投标活动的监督执法。指导交通运输基础设施管理和维护，承担有关重要设施的管理和维护。按规定负责港口规划和港口岸线使用管理工作，指导交通运输行业特许经营管理，会同有关部门组织实施交通运输行业职业资格管理工作。指导公路、水路行业安全生产和应急管理工作。按规定组织协调国家及省重点物资和紧急客货运输，负责全省高速公路及重点干线路网运行监测和协调。组织协调地方交通战备工作，承担国防动员有关工作。制定交通运输科技政策并监督实施，组织重大科技开发。指导全省交通运输信息化建设，监测分析运行情况，开展相关统计工作，发布有关信息。指导公路、水路行业环境保护和节能减排工作。负责公路、水路有关涉外工作，开展对外经济技术交流与合作，指导全省交通运输行业招商引资和利用外资工作。承担省政府公布的有关行政审批事项。依照法律法规和有关规定，在职责范围内对交通运输行业领域的安全生产工作实施监督管理，履行安全生产行业监督管理职责。按照省政府安排部署，负责全省地方铁路建设质量安全行政监管工作。承办省政府交办的其他事项。

2019年机构改革中，按照省委编办安排部署，原农业厅承担的渔船检验和监督管理职责划转四川省交通运输厅，新增负责指导交通运输综合执法和队伍建设有关工作。同时，厅属承担行政职能的事业单位厅公路局、航务局、运管局、高管局、质监局承担的公路、港口航道、道路运输、工程质量安全监督管理等各项行政职责，全部划归厅机关。

四川省交通运输厅内设机构18个，分别为办公室（精神文明建设办公室）、政策法规处、综合规划处、财务处、人事教育处、建设管理处、公路管理处、行政审批处、运输管理处（出租车行业指导办公室）、安全监督管理处（应急办公室）、审计处、科技和信息化处、外经外事处、公安处、离退休人员管理处、机关党委（机关纪委）、信访处、四川省交通战备办公室（四川省保护通信线路安全办公室）。

四川省交通运输厅直属单位27个，分别为四川省交通运输工会委员会、厅公路局、厅航务管理局、厅道路运输管理局、厅高速公路管理局（高速公路交通执法总队）、高速公路交通执法一至七支队、四川交通职业技术学院、四川省路网运行监测与应急处置中心、厅高速公路监控结算中心、厅工程质量监督局、四川省交通运输发展战略和规划科学研究院，厅交通建设工程造价管理站、四川省大件公路管理处、四川省交通宣传中心、厅交通史志总编室、厅信息中心、四川省交通运输职业资格中心、四川省公路交通应急装备物资储备中心、厅机关后勤服务中心、四川省交通管理学校、四川交通运输职业学校。厅管国有企业5家，分别为四川省公路规划勘察设计研究院有限公司、四川省交通勘察设计设计研究院有限公司、四川公路工程咨询监理有限公司、四川兴蜀公路建设发展有限公司、四川省智慧交通科技有限公司。

2019年，省交通运输厅坚持以习近平新时代中国特色社会主义思想为指导，坚决贯彻中共中央、国务院和省委省政府、交通运输部决策部署，努力克服宏观经济下行等多重困难挑战，团结拼搏、砥砺前行，推动全省交通运输平稳发展、稳中有进。

着力抓投资稳增长。深入实施综合交通建设三年行动，全年公路水路建设完成投资1 805亿元，连续9年投资超千亿元。建成荣泸高速公路、泸黄高速公路扩容等7个项目（路段），全省高速公路建成总里程突破7 500公里，新增1个贫困县（通江县）通高速公路，新增高速公路出川通道2个、总数达21个。新开工9个项目、1 066公里，高速公路建成和在建总里程突破1.1万公里，提前超额完成“十三五”规划目标。完成国省干线公路提档升级1 868公里，普通国道PQI达88.6。岷江犍为航电枢纽船闸试运行，嘉陵江（川境段）全线通航。

着力抓扶贫补短板。全年新（改）建农村公路2.5万公里，整治通乡通村破损路面2 697公里，啃下最后一个不通硬化路的村——阿布洛哈村这个硬骨头，实现乡乡通油路、村村通硬化路。新增4 520个建制村通客车，具备条件建制村通客车率达98.9%。建成安全生命防护工程1.5万公里，建成渡改桥63座。全面启动实施新一轮“甘推”“凉推”方案，两州交通建设投资双双超百亿元。健全“四好农村路”建管养运协调发展机制，成功创建4个“四好农村路”全国示范县和17个省级示范县，国家级示范县总数达10个，并列全国第一。省交通运输厅定点帮扶的沐川县和金口河区脱贫成果得到持续巩固，越西县初步具备脱贫摘帽条件，交通运输部在四川定点扶贫四县（小金、壤塘、黑水、色达）如期摘帽。

着力抓谋划建强省。深入学习贯彻《交通强国建设纲要》，四川省被成功纳入交通强国建设试点省份。研究完成《四川交通强省总体发展战略研究》等系列成果，有力推进综合立体交通网规划等一系列专项规划编制工作，全面启动“十四五”规划研究编制。修编出台《四川省高速公路网规划（2019—2035年）》，路网布局更加合理，支撑作用更加明显。实施厅领导联系指导“五大经济区”工作机制，全面推动“一干多支、五区协同”战略落实。

着力抓服务提品质。全面取消剩余9个省界收费站，实现高速公路省界不停车畅行。提前超额完成部ETC推广任务，全省用户数达930万户，安装率80%，居全国第三位。全年优惠减免通行费53亿元。省政府印发《四川省推进运输结构调整三年行动计划实施方案》，推进大宗货物运输“公转铁、公转水”，铁路货运量、水路货物周转量、集装箱铁水联运量比上年分别增长7%、13.3%、14%。建成41个综合客运枢纽站，覆盖全省95%的高铁站。新增定制客运试点线路71条，网约车合规化进程加快。改建行业厕所336座。建成“司机之家”3个。创建“五好”高速公路15条，全省高速公路星级服务区占比达80%。

着力抓创新促转型。实施打赢蓝天保卫战等5大专项行动，着力推进污染防治和节能减排，城市公交新增和更新车辆中新能源车比重超过50%。持续深化“交通+旅游”融合发展，完成九黄机场至红原机场公路等示范项目，建成幸福美丽乡村旅游示范公路557公里。交通运行监测与应急指挥等5个行业综合管理与服务系统基本建成，物流公共信息服务平台等8个项目加快建设，成都绕城等平安智慧高速公路试点建设初见成效。成功申报“四川省钢管混凝土桥梁工程技术研究中心”等3个科研基地，获批发布行业标准1项、地方标准8项。大力推广应用“四新”技术，工程建设品质不断提升。

着力抓改革优环境。顺利完成省交通运输厅机构编制事项调整，各参公事业单位承担的行政职能划转厅机关。交通运输综合行政执法改革有序推进，省编委于2020年1月正式批复整合组建省交通运输综合行政执法总队。与省委编办共同开展综合交通管理体制调研，调研报告得到省领导批示肯定。成功发行收费公路专项债券20亿元，省级交通投资基金实现第二期投资落地，撬动社会投资16.8亿元。进一步激发市场投资活力，成功招商高速公路项目10个、1 019公里，引进社会投资1 757亿元。出台交通运输支持民营经济健康发展的意见，着力优化营商环境，积极推进“最多跑一次”改革和“一网通办”试点运行，省本级“最多跑一次”改革事项实现全覆盖，交通运输网上审批服务实现省市县“一张网”全覆盖。

着力抓安全保稳定。深入开展平安交通三年攻坚行动和“防风险保安全迎大庆”专项行动，全省交通运输安全生产事故起数和死亡人数比上年分别下降14.9%、13.7%，公路管理、水上交通领域生产安全责任事故“零发生”。高效应对宜宾市长宁县“6·17”地震、汶川县“8·20”强降雨特大山洪泥石流灾害等重大自然灾害，完成抢通保通保运保安全工作任务。严格落实信访维稳责任，坚持法治化思维处理信访问题，没有发生重大群体性事件，重要节点、重点时段持续安全平稳。

着力抓法治强治理。持续深化法治政府部门建设，完成《四川省道路旅客运输管理办法》修订，配合省人大编制《〈四川省高速公路条例〉释义》。深入推进扫黑除恶专项斗争，查处“黑车”和违规经营车辆1.45万辆，取缔地下班线19条。出台《四川省通行高速公路严重违法失信行为信用联合惩戒管理办法》，在全国率先建立守信联合激励和失信联合惩戒制度。修订出台《四川省高速公路投资人信用管理办法》，加强投资人信用管理。隆重举行建国70周年系列活动，开展发展成就宣传，四川交通6次登上央视《新闻联播》、18次登上《人民日报》等中央主流媒体。

（陈超超）

厅办公室 2019年，厅办公室获2019年度全省政府系统办公室工作公文处理、电子政务、政府信息公开和政府网站与政务新媒体建设管理、政务信息报送、值班工作等5个专项先进集体称号，1人获先进个人称号。

加强思想政治建设，切实提高站位服务大局。始终把思想政治建设摆在突出位置，在思想上政治上行动上同以习近平同志为核心的中共中央保持高度一致。深学理论知识。组织干部职工全面学习党章党规、习近平新时代中国特色社会主义思想和系列重要讲话，深入领会交通运输部和省委省政府相关文件和会议精神，准确把握厅党组各项部署要求，坚定不移推动各项部署要求落地落实。注重信念教育。把从严教育管理党员落到支部，严格执行“三会一课”制度，2019年支部会专题学习24次，引领支部党员筑牢党性之基，使厅办公室党员干部进一步坚定理想信念、保持对党忠诚、勇于担当作为，充分发挥好先锋模范作用。精研业务知识。坚持集中学和自学相结合，学习经济、政治、法律等知识，增强知识系统性和关联性。学习交通运输供给侧结构性改革、“互联网+”、投融资等领域知识，坚持以知促行、以行促知，不断提高服务领导、服务基层、服务交通、服务群众的能力。

围绕中心服务大局，推动各项决策落实落地。始终坚持政治标准、考虑政治因素、注重政治效果，坚决有力贯彻中共中央和省委省政府决策部署，不折不扣落实省交通运输厅党组各项工作。深入开展“不忘初心、牢记使命”主题教育。牵头扎实开展形式主义、官僚主义专项整治工作，健全完善重大事项请示报告等制度办法，制订措施规范精文减会、优化督查考核等工作。牵头开展贯彻执行中共中央八项规定精神情况“回头看”，务实推进对巡视巡察反馈问题、扶贫领域作风问题、专题民主生活会查摆问题等涉及厅办公室工作的整改落实，相关工作进一步规范提升。积极服务省交通运输厅党组科学决策。抓文稿起草。全年厅办公室负责起草领导讲话、工作汇报、调研报告等各类文稿200余篇，多篇文稿在全国交通运输系统、全省相关工作会上作交流发言。抓信息服务。优化改版《每日动态》，编发《交通干部必读》33期，为厅领导提供更多参考。注重挖掘行业先进做法经验，全年向中共四川省委办公厅、省政府办公厅和交通运输部办公厅报送信息量和采用率均排名靠前。充分发挥综合协调作用。完善厅工作规则、厅印章使用管理等规章制度，着力构建抓落实、促运行的工作制度和运行机制。统筹推进厅领导联系指导五大经济区调研指导工作，全年厅领导赴五大经济区调研指导工作19次，覆盖21个市（州），累计行程1.4万公里，调研发现问题238项。协调各级各类新闻媒体全力抓好交通运输宣传造势，四川交通建设成就5次登上《新闻联播》，15次登上《人民日报》，四川日报、四川电视台等主流媒体经常性正面肯定报道，讲好四川交通故事，营造良好发展氛围。加大督促检查保证厅党组决策落地。认真贯彻落实中共中央和省委关于进一步统筹规范督查检查考核的通知精神，严格控制督查检查总量，每年开展一次综合性督查检查，避免多头重复和重痕轻实绩做法。对脱贫攻坚、扫黑除恶、环保督查整改、意识形态等重点工作，建立督办落实台账，严格实行“责任制+清单制”，推动各项决策部署落地落。坚持把建议提案办理作为推动工作、狠抓落实的过程，全年办理建议提案237件，办件数量居省直部门前列，按时“办结率”、办理“满意率”均为100%。全面强化意识形态工作，牢牢掌握意识形态工作领导权和主动权。不断提升机关规范管理水平。坚持公文控量提质，制订省交通运输厅精文提质相关制度，印发厅直单位、厅机关处室规范化简称表，转发国务院机构、省政府机构规范化简称表，制订厅印章制度管理办法，健全公文培训指导和错文考核通报制度，建立公文运转统一规范、分工负责、环环相扣、层层把关的程序，无一件出现遗失、发生延误，实现“零差错”。会议工作实现“零过失”。保密工作实行专人、专柜、专卷管理，实现“零泄密”。档案管理严格执行各类规章制度，加强人员培训，实现“零遗漏”。接待服务带头守好纪律守住规矩，无一例违纪违法行为发生，实现“零失误”。

狠抓干部队伍建设，不断提升团队战斗力量。始终注重提升队伍凝聚力和战斗力，加强团队协作合作能力建设。注重率先垂范。推进政治机关建设，明确厅办公室干部讲政治、讲责任、讲质量、讲效率、讲团结、讲纪律的“六讲要求”。举办请示报告制度解读专题党课，并邀请厅直单位、厅机关处室有关人员参加，推动以交流促学习、促工作提升。细化分工促合力。坚持服务大局、精心谋划，统筹安排厅办公室各项工作，确保步调一致开展工作。坚持团结协作、分工不分家，既做好本职工作又相互补台。坚持老带新、“一对一”传帮带，让年轻人与班子成员结成对子，集中力量推动各项工作落地落实。提升能力增干劲。深入开展不忘初心、牢记使命主题教育活动，制订《厅办公室支部党员读原著悟原理学习计划表》《厅办公室支部党员自学安排表》，推动学习落到实处。统筹主题教育与厅办公室中心工作，制订措施推进精文减会、督查考核等工作。举办全省交通运输系统宣传工作、综合文稿工作培训班。奖惩并举强管理。既严格干部管理，对违反办公室制度的从严惩处；又进一步加大干部关心关爱力度，落实容错纠错机制，不断强化干部责任心、激发干事激情，做到文不过夜、事不过天、首办担责。

严格遵守各项规定，营造风清气正干事环境。认真落实党风廉政建设“两个责任”，切实绷紧反腐倡廉这根弦，深入推进党风廉政建设和反腐败斗争，营造风清气正、干事创业的良好政治生态。制度规矩入脑入心。深入学习作风和廉政建设的法律法规和中国共产党的各项政策，始终把法律、纪律、制度、规矩、道德的戒尺牢记于心，做到心有所戒、行有所止，守住底线、不踩红线、不碰高压线。严格执行规章制度。遵守政治纪律，遵守党员领导干部廉洁自律准则和党风廉政责任制各项规定，严格落实中共中央“八项规定”精神、省委省政府“十项规定”精神、省交通运输厅党组“十二项规定”及其实施细则，坚决不触碰“中国共产党员127条禁令”。厅各项公务接待、会议会务等工作，均严格按照规定执行、从严管控。廉洁教育贯穿始终。加强全体干部廉政教育，严格监管执行各项纪律规定情况，抓在经常、常抓不懈。要求每位党员干部清醒认识厅办公室岗位的特殊性、重要性，牢固树立依法依规依纪办事意识。

（陈超超）

厅法规处 2019年，厅政策法规处作为省交通运输厅法治政府部门建设、行业改革和信用体系建设的牵头单位，承担部门立法、制度建设、依法行政、执法监督、复议应诉以及深化行业改革、信用体系建设等工作。①坚持以法规制度为保障。先后争取省人大、省政府制修订出台《四川省农村公路条例》《四川省航道条例》等4部地方性法规和《四川省道路货物运输管理办法》《四川省道路旅客运输管理办法》等6部省政府规章。指导相关单位制修订出台《四川省高速公路联网电子不停车收费管理办法（试行）》《四川省公路工程建设项目招标投标管理实施细则》等84项制度成果。全省交通运输领域有地方性法规10部、政府规章11部、行政规范性文件近160余件，基本形成以地方性法规、政府规章为主体，以规范性文件为补充的交通运输法规制度体系。②坚持以规范权力运行为核心。加快推进部门机构、职能、权限、程序、责任法定化，确保行政权力于法有据、依法行使、受法制约。近年来，累计检查基层执法站所231个、抽考领导干部及执法人员4 000人次、抽查执法案卷700件、完成重大行政决策及规范性文件合法性审查99件、依法办理复议应诉87件、站在行业管理角度回复征求意见1 300余条、信息化管理全省执法人员13 183人、“四基四化”（交通运输部提出：基层执法队伍职业化、执法站所标准化、管理制度规范化、执法工作信息化）建设覆盖基层执法单位727个，基本形成权责统一、科学规范、运行有效的依法行政体制。③坚持以深化改革为突破。探索交通运输持续健康发展的路径方式，部署落实行业管理体制、放管服、供给侧、投融资等领域改革措施，逐步理顺建设管理养护体制，始终坚持有利行业发展的方向稳步推进改革。省交通运输厅机构编制事项调整顺利完成、非行政许可审批事项全面取消、省本级事项“最多跑一次”全面覆盖、交通建设短板加速补齐、交通运输投融资渠道持续拓展、高速公路“质价统一”的工作机制初步建立，基本形成重点突破、纵深推进、稳妥有序、实效显著的改革工作格局。④坚持以信用建设为抓手。加快完善交通运输信用体系建设顶层设计，推动形成以信用为基础的新型监管机制。有效归集80%以上行业信用信息。其中，行政许可及处罚信息108 099条、公路水路建设及水路运输企业信息8 194条。高速公路投资、道路运输及交通建设市场信用评价全面铺开，“信用交通·四川”平台常态化运行，高速公路等重点领域联合惩戒实现率先突破，基本形成政府部门协同联动、行业组织自律管理、信用服务机构积极参与、社会舆论广泛监督的共同治理格局。

（李　鑫）

厅规划处 2019年，厅规划处按照厅党组决策部署，坚持稳中求进工作总基调，坚持贯彻新发展理念，坚持高质量发展要求，扎实推进规划、前期、计划、扶贫、环保等各项工作。印发《四川省高速公路网规划（2019—2035年）》；完成“十三五”公路水路“1+14”规划体系中期调整；印发《四川省普通国省道国土空间控制规划编制指南》；启动“十四五”规划及全省农村公路网规划编制工作。以高速公路项目为重点，推进项目前期工作，为项目开工建设奠定坚实基础。加强政策对接，争取中央资金支持，强化计划执行监督管理，为项目顺利推进提供了有力保障。统筹推进脱贫攻坚、节能环保、交通统计等其他各项工作，完成年度目标任务。

（厅规划处）

厅财务处 2019年，厅财务处积极争取财政支持，全年落实到位部省补助交通建设资金348亿元。创新筹融资方式，多渠道筹措建设资金。推动四川交通投资基金发挥更大作用，撬动社会投资16.82亿元。充分利用专项债政策，发行收费公路专项债券20亿元，支持11个地方公路项目建设。规范债务管理，妥善化解存量债务风险。积极向财政厅争取当年到期债券全额借新还旧，减轻即期偿债压力，债务风险可控。全面实施预算绩效管理。完成部门预算整体绩效评价和转移支付绩效评价。配合交通运输部完成2018年车购税重点项目“雅安至康定高速公路”绩效评价工作，部评价7个项目中“雅安至康定高速公路”项目绩效评价得分第一，获“优秀”等次。2018年度预算绩效管理工作被财政厅评为先进单位。狠抓部门预算日常管理，强化部门预算执行等管理工作，2018年度部门决算工作受到财政厅通报表扬。开展厅属行政事业单位盘活闲置国有资产工作，分类提出盘活使用建议。加强国有资产日常监管。2018年度行政事业单位国有资产报告工作受到财政厅通报表扬。强化厅属企业监督指导。完成厅考核4家企业2018年度企业负责人经营业绩考核，签订2019年经营业绩考核指标责任书。推进内部控制建设。推进制度人才建设。组织制定制度4项，修订制度1项。强化部省补助资金使用监管。持续强化日常财务监管。推进国有企业改革。对厅属企业开展自查清理，摸清企业情况。按照省集中统一监管要求，提出企业分类处置改革建议方案并报财政厅。建立完善厅属企业出资人履职管理暂行办法等企业监管制度，规范的国有企业监督管理体系初步形成。推进交通运输财政事权与支出责任划分改革。

（厅财务处）

厅人教处　2019年，厅人教处主要开展以下工作：加强党的政治建设和思想建设。贯彻执行中共中央《关于加强党的政治建设的意见》和省委《关于加强和维护党中央集中统一领导的若干规定》，推进“不忘初心、牢记使命”主题教育。开好党员领导干部民主生活会，开展领导班子和领导干部年度考核工作，抓住“关键少数”，增强政治建设质量和效果。举办县处级领导干部主题教育集中学习、县处级干部读书班暨警示教育专题班、年轻干部铸魂培养培训班等，带动厅直各单位举办各层次政治理论学习培训44期，培训2 000余人次，选派参加省委调训23人次。建设忠诚干净担当的高素质专业化干部队伍。厅党组印发《关于进一步加强交通运输干部人才队伍建设 为实施交通强省战略提供坚强组织保证的实施意见》，组织开展厅直单位领导班子运行、干部队伍建设等专题调研和分析研判。坚持好干部标准，凸显省委“六个导向”，注重在“四个一线”选任干部，全年新提拔处级干部9人，交流调整43人。加强干部教育培训，印发《2019—2023年交通运输干部教育培训工作实施意见》，全年举办培训班75个，培训25 000余人次。发现培养年轻干部，制定十条具体措施，开展专题调研，发现掌握优秀年轻干部137名，向省委组织部推荐掌握一批干部。选派省委“新时代治蜀兴川执政骨干递进培养计划”学员10名。坚持把基层实践锻炼作为干部历练成长的重要途径，全年新选派挂职干部5名。关心关爱激励干部。用好用活公务员职务与职级并行制度，扶贫干部各项待遇保障措施落实到位。2019年获批“全国民族团结进步模范个人”1人、“全省重大工作事项先进个人”7人，57人记三等功，272人受嘉奖，发放中华人民共和国成立70周年纪念奖章67枚。落实中共中央组织部《关于进一步激励干部担当作为有关具体措施的通知》和省委组织部要求，正确把握和运用好“三个区分开来”，为敢于担当的干部担当，客观公正地对待被问责和处分的干部。营造风清气正的选人用人环境。贯彻执行《党政领导干部选拔任用工作条例》和省委规定，坚持“凡提四必”，坚决防止干部“带病提拔”。加强对党风廉政建设、信访举报线索的核查甄别，及时向纪检监察部门征求党风廉政建设意见。开展领导干部个人事项报告填报及查核、干部人事档案审核等工作，加强巡察、信访举报、个人事项报告、审计等结果运用，厅人事部门提醒谈话54人次、责令书面检查9人次、诫勉1人。支持驻厅纪检监察组加强监督执纪问责，联合开展第二轮对4个厅直属单位的政治巡察。对18个厅直属单位选人用人工作进行专项检查和督促整改，实现三年内厅直单位专项检查全覆盖，厅选人用人“一报告两评议”各项满意度均达97分以上。开展组织人事部门“以案促改”工作，开展选人用人检查发现问题、审计反馈问题、违规兼职取酬问题、违规经商办企业问题等专项整改工作。建设高素质专业化人才队伍。聚焦行业发展需要，优化引才聚才渠道，综合采用公开招考、择优选调、考核招聘、提拔重用等方式，注重从企事业单位、高等学校、科研院所等领域选拔优秀人才。全年招聘事业单位工作人员38名，考核招聘9名，厅机关从知名高校中选调招录1名博士研究生，接收军转干部5名。依托交通智库建设、科技项目攻关、大师工作室打造、职业技能培训基地创建等，助推人才培育成长。组织完成971名交通运输工程中、高级专业技术职称评审工作。获批享受国务院特殊津贴专家2人，交通运输部“交通运输青年科技英才”2人、“全国交通技术能手”5人、“四川省教书育人名师”“四川省天府万人计划教学名师”各1人，申报交通运输部高层次人才培养项目2项。组织全国交通运输行业职业技能大赛四川赛区预赛、汽车维修工职业技能竞赛，厅直院校13人进入省集训队备战国赛，获各类技能大赛一等奖3项、二等奖3项、三等奖13项。构建科学化规范化管理体制机制。联合省委编办开展综合交通运输管理体制改革调研。完成厅机构编制事项调整。完成经营类事业单位转企改制和厅属全民所有制企业公司制改制等工作，印发加强厅属国有企业人力资源、工资总额管理等办法。建立推动厅属院校高质量发展工作机制，四川交职学院获批中国特色高水平高职专业群建设单位（A

档），完成“十三五”人才和教育培训规划中期调整。做好厅属学校、科研院所、医疗机构绩效工资专项据实核增，厅公路局医院纳入首批省级医院薪酬制度改革试点单位。

（唐潇潇）

厅建管处 2019年，厅建管处按照省交通运输厅统一部署，继续推进全省交通基础设施建设，加强建设管理工作。高速公路建设管理方面，加快推进续建项目，围绕年度目标细化分解任务，实现主动管理；严格项目计划管理，强化项目跟踪督导，建立高速公路建设推进月报告制度，实时梳理项目建设“进度清单”和“问题台账”；发挥省政府调度会议和交通建设联席会议机制作用，协调督促地方政府落实工作主体责任，及时解决各类要素保障问题。品质工程建设方面，以高速公路和重点水运建设为重点，以标准化为核心，通过“品质工程+”协同推进绿色公路、交通旅游融合和智慧工地建设。招标投标管理方面，修订出台《四川省公路建设项目招标投标管理实施细则》，不断完善招投标监管制度体系；落实高速公路招投标活动事中事后监管；启动全流程电子招投标系统建设和电子招标文件范本编制。从业单位信用管理方面，完成2018年度信用评价工作，对全省520家企业完成评价工作，评定A级从业单位54家、AA级从业单位32家、C级从业单位2家、D级从业单位1家、B级从业单位431家。

（厅建管处）

厅公路处 2019年，厅公路管理处围绕“一个主题、一条主线、八个突破”总体部署，对照十个方面重点工作安排，主动认领任务，逐项制定措施，狠抓落实，推动工作有序开展。

凝心聚力攻坚，扎实有序完成取站工作 ①精心谋划科学布局。起草全省取站工作“实施方案”并由省政府办公厅印发；围绕取站中心工作，建立由13个厅直相关部门组成的工作专班，明确6项21条具体工作目标，落实责任单位和人员，实施月例会调度，挂图作战，打表推进。牵头召开周边六省（直辖市）对接会，多次召开全省推进会、一对一“发点球”加强统筹协调。②工程建设全面完成。按照国家取站工作总体技术方案，及时完成ETC门架系统点位布局规划、ETC门架通用设计图和收费车道改造设计，针对全省高速公路投资主体的不同，分类施策、跟踪督导，全力协助解决问题，按时完成全省1 524个ETC门架系统建设、2 871条ETC车道改造任务和19个省界站拆除任务。③ETC发行成效显著。在全国率先制订ETC发行总体宣传方案和阶段宣传重点，召开全省推广动员布置会、新闻发布会、专题座谈会加大宣传推广力度。在全国率先实施奖补政策，举办ETC发行劳动竞赛，推广典型、鼓励先进，激发ETC发行动力。依托12家合作银行，协同地方政府，拓宽发行渠道，在全国率先实现网上发行，设立7 000余个发行网点，并出台落实优惠政策，强力推进。2019年，全省新增ETC用户超570万户，用户总数突破920万户，居全国第七位，ETC使用率居全国第三位，提前超额完成国家下达目标任务。④政策调整严格规范。严格按照交通运输部等国家三部委“两个确保”的要求，结合四川实际，科学组织和严谨实施货车费率测算与调整工作，采用“费率平移、一路一测”原则，研究制订《货车通行费计费方式调整工作方案》，完成货车由“计重收费”调整为“按车型收费”的政策调整，重新核定货运车辆通行费收费标准，统筹维护公路货运企业与收费公路经营管理单位的合法权益。系统梳理全省“绿色通道”政策、集装箱优惠政策等地方性车辆通行费减免政策，并提出清理规范建议，报请省政府审定。⑤并网切换平稳有序。完成入口“治超”系统、省级中心系统、路段分中心以及站级系统等1 323套软件系统的开发升级工作，按照交通运输部统一部署，于2020年1月1日0时，正式并网切换运行，全省19处省界站全部取消，实现20个出川通道与全国高速公路无阻断通行。

改革收费制度，物流降本增效深入推进 ①制定差异化收费政策。自2019年4月1日起，在全路网实行正常装载合法运输货运车辆持ETC卡交费优惠的基础上，突出重点通道和节点，以省交投集团、省铁投集团和成都交投集团全资或控股的53个高速公路路段5 215公里为重点，精准实行“递远递减”差异化收费；对国际标准集装箱车辆在全路网内实施优惠，最大优惠幅度达62%，降低车辆通行费支出，提高路网综合运输效率。②《四川省高速公路车辆通行费定价办法（试行）》印发实施。起草《四川省高速公路车辆通行费定价办法（试行）》（以下简称《定价办法》），并按照重大行政决策程序规定，完成专家论证、公众参与、风险评估等法定程序，由省政府于2019年8月印发实施。同时，结合国家高速公路收费方式的变化，对《定价办法》进行修订完善，并报请省政府审定。③推进降本增效。严格落实国家“绿色通道”、军警等车辆免费通行、重大节假日小型客车免费通行、差异化收费等通行费优惠减免政策。同时，取消全省19个高速公路省界主线收费站，一级公路5个收费站196公里公路收费，高速公路ETC使用率78.5%，有效提升路网通行和节能减排效率。

着力转型升级，道路管养水平全面提升 ①完善桥梁风险监测。为贯彻落实交通运输部《公路长大桥隧养护管理和安全运行若干规定》，会同厅直相关单位，从全省实际出发，以乐山、绵阳、泸州、眉山、凉山等地部分项目为依托，按照科学合理、经济适用的原则，启动桥梁安全风险监测技术指南编写工作，完成初稿以及意见征求工作。②推进隧道提质升级等专项行动。按照交通运输部总体部署，印发《四川省交通运输厅关于进一步提升我省公路安全保障水平的通知》等系列文件，并督促指导市（州）交通运输主管部门、各高速公路营运公司开展风险排查评估，升级改造500余座隧道。完成国检工作。牵头组织相关单位配合交通运输部重点桥隧监测组、路况检测组以及ETC监测组工作，完成都汶高速公路庙子坪岷江特大桥监测和普通国省干线国道212线、国道213线、国道317线及高速公路国道5线等计1 150公里的路况抽检工作，以及国道4201线成都绕城高速公路锦城湖收费站、国道4215线蓉遵高速公路成都收费站ETC车道运行监测工作。③命名编号调整顺利收官。根据交通运输部统一工作部署，按照“一张网、一盘棋”的总体思路，指导和协调各相邻市（州）、高速公路运营公司基本完成30条普通国道以及33条高速公路的命名编号调整工作。新（改）建标志标牌3.67万块，新建里程碑1.39万块、新建百米桩12.5万个，累计投入建设资金2.37亿元。④系统部署缓堵保畅工作。组织编制完成《四川省高速公路改扩建项目施工保通方案编制指南》，指导参建单位从全域路网角度制订施工保通方案，为缓解高速公路改扩建实施过程中“通行与施工”的矛盾提供制度支撑。逐步建立节假日期间公路出行服务保障常态化、制度化工作机制。节假日期间，及时下发工作通知，提前通过传统媒体、新兴媒介等渠道，发布路面施工、路段拥堵以及全路网道路转换等信息，为公众提供出行指南。

重规范强管理，行政服务效能显著增强 ①穿（跨）越审查时效提速。坚持“确保高速公路运行安全，支持地方经济社会发展”原则，搭建对话平台，切实规范穿（跨）越行为，进一步压缩方案审查时限，简省审查要件，促进项目顺利实施。截至目前，协调受理70余件穿（跨）越方案审查。②收费审批依规开展。会同省发展改革委、省财政厅，开展汶马高速公路、营达高速公路；诺水河至光雾山公路、国道350线广安至武胜段公路等15个项目收费立项的审查、审批；依据《四川省高速公路车辆通行费定价办法》，完成简蒲、乐自、绵西、雅康、丽攀等5个高速公路项目收取车辆通行费的审查、审批；完成达陕、巴达高速公路新增收费区间的审查、审批。③收费统计有序推进。按期完成收费公路车辆通行费优惠政策调查统计数据报送；按月统计汇总收费公路月报统计数据，定期掌握收费公路车辆通行费收入、各项通行费优惠减免等数据；根据交通运输部统一部署，完成2018年度四川省收费公路统计报表的报表布置、审核汇总、初报复核、修正锁定和上报工作，制订《2018年四川省收费公路信息公开舆情监测及应对工作方案》，按时发布《2018年四川省收费公路统计公报》及解读。

聚焦重点关键，打赢打好攻坚战役 ①健全扶贫产品销售渠道。加大扶贫产品进服务区宣传和推介力度，搭建地方政府、高速公路公司沟通对接平台，推进扶贫农产品进服务区工作。截至目前，完成19对服务区扶贫产品售卖专区或展示专区设置，50个贫困县500多种扶贫产品上架销售。同时，对接和沟通交通运输部驻川扶贫联络组、阿坝州、甘孜州以及黑水县、小金县、壤塘县、色达县人民政府，完善工作责任体系，系统推进四县优质农产品进高速公路服务区展销工作。②全力做好环境污染防治。印发《关于做好营运公路环境污染防治和绿色交通发展工作的通知》，重点部署大气污染水污染综合防治、绿色交通基础设施创建和交通运输节能减排等工作。目前（具体什么时候？补），完成夹江、瓦屋山、三叉河等8对服务区污水处理和循环利用改造工程，国道5线京昆高速公路德昌、米易、攀枝花等服务区充电站建设启动。

（尹莉沙）

厅审批处 2019年，厅行政审批处持续深化行政审批制度改革，努力推进“放管服”改革优化营商环境，根据法律法规“立改废释”、国家和省行政审批制度改革和“放管服”改革工作部署安排，梳理规范《四川省交通运输厅行政权力事项清单》《四川省交通运输厅行政权力责任事项清单》《四川省交通运输厅公共服务事项清单》《四川省交通运输厅负面事项清单》《四川省交通运输厅“双随机一公开”抽查事项清单》等13张工作清单。积极协调推进四川省交通运输网上审批平台（二期）试运行工作，深入试点市（州）实地调研试运行工作情况，解决突出问题，不断优化平台设计构架，完善建立配套制度，努力打造利企便民，优质高效的审批服务。加快推进全省交通运输行政许可事项网上办理，实现“一张网”全覆盖。加大对市（州）交通运输局政务服务窗口指导监督工作。全面指导督促21个市（州）、183个县（市、区）交通运输行政审批制度改革、“放管服”改革优化营商环境相关等工作，组织开展三期全省交通运输系统推进“互联网+政务服务”工作专题培训班、全省交通运输系统骨干人员推进“最多跑一次”改革专题培训。

（杨 倬）

厅运输处 2019年，省交通运输厅运输管理处继续改进、提升交通运输服务工作。完成四川省促进南向通道暨西部陆海新通道物流降本增效研究，参与成渝双城经济圈合作筹备，国际道路运输发展研讨，及交通运输服务业、物流等重大调研任务；完成全省道路水路春运工作组织任务，道路水路客运量完成9 430万人次，日均客运量235.75万人次，“情满旅途”活动得到交通运输部肯定。

成都国际铁路港公司继续推进集装箱铁（路）公（路）水（路）多式联运示范工程项目被交通运输部、国家发展改革委正式命名为“国家多式联运示范工程”。指导成都铁路局集团公司等单位继续推进四川“空中+陆上”丝绸之路国际空铁公多式联运示范工程建设；指导、督促成都交投等单位推进中国西部汽车物流多式联运示范工程建设。

继续加快推进“12328”交通运输服务监督电话系统建设和运行管理工作；印发和实施《四川省12328交通运输服务监督电话管理实施办法》，明确相应职能职责，规范业务办理流程，建立考核监督机制，巩固运行管理成果，构建全省“12328”电话运行管理体系；举办四川省“12328”电话系统运行管理提质增效培训班；举办全国首次省级“12328”电话业务技能练兵竞赛，获得交通运输部领导高度肯定，《中国交通报》《四川交通》杂志等对竞赛进行宣传报道。

新（改）建行业厕所336座，完成省政府年度目标任务。与中国铁路成都局集团公司签订《共同推进多式联运、联程运输发展合作协议》，并联合印发《落实“共同推进多式联运、联程运输发展合作协议”任务清单》，细化任务分工。试点开通9条“交邮、交快”合作线路；指导地方人民政府与大型物流企业开展务实合作，全省四个试点县（市）、十五个市（州）交通运输局与杭州溪鸟科技有限公司签订农村智慧物流提质增效项目合作协议，受到交通运输部运输服务司领导肯定。继续推进城市公交优先发展战略，组织编制印发《2018年度四川省城市公共交通发展水平评价报告》；及时完成《四川省城市公共交通管理部门与城市公交企业名录》更新报送工作；指导成都、泸州、自贡、眉山等4个“十三五”期间第一批全国公交都市创建城市完成年度创建任务；组织评选2019年全省“最美公交司机”；联合省公安厅、省机关事务管理局、省总工会开展“2019年绿色出行宣传月和公交出行宣传周”活动，全省绿色出行宣传月和公交出行宣传周活动启动仪式在泸州市举行。组织专家对成都市轨道交通运营安全开展检查，督促成都市按照检查意见完成整改工作；接受交通运输部第七调研组轨道交通检查。指导成都市、泸州市推进全国城市绿色货运配送示范工程建设，第一批22个项目中，成都市综合考核得分居第1位，泸州市居第13位；达州市入选全国第二批（全国24个）示范工程创建项目；指导泸州市推进全国综合运输服务示范城市建设，该项目年内正式通过交通运输部验收；协调督促乐山市犍为县、绵阳市涪城区城乡交通运输一体化示范县建设；配合省发展改革委完成《四川省物流降本增效综合改革试点工作方案》编制，四川省入选全国六个物流降本增效试点省之一；配合省发展改革委完成国家物流枢纽建设城市评审和上报工作，成都市成功入选“陆港型国家物流枢纽城市”；承担中国（四川）自由贸易试验区建设的日常协调。在成都新都传化物流基地、成德南高速公路金堂服务区建设2个“司机之家”。做好与省非洲猪瘟防控指挥部办公室的日常联络协调。调查处理宜宾货车限行不稳定事件并及时回复省政府督查室。组织举办全省运输管理干部业务培训班。继续推进四川省交通运输物流公共信息平台暨四川省网络货运平台信息监测系统建设。

（厅运输处）

厅安监处 2019年，厅安全监督处组织召开厅安委会会议4次、电视电话会或专题会10次，坚持每月召开安全工作例会，研究部署并解决安全生产与应急管理突出问题。

安全管理方面 开展行业安全生产宣传教育，编制《四川省公路水路行业安全生产典型事故警示录》，组织开展“安全生产月”活动，省交通运输厅被省安委办评为“安全生产月活动先进单位”。制定出台厅安全生产工作责任制度和工作规则，宣贯落实《公路水路行业安全生产风险辨识评估管控基本规范》，突出涉客运输、危化品存储装卸作业、高危施工作业等重点领域，全面辨识、牢牢管控可能造成群死群伤事故的高危风险。继续开展平安交通三年攻坚行动，持续加大交通运输安全基础设施建设投入，推进公路安保工程、危桥隧改造、渡口改桥、船型标准化、老旧船舶改造以及“自动化减人、机械化换人”等安全基础性工作，提升本质安全。开展交通运输“防风险保安全迎大庆”专项行动，采取27项保安全的超常规措施，确保行业安全生产形势持续稳定。盯紧基层一线，采取“四不两直”（即不发通知、不打招呼、不听汇报、不用陪同和接待，直奔基层、直插现场）方式，认真落实企业主体责任和行业监管责任，推行安全生产清单制管理，抓紧完善道路客货运输、客运站和水上客运等重点领域安全监管责任清单和试点企业安全责任清单。把防范化解重大安全风险作为遏制群死群伤事故的关键来抓，严格落实重大隐患报备和挂牌督办制度，持续开展安全生产重大事故隐患“清零”行动，推动行业安全生产事故隐患“减增量、去存量”，化危险于未然、锁风险于牢笼。推进行业安全生产诚信体系建设，完善失信惩戒和守信激励机制。开展交通运输安全生产大检查暨交通运输安全专项整治行动、运营客车安全监控及防护装置整治、坚守公路工程质量安全红线等专项行动。同时在一些重要时段，采取超常规措施，确保行业安全生产形势稳定。

应急管理方面 成立四川省公路、水上交通突发事件指挥部，制定并印发《四川省公路水路交通运输突发事件指挥部工作规则》《四川省公路水路交通运输突发事件指挥部办公室工作规则》，制定2019年地震重点危险区应急预案，印发《四川省交通运输厅地震应急工作手册》，完成省、厅地震应急演练；妥善处置宜宾长宁“6·17”地震、汶川“8·20”强降雨特大山洪泥石流灾害、凉山甘洛7月暴雨灾害等重大自然灾害，完成抢通保通保运保安全工作任务；主汛期，指导督促行业采取强力措施，快速处置塌方量在千方以上道路阻断36条、80处，为群众平安出行提供交通保障。全省交通运输应急工作受到交通运输部领导肯定，并在两年一次的全国交通运输系统应急办主任会议上作经验交流。

（厅安监处）

厅审计处 2019年，厅审计处通过开展领导干部任期经济责任审计、预算执行及财务收支审计等项目审计，发现相关单位在预算执行、政府采购、内控管理等方面问题157个，提出整改建议157条，开展审计约谈1次，追回违规发放津补贴、违规对外单位借款、超招标控制价采购款等财政资金4 440.84万元，审减投资节约财政资金124.25万元，规范财政资金存放2亿元，由当地相关部门进行行政处罚181.38万元，促进单位建立和修订“三重一大”、出差审批等内部管理制度27项，促进单位改进物资采购、合同管理等内部管理流程65项，整改过程中单位移送司法机关涉嫌犯罪案件1起。通过直接审计和委托审计的方式，组织开展13个项目（单位）审计。按照交通运输部统一要求，采取省、市、县三级交通部门联动，自查与重点检查相结合的方式在全省范围内开展交通扶贫资金专项审计调查。配合审计署、交通运输部、省审计厅对省交通运输厅开展的2019年贯彻落实国家重大政策措施情况跟踪审计、小金等4个部定点帮扶县交通扶贫资金审计调查、厅领导任期经济责任审计、川西北生态示范区部分高速公路专项审计调查，并牵头完成相关整改工作。全面梳理厅内审工作各项制度，修订《四川省交通运输内部审计工作规定》，制订《四川省交通运输内部审计基础工作规范—基本规范》等8项内审工作基础规范。对拟调任的厅机关事业单位主要负责人开展任期经济责任审计，将事后监督变为事中监督。对新任领导干部，及时送达经济责任告知书、经济责任重点风险提示清单，做到“早知道，早提醒”，做好“防未病”工作。强化备案管理，要求厅直单位将本年度内审计划、工作总结、内审报告、整改报告报厅备案。强化队伍建设，开展审计专项培训，以集中学习的方式强化审计人员知识储备。制作“内审微课堂”44期，交流内审工作经验，及时发布、解读新政策、新要求。派出内审人员参加审计署、审计厅项目审计，并组织内审人员在厅直单位内开展交叉审计，以实战方式提高内审人员工作技能。

（厅审计处）

厅科信处 2019年，厅科信处围绕行业发展中心任务，坚持科技创新，强化智慧引领，为构建现代综合交通运输体系提供科技动能和智能支撑。

科技工作方面，一是强化科研项目过程管理，按照科技项目管理的总体要求，完成本年度厅本级科技项目立项工作；加强进度管理，开展对在研科技项目集中清理督查工作，督促项目承担单位按期保质完成科研计划任务；强化管控手段，加强质量管理，对结题验收项目进行查新查重等，防止抄袭剽窃等学术不端行为发生，进一步提升项目研究质量，注重知识产权保护。二是引导行业企业加大科技投入，支持和促进行业企业创新主体地位建设，以交投集团、铁投集团等省内重点企业为载体，鼓励企业自筹经费根据生产建设需要加大科研投入力度，在科技立项、成果转化、奖项申报等方面，予以全面支持，激发企业创新活力。支持企业自筹经费立项15项，吸引社会资源投入行业科研经费7 000余万元。三是加强行业科研能力建设，组织行业科研机构积极申报和创建研发平台，获批建设3个科研基地；获省科技厅批准2个省级工程技术研究中心（“四川省钢管混凝土桥梁工程技术研究中心”“四川省现代道路行车安全保障工程技术研究中心”）；获省发展改革委批准1个工程实验室（四川交通职业技术学院“四川省长大公路隧道〈群〉运营安全工程实验室”），科研能力建设获得新突破；利用“公路建养技术”“建筑信息模型（BIM）”两个行业研发中心，吸引行业科研生产建设单位加入，深化“产学研”协同创新平台建设，鼓励和支持企业联合高校、科研院所，开展科技攻关，共同创建科技创新平台和成果应用平台，为研发中心多出成果奠定前期基础。四是注重行业科技示范工程建设，推进列入交通运输部的两项行业科技示范工程，其中“城市轨道交通运营组织与风险管控科技示范工程”完成并提交验收申请，“高寒高海拔地区公路工程质量监测与控制科技示范工程”受工程主体建设滞后影响已向交通运输部申请延期；组织申报“G0615线久治（青川界）至马尔康段高速公路高原生态环保科技示范工程”，项目方案获副省长杨洪波重要批示并成功入围交通运输部《关于做好2020年度部科技示范工程立项准备工作的通知》。五是做好行业科技服务工作，向省科技厅推荐上报行业科技项目29项，向交通运输部推荐上报科技项目8项；组织科技成果申报参与国家和部、省奖项评选，推荐参加省政府科技奖励评审12项，推荐参加部公路学会奖励评审6项。六是完善行业标准化体系建设，组织完成《高速公路沥青路面养护设计指南》等8项地方标准的编制发布（截至2019年底累计发布地方标准达35项）。七是推进质量监督工作，按照交通运输部要求，牵头组织开展2019年部省联动产品质量监督抽查工作，并完成报告上报；按照省质量强省办安排，牵头组织准备迎接国务院对省政府的质量考核涉及交通运输行业的内容，顺利通过考核后可，实现行业宏观质量总体稳定可控。

信息化工作方面，一是完成信息化“十三五”发展规划中期评估和调整。加强信息化统筹建设管理，制定印发《四川省2019年度智慧交通项目实施方案》，推进项目建设，定期通报项目进度情况，加强对项目建设的跟踪督导。二是加强对信息化建设从业单位管理，印发实施《四川省交通运输信息化建设从业单位信用评价管理办法（试行）》，组织完成60家信息化从业单位的信用资料审核备案和信用评价工作，引导全省交通运输信息化建设市场健康有序发展。三是加强对厅信息化建设项目的资金审核和技术统筹指导，承担厅信息化建设管理推进工作办公室日常工作；完成对厅直属15家单位申请的2020年信息化预算经费初审；完成2020年信息化重点建设项目资金建议计划安排编制，及省级财政交通专项资金三个批次信息化项目资金申请审核工作；组织完成对公路治超管理、交通情况调查数据采集与服务系统（二期）工程等5个项目工程可行性研究报告技术初审，组织完成对交通运输行政执法综合管理信息系统、四川省交通旅游服务大数据应用试点工程等5个项目初步设计的技术初审，组织完成对道路运输综合管理与服务信息平台等4个项目招标文件的技术初审；组织完成四川省公路水路交通应急指挥及抢险救助保障系统（一期）工程、四川省道路客运联网售票系统等4个项目的竣工预验收（终验），确保数据实现共享交换。四是完成省政府数字政府和数字经济建设相关任务，制定印发《厅2019年政务信息系统整合共享工作重点任务》，明确重点任务、责任分工和完成时限；督导厅直相关单位开展整合工作，具备条件的系统全面完成整合；累计完成省政府要求的70项共享数据资源的目录编制和数据挂接；制定印发《关于做好政务信息资源共享应用工作的通知》，引导厅机关各处（室）和厅直单位充分共享应用好公安、工商、旅游、教育等外部门数据资源；制定印发《厅“一网通办”工作方案》，作为省“一网通办”试点示范单位，完成交通运输行政审批系统与省一体化平台的对接；作为省“互联网+监管”平台试点单位，牵头完成数据对接、交通专题应用开发等任务；组织完成省农民工App 、“天府通办”、工程建设项目审批管理系统的数据和应用对接工作；配合省审计厅、省大数据中心完成2019年政务信息系统情况调查工作；牵头完成省政府推进数字经济发展中厅基础设施数字化相关任务。五是加强网络安全工作；制定印发《厅网络安全信息通报工作实施办法》和《厅网络和信息系统安全责任清单》，加强和规范厅及有关直属单位网络和信息系统安全管理；按照国家、省政府有关要求，组织厅直单位开展网络安全隐患排查整治工作，在省公安厅组织的“护网2019”网络攻防演习中获防守优秀单位称号，在2019年省委网信办、省经信厅、省公安厅网络安全执法检查中，检查结果评分在省直单位排名前列；完成国庆70周年网络安全重保任务，全年未发生网络安全事件。六是加强软件正版化管理，制定印发《厅软件正版化工作管理办法》，加强厅机关和厅直单位软件正版化管理工作；组织开展软件正版化自查工作，厅机关正版软件覆盖率和检查工具安装率均达到100%。七是加强对市（州）及厅直单位信息化工作的指导，组织举办全省交通运输系统智慧交通发展培训班，提升各级交通运输主管部门领导干部信息化管理水平。

（厅科信处）

厅外经处　2019年，厅外经处继续深化高速公路投资体制机制改革，创新高速公路招商机制，加强政策引导，促进对外交流合作。（1）完善制度，出台招商规则标准。规范全省高速公路建设投资模式，梳理项目前期工作程序，出台《关于印发四川省高速公路“建设—运营—移交”项目管理办法的通知》《四川省高速公路BOT项目投资人招标文件参考文本（2019年版）》，建立投资人信用评价体系，强化政策引导，完善顶层设计。（2）以项目招商为根本，积聚招商新优势。根据投资市场需求，配合形成梯次合理的招商储备项目库；加强项目推介力度，邀请潜在投资人参加项目招商对接会，针对项目建设方案、投资估算、经济技术指标、征地拆迁、优惠政策等问题征求潜在投资方意见，建立与潜在投资人的长效联系机制，搭建高效招商引资平台。全年1 019公里高速公路建设确定投资人，引入社会投资1 757亿元。（3）以行业管理为核心，实现招商新突破。率先在全国推行高速公路投资人信用评价管理，全年完成信用评价4次（年度评价1次、初次评价3次），涉及投资人52家（已投资企业36家、拟投资企业16家）。加强业务培训，在贵州财经大学举办2019年政府和社会资本合作项目招商引资业务干部技能提升培训班，提升全省相关人员业务能力和专业水平。（4）以服务创新为驱动，激发市场新活力。开展全省交通运输领域PPP项目招商引资调研，梳理当前高速公路PPP项目推进存在的政策冲突问题，撰写《四川省高速公路PPP项目推进情况及工作建议》。（5）注重吸引民间资本投资，支持民营经济健康发展，建立吸引民间资本投资交通重点项目库，涵盖未来3年拟通过市场化方式投资建设运营的公路、水运工程（港口、航道等）、客（货）运枢纽站场（铁路客运站及周边）、机场等项目122个，总投资2 312亿元，激发民间投资活力，保障民营资本平等参与项目投资。（6）严格执行上级要求，加快推进世界银行贷款项目。按照世界银行、部委和省级相关部门对贷款项目的管理要求，继续指导推进世界银行贷款芦山地震灾后恢复重建农村公路项目。（7）

搭建国际交流平台，规范组织因公出访。加快推进“一带一路”合作进程，签署《老挝公共工程和运输部与四川省交通运输厅关于共同推进“一带一路”交通运输领域合作的谅解备忘录》等4份与外方的合作协议；四川合江长江一桥、泸定大渡河兴康大桥分别获誉为桥梁奥斯卡奖的乔治·查理德森奖、古斯塔夫·林德撒尔奖，在第36届国际桥梁大会上，发表主题演讲；与多所海外高校达成战略合作，拓展与“一带一路”沿线国家的教育合作，开展汉语培训，弘扬中国传统文化。2019年，厅及直属单位出访团组25个104人次，因公出国（境）人次数和经费数额均控制在省外办审批数以内，未出现任何因公出国（境）违纪违规行为和公款出国（境）旅游案件。

（彭　娘）

厅公安处　2019年，厅公安处以维护行业稳定为重点，探索社会治安综合治理长效运作机制，深化“大调解”工作，推进平安交通创建，为全省交通运输平稳健康发展保驾护航。定期开展矛盾纠纷排查调处活动，推行综合协调、挂牌督办、领导包案和及时报告等工作制度，对排查出的矛盾纠纷及时进行解决处理，实现一般矛盾纠纷问题不出单位，重大矛盾纠纷不出系统的工作目标。持续推进“扫黑除恶”专项斗争，会同省扫黑办、省公安厅组织开展道路运输、公路水运建设和行业重点乱象5项专项整治，主动对接纪检监察部门和公安机关，形成联合整治合力，推动扫黑除恶治乱取得实效。加强道路水路客运、城市轨道交通风险管控和物流领域安全风险防范，全面落实道路客运实名制工作管理和《零担货物道路运输服务规范》，优化公路水路安全联防考评，严防发生重大公共安全事故。以开展中华人民共和国成立70周年交通运输行业反恐防范为主线，推进《四川省一、二级汽车客运站反恐防范工作规范（试行）》，加强交通工具、公路、水路运输枢纽和重要交通基础设施的反恐防范措施，以新型防范技术运用和快速应急响应为中心，开展全省交通运输系统反恐防范专题培训和应急演练，提高整体防范水平和能力。同省“扫黄打非”办、禁毒办、三电办对接，联合省“扫黄打非”办、公安、文化执法部门，开展专项整治行动，切断非法出版物的流通渠道；指导地方交通运输局参加省禁毒委组织的毒品查缉行动；配合公安机关、高速公路营运管理部门，开展高速公路沿线“三电”设施安全保护工作。升级厅机关技术安全防范能力，提升人力防范能力，加强物理防范能力，应急处置成效显著。

（厅公安处）

厅信访处　2019年，厅信访处办理信访总量比上年下降17.5%，其中办理纸质来信量下降15.74%，办理“省委书记信箱”“省长信箱”和“人民网留言”等网上信访量下降8.49%，接待处理群众来访批次下降38.24%，集体访和重复访批次分别下降25.81%和8.11%。厅机关信访渠道更加畅通、信访结构更趋合理、信访秩序持续向好，全省交通运输行业信访形势总体平稳。

厅信访处坚持信访矛盾化解常态化。建立矛盾纠纷排查台账，开展信访矛盾化解攻坚专项工作。做好重点群体维稳工作，转变工作思路和方式，变“上访”为“下访”，既切实解决信访人实际困难又做好人员稳控工作；做好重点问题矛盾化解，积极引导来访人通过诉讼、仲裁等司法途径解决问题，综合运用法律、政策、经济、行政等手段和教育、协商、调解、疏导等办法化解矛盾；做好重点人员信访工作，深入基层开展调研和慰问，陪同信访人到相关部门咨询政策，组织协调责任单位与信访人面对面沟通、协商；做好重点时段信访稳定工作，及时启动信访信息“零报送”机制，切实维护交通运输行业稳定。规范完善信访基础业务。促进初信初访办理质量，减少越级访、重复访发生；推进“网上信访”建设，做到“数据多跑路、群众少跑路”，完善网上受理、网下办理机制。推进信访规范化建设。深入贯彻实施《四川省分类处理信访诉求工作规程（试行）》，严格落实诉访分离，推进各类信访问题依法合理分流、妥善处理；规范维护信访秩序，健全完善群众到厅来访出入登记管理机制，制订集访、缠访闹访、过激上访等处置工作预案。加强信访责任制建设。建立健全厅领导接访包案化解信访问题常态化机制。加强信访信息化建设。扩大四川省网上信访信息系统覆盖范围，将厅公路局接入四川省信访信息系统，加强对系统信访数据资源的深度挖掘、分析研判，及时发现普遍性、趋势性问题，发挥好信访工作参谋助手作用。

（厅信访处）

厅离退休处　2019年，厅离退休人员工作处围绕中心、服务大局，抓好各项工作任务。

做好服务管理工作　完成省交通运输厅72人（离休干部66人、老专家3人、抗震救灾模范2人，战斗英雄1人）“庆祝中华人民共和国成立70周年纪念章”发放。组织正厅级离退休干部参加中共四川省委、四川省政府庆祝中华人民共和国成立70周年老干部报告会。申报落实老红军提高享受省（部）长级医疗费待遇。开展春节、端午节和重阳节等重大节日走访慰问，及时看望生病住院病人。安排离休及退休厅级干部赴峨眉疗养院参加统一疗养。上报离休人员“地方生活补助”财政申请。完成新中国建立初期参加革命工作的部分退休干部困难补助、门诊医疗照顾、生活不能自理特困补助经费本年度的落实到位和2020年财政预算申报。向中共四川省委老干部局为4位老同志申请生活特殊困难帮扶资金

45 000元。做好离退休老同志社保相关工作：中人待遇停发解释、旧医保卡停用过渡期政策宣传、激活社保卡、新退休人员社保过渡期“中人”预发待遇申领等事宜。落实相关待遇费用：完成厅机关离休人员基本工资调整，提高厅机关离休人员护理费标准，落实代管改制企业离休干部一次性特殊困难补助。妥善处理逝世老同志善后事宜。为厅级干部办理特约医疗证并发放处室编印的医疗政策温馨手册。

开展正能量活动 组织离退休党总支80余名党员赴省档案馆开展主题党日活动，重温入党誓词，参观“不忘初心、牢记使命”档案文献展和爱国主义教育基地展。分批次组织老同志调研考察雅康高速公路及泸定红色主题参观活动。开展“我和春天有个约会”老同志特色主题月活动。召开离退休党总支“不忘初心、牢记使命”主题教育暨党员大会，观看央视原创系列微视频《初心》和《2019年上半年离退休老党员正能量主题活动短片》，总支书记讲专题党课，表彰离退休党员积分制获奖集体和个人，为党龄50年及以上老党员颁发荣誉证书及慰问金。举办“翰墨光影 盛世华章”老年书画摄影展，以“我和我的祖国”为主题，征集书法、绘画及摄影作品近150件。开展第六届“品味书香 思想常新”老党员读书交流活动，以“我和我的祖国”为主题，推荐《习近平的七年知青岁月》和《梁家河》等书籍。开展“我和我的祖国”主题征文，向《晚霞》杂志报送“我和我的祖国”征文28篇。结合《四川交通》杂志活动开展讲述交通故事。在绵阳举办读书交流总结活动暨文艺展演。

夯实自身建设 召开两次组织生活会，认真开展批评与自我批评，研究整改方案，民主评议党员，进一步加强政治学习，强化政治训练。深入开展“不忘初心、牢记使命”主题教育，完成调研报告两篇。结合中共四川省委老干部局“我为脱贫攻坚出份力”活动，完成厅统一安排的对口帮扶任务。安排部分返还党费资助金口河遭受水灾的五一村党支部建设。以购代销购买4万余元金口河农产品用于重阳节慰问老同志。继续抓实抓好学习传阅、相互通报和联系支部负责制度。坚持每月编印1期《四川省交通运输厅离退休党总支学习动态》，全年发表交通快讯14条、四川机关党建网信息11条。

（厅离退休处）

厅机关党委 2019年，厅机关党委各项工作取得显著成效。

推动党建工作责任落实。组织召开2018年度厅直系统党组织书记述职测评大会，对厅属单位和内设机构党组织书记履行党建和党风廉政建设责任制情况进行述职测评和集体约谈。牵头开展对30个厅直单位“四好一强”领导班子创建、党建责任制和党风廉政建设责任制及19个厅机关处室党建工作集中考核，传导从严治党压力和责任。组织召开厅党建工作会，印发《2019年党建工作要点》，对厅直系统2019年党建工作全面安排部署。召开厅机关党委党支部书记述职测评会，研究制订支部“五好党支部”创建方案并进行责任分工。

严肃党内政治生活。制订《厅“四好一强”领导班子创建活动计划》，参与“四好一强”领导班子创建相关活动。严肃规范党内政治生活，配合厅领导班子开好2018年民主生活会。印发《关于召开2018年度基层党组织组织生活会和开展民主评议党员的通知》，推动全系统400多个基层党组织开好民主生活会和专题组织生活会，召开2018年度厅机关党委党支部组织生活会和“不忘初心、牢记使命”主题组织生活会；3名党员到3个厅直单位基层党支部开展督导。切实抓好中央巡视反馈意见整改工作，完成涉及省交通运输厅的整改任务。协助厅党组开展政治生态分析并形成报告。

抓好党的十九届四中全会和省委十一届六次全会精神学习宣传。筹备召开厅党组中心组全会精神专题学习讨论会2次，邀请省委宣讲团成员到厅宣讲。印发厅党组《关于学习宣传贯彻党的十九届四中全会精神的通知》《关于学习宣传贯彻省委十一届六次全会精神的通知》，制订《学习宣传贯彻党的十九届四中全会精神工作方案》，在交通运输厅网站、四川交通手机报分别开设宣传专栏，及时更新展板和宣传标语，持续报道行业宣传贯彻动态，营造浓厚氛围。发放辅导材料200余册，支部书记讲全会精神党课1次。

全面参与“不忘初心、牢记使命”主题教育。召开厅主题教育工作会议，印发实施方案，按照领导小组办公室职责做好统筹协调、督促指导等各项工作，编印《主题教育工作手册》，举办为期一周的厅主题教育集中学习班，赴泸定等地开展革命传统教育，开展其美多吉先进事迹报告会，牵头抓好厅党组中心组成员每周领学《习近平新时代中国特色社会主义思想学习纲要》《习近平关于“不忘初心、牢记使命”重要论述选编》，组织中心组专题研讨和支部学习成果交流研讨会以及厅机关支部学习成员交流分享会，编印主题教育简报16期，印发《支部学习》6期，发放《习近平新时代中国特色社会主义思想学习纲要》等学习资料5 000余册，稳步推进学习教育。协助做好厅班子和厅直系统调研工作和讲党课，厅直系统形成调研报告105篇，厅班子成员和厅直系统各级党员领导干部采取“坝坝会”、支部会等多种方式，讲好专题党课。组织开展“体验政务窗口服务、体验高速交通执法、体验公共交通出行”三个换位体验活动和对照党章党规找差距，提高检视问题质量。推动建立台账，定期督促落实并向省委巡回指导组汇报。牵头研究制订“5+3+2”专项整治方案，跟踪推进交通运输为民服务解难题、便民服务办实事专项工程。开展整改落实“回头看”工作。

加强思想教育和文化建设。做好2018年度厅党组中心组的总结和迎检工作。因人事变动，及时调整厅党组中心组成员，研究制订《2019年度厅党组中心组理论学习计划》，筹备召开中心组学习会23次。开展庆祝中华人民共和国成立70周年系列活动宣传展示活动，举办厅直系统庆祝中华人民共和国成立70周年歌咏比赛，参观庆祝中华人民共和国成立70周年大型成就展。启动青年党员干部“学用新思想，建功新时代”主题活动，印发通知，组建机构，开展前期业务培训。制定印发《关于开展“做悦读党员、建书香支部”的通知》，编印“四季悦读”推荐书目4册，举办 “四季讲坛”3期，推送“四季悦读俱乐部”微信公众号23期。

加强基层组织建设。建立换届清单，完成厅直机关党委和纪委的换届改选工作，选举产生第十届厅直机关党委和纪委。指导省交通设计院公司、省公路设计院公司完成转企改制后党委选举工作，指导交科院成立党支部。完成厅机关党委党支部书记的改举。开展2019年度厅直系统基层党组织三分类三升级工作。做好厅机关和厅直单位党组织书记和委员的调整。全面贯彻《中国共产党支部工作条例》《中国共产党党员教育管理工作条例》，积极推进“五好党支部”创建和党员积分制管理工作。

加强党员教育管理。完成2019年度党费收缴下拨和2018年度党员爱心互助金上缴。印发《2019年度党员发展计划》，完成厅直机关直管支部新发展党员13名，预备党员转正6名，举办2018年度新发展的200名党员集体入党宣誓仪式。推广应用“学习强国”学习平台，完成各层级组织架构，厅直系统广大党员持续开展学习。开展先进党组织、优秀共产党员和优秀党务工作者的推荐表彰工作，召开庆祝建党98周年暨表彰大会。举办厅直系统党员轮训班2期，红旗渠党务干部培训班、入党积极分子培训班和定点帮扶暨脱贫攻坚工作培训班各1期。组织观看红色教育电影3部。开展党建业务融合工作的全覆盖调研，建立完成2019年度困难党员干部台账。开展春节、七一、国庆走访慰问。组织开展“包山头”捐款活动和义务植树活动。编印《支部学习》17期。加强阵地建设，建成党员活动室3个。组织参加省直工委机关公文写作大赛、第三次全国残疾人预防日宣传教育活动等活动。

抓好党风廉政建设和反腐败工作。组织召开2019年从严管党治党暨党风廉政建设工作会，层层签订责任书和承诺书，制订印发《关于2019年党风廉政建设和反腐败工作的意见》，明确责任分工。印发《2019年厅直机关纪检工作要点》。牵头制订《中共四川省交通运输厅党组落实领导干部党风廉政建设“一岗双责”实施办法》。组织开展专题学习、讲廉政党课、参观警示教育基地、举办家教家风主题活动、观看《蒙尘的初心》警示教育片、典型案例通报等廉政教育活动。全面开展廉政风险排查防控工作，梳理机关党委在党费收缴、监督执纪、工会经费收缴等6项重点工作流程和风险点，制订相应风险防控措施，组织指导厅直系统梳理权责清单、权力运行流程图和廉政风险排查防控表。印发《集中整治形式主义、官僚主义实施意见》，组织厅直系统开展为期6个月的集中整治，纪检组织发挥领头雁效应，率先制订整治形式主义、官僚主义三张清单。开展党的十八大以来中央和省委巡视涉及交通运输厅整改情况“回头看”，建立巡视整改台账并定期通告。

研究制订厅党组贯彻落实省委关于持续净化四川政治生态决定的贯彻措施、蒲波严重违纪违法案“以案促改”工作方案，结合“不忘初心、牢记使命”主题教育工作，落实37项整改措施“回头看”，建立台账定期通报进度，确保整改到位。制订《违反中央八项规定精神突出问题整治工作方案》，持续整治政风行风中的问题。规范党风廉洁建设意见，严格廉洁把关，对科级及以下干部拟提拔、表彰、评先等作出明确表态，出具廉洁意见48份。配合人事部门进行干部任前考察及事业单位招聘面试，开展廉政谈话，对考察、面试进行全程监督，主动尽职履责。规范招标监督员库管理，坚持以交叉监督的方式对厅机关招投标、政府采购、比选等活动进行过程监督，抽取招标监督员27人次。严格执纪问责，收到的信访举报4起，均严格按照《中国共产党纪律检查机关监督执纪工作规则》办理。

推进定点扶贫和驻村帮扶工作。召开省级单位对口帮扶金口河区联席会议和对口帮扶沐川县联席会议，汇总7个帮扶单位工作方案，及时向上级报送帮扶方案。印发《关于调整定点帮扶贫困村分工的通知》，重组28个帮扶工作组，“三位一体”全方位联系帮扶沐川县16个贫困村、金口河区11个村、越西县依呷村。根据需求制订帮扶措施，相继印发县（区）级和村级定点帮扶工作方案，提出县（区）级帮扶措施70条、村级帮扶措施193条。在高速公路服务区开设交通扶贫专柜，帮助金口河区扩大农副产品销量，组织开展2019年扶贫产品展销活动，并与中国农业银行四川省分行开展消费扶贫合作，搭建线上线下销售平台，畅通“以购代捐”扶贫产品销售渠道。开展2019年扶贫日捐款活动和集中慰问扶贫干部和贫困户。编印《交通扶贫动态》13期。制作脱贫攻坚学习进行时学习卡，在每个工作日推送一则习近平扶贫论述摘编，为厅直单位、机关处室学习提供保障。收集汇编《2019年度扶贫政策汇编》，编印《定点扶贫工作手册》，为各帮扶单位和扶贫一线人员提供工作参考。协助推进省委扶贫巡视整改14项任务。根据扶贫巡视反馈情况，在扶贫工作推进过程中查漏补缺、逐一销号，按月报送各项工作推进情况。

稳步推进统战群团工作。开展厅直系统党外知识分子摸底和统计工作。举办迎新春趣味运动会、“三八”妇女节活动、“悦跑悦生活”迷你马拉松赛、第十五届交通运输杯乒乓球比赛等活动，组织参加省直机关第四届职工运动会7个项目的比赛。做好节假日职工慰问和困难职工走访慰问。举行纪念五四运动100周年暨五四表彰大会。开展“走出大山看世界”暨城乡娃娃手牵手扶智励志行活动、“青春心向党·建功新时代”主题团日活动和青年婚恋交友服务活动。持续抓好“智慧团建”录入及运用大力开展“青年文明号”创建活动。

（厅机关党委）

相关链接

主题教育“5+3+2”专项整治方案，指落实习近平新时代中国特色社会主义思想和党中央决策部署置若罔闻、应付了事、弄虚作假、阳奉阴违的问题等8个专项整治和深入开展农村公路突出问题、道路运输领域乱象2个专项整治。其中，8个专项整治为：关于贯彻落实习近平新时代中国特色社会主义思想和党中央决策部署置若罔闻、应付了事、弄虚作假、阳奉阴违问题整治工作方案，关于开展不担当不作为问题专项整治方案，四川省交通运输厅关于违反中央八项规定精神突出问题整治工作方案，关于形式主义、官僚主义问题整治工作方案，关于开展领导干部配偶、子女及其配偶违规经商办企业问题专项整治的工作方案，关于深化推进中央和省委巡视反馈问题整改工作方案，关于深入开展蒲波严重违纪违法案“三项整治”“三项教育”回头看的工作方案，关于深入开展扶贫领域形式主义官僚主义、不精不准、不严不实问题排查整改工作方案。

驻厅纪检监察组　2019年，省纪委驻厅纪检监察组认真落实中共四川省纪委各项部署，推动驻在厅直属单位纪检组织形成监督合力，厅机关及厅直系统政治生态呈现向好趋势。年内，驻厅纪检监察组收到信访举报77件（含重复件11件），立案审查调查7人，提出党纪处分建议6人，政务处分建议2人，诫勉谈话6人，谈话提醒和批评教育15人，清退收缴违纪所得60余万元。协助厅党组对运管局、咨询监理公司、大件公路管理处、公路医院开展第二轮巡察，发现7大类168个问题，问题线索3件，其中移送公安机关立案侦查1件。开展“赌博敛财”专项整治，发现问题线索1条，给予1人党纪处分。在厅直系统通报驻厅纪检监察组查办的8起违纪违规典型案例。修订完善驻厅纪检监察组廉政意见出具规程，出具廉政意见87份，提出暂缓提拔干部1人，取消评先选优单位3家。组织开展厅直单位“一把手”和厅直单位纪委书记（纪检委员）述责述廉，倒逼厅直单位主体责任落实和纪委书记履职到位。督促并协助厅党组推进中共四川省委扶贫专项巡视整改。督促并协助厅党组推进交通运输部交通扶贫督导发现问题整改。开展对部定点帮扶点和厅定点帮扶点的监督检查。组织厅直系统120余名纪检干部开展《中国共产党纪律检查机关监督执纪工作规则》《监察机关监督执法工作规定》培训，要求厅直单位纪委组织本单位本系统全体纪检干部观看学习部分教学视频，实现全员培训。组织厅直系统25名纪检干部参加中国纪检监察学院北戴河校区的业务培训。选派8名纪检干部到中共四川省纪委参与执纪审查、干部考察、巡视督查等工作，选派1名纪检干部到中纪委驻交通运输部纪检组实践锻炼，抽调5名纪检干部到驻厅纪检监察组进行实战轮训。选派厅直系统10余名纪检干部参与巡察，提升发现问题、解决问题的能力。加强内部规范化建设，清理归档驻厅纪检监察组1995年以来文书档案485卷。在中共四川省纪委指导下，完成省直部门第一个标准谈话室改造。编制驻厅纪检监察组《监督执纪务实手册》和《巡察工作手册》。

（冯　畅）

省交战办　2019年，四川省省内某重点国防公路建设加快，项目进度符合预期。“十三五”规划和调增共3条重点国防公路列入国家重点国防公路2020年建设计划。省交战办会同省发展改革委、省财政厅，贯彻落实5个国防要求项目并安排落实补助资金。突出备战打仗导向，实兵实装组织省重点国防交通专业保障队伍公路运输大队以及钢桥架设大队开展2019年度综合演练，展开集结点验、钢桥架设、公路抢险和远程拉动等15个课目训练。完成全省国防交通储备物资情况普查工作，国防交通物资储备工作进一步加强。完成全省国防交通潜力数据采集更新，并依据军队改革后四川省交通战备使命任务和军事斗争准备需求，组织修订某战时交通保障预案。积极应对都汶路应急保通，紧急调运3座ZB200装配式公路钢桥支援道路抢通保通。组织厅高管局及相关市（州）交战办，优质完成各类军事交通保障任务。持续开展《中华人民共和国国防交通法》法规宣传，完成全省国防交通规章制度清理工作。加强交通战备信息化建设，初步形成民用运力网络化线上动员能力。持续推进目标管理工作，继续对各市（州）、重点县（区）交通战备工作实施目标管理。联合省军区、省计划用电、节约用电、安全用电办公室，组织四川电信、长途通信传输局等单位，赴成都、德阳、凉山等地，协调处理矛盾20起，实现全省一、二级干线零阻断。组织指导全省各级交战办开展军警民联合护线宣传活动和世界电信日宣传活动，加强《四川省通信设施保护规定》宣传，发放宣传资料1万余份。

（省交战办）

厅公路局 1952年9月，川西行署交通厅养护处更名为四川省交通厅养护处，负责全省公路养护工作。1954年10月，经省政府批准成立四川省交通厅公路局。1958年1月，改制为厅内局，1962年6月恢复为厅直属局。1971年改制为四川省交通局公路管理处，1980年12月恢复为四川省交通厅公路局。1985年11月核定为县级事业单位，由省交通厅授权，主管全省公路规划、公路新建、公路改建和国道、省道、县道、乡道公路养护管理工作。1988年，将国道、省道及各养护总段成建制下放市（地、州）管理，厅公路局职能转变为对全省公路养护管理实行宏观调控的行业管理。1996年12月获批局领导正职根据干部本人条件可按副厅级干部配备，局领导副职可按正处级干部配备。2000年6月，厅公路局与厅高速公路管理局撤并，组建四川省交通厅公路局，对中层干部实行竞争上岗，一般干部实行双向选择的人事制度改革。受交通厅委托，主要负责全省公路建设、养护、收费和路政稽查的行业管理。2005年获批机关事业编制156名，内设机构为：办公室、政策法规处、公路规划处、财务处、养护管理处、工程管理处、路政管理处、收费管理处、人事处、离退休人员工作处、科技教育处、监察审计处（与纪检组合署办公）、信息处、后勤管理处和机关党委。2006年3月获批增设农村公路建设管理处，所需人员局内部调剂解决。2009年4月省人事厅批准参照公务员法管理。2009年12月更名为四川省交通运输厅公路局。

2019年，全省交通系统认真落实巩固、增强、提升、畅通“八字方针”，聚焦补短板、提品质、强管养、创示范、优服务、促发展“六个重点”，推动普通公路高质量发展，主要工作实现“两个突破，四个提升”。

两个突破：①建设完成投资取得重大突破。完成投资846.4亿元，连续两年突破800亿元大关。新（改）建国省干线公路1 868公里、农村公路2.5万公里，分别占年度目标的124.5%和125%。累计完成投资3 184.1亿元，建成11万公里，分别为“十三五”目标99.8%和102.3%。其中，国省干线完成投资1 866.7亿元，建成8 201.6公里，占规划目标93.3%和82%；农村公路完成投资1 077.3亿元，建成10.2万公里，为规划目标109.4%和104.6%。②交通脱贫攻坚取得重大突破。组建19个工作组，对38个未摘帽贫困县通乡通村公路通畅情况逐项目核查，全摸清底数，精准锁定剩余未通畅乡镇和建制村，以及“畅返不畅”建设任务；制订通乡通村硬化路调研指导工作方案和定点帮扶专项方案，实行重难点项目蹲点督导。协调28个“四好农村路”省级示范县结对帮扶凉山州及部4个定点扶贫县。完善脱贫攻坚过程考核实施细则；12月31日打通全国最后一条通村公路布拖县阿布洛哈村通村公路，全面完成剩余乡镇和建制村通硬化路任务，实现“两个100%”兜底目标。完成“畅返不畅”整治工程任务2 979公里；制订专项巡视巡察问题整改工作方案，完成整改94个问题。

四个提升：①“四好农村路”建设水平显著提升。先后出台四川省农村公路建设以及养护管理办法、农村公路“路长制”等文件，推动构建 “党委领导、政府主导、行业指导、部门联动”农村公路管理新格局。实施农村公路窄路加宽、渡改桥、危桥整治、安防工程、交叉口“六个一”等专项工程。推动农村公路与旅游、产业、扶贫等融合发展，建成美丽乡村旅游路1 100公里，宣汉县大窝村村道、雅安市名山区至美茶园绿道获评“2019全国美丽乡村路”。蒲江等4个县成功创建第三批“四好农村路”全国示范县，崇州等17个县（市、区）成功创建第三批省级示范县，累计创建全国示范县10个、省级示范县45个，全国示范县总数全国第一。高水平承办全国“四好农村路”高质量发展现场会。②“品质工程”建设质量提升。出台《关于进一步加强普通国省干线公路工可和勘察设计工作的指导意见》等文件，将省道工程可行性研究纳入行业管理范围，从源头规范前期工作，提高前期工作质量和深度。召开理亚路示范工程现场观摩暨经验交流会，宣传推广“公路与自然和谐、交通与旅游融合”建设理念。推进“两区三厂”标准化建设和首件工程认可制。启动农村公路质量提升专项行动，完成18个市（州）、75个县（市、区）500个农村公路项目质量抽检。完成川九路新示范工程老路改造，为九寨沟国庆期间开园奠定交通基础。基本完成2个“交通+旅游”融合发展示范项目，10个旅游公路试点项目结合大中修工程、养护站改造等工程快速推进。③公路养护管理水平不断提升。推广使用日常养护巡查手机App 、养护综合分析系统、普通公路灾毁调查审核系统。科学分析路况检测数据，形成养护工程滚动项目库。新建养护中心（站）100个、各类服务设施135个。印发桥梁健康检测系统建设指导意见，举办全省桥梁隧道养护培训班。实施养护工程2 300公里，普通国道路面质量指数88.6，路况持续保持良等水平。持续开展路域环境综合整治，路域环境逐步从“绿化”向“美化”迈进。科学制订迎评工作方案，梳理形成迎评任务项目清单，指导各地提前启动实施。④公路行业管理服务水平持续提升。普通公路省本级5项行政审批事项全部纳入省政务中心统一受理，实现全程网办和“最多跑一次”。开通跨省大件运输并联许可平台2.0系统。累计建成166个固定超限检测站，启动15个普通公路治超管理系统建设试点。推进路政“四基四化”建设，深化交通、公安联合执法机制。做好收费公路立项报批和审查服务工作。深入开展隧道提质、长陡下坡安全隐患治理等专项行动，成功举办地震联合应急演练，应对白格堰塞湖、汶川暴雨泥石流以及长宁地震等突发自然灾害，全年未发生重大安全事故，行业安全形势持续稳定向好。率先在全国成立省级“四好农村路”培训基地，提升交通干部队伍理论水平和业务能力。成功举办“四好农村路”主题摄影大赛、中华人民共和国成立70周年文艺汇演等活动，全省普通公路4次登上中央电视台《新闻联播》、14次登上《人民日报》等中央主流媒体，展示四川公路良好形象。

（郝苑苑）

厅航务局 厅航务局（同时挂四川省地方海事局、四川省船舶检验局，实行“三块牌子、一套机构”）是交通运输厅领导下参照公务员法管理的事业单位。主要职能是负责贯彻落实国家和省有关水路交通的方针、政策、法律、法规和规章，研究制订相关的实施办法，并组织实施；负责编制全省水路交通行业中长期发展规划、年度计划，并组织实施；负责全省水路交通的运政和水路运输市场、水运服务市场、港口装卸市场的管理，协调重要物资、紧急物资的水路运输；负责全省水运安全管理和水路交通的安全执法监督，事故调查处理和水上救助打捞、船舶防止水域污染工作；负责航道、港口的规划、建设、养护、岸线使用和水路交通航道管理。会同有关部门协调处理水资源综合利用中的有关事宜；负责组织船舶、水上设施的设计、建造，船用产品的技术核验和造船企业生产技术的认可发证以及水运科技的推广应用，水运行业计量、质量、技术标准，船舶通讯导航的管理；负责船舶港务费和船舶检验费等水路交通规费征收的行业指导；负责船舶登记，船员的培训、考试和发证管理工作；负责水运行业的精神文明建设和航运职工队伍的教育培训；承办省交通运输厅交办的其他事项。

2019年，全省航务海事系统贯彻中共中央和中共四川省委省政府、交通运输部、厅党组各项决策部署，抓住《交通强国建设纲要》出台实施的战略机遇，以落实供给侧结构性改革和推进运输结构三年行动计划为主线，服务水路运输发展为主攻方向，统筹建设、运输、安全、环保等各项工作，全年完成水运建设投资53.6亿元，水上交通安全再次实现三项指标同时为零，完成各项目标任务，保持总体平稳、稳中有进的发展态势。

运输通道日益畅通。一是规划体系日趋完善。全省港口集疏运系统布局规划工作全面启动，完成规划初稿编制。渠江航运发展规划及规划环评、岷江成都至乐山段航运发展规划环评通过行业专家咨询评估。科学谋划水运中长期和“十四五”期发展。指导内江、自贡和泸州等市完成港口规划和规划修编。二是一批重点项目加快实施。7个续建项目基本达到时序进度，5个重点项目前期工作取得及进展。三是航道管养能力得到提升。建成高等级航道专项养护工程项目14个、在建10个。完成嘉陵江、岷江枯水期和键为断航施工期通航保障，86批、1.87万吨大件运输货物顺利出川。

服务能力逐渐提升。一是港口加快协调发展。配合推动泸州、宜宾、乐山三港资源整合，四川省港投集团正式成立并运行。《深化川渝合作深入推动长江经济带发展行动计划》进一步落实，广元港与重庆果园港签订合作协议，川东北地区货物实现通江达海。泸州港在贵州赤水新建无水港，宜宾港在雅安新建集散中心，全省建立无水港6个。二是集疏运体系积极布局。加快梳理储备港口集疏运公路、铁路项目，宜宾港进港铁路建设进展顺利，泸州港大件路拓宽改造工程、广安港至襄渝铁路前锋站快速通道、广元港红岩作业区（一区）进港公路、遂宁港城区至遂宁港通港大道等4个项目启动实施，逐步打通进港“最后一公里”。三是绿色智慧港口加快建成。宜宾港至城作业区5G智慧港口建设启动可行性研究。泸州港、宜宾港和南充港建成岸电设施15套并推广使用。全省75%以上公务船舶靠港码头使用岸电。主要通航河流非法码头整治工作全面推进。17个市由地方政府发布《港口和船舶污染物接收、转运及处置设施建设方案》并完成75%的建设任务，港口船舶污染物接收设施与城镇转运处置设施基本做到有效衔接。

发展主体不断壮大。一是航运企业加快发展。推动个体经营向企业化规模化发展，全省减少个体户1 373户，新增省内企业116家，达到275家。加大支持力度，培育龙头企业，新增省际水运企业5家，达到79家。新增港口企业3家，达到32家，可为港口腹地范围内的件散杂货、集装箱、液货等提供专业化服务。二是船舶竞争力增强。建立船舶退出市场机制，817艘客货船舶退出运输市场。全省省际运输船舶441艘，千吨级船舶304艘，平均吨位3 070吨，增加80吨，过三峡船闸船舶标准化率88%。研究推出适合嘉陵江、岷江等符合川江特点的标准船型及主尺度系列，船型标准化体系逐步完善。船舶工业发展健康，全省有三级四类以上船舶生产企业63家。三是船舶污染有效防治。省政府牵头建立起长江船舶污染治理工作协调机制，省交通、生态、住建三部门联合印发《加强船舶水污染物转移处置联合监管制度的通知》，全省污染物转运处置方式、单证要求和监管职责得到明确细化。18个涉水船舶较多的市已建立并运行船舶污染物接收、转运、处置联合监管机制和联单制度，防治船舶及其有关作业活动污染水域环境应急能力建设规划有序推进实施。2019年，全省未发生船舶污染水域事件。

运输组织持续优化。一是集装箱运输稳步发展。与长江中下游及北部湾等沿海港口合作进一步深化，“天天直航快班（升船机）”稳定开行，品牌效应逐步显现，“水水中转航班”持续加密，宜宾—水富公共集装箱班轮实现常态化运行，新开通宜宾—上海“五定”集装箱班轮航线。用好三峡过闸（升船机）绿色通道，全省121艘重点急运物资船舶优先过闸得到保障。全省10条集装班轮航线，每周发班34余班，累计完成港口集装箱吞吐量44万标箱。二是多式联运发展成效明显。支持泸州、宜宾港参与的多式联运示范工程建设，泸州港示范工程通过验收。达州开行首趟达州至万州港东出铁水联运班列，泸州到广州双向班列、宜宾至钦州班列、广西防城港—广安铁海联运班列顺利开行。宜宾港参与筹建南向班列平台公司，推动南向班列稳定运行。全年完成铁水联运箱量4万标箱，比上年增长14.1%。嘉陵江航运推介会暨全线通航启航仪式成功举行，沿江货物实现水路运输通江达海。三是“水运+旅游”发展基础夯实。贯彻落实“交通+旅游”融合发展专项行动计划，重点推进和打造嘉陵江山水人文旅游试点项目，规划实施项目30个。加快推进水路交通“厕所革命”，建成水路客运码头厕所23个，超额完成目标。2019年，全省完成货运量6 897万吨、货物周转量306亿吨公里，分别比上年增长0.51%、13.33%，完成港口货物吞吐量1 909万吨。

安全发展有保障。一是安全基础更加牢固。新建成渡改人行桥23座，在建15座，沿江临河群众出行更加便捷。推进建桥撤渡，撤销已建桥但未撤渡的渡口32座，20座落实替代出行方案。建成高洪水位防洪桩500余个，船舶安全停泊度汛得到保障。完成全省1.3万名船员集中安全教育。加快推进绿色环保新能源船舶发展，完成20、30客位新能源船舶标准船型研究设计，客船提档升级试点工作在广元、乐山启动实施；研究设计第三代客渡船标准船型4型；全省审查船舶图纸89套，检验船舶8 719艘次。二是监管责任有效落实。完成水路交通安全生产责任清单编制，安全监管责任进一步细化。落实水上交通风险防控指导意见，建立完善动态调整和重大风险源联防联控机制，重新定级对全省700余个风险源等级并落实管控措施。开展老旧船舶专项治理，清理取缔各类船舶1320艘。发布《金沙江向家坝升船机通航调度规程》，联合云南省开展向家坝、溪洛渡水域执法检查。全行业组织检查组1.3万个，检查船舶3.7万艘次，渡口码头8 000余个次，巡航里程（车艇）17.2万公里，发现并整改隐患780起。三是监管手段更加智能。监测巡航救助一体化建设项目完成中期调整，规划实施的172个项目，完工59个、在建54个。四川省航务海事综合信息平台建成并投入试运行。推进市级水上交通安全管理系统和县级视频监控中心建设，全省698套和82个一二类重点渡口视频监控全部接入厅应急指挥系统，接入率93%。完成内河渡运智能化研判系统开发，在眉山黑龙潭启动“客渡之眼”试点。金沙江、长江船舶动态监测终端投入使用，安装北斗定位系统34套，出川船舶实现AIS动态数据与长江共享。四是应急救援更加高效。水上交通安全预警响应处置程序和主要江河水上交通安全监管与应急救援联防联动机制有效落实，预警响应和突发事件处置流程更加规范。厅联合自贡市开展大型水上交通安全暨船舶防污染应急演练、省市应急力量联合拉练获得成功。2019年，处置水上交通突发事件37起，救助人命128人次。全省未发生水上交通安全事故，实现“不跑一艘船、不死一个人、不发一起事故”的目标。

行业治理坚强有力。一是党的建设全面加强。坚持把政治建设摆在首位，扎实开展并指导地方做好“不忘初心、牢记使命”主题教育，开展专题调研并形成高质量调研成果4个，整改问题11个。推进“四好一强”领导班子创建、“五好党支部”建设等重点工作，局党委连续7年被评为“四好一强”成效显著班子和落实党建工作责任制先进单位。二是党风廉政建设强力推进。对3市部省补助资金项目开展审计监督，发现并整改问题33个。开展廉政警示教育，内控管理实现全覆盖，巡视、巡查发现问题全部整改完成，行业上下风清气正的政治生态不断巩固。厅航务局党委被评为落实党风廉政建设责任制先进单位。三是法治建设持续深化。清理规范各级水路交通行政权力，建立和优化完善本级行政权责清单制度，省本级权力实现公开透明运行。以航务海事综合信息平台为切入点，探索推进船舶证书“多证合一”。完成2019年水路交通行政执法评议。承接渔业船舶检验和监督管理职责的行政权力。四是民生工作精准有力。巩固定点帮扶村的脱贫成果，在项目和资金上向贫困地区倾斜。农村水路客运燃油补贴资金按时足额发放到位。五是队伍建设得到加强。深化与广东海事局“结对子”，加大干部交流锻炼和人才培训力度，省局组织各类培训11期，参训500余人次。组织参加全国首届船检业务技能比武大赛并获奖。六是行业软实力有效提升。开展“蜀水逐梦 传承奋进”行业先进典型宣传活动，12名行业先进典型的不同事迹激发了干部职工的奋斗活力。《中国水运史》《中国水运建设实录》四川部分编纂按交通运输部时序积极推进。《中国交通报》、四川电视台等主流媒体专题宣传报道行业发展动态30余次，刊发各类新闻100余件，行业形象明显提升。

（厅航务局）

厅运管局 四川省交通运输厅道路运输管理局前身为四川省汽车运输公司，1985年4月1日改制为正处级行政事业单位，更名为四川省交通运输厅公路运输管理局，隶属省交通运输厅。2011年5月6日机构调整，更名为四川省交通运输厅道路运输管理局，同时撤销四川省高速公路运输管理处，将其编制和职能并入省交通运输厅道路运输管理局。厅运管局为参照《中华人民共和国公务员法》管理的事业单位，事业编制96名，内设14个处室：党委办公室、局办公室、政策法规处、人事科教处、财务与规划统计处、客运管理处、货运管理处、车辆维修处、安全稽查处、驾驶员培训管理处、科技信息处、监察审计处、后勤管理处、公交与出租汽车管理处。现有在编在职人员85名（干部79人、工勤人员6人）。直属企业3个：省运业汽车站建设有限责任公司、省蜀运实业有限责任公司和省公路运输服务中心，受厅委托代管四川省大件运输公司。主要职能职责：负责制订全省道路运输行业发展规划并组织实施，指导全省道路运输行业优化结构、协调发展，维护道路运输行业秩序，负责全省道路旅客运输、货物运输、机动车维修、道路运输站（场）、机动车驾驶培训、城市公交、出租汽车、城市地铁及轨道交通运营的行业管理及监督，负责全省道路运输安全的源头管理工作，负责道路运输行业统计，组织实施交通战备、抢险救灾等重点物资的紧急运输等行政辅助、公益服务和事务性工作。

2019年，全省道路运输系统认真贯彻落实中央和省委省政府、厅党组各项决策部署，完成各项目标任务。①道路运输脱贫攻坚成效显著。新增174个乡（镇）、4 520个建制村通客车，完成年度目标的174%和151%，乡镇、建制村通客车率分别达99.1%和98.3%，11个市提前实现具备条件的乡镇和建制村100%通客车；建成42个乡镇运输服务站，农村物流网络节点覆盖率（通邮率）达94.71%。推进邮政、快递进站经营，试点开通9条“交邮、交快”合作线路；建成6个精准扶贫地区县级客运站，88个贫困县客运站全覆盖。建成乡镇客运站241个、村级招呼站（牌）5 303个，覆盖精准扶贫地区90%以上的乡镇和89%以上的建制村；完成中央脱贫攻坚巡视反馈的33个闲置乡镇客运站整改。②投资及民生实事任务完成。完成投资33亿元，为年度目标的106%；按期实现普通货运车辆网上年审，年审数量超1.87万件，为经营者减负1亿元；提前建成应用汽车维修电子健康档案系统，实现21个市（州）和一类汽车维修企业汽车维修电子健康档案系统全覆盖，累计上传数据551万条；完成营运车辆ETC安装任务，全省40.2万辆营运车辆安装ETC，通行高速的公路客车安装率达100%；新建17个、改建108个汽车客运站厕所，三级及以上汽车客运站“厕所革命”全覆盖；实现驾驶员背景网上核查，出租汽车从业资格证申请人不再提供相关证明；760所驾培机构全部提供“计时培训计时收费、先培训后付费”服务模式，月均学员选择率11.32%；“司机之家”建设开局良好，建成并投用成都传化物流公路港“司机之家”。③扫黑除恶专项斗争奋力推进。查处217起线索，查处非法营运“黑车”1.45万辆、违规经营2.41万辆次，取缔“地下班线”19条，查处和纠正驾培行业乱象825起；集中约谈70家网约车平台公司，全覆盖开展进驻检查执法；移交政法机关、纪检监察部门黑恶线索56条，协调政法机关处罚非法组客人员1 500余人次，行政及刑事拘留318人，打掉从事非法经营、强迫交易、寻衅滋事等活动的10个犯罪团伙。系统内6人被判刑、4人被开除公职、11人被党纪政务处分。④道路运输绿色发展稳步实施。实施机动车尾气排放检测与强制维护（I/M）制度，建成M站923家，开展尾气治理维修38万辆次，机动车首检超标率逐年下降。升级改造喷烤漆房4 802个，920家维修企业推广使用低挥发性涂料水性漆，有效降低挥发性有机物有害物排放；道路运输新能源、清洁能源车辆8.2万辆，占全部营运车辆13%。城市公交新增和更新车辆中新能源车比重超过90%，全省城市公交车辆88%为新能源与清洁能源公交车；全省公交车辆3.4万辆，年客运量超40亿人次，公交专用道总里程突破1 000公里，居全国前列。⑤道路客运服务体系日趋完善。2019年完成客运量7.2亿人次、旅客周转量437.7亿人公里，分别比上年下降11.1%和6.1%；新增定制客运试点线路72条，持续落实24小时在线和轨迹可追溯制度、趟次运输量报备制度、重点卡口查验制度，超长客运车辆从2018年底的868辆萎缩发展至581辆；开工建设18个综合客运枢纽站，覆盖全省95%高铁站。德阳、自贡、遂宁、宜宾等城市建成投运城市候机楼，开通机场快线，实现“地空联运、无缝对接”；完成16.7万名网约车驾驶员、10.7万辆网约车辆合规认证，滴滴平台自2019年9月起不再新接入不合规人员。⑥道路货运降本增效扎实开展。2019年完成货运量16.3亿吨、货物周转量1 527.5亿吨公里；创新实施“宽进严控”的试点思路，引导24家企业开展无车承运人省级试点，规范推动9家无车承运人国家试点，整合货运车辆8.6万辆，单车里程利用率70%以上，交易成本降低10%；全国率先与地方铁路局建立共同推进货物多式联运和旅客联程运输发展合作机制，3个国家级多式联运示范工程有序推进，“一单制”在全国推广；开工建设5个公路货运枢纽，实现70%以上市（州）均建有公路货运枢纽；西部陆海新通道跨境（公路）货运班车开行3条主力线路，成都至东南亚公路货运开启四川西部陆海新通道。⑦行业新型监管体系加速完善。下放省级事项2项，向自贸区授权许可事项6项，行政审批事项取消2项；推行证照分离改革，道路运输站场经营许可等2项试行证明事项告知承诺制，凡是没有法律法规依据的证明一律取消，市、县级许可事项90%实现“最多跑一次”；制定出台行业严重违法失信行为联合惩戒办法及备忘录，实现跨部门联合惩戒；集准入审批、业务管理和安全监管于一体、道路运输领域业务全覆盖的全省道路运输综合管理与服务信息平台试运行，省市县三级所有道路运输事项全部纳入省政府“一体化”平台运行。⑧行业安全稳定形势持续向好。发生道路运输行车事故156起，死亡187人，分别比上年下降20%和18.34%，未发生重大及以上道路运输行车事故；应用联网联控结果，17 893名驾驶员被记分，305名驾驶员被依法吊销从业资格证并列入

"行业禁止进入名单"，得到交通运输部副部长刘小明的肯定；排查整改隐患3 156个，整改率100%，公布2批40家高风险客货运输企业名单。落实8 000万元省级专项补助，全省"两客一危"主动安全智能防控系统安装全覆盖；完成中华人民共和国成立70周年"逐梦兴川"彩车专项运输保障任务、"8・20"汶川强降雨特大山洪泥石流应急抢险队伍和群众应急运输任务和春运等重点时段、世警会、中韩青少年体育交流活动运输任务。印发道路运输领域信访矛盾情况分析报告。⑨党建及党风廉政建设加强。机关干部职工行为和局直企业经营活动明显规范。开展"不忘初心、牢记使命"主题教育活动，聚焦行业难点、热点和焦点，形成高质量调研报告8篇。检视问题51个，制定整改措施128项，主题教育得到省委第14巡回指导组肯定；排查231个廉政风险点，制作51张流程图，研究制定219条针对性防控措施，形成"一项权力一套运行制度、一个风险点一套防范措施"的管理体系，扎紧制度笼子；涌现遂宁的哥尹德洪英勇救人等先进事迹，四川道路运输工作4次受到《人民日报》和中央电视台《新闻联播》《焦点访谈》等中央主流媒体正面宣传报道。

（蒋智力）

厅高管局 2011年5月，四川省交通运输厅高速公路管理局（简称厅高管局）挂牌成立，受省交通运输厅委托承担全省高速公路养护、运营服务的监督管理和联网收费管理、安全监控、应急处置等职责。厅高管局与厅高速公路交通执法总队实行"一套机构、两块牌子"，受省交通运输厅委托管理7个高速公路交通执法支队和高速公路监控结算中心。厅高速公路交通执法总队和7个高速公路交通执法支队受交通运输厅委托承担全省高速公路路政、运政和收费稽查工作。

2019年，厅高管局（厅高速公路交通执法总队）内设8个处室。机关在编人员41人，其中研究生学历16人、大学学历25人。7个执法支队批准设立106个执法大队，7个执法支队实际成立106个执法大队。监控结算中心承担全省高速公路联网收费管理，与科研所、智能公司实行"统一党政领导、统一设置内设机构、统一管理人员、统一工作安排调度"，内设办公室、系统运行处、技术维护处、信息情报处、财务处、后勤物业处6个处室。监控结算中心核定编制35名，其中，领导职数3名（1正2副），在编人员29人。科研所核定编制66名，其中，领导职数4名，在编人员32人。智能公司现有人员（川高直属企业）73名。

2019年，厅高管局（厅高速执法总队）完成年度各项目标任务，推动四川省高速公路管理和交通执法工作取得高质量发展。高速公路智慧交通建设方面，完成取消高速公路省界收费站任务，全年新增ETC用户580万户，用户总数突破930万户，ETC使用率80%。建设龙门架1 524套，改建车道2 871条，更新计重设备685套，安置收费人员1 300余名，全省19个省界收费站全部取消；灾备中心建设取得阶段性进展；平安智慧高速公路建设试点成功；应急二期视频监控初见成效，基本实现全路网可视、可测、可控。高速公路交通执法方面，《〈四川省高速公路条例〉释义》出版，制定通行费定价办法和信用联合惩戒管理办法；推广"四基四化"建设试点，继续消化编外协助执法人员146名；"一路四方"联勤联动机制由市、县延伸至135个重点乡镇、村社；打造广元、巴中、遂宁3个集中办公中心，实现执法业务工作信息化；全年出动执法人员12.5万人次，开展执法检查2万余次，检查客货运输车辆8.1万余辆次，查处违法车辆1 905辆次，劝返超限货车2 244辆次；入口治超常态化进行，违规超限货车保持"零驶入"。高速公路安全管理方面，建立安全生产责任体系，将安全生产责任和职责落实到一线操作层面，形成科学完备的尽责及督查体系；印发养护工程管理办法，督促营运公司投入近30亿元，超额完成1 000车道・公里高速公路路面大中修工作，处治完成9座三、四类桥隧，调整2万余块交通标志，完成隧道安全提升和高速公路命名编号及里程桩号调整；及时排查整治安全隐患，道路安全可控；扫黑除恶纵深推进，牵头制定行动方案，协助查获偷盗货车油料案件500余起、非法营运车辆719辆，追缴通行费100万元和被盗油料27吨。高速公路公共服务方面，指导营运公司投入资金2.8亿元，完成路侧"显山露水"2 680公里，提升中央分隔带1 800公里，改善绿化500余处，评选"最美高速"13条；完善应急预案，配备应急救援装备，设立应急物资储备点200余处，应急队伍3 000余人；完善空中应急救援体系，攀西高速公路西宁服务区建成全省第一个直升机应急救援点；制定《四川省"五好"高速公路评定办法》，创建"五好"高速公路15条；持续推进"厕所革命"，完成2017—2020年总任务83%，50处服务区厕所人性化设施得到提升，18处服务区厕所改善水源供给，12处服务区厕所节假日应急能力得到增强；评定复审星级服务区54对，全省星级服务区比例达80%。务实推进精准扶贫工作，在34条运营高速公路121个服务区建成扶贫专区（专柜），上架销售近70个贫困县1 500余种扶贫产品，销售金额超1 000万元。

（厅高管局）

厅质监局 1988年5月，省交通运输厅成立公路工程质量监督站（以下简称"厅质监站"），挂靠厅公路局开展工作。1990年10月，经省编委批准成立厅公路工程质量监督站，为县级事业单位；2003年10月，原属厅航务局内设的水运工程质监站并入厅质监站，同时更名为四川省交通厅公路、水运质量监督站；2009年12月，经人事厅批准改为参照公务员管理单位；2010年7月，更名为四川省交通运输厅公路水运质量监督站。2012年8月，更名为厅工程质量监督局。2017年5月，省编办批复同意增加厅质监局“承担全省地方铁路建设质量和安全生产监督管理的事务性工作”职责。2016年12月，根据省政府工作安排，由省交通运输厅负责，厅质监局具体实施全省地方铁路建设质量安全行政监管工作。2019年3月，中共四川省委机构编制委员会下发文件，将厅质监局承担的负责全省公路、水运工程质量和安全监督管理职责由厅建设管理处承担。厅质监局核定编制53名，其中，领导职数4名（1正3副）。局内设党委（纪委）办公室、综合办公室、质量监督科、安全监督科、工程技术科、资质管理科6个科室。

2019年，全省各级质监机构以工程质量安全为核心，以法规、标准为准绳，开展公路、水运、地方铁路项目监督检查、现场抽检、量化评价等工作，打造品质工程；在交通建设领域开展安全生产专项整治和隐患排查治理工作，深化平安工地建设；围绕提高试验检测能力和检测结果可靠性，开展比对试验检测和盲样检测，不断提升交通建设项目质量安全监管能力，为全省公路水路完成投资1 805亿元提供质量安全保障。

监督工作扎实有力。各级质监机构加大人员组织调度和经费保障，不断完善和创新项目监督管理，“监督工作组+专家+第三方检测机构”监督方式广泛推行，重点项目监督推行清单制、台账制管理，引入大数据、远程视频监控技术，全年对32个在建高速公路项目3 405公里、3个重点水运项目、7个地方铁路项目376公里实现监督检查和质量抽检两个100%全覆盖，全年开展监督检查6 900余人次，发现问题2 800余个，实体抽检61万余点，查处工程质量投诉举报15起，约谈14家单位。地方铁路监督方面，理顺地方铁路监督工作机制，明确项目监督任务受理流程，将项目日常监督、专项监督、综合监督、实体检测频次纳入合同管理，抽检总体合格率99.8%，地方铁路建设质量明显好转和提升。

品质工程深入推进。部分建设投资人强化品质工程理念，编制公路水运品质工程建设指南，将品质工程相关内容纳入项目招标文件，加大品质工程创建力度。新开工高速公路项目100%实现桩基旋挖施工等11项四新技术应用，全省高速公路项目四新技术总体使用率近90%，浆砌边沟、小型模板等落后工艺均被淘汰，组建近500个标准化班组。公路实体质量总体可控，高速公路一次性抽检总体合格率97.29%，基本达到全国平均水平。钢筋保护层厚度指标提升明显，多个项目达到80%以上。6个高速公路通车项目交工验收质量评定合格率100%，近3年完成竣工验收的41个高速公路项目质量鉴定合格率100%，优良率92.7%。国省干线、农村公路交工验收合格率分别为100%、99%。厅质监局组织的主要原材料双重盲样编号抽检合格率95.5%，比上年提升4.3个百分点。全省近20个交通建设项目获得国家或省部级以上工程奖项，创建4个“四好农村路”国家级示范县和17个省级示范县，品质工程创建取得突破性进展，工程质量总体保持稳步提升态势。

安全风险防控取得实效。各级质监机构加大节假日、汛期、日常、专项、综合等安全监督检查力度，开展防高坠、电气火灾、瓦斯隧道等专项安全治理活动，省、市质监机构安全专项检查派出监督组238组次（其中暗访组24组次），出动检查人员742人次，督查在建项目240个，排查整改隐患924项。按照安全风险分级管控机制和隐患排查治理机制，对高速公路、重点水运、地方铁路等项目推行“监督责任人+清单台账制+销号制”管理，对2019年在建的80座特长隧道、137座特大桥、95座特殊结构桥梁、39座瓦斯隧道等重要工点建立完善风险和隐患分级管控台账，推进挂牌监督。推进“科技兴安”，高速公路项目均建立安全VR体验馆，多个项目运用BIM数字化技术建立施工安全风险管控平台，推广实时视频监控、智能门禁系统、人员实时定位系统等安全管控先进技术。全省26个在建重点公路水运项目平安工地建设考核均达到合格，全年交通建设领域节假日未发安全事故，未发生重特大安全生产事故，特别是水运建设项目实现事故零发生。

交通脱贫攻坚项目监督成效显著。建立农村公路质量监督长效机制，印发《四川省农村公路质量监督办法（试行）》《关于进一步加强农村公路建设质量监督管理的指导意见》，全面推进农村公路质量监管7个标准化建设。依照脱贫攻坚项目规划，对全省22个通乡通村项目进行质量监督抽查，总体合格率86.8%，对扶贫领域巡视发现的10类质量问题全部整改并通过验收，为高质量实现通乡通村两个100%提供监督指导。

脱贫攻坚项目监督有成效。印发《四川省农村公路质量监督办法（试行）》《关于进一步加强农村公路建设质量监督管理的指导意见》，建立健全农村公路监督制度。省、市、县三级质监机构加大监督检查和质量抽检力度，组织29家试验检测机构对全省18个市（州）69个区（县）371个农村公路项目进行免费帮扶检测，完成各类巡视巡查发现问题的整改，实现脱贫攻坚项目验收全部达标，为创建“四好农村路”17个省级示范县和4个全国示范县发挥质量控制监督和验收把关作用。

市场监管服务水平双提升。推进“最多跑一次”改革，将监理和试验检测行政审批事项纳入“四川一体化政务服务平台”，编制办事指南，优化办事流程，严格落实“首问责任制”和“限时办结制”，2019年，办理监理检测资质事项136项，人员注册注销3 637人次，按时办结率和群众满意度均为100%。以信用评价为抓手，对违法失信行为进行处罚，2019年，对61家监理企业的227个监理合同段、202家试验检测机构的509个工地试验室及现场检测项目进行信用评价，信用评价扣分处理145家单位、172人次。开展监理工程师“挂证”整治，清理挂靠人员900多人次，维护公平竞争的市场环境。

（厅质监局）

纪检工作

JIJIAN GONGZUO

纪律审查　2019年，省纪委驻厅纪检监察组收到信访举报77件（含重复件11件），其中检举控告类41件，驻厅纪检监察组初步核实13件，谈话函询4件，抽查核实1件，其余按干部管理权限移交厅直单位纪委处理。综合运用监督执纪的“四种形态”，立案审查调查7人，提出党纪处分建议6人，政务处分建议2人，诫勉谈话6人，谈话提醒和批评教育15人。被处分处理的人员中，包含二级巡视员1人、处级干部5人，清退收缴违纪所得60余万元。

第二轮巡察　2019年5月至8月中旬，厅党组4个巡察组集中3个月左右时间，分别对咨询监理公司、厅运管局、大件处、公路医院开展第二轮巡察。开展个别谈话283人（次），受理群众来信来电来访12件（次），查阅资料1 200余卷（册）。发现7大类168个问题，问题线索3件，其中移送公安机关立案侦查1件。

日常监督　2019年，驻厅纪检监察组督促并协助厅党组推进中共四川省委扶贫专项巡视整改、交通运输部交通扶贫督导发现问题整改。开展对部定点帮扶点和厅定点帮扶点的监督检查。开展“赌博敛财”专项整治，发现问题线索1条，给予1人党纪处分。继2017年、2018年之后，连续第三年在厅直系统点名道姓通报驻厅纪检监察组查办的8起违纪违规典型案例，重点通报1起违反政治纪律典型案例，5起违反中央“八项规定”精神典型案例。修订完善驻厅纪检监察组廉政意见出具规程，综合分析信访举报、工作表现、群众口碑以及驻厅纪检监察组掌握的其他情况，全面、客观、准确出具党风廉政意见。驻厅纪检监察组出具廉政意见87份，提出暂缓提拔干部1人，取消评先选优单位3家。

述责述廉　2019年，驻厅纪检监察组开展厅直单位“一把手”述责述廉并进行评价。48名厅直单位和厅机关处室主要负责人的述责述廉报告由分管厅领导审核后，送厅党组主要负责人审阅，并进行公示。驻厅纪检监察组对报告进行再审核，通报表扬8个述责述廉报告撰写较好的单位，通报5个述责述廉报告存在问题的单位并责成重新提交报告。现场随机抽取公路设计院公司、监控结算中心、四川交职院、后勤中心、信息中心、厅规划处等6家单位（部门）的主要负责人进行大会陈述，并接受质询，其余负责人作书面述责述廉。测评结果纳入厅综合目标考核，并在厅党组会和厅直系统进行通报。开展厅直单位纪委书记（纪检委员）述责述廉，对履职情况进行排名，排名情况在厅党组会上通报，并向厅直单位书面通报，作为年度考核的重要参考。

纪检监察队伍建设　2019年，驻厅纪检监察组组织厅直系统120余名纪检干部开展《中国共产党纪律检查机关监督执纪工作规则》《监察机关监督执法工作规定》培训，观看中纪委制作的教学视频5个，结合厅直单位实际专题解读监督执纪工作规则，并要求厅直单位纪委组织本单位本系统全体纪检干部观看学习部分教学视频，实现全员培训。继续保持和中国纪检监察学院北戴河校区的培训协作机制，组织厅直系统25名纪检干部参加业务培训。选派8名纪检干部到中共四川省纪委参与执纪审查、干部考察、巡视督查等工作，选派1名纪检干部到中纪委驻交通运输部纪检组实践锻炼，抽调5名纪检干部到驻厅纪检监察组进行实战轮训。选派厅直系统10余名纪检干部参与巡察，提升发现问题、解决问题的能力。

纪检监察内部规范化建设　2019年，驻厅纪检监察组对1995—2018年的纪检监察文书案件档案进行清理归档，共归档485卷。在中共四川省纪委指导下，完成四川省直部门第一个标准谈话室改造。将驻厅纪检监察组《监督执纪监察务实工作手册》《巡察工作手册》印送至厅直单位纪委以及21个市（州）、183个县（市、区）交通运输部门纪检组织，指导规范交通运输系统纪检工作，加强行业上下联动。

（本栏目供稿单位：驻厅纪检监察组）

机关党建

JIGUAN DANGJIAN

推进全面从严治党 2019年，厅直系统坚持以习近平新时代中国特色社会主义思想为指导，深入学习贯彻党的十九届四中全会和省委十一届四次、五次、六次全会精神，认真落实中央和国家机关党的建设工作会议和省直机关党建工作会议精神，突出以政治建设为统领，突出大抓基层、抓实基础，突出服务中心、改进作风，突出机关党建全力助推脱贫攻坚，坚持党建与业务工作融合发展，不断提升机关党的建设质量和水平。

压实党建工作责任。组织召开2018年度厅直系统党组织书记述职测评大会，对30名厅直单位党组织书记和19个厅机关党支部书记履行党建和党风廉政建设责任制情况进行述职测评，对厅直单位党组织书记进行集体约谈。厅直各单位党委根据职责分工，抓好所属党支部述职评议考核工作。开展对30个厅直单位“四好一强”领导班子创建、党建责任制和党风廉政建设责任制及19个厅机关处室党建工作集中考核，传导从严治党压力和责任。召开厅党建工作会，印发《2019年党建工作要点》，对厅直系统2019年党建工作全面安排部署。

加强党的政治建设。积极推进“四好一强”领导班子创建，研究制订《厅“四好一强”领导班子创建活动计划》，在厅直系统全面开展创建活动，厅党组被省直机关工委评为“四好一强”活动先进班子。严肃规范党内政治生活，按照省委组织部要求开好厅领导班子2018年民主生活会，针对查摆出的4方面12个问题，细化列出68个具体表现，推动整改落实。推动全系统400多个基层党组织开好民主生活会和专题组织生活会，11名厅直机关党委委员交叉深入11个厅直单位基层党支部开展督导。切实抓好中央巡视反馈意见整改工作，顺利完成涉及省交通运输厅的整改任务。开展政治生态分析并形成报告。

扎实开展思想教育。一是发挥厅党组中心组的示范引领作用。做好2018年度厅党组中心组总结，厅党组被省直工委评为2018年度党组中心组学习先进单位。因人事变动，及时调整厅党组中心组成员，研究制订《2019年度厅党组中心组理论学习计划》，组织召开中心组学习会23次。厅直单位全面落实中心组学习制度，全面完成学习任务。二是扎实开展“不忘初心、牢记使命”主题教育，厅及厅属单位分别成立领导机构，结合自身实际，制订实施方案，普遍开展为期一周的主题教育集中学习班，通过专家讲座、中心组学习讨论、个人自学等形式，开展形式政策教育、革命传统教育、先进典型教育、警示教育等。厅班子确定13个重点调研课题，厅直系统确定105个调研课题，制订《调研工作计划》和《调研工作方案》，组建课题组，出动调研人数720余人次，形成高质量的调研报告，及时召开厅主题教育调研成果集中研讨会。厅班子成员和厅直系统各级党员领导干部采取“坝坝会”、支部会等多种方式，讲好专题党课。把检视问题贯穿始终，通过召开座谈会、个别访谈、发放征求意见函，深入检视问题，并针对检视问题建立台账，明确整改措施和时限，逐一整改。厅制订主题教育“5+3+2”专项整治方案，厅直单位结合自身实际，制订自身的专项整治方案并抓好整改落实。高标准严要求开好主题教育专题民主生活会。开展整改落实“回头看”工作。7月29日《四川日报》第二版“不忘初心牢记使命 狠抓落实见行动”版块报道交通运输厅扎实推进主题教育，努力建立人民满意交通的情况。三是抓好党的十九届四中全会和省委十一届六次全会精神学习宣传，分别制订印发学习党的十九届四中全会和省委十一届六次全会工作方案，明确学习、宣传、贯彻任务，通过中心组学习、专家讲座、组织培训、专题党课等形式深入学习，在厅网站和四川交通手机报开辟专栏，及时学习宣传全会精神。四是开展庆祝中华人民共和国成立70周年系列活动。举办厅直系统庆祝中华人民共和国成立70周年歌咏比赛，老干部书画展，微视频创作、参观庆祝中华人民共和国成立70周年大型成就展。五是加强文化建设。印发《关于开展“做悦读党员、建书香支部”的通知》，编印“四季悦读”推荐书目4册，举办“四季讲坛”3期，推送“四季悦读俱乐部”微信公众号23期。六是在青年党员、干部中开展“学用新思想，建功新时代”主题活动，印发通知，组建机构，开展前期业务培训。六是落实意识形态责任制，举办意识形态专题培训班1期，指导3所厅属院校加强思想教育和责任落实，严格落实《四川省交通运输行业新闻宣传工作管理办法》《网站管理办法》等相关制度。

加强基层组织建设和党员教育管理。建立换届清单，完成厅直机关党委和纪委的换届改选工作，选举产生第十届厅直机关党委和纪委。指导交通设计院、公路设计院完成转企改制后党委选举工作，指导交科院成立党支部。开展2019年度厅直系统基层党组织三分类三升级工作，确定2个后进党支部，督促开展整改升级工作。做好厅机关和厅直单位党组织书记和委员的调整。全面贯彻《中国共产党支部工作条例》，认真落实中央和省直机关党建工作会议精神，积极推进“五好党支部”创建。完成2019年度党费收缴下拨和2018年党员爱心互助金上缴。印发《2019年度党员发展计划》，有序推进厅直系统201名党员的发展，完成厅直机关直管支部6名预备党员转正，举办2018年度新发展的200名党员集体入党宣誓仪式。推广应用“学习强国”学习平台，完成各层级组织架构，厅直系统广大党员持续开展学习。召开庆祝建党98周年暨表彰大会，表彰先进党组织30个、优秀共产党员74名、优秀党务工作者29名。推荐厅公路设计院蒲之艳为省委优秀党务工作者。举办厅直系统党员轮训班2期，红旗渠党务干部培训班、入党积极分子培训班和定点帮扶暨脱贫攻坚工作培训班各1期，培训700余人。组织观看红色教育电影3部。开展党建业务融合工作全覆盖调研和试点工作。建立2019年度困难党员干部台账。开展春节、七一、国庆走访慰问。组织开展“包山头”捐款活动和义务植树活动，捐款41.73万元。编印《支部学习》17期。加强阵地建设，在厅机关建成党员活动室3个，推进厅直单位党建阵地全覆盖。

加强统战群团工作。开展厅直系统党外知识分子统计工作。举办迎新春趣味运动会、国际“三八”妇女节活动、“悦跑悦生活”迷你马拉松赛。举办第十五届交通运输杯乒乓球比赛，组织参加省直机关第四届职工运动会7个项目的比赛，并在5个项目中获得团体及个人名次13项，获优秀组织奖。厅公路设计院范碧琨被中华全国妇女联合会评为全国巾帼建功标兵。做好节假日职工慰问和困难职工走访慰问。举行纪念五四运动100周年暨五四表彰大会，对厅直系统100名团员、30名团干部、22个基层团组织进行表彰。开展“青春心向党·建功新时代”主题团日活动和青年婚恋交友服务活动。开展“走出大山看世界”暨城乡娃娃手牵手扶智励志行活动，持续抓好“智慧团建”录入及运用。开展“青年文明号”创建活动，省公路设计院公司勘察设计四分院、省交通设计院公司环保设计处等2个集体作为2017—2018年度交通运输行业全国青年文明号推报单位。

党风廉政建设和反腐败工作 2019年，厅直机关党委继续开展党风廉政建设和反腐败工作。

加强党风廉政建设责任落实。出台《中共四川省交通运输厅党组落实领导干部党风廉政建设“一岗双责”实施办法》。召开2019年从严管党治党暨党风廉政建设工作会，层层签订责任书，印发《关于2019年党风廉政建设和反腐败工作的意见》，并梳理党风廉政建设主要任务分工38项，明确分工，落实责任。印发《2019年厅直机关纪检工作要点》，推进厅直系统纪检工作。

强化廉政教育。组织开展专题学习、讲廉政党课、参观警示教育基地、举办家教家风主题活动、观看《蒙尘的初心》警示教育片、典型案例通报等一系列廉政教育活动，对2019年新提拔干部进行集中警示教育。开展廉政风险排查，梳理“一图一单一表”（一张条目式的权责清单、一套权力运行流程图、一套廉政风险排查防控表）。

抓好巡视整改和专项整治。印发《集中整治形式主义、官僚主义实施意见》，在全系统开展为期6个月的集中整治，深入排查形式主义表现132条，整改措施199条，官僚主义表现83条，整改措施113条，落实整改责任人，明确完成时限，跟进落实。开展党的十八大以来中央和省委巡视涉及交通运输厅整改情况“回头看”，建立巡视整改台账并定期通报。研究制订厅党组贯彻落实省委关于持续净化四川政治生态决定的贯彻措施、蒲波严重违纪违法案“以案促改”工作方案，结合“不忘初心、牢记使命”主题教育工作，落实37项整改措施“回头看”，建立台账定期通报进度，确保整改到位。召开2019年交通运输政风行风建设工作座谈会，制订《违反中央八项规定精神突出问题整治工作方案》，持续整治政风行风中的问题。

强化监督执纪问责。规范党风廉洁建设意见，严格廉洁把关，对科级及以下干部拟提拔、表彰、评先等作出明确表态，出具廉洁意见48份。配合人事部门进行干部任前考察及事业单位招聘面试，开展廉政谈话，对考察、面试进行全程监督，主动尽职履责。规范招标监督员库，坚持以交叉监督的方式对厅机关招投标、政府采购、比选等活动进行过程监督，抽取招标监督员27人次。严格执纪问责，收到信访举报4起，均严格按照《中国共产党纪律检查机关监督执纪工作规则》办理。

定点扶贫和驻村帮扶工作 2019年，厅直机关党委继续推进定点扶贫和驻村帮扶工作。

一是认真履行牵头职责。牵头召开省级单位对口帮扶金口河区联席会议和对口帮扶沐川县联席会议，统筹各成员单位工作分工，协调各单位间帮扶资源，汇总7个帮扶单位工作方案，力求形成合力。及时向省委常委、常务副省长王宁报送帮扶方案。交通运输厅被省委省政府评为2018年先进定点帮扶省直部门，厅牵头的交通建设扶贫专项获得2018年扶贫专项先进。

二是全面发动帮扶力量。动员全厅力量，坚持全员参与，构建县、村、户三级帮扶体系，印发《关于调整定点帮扶贫困村分工的通知》，重组28个帮扶工作组，继续下派27名扶贫干部到定点扶贫点，“三位一体”全方位联系帮扶沐川县16个贫困村、金口河区11个村、越西县的依呷村。根据需求制订帮扶措施，相继印发县（区）级和村级定点帮扶工作方案，提出县（区）级帮扶措施70条、村级帮扶措施193条。在高速公路服务区开设交通扶贫专柜，帮助金口河区扩大农副产品销量，组织开展2019年扶贫产品展销活动，并与中国农业银行四川省分行开展消费扶贫合作，搭建线上线下销售平台，畅通“以购代捐”扶贫产品销售渠道。开展2019年扶贫日捐款活动和集中慰问扶贫干部和贫困户。

三是全力推动帮扶工作。厅领导和厅直各单位、厅机关负责人共70余人次深入贫困村指导落实帮扶工作。编印《交通扶贫动态》13期，呈送厅领导及省脱贫办，在展示交通系统扶贫成果的同时督促各单位、各部门按时落实既定帮扶方案。根据扶贫巡视反馈情况，在扶贫工作推进过程中查漏补缺、逐一销号，按月报送各项工作推进情况。制作脱贫攻坚学习进行时学习卡，通过厅驻村及扶贫工作QQ群和微信群，在每个工作日推送一则习近平扶贫论述摘编，为厅直单位、机关处室学习提供保障。收集汇编《2019年度扶贫政策汇编》，及时传达中央、省委省政府、省脱贫办等机构重要文件精神和政策导向。编印《定点扶贫工作手册》，明确定点扶贫工作体系、内容、分工，参考帮扶措施，扶贫台账模板等，为各帮扶单位和扶贫一线人员提供工作参考。协助推进省委扶贫巡视整改14项任务。

（本栏目供稿单位：厅机关党委）

工会工作

GONGHUI GONGZUO

概　况　2019年，省交通工会在厅党组和省总工会领导下，深入学习、宣传、贯彻习近平新时代中国特色社会主义思想、党的十九大精神和习近平总书记关于产业工人队伍建设改革的重要指示精神等，贯彻落实厅党组、省总工会决策部署。围绕中心工作，组织动员全省交通运输系统职工充分发挥工人阶级主力军作用，抓好交通重点工程劳动竞赛、技能比武，持续弘扬工匠精神、劳模精神、劳动精神，以服务职工为宗旨、积极维护职工合法权益，发挥工会联系交通职工的桥梁纽带作用，推动交通强省建设。

劳动竞赛　2019年，省交通工会推进“践行新理念，建功‘十三五’”劳动竞赛。一是持续跟进督导纳入省级劳动竞赛的重点项目，调研指导营达高速公路等建设单位开展劳动竞赛，指导岷江犍为航电公司开好2019年劳动竞赛表彰暨经验交流会。二是针对营达高速公路、岷江犍为航电公司等省级劳动竞赛项目节点，成功向省总工会申报表彰名额41个，调动参建单位职工积极性。三是会同厅高管局、厅监控结算中心承办ETC发行劳动竞赛，全年评选出120个“四川省ETC发行先进网点”、120名“四川省ETC发行标兵”并进行表彰。四是按照交通运输部、中国海员建设工会要求，组织全省运输行业35家企业176名驾驶员参加全国道路运输行业安全行车百万公里劳动竞赛，刘长华等10名驾驶员获“全国道路运输安全行车二百万公里优秀驾驶员”称号，李光辉等13名驾驶员获“全国道路运输安全行车百万公里优秀驾驶员”称号。

实施省总工会“大培训、大比武、大提升”三大行动职工技能提升工程。一是会同厅运输处、交通管理学校组织开展四川省首届“12328”电话业务技能练兵竞赛，全省42名“12328”话务中心选手参加竞赛，评选出团体奖10名、个人奖12名、优秀组织奖3名、特别贡献奖3名。二是会同厅运管局、交职院组织开展第十一届全国交通运输行业职业技能大赛四川赛区预赛暨2019年四川省交通运输行业汽车维修工职业技能竞赛，评选出一等奖1名、二等奖2名、三等奖2名；获得一等奖的成都车之绮汽车服务有限公司田鹏辉被省总工会授予“四川省五一劳动奖章”。组织参加第十一届全国交通运输行业汽车维修工职业技能竞赛，四川省交通运输厅获汽车维修工大赛优秀组织奖，交职院3个项目获团体三等奖，成都地铁运营公司获轨道交通职业组优秀组织奖。三是会同厅航务局举办全国首届船舶检验业务技能比武大赛四川赛区初赛，全省55名验船师参与竞赛，评选出团体一等奖1名、二等奖2名、三等奖3名、优秀奖8名；个人一等奖1名、二等奖2名、三等奖3名；组织参加首届中国船舶检验业务技能比武大赛，来自国内56支代表队和国外12家世界著名船级社，共计300余名注册验船师参加比赛，四川省船舶检验局获国内运输河船组团体三等奖，敖梓鹏获国内运输河船组个人一等奖，黎映松获国内运输河船组个人二等奖，李明坤、李春超分别获国内运输河船组个人三等奖。四是组织公路、水路行业开展以“安全培训提素质、班组管理强基础”为主题的全国公路水路班组、船舶安全生产竞赛活动，完成表彰推荐名额分配、资料初审、报前公示工作。

组织建设 2019年，省交通工会加强基层工会组织和服务阵地建设。一是指导省交投集团等30个基层工会完成换届选举工作，指导四川交投物流有限公司等20个单位建立工会组织，配齐配强工会专（兼）职干部。二是加快推进货运司机入会。积极配合厅运管局和厅高管局指导相关基层工会开展货运司机入会工作，指导新都传化公路港、成渝公司成仁分公司汪洋服务区、成德南公司金堂服务区、四川交投实业有限责任公司等单位开展“司机之家”建设，补助经费40万元，为货运司机普及道路运输法律法规、提供法律援助信息等，促进道路货运行业健康稳定发展。三是指导九黄机场、阿坝州公路局、交通执法一支队十大队等单位开展“职工之家”建设，补助资金28万元。

慰问帮扶 2019年，省交通工会继续做好慰问帮扶和精准扶贫工作。一是开展“四季送”。元旦、春节“送温暖”全省交通系统筹集资金293万元，慰问152家企业、6 297名职工；酷暑期间，本级工会安排资金22万

2019年，省交通运输工会持续开展“走基层送温暖”慰问。图为7月在达州公路局养护一线送清凉　　省交通运输工会 供图

元开展“送清凉”工作；金秋助学资助符合条件的困难职工（农民）子女120名、计13.32万元。二是做好困难帮扶。分别慰问患癌女职工4名、困难职工子女8名，全国、省部级困难劳模4名。三是开展精准扶贫。赴金口河新村村和沐川县里坪村开展脱贫帮扶，走访慰问4户贫困户，开展金秋助学、四季送慰问活动4人次，开展农民工维权知识讲座2次；为沐川县里坪村实施“亮彩工程”，补助资金1万元，安装路灯20余盏；补助金口河区新村村“四好”农村公路建设资金1.5万元。组织党员募集爱心捐款1 200元。

文体活动 2019年，省交通工会开展庆祝中华人民共和国成立70周年活动。一是会同厅机关党委组织厅直单

2019年12月7日，省交通运输厅举办第十五届“交通运输杯”职工乒乓球比赛　　省交通工会 供图

位开展“壮丽70年 奋进交通人”歌咏比赛，评选出一等奖1个、二等奖4个、三等奖6个；二是会同厅公路局组织开展全省公路行业职工文艺汇演，全省公路行业22个单位参加演出，评选出特等奖2个、一等奖4个、二等奖6个、三等奖10个、优秀奖11个；三是会同交通协会、道路运输协会、奔腾文学艺术协会开展“四川省交通运输七十年”摄影书画作品征集巡展活动，进一步展示四川交通七十年丰硕成果。

组织参加征文比赛、书画比赛。一是组织参加省总工会“中国梦·劳动美——与共和国同成长、与新时代齐奋进”全省职工征文比赛，引导交通职工书写身边交通人的先进事迹，参赛作品《崇尚劳动美 助力中国梦》荣获二等奖；二是组织参加“交通记忆·强国梦想——庆祝新中国成立70周年全国交通运输职工书画摄影展”活动，参赛作品《山水高山陡峭》《山高路远》《传承弘扬》均获铜奖。不断丰富职工文化体育生活。一是组织参加全省第六届职工羽毛球比赛，取得A组男子单打第一名、B组女子双打第二名，省交通工会获四川省第六届职工羽毛球比赛体育道德风尚奖；二是组织开展第十五届“交通运输杯”职工乒乓球比赛；三是坚持为职工办好太极、瑜伽、声乐3个兴趣班，全年开办太极班104次、瑜伽班104次、声乐班52次，服务职工分别达2 000余人次、1 900余人次、1 000余人次。

（本栏目供稿单位：省交通工会）

交通科技教育文化

JIAOTONG KEJI JIAOYU WENHUA

2020

四川交通年鉴

综　述　2018年，省交通运输厅高度重视交通科技教育文化事业持续发展，各项工作不断取得新成效。①交通科技发展成果丰硕。雀儿山隧道获国际隧道协会2018年度工程大奖。合江长江一桥获鲁班奖。“超500米跨径钢管混凝土拱桥关键技术”等2项成果获国家科技进步二等奖。《钢管混凝土桥梁的抗震性能与防灾技术研究》等10项成果获省部级科技进步奖。四川省承担的《恶劣地质条件长大山区隧道施工安全风险防控与示范》等部级项目完成验收，《软围岩隧道机械掘进设计理论研究及装备研发》等5项科技项目获批纳入交通运输部重点科技项目清单；《重大工程受损生态系统修复技术构建与示范》获批立项为省重大科技计划项目。支持和促进企业科技创新的主体地位，2018年度支持企业自筹经费立项近30项，投入科研经费总额超过6 000万元。交通基础设施智能化管理能力大幅提升。全省59条高速公路1.1万路高清视频实现联网监控。高速公路ETC系统和服务网络不断完善，用户数突破390万。多方联动取消川渝高速公路10处省界收费站实现自由流通行。客运站联网售票网站和App功能优化升级，224个三级以上车站实现联网售票，全年网上售票数达2 000万张。覆盖全省的交通运行监测与应急指挥系统加快推进，省级建设任务完成主体工程建设。建成公路水运工程质量安全监督管理系统。②交通教育事业蓬勃发展。四川交职学院持续深化教育教学改革，优质高职院校建设顺利推进，现代学徒制试点通过教育部验收，创新发展行动计划28个项目，已有10个项目通过验收和认定。教学工作诊断与改进第一阶段工作顺利收官，在全省、交通行指委诊改交流会议上发言。出台《四川交通职业技术学院高层次人才引进与培养管理办法》，引进博士3名，培养教授2名，评选出9名专业带头人、13名骨干教师。建成省级大师（名师）工作室2个，非遗大师工作室4个，院级大师工作室1个。服务“技能川军”培养搭起新平台，学院被正式认定为国家级高技能人才培训基地。紧密围绕国家战略需求，服务“一带一路”南向通道建设，招收来自老挝、柬埔寨、泰国、马来西亚等6个国家的留学生237人，留学生总数达255人。对口帮扶白玉县、通江县、金口河区、沐川县等4县4村44户贫困户，贫困人口退出率达97%。③交通文化建设成效凸显。积极争取央媒、主动对接省媒、盘活用好内宣，抓住重要节点，多角度、全方位报道四川交通运输，为促进四川交通运输高质量发展提供强劲精神动力，营造良好舆论氛围。全年组织中央和省级主流媒体采写文字、图片、视频、新媒体等各类稿件3 000余条。其中《新闻联播》报道16次、《人民日报》报道12次，较好实现“天天有声音、周周有报道、月月见大报”的预定目标。成立由省交通运输厅党组书记、厅长汪洋任组长的传承弘扬“两路”精神工作领导小组，明确工作措施，细化落实责任，从政策支持、人员调配、工作保障等方面，对传承弘扬“两路”精神进行系统部署，年内加快推进。全国第二轮修志试点志书、省志分志等加快推进，部编两大类项目进展顺利。《四川交通年鉴》2017卷获“四川省第十八次地方志优秀成果”年鉴类一等奖第一名，2018卷获“第六届全国年鉴编纂出版质量”综合奖特等奖和框架设计、条目编写、装帧设计、检索编校与出版实效4个单项特等奖。

（陈超超）

交通科技

JIAOTONG KEJI

概　况　2019年，四川省交通运输行业科技成果获得2019年度国家科技进步一等奖1项，四川省科技进步二等奖1项、三等奖3项，中国公路学会二等奖2项。“复杂艰险山区高速公路大规模隧道群建设及营运安全关键技术”成果获2019年度国家科技进步一等奖；“震灾环境下公路支挡防护关键技术及工程应用”成果获2019年度四川省科技进步二等奖；“基于承载能力量化分析的公路隧道结构设计理论及应用”“雅西高速公路桥隧路面铺装技术开发与应用”“山区波形钢腹板组合梁桥主梁悬浇技术开发和抗震机理研究”成果获2019年度四川省科技进步三等奖；“六盘山特长公路隧道自然风利用节能技术研究”“西部高烈度山区公路防护工程抗震设计理论及创新技术研发”成果获2019年度中国公路学会科技奖励二等奖。合江一桥获国际桥梁大会乔治·理查德森奖，泸定大渡河大桥获国际桥梁大会古斯塔夫·林德撒尔奖。

新立项予以经费补助的18项厅级科技项目，全部签署计划任务书并启动实施。交通运输部科技示范项目“城市轨道交通运营组织与风险管控科技示范工程”全面完成并通过预评审，提交正式验收申请；“高寒高海拔地区公路工程质量监测与控制科技示范工程”受依托工程建设进度影响，向交通运输部提交延期申请；“500米级钢管混凝土拱桥建造支撑技术研究”“软弱围岩隧道机械掘进设计理论研究及装备研发”“基于新能源汽车用碳纤维全缠绕氢燃料储运设备的研发与应用”“高性能乳化沥青冷再生关键技术研究”“基于解交联的高性能橡胶沥青路面研究”等5项部级科技项目按期提交进度报告；“复杂服役环境下山区公路桥梁集群化安全监测及预警技术研究”科技项目获批纳入2019年度交通运输部重点科技项目清单；“大直径圆形桩及组合结构工作机理及工程示范”“炭质千枚岩隧道瓦斯灾害防治基础研究”“地质变形体上的桥梁结构运营安全监测研究”3项科技项目获批立项为省级科技项目。

行业科研能力建设 2019年，四川交通运输领域新建3个重点科技平台，分别是依托四川交职学院建设四川省长大公路隧道（群）运营安全工程实验室、四川省现代道路行车安全保障工程技术研究中心和依托厅公路设计院公司建设四川省钢管混凝土桥梁工程技术研究中心。9月，四川省长大公路隧道（群）运营安全工程实验室于由省发展改革委批准成立，通过建设长大公路隧道（群）机电系统全时空监控技术研究与应用平台、长大公路隧道（群）灾害事故预防及控制技术研究与应用平台等，主要开展在役公路隧道特殊地段结构健康智能监控技术研究与应用发展、长大公路隧道（群）机电系统全时空监控技术研究与应用发展、长大公路隧道（群）灾害事故预防及控制技术发展等研究，全面建成后，能够依托省交通运输路网信息平台，实现对隧道结构特殊和重点地段的实时监测，分析交通流的组成，对区域经济，产业结构发展对山岭重丘区路网交通构成影响进行实时监管，对突发事故灾害的控制及快速应急救援，实现高效智能动态处治，从而减少事故灾害的发生和影响程度，延长隧道结构和设备设施的使用寿命。

8月，四川省现代道路行车安全保障工程技术研究中心由省科技厅批准成立，以道路交通系统中的“人—车—道路（环境）”为对象，主要研究西部山区公路交通安全保障技术、汽车使用安全保障技术、交通参与者安全保障技术、道路交通安全管控关键技术等内容，结合交通安全理论研究和技术应用，结合行业高级应用型技术人才培养方针，旨在提升四川道路交通安全水平，为四川公路交通行业培养高水平技术人才，服务于西部综合交通健康发展。四川省钢管混凝土桥梁工程技术研究中心是省科技厅批准的省级工程技术研究中心，是目前国内唯一的关于钢管混凝土桥梁的工程技术研究中心，专注于开展钢管混凝土桥梁的主体结构、组合桥面板和高性能混凝土材料领域基础理论、结构设计、施工工艺及咨询、新产品开发等工程应用研究。中心依托厅公路设计院公司，联合国内著名高校、桥梁施工企业、新材料制造企业，经过长期合作，取得钢管混凝土桥梁设计、科研、施工、材料等丰富技术成果。该中心人才配置高、试验设备先进、技术特色鲜明，目前承担国家、省部级科研项目近30项，主编多项行业、地方和团体规范和标准，申请多项国家发明专利，获得多个工法，并在多个依托工程项目建设中推广应用相关成果。

“复杂艰险山区高速公路大规模隧道群建设及营运安全关键技术”获国家科技进步一等奖 2019年，“复杂艰险山区高速公路大规模隧道群建设及营运安全关键技术”获国家科技进步一等奖。项目针对复杂艰险山区高速公路隧道密集，形成建设和营运期相互影响的大规模隧道群的实际，在建设方面，破解受地形地质环境以及路线线形要求的双重制约，隧道群

“复杂艰险山区高速公路大规模隧道群建设及营运安全关键技术”指导四川省高速公路建设
厅科信处 供图

中左右洞之间因常无法满足最小安全净距以及集中穿越破碎岩体导致的隧道失稳问题。在营运方面，破解因隧道群前后间距极小，隧道间污染物串流、洞口明暗交替剧烈，营运通风照明环境问题。通过系统的理论研究与技术研发，取得三项创新成果：一是提出复杂地形地质环境隧道群失稳灾变防控技术；二是提出高速公路大规模隧道群通风照明环境保障技术；三是提出高速公路大规模隧道群防灾救援联动控制技术。项目核心成果达国际领先水平，获授权国家专利、软件著作权等知识产权70余件，发表论文约200篇，出版论著10部，主编或参编国家行业和地方规范20余部。项目研究成果极大地提升了全国复杂艰险山区高速公路建设和营运水平，相关技术在四川、重庆、浙江、广东等省、市获得应用，代表性成果实现产业化，产生重大经济效益和社会效益。

“震灾环境下公路支挡防护关键技术及工程应用”获四川省科技进步二等奖 2019年，“震灾环境下公路支挡防护关键技术及工程应用”获四川省科技进步二等奖。项目通过现场调查、理论分析、试验研究等手段进行技术攻关，创新发展地震边坡支挡工程抗震设计理论与方法，研发高烈度地震区边坡耗能减震防护新技术，提出基于弹塑性接触理论的高位崩塌滚石和泥石流冲击防护技术，建立灾后艰险山区公路快速支挡防护技术体系，为应对全国西部山区地震活动强烈，创新了公路工程支挡结构有效抗减震、次生地质灾害减灾防护的重大关键技术。项目研究获国家专利19项、软件著作权3项，发表科技论文93篇，出版专著6部。研究成果总体达国际领先水平，并成功应用于西部强震山区万余

“震灾环境下公路支挡防护关键技术及工程应用”应用于映秀至卧龙公路
厅科信处 供图

公里交通干线建设，节约工程造价数亿元，社会经济效益显著，推广应用前景广阔。

“六盘山特长公路隧道自然风利用节能技术研究”获中国公路学会科学技术二等奖 2019年，“六盘山特长公路隧道自然风利用节能技术研究”获中国公路学会科学技术二等奖。宁夏六盘山特长公路隧道位于青岛至兰州高速公路宁夏段，隧道单洞长9.5公里，是宁夏境最长公路隧道。该隧道具有通风系统复杂、斜井口及进出口高差大、昼夜温差大等特点，建设难度大，创新难度高。项目通过现场测试、理论分析、室内试验等研发手段，获得创新性研究成果：一是明确风墙式压差随隧道洞外自然风速、风向、洞口地形的变化规律，提出风墙式压差风压系数计算方法；二是建立自然

“特长公路隧道自然风利用节能技术研究”应用于六盘山隧道建设
厅科信处 供图

风—交通流双因素前馈式智能控制节能模型及风机控制技术；三是提出自然风节能风道布置原则和设计方法。项目研究成果取得软件著作权1项、发明专利和实用新型专利各1项、发表论文9篇。项目成果直接应用于六盘山隧道建设，隧道利用自然风节能一年可节省电费2 250.45万元。成果在全国推广应用前景广阔。

“基于承载能力量化分析的公路隧道结构设计理论及应用”获四川省科技进步三等奖 2019年，“基于承载能力量化分析的公路隧道结构设计理论及应用”获四川省科技进步三等奖。目前，隧道结构设计主要以工程类比法为主，此方法受地质条件复杂性、工程间差异性等因素影响，设计会出现隧道结构强度不足或过于保守的情况。课题组通过理论分析、试验研究、软件研发、工程验证，取得创新成果：一是提出基于承载能力量化分析的公路隧道结构设计理论；二是研发隧道全自动结构计算软件。计算周期从2～15天缩短为2～3分钟。项目研究成果获发明专利2项、实用新型专利13项、软件著作权2项，出版专著1部，发表论文36篇。研究成果在4个省100余个项目600余座隧道的设计与施工过程中成功应用，经济社会效益显著。“隧道全自动结构计算软件”在省内外多家单位进行推广应用。

“山区波形钢腹板组合梁桥主梁悬浇技术开发和抗震机理研究”获四川省科技进步三等奖 2019

“山区波形钢腹板组合梁桥主梁悬浇技术开发和抗震机理研究”指导头道河大桥建设
厅科信处 供图

年，“山区波形钢腹板组合梁桥主梁悬浇技术开发和抗震机理研究”获四川省科技进步三等奖。四川山区地形复杂、施工场地狭窄、地震烈度高，采用波形钢腹板组合梁桥有主梁施工挂篮重量、安装、移动和抗震荷载效应的极限破坏行为等难题，需针对山区波形钢腹板组合梁桥主梁特点，开发更适合的主梁施工工艺、揭示主梁抗震机理、评价其抗震能力等技术。项目组通过近10年的研究取得创新成果：一是基于主梁先期安装的波形钢腹板的强度和刚度，首次开发主梁顶底板异步施工挂篮、分离式牵引行走系统、异步浇筑主梁混凝土的工艺技术；二是揭示波形钢腹板组合梁桥基本抗震机理，提出波形钢腹板组合梁桥抗震评价方法和承载能力计算方法。项目研究成果取得专利8项、省级工法证书2项，发表学术论文11篇，编写《波形钢腹板预应力混凝土梁桥技术指南》。项目支撑了依托工程叙古高速公路头道河大桥、九绵高速公路蜈蚣口特大桥、平武涪江特大桥等桥梁工程建设，节省投资约1 270万元，社会经济效益显著。

“雅西高速公路桥隧路面铺装技术开发与应用”获四川省科技进步三等奖 2019年，“雅西高速公路桥隧路面铺装技术开发与应用”获四川省科技进步三等奖。为解决交通量大、重载车辆多、低温多雨、昼夜温差大等复杂服役环境条件下，高速公路桥梁与隧道的路面铺装，易出现推移、拥包、车辙、易燃等病害，行车安全难以保障等难题，项目组从材料、结构和体系三维度开展系统研究。通过模型试验、理论分析、工程实践等研究方法，取得创新性成果：一是基于结构阻燃与材料阻燃协同设计，发明高连通骨架空隙结构的沥青混合料；二是揭示高温降粘剂对沥青工作性能的影响规律，发明温拌高粘度改性沥青；三是开发轻质高强高韧性混凝土和集防水、阻裂、高粘结功能的高粘高弹沥青以及高性能沥青混凝土的制备技术；四是基于工程应用实践，提出多功能隧道沥青路面铺装和高性能钢桥面铺装的制备、施工与质量控制成套技术。项目研究成果为复杂服役环境下高速公路桥隧路面铺装的设计、施工、质量控制提供技术支持，保障高速公路桥隧路面铺装的安全性和耐久性，工程应用价值巨大，应用前景广阔，社会、经济和环境效益显著。

“桥隧路面铺装技术开发与应用”指导雅西高速公路瀑布沟特大桥路面施工
厅科信处 供图

5项交通科技项目纳入部重点科技项目清单 2019年1月29日，交通运输部公布《2018年度交通运输行业重点科技项目清单》，四川省《软围岩隧道机械掘进设计理论研究及装备研发》等5项科技项目获批纳入部重点科技项目清单，上升为部级项目。近年来，省交通运输厅持续发挥科技引领作用，不断创新行业科技发展思路。一是明确企业创新主体地位建设，加强政企合作，促进企业成为技术创新、研发投入、科研组织和成果转化的主体，根据生产建设需求加大投入力度；二是创新企业合作方式，借助“公路建养技术”“建筑信息模型（BIM）”两个行业研发中心，打造四川省交通运输行业高新技术的“孵化器”，深化“产学研”协同创新平台建设，形成“产学研”紧密结合的科技创新和成果推广应用体系；三是加强行业对接，做好企业创新后续服务工作，在科技立项、成果转化、奖项申报等方面，实行全过程服务，进一步激发企业创新内生动力。

（本栏目供稿单位：厅科信处）

交通教育
JIAOTONG JIAOYU

概　况　2019年，四川交职学院继续深化教育教学改革，大力发展职业教育。成功申报中国特色高水平专业（群）建设项目。学院按照教育部“双高”建设实施意见和项目遴选办法，组织成立专门工作小组，高质量完成建设方案和项目申报书编制工作。成功获批“双高计划”A档专业群建设单位，确保学院发展仍处于四川省高职院校和交通行业高职院校第一方阵。创新发展行动计划工作全面完成。通过三年努力，智能交通技术应用等6个专业、汽车技术综合实训基地等4个基地被认定为国家级项目，认定数居全省第2位。创新发展行动计划综合成果经评估后被认定为全国优质高职院校。内部质量保证体系诊断与改进工作接受省教育厅复核。作为四川首批诊改试点单位，按照“问题导向、递进提升、标准动态、要素可变、融入常态”的工作原则和“总体设计、理论研究、探索实践、全面推广”的工作路径，学院从学校、专业、课程、教师、学生五个层面开展诊改工作，经过三年逐步深入的诊断与改进，学院质量保证体系逐渐完善并有效运转，诊断与改进工作获复核专家组肯定。稳步推进“1+X”证书试点工作。年内出台《1+X证书制度试点工作管理办法》，规范有序推进证书试点工作，选取建筑信息模型（BIM）、汽车运用与维修、智能财税等8种证书纳入学院“1+X”证书制度试点。四川交职学院获全国高职院校“育人成效50强”“教学资源50强”“服务贡献50强”三项荣誉。

综合办学基本情况　2019年，四川交职学院普通高等教育在校生总数14 879人，普通高等教育招生数5 374人，普通高等教育毕业生数4 021人，专科专业数36个，教职工总数1 179人，专任教师776人，正高级职称数35人，副高级职称数179人，享受国务院津贴专家数1人，双师型教师数659人。2019年年末，四川交职学院固定资产总值63 268.2万元，校园占地面积66.1公顷，校舍面积435.78千平方米，教学仪器设备总值2 3661.58万元，图书馆面积8 402平方米，纸质图书数量104.83万册，电子图书容量76 000GB，教学用计算机2 740台，各类实验室总数164 893.27平方米。

队伍建设　2019年，四川交职学院继续以高层次人才队伍建设为引领，做好内培外引，师资建设收获实质成效。高层次人才引培工作持续发力。正式引进与柔性引进方式相结合，引进高层次人才9名。开展职称评审，

2019年3月7日，杨征勋工作室在四川交职学院揭牌　　四川交职院 供图

新增正高级5人、副高级13人。教师团队建设成果斐然。杨征勋大师工作室和李开佐大师工作室分别成功申报省级“名师工作室”和“技能大师工作室”。成功立项建设1个国家级职业教育教师教学创新团队。师资培养取得实效。成功申报3个国家级“双师型”教师培训项目。引入四川师范大学等第三方专业培训机构，分层分级为400人次教师开展专题培训。开展第二批骨干教师评选，评选出骨干教师13名。3名教师分别获“交通运输职业教育教学名师奖”“全国交通技术能手”“四川工匠”等称号。开展辅导员职级评定。评定出一级辅

导员3名、二级辅导员16名、三级辅导员39名。辅导员获全国交通运输职业院校第三届辅导员素质能力大赛一等奖1项。

人才培养 2019年，四川交职学院通过教学专项立项建设86门精品在线开放课程，系级课程资源建设率从不到50%提升至83%。汽车车身维修技术、道路养护与管理2个专业获批立项建设国家职业教育专业教学资源库。《工程法规实务》被认定为省级精品在线开放课程，《JAVA编程技术》等4门课程被认定为省级“课程思政”示范课。教学改革持续开展。获批四川省2018—2020年高等教育人才培养质量和教学改革立项15项。教师获四川省教师教学能力大赛一等奖1项、二等奖1项，获全国交通运输类教师信息化教学大赛一等奖2项、二等奖1项、三等奖4项。学生核心竞争力有效提升。校内全覆盖的学生技能竞赛体系持续运行，技能训练项目库投入使用，“教师主导+熟手指导”训练模式成熟成型。承办第46届世界技能大赛四川省选拔赛启动仪式和汽车技术等4个赛项，10名学生分别进入5个赛项的省集训队。学生参加技能大赛获省级及以上奖励105项。实施思想政治工作“七彩”工程，推进课程思政建设。网络育人工作入围2019年全国高职院、学院校创新示范案例50强。学生参加第五届“互联网+”创新创业大赛获得国家级铜奖1项、省级银奖1项、铜奖2项，参加第三届“互联网+ 交通”全国职业院校学生创新创业大赛获银奖1项、铜奖1项，大学生创新创业训练项目计划获省级立项150项，创新创业项目孵化总产值超400万元，获得政府创业补贴55万余元。

科研与社会服务 2019年，四川交职学院继续做好科研与社会服务工作。培训与学历教育并举的法定职责落地落实。在成人继续教育部增挂“职业技能培训部”。学院与川高公司共建“川高智慧高速产业学院”，407名收费员进入学院进行为期两年的脱产培训。山特维克矿山工程机械培训中心、宝马成都培训中心、上汽大众成都培训中心建成并投入使用。技术技能创新服务能力逐渐增强。积极向省科技厅、发展改革委申报并获批建设“四川省道路行车安全保障工程技术研究中心”和“四川省长大公路隧道（群）运营安全工程实验室”。科研项目地厅级及以上立项34项。科技开发与技术服务项目收入588万元。授权专利66项，省级工法2项，地方标准3项。以牟廷敏大师工作室为代表的教师团队获得四川省科学技术进步奖等省级奖项2项、厅级奖项3项。成功举办2019中国西部职业教育发展论坛暨四川高等职业教育研究中心成立十周年学术会议。

科研工作 2019年，四川交职学院向省科技厅、发展改革委申报并获批建设“四川省道路行车安全保障工程技术研究中心”和“四川省长大公路隧道（群）运营安全工程实验室”。科研项目厅级及以上立项34项。科技开发与技术服务项目收入588万元。授权专利66项，省级工法（工法是以工程为对象，工艺为核心，运用系统工程的原理，把先进技术和科学管理结合起来，经过工程实践形成的综合配套的施工方法）2项，地方标准3项。以牟廷敏大师工作室为代表的教师团队获得四川省科学技术进步奖等省级奖项2项、厅级奖项3项。成功举办2019中国西部职业教育发展论坛暨四川高等职业教育研究中心成立十周年学术会议。

精准扶贫 2019年，四川交职学院认真分析扶贫对象需求，有针对性地开展定点扶贫工作。瞄准白玉县、通江县、金口河区、沐川县等贫困地区教育与交通专业技术需求和4个对口帮扶贫困村的实际困难，充分利用交通职教平台优势资源，以职业培训、技术支持、对口援助为主要抓手，建立“三位一体”帮扶工作体系，打造12+20帮扶团队，依托4名驻村干部，统筹安排全院师生145人次赴各定点扶贫地区开展各项帮扶工作，全年投入资金399.97万元，为4个县和4个村做好45个扶贫项目。4月，四川交职学院院长蒋永林代表学院在全省交通脱贫攻坚现场推进会上作经验交流发言；5月，在四川省教育厅组织的全省高校定点帮扶工作推进会上，四川交职院获“2018年度高校定点扶贫先进单位”奖牌；7月，四川交职学院获中共四川省委、省政府颁发的“2018年先进定点扶贫省直单位”称号。

学院监理公司对白玉县麦波山农村道路进行路基检测
四川交职院 供图

（本栏目供稿单位：四川交职学院）

文明行业创建

WENMING HANGYE CHUANGJIAN

概　况　2019年，四川交通运输行业精神文明建设坚持以习近平新时代中国特色社会主义思想为指导，大力开展思想政治教育、核心价值践行、行业文明创建等活动。一是常抓思想政治教育不懈怠。将思想政治教育放在精神文明建设的首位，强调与时俱进，坚持常抓不懈。深入学习习近平新时代中国特色社会主义思想和党的十九大精神，深入学习习近平总书记对交通运输工作系列重要指示，深入学习习近平新时代中国特色社会主义思想四川篇，做到天天学、日日见，作为四川交通运输工作的根本遵循。坚持用党的创新理论武装头脑、指导行业，切实增强“四个意识”，引导干部职工自觉维护习近平总书记党中央的核心、全党的核心地位，维护党中央权威和集中统一领导。结合“不忘初心，牢记使命”主题教育，广泛开展“新时代、新作为”群众性宣讲活动，推动各个阶段思想政治教育的重大主题进机关、进企业、进基层，使思想政治教育工作真正落地落实，见到实效。二是大力传承弘扬“两路”精神。弘扬“一不怕苦、二不怕死，顽强拼搏、甘当路石，军民一家、民族团结”的“两路”精神。厅党组专门成立传承弘扬“两路”精神工作领导小组，对传承弘扬“两路”精神进行系统部署，制定工作方案，按图施工，严格打表，确保各项工作时间不断档、任务不拖延。积极协调中央媒体重点关注，在走出去到人民日报社四川分社、新华社四川分社、中央电视台驻四川记者站对接工作的同时，把媒体请进来到厅开展工作会谈，主动为其提供新闻资源，为宣传“两路”精神提供充足素材。2019年10月14日，厅与新华社四川分社领导就四川藏区交通运输事业总体发展情况，以及川藏线等公路规划建设情况进行座谈。座谈结束后，新华社四川分社正式开启“藏去新视界”重走川藏线专题报道，截至年底刊发相关稿件38条，累计浏览量破500万人次。三是深入践行社会主义核心价值观。把“社会主义核心价值观主题实践教育月”活动作为四川交通运输行业“爱岗敬业 明礼诚信”社会主义核心价值观主题实践的重要载体，周密部署，广泛动员，形成声势。鼓励四川交通运输行业广大干部职工积极参与，主动出谋划策，充分体现新时代推进交通强国建设和推动治蜀兴川再上新台阶的新气象新作为。用好行业传统媒体和新兴媒体，在客运场站、港口码头、高速公路服务区等重点区域的公益宣传平台，展播公益广告，引导广大群众积极参与“讲文明树新风”“文明交通绿色出行”“安全出行你我他”等活动，使社会主义核心价值观在行业中看得见、摸得着，让群众愿参与、得实惠。四是持续加强先进典型培树和行业文明创建。深化行业文明创建，大力营造实干兴邦氛围和崇德向善风气。截至2019年底，省交通运输厅共成功申报全国文明单位4家，分别是厅航务局、四川交职学院，厅公路设计院、厅交通设计院。成功申报全国交通运输行业文明单位9家，分别是成都市交委、乐山市交委、泸州市交通运输局、资阳市交通运输局、甘孜州交通运输局，厅公路局、厅运管局、厅高速公路执法第三支队、交通宣传中心。成功申报省级文明单位6家，分别是省交通运输厅、厅公路局、厅运管局、厅高管局、厅史志总编室和兴蜀公司。

2019年6月10日，厅航务局志愿者走进成都外国语学校开展水上交通安全知识进校园活动　厅文明办 供图

交通运输新闻宣传 2019年，省交通运输厅与中央和省级主流媒体合作，采写文字、图片、视频、新媒体等各类稿件1 000余条，《新闻联播》报道6次，《人民日报》报道18次，实现“天天有声音、周周有报道、月月见大报”的预定目标。①发出一个强音。为深入贯彻《交通强国建设纲要》，厅研究制定交通运输系统宣传《交通强国建设纲要》工作方案，协调各级各类媒体，运用好交通行业窗口，采用多种方式，开展《交通强国建设纲要》宣传报道，深入宣传阐释交通强国建设对服务经济社会发展、增进人民群众福祉的重要作用，营造建设交通强国的良好社会氛围，为建设现代综合交通运输体系，推动四川交通高质量发展，治蜀兴川再上新台阶贡献交通力量提供良好舆论氛围，让全社会广泛了解、主动参与交通强国建设。②打通两个渠道。打通与中央媒体合作渠道。积极协调中央媒体重点关注，对接中央电视台四川记者站、新华社四川分社、人民日报社四川分社“三驾马车”，走出去到上述单位提供定制服务，送上新闻线索。2019年，中央电视台四川记者站直播四川交通重大项目推进工作8次，新华社四川分社联合西藏分社重走川藏线，制作播发大量新闻作品，赢得社会各界的广泛好评。打通与省内重点企业合作渠道。将行业宣传和企业宣传有机结合，主动加强对四川交投集团、四川路桥集团、川高公司、藏区公司等重点行业企业宣传工作指导，通过共同策划、联合实施、共创声势，充分调动省属交通运输行业企业开展宣传工作的积极性，实现优势互补、互利共赢，为交通宣传工作注入源源不断的活力。③形成三项机制。一是上下联通机制。加大向部省宣传主管部门汇报力度，积极争取部省对行业宣传工作支持，将四川交通宣传工作融入部省宣传工作大局中。持续加强与市（州）交通运输主管部门的沟通协调和工作联动，确保厅各类宣传工作部署落地落实，取得实效。二是左右互动机制。厅办公室主动加强统筹，协调全厅全行业力量开展宣传，进一步完善“厅办公室+厅机关处室+厅直各单位”为基础的宣传工作网络，定期与厅机关单位、处室宣传工作人员了解掌握厅党组重点工作部署落实情况，并对有价值的材料整理、加工、提炼，形成宣传素材，确保好中选特，优中选优。三是内外循环机制。积极发挥桥梁纽带作用，促进《中国交通报》等行业内宣平台与中央电视台等主流媒体外宣平台沟通交流，实现新闻宣传资源的流通共享，持续扩大行业对外宣传深度广度，向行业内外积极展示四川交通运输的良好形象。2019年8月，厅邀请新华社四川分社、中央人民广播电台四川站、中国交通报、四川日报、四川广播电视台等10家主流媒体到厅座谈，共同讨论四川交通运输70年发展成就新媒体专题宣传报道方案。会后合作推出图文直播、视频海报等相关报道50余条，广泛传播交通声音，营造强大声势。④铸就四支队伍。一是传统媒体宣传队伍。依托交通宣传中心作为《中国交通报》在四川设立记者站的资源优势，加强与社会媒体交流合作、组织开展业务培训，打造出一批集新闻采编、摄影摄像、专题策划等能力于一身的全能复合型记者人才。在中国交通报刊协会“交运·温馨巴士杯”第七届交通运输优秀新闻作品评选中，交通宣传中心作品《万人大转运：一场生命的接驳之旅》《平昌县：路好带来业兴旺》分别获得通讯类一等奖、二等奖。组织策划制作的交通精准扶贫微视频《阿福的福》在交通运输部政研室主办、中国交通报社承办的“礼赞新中国·奋进新时代”全国交通运输微视频大赛中获一等奖；在中国交通报刊协会主办的第七届交通运输优秀新闻作品评选活动中，获微视频类一等奖。二是政务新媒体宣传队伍。选拔一批行业资深策划、采编、设计等人员组成厅政务新媒体运营团队，实现新媒体平台专人专管，能从选题策划、内容制作、创意宣传、技术保障等多个方面入手，确保政务新媒体运营高效、专业、安全；同时对运营人员进行业务培训，全面提升团队业务水平。截至11月底，累计发布微博3 239条、微信860条，回复微博、微信网友留言191条，处理回复网民来信513件；厅网站全年未发生网络安全责任事故。厅政务新媒体“@四川交通/四川省交通运输厅”被评为“微政四川2019年度十佳省直部门政务新媒体”。三是舆论引导队伍。完善网评员选拔培养、使用管理、评价激励制度，建立健全指挥高效、管理科学、协同有序、保障有力的网评工作体系和机制，不断提高网评员队伍舆情研判、议题设置、评论引导、舆论斗争等核心能力和技术水平。全厅有网评员队伍49名成员，能适时对社会关注的行业热点、难点问题进行评论、跟帖，营造客观、理性的舆论氛围。四是行业“宣传员”队伍。积极发动行业干部职工利用微信朋友圈、微博等宣传平台，不断传播四川交通声音，对外辐射交通正能量，展现四川交通新成就，树立交通新形象。每年举办四川交通运输行业意识形态暨新闻宣传、网络舆情管理专题培训班，通过专题授课、案例教学、互动交流等形式，增强行业干部职工在开展新闻舆论工作方面的实践能力，努力提升行业宣传思想工作总体水平。

厅参加交通运输部“脱贫攻坚”专题新闻发布会 2019年12月17日上午，交通运输部举行“脱贫攻坚”专题新闻发布会。部新闻发言人、政策研究室副主任孙文剑和湖南、四川、甘肃三省交通运输厅有关负责人就脱贫攻坚工作进展情况等内容进行介绍并答记者问。四川省交通运输厅党组成员、副厅长朱学雷代表四川介绍，党的十八大以来，四川累计完成交通扶贫投资6 000亿元，新（改）建贫困地区各类公路11万公里，推动贫困地区交通建设实现历史性跨越。一是高速公路畅达三州。新建成雅康高速等3 000公里高速公路，彻底结束三州州府不通高速公路的历史。全省高速公路建成里程即将突破7 500公里，三州外的所有贫困县已实现建成和在建高速公路全覆盖。二是干线公路织密成网。新（改）建普通干线8 000公里，基本实现市（州）到县通二级（三州三级）及以上公路，每个贫困县有两个及以上二级公路出口通道。三是农村公路通村畅乡。六年多来新（改）建贫困地区农村公路10万公里，新增346个乡（镇）和16 456个建制村通硬化路，年底可提前一年实现所有具备条件的乡镇和建制村通硬化路；四是客车进村快递到家。新增297个乡（镇）和9 267个建制村通客车，全省乡镇、建制村客车通达率分别达到97%和95.4%，预计到2020年9月实现所有具备条件的乡镇和建制村将通客车。全省县、乡、村三级快递网点覆盖率分别达100%、93%和84%，农村物流服务网络基本形成。

（本栏目撰稿人：田耀楠）

智慧交通

ZHIHUI JIAOTONG

概　况　2019年，四川交通运输信息化与网络安全工作围绕重大发展战略，着力推进智慧交通建设，深化业务应用，统筹整合和共享应用，改善信息化发展环境，全面推动交通运输信息化高质量发展，为助推行业治理和服务能力有效提升、有效满足群众出行需求发挥支撑和引领作用。一是做好政务信息系统整合共享应用工作，加快推进政务信息资源整合，省交通运输厅直属单位清理整合完成系统67个；全面完成省政府第二批数据共享责任清单中41项数据资源的目录编制，完成和四川省政务信息资源共享网站编目和数据挂接，累计编目和挂接70项数据资源；推进数据共享应用，配合省大数据中心开展农民工App、打造主题式套餐式服务应用、高频事项纳入“天府通办”移动端办理、高频应用电子证照采集、省一体化政务服务平台电子印章采集等工作；配合完成省政府“互联网+监管”项目建设。二是加强网络安全工作，印发实施《厅网络和信息系统安全责任清单》，加强和规范厅及有关直属单位网络和信息系统安全管理，清晰界定各单位（处室）网络安全责任；印发实施《厅网络安全信息通报工作实施办法》，加强和规范四川省交通运输行业网络安全信息通报工作；在省公安厅组织的“四川护网2019”网络攻防演习中获防守优秀单位称号。三是强化信息化建设从业单位管理，印发实施《四川省交通运输信息化建设从业单位信用评价管理办法（试行）》；组织完成60家信息化从业单位的信用资料审核备案和信用评价工作，引导全省交通运输信息化建设市场健康有序发展。厅政府网站完成厅直单位网站整合，在全省政府网站绩效评估中居省直部门前列；厅政务新媒体被评为“十佳省直部门政务新媒体”，获“城市力量”天府论坛年度影响力项目、微政道“突发应对”优秀案例等荣誉。

（厅科信处）

基础设施智能化　2019年，全省高速公路75个路段2.3万余路视频接入省交通运输厅统一视频平台，基本实现路网收费站、路段、服务区、隧道等关键点位可视、可测、可控和部分路段实现人工智能监测及报警；依托成都绕城、成都二绕西段、雅康等高速公路，围绕智慧监控、智慧养护、智慧信息服务开展智慧高速公路示范建设，异常事件监测能力、调度指挥能力及信息发布能

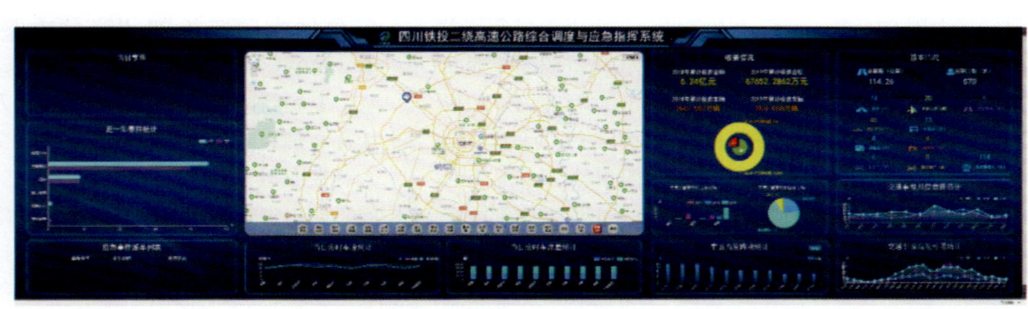

2019年，成都二绕高速公路综合调度与应急指挥系统　　厅科信处 供图

力明显提升。全面完成取消高速公路省界收费站1 524套门架系统建设、2 871条ETC车道改造、网络通信链路、收费系统联调任务，升级软件系统1 323套。全省用户数突破930万户，ETC使用达到率80%，居全国第三位。拓展ETC多场景应用，双流机场、成都东站、环球中心开通停车场应用。

（厅科信处）

生产组织和运输服务智能化 2019年，宜宾市3个客运站完成智慧客运枢纽主体工程及智能信息化示范试点工程。全省29.7万辆道路运输车辆安装卫星定位装置，2.66万辆客运车辆安装使用车载视频监控系统，3.28万辆道路营运车辆完成主动安全智能防控系统建设。21个市（州）69个客运站启用电子客票，2019年新增20个试点车站。成都新南门车站、北门汽车站、成都东客站、凉山西昌客运站等部分车站开展基于人脸识别的电子客票应用试点。智能公交系统示范试点工程在成都、自贡、泸州、眉山等四个智能公交系统示范城市开展试点。

2019年，成都市智能公交运营调度管理系统　　厅科信处 供图

（厅科信处）

决策监管智能化 2019年，覆盖全省的交通运行监测与应急指挥系统加快推进，完成路网运行监测、道路运输运行监测、水上交通运输运行监测、工程施工安全监测、安全应急信息服务、应急指挥等六大应用模块省级功能开发和市（州）部分基础版开发工作；14个市（州）开工建设市县级工程，广元、泸州、乐山基本完成市（州）级建设任务。交通运输网上行政审批服务系统在全省推广运行，实现与省一体化政务服务平台的全面对接，完成省政府“一网通办”试点目标。全年网上受理申请18万件，占比95%，互联网申请量比上年增长32.74%。普通国省干线公路监测预警系统建成覆盖全省普通国省干线公路基础设施监测预警的省市县三级应用，形成支撑普通国省干线公路网监测及预警技术体系。养护巡查手机App在全省范围推广试用，覆盖全省21个市（州）、130多个县（区）单位及下辖养护段、班站，为各级养护单位日常路网巡查和道路灾毁情况调查提供技术手段。应用卫星遥感技术完成全省通村民小组道路、深度贫困地区严重破损通村硬化路核查任务，助力公路养护精细化管理。四川省道路运输综合管理与服务信息平台按照“成熟内容先行启动，调整内容同步完善”工作思路有序推进，在成都、眉山、泸州、南充4个市开展试点运行工作。航务海事综合管理服务平台建成集运行动态监测监管、综合业务办理、现场监督检查等功能于一体，覆盖海事监管、建设工程、航务综合、安全监测、水路运输、航道信息等6类业务主线的综合管理和服务平台，实现省市县三级航务海事机构业务的协同管理，并完成长江、岷江、嘉陵江以及金沙江进出川船舶动态数据的采集，在金沙江、长江建成2套船舶动态监测系统，实现船舶流量监测、船舶装置核查、电子抓拍。完成“客渡之眼”试点建设，实现船舶航行秩序智能监控、船舶智能报告监督、船舶开航自查智能监督、救生衣穿着智能监控、船舶载客智能监控等功能，并在眉山市黑龙潭景区2艘旅游船进行测试。公路水运工程质量安全监督管理系统接入九绵高速公路、成宜高速公路、仁沐新高速公路等99个合同段、1 100余路监控视频以及九绵高速公路、仁沐新高速公路、成资渝高速公路质监数据，实现对项目质量安全情况的实时掌握、动态分析。“12328”交通运输服务监督电话系统有效运行，

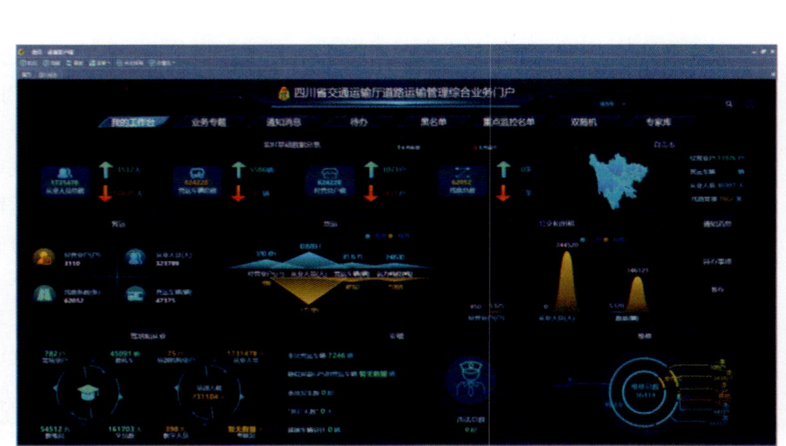

2019年，四川省道路运输综合管理与服务信息平台业务门户　　厅科信处 供图

全年话务量35万件，比上年增长11.9%，投诉举报量下降12.3%。

（厅科信处）

全省高速公路联网收费与管理 2019年，全省高速公路联网收费系统新开通3个路段、16个收费站、92条车道，实现全省7 500公里路网，6 280条车道全覆盖，比上年增长25.15%，ETC车道占71%。路网总车流量超7.51亿辆，增长8.1%，其中ETC车流量超3.71亿辆，增长39%。厅结算中心全年累计处理全省联网收费软件、通信系统、国干网光缆线路等故障3.6万次，保障了全国联网收费系统四川省中心系统和路段收费系统平稳运行。全年新完成4家复合卡读写器、5家ETC天线、8家费额显示器、5家车道控制器设备入网功能检测；完成2 800余条ETC车道（改造）入网功能检测，严控关键设备入网的兼容性、安全性和稳定性。试点开展成自泸等8条高速公速的可情报板、车检器、气象检测器等外场设备数据整合，实现标准化传输汇聚，形成完整、统一、共享的数据资源，为进一步数据分析挖掘提供基础。

2019年，监控结算中心路网运行监控指挥大厅实时监控全省高速公路路网运行情况

监控结算中心 供图

ETC客户服务网点由2 789个增至7 000余个，比上年增长超250%。实现城市服务到社区，农村服务至村镇，与工行合作率先开通“高速通”线上申办ETC业务，提高安装效率。会同厅高管局和交通工会举办ETC用户劳动竞赛暨表彰大会，掀起全省ETC推广发行新高潮。全年新增ETC用户近570万户（超过去5年ETC发行总和），全省ETC用户数突破920万户，位居全国第7位，ETC使用率位居全国第3位。

厅监控结算中心参与交通运输部技术方案研究和验证测试，做好全省高速公路联网收费系统升级改造及路网技术支撑。建成ETC门架系统1 524套，建设改造ETC车道2 871条，升级建成省级中心系统、路段分中心系统、站级系统及入口治超系统1 323套，全面取消省界收费站，如期完成取消省界收费站工作任务。全年提供通行费和流量查询107万次，完成重大节假日路网运行趋势分析及路网车流量分析报告141次。配合完成专项查询2 172批次，开展“扫黑除恶”线索摸排工作，筛查车辆12万余辆次，收集报送线索128起。

通过增加ETC客服坐席，借用行业内人员，开通微信投诉和在线客户通道，优化投诉处理流程，及时响应用户需求，不断提升用户服务体验。全年受理业务投诉、费用查询等各类话务33万余件。“12122”信息服务工作持续深化，全年受理各类话务104万件，比上年增加6万余件。通过网站、微信公众号等发布路况信息3.7万条，短信平台发布交通阻断信息1.7万条，260余万人次接收。

（监控结算中心）

信息化项目建设 2019年，省交通运输厅开展多项交通信息化建设项目。基础支撑方面：基本建成一中心、两门户、四系统、N支撑的“124N”信息化系统基础框架，实现“三集中、一张网、一张图”的软硬件基础支撑，完成省级政务云交通云整合平台建设任务，并纳入省级政务云统一监管，厅属各单位具备条件的政务和服务类业务系统迁移上云。对内的厅综合业务办理门户和对外的厅政务服务官方网站建成。信息资源整合方面：政务信息系统整合共享应用成效显著提升，完成数据资源目录梳理，并接入交通运输部、省政府政务信息资源共享平台，受到交通运输部及省政府办公厅肯定。推动统一视频监控资源管理平台建设，强化视频监测资源采集管理。实现高速公路及市（州）部分4万余路视频监控接入，在各类重大活动及应急保障时可自由调阅。建成统一数据交换共享服务平台，推动数据资源共享交换。整合公路路线等基础数据和路网实时路况等动态数据，建成7个基础数据库、2个业务数据库和6个主题数据库。业务系统建设方面：围绕“四系统”业务体系化主框架，建成一批行业综合性业务系统。推进全省交通运输网上审批服务平台建设，行政审批基本实现“一网通办”，省交通运输厅作为交通运输部、省政府首批试点单位，率先完成与交通运输部跨省大件运输平台、省政府一体化政务服务平台对接工作。交通运输统计分析监测和投资计划管理信息系统，实现省市县三级交通主管部门统计和投资业务的联网作业，对高速公路车辆通行量等重点业务领域的实时监测，为经济运行分析提供了动态、直观的信息监测服务。四川省交通运输行政执法综合管理信息系统、四川省交通运输物流公共信息平台、交通旅游服务大数据应用试点工程等项目在抓紧推进建设中。行业信用管理系统建设稳步推进，建成四川省交通建设和运输市场信用管理系统，实现行业内信用信息的网上采集、审核、评价及公示等功能。通过建成“信用交通·四川”网站，推进信用信息公开，实现7个工作日内向社会公示行业行政许可和行政处罚信用信息。全力推进四川省交通运行监测与应急指挥系统建设，构建省市县三级交通运输部门分级应用的运行监测与应急指挥平台，形成涵盖公路水路交通重点业务领域的交通运输运行监测体系，以及对突发事件及时预警、快速反应、协同联动、高效服务的交通运输应急管理体系。

（厅信息中心）

相关链接

“一中心、两门户、四系统、N支撑”的“124N”信息化系统基础框架：“一中心”即依托省级政务云交通云整合平台工程，初步建设完成四川交通运输云计算大数据中心，并初步形成行业数据资源目录，基本具备数据共享交换和计算存储的云服务能力；“两门户”即对内的厅综合业务办理门户和对外的厅政务服务官方网站；“四系统”即政务办公与服务、行业监管与治理、运行监测与应急、决策支持与评价，以交通运输业务应用为中心，通过深入梳理相关系统关系，以构建体系化业务系统为目标，逐步整合形成业务系统主框架；“N支撑”即建成统一权限管理、统一视频联网监控等一批基础性平台，为各类交通运输业务系统提供一体化、平台化应用支撑服务。

网站建设管理　2019年，省交通运输厅政府网站上半年、下半年在全省政府网站绩效评估中均排名省级部门第二名。在交通运输部政府网站政务公开与共建工作考评中，省交通运输厅综合考评得分在上半年排名地方交通运输主管部门第六。全省交通运输系统各单位（部门）认真贯彻落实政府信息公开条例，积极发布网站信息，厅政府网站全年编发信息9 634条，报送省委电子政务内网信息274条，填报省政府信息公开目录管理系统2 567条，填报交通运输部子站信息3 091条，均列同级单位前列。省交通运输厅政府网站结合重点工作开设“取消高速公路省界收费站”“2019年春运专题”“宜宾市长宁县6·0级地震”“‘不忘初心 牢记使命’主题教育”等多个专题。省交通运输厅政府网站积极开展互动交流，内容更加通俗易懂，对政策宣贯起到积极作用，2019年累计开展在线访谈10期，开展意见征集和网上调查6期，处理回复网民来信651件，“我为政府网站找错”留言18条，留言处理率100%。

（厅信息中心）

新媒体运营　2019年，省交通运输厅把握政务新媒体特性，紧跟新媒体发展趋势，精准聚焦、深度报道四川交通重大活动、举措，策划多篇原创稿件，有效保障厅政务新媒体良好发展。2019年，厅累计发布微博3 871条、微信1 035条，回复微博、微信网友留言243条。厅政务新媒体被省政府新闻办、省政府信息公开办评为“微政四川2019年度十佳省直部门政务新媒体”，获“城市力量”天府论坛年度影响力项目、微政道“突发应对”优秀案例等荣誉。

（厅信息中心）

网络舆情监测　2019年，省交通运输厅进一步强化网络舆情工作的规范性和时效性，针对重大工作和热点工作，提前安排，科学研判，做好专项舆情监测和分析工作，积极有效应对处置网络舆情事件，提高政府公信力。全年累计编发《网络舆情参阅》250期、《网络舆情专报》205期、《网络舆情摘报》35期、《网络舆情摘报办理情况》12期。

（厅信息中心）

信息化服务保障　2019年，厅信息中心顺利保障各类会议371次，实现零差错、零事故。应急保障方面，持续用好省市两级高清视频会议系统，完成宜宾长宁和兴文地震、汶川泥石流等应急事件处置后台系统保障任务，为取消高速公路省界收费站工程切换仪式等重大活动提供视频会商支持，确保应急处置期间相关系统、设备正常运行，保证各方信息及时传递。做好厅机关及行业技术支撑服务，做好厅综合业务办理、OA办公等系统及终端设备、网络的技术保障服务工作；配合厅直单位开展好重点项目统筹建设及市（州）信息化建设的技术支持服务工作；完成厅机关及信息中心软件正版化的进一步清理整改，完成杀毒软件和办公软件升级采购。网络安全保障方面，成立厅信息中心网络安全领导小组，完成《四川省交通运输信息中心网络安全应急预案》编制印发工作；做好年度网络安全宣传周宣传工作，做好厅门户网站及业务应用系统的安全服务工作，未发生一起信息安全事件；在2019年攻防演习活动中，全省118家防守单位仅6家获评最佳防守单位，省交通运输厅位列其中。网络信息安全监测服务项目、态势感知监测服务项目进入实施阶段，提高了网络信息安全事件监测及处置能力。厅数据中心运行维护服务工作更加规范，在机房现场运维值守、应用系统日常维护和桌面终端维护等方面加强对运维团队的监管力度，确保厅应用系统和全省交通运输电子政务内外网的安全稳定运行。

（厅信息中心）

交通宣传

JIAOTONG XUANCHUAN

概　况　2019年，交通宣传中心围绕四川交通中心工作，继续加大组织主流媒体对外宣传四川交通，开展行业宣传工作。利用《四川交通手机快讯》《四川交通》杂志、声像、广播等平台，传递厅党组的声音，反馈基层典型经验和交通运输行业探索与实践，培育四川交通文化，讲好交通故事；继续打造中央媒体四川交通子平台，对外辐射交通正能量，展现四川交通新成就，树立四川交通新形象。

四川交通对外宣传　2019年，交通宣传中心集中宣传报道赤水河大桥合龙及建成、嘉陵江全江通航、鸡鸣三省大桥主拱合龙、取消高速公路省界收费站、ETC发行、岷江犍为杭电枢纽三期围堰成功、雅康高速公路康定连接线建成等交通新成就及“我的公交我的城”“我家门口那条路”等重大主题活动，打响四川交通品牌。为庆祝新中国成立70周年，与新华社、新华网、央广网、中新社、四川日报、四川电视台、四川发布、四川交通广播等10余家中央和省级主流媒体紧密合作，策划推出创意视频、H5、图片展示、文字稿件、在线直播等各类新媒体作品30余条，集中展示70年来四川交通运输事业发展的辉煌成就。

《四川交通手机快讯》　2019年，交通宣传中心在《四川交通手机快讯》先后设置《壮丽70年 奋斗新时代》《纪检微平台》《加快推广ETC 助力群众便捷出行》《交通人 扶贫事》等专栏，制作发送《2019年全省交通运输工作会》《宜宾长宁县6.0级地震 四川交通抗震抢险》《阿坝州泥石流灾害抢险救灾》等专刊。全年发送《四川交通手机快讯》272期。

《四川交通》杂志　2019年，交通宣传中心在《四川交通》杂志上开辟《“不忘初心 牢记使命”主题教育》《交通强国》《加快推广ETC 打赢撤站攻坚战》等栏目，宣传贯彻中共中央和四川省委有关精神，为实现四川交通高质量发展营造良好的舆论氛围；开辟《壮丽70年 奋斗新时代》《伟大70年 我的交通故事》等栏目，宣传报道新中国成立70年来四川交通运输取得的巨大成就。开辟《凉山脱贫 交通先行》《我的扶贫故事》专栏，加大“四好农村路”和交通扶贫宣传力度，描绘四川交通脱贫攻坚的壮丽画卷。同时，加大对应急交通的宣传报道力度，推出长宁地震、汶川泥石流等交通抢通保通专题报道。全年出刊《四川交通》12期，刊登稿件200余篇，约50万字。在中国交通报刊协会“交运温馨巴士杯”第七届交通运输优秀新闻作品评选中，交通宣传中心记者采写作品《万人大转运：一场生命的接驳之旅》《平昌县：路好带来业兴旺》分获通讯类一等奖、二等奖。

新媒体宣传探索　2019年，交通宣传中心全年制作的声像片主要有：《勇立潮头再出发——2018年四川省交通运输行业发展纪实》（60分钟）、全省“四好农村路”宣传片（8分钟）、四川交通形象展示片（8分钟）、“四好农村路”微视频系列三部（每部10分钟）、《取消省界收费站汇报片》（8分钟）、两路精神纪录片《新川藏传奇》（60分钟）。全年重点拍摄声像资料视频850GB（约850分钟）。交通精准扶贫微视频《阿福的福》在交通运输部政研室主办、中国交通报社承办的“礼赞新中国·奋进新时代”全国交通运输微视频大赛中获一等奖，在中国交通报刊协会主办的第七届交通运输优秀新闻作品评选活动中获微视频类一等奖。交通宣传中心将中国交通新闻网四川频道打造成地方交通运输行业网络新闻宣传的主阵地、主渠道。稳步提升中国交通新闻网四川频道宣传力度，形成“手机报+杂志+其他”的稿件来源模式。加大《交通人物》专栏报道力度，大力宣传交通扶贫干部先进事迹，讲好交通故事，凝聚交通正能量。新开辟《交通文化》专栏，挂网宣传编辑出版的《四川交通故事荟》。同时，与新华网四川频道合作专题宣传四川交通，通过文字报道、图片宣传、视频展示等多种方式，依靠主流媒体宣传四川交通新成就。国庆70周年前夕，联合厅办公室推出H5（音乐微杂志）《蜀道从此不再难 交通强省看四川》，在新华网主网及四川频道显著位置推出，展示中华人民共和国成立70年来四川交通运输事业取得的辉煌成就。

交通广播节目创新 2019年，交通宣传中心与四川广播电视台交通频率（FM101.7）合作推出早、中、傍晚、晚间四档节目。围绕全省交通运输中心工作开展有计划、有重点、有深度的宣传报道工作，牢牢把握舆论导向，加大力度报道先进典型、先进事迹，服务群众、提升管理服务新变化。四档电台节目播出6 700余条信息，形成全天候传播交通行业声音的强大舆论合力，特别是配合省交通运输厅相关处室，策划推出《四川省十大最美公交司机》专栏，以展现交通行业人物风采。

移动媒体平台宣传 2019年，交通宣传中心继续加大在今日头条、网易新闻和凤凰一点资讯等移动平台宣传力度，并在腾讯内容开放平台企鹅号新注册《四川交通》政务号，编辑刊登符合大众阅读习惯的稿件，宣传四川交通发展成果，同时为群众提供优质出行资讯。其中，《四川12条高速公路获批 年内计划新开工1 000公里高速公路》《成都东进这两年交通网络有了什么新变化》等稿件，总点击量约10万次。同时推出《深化收费公路制度改革 取消高速公路省界收费站50问》和加快ETC安装等相关报道，向社会公众解读取消省界收费站有关问题和ETC相关政策。继续深化与四川交通广播微信公众号合作，办好《四川交通》特色栏目，借助其公众号70多万粉丝数量，宣传四川交通正能量，加强政策解读和与群众息息相关的交通资讯。全年四川交通广播微信《四川交通》栏目刊登新闻240条，部分新闻点击量超过10万次。

（本栏目供稿单位：交通宣传中心）

交通史志年鉴

JIAOTONG SHIZHI NIANJIAN

概　况 2019年，厅史志总编室继续开展《四川交通志》《四川交通志·公路志》《四川交通志·内河航运志》等4部全国第二轮修志试点志书编纂，其中《四川交通志》完成总纂，《四川交通志·公路志》完成出版社审核并交付排版，《四川交通志·内河航运志》于9月正式出版；组织开展《中国水运史（1949—2015）》《中国水运工程建设实录（1978—2015）》编纂工作，完成“四川交通运输”大事记和“四川交通运输”部分初稿撰写；编辑出版《四川交通年鉴》2019卷，制作完成并上线年鉴网络版2018卷，开展手机版年鉴制作；完成《中国交通年鉴》《四川年鉴》《四川农村年鉴》《四川旅游年鉴》2019卷“四川交通运输”供稿、核校；完成《“忆沧桑·记奋斗·颂辉煌——庆祝中华人民共和国成立70周年》《中华人民共和国70年四川大事记》等多个项目“四川交通运输”文稿、图片和影像资料提供、核校；完成《蜀道申报世界遗产系列课题研究》并结题。此外，开展机关文化建设，按照设计方案开展相关工作；牵头负责省交通运输厅传承弘扬“两路”精神年度10项重点工作中的3项，完成川藏公路资料和文物状况的摸底调查，搜集部分文献资料；配合厅机关党委办好“四季悦读”，负责每季《四季书目》资料补充、稿件校对及“四季悦读俱乐部”微信公众号日常打理维护。

年内，在第六届全国年鉴编纂出版质量评比中，《四川交通年鉴》2018卷再次荣获中国出版工作者协会年鉴工作委员会颁发的“第六届年鉴编纂出版质量评比”综合奖特等奖（地方专业年鉴第一名），框架设计、条目编写、装帧设计、检索暨编校质量与出版时效等4项单项特等奖。

《四川交通志·内河航运志》出版 2019年9月，省交通运输厅组织编纂的《四川交通志·内河航运志》由四川科学技术出版社出版。该书是全国第二轮修志5部试点志书之一，按照中国地方志特有的编纂原则谋篇布局，志首设概述和大事记，高屋建瓴，宏观叙事；其下依事为门，分门别类，类为一事，分设水运基础设施、水路运输、航运管理三篇，为全志主体；志末专设附录、索引，存文献以备征考。全书图文并茂，全面记述了1986—2005年四川省内河水运基础设施建设、水路

2019年，《四川交通志·内河航运志》出版　　厅史志总编室 供图

运输、行业管理等水运行业业务，如实反映了全省内河交通行业全貌。

《四川交通年鉴》获编校大奖　2019年，由中国出版工作者协会主办、年鉴工作委员会承办的第六届全国年鉴编纂出版质量评比结果揭晓。厅史志总编室编纂的《四川交通年鉴》2018卷荣膺“全国年鉴编纂出版质量”综合奖特等奖，并获框架设计、条目编写、装帧设计、检索编校与出版时效4个单项特等奖。中国出版工作者协会举办的全国年鉴编纂出版质量评比所列奖项是全国年鉴界最高奖，每5年或4年举办1次。《四川交通年鉴》作为风格化的地方专业年鉴，具有信息资料丰富实用、地方行业特色鲜明、装帧设计美观大方、阅读检索方便快捷等特点，综合评比高分获奖。至此，《四川交通年鉴》4次蝉联由中国出版工作者协会颁发的“全国年鉴编纂出版质量奖”综合奖特等奖。

史志年鉴信息化建设　2019年，厅史志总编室继续开展交通史志年鉴信息化建设工作。《四川交通年鉴》网络版2018卷制作完成并于年底上线。网络版年鉴以互联网web网页格式呈现，实现全书在线检索功能，读者可在网络版年鉴页面上进行关键词搜索、篇章浏览、原书阅读等，提升查阅使用体验。开展手机版年鉴制作，开发完成“四川交通掌上年鉴”小程序体验版，预计2020年推出。小程序提供年鉴整卷浏览、关键词搜索、镜看交通多媒体展示等功能，方便读者快捷查阅。继续优化年鉴在线编纂系统，进一步满足年鉴在线组稿、在线编校等业务需求，推动史志年鉴采编工作的全流程线上管理。

开展川藏路文献资料和历史文物搜集工作　在厅传承弘扬“两路”精神2019年十项重点工作中，厅史志总编室牵头负责文献资料和历史文物搜集。年内，重点开展了以下工作：一是赴云南公路馆和攀枝花三线建设博物馆调研，解决资料搜集类型、类别、范围、断限期、采集对象及单位等问题。二是以雅安市为起点开展川藏路沿线调研，了解文献资料及历史文物搜集的现状和存在的问题。三是到四川省档案馆摸底调查，掌握川藏路文献资料情况。四是与亲历者及遗亲属代表、川藏公路研究学者、博物馆专家等座谈交流，听取川藏公路馆建设及文献资料和文物搜集的意见和建议。通过以上工作，为进一步搜集川藏路文献资料和历史文物奠定了基础。

（本栏目供稿单位：厅史志总编室）

2019年7月，厅史志总编室现场调研川藏路芦山飞仙关桥　　厅史志总编室 供图

市州交通

SHIZHOU JIAOTONG

2020

四川交通年鉴

成都市交通

CHENGDU SHI JIAOTONG

2019年成都市交通运输能力概况

公路交通运输			
通车里程	总里程（公里）		28 259.577
	其中	高速公路	1 055.119
		一级公路	1 582.665
		二级公路	2 171.341
		三级公路	2 209.237
		四级公路	21 112.689
		等外公路	128.526
公路密度	按国土面积计算：每百平方公里 196.7 公里		
	按人口计算：每万人 18.8 公里		
通达里程	通公路的乡镇 253 个，占乡镇 100%		
	通公路的村 2 653 个，占村 100%		
客运站	总　数（个）		58
	其中	一级站	12
		二级站	17
		三级站	15
		四级及以下站	14
营运车辆	总　数（辆）		174 673
	其　中	客车 9 662 辆 243 264 座	
		货车 165 011 辆 1 332 293 吨	
公路运量	客　运	客运量（万人次）	9 138.8
		旅客周转量（万人公里）	902 156
	货　运	货运量（万吨）	34 831
		货物周转量（万吨公里）	3 215 695
内河航运运输			
通航里程	总里程（公里）		190
	其中	三级航道	
		四级航道	
		五级航道	130
		六级航道	60
		七级航道	
港口（码头）	总　数（个）		34
	吞吐量	旅客吞吐量（万人次）	
		货物吞吐量（万吨）	
水路运量	客　运	客运量（万人次）	41.57
		旅客周转量（万人公里）	217.67
	货　运	货运量（万吨）	
		货物周转量（万吨公里）	78
营运船舶	总　数（艘）115		
	其　中	客船 115 艘 2 316 座	
		货船　艘　　吨	
城市公交运输			
营运车辆	15 948 辆		
公交线路	1 132 条		
公交站	11 431 个		
运　量	16.42 亿人次		

注：1.城市公交运输上表数据范围为“11+2”区：高新区、锦江区、青羊区、金牛区、武侯区、成华区、天府新区、龙泉驿区、青白江区、新都区、温江区、双流区、郫都区。车辆数包含公交集团停驶待报废车。

2.通航里程中的“五级”“六级”航道为规划里程。

交通运输概况　2019年，成都市国际性综合交通枢纽功能不断增强，航空、铁路、高速公路、市域快速路等枢纽建设强力推进，区域交通运输互联互通扎实推进，农村公路建设再创佳绩，智慧交通体系加快建设，运输服务质量持续提升，交通物流产业加快发展，“放管服”改革持续推进，行业安全形势稳中向好，全面从严治党更加深入。完成交通建设投资422亿元，比上年增长11.1%。推广应用新能源汽车，加快公交车、出租汽车新能源化，1 983辆纯电动出租车上线营运。

航空枢纽建设　2019年，成都市继续加快“一市两场”和通用航空机场建设。成都天府国际机场T1、T2航站楼主体工程完工，预计2020年建成，满足旅客吞吐量4 000万人次/年，货邮吞吐量70万吨/年。双流国际机场扩能改造工程完成，旅客吞吐能力提升至6 000万人次/年。金堂通用航空机场加快建设，预计2020年建成投用。

铁路枢纽建设　2019年，成贵铁路全线通车，达成线成都北至城厢增建二线开通。成都站扩能改造、成兰铁路、成自高铁天府机场段、成自高铁（不含天府机场段）加快建设；成南达万高铁、川藏铁路成都段前期报批工作加快推进。截至年底，形成由西成高铁、成渝高铁、成贵高铁、遂成铁路、成雅铁路、成灌铁路等6条高快速铁路，宝成、成渝、达成、成昆4条普速铁路，及成都枢纽环线构成的“1环10射”铁路网络；成都、成都东、成都南、成都西形成“2主2辅”客站；成都境内铁路总里程870公里，线网密度6.1公里/百平方公里，其中高快速铁路410公里，“148”高铁交通圈加速形成。

高速公路枢纽建设 2019年，成都市高速公路在建项目6个、拟开工项目4个。在建项目中，天府国际机场高速公路、成都经济区环线高速公路蒲江至都江堰段、国道0511线德阳至都江堰段高速公路、成都经济区环线高速公路德阳至简阳段、成宜高速公路、成资渝高速公路开工建设；拟开工项目中，成乐高速公路扩容、成南高速公路扩容、成绵高速公路扩容、天邛高速公路等项目完成投资人招标、项目核准等前期工作，设计文件报批、征地拆迁协议签订等开工前准备工作加快推进。截至年底，全市高速公路通车里程959公里，“2绕11射”高速公路网络基本形成。

市域快速路建设 2019年，成都市加快推进市域快速路建设，破解用地、资金、建材等要素保障难题。金简仁、成龙简、成资、成洛简、成金简、成简、天新邛快速路等重大项目加紧推进，完成投资约55亿元。创新投融资模式，推进“城市综合运营”等投融资模式落地落实，保障项目建设资金。

国省干线公路建设 2019年，成都市在建国省干线公路项目3个，在建里程27.9公里，累计完成投资7.28亿元。在建项目中，国道108线蒲江至名山改建段于2月开工建设，基本完成征地拆迁、路基清表及临时设施建设，完成30%路基土石方挖运，累计完成投资3.12亿元；省道401线蒲江绕城段于2017年5月开工建设，完成征地拆迁，光明隧道贯通，蒲江河大桥架梁完成，路基、桥梁、隧道工程分别完成总量的95%、86%、90%，累计完成投资2.65亿元；省道422线金堂县清江至淮口提档升级工程赵镇至淮口道路改造段于2018年12月开工建设，完成涵洞、挡墙、土石方开挖、排水工程、路基换填、桥梁工程，级配碎石垫层、水稳基层、沥青砼面层、照明工程分别完成81%、64%、15%、94%，1号景观平台铺装垫层完成100%，累计完成投资1.51亿元。

农村公路建设 2019年，成都市持续提升农村公路服务乡村振兴能力。新（改）建农村公路200公里，建成简阳市村组道路400公里；进一步健全农村公路管养体制机制，县乡村养护管理机构设置率、农村公路列养率、县乡道及通客运的村安全生命防护工程设置率均达100%；新增通客车建制村130个，提前实现农村客运村村通，建制村通客车率100%。蒲江县成功创建全国“四好农村路”建设示范县，崇州市、都江堰市、邛崃市成功创建省级“四好农村路”建设示范县，截至年底，成都市成功创建“四好农村路”全国示范县3个、省级示范县7个，示范县总量继续稳居全省第一。举办全国、全省推动“四好农村路”高质量发展现场会，交通运输部部长李小鹏对成都市“四好农村路”建设予以高度评价。承办“我家门口那条路”四川展示周活动启动仪式，展示成都市农村公路服务乡村振兴战略，农民增收、产业增效等经验做法得到《中国

2019年，成都市加快市域快速路路网建设。图为成龙简快速路施工现场　　成都市交通运输局 供图

2019年，都江堰市成功创建全省“四好农村路”示范县。图为都江堰玉堂水龙路　　何超 摄

交通报》、四川卫视、人民网、新浪网等媒体报道。

天府国际机场建设　截至2019年底，成都天府国际机场T1、T2航站楼主体工程完工，进入内部装修阶段；综合交通换乘中心（GTC）混凝土主体结构封顶；飞行区下穿通道土方开挖工程、旅客过夜用房主体结构、行李处理系统钢平台安装工程、国内货站主体结构施工基本完成。空管工程、供油工程、东航基地、国航基地、川航基地、祥鹏航空基地、邮政航空基地7大业主单位项目稳步推进。

2019年8月28日，天府国际机场T2航站楼主体封顶　　成都市东部新城办 供图

双流国际机场扩能改造　2019年底，双流国际机场扩能改造项目完成并投入使用。该项目于2017年初开工建设，主要分为西跑道北端站坪（新建混凝土道面11万平方米）、东跑道北端货机坪（新建混凝土道面10.4万平方米）、大件路两侧站坪及D滑行道贯通（新建混凝土道面33万平方米）；新建飞机滑行道桥1座、机场通勤桥2座、新建货运通道桥、货运下穿通道；采用“明挖船槽”形式完成大件路下穿改造，路面宽49米，改建长度98米。本次改造完成后机坪总数量达228个，可保证双流国际机场具备6 000万人次/年的旅客吞吐能力。

成都站扩能改造　成都站扩能改造工程包括8万平方米站房、1.9万平方米行包房、10台18线站场以及连接成都站至成都东站的引入线13.86公里，概算总投资83.5亿元。项目于2013年12月开工，截至2019年底，北站行包房、主体结构完成，高架桥和引入线加快施工，建设用地全部交付，累计完成投资54.8亿元，预计2023年完工。

成贵高铁　该项目为新建双线客运专线，速度目标值每小时250公里，自成绵乐客专乐山站引出，经宜宾、昭通、毕节至贵阳，全长510公里，总投资746亿元。成都市境内仅涉及动车运用所补强工程，占地21.73公顷，投资约14亿元。项目与成绵乐客专接轨，2013年12月开工，于2017年12月与西成客专同步建成投用。2019年6月15日，乐山至宜宾西段投入运营；12月16日，宜宾至贵阳段开通运营，成贵高速铁路全线建成通车。

成兰铁路 该项目为新建双线Ⅰ级铁路，速度目标值每小时200公里。自成都枢纽青白江站引出，经什邡、绵竹、茂县、松潘、九寨沟，引入在建兰渝铁路哈达铺站，正线长458公里，其中成都段里程长约7公里，途经成都市彭州市和青白江区。项目总投资636亿元，其中成都段投资13亿元。项目于2013年11月开工，2017年，成都市境内大弯货站建成投用。青白江车站及少量线路工程施工加快推进。截至2019年年底，累计完成投资13.16亿元，预计2022年成都至川主寺（黄胜关）段建成投入使用。

达成线成都北至城厢增建二线通车 成都北站至城厢段为达成线成都枢纽的组成部分，既有为单线，本次增建二线区间线路自城厢站引出，并行于既有线左侧，接入成都北编组场下行到达场，新铺线路12公里，新建生产房屋300平方米，概算总投资4.2亿元。项目2018年12月进场施工，2019年12月11日基本建成，12月26日通过中国铁路成都局集团有限公司动态验收，12月30日建成通车。

成自高铁 该项目为新建双线高速铁路，由成都东站到天府站经资阳、内江至自贡东站，设成都东站（既有）、成都天府站、天府机场站、资阳西站、资中西站、威远站、自贡东站（在建）等7个车站。成都东至天府站段速度目标值每小时250公里，天府站至自贡东站段速度目标值每小时350公里，是全省首条时速350公里高速铁路，也是国家"八纵八横"高速铁路网京昆通道的组成部分。项目下穿天府机场，机场段线路长7.84公里，概算总投资34.48亿元，为配合天府机场建设工期，机场段单独立项审批，于2017年开工建设，主体工程完成。其余路段正线长176公里，估算总投资360亿元，2019年3月项目开工建设，9月进场施工，预计2024年建成投用。

天府国际机场高速公路 该项目包括主线、天府支线、机场南线、起点连接线四部分。主线起于绕城高速公路，穿越龙泉山，跨第二绕城高速公路，止于成都经济区环线高速公路，接成资渝高速公路。主线按双向八车道高速公路技术标准设计，全长56.3公里；天府支线按双向六车道高速公路技术标准设计，全长10.7公里；机场高速公路南线按双向六车道高速公路技术标准设计，全长18.9公里；起点连接线按双向八车道城市道路技术标准设计，全长2.9公里；项目全线合计88.8公里，总投资估算180.1亿元。项目龙泉山隧道为全国首创双向十车道客货分流四洞并行设计，八洞全长18 445米，在隧道路段，因无车辆集散、变道，有利于车辆运营行驶安全。120公里的设计时速，将改变国内高速公路逢隧道必减速的传统模式。截至2019年底，项目征地拆迁基本完成，控制性工程龙泉山隧道全线贯通，完成项目总投资70%，计划2020年建成通车，与成都天府国际机场同步投入使用。

成都经济区环线高速公路 成都经济区环线高速公路是《四川省高速公路网规划》中的重点项目，被视为成都第三绕城高速公路，主线起于蒲江境内成雅高速公路，沿顺时针方向环行，途经蒲江、邛崃、大邑、崇州、都江堰、彭州、什邡、绵竹、德阳旌阳区、中江、金堂、简阳、仁寿、彭山，闭合于起点，串联起整个成都经济区。项目全长425公里，设计时速120公里，总投资591.9亿元。项目分为简蒲段、蒲都段、德都段、德简段，其中，简蒲段于2017年底建成通车。

成都经济区环线高速公路蒲江至都江堰段施工现场　　成都市交通运输局 供图

成都经济区环线高速公路蒲江至都江堰段：项目主线起于蒲江境内成雅高速公路，经蒲江、邛崃、大邑、崇州、都江堰，止于都汶高速公路，主线长101公里，二绕至三绕连接线长16公里，总投资175亿元。双向六车道，设计时速120公里。项目由中国铁建股份有限公司投资建设。截至2019年底，项目征地拆迁完成交地98%，项目总投资完成80%，计划2020年建成通车。

国道0511线德阳至都江堰段（成都经济区环线高速公路德阳至都江堰段）：项目起于都汶高速公路，经都江堰、彭州、什邡、绵竹、德阳旌阳区，止于成绵高速公路，主线全长91公里，另设什邡连接线18公里，总投资160亿元，起点都汶高速公路共线段双向八车道，成灌高速公路至止点段双向六车道，主线设计时速120公里。其中成都境内49公里，投资75亿元。由德阳市牵头，成都市配合，按PPP模式实施，中国铁建股份有限公司为项目投资人。截至2019年底，项目征地拆迁完成75%，总投资完成55%，计划2021年建成通车。

成都经济区环线高速公路德阳至简阳段：项目起于成绵高速公路，经旌阳区、中江、金堂、简阳，止于成安渝高速公路，全长105公里，总投资136亿元，双向六车道，设计时速120公里。其中，成都境内37公里，投资49亿元。项目由德阳市牵头，成都市配合，通过BOT模式确定中国铁建股份有限公司为项目投资人。截至2019年底，项目成都段征地拆迁工作全部完成，主线基本完工，完成投资90%以上，计划2020年建成通车。

成宜高速公路 该项目起于成都经济区环线高速公路，顺接天府国际机场高速公路南线，经简阳、眉山、内江、自贡、宜宾，止于乐宜高速公路，全长157公里，成都境内9公里，估算总投资230亿元。由宜宾市牵头，成都、眉山、内江、自贡4市配合。截至2019年底，项目征地拆迁工作全部完成，总投资完成60%，计划2021年建成通车。

成资渝高速公路 该项目起于成都经济区环线高速公路，经简阳、资阳、乐至、安岳接潼南，全长110公里，估算总投资131亿元，其中成都境内7公里，投资13亿元。项目由资阳市牵头，成都市配合，采用BOT模式确定四川高速公路建设开发集团有限公司和中国中铁股份有限公司的联合体为项目投资人。截至2019年底，成都段征地拆迁工作基本完成，项目总投资完成65%，计划2020年完工。

成绵高速公路扩容 该项目起于绵阳市游仙区魏城镇，经中江县、金堂县、青白江区与成都第二绕城高速公路交叉，沿成金青快速通道连续高架至成都绕城高速公路。项目全线采用新建复线为主的扩容方案，相当于新建一条高速公路。路线全长128公里，双向八车道，分段采用100公里、120公里的时速设计和41米、41.5米、42米的路基宽度，总投资333亿元，建设工期3年。截至2019年底，通过BOT模式确定项目投资人，并完成项目公司组建、项目核准、特许权协议签订等工作，将于2020年开工建设，2023年完工。

成都港建设 2019年，成都市交通运输局组织编制《成都港总体规划》并通过市级审查和行业主管部门审查。根据规划，成都港划分为锦江港区、沱江港区、三岔湖港区，形成以“两江一湖”港区为主、其他港点为补充的总体格局；成都港将以水上休闲旅游客运为主，适度发展货物运输。

客货运场站建设 2019年，成都市继续推进崇州市新城客运站（成蒲铁路配套，主体部分完工）、邛崃客运枢纽站（成蒲铁路配套）、淮口南站综合交通枢纽站（遂成铁路配套）建设，全年完成客运枢纽建设投资8 010万元。开展物流园区“司机之家”建设，成都传化公路港“司机之家”被交通运输部和全国总工会评为全国“司机之家”建设试点单位。

口岸与物流建设 2019年，成都市口岸与物流建设成绩显著。航空货运发展水平不断提升，双流国际机场货邮吞吐量67.2万吨，位居中西部第一；中欧班列（成都）年开行1 551列，年度和累计开行量继续位居全国第一，主要运行指标保持全国领先；口岸营商环境持续优化，高新西园综保区完成建设并申报验收，国际铁路港综保区获批设立。天府新区成都片区保税物流中心（B型）封关运行。国际铁路港进境粮食指定监管场地建成投运，双流国际机场进境肉类指定监管场地通过验收。国际贸易“单一窗口”主要业务覆盖率100%，成都航空口岸、铁路口岸实行“7×24小时”全天候通关和预约通关保障，中欧班列（成都—波兰罗兹）纳入中欧安全智能贸易通关试点。

综合交通运输 2019年，成都开通航线358条，其中国际（地区）航线126条，成都国际（地区）航线数量位列中西部第一。航空客货运量稳步增长，双流国际机场旅客吞吐量5 586万人次，继续保持全国第四，货邮吞吐量67.2万吨，国际客货运量增长率位居全国十大枢纽机场前列。中国铁路成都局集团有限公司成都车站旅客发送量为9 053.9万人次，货物发送量为766万吨。完成春运、十一“黄金周”、第十八届世界警察和消防员运动会、全国糖酒商品交易会、中国网络与信息安全大会、国际汽车展、川商发展大会、西部博览会进口商品展、四川农业博览会、国庆70周年升旗仪式、成都国际马拉松、非物质文化遗产节等重大展会、赛事和重要节假日运输保障任务。

道路客货运输 2019年，成都市道路运输完成客运量9 138.8万人次、旅客周转量902 156万人公里，分别较上年下降3.12%和上升1.88%；完成货运量34 831万吨、货物周转量3 215 695万吨公里，分别较上年上升8.27%和6.17%。完成总周转量较上年上升6.04%。新增建制村通客车130个，全市建制村客运通达率100%。稳妥完成五块石客运站关闭工作，其客运班线全部调迁至中心城区其他汽车客运站营运。鼓励具备条件的甩挂运输企业开展甩挂运输服务，研究依托协会、联盟等有效方式开展甩挂运输的可能性。推动开展无车承运人相关工作，至年底，全市有17家企业分别纳入部级（6家）和省级（11家）无车承运人试点工作。

发展交通物流产业 2019年，成都市继续发展交通物流产业。统筹协调轨道交通产业生态圈建设，编制《轨道交通产业生态圈蓝皮书（2019）》，制定轨道交通产业生态圈“两图一表”（轨道交通产业全景图、轨道交通产业发展路径图、轨道交通产业招商表），推动金牛、新都、新津三大产业功能区深化管理体制机制改革，产业生态初具雏形。全市轨道交通企业279家，形成以中车成都、新筑股份等企业为龙头，康尼、海康威视等企业配套的产业集群，为全国轨道交通产业链条最齐备城市之一，是全国第五大轨道交通零部件配套基地。加强国内物流统筹组织，推动物流降本增效，成都市编制《关于降低成都市物流成本的策略研究》《成都适铁物流节点规划》《成都现代物流装备产业发展规划》；印发《成都市推进运输结构调整实施方案》《进一步推进物流降本增效促进实体经济发展的实施意见》《进一步推进物流降本增效促进实体经济发展三年行动计划（2019—2021年）》。建成成都国际铁路港集装箱公水多式联运示范工程，成都陆港型物流枢纽成功入选2019年国家物流枢纽建设名单。

公路养护管理 2019年，成都市国省干线公路完成小修保养投资4 125.91万元，清扫路面1 9791公顷，处治路面病害13.43万平方米，国道年度路面使用性能指数89.4；按计划启动实施中修工程、预防性养护工程，完成养护工程131.14公里；投入水毁抢险资金800万元，完成国道318线简阳贾家段和龙泉驿山泉镇段水毁路基抢险修复工程；完成849公里普通国道网命名编号调整工作。加强公路应急能力建设，完成青白江区、邛崃市公路养护与应急保通中心等基层养护组织建设；完成2019年“8·20特大洪灾”抢险保通。农村公路方面，对覆盖全市22个区（市）县514条线路、3 892公里农村公路进行路面使用性能指数检测，抽检公路路面使用性能指数平均值为82.7，路面使用性能指数稳步提升，达到良等路水平；日常考核暗访检查农村公路403条线路、9 720公里，总体达到良等水平；对农村公路桥梁养护实施市场化、专业化管理，完成农村公路病害桥梁改造整治286座、农村公路安全生命防护工程510公里，在邛崃市试点农村公路灾毁保险，成效显著，达到“以丰补欠”效果。

质量造价管理 2019年，成都市对12个在建交通项目进行质量监督，其中，高速公路项目7个，建设里程约290公里；国省干线5个，建设里程31公里，监督覆盖率100%。全年开展质量安全综合检查19次，专项检查及巡查60余次，农村公路监督检查30余次，发出检查通报整改文件12份；对2个交通建设项目进行交工质量检测，质量合格率100%；对9个交通建设项目进行竣工质量鉴定；对7个在建高速公路开展扬尘治理监督检查90余次，下达整改文件10余份；对5个交通建设项目进行造价审查，送审总金额43.51亿元，审减总金额1.73亿元，审减率3.96%。

安全管理 2019年，成都市交通运输行业（含成都市在外地营运车辆）发生事故44起，死亡49人，受伤21人，比上年事故起数、死亡人数、受伤人数分别下降26.67%、30%、20.83%；其中，发生较大事故1起，死亡3人。未发生重特大事故，未发生火灾亡人事故，水上交通事故、汽车维修、轨道交通事故为零。

交通信息化建设 2019年，成都市交通信息化建设取得新进展。推进成都市交通运行协调中心（TOCC）建设。4月开工以来，先后完成监控大厅、会商室装修、配套机电工程、项目数据中心平台部署工作，完成38家单位动态数据接入，数据种类包括航空、公路、客货运输、公交、地铁、出租车、共享单车等13大类147小类数据，实现除铁路部门外交通运输行业数据全接入。推进智能交通信息系统二期项目建设，项目总计31个，其中，智慧交通管控及辅助决策（一期）、老川藏路、电子警察系统一期升级改造、红星路改造工程4个项目完工，14个项目在建，11个项目推进初步设计或概算评审，2个项目推进立项及设计招标工作。推进交通一卡通互联互通改造工作，形成改造方案并启动项目建设。

交通电子不停车收费系统管理 2019年，成都市推进ETC（交通不停车电子收费）管理。出台方案，成都市交通运输系统制订《大力推进高速公路ETC发展应工作实施方案》并由市政府批转，明确市级相关部门、区（市）县政府、ETC安装银行、高速公路营运公司等的工作责任和目标任务。全方位铺设安装服务网点，各安装银行在市域内设置ETC安装网点1 300余个，成都市交通运输局协调市管高速公路服务区及出入口广场、车辆检测站、可上车牌4S店和二手车交易市场向银行开放设置服务点。加快高速公路ETC车道改建，成都市管高速公路完成231条ETC车道建设，实现ETC车道全覆盖，并全部完成46套ETC门架系统建设工作；绕城高速公路完成249条ETC车道建设，并全部完成46套ETC门架系统建设工作。优化调整成都绕城、成温邛高速公路政府统缴政策，自12月1日8：00起，通行成都绕城高速公路、成温邛高速公路的川A籍车辆均依托ETC系统实现免费，未安装ETC的用户不再享受政府统缴。强化特殊车辆安装工作，推动警车、出租车、校车、救护车等特殊车辆安装ETC。通过召开新闻通气会，全媒体发布ETC安装政策解读、点位设置、进展动态等。至年底，成都市在籍车辆ETC安装率85%以上。

2019年9月18日，以纪实影像和文物打造的“流动博物馆”号主题列车在地铁7号线正式运行
成都市轨道集团 供图

铁路公交化运营 2019年，成都推进实施成都平原城市群铁路公交化运营，打造市域30分钟、成都平原城市群1小时城际综合交通网络。一是市域铁路公交化运营改造一期工程可研报告获批。9月，中国国家铁路集团和四川省人民政府联合批复《成都市市域铁路公交化运营改造一期工程可行性研究报告》，同意对成灌（彭）铁路全线闸机、屏蔽门、票务及旅服系统、吸污设施等进行公交化运营改造，改造完成后将可实现“多卡制”刷卡进站乘车。二是加密动车开行频次。2019年，成都至平原城市群日开行动车达259对，日均客流总量达19万人次，平均发车间隔缩短至30分钟。市域内，成灌（彭）铁路日开行动车59对，平均发车间隔15分钟；成雅（蒲）铁路日开行动车23对，平均发车间隔38分钟；成都至德阳、绵阳日开行动车分别增加5对和8对，平均发车间隔缩短至22、18分钟；成都至眉山、乐山、资阳、遂宁日开行对数均在原基础上提升40%～80%；成都至巴中首次投运“绿巨人”动力集中动车组，结束了巴中无动车开行的历史，两地运行时间由7.5小时缩短至4.8小时。三是拓展运营范围。在成都平原经济区8市政府与中国铁路成都局集团《关于推进成都平原经济区协同发展加快铁路公交化运营合作框架协议》逐步落实见效的基础上，2019年10月，成都市联合绵阳、德阳、眉山、乐山、资阳、遂宁、雅安、宜宾、内江、南充、广元、达州、巴中、广安等14市和中国铁路成都局集团、中铁二院共同签署《落实“一干多支、五区协同”发展战略，提升铁路公交化运营服务质效合作备忘录》。四是联合周边城市共同购置（租赁）新型公交化动车组。成都市与绵阳、德阳、眉山、乐山、雅安五市及中国铁路成都局集团等相关单位协商达成一致，共同购置（租赁）11组新型公交化动车组用于公交化运营。

地铁运营 2019年，成都地铁5号线一、二期，10号线二期，有轨电车蓉2号线非首开段开通试运营，线网里程341公里，车站数238座，换乘站18座。12月31日，成都地铁线网单日客运量525.60万乘次，首次突破500万乘次，成为继北京、上海、广州、深圳之后，国内第5个实现单日客运量突破500万乘次的城市。至年底，成都轨道交通占公共交通出行分担率超过50%。

地铁5号线一二期开通试运营 2019年12月27日，成都地铁5号线一、二期开通试运营。5号线一、二期北起新都区香城大道，南至天府新区回龙路，线路全长49.02公里，设车站41座。5号线一、二期是成都首条8A编组列车车型，拥有超大载客率，也是成都地铁线路一次性开通最长、开通车站数最多的运营线路。5号线是连接成都南北两段的主干线，完善成都中心城区交通系统，带动天府新区、北部商贸城片区等沿线经济、文化、教育等产业发展。

地铁10号线二期开通试运营 2019年12月27日，成都地铁10号线二期开通试运营。10号线二期工程作为一期工程南端延伸线路，连接双流机场T2航站楼至新津县新平镇，途经双流区及新津县，线路全长27.06公里，设车站10座，成为成都市主城区与新津组团之间的市域快线。

有轨电车蓉2号线非首开段开通试运营 2019年12月27日，有轨电车蓉2号线非首开段开通试运营，非首开段起于成都西站，线路全长25.6公里，设车站23座。有轨电车蓉2号线是国内西南地区首条有轨电车线路，也是成都市中心延伸至近郊区域的地面轨道交通线路，线路呈Y型布局，与地铁2、4、6、9号线及市域铁路成

2019年12月27日，有轨电车蓉2号线非首开段开通试运营 成都市交通运输局 供图

灌线形成换乘，串联起沿线电子科技大学、西南交通大学等知名院校及菁蓉小镇、高新综合保税区、工业园区等片区。

常规公交服务 2019年，成都市以“公交都市”创建为抓手，践行公交优先发展战略，促进全面体现美丽宜居公园城市公共交通建设。深化公交行业管理改革，研究建立政府购买公交服务财政补偿机制，印发《成都市中心城区公交线网优化导则》等文件。完善常规公交网络，通过整合公交客流通道、减少公交长线重复、打造通勤快线网络、优化微循环公交服务、持续加强公交地铁衔接等方式，提升公交服务水平，2019年，新开及优化调整常规公交线路97条。推动快线规模化网络化运行，新开通K5、K12、K13、K15快速公交，快速公交“环+放射”网络雏形初现。开展公交多元化服务，新开机场夜间专线3条，新增夜间专线公交线路10条，进一步助力成都夜间商业发展；新增定制公交10条，日均52班次，满足市民个性化出行需求；规划新开熊猫基地旅游专线“熊猫快线”4条，锦城观光线2条，增强旅游业态，满足游客需求。研究开行串联毗邻区域的城际公交线路，方便成都—眉山、成都—德阳之间的公交出行，完成成德眉资公共交通“一卡通”互通互惠。推进中心城区公交一体化服务，指导中心城区“6+1”科学布局，持续优化公交线网，继续推进公交信息化建设，提高公交科学调度能力，并持续通过优化线网布设、开展规范化服务等方式提升公交服务水平，缩小与中心城区五城区（含高新区）公交服务水平的差距。

出租车网约车管理 2019年，成都市巡游出租汽车在营车辆15 339辆，经营企业122家，从业人员3.2万人。其中，五城区巡游出租汽车在营车辆12 043辆，经营企业45家，从业驾驶员2.5万人，日均载客37万车次，日均运送乘客59万人次。取得网约车经营许可证平台公司52家，全市网约车日均上线营运车辆数7.18万辆，日均完成订单量111.44万单次，日均运送乘客173.85万人次。

年内，成都市推进行业改革。推进区域融合，印发《成都市中心城区巡游出租汽车区域融合改革实施方案》，中心城区相互完全开放巡游出租汽车运营市场，实现营运范围、服务规范、运价标准、考核标准和执法标准一致，融合区域内的巡游出租汽车可自由营运，并严格执行全域成都打表计费，杜绝表外另行加收费用；推广纯电动出租汽车运用，印发《成都市鼓励出租车纯电动化试点实施方案》《成都市鼓励出租车纯电动化试点财政补贴实施细则》，全年全市巡游出租汽车企业购置纯电动巡游出租汽车4 486辆，完成发放“绿色减排补贴”18 841.2万元。积极规范行业监管。成都市网约车监管平台正式投用；组织开展巡游车驾驶员考试工作，共组织巡游出租汽车驾驶员从业资格考试33期，安排考试6 876人次，考试合格发证5 647件；组织网约车驾驶员考试67期，安排考试61 397人次，考试合格发证46 910件。提升行业服务质量。开展巡游出租汽车服务质量常态化督查，通过企业车辆回场督查车辆6 721辆次，对其中829辆存在未着工装、专用标识破损、车身未清洗等问题车辆，要求现场整改和限期整改。

交通运输执法 2019年，成都重点开展巡游出租汽车服务质量提升、网络预约出租汽车执法监管及仿冒出租汽车、危险化学品运输、道路班线及旅游客运等专项整治，不断提升交通运输执法工作水平，切实维护行业安全稳定。全年累计出动执法人员78 145人次、执法车18 674辆次，检查各类运输车131 623辆次，巡查公路351 245公里，收集上报涉黑涉恶涉乱线索18条，查处各类违法违规案7 232件，解缴罚款1 817万余元，其中，巡游出租车违规案4 803件、网约出租车违规经营案624件、仿冒出租车违法营运案60件、非法营运案768件、危险化学品运输违法案147件、班线客运车辆违法案196件、旅游车辆违法案80件、教练车辆违法案81件、损坏公路及其设施案398件、擅自占用公路及其用地案75件，公路清障排障470处。受理行政复议45件，其中43

件予以维持；受理行政诉讼19件，无败诉案件。提高执法信息化水平，在双流机场试点建设出租汽车智慧管理系统，构建“车载监控、场内监测、站点管控、智慧执法”立体执法监控体系，获得人民网、四川电视台等十余家媒体正面报道。

“放管服”改革 2019年，成都市围绕“国际化营商环境建设年”主题，以审批“不见面”、办事“零跑路”为目标，推进交通运输行政审批改革。一是持续推进“放管服”改革。移交客车类型等级评定权限，全市客运车辆每年可节省行驶成本和运营成本约480万元；推进审批服务“一网、一门、一次”改革，实现交通运输审批服务事项100%“网上可申请”，100%“一次办”、22.83%“马上办”；在全市实施“证照分离”改革工作，全年全市办理交通运输“证照分离”改革事项6 799件。二是优化审批流程。大幅压缩客运许可办理时限，将原需10个工作日办理的承诺件转为即办件；精简规范危货运输许可审批流程，审批时间由法定20个工作日减少至10个工作日；减少出租汽车审批事项办事环节，取消服务资格证核发事项需天府通公司和出租汽车协会盖章的前置条件，改由政务窗口与协会建立信息沟通机制。三是力推全程网上审批。6月，在全省范围内率先实现危险货物运输许可事项全程无纸化网上审批；8月，出租汽车驾驶员服务资格证核发事项实现全程网上办理；12月，道路运输审批服务事项实现100%网上办理。全年通过网上审批平台办理道路运输审批服务事项2 715件，其中受理企业网上申请2 329件，邮寄许可文书或证照1 160件。四是推进审批标准化建设。精细化梳理346项交通运输行政权力事项，编制《成都市交通运输局责任清单》（2019年本）；深度梳理92项交通运输审批事项，制定审查工作细则，完成《成都市交通窗口审查工作细则》。五是提升审批服务水平。实行中午延时服务工作机制，全年成都市交通运输局窗口为群众提供延时服务380小时，延时办理事项1.5万件。六是推进交通运输信用体系建设。做好信用信息归集公示，全年发布交通运输企业信用数据4 220条、自然人信用数据10.54万条；构建守信激励失信惩戒机制，对诚信经营企业实行审批服务“容缺受理”、评先评优活动优先推荐，对信用综合评价结果为“差”的道路客运企业进行警示性约谈，年内成都市8家守信道路运输企业获评“四川省诚信民营企业”荣誉称号。

共享单车管理 2019年，成都市持续规范共享单车行业管理。加快制定实施意见，在吸纳各部门建议意见基础上，形成《成都市关于规范共享单车发展的实施意见》，主要涵盖总体要求、规范经营发展、优化骑行环境、强化协同共治等四方面内容。加强服务质量考核，指导第三方机构完成第三季度共享单车服务质量第三方测评报告，从满意度测评、实地核查以及神秘客体验等维度，对全市“5+1”区域共享单车行业开展第三方测评并将结果纳入服务质量信誉考核。开展定期通报，成都市交通运输局牵头向市城管委、市公安局交管局、相关区政府（管委会）发布2019年9月成都市“5+1”区域共享单车运营情况，并会同相关部门，强化总量控制及配额管理。截至年底，成都在营共享单车企业主要有4家，全市共享单车投放总量约123万辆。

机动车停车管理 2019年，成都市交通运输局强化静态交通领域治理创新和能力建设，机动车停车管理工作取得明显成效。牵头编制完成《成都市智慧停车标准体系》（含成都市智慧停车系统建设规范、成都市停车场库运营管理服务规范和成都市共享停车服务规范）等智慧停车地方标准（DB5101），并经成都市市场监管局以地方标准正式对外发布。制定《成都市车位共享绩效与服务质量信誉考核办法（试行）》，并对符合条件的3家平台企业进行考核评定。牵头组织《成都市机动车停车场管理条例》立法调研工作，并形成调研报告，为起草相关条例提供重要依据。督导成都交投集团研制建设成都市智慧停车信息平台，并接入停车场1 624个，接入泊位超过40万个。

交通政务新媒体宣传 2019年，成都市交通运输部门优化政务新媒体运营管理，强化与网友互动，响应群众诉求，在传递交通最新资讯、倾听群众声音、解决群众需求、处置群众事件等方面发挥作用。维护运营微信、微博、政务头条号、一点号、企鹅号、网易号、搜狐号、抖音号，进驻麻辣社区、四川在线问政平台，入驻知乎问答平台，形成“两微九平台”政务新媒体运营格局。设计制作“成都交通运输”新媒体专属形象——“蓉小通”和表情包，拉近与粉丝、市民的距离。年内，“成都交通运输”微信公众号粉丝突破5万，推送文章356期2 166条；@成都交通运输微博粉丝71.8万，发文9 173条，与网友互动53.6万次，处理投诉、咨询和建议6 384件。在2019年微政四川政务新媒体年会上，“成都交通运输”获“优秀传播力政务新媒体”称号；在2019 成都市政务新媒体峰会上，“成都交通运输”获“优秀政务新媒体”“政务新媒体运营先进集体”“十佳舆情应对案例”三项奖励；在《人民日报》发布的《2019年人民日报·政务指数微博影响力报告》中，@成都交通运输微博排名“全国十大交通局微博”第2、“四川十大政务机构微博”第8、“四川十大交通系统微博”第2；在腾讯年会上，“成都交通运输”获2019腾讯“城市力量”天府论坛年度政务创新项目称号。

（本栏目供稿单位：成都市交通运输局）

自贡市交通

ZIGONG SHI JIAOTONG

2019年自贡市交通运输能力概况

公路交通运输			
通车里程	总里程（公里）		6 620.8
	其中	高速公路	236
		一级公路	128.6
		二级公路	177.3
		三级公路	318.2
		四级公路	5 463.9
		等外公路	296.8
公路密度	按国土面积计算：每百平方公里 151.13 公里		
	按人口计算：每万人 22.66 公里		
通达里程	通公路的乡镇 96 个，占乡镇 100%		
	通公路的村 1 071 个，占村 100%		
客运站	总　数（个）		77
	其中	一级站	1
		二级站	7
		三级站	
		四级及以下站	69
营运车辆	总　数（辆）		15 316
	其　中	客车 1 326 辆 33 020 座	
		货车 13 990 辆 144 133 吨	
公路运量	客　运	客运量（万人次）	3 312.498
		旅客周转量（万人公里）	102 047.744
	货　运	货运量（万吨）	5 066.007
		货物周转量（万吨公里）	514 735.914
内河航运运输			
通航里程	总里程（公里）		497.54
	其中	三级航道	
		四级航道	
		五级航道	12
		六级航道	110.15
		七级航道	375.39
港口（码头）	总　数（个）		68
	吞吐量	旅客吞吐量（万人次）	34.07
		货物吞吐量（万吨）	107.1
水路运量	客　运	客运量（万人次）	34.07
		旅客周转量（万人公里）	332
	货　运	货运量（万吨）	107.1
		货物周转量（万吨公里）	1 583
营运船舶	总　数（艘）131		
	其　中	客船 53 艘 2 367 座	
		货船 78 艘 9 675 吨	
城市公交运输			
营运车辆	1 129 辆		
公交线路	143 条		
公交站	1 228 个		
运　量	1.912 6 亿人次		

交通运输概况　2019年，自贡市交通运输系统围绕建设川渝滇黔重要综合交通枢纽目标，统筹推进建设、管理、服务、改革等各项工作，保持总体平稳、稳中有进发展态势，为全市经济社会发展提供保障。全年实施交

2019年，建设中的成宜高速公路自贡段　　自贡市交通运输局 供图

通重点项目26个，完成投资63.3亿元。飞龙峡旅游快速通道建成，新增对外大通道1条；成自泸赤高速公路大安北互通立交及连接线通车，新增高速公路出口1个；成自泸至乐自高速公路连接线开工建设，城区高速环线

加快形成。围绕“一带一路”“长江经济带”和“一干多支、五区协同”、打造四川南向重要开放门户、融入成渝地区双城经济圈等重大战略部署，在交通规划上深谋远虑、项目申报上积极争取、建设推进上持续加力，乐自犍、成自泸高速公路扩容纳入省高网调整规划，编制完成《内自同城化综合交通规划》，内自快速通道（省道427线自贡境一期）开工，内自公交实现一卡通，内自交通同城化取得实质性进展。农村交通条件不断改善，新（改）建农村公路637公里，富顺县成功创建省级“四好农村路”示范县，建制村客车通达率100%。交通服务更加便民惠民，新（改）建交通节点厕所8座，新建4个养护管理站停车区对外开放，开通首条夜游航线，公交服务提档升级，完成春运、国庆等全市农民工平安返乡返岗道路运输服务保障任务，国道348线富荣段王井、望佳收费站取消收费。实施打赢蓝天保卫战等5大专项行动，全面完成中央环保督查整改工作。整治道路客运市场乱象，主城区黑车有效遏制，省扫黑办挂牌乱象整改任务销号。平稳实施四城区巡游出租车运价调整，出租汽车运营行为有效规范。安全生产清单制管理试点成效明显，全年没有发生较大及以上事故和影响较大险情、事件，行业保持安全稳定。

交通发展规划 2019年，自贡市交通运输局修编完善《自贡市综合交通枢纽规划》，编制完成《自贡市公路客运及公交场站总体布局规划》《自贡港总体规划》，《自贡市交通基础设施国土空间控制性规划》加快编制，“十四五”综合交通规划研究全面启动。《内自同城化综合交通规划》形成初稿，内自同城化取得实质性进展。

重点公路建设 2019年，飞龙峡旅游快速通道、成自泸赤高速公路富顺连接线、成自泸赤高速公路大安北互通立交及连接线建成通车。开工建设自内快速通道（省道427线自贡境一期）、成自泸至乐自高速公路连接线、自贡至泸州港公路一期、北环快速通道（自贡至泸州港公路自贡段延伸线）。成宜高速公路自贡段完成路基工程99%，完成年度投资28.5亿元；省道309线乐自高速公路贡井区连接线全线路基基本完成，进入路面施工，完成年度投资1.5亿元；省道213线沿滩段改线工程沿滩至瓦市段完成路基施工，进入水稳层铺筑，沿滩至仙市段开展征地拆迁，完成年度投资3.3亿元；富顺怀德大桥下部结构工程完成90%，连续钢构施工完成35%，完成年度投资1.1亿元；内自同城化自隆快速通道（省道309线一期）、省道213线大安区段新建工程、省道436线东湖至富世等项目有序推进。成自渝城际快速通道、乐自犍高速公路和沱江沿江快速通道规划研究工作有序推进，内南高速公路前期工作加快推进。

成自泸赤高速公路建设 2019年3月15日，成自泸高速公路自贡北及连接线正式建成通车。项目位于大安区团结镇，由连接线和互通工程两部分组成。路线全长3.45公里，总投资8.3亿元，参照城市主干道一级公路标准设计，采用双向八车道，沥青混凝土路面。项目建成后，开启自贡“北大门”，使自贡到成都距离缩短12公里，成为拉动东部新城产业及物流发展重要交通枢纽。9月29日，成自泸赤高速公路富顺连接线扩宽改造工程正式建成投用。项目采用一级公路标准建设，全长1.49公里，总投资1.8亿元，路幅宽70米。项目建成实现富顺县境内高速公路和主要国省干线公路相互连通。12月9日，自隆高速公路成自泸赤至乐自高速公路连接线项目开工。项目全长20公里，总投资20.5亿元，全线采用双向四车道标准建设，设计时速80公里。项目预计2022年12月建成通车，对加快自贡、内江建设区域性综合交通枢纽和内自同城化发展具有重要意义。

内自快速通道建设 2019年11月21日，内自快速通道（省道427线自贡境一期）项目开工。内自快速通道全长30.4公里，估算投资60.13亿元，是内自同城化交通基础设施路网体系规划实施“两纵一横”重要通道之一，项目为内自快速通道自贡境第一期工程，本段长2.169公里，按城市快速路标准建设，主道双向八车道，辅道双向四车道，设计时速80、60公里。项目对完善区域路网和加快地方工业、旅游等资源开发，促进地区经济崛起，实现经济跨越性发展起到重要作用。

飞龙峡旅游快速通道建成通车 2019年12月25日，飞龙峡旅游快速通道工程通过交工验收。工程概算总

2019年，新建成的飞龙峡快速通道　　自贡市交通运输局 供图

投资6亿元，开工建设于2016年9月。项目全长13.075公里，起于自流井区舒坪镇磨刀岭村（乐自高速公路舒坪连接线），经水口大桥、仲权镇政府、德铭中学，于坳店子与伍富路相交，止于宜宾市玉家村，采用一级公路技术标准建设，双向四车道，沥青混凝土路面。项目建成为从自贡市区、内江及宜宾前往尖山、飞龙峡风景区游客，提供更方便出行条件，提升景区配套设施。

农村公路建设 2019年，自贡市完成新（改）建农村公路637公里。富顺县成功创建省级第三批“四好农村路”示范县，创建美丽乡村旅游示范路30公里、“四好农村路”示范路80公里。建制村客车通达率100%，提前一年实现建制村通客车全覆盖。

2019年，省级“四好农村路”示范县——自贡市富顺县新湾村道 自贡市交通运输局 供图

汪洋调研自贡交通基础设施建设 2019年7月24日，省交通运输厅党组书记、厅长汪洋专题调研荣县“2·24”“2·25”地震灾后道路重建和交通运输工作。汪洋到高山镇正义村内荣路、荣顺路了解灾后道路恢复重建推进情况，到省道309线乐自高速公路贡井连接线、北环快速通道建设项目现场、富顺县狮市镇马安村开展调研，了解全市综合交通规划、内自同城化交通规划等情况。汪洋强调，交通是实现发展蓝图的基础和先行，交通运输部门要主动作为，当好先行，抢工期、抓进度，坚决打赢交通灾后恢复重建攻坚战，全力保障群众安全出行；要在保证工程质量和施工安全的前提下，倒排工期，挂图作战，力争交通项目早日竣工投用，推动全市形成干支结合、连线成网、循环畅通市域路网；要持续推进乡村道路建设又要坚持建养并重，完善养护运行机制，保障道路通行能力，为乡村产业发展和高标准脱贫奠定坚实基础。

城市公共交通 2019年，自贡市扎实推进国家级公交都市创建，公交服务提档升级，公交分担率30.55%，优化调整公交线路46条次，新增全国标准化公交示范线路3条、高级公交车80辆、公交专用道39公里，公交车平均时速提高2.6公里，掌上公交App、手机支付等推广应用。建成桑海森林、舒坪两座公交首末站和自贡公交石灰窑新能源充电站。3月18日，自贡、内江城市公交一卡通互联互通启动仪式在自贡南湖体育中心举行，内自公交一卡通实现卡面设计、技术标准、票制收费、清分结算、集聚改造五个方面统一，标志着两市在内自同城发展中率先迈出公交同城第一步。7月6日，新增312路社区公交线路，线路从汇东公交客运站始发，经南湖国际社区、南湖公园、景苑小区、桑海森林、柏麓郡、卧龙湖湿地公园、御景湾等21个站点到桑海森林公交首末站，往返里程20公里，票制实行普通车1元、高级车2元，营运时间为6时45分至19时。9月1日，新增806路公交线，线路从恒大绿洲始发，经龙湖公园、王家大院、龙湖郡、沿滩二小、南湖体育中心东门、客运总站、市政府、蜀光中学、火车站、恒河花园等26个站点到仁和路北段，往返里程24.4公里，票制实行普通车1元、高级车2元，营运时间为6时40分至20时。11月30日，开行63路公交线路，线路从火车站广场公交站始发，经龙井、周家冲、大安新街、桑海井、凉水井、大山铺、恐龙馆、大梨树、三多寨，往返里程42公里，票制实行普通车1元、高级车2元，营运时间为7时50分至16时。

2019年3月18日，内自同城公交一卡通在自贡南湖体育馆举行启动仪式
自贡市交通运输局 供图

客货运输 2019年，自贡市公路客运量3 312.498万人次，旅客周转量102 047.744万人公里；货运量5 066.007万吨，货物周转量514 735.914万吨公里。城市公共交通客运总量19 126万人次。水路客运量34.07万人次，旅客周转量332万人公里；货运量107.1万吨，货物周转量1 583万吨公里。完成春运、国庆等重点时段运输保障任务，安全运送道路水路旅客1 203.02万人次。2019年，新增ETC用户12.07万个，新开行自贡至宜宾、荣县至自贡2条定制班线，完成自流井至三多寨公交化运行，预约、定制、响应式个性化农村客运服务覆盖范围不断扩大，拓展长山、代寺等乡（镇）客运站服务功能，开展运邮融合试点。开展自贡旅游集散中心与重庆机场旅客联程运输服务，旅客比上年增长20.1%。印发《自贡市推进运输结构调整三年行动计划实施方案》，推动大宗货物运输“公转铁、公转水”。引导货运企业建立自贡市城乡物流体系，提供“门到门、点对点”货运服务。

公路养护管理 2019年，自贡市整治普通国省干线危（病）桥1座，完成普通国道公路网里程碑及百米桩安装，完成国道348线等干线公路大中修88公里，持续强化小修作业，新（改）建交通节点厕所8座，新建4个养护管理站停车区对外开放。公路状况极大改善，服务水平进一步提升；深化路域环境治理，开展渣运车联合执法检查40余次；严格执行超限治理规定和卸载标准，切实保障路桥安全，公路超限率0.29%。

交通行业改革 2019年，自贡市交通运输局机关完成新“三定”方案科室设置和人员调整，内设科室调整至14个，撤销原有审计科、组织人事科、行政审批服务科、运输管理科，增设政策法规科、人事教育科、政务服务和审批科、公路管理科、道路运输管理科、水路运输管理科、科技和信息化科。同步实施公务员职务与职级并行套转，稳步推进全市交通运输综合执法改革。深化出租汽车行业改革，完成四城区巡游车运价调整和服务质量信誉考核，许可网约车公司5家，投放共享汽车100辆。深化“放管服”改革，完成国务院取消下放道路运输行政许可和航务海事行政许可事项承接，开展延时延点、节假日预约、主动上门等政务服务。全年办理交通运输行政审批服务事项19 141件，按时办结率、承诺办结率、现场办结率和群众评议率均为100%。

自贡市四城区巡游出租车实行新运价 2019年4月30日，自贡市四城区巡游出租汽车适度调整起程基价、运行价、延滞费，新增春节期间运价。此次为2010年以来首次调整。起价上调0.5元，调整后平时起价调至5至6元/车次；日间运行价0.9元/0.5公里，夜间运行价1.1元/0.5公里；应乘客要求需延时或因路阻等其他原因造成的车辆延滞4分钟内免费，4分钟后每2.5分钟计费一次，每次按0.5公里实时运行价进行计费。实行春节期间运价，包含春节长假（7天）及前3天计10天，起价为10元/车次，日间运行价1.1元/0.5公里，夜间运行价为1.3元/0.5公里。

绿色交通 2019年，自贡市实施打赢蓝天保卫战等5大专项行动，强力推进中央环保督察反馈意见整改。强化机动车维修行业污染防治，全面实行机动车尾气排放检验与维护制度，50辆油罐车全部安装油气回收装置。认真抓好水污染防治，印发《沱江自贡段船舶和码头污染防治专项整治工作方案》，全市所有机动船舶均配备油水分离器，拆除非法码头1个。持续开展道路扬尘治理，清扫路面26 577.6平方米。石灰窑西客站新能源汽车充电站建成投用，该充电站是自贡市继板仓新能源充电示范站后的第二座充电站，占地面积约13 000平方米，充电桩位75个，充电范围覆盖贡井、舒坪等区域纯电动新能源公交车。

平安交通 2019年，自贡市交通运输局出动执法人员48 683人次，检查车辆（船舶）569 974辆（艘）次。率先推行安全生产清单制管理试点，查处交通运输安全生产非法违法行为2 217起，罚款392.61万元。全市722辆“两客一危”车辆全部安装主动安全防控系统，864辆公交车驾驶区域安装安全防护隔离设施。全市经营性道路发生交通事故4起，死亡5人，比上年分别下降50%、37.5%。加强应急能力建设，完成2019年省市联合水上交通安全暨船舶防污染应急演练，全年开展各类应急实战演练21次，应急救援处置能力得到稳步提升。做好新中国成立70周年、两会等重点时段信访稳定工作，全年办理信访183件，满意率100%，行业没有发生重大群体性事件。国道348线王井、望佳收费站拆除。纵深推进行业扫黑除恶专项斗争，持续开展道路客运市场乱象专项整治，开展道路客运行业打非治违，查扣黑车1 190辆，城区主干线及重点区域路段基本无黑车，省扫黑办挂牌督办乱象工作实现销号。

行业精神文明建设 2019年，自贡市交通运输局开展中华人民共和国成立70周年系列活动，举办交通运输系统“祖国在我心中”歌咏比赛，以“三创联动”为契机，践行社会主义核心价值观，涌现出“全国巾帼建功标兵”羊敏等先进个人，组织开展道德讲堂、“暖冬行·爱传递”“十万志愿者环境卫生治理暨文明提升大行动”等志愿服务活动30次，机关干部职工年度志愿服务时间3 715小时，获评“四川省2019年青年志愿者服务春运暖冬行动优秀志愿服务团队”“自贡市五一劳动奖状”，交通运输工作被人民网、四川新闻网等中央、省级主流媒体报道16次。

（本栏目供稿单位：自贡市交通运输局）

攀枝花市交通

PANZHIHUA SHI JIAOTONG

2019年攀枝花市交通运输能力概况

公路交通运输			
通车里程	总里程（公里）		4 840.196
	其中	高速公路	195
		一级公路	43.624
		二级公路	289.806
		三级公路	189.631
		四级公路	3 560.062
		等外公路	562.073
公路密度	按国土面积计算：每百平方公里 62 公里		
	按人口计算：每万人 38 公里		
通达里程	通公路的乡镇 44 个，占乡镇 100 %		
	通公路的村 349 个，占村 100 %		
客运站	总　数（个）		156
	其中	一级站	1
		二级站	1
		三级站	2
		四级及以下站	152
营运车辆	总　数（辆）		10 892
	其　中	客车 895 辆 18 897 座	
		货车 9 997 辆 151 116 吨	
公路运量	客　运	客运量（万人次）	2 360.347
		旅客周转量（万人公里）	83 517.317
	货　运	货运量（万吨）	27.91
		货物周转量（万吨公里）	1 464.9
内河航运运输			
通航里程	总里程（公里）		388.5
	其中	三级航道	
		四级航道	
		五级航道	109.5
		六级航道	133
		七级航道	146
港口（码头）	总　数（个）		50
	吞吐量	旅客吞吐量（万人次）	39.93
		货物吞吐量（万吨）	27.91
水路运量	客　运	客运量（万人次）	39.93
		旅客周转量（万人公里）	1 397.55
	货　运	货运量（万吨）	27.91
		货物周转量（万吨公里）	1 464.9
营运船舶	总　数（艘）96		
	其　中	客船 91 艘 916 座	
		货船 5 艘 1 491 吨	
城市公交运输			
营运车辆	798 辆		
公交线路	61 条		
公交站	837个		
运　量	1.134 亿人次		

交通运输概况　2019年，攀枝花市全力打造四川南向开放门户和进出川门户型综合交通枢纽，全市交通运输投资25亿元，比上年增长超20%。攀大高速公路（四川境）累计完成投资55亿元；攀宜高速公路宁南至攀枝花段控制性工程开工，攀盐高速公路和绕城东段高速公路完成工程可行性报告评审。保安营机场航线从8个增至11个，旅客吞吐量突破54万人次，增长40.3%，增幅居全省前列。国省干线建设取得新成效，持续推进国省干线大中修和病（危）桥维修加固，完成大中修里程56公里。金沙江三堆子大桥建成通车。新（改）建农村公路168.8公里，完成省级目标任务80公里的210%。完善公交长效补偿机制，新增及优化公交线路17条，实现所有线路无人售票，累计发行交通一卡通2.22万张。出台《攀枝花市网络预约出租汽车经营服务管理实施细则》，开展巡游出租汽车运价调整，结束攀枝花市出租汽车8年未调价历史。投资120万元建成6路公交首末站和长途客运补员点。市客运中心站获5 000万元～7 000万元中央车购税补助资金，资金补助编制报告通过省交通运输厅审查，上报交通运输部核查。新增通客车建制村65个，实现所有建制村100%通客车。推进交旅融合发展，开通攀枝花至木里、盐源、格萨拉、二滩、米易至红格等7条旅游直通车。成昆铁路中断抢通保运生产工作，获省、市肯定和群众好评，作为攀枝花市“不忘初

心、牢记使命”主题教育成果上报中共四川省委。

（夏林秀）

民航建设 2019年，攀枝花市交通运输系统开展航线拓展、机场迁建、机场停机坪扩建、盲降系统更新改造等工作。6月10日西双版纳—攀枝花—沈阳直飞航线开通；6月28日加密1班攀枝花—重庆航线；10月29日攀枝花—桂林直飞航线正式开通。旅客吞吐量突破54万人次，增长40.3%，增幅居全省前列。推进机场迁建前期工作，纳入中国民用航空发展“十三五”中期调整范围，《机场迁建项目选址报告》及《选址阶段飞行性能分析报告》《选址阶段飞行程序预先研究报告》《选址阶段临时气象站气象统计分析报告》编制完成，按流程报批。开工建设保安营机场供油设施改造项目、污水处理站项目、货运楼重建项目及停机坪扩建项目和安检信息系统、离岗系统、盲降系统建设项目招标工作。推进无人机及通用航空发展，与四川通用航空投资管理有限责任公司签订《攀枝花市人民政府四川通用航空投资管理有限责任公司无人机项目战略合作协议》和《攀枝花市人民政府四川通用航空投资管理有限责任公司无人机测试基地项目合作补充协议书》。

（胡桂生）

2019年，渡仁西线大修工程现场 周卓熠 摄

高速公路建设 2019年，攀枝花市推进对外大通道建设，攀大高速公路（四川境）累计完成投资55亿元，预计2020年建成通车；攀宜高速公路宁南至攀枝花段控制性工程开工，攀盐高速公路和绕城东段高速公路完成工程可行性报告评审。国道5线京昆高速公路攀田段新增乐弄互通立交项目和绕城东段高速公路项目。2019年10月，省交通运输厅组织专家对项目工程可行性报告进行技术审查，印发专家评审意见，设计单位按照审查意见完善工程可行性研究报告。

（胡桂生）

国省干线建设 2019年，攀枝花市交通运输系统实施国省干线大中修56公里，完成省道214线渡口立交一号桥维修加固工程、省道310线红格复线大修工程和省道214线甸沙关至丙谷段大修工程。开展新雅江桥大修工程、国道353线新庄桥至清香坪段等3大修工程项目前期工作，完成省道310线红格至雅江桥段路面大修工程（一期）等10个项目审计工作和省道310线客运中心至新庄大桥段大中修工程等3个项目验收工作。完成国道108线仁和区拉鲊至大龙潭段、仁和区大龙潭乡黄栗树段左侧等12处边坡治理和水毁恢复整治工程。不断强化小修保养，累计完成路面修补18 000余平方米，应用贴缝带处治路面裂缝5 200余米、SMC改性沥青混合料200

2019年1月10日，攀大高速公路TJ1分部总发枢纽互通段 韩勇 摄

余吨路面灌缝93 500余米，维修结构物590余立方米，安拆里程碑、百米桩2 663块，更换边沟盖板790余块，修复损坏波形护栏2 100余米，修补人行道1 600余平方米。结合国道命名调整工作，完善标牌73 套，波形护栏5 356米，对市内300公里国道里程碑、百米桩进行更换安装。投入资金30万元用于每年两次桥梁定期检查和每年一次隧道定期检查，落实桥梁养护工程师制度和桥梁安全运行“十项制度”，及时更新桥梁数据库。完成寒婆岭隧道机电、交安设施维修，更换灭火器、制作隧道标志牌。完成凉风坳隧道限高龙门架、侧墙瓷砖安装工作，更换隧道轮廓标、灭火器。完成炳清线凉风坳一号、二号隧道维修加固工程施工方案。完成炳草岗大桥南环境整治工程的桥下树枝修剪和绿化栽种，新建排水沟200米，新建停车位21个，剩余工作待方案设计完成后按基本建设程序推进；深入公路、桥梁、隧道重点区域进行安全检查及隐患排查30余次，督导养护单位严格按照养护技术标准、规范及时处置影响行车安全的公路病害，并及时督导路面灌缝、预防性养护等工作；以操作技能竞赛为切入点，开展单位内部小型挖掘机技能操作竞赛活动，推动公路养护机械化、精细化、规范化再上新台阶。投入资金598.7万元，购置皮卡车2辆、扫路车2辆、超高压清洗车2辆，以及小型边沟清理器2辆、多功能道路养护机1套、6吨全液压双钢轮振动压路机2辆、超高压水流除线机1辆、乳化沥青生产设备1套。

（封正伟）

农村公路建设 2019年，攀枝花市助力脱贫攻坚和乡村振兴战略实施，深化“四好农村路” 建设，新（改）建农村公路132.78 公里，为省级目标任务80公里的166%。市政府制定政策保障，先后印发《关于进一步加强农村公路管理养护工作的意见》《关于推进“四好农村路”建设工作的意见》《关于印发攀枝花市集中力量打好交通建设硬仗任务分工方案的通知》，成立以分管副市长为组长的“四好农村路”建设工作领导小组和督导考评工作领导小组，明确“四好农村路”建设目标任务，并将“四好农村路”建设工作纳入市级对各个县（区）综合目标绩效考核，为推进“四好农村路”建设提供政策和组织保障。建立激励机制，市政府印发《关于开展“四好农村路”示范县（区）创建工作督导考评的通知》，对成功创建省级示范县的县（区）给予200万元专项补助。制订《“四好农村路”示范乡镇、示范村建设激励工作方案》，明确对每个示范乡（镇）一次性给予50万元奖励。为提升农村客运服务水平，2019年起，市财政对每辆农村客运车辆保险费给予30%补助，同时市财政在交通、农业农村、扶贫等方面对示范创建工作成效显著县（区）给予支持，为深化“四好农村路”建设提供资金支持。实施路长制管理，拟出台《“路长制”实施方案》，明确各级路长、路长办公室及成员单位责任，构建起“责权明确、分工明确、奖惩明确”县、乡、村三级路长责任体系，提升农村公路管养水平。挂牌督导，成立“四好农村路”示范创建工作专班，抽调行业建管养运专家，下沉到省级示范县重点培养县（区）蹲点指导示范创建工作。建立周督战、月总结机制，对照省级示范县评定标准对重点培育县（区）进行摸底调查，建立整改台账和创建工作清单，每周对照台账和清单进行挂牌督战，每月对创建工作进行总结，为高水平推动“四好农村路”建设提供坚实保障；西区、仁和区和米易县作为“四好农村路”示范县区重点培育对象上报，西区格里坪镇创建成为全市示范乡（镇）。组织参加“最美乡村路”评选和“我家门口那条路”主题宣传活动，推动“四好农村路”建设。

（曹　洪）

城乡客运 2019年，攀枝花市3个客运站全面实现联网售票，“两客”车辆入网率100%、上线率95%以上。新增通客车建制村65个，实现所有建制村100%通客车。推

2019年中高考期间，攀枝花市公交总公司通过“配备应急车辆”“设立值班点位”“优质文明服务”“确保安全运营”等措施，全力护航中高考　攀枝花市交通运输局 供图

进交旅融合发展，开通攀枝花至木里、盐源、格萨拉、二滩、米易至红格等7条旅游直通车。与13个学校建立长期合作机制，开行校园直通车达25条，安全运送学生8.2万人次；出台《攀枝花市网络预约出租汽车经营服务管理实施细则》以及经营许可、运输证发放、驾驶员证3个配套办理程序，许可4家网约车公司。完成抢通保运保生产任务，将成昆线攀枝花至昆明段货运运力从20对增加至33对，将沪昆线调整为客货混行，运力从42对增加至50对，有效缓解全市大型工业企业物料运输需求。做好客运运力保障工作，投入客运班车5 144班次、运送旅客6.1万人次，完成开学季旅客运输任务。2019年12月恢复1趟攀枝花至成都客运列车，比原定通客运时间提前半年；完善公交长效补偿机制，新增及优化公交线路17条，试运行1条公交专用道，累计发行交通一卡通2.22万张，乘客出行满意度95.5%。开展云闪付七折优惠乘车活动，长期提供免费乘车服务和优惠乘车服务，提供优惠及免费乘车4 388万人次，优惠乘车金额4 663万元；完成银联乘车码程序开发，所有无人售票线路均支持银联乘车码扫码乘车。加速花城智慧公交App优化升级工作，完成花城智慧公交手机App与爱城市网App对接工作，市民可实时查询公交信息。与超市、社区合作新增IC卡便民充值点3个，累计售卡28 404张。

（赵　耀　汪红燕）

航运管理　2019年，攀枝花市交通运输系统积极推进航运发展。强化水运企业资质管理，对全市9家水运企业和2家水运个体经营者资质进行全面核查，健全企业内部安全生产制度，规范企业安全生产管理，强化企业安全生产责任链，不断增强企业抗风险能力。持续改善群众出行环境，针对渔门镇湾灰村村民出行难问题，协调雅乐航运公司调派雅航001客船，从9月1日起每日定时定点往返渔门至湾灰村水域渡运过往群众，同时，自用船非法载客乱象得到治理。在二滩库区集中开展为期一个月非法设置拦河渔网和漂浮物专项整治清理工作，联合盐边、米易县地方海事处开展航道巡航执法检查，督促二滩水电站严格落实法定职责，履行库区漂浮物清理义务，确保航道安全、畅通。着力推进巡航救助一体化建设，市级水上应急救助站确定代建单位，完成施工设计。组织人员对凉山州会理、会东，云南禄劝、元谋4县矿产资源分布及流向流量和港口规划建设进行实地调研，为启动攀枝花港马店河作业区建设提供一手资料。重新辨识和定级全市22处水上交通风险源，梳理制订管控措施，督促县（区）海事机构按规定频次落实风险源巡查管控，利用风险安全隐患分析系统、现场检查和巡航巡查等手段对风险源实现常态化监管。全年开展水上交通安全检查65次、巡航检查24次，出动执法车辆63辆次、执法艇24艘次、执法人员165人次，检查船舶192艘次、渡口码头37座次，查出隐患4起，完成整治4起，发布预警信息345条。组织开展客船船员集中培训，参训船员50余名，34人通过内河船舶船员基本安全培训考试并取得相应证书，截至年底，全市注册船员526人，持证船员268人。

（黄　颖）

2019年2月1日，攀枝花市地方海事局开展“情满旅途”春运志愿服务活动　黄颖 摄

货运管理　2019年，攀枝花市交通运输系统进一步促进道路货运降本增效。以市政府名义印发《推进运输结构调整三年行动》，以深化交通运输供给侧结构性改革为主线，不断完善交通运输组织。加快发展多式联运，重点推进密地物流园区公铁联运、马店河港口公铁水联运项目规划建设及积微物流公司落地，改变攀枝花市货运行业小、散、弱现状，引导货运行业车型标准化、运输组织信息化，市场主体结构明显优化。开通“交邮、交医”合作，开通县级邮路2条，乡级邮路7条，开通交医（交通运输+医院）合作县级线路4条。全市5个综合性能检测站实现“三检合一”，1个综合性能检测站申办安检和环检资质，

一次检测、一次上线、一次收费，减少100元/辆次检测费用，全面降低货运成本。严格落实寄递物流“三个100%”，加强寄递物流从业人员教育培训，加大对客运站寄递物流监督检查力度，检查客运站35次。强化电子运单应用，危险货物运输企业电子运单企业和车辆覆盖率100%，电子运单异常率0.14%，通过电子运单系统发现并查处违章行为6起，推进电子商务与快递物流协同融合，全市规模以上快递服务企业业务量累计完成2 678.17万件，比上年增长82.67%。

（彭世忠）

驾培维修 2019年，攀枝花市持续深化驾培改革，全市新增三级驾校2所，现有驾校19所，教练车734辆，教练员615人，教练场面积767 013平方米，全年招收机动车驾驶培训学员17 941人，比上年上升18.9%。“先培后付”新模式覆盖率保持100%，选择新培训服务模式学员1 290名，占比7.43%。强化计时培训系统管理，全年审核签章15 682名学员阶段学时《培训记录》，审核符合备案条件教练员614名，结业考核员65名，安全员48名，审核备案科目二、科目三教学区域电子围栏162处，教练车安装计时终端575辆，绑定率100%。严格从业资格培训。1 480人从业资格考试合格，合格率56%；换发、补办从业资格证2 091个，依法注（吊）销2 641个从业资格证；5 082人完成继续教育培训考试；联合市生态环境局印发《攀枝花市机动车排放检验与维护（I/M）制度实施方案》，组织45名从业人员专题培训，建立排放维修治理站9家并与机动车排放检验机构联网。开展维修污染防治，制发《攀枝花市汽车维修企业污染防治工作方案》，推进维修行业VOCs（挥发性有机物）治理，督促企业完善废机油等危险废物贮存场地“三防”设施。全年检查维修企业241户，下发《整改通知书》9份、抄告综合执法支队2户，完成烤漆房升级改造31个。

（赵　耀）

行业法治建设 2019年，攀枝花市交通运输系统推进法治政府部门建设，深入推进“放管服”改革，落实“不见面审批”和“减证便民”工作，深化“网上办、快递送”，简压缩交通35项政务服务事项办结时限50%以上，实现群众办事“最多跑一次”。开展执法质量大检查，推动行政执法智能化建设，健全完善行政执法公示、执法全过程记录、重大执法决定法制审核等3项执法制度，推进“双随机、一公开”监管。“疏、堵”结合打击市内非法营运行为，开通“爱心免费摆渡车”，将外地患者从医院无偿摆渡至攀枝花市客运中心，有效增加医院周边合法运力，加大运力调配，做好出返攀学生服务点、出行信息发布、短途接驳等运输工作。加强与公安等部门联合执法，在市区繁华地段和人口密集路口，增设天网工程，打击非法客运乱停乱放行为。开展出租汽车违规行为和车容车貌专项整治，通过车载卫星定位装置抓拍行车抽烟、玩手机、不系安全带等违规行为。依托5个超限运输检测站，开展货运源头超限运输和抛洒污染集中整治。处罚超限运输、抛洒污染案件400余件，收缴行政罚款220余万元，挽回路产损失40余万元。

（夏林秀）

绿色智慧交通 2019年，攀枝花市坚持把推进绿色交通、智慧交通作为促进行业高质量发展关键举措，全方位引领绿色交通发展，围绕服务支撑“一干多支、五区协同”区域发展新格局，科学研究绿色综合交通运输发展规划，实施绿色施工，最大限度节约资源，最大程度减少对环境影响。深入落实绿色交通发展理念，督促207家企业安装计量设备，冲洗进城货运车辆8 000余辆次。投入新能源公交车辆215辆，投入230万元开展公交车辆尾气整治专项行动。研究换电重卡，扎实开展ETC安装，完成10万辆在籍车辆ETC安装。建立货源企业、运输企业、从业人员灰黑名单制度和工作档案，纳入信用管理体系。全年查处脏车3 000余辆次，现场整改1 500余辆次，劝返183辆次。8家企业、48名驾驶员纳入灰名单，1家企业、1名驾驶员纳入黑名单。开展智慧交通建设，推动攀枝花市交通运行监测与应急指挥系统项目，完善交通信息化建设。推进利用大数据优化公交线网相关工作，配合深圳市城市交通规划设计研究中心、西南交通大学做好攀枝花市公共交通专项规划修编工作。

（夏林秀）

平安交通 2019年，攀枝花市交通运输系统树立安全发展理念，强化红线意识和底线思维，开展安全生产各项工作。推进安全生产“五覆盖”，以防范和遏制重特大事故为重点，突出隐患排查治理、风险管控，深入推进安全生产工作系统化、规范化、精准化，四大重点行业领域安全生产形势保持稳定。全系统开展检查1 300余次，检查企业1 500余家次，排查整改隐患整治700余起（处）。检查“两客一危”车辆8 700余辆次，检查普通货运车辆8 600余辆次。加强应急值守，重大节假日和汛期等特殊时段，严格落实24小时值班和领导带班制度，确保信息畅通、反应迅速、处置得当。不断完善全系统突发事件应急总体预案，切实提高应急管理水平。开展冲锋舟实战操作训练、防汛演练、消防演练等应急演练30次，提升应急处置能力。强化特大桥梁、码头、客运站场、公共交通等重点要害部位反恐怖防范。

（夏林秀）

泸州市交通

LUZHOU SHI JIAOTONG

2019年泸州市交通运输能力概况

公路交通运输			
通车里程	总里程（公里）		25 009.502
	其中	高速公路	509
		一级公路	152.269
		二级公路	798.092
		三级公路	260.486
		四级公路	11 448.985
		等外公路	11 840.67
公路密度	按国土面积计算：每百平方公里 122.7 公里		
	按人口计算：每万人 34.8 公里		
通达里程	通公路的乡镇 121 个，占乡镇 100 %		
	通公路的村 1 355 个，占村 100%		
客运站	总　数（个）		27
	其中	一级站	2
		二级站	6
		三级站	1
		四级及以下站	19
营运车辆	总　数（辆）		24 714
	其　中	客车 2 684 辆 78 585 座	
		货车 22 030 辆 225 295 吨	
公路运量	客　运	客运量（万人次）	5 139.89
		旅客周转量（万人公里）	295 165.94
	货　运	货运量（万吨）	11 572.968
		货物周转量（万吨公里）	1 660 246.626
内河航运运输			
通航里程	总里程（公里）		926.54
	其中	三级航道	136
		四级航道	
		五级航道	48
		六级航道	43.5
		七级航道	111.6
港口（码头）	总　数（个）		17
	吞吐量	旅客吞吐量（万人次）	
		货物吞吐量（万吨）	951.27
水路运量	客　运	客运量（万人次）	2.06
		旅客周转量（万人公里）	16.94
	货　运	货运量（万吨）	1 986.16
		货物周转量（万吨公里）	2 279 846
营运船舶	总　数（艘）237		
	其中	客船 7 艘 228 座	
		货船 230 艘 63 万净载重吨	
城市公交运输			
营运车辆	1 413 辆		
公交线路	170 条		
公交站	3 661 个		
运　量	62万人次/天		

交通运输概况　2019年，泸州市公路总里程达15 013公里。其中，高速公路509公里，普通国省干线16条、1 501公里，农村公路总里程13 032公里，乡（镇）通畅率100%，建制村通畅率100%。全市有客运站27个，其中二级以上客运站8个。泸州市为四川唯一的全国30个港口型国家物流枢纽承载城市之一，全市有长江干线及沱江、赤水河、永宁河、胡市河等支小河流航道18条、库区航道11条，航道里程926.54公里。泸州市现有铁路265

2019年，泸州市城西客运站效果图　　泸州市交通运输局 供图

公里，均为地方货运铁路，设计时速60～80公里不等。泸州市云龙机场通航城市38个，建成川南第一、四川第三大航空港和川渝滇黔结合部航空运输中心。全市邮政快递企业41家，邮政快递网点832个，城乡快递末端公共服务站点220个，全年累计完成邮政业务总量12.55亿元，比上年增长38.51%，增幅排名全省第6位，累计完成快递业务量2 939.7万件，比上年增长14.73%。泸州是西部地区唯一同时开展全国综合运输服务示范城市、国家公交都市、全国城市绿色货运配送示范工程三项示范创建的城市。

航空枢纽建设 泸州云龙机场位于中国四川省泸州市龙马潭区与泸县交界处，距离泸州市区17公里，是川南第一大、四川省第三大航空港，也是西部重要区域枢纽机场。云龙机场2018年9月建成通航，通航城市38个，跑道长2 800米、宽50米，航站楼面积3万平方米，14个停机位，8个登机廊桥，楼内预留有口岸联检和国际候机区域。2019年旅客吞吐量186万人次，货邮吞吐量6 645吨。建立赤水、荣昌异地候机厅2个，区域性航空枢纽功能初显。逐步打造航空运营基地和货运基地，谋划开通国际（地区）航线，争创航空开放口岸，加快建设现代化国际性区域航空枢纽。

公路建设 2019年，泸州市高速公路通车总里程509公里，居全省第三位、川南第一位，实现高速公路县县通、连续6年年年通。建成隆纳、纳黔、泸宜、泸渝、成自泸赤、宜叙、叙古、泸荣等8条高速公路，出川大通道5条。93公里绕城高速公路闭环运行，围合国土面积411平方公里。叙威高速公路全长35.335公里，投资51.21亿元，路基工程完成80.42%，桥涵工程完成69%，隧道工程完成62%；泸永高速公路全长41.64公里，投资50.99亿元，项目核准获批，压覆矿报告获省自然资源厅批复，初步设计完成评审待省交通运输厅批复，渔评报告和水土保持报告完成专家评审待批复，项目公司组建完成；成贵高速公路（古蔺至川黔界）全长39.042公里，投资108亿元，工程可行性报告通过联合评审，规划选址、用地预审、社稳风险评估取得批复，项目公司组建完成；叙古高速公路古习段、国道8515线泸荣高速公路建成通车。泸永高速公路、泸州经古蔺至金沙高速公路（古蔺至川黔界段）开工建设，叙威高速公路预计2020年建成通车。合江长江一桥获鲁班奖、詹天佑奖、乔治·理查德森奖。

2019年，泸州市普通国省干线16条、1 501公里，其中，普通国道6条651公里，普通省道10条850公里。完成国道353线合江至泸州段、国道321线纳溪至泸县段一级公路升级改造131公里。加快建设国道546线纳溪至赤水（川黔界）段等4个项目193.5公里。加快国道321线延伸段等项目前期工作13个442公里。农村公路总里程13 032公里，乡（镇）通畅率100%，建制村通畅率100%。全市新（改）建农村公路1 670公里，为市目标任务680公里的246%。赤水河环线扶贫公路古蔺段建成通车，实现所有建制村通硬化路、通客运。一期渡改桥31座，建成16座（2019年全面建成洞子上大桥等渡改桥5座），加快建设12座，加快前期工作3座，调整建设1座。二期渡改长江桥6座，分别为白沙长江大桥、河东长江大桥、榕山长江大桥、中坝右汉人行桥、大渡口长江大桥、中坝（新路口）长江大桥（2019年，白沙长江大桥、河东长江大桥开工建设）。

全市有客运站27个，其中二级以上客运站7个。泸州客运中心站2012年建成运行，是西南地区最大的一级公路客运站。城北公交枢纽站2016年建成运行，是全省第二、川南最大公交枢纽。

港口及航道建设 截至2019年底，泸州有长江干线及沱江、赤水河、永宁河、胡市河等支小河流航道18条、库区航道11条，航道里程926.54公里。泸州港内长江航道136公里（占四川省长江航道229公里的59%），航道等级三级，配布一类航标，最低位置水深2.9米，全年昼夜通航1 000～3 000吨级船舶，丰水期可通航5 000～8 000吨级船舶。泸州港由纳溪港区、龙江港区、合江港区、泸县和古蔺港区五大港区组成，“一横二纵五港区”航运体系基本形成。经长江非法码头整治和长江岸线利用项目清理整治后，现有留存合法码头18座（纳溪6座，江阳3座，龙马潭3座，泸县1座，合江4座，古蔺1座），船厂3家（江阳1家，合江2家）。泸州港集装箱码头建成6个3 000吨级直立框架式泊位和40万平方米集装箱堆场，具备集装箱100万标箱吞吐能力。铁路专用线直通港区堆场，铁水联运无缝衔接。

铁路运输 2019年，泸州市推进铁路“331”工程，即全力攻坚川南城际铁路、渝昆高铁、蓉遵高铁3条高速铁路。川南城际铁路泸州段设计时速250公里，泸州境内41公里，2019年完成投资12.4亿元，累计完成投资36.49亿元，占总投资71.5%；泸州站完成年度投资2.1亿元，占总投资17亿元的12.4%；泸州站站房及相关工程2019年完成施工招标，进场开展施工驻地建设等准备工作。渝昆高铁设计时速350公里，泸州境内62公里，项目可行性研究报告取得国家发展改革委批复，2019年9月举行四川段建设启动仪式，开展项目初步设计、施工设计送审报批，年内全面建设施工。加快推进隆黄铁路隆叙段、隆黄铁路叙毕段、叙永至大村铁路三条货运铁路建设，其中，隆黄铁路隆叙段全长160公里，隆昌至泸州段55公里，设计时速60公里，泸州至纳溪段27公里，设计时速60公里；纳溪至叙永段正线78公里，设计时速80公里；沿线设有福集站、泸州站、方山站、纳溪站、江门镇站和叙永站6个货运办理站。隆叙铁路发运货物主要有煤炭、食品、化肥、矿建、化工、非金矿、钢铁、工机等多种品类，能办理20英尺和40英尺集装箱、危险品、超限集重货物等运输业务，是四川省境内发运货物品名最多、办理运输业务最齐全的地方铁路，

2019年9月29日，渝昆高铁四川段建设启动仪式在泸州举行　　泸州市交通运输局 供图

也是四川省地方铁路系统内运营里程最长的地方铁路。叙毕铁路泸州段设计时速120公里，泸州境内39公里，累计完成投资13.55亿元，占总投资47.5%；三狮坪、观音坡、斑竹湾等5座隧道于2019年相继贯通，工程按计划推进。叙大铁路设计时速80公里，项目全长85公里，完成全线静态验收工作，具备通车运营能力。加快建设泸州高铁枢纽站。全市在建（含启动建设）项目4个，142公里。

道路运输　2019年，泸州市成功创建为全国首批“综合运输服务示范城市”，争创“十三五”期间首批国家公交都市、全国22个城市绿色货运配送示范工程。全市121个乡（镇）和1 335个建制村全部通客车，货物周转量1 660 246.626万吨公里，比上年增长8.64%；公路运输总周转量1 689 763.221万吨公里，比上年增长8.07%，增幅排名全省第一。全市道路运输企业2 467家，客运、货运、出租、公交车、教练车28 003辆。其中客运企业23家、线路622条、车辆2 228辆，超长客运线路34条、车辆132辆，旅游客运195辆。等级客运站27个，一级站2个（泸州客运中心站和泸州汽车站）、二级站5个、三级站1个、四级站16个、五级站3个，泸州客运中心站是西南地区最大一级公路客运站。货运企业575家、车辆19 148辆，危险货运企业25家、车辆1 216辆。城市公交企业11家、线路282条、公交车1 921辆，新能源公交车888辆。巡游出租汽车企业24家、车辆2 056辆，新能源出租汽车250辆，网络预约出租汽车企业16家、车辆1 177辆。维修企业1 733家，16家综合检测机构实现“三检合一”，驾校60家、教练车1 720辆。

水路运输　2019年，泸州水路运输货运量1 986.16万吨，比上年增长9.85%，占全省28.8%；货物周转量227.98亿吨公里，比上年增长13.02%，占全省74.61%，增幅排名全省第三位。泸州港货物吞吐量951.07万吨，比上年减少33.08%，占全省21.42%。其中，集装箱吞吐量213 611标箱，比上年减少62.57%，占全省48.81%；铁水联运40 118标箱，比上年增长14.13%，占全省100%；外贸箱量48 528标箱，比上年增长33.21%，占全省79.31%。全市港口经营单位18家，其中运营6家、停运12家；渡口62座（江阳2座，纳溪4座，合江23座，泸县16座，叙永1座，古蔺16座）。

全国综合运输服务示范城市建设　2019年，泸州市加快全国综合运输服务示范城市建设，全力推进综合客运枢纽示范建设、城市货物集疏运中心示范建设、运输服务信息共享示范建设、综合运输组织模式示范建设、综合运输服务工作机制示范建设、综合运输服务标准示范建设6大示范建设，全面落实25个重点支撑项目。全市综合交通网络密度3.77公里/平方公里，较创建期初增长8.78%，全市121个乡（镇）和1 335个建制村100%通客车，形成“衔接顺畅、服务优质、支撑有力、管理规范”综合运输服务体系，构建“铁水公空邮”现代综合交通运输大格局，通过省级初核和交通运输部审核。

国家公交都市创建　2019年，泸州市在基础设施建设、公交资源整合、公交线网优化等多方面推进公交都市创建。启动大池、彭湾等2个公交场站建设，推进石洞、安宁、关口等11个公交场站土地落实。新开夜间专线、旅游专线路等8条，优化调整公交线路44条。公交智能化建设方面，新增支付宝乘车码、翼支付乘车码、云闪付乘车码3种离线支付方式；在重要站点新增建设20块智能公交电子站牌，累计80块；在掌上公交App首

2019年9月17日，四川省绿色出行宣传月和公交出行宣传周活动启动仪式在泸州举行 泸州市交通运输局 供图

页嵌入定制公交入口，实现网约公交在线订票。购买新能源车156辆，全市新能源公交车888辆。全年建成充电场站10个，其中城北公交枢纽站充电站是西南地区地级市最大公交充电站，江阳区全域公交线路是全省唯一获交通运输部全国10条“新能源公交高品质线路”的线路。

全国绿色货运配送示范工程创建 2019年，泸州市加快推进全国绿色货运配送示范工程创建，组建工作机构，明确工作任务和目标，以“绿色、高效、智能、创新”为主题，建成干支衔接型物流园区1个、公共配送中心3个、末端公共配送站90个、城市货运配送车辆临时停靠点58个、可供新能源货车使用的充电站17个、

2019年，川滇黔渝现代公路物流港物流园区 泸州市交通运输局 供图

充电桩173根。研究制定《泸州市城市物流配送车辆选型技术指南》《泸州市城市配送企业考核管理办法》《泸州市城市绿色货运配送运力调控制度》《泸州市城市配送企业运营服务规范》《泸州市邮政、快递车辆通行管理办法》等政策规范，货运配送公共信息服务平台加快建设，推进城市配送车辆标准化发展，推行“集中配送”“夜间配送”物流模式，促进物流降本增效和节能减排。

机构改革 2019年，泸州市交通运输局以机构改革和综合执法改革为契机，推进组织体系、职能职责、行政事权、执法模式四大改革，初步建立在市交通运输局管理下的“四局、一支队、四中心、二站”组织机构体系，在全省交通运输系统实现两个率先。即率先构建“铁水公空邮”大交通体系，将民航和高铁规划建设职能划转市交通运输局，由泸州交通全面统筹“铁水公空邮”交通设施规划建设和综合运输衔接组织。率先建立支撑大交通的工作体系，组建民航发展中心和铁路发展中心，争取新增事业编制31人，初步形成大交通、大融合、大执法综合交通体系。

公路路政管理 2019年，泸州市路政固定检测车辆899 796辆次，查获超限314辆，卸载306辆，处罚422辆，卸（转）载吨位4 836吨，固定超限检测站车辆超限率控制在3%以内。流动治超检查车辆58 672辆次，查获超限1 409辆，卸载1 365辆，处罚1 385辆，卸载超限货物15 019吨。国省干线公路车辆超限运输率控制在3%以下，结案率和处罚正确率均为100%。

公路养护管理 2019年，泸州市投资1 900余万元先后实施国道321线大纳路、国道353线纳江路预防性养护工程；国道321线K1756段路基病害处置；花背溪、牛市坎、大洲驿地质灾害整治等公路养护工程。投资800余万元完成野鹿溪桥维修加固，泰安长江大桥斜拉索护套管修复，泸州长江大桥引桥拱座裂缝病害处治等桥梁养护工程。坚持定期开展路况巡查，处理各类涉路投诉80余起。投入小修资金1 000余万元，挖补坑凼4万平方米。投资185万元，实施桥梁定期检查45座，特殊检查4座。投资约500万元，维修改造养护站3个。全年处理各类安全问题100余个，整改安全隐患50

余处。开展消防演练1次，汛期双盲演练1次。全市完成新（改）建农村公路1 608公里，为省目标任务1 200公里的134%，为市目标任务680公里的236%，完成投资16.1亿元。“四好农村路”示范创建稳步推进，制订出台《泸州市“四好农村路”示范乡镇（街道）、示范村（社区）创建方案》《泸州市创建“四好农村路”示范乡镇评定细则》。指导古蔺县成功创建第三批“四好农村路”省级示范县。

平安交通 2019年，泸州市行业安全监管规范化建设、企业安全生产标准化建设全面落实，安全生产清单制管理持续推进，安全生产源头管理不断强化，安全风险防控和隐患排查双重预防机制基本建立，“四个一律”规定落实到位，从严查处违法违规行为。至年底，全年查处客车驾驶员违反“六严禁”97起，其中受到停运7天处理71起、停运1个月处理26起；销毁脱管船舶10艘，依法取缔非法码头3座。国省干线公路安防设施和沿线地质灾害隐患防治工作有序开展，超限超载、侵占损坏公路和公路附属设施等行为得到有效遏制。全年修复损毁波形护栏1 800余米，查处超限车辆1 706辆次，卸载货物19 854.84吨，处理损坏公路设施243起。“平安工地”安全生产主体责任和监理单位监督责任全面落实，“三查”工作认真执行，施工方案与实施“两张皮”的现象基本杜绝。监督检查覆盖率100%，问题有效整改率100%。加强交通战备项目建设和应急演练，完成军事交通保障、通信设施安全保护等工作，深化交通运输危机管理研究，保障行业和谐稳定发展。水上交通连续7年“零事故、零死亡”，安全生产形势平稳可控。

绿色交通 2019年4月，泸州市全力做好《中华人民共和国水污染防治法》执法检查迎检工作，全国人大常委会委员长栗战书在泸州港多用途码头检查《中华人民共和国水污染防治法》实施情况时，给予肯定评价。为全面落实《中华人民共和国水污染防治法》执法检查要求，2019年5月，泸州市港口码头及船厂水污染防治突出问题专项整治全面启动，泸州市交通运输局配合制订《泸州市港口码头生态环境保护技术要点》，率先在全国内河明确港口码头污染防治标准，总投资1.2亿元，整改项目135项。全力推进港口码头岸电建设与改造，全市具备岸电功能的港口累计为1 704艘次船舶提供靠港岸电使用，累计供电9.7万瓦。持续巩固长江泸州段非法码头专项整治，完成沱江干流3座非法码头的拆除取缔和生态复绿工作。龙溪河河长制工作有序推进，推进龙溪河泸州段河长制清单中重点工程项目17个，完成13项工作任务（其中5项需长期坚持），总投资1.28亿元。累计完成《泸州港港口与船舶污染物接收、转运和处置设施建设方案》84%的建设任务。加快推进泸州港总体规划修订工作，坚持“生态优先、绿色发展”理念，整合岸线资源，优化港口布局，高质量修订港口总体规划，编制完成《泸州港总体规划修订报告（送审稿）》。完成《泸州市防治船舶及其有关作业活动污染水域环境应急能力建设规划》编制工作并由市政府办公室印发。

智慧交通 2019年，泸州市城市公交发行“一卡通”卡326 907张，实现网上充值、手机NFC支付、金融IC卡支付等功能。8家三级以上客运站实现联网售票。组织加入全省接驳运输联盟，132辆长途客运班线实行接驳运输。全市2 315辆旅游客车、包车客车、四类以上班线客车入网率100%，727辆危险货物运输车辆入网率100%。1 699辆“两客一危”车辆安装主动安全智能防控系统，1 376辆公交车全部安装防护隔离装置。全市二级以上汽车客运站均安装固定视频监控系统并接入运管、安监部门监管平台。全市17家汽车综合性能检测机构全部安装完成信息化系统并投入使用。四川省交通运行监测与应急指挥系统（二期）泸州部分建设，预算总金额3 020.45万元。至年底，市运管、航务、公路等监控视频全部接入。全面整合道路运输、水上交通、公路监管、桥隧监管数据，上线投入使用运行监测与应急指挥、视频智能分析和智慧桥隧监测三大系统，进一步完善交通运行监测和应急指挥调度体系，实现信息集成、运行监测、信息查询、应急指挥调度四大功能。项目完成交工验收工作。全面建成泸州桥隧群健康监测系统二期，覆盖市内国省干线公路27座桥梁和2座隧道，实现全天候动态监测桥梁和隧道健康运行情况。以《公路桥梁无线传感网监测系统标准》为名称，申报交通运输部行业标准。系统以“基于无线传感网的大型桥梁结构监测系统建设和关键技术研究”为项目名称，经交通运输部专家评审，获得交通运输部公路学会一等奖，项目建成试运行，完成投资3 235.45万元。市运管局启动“两客一危”道路营运车辆主动安全智能防控系统建设。全市“两客一危”道路营运车辆1 699辆（“两客”898辆、危险品801辆），全年安装1 698辆（“两客”898辆、危险品800辆），因故未安装1辆。完成安装的1 681辆“两客一危”车辆全部接入服务平台并接入省级监管平台，其中四川东星北斗云位置信息服务平台1 238辆，成都网阔企业监控平台443辆。2019年，水上交通安全监管系统完成投资1 800.83万元，包括CCTV子系统、雷达子系统、VHF通信子系统、数据处理子系统、交通显示及控制子系统、管理信息子系统、记录重放子系统、信息传输及网络子系统、支持保障子系统等9个子系统，项目完成验收，进入对接移交阶段。完成全小型无人机系统购置和调试，总投资64.5万元，用于沱江和赤水河泸州辖区水域的巡航监管和应急处置。

（本栏目供稿单位：泸州市交通运输局）

德阳市交通

DEYANG SHI JIAOTONG

2019年德阳市交通运输能力概况

公路交通运输			
通车里程	总里程（公里）		8 627.146
	其中	高速公路	205
		一级公路	448.615
		二级公路	619.691
		三级公路	725.276
		四级公路	6 359.331
		等外公路	269.233
公路密度	按国土面积计算：每百平方公里 143.78 公里		
	按人口计算：每万人 22.58 公里		
通达里程	通公路的乡镇 125 个，占乡镇 100 %		
	通公路的村 1 412 个，占村 100%		
客运站	总　数（个）		210
	其中	一级站	4
		二级站	6
		三级站	6
		四级及以下站	194
营运车辆	总　数（辆）		18 776
	其　中	客车 1 529 辆 44 513 座	
		货车 17 247 辆 228 867.36 吨	
公路运量	客　运	客运量（万人次）	2 891
		旅客周转量（万人公里）	246 677.6
	货　运	货运量（万吨）	9 860.6
		货物周转量（万吨公里）	707 558
内河航运运输			
通航里程	总里程（公里）		
	其中	三级航道	
		四级航道	
		五级航道	
		六级航道	
		七级航道	
港口（码头）	总　数（个）		
	吞吐量	旅客吞吐量（万人次）	
		货物吞吐量（万吨）	
水路运量	客　运	客运量（万人次）	12.56
		旅客周转量（万人公里）	
	货　运	货运量（万吨）	
		货物周转量（万吨公里）	
营运船舶	总　数（艘）		
	其　中	客船　艘　座	
		货船　艘　吨	
城市公交运输			
营运车辆	876 辆		
公交线路	80 条		
公交站	2 212个		
运　量	1.21 亿人次		

交通运输概况　2019年，德阳市交通运输着力重点项目，为稳增长作贡献。续建项目，加快推进成都第三绕城高速公路德简、德都段建设。推进天府大道北延线、绵茂公路建设，统筹协调德中、德罗项目。新开工项目，做好国道5线京昆扩容、德遂和成南扩容等高速公路要素保障工作。前期研究项目，加快德阳绕城高速南段、德阳工业大道、庐山南路延长线、德罗干道北延线快速通道及德阳至绵阳机场快速通道等项目前期研究，做好项目储备。

着力成德同城，交通引领率先突破。规划对接成都东向、北向综合交通体系，全面融入“成都轨道网、城市干道网、公铁空枢纽网”三张网，打造成德“半小时交通圈”。在交通同城感上有所突破。持续推进成德动车公交化运营，截至年底，成德间动车开行80余列，发车间隔缩至20分钟，协调增加德阳至双流机场及通勤时间段动车班次；持续推进成德接壤县（市、区）客运公交化运营，陆续开通广汉至青白江、广汉至新都、彭州至什邡等3条城际公交，3条城际公交线日均运送旅客总量达5 000人次；加快研究推进运输服务一体化，开通深化“天府一卡通”项目，持卡可共享成德眉资当地乘坐公交车优惠政策。探索研究动车“月票制”，提高成德群众同城感。在标志项目建设上有所突破。加快推进

建设成都经济区环线高速公路德简、德都段，加快推进国道5线高速公路扩容项目建设，缓解既有高速公路拥

2019年9月17日，德都高速公路石亭江特大桥全幅贯通　　德阳市交通运输局 供图

堵，实现成德快速通行；加快建设天府大道北延线、德阳至天府国际机场快速通道。在轨道交通上有所突破。加快推进成都经广汉至德阳市域铁路（S11线）、成都环线城际铁路（彭州经什邡至德阳至金堂段及绵竹支线）等项目规划及相关前期工作，统筹协调成绵乐城际铁路德阳南站和德阳动车运用所站场建设。

着力区域协同，规划建设不断强化。2019年，推进全域一体化，提升德阳主城区交通辐射能力。重点推进主城区至县（市、区）快通项目，同步开展德阳绕城高速公路南段前期研究工作，构建德阳主城区到县（市、区）和全市80%以上乡（镇）到县（市、区）半小时交通圈。同时，加快德绵交通一体化，构建德绵城市干道双主轴。重点推动德罗干道、成德大道北延至绵阳等重点项目规划建设，开展德阳至绵阳机场快速通道前期工作。完善德阳东西向路网布局，加快推进德遂高速公路建设，开展德阿高速公路研究工作。

着力监管服务，行业治理效能显著提升。严格项目监管。突出环保及安全建设理念，推行示范工程，强化建设单位管理责任，加强在建交通建设工程质量安全监督，实施工程质量综合评价，打造交通品质工程。规范行业治理。推进交通审批改革工作，发挥市场机制在交通行业中的决定性作用。推进综合执法改革，提升执法能力和执法水平。提升行业形象。畅通交通“12328”诉求渠道，满足群众多层多元交通需求，推进公共交通优先发展，丰富网约车、共享汽车等城市交通运输体系，加强公路污染防治，打造公路舒适环境，搭建交通网站、交通App等信息发布及便民服务平台。

着力民生热点，人民满意交通持续深化。农村交通助力乡村振兴“五大工程”。聚力脱贫攻坚抓好交通产业融合，加快农村公路建设，全年新（改）建农村公路402公里。绵竹市、广汉市、什邡市成功创建省级“四好农村公路”示范县。持续推进动车公交化运营。截至年底，成德间动车发车间隔缩至20分钟，由德阳站可直接出发前往天津、南京、重庆、郑州、秦皇岛、西安、太原、徐州、广州等重要城市。加快研究推进公交服务一体化。推行并优化成德眉资公交“一卡通”，持续推进成德接壤区客运公交化运营。

成都经济区环线高速公路德阳至简阳段　该项目即成都第三绕城高速公路东段，属BOT项目。在德阳市旌阳区境内起于京昆高速公路（与德都高速公路顺接），经中江县、成都市金堂县，止于简阳市境内渝蓉高速公路（顺接简蒲高速公路），全长105.56公里（其中德阳境内主线长68.2公里）。设计采用双向六车道高速公路技术标准，设计时速120公里。项目概算总投资131.5亿元，建设期3年，运营期29年11个月。至

2019年8月15日，德简项目德阳境内何家湾大桥　　德阳市交通运输局 供图

2019年底，累计完成投资126.23亿元，为概算总投资的95.99%。德阳境内自开工累计完成投资79.13亿元，为德阳境内概算投资84.8亿元的93.3%。

成都经济区环线高速公路德阳至都江堰段 该项目即成都第三绕城高速公路北段，属BOT+政府补助项目。线路呈东西走向，经德阳市旌阳区、绵竹市、什邡市，成都彭州市和都江堰市。项目全长109.592公里（其中德阳境内主线长42.05公里，绵竹支线长17.87公里），概算投资155.39亿元（其中德阳段79亿元），项目于2018年4月28日开工建设，建设期3年，运营管理29年11个月。至2019年底，全线开工累计完成投资93.49亿元，为概算投资的60.16%。德阳境内自开工累计完成投资43.57亿元，为德阳境内概算投资79亿元的55.15%。

国道5线成绵高速公路扩容 该项目起于绵阳游仙区魏城镇附近，经德阳中江县、旌阳区、广汉市，止于成都绕城高速公路，全长127.7公里（德阳境内56.80公里），按双向八车道建设，估算投资333.2亿元（德阳境内147亿元）。2019年1月31日，成德绵高速公路扩容、绵苍高速公路、苍巴高速公路打捆项目招标成功，四川高速公司与中铁建、成都交投、四川交建联合体中标，2月25日印发中标通知书。签订社会资本方投资协议和特许经营权协议。至年底，继续开展初步设计和施工图设计工作。

德遂高速公路开工 该项目路线起于德阳市中江县玉兴镇，采用枢纽互通式立交与成都经济区环线高速公路德阳至简阳段（德简K137+250）衔接，经过德阳市中江县境内龙台镇、永安镇、柏树乡、通山乡，进入绵阳市三台县观桥镇、景福镇，遂宁市射洪县陈古镇、万林乡、沱牌镇，止于遂宁市大英县回马镇，接建成的遂宁至回马高速公路终点。改建原主线收费站为落地互通（回马互通式立交）。项目全长83.5公里，投资89.85亿元，中江县境内路线长29.112公里，估算投资31.5亿元。路基宽26米，双向四车道，设计时速100公里。项目于2019年5月开工建设，至年底，完成项目初步设计并同步开展施工图设计工作，玉兴枢纽互通主体工程跨线桥工程完工。

天府大道北延线 天府大道北延线德阳段由主线和国道108线连接线（向阳段）组成。路线起于成都市新都区与德阳市行政交界处半边堰，止于德阳市西二环路，全长34.2公里，双向八车道加六辅道，总投资133.5亿元，2019年开工建设，按照合同工期2022年底建成通车。项目于2019年3月底完成招商，6月底签订投建一体合同，中标单位在德阳注册项目公司（德阳北延项目管理有限公司）。同时，设计单位进场开展施工图设计工作，完成部分重要节点及路段设计工作；全线征拆工作全面开展，优先保障重要节点进场施工；三星堆示范段、向阳示范段、青白江至成汶铁路跨线桥、石亭江大桥开工建设，其余路段开展施工准备工作。上跨方案获得产权部门批复，大部分专题要件获得批复。完成年度投资20亿元。

成德大道德罗项目示范段 该项目起于德阳市区规划庐山路北延段与规划鸭绿江路交叉，止于规划德罗项目北延线及罗江县城连接线交叉处。线路全长21.48公里（其中主线长18.45公里），路面总宽33.5米，双向六车道，采用一级公路技术标准，设计时速80公里。该项目估算总投资27.44亿元，计划2022年8月完工。至2019年底，项目自开工累计完成投资8亿元，占估算总投资29%。2号拌合站建设完成，营盘梁隧道进口段路基填筑完成，项目累计完成便道4.4公里。

什德中快通德中项目示范段 该项目起于德阳市区金沙江东路终点德阳海关大楼附近，止于中江县二环路继光大道路口。线路全长26.92公里（其中主线长24.18公里），双向六车道，采用一级公路技术标准。该项目估算总投资44.39亿元，计划2022年5月完工。至2019年底，项目自开工累计完成投资9.69亿元，占估算总投资21.8%。中江段完成古店乡2号拌合站、集风镇3号拌合站建设。三湾塘隧道、石庙垭隧道进口营区建设完成。项目累计完成便道建设7.2公里。

德茂路德绵项目示范段 该项目由两段组成。一段：长江西路与二环路交叉处至秋月段（K0+000—K4+600），起于长江西路与二环路交叉处，向西至秋月路口，并在秋月路口新建立体式互通。二段：孝泉孝德场镇改线段（K11+364—K18+869.670），起于德茂路秋月至孝泉段，在孝泉孝德城镇区段向西另辟新线绕越，之后接回德茂路。该项目为双向六车道+两辅道，路线全长12.11公里，总投资13.4亿元。项目建成后对于完善德阳市路网整体功能，提高路网运行效率，完善全市规划布局具有重要作用。至2019年底，取得土地预审批复、项目主线立项核准批复、项目配套段立项备案、主线及配套段初设批复、财政评审工作。项目第二段因土地原因暂缓实施。

绵茂公路绵竹段 绵茂公路绵竹段（国道545线绵竹至茂县段）起于汉旺皇冠灯，经清平镇，止于篮家岩隧道K46+120，总长度47.49公里，设置主线17座隧道全长30.399公里，篮家岩平行导洞隧道1座2.93公里；主线40座桥梁全长4.60公里，连接线2座桥梁232.5米，主线桥隧比73.69%。2019年，多项工程取得进展：2月27日，绵茂公路绵竹段工程滴水岩大桥完成梁体浇筑施工，成功连接二岗桥二号隧道与滴水岩隧道，按期完成节点目标任务；3月9日，二岗桥一号隧道按计划实现贯通目标；3月19日，绵茂公路香港援建段工程通过工程竣工验收；5月19日，滴水岩隧道贯通。滴水岩隧道全长2 536米，属长隧道，位于龙门山中央断裂带中段，地质情况复杂、施工难度大、安全风险高，被列为全线控制性重点工程。至年底，绵茂公路累计完成投资18.56亿元，占概算投资27.12亿元的68.44%。

农村公路建设 2019年，德阳市完成农村公路新(改）建402公里，完成投资5.9亿元（含自建项目165.3公里，投资3.5亿元）。至年底，广汉、绵竹、什邡三市成功创建第三批省级“四好农村路”示范县。完成15个市级“四好农村路”示范乡（镇），68个县级“四好农村路”示范村验收评比工作。干部职工积极参加交通运输部组织的“我家门前那条路”微博展示周活动，循环推出农村公路精品线路，展示“四好农村路”建设新成果。采用第三方购买服务方式完成2013年至2019年安全防护设施986.79公里（总投资23 044.98万元）的效果评价。完成县乡道“六个一工程”建设：公路信息牌（碑）645块，指路标志牌840套，通视区/凸面镜325个（块），道口标志桩1 410组，警示减速标线1 735组，小品小景44处。开展农村公路质量提升行动，加大质量抽检和在建项目监督管理，确保农村公路建设更上新台阶。

2019年10月17日，罗江县星光村产业道路 德阳市交通运输局 供图

交通扶贫基础工程建设 2019年，完成交通扶贫专项新（改）建农村公路96.8公里，危桥改造3座，投资3 125.84万元。为中江县贫困地区群众解决出行难问题，增设村社错车道9 000余个。至年底，德阳119个乡（镇）、1 412个建制村均实现通硬化路和通客车两个100%目标。对2017年至2019年交通扶贫乡村公路建设项目进行清理，清理项目总计93个，完成农村公路质量抽检17次，合格率99%。组织督导各县（市、区）交通扶贫建设项目安全、质量65次，下达整改通知单6份，限期制订整改方案并进行项目进度跟踪管理，整改答复率达100%。

汽车场站建设 2019年，德阳市客运站总数为210个，其中当年新增9个4级及以下客运站。道路客运枢纽全覆盖工程建设计划投资1.4亿元，实际完成投资1.99亿元，为总投资的141.82%。至年底，广汉城际列车客运站、罗江城际列车客运站主体工程竣工；什邡、绵竹2个成兰铁路公铁接驳汽车客运配套枢纽站建设项目，前期准备工作顺利推进；2个汽车客运站“厕所革命”项目全部完成；4个乡（镇）综合服务客运站建设项目完工；德阳国际铁路物流港保税物流中心（原名中欧班列德阳现代物流港一期工程，该项目为“十三五”建设项目，根据项目业主要求，调整为“十四五”规划）（B型）一期工程有序推进，完成土地申报，部分土地征拆费用1.5亿元。

客货运输 2019年，德阳市公路运输总周转量73.22亿吨公里，其中，客运量2 891万人次，旅客周转量24.67亿人公里，货运量9 860.6万吨，货物周转量70.76亿吨公里。年增速达7.6%（全省7.3%），全省排名第七位。至年底，全市有道路旅客运输企业30家，客运班线368条（其中，省际班线4条，市际班线135条，县际班线56条，县内班线173条）。客运车辆1 529辆（其中，班线客车1 178辆，旅游包车351辆）。提前完成具备条件的建制村100%通客车任务。客运“村村通”工程实现“两个100%”，全市119个乡（镇）通客运班线（农村公交），1 412个建制村全部通客车，通客车率100%。全市有道路货物运输企业326家（其中，普货企业224家，大件运输企业59家，道路危险货物运输企业49家）。有货物运输车辆17 247辆（其中道路危险货物运输车辆1 060辆）。4月，德阳市危险货物运输企业使用电子运单管理信息系统情况全省排名第一。10月，完成“2019

四川国际航空航天展览会”运输保障任务。2019年春运工作被评为全省“工作成效显著单位”。

公路养护 2019年，德阳市重点实施养护工程12个（其中，大中修工程7个，预防性养护工程5个），里程68.72公里，争取上级补助资金6 422万元，养护工程完成总投资1.94亿元，日常维护资金3 000万元，超额完成年度投资计划1.9亿元的目标。科学统筹协调完成全市普通国道编号调整工作。落实省补资金145万元和市直管路配套资金24.13万元。新建或改造标志标牌445块，新建里程碑330块、百米桩2 981个，建设总投资286.6万元。推广应用养护巡查手机系统，提升养护管理信息化水平。推广公路养护“四新”技术的实际应用，在国道108线罗江段和国道245线中江通济段成功运用沥青路面热再生技术。全市国省干线总体路况水平连续5年上升，PQI（路面使用性能指数）91.6，超额完成省交通运输厅下达90的目标值，实现从良等到优等的突破。

安全与市场监管 2019年，德阳市强化道路运输企业安全生产主体责任，落实企业日常安全管理，建立健全企业安全风险与隐患排查双重预防机制。开展安全生产专项行动，落实台账制度，对账销号、闭环管理，及时约谈、通报、整改重点问题企业，全市道路运输行业安全工作整体水平有所提升。加强汛期、“安全生产月”和“安全生产万里行”“防风险、保安全、迎大庆”专项行动工作，推进“营运驾驶员安全文明驾驶教育培训”“营运车辆主动安全智能防控系统安装应用”“城市公交物理隔离和智能安全防护”等三项专项行动。全年没有发生道路运输安全责任事故，道路运输行车亡人事故起数和死亡人数比2018年分别下降50%和42%。

交通运输信息化建设 2019年，德阳市继续推进四川省一体化政务服务平台应用。行政许可、行政处罚、行政强制、行政裁决等6个大项目、132个子项目已全部融入“四川省一体化政务服务平台”。推行危险货物道路运输电子运单管理系统，通过对危货运输企业各环节组织流程信息化整合，实现互联网终端设备的录入和监管，卫星定位装置运行与运输任务监控实现有机结合，有效遏制企业对所属人员、车辆“监而不控”“挂而不管”现象和违规组织运输、超载运输、超范围运输、带病行车、未经企业组织安排承运危险货物等行为。2019年4月、5月、7月电子运单企业覆盖率排全省第一。省级无车承运人试点圆满完成，四川特立达物流有限公司于7月取得四川省第一批省级无车承运人试点企业。积极推进营运车辆ETC应用安装工作。至年底，全市客运车辆1 013辆，已安装ETC车辆884辆，安装率87.3%；货运车辆9 086辆，已安装3 947辆，安装率43%；租赁汽车20辆，安装率100%；出租汽车（含网约和巡游车）1 912辆，安装1 540辆，安装率80.5%。四川省交通运行监测与应急指挥系统（二期）工程（德阳市）项目加快推进，项目初步设计概算总投资2 460.31万元，其中，省级设备投资369.10万元、省补国省道外场专项资金447.69万元，德阳市地方投资1 643.52万元。经德阳市交通运输局局党委研究确定，由市交通应急指挥中心作为项目业主负责建设，市本级建设任务979.48万元列入市级财政预算，施工图设计等后续工作有序推进。

城市公交概况 2019年，德阳市城市公交企业7家（国有企业2家，集体企业5家），有从业人员1 331人。开行线路80条，运行车辆876辆（其中，纯天然气清洁能源车399辆，气电混合新能源车51辆，纯电动新能源车辆426辆）。全市万人公交车拥有量0.47标台，平均公交出行分担率30.16%，公交站点321个，全年营运里程5 822万公里，公交客流量1.21亿人次。每天计划发车7 024余班，日均行驶里程15.95万公里，日均客运量33.15万人次。全市大部分城市公交实行学生优惠乘车和残疾人、伤残军人、70岁以上老年人免费乘车等社会义务。

主城区优化、调整公交线路7条：2路将终点站调整至旌阳高新区；8路局部调整线路走向；14路局部调整线路走向；22路将终点调整至天龙寺前大门；27路将终点站调整至信义玻璃；31路局部调整线路走向，将终点站调整至旌阳高新区；32路将终点站调整至钟鼓楼广场。

主城区新开公交线路1条：12月1日开通34路“德阳八中至旌南湿地公园”线路，满足黄河片区市民到政务中心及旌南湿地公园出行需求。

按照《中华人民共和国价格法》《政府制定价格听证办法》等有关规定，德阳市城市公共交通票价结构性调整完成，新公交票价标准于3月1日起执行。3月7日，广汉—新都・地铁3号线直达公交试运行启动，标志着成德同城首条地铁公交专线开通试运行。广汉—新都・地铁3号线直达公交由“广汉百伦百货站”始发，途经国道108线（广汉至新都段）到达“新都西南石油大学站”，于石油大学地铁B出口下客，D出口上客。该专线全长20公里，中途不设停靠站点，其票价暂按3元/人/次执行。

11月28日，成（都）德（阳）眉（山）资（阳）四市公共出行一卡通卡正式发行，至年底，安装交通一卡通刷卡机车辆数475辆，全市发放公交一卡通卡1 759张。德阳市民可持德阳全国交通一卡通卡在252个地级以上城市使用。

公交体制改革 自2016年5月启动市区公交体制改革工作以来，按照德阳市政府统一部署，在城市公交体制改革领导小组指导下，各项工作有条不紊地开展，通过股权转让合同的谈判和签订、召开临时股东会、选举新领导班子等系列工作，至2019年底，国有资本在裕兴公交公司和新世纪公交公司的股权占比分别为91.47%和94.90%，裕兴公交、新世纪公交两家公司工商变更登记完成。

出租汽车及网约车管理 2019年，德阳市1 411辆巡游和网约出租汽车参加“2019爱心送考”大型公益活动。6月7日和8日两天，免费接送考生6 029人次，提供一对一接送服务60趟次。从7月至年底，会同公安机关和有关部门联合执法，对市区网约车进行集中整治。整治清理网约车平台无证车辆38 890辆，办理运输证485本，驾驶员办证人数4 346人。配合网约车规范工作方案，按照德阳市政府“扫黑除恶”专项斗争要求，对非法营运车辆“发现就打”“一有苗头就打”。至年底，召开各级各类会议10余次，张贴宣传海报300余份，发放宣传资料1 200余份，查获违法营运车辆案件50起，下达“处罚决定书”50份。

2019年6月5日，德阳市举办出租汽车爱心送考大型公益活动启动仪式

德阳市交通运输局 供图

驾驶员培训管理 2019年，德阳市推进“计时培训，按学时收费，先培训后付费”培训服务模式。全市42所驾校提前完成“先培后付”培训模式，覆盖率100%。完成驾培机构基础信息录入及教练车计时设备安装工作，启动四川省驾驶培训监管服务平台试运行工作。与公安交警和车管所联合对驾培行业乱象进行集中整治。检查各类车辆20余辆次，对5辆违规车进行处罚，对1辆黑教练车进行调查处理。至年底，德阳市驾驶员从业资格考试新增报名人数6 554人，参考人数6 532人，考核合格5 579人，出租汽车和网络预约出租汽车驾驶员从业资格证考试工作顺利推进。参加出租汽车驾驶员考试人数579人，合格制证389个，新增网络预约出租汽车驾驶员从业资格证报名3 157人，参加考试2 470人，合格制证1 434人。对60名扣分驾驶员在管理系统进行处理，注销从业资格证83个，撤销背景信息审查不通过的从业资格证16个，吊销累计计分达20分的从业资格证2个。

车辆技术和维修管理 2019年，德阳市实现二类及以上维修企业、营运客车、危货车辆电子健康档案全覆盖和12吨以上货运车辆电子健康档案安装使用，扩大“阳光维修公众服务平台”。做好中央、省环保督查“回头看”后续整改工作，全面淘汰营运“黄标车”和老旧车辆，加快推进维修企业I/M制度建设进程，62家维修企业建成“M”站，并在德阳市交通运输局官网公示，完成全省试点工作。全市实现货运车辆“三检合一、一次上线、一次检测、一次收费”工作。对全市313家一、二类维修企业开展质量信誉考核工作，对评定不合格业户，下达限期停业整改通知，督促其对存在问题进行限期整改，对整改后仍不合格的企业，根据相关规定进行处理。加强汽车维修诚信经营优质服务活动，全市有3家维修企业进入全国维修诚信企业行业。完成1 000家客货运输企业3250辆车的审验和复核。

水路运输管理 2019年，德阳全市境内有渡运的水库4座（继光水库、元兴水库、双河口水库、玉兴水库），涉及渡运乡（镇）4个、渡口6个、客渡船舶6艘。有乡镇管船站5个（兴隆、玉兴、双龙、高店、元兴），有水库管理机构4个（继光水库、双河口水库、响滩子水库、元兴水库管理站）。全市水上客渡船舶6艘（其中非机动船1艘），126个客位，总动力93千瓦，总吨97吨，总载重吨62吨；快艇3艘，18个客位，总动力71千瓦，总吨3吨，总载重吨1.5吨。至年底，渡运量12.56万人。年内，德阳市有船检人员3人（均取得注册验船师资格证书），定期检验1次，完成船舶检验6艘、97吨。年度检验1次，完成船舶检验6艘、97吨。

水上交通安全管理 2019年，德阳市进一步建立健全安全生产责任制，完善安全管理体系，成立安全领导小组，明确领导小组成员安全管理职责，制定《安全事故应急救援预案》《防汛抢险救援预案》《德阳市水上交通重大事故应急处置预案》，督促各海事处组建防汛应急抢险队伍，做好防洪抢险和安全事故应急抢险各项工作。针对重点时段、重要节点，组织相关人员对各县（市、区）地方海事处所辖江河、水库渡口、码头进行安全隐患明察暗访检查50次，接受上级机关检查6次。至年底，排查安全隐患9起，督促隐患整改9条。

（本栏目供稿单位：德阳市交通运输局）

绵阳市交通

MIANYANG SHI JIAOTONG

2019年绵阳市交通运输能力概况

公路交通运输			
通车里程	总里程（公里）		20 194.56
	其中	高速公路	413
		一级公路	445.41
		二级公路	909.32
		三级公路	1 121.36
		四级公路	15 245.89
		等外公路	2 059.58
公路密度	按国土面积计算：每百平方公里 99.73 公里		
	按人口计算：每万人 41.58 公里		
通达里程	通公路的乡镇 278 个，占乡镇 100 %		
	通公路的村 3 302 个，占村 100%		
客运站	总　数（个）		72
	其中	一级站	5
		二级站	7
		三级站	1
		四级及以下站	59
营运车辆	总　数（辆）		19 161
	其　中	客车 2 843 辆 62 153 座	
		货车 16 318 辆 171 223.185 吨	
公路运量	客　运	客运量（万人次）	3 280.11
		旅客周转量（万人公里）	214 555.68
	货　运	货运量（万吨）	8 496.86
		货物周转量（万吨公里）	912 915.19
内河航运运输			
通航里程	总里程（公里）		645.79
	其中	三级航道	
		四级航道	
		五级航道	
		六级航道	26.05
		七级航道	60.12
港口（码头）	总　数（个）		
	吞吐量	旅客吞吐量（万人次）	13.065 1
		货物吞吐量（万吨）	
水路运量	客　运	客运量（万人次）	13.065 1
		旅客周转量（万人公里）	152.988 7
	货　运	货运量（万吨）	
		货物周转量（万吨公里）	
营运船舶	总　数（艘）54		
	其　中	客船 54 艘 1 306 座	
		货船　艘　　吨	
城市公交运输			
营运车辆	公交 1 223 辆		
公交线路	123 条		
公交站	2 800 个		
运　量	2.28亿人次		

交通运输概况　2019年，绵阳市持续推进交通建设攻坚大会战，以项目建设为龙头，实行清单管理、挂图作战，推进交通工程项目建设，全年完成投资144亿元，其中，高速公路完成投资65.65亿元，干线公路完成投资20.98 亿元，农村公路完成投资36.81亿元，其他专项完成投资3.56亿元，公路养护完成投资7.65亿元，车辆更新和场站建设完成3.14亿元，铁路完成投资5.28亿元，机场建设完成投资0.93亿元。自2015年开展交通攻坚大会战以来，累计完成投资达575亿元。至年底，全市公路通车里程20 194.56公里，其中高速公路 413公里，一级公路445.41公里，二级公路909.32公里，三级公路1 121.36公里，四级公路15 245.89公里，等外级公路2 059.58公里。客运站66个，其中，一级站5个，二级站7个，三级站1个，四级站38个，五级站15个。营运汽车19 161辆，其中，客车2 843辆，货车16 318辆。公路客运量3 280.11万人次，旅客周转量214 555.68万人公里；公路货运量8 496.86万吨，货物周转量912 915.19万吨公里，公路客货运输周转量加权增加值完成934 370.76万吨公里，比上年增长8.02%。

全年全市内河通航里程645.79公里，通航河流7条（涪江、梓江、凯江、湔江、弥江、安昌江、渭河）。按海事统计口径各类登记船舶321艘、9 560总吨（其中客渡船158艘），渡口38处，有船乡（镇）50个，船员958人。全市未发生水上交通安全责任事故，保持连续17年无水上交通安全责任事故的良好态势，安全形势持续保持稳定。截至年底，全市完成客运量（不含渡船）13.07万人次，旅客周转量152.99万人公里。

重大项目集中开工仪式举行 2019年11月25日，绵阳市在梓潼县马迎乡望瓢山水库举行交通重大项目集中开工仪式。该次集中开工交通重大项目18个、总里程417公里，总投资超过190亿元。中共绵阳市委书记刘超宣布开工，市委副书记、市长元方，中国铁建股份有限公司西南区域总部党委书记、总经理暨中国铁建昆仑投资集团有限公司党委书记、董事长金跃良出席并讲话，市委常委、副市长颜超主持集中开工，副市长罗蒙介绍全市交通重大项目集中开工情况。集中开工的交通重大项目特别是国道5线成绵扩容、绵苍高速公路、中遂高速公路（绵阳段）项目建成后，将进一步补齐绵阳市交通运输领域短板，加强与成都平原经济区和川东北经济区联系，加速聚集人流、物流、资金流，促进资源要素优化配置，加快形成“四向拓展、全域开放”立体全面开放新态势。

2019年11月25日，绵阳市交通重大项目集中开工　　赖　杰 摄

公路建设概况 2019年，绵阳市实施高速公路项目6个，其中，在建5个：九绵高速公路、广平高速公路、国道5线成绵扩容高速公路、中遂高速公路和绵苍高速公路；开展前期工作1个：国道5线绵广扩容高速公路。全市高速公路通车里程413公里，建成和在建总里程726公里。国道5线成绵广扩容、盐亭至江油至茂县、南江至盐亭3条高速公路纳入新颁布的《四川省高速公路网规划》，全市高速公路规划总里程突破1 000公里，增长37%。全年实施新（改）建干线公路项目21个、总里程396公里，其中完工项目3个、61公里，在建项目9个、190公里，开展前期工作9个项目。全年实施国省干线大中修工程项目5个，其中，完工项目2个，在建项目3个。全年实施农村公路项目414个，其中，完工337个，在建36个，开展前期工作41个。

高速公路规划总里程达1 000公里 2019年，省交通运输厅、省发展改革委联合印发《四川省高速公路网规划（2019—2035年）》（以下简称《省高网规划》）。绵阳市纳入《省高网规划》路线11条，总规模1 026公里。其中3条成都放射线〔国道5线成（都）绵（阳）广（元）高速公路和成（都）绵（阳）广（元）扩容高速公路、国道8513线九（寨沟）绵（阳）高速公路、省道2线成（都）巴（中）高速公路〕、1条纵线〔省道45线三（台）大（英）自（贡）高速公路〕、1条横线〔省道1线绵（阳）苍（溪）巴（中）高速〕、1条环线〔国道93线绵（阳）遂（宁）高速公路〕、5条联络线〔省道17线南（江）盐（亭）高速公路、省道18线广（元）平（武）高速公路、省道24线盐（亭）江（油）茂（县）高速公路、省道32线绵（阳）西（充）高速公路、省道53线中（江）遂（宁）高速公路〕。《省高网规划》是上一轮规划（2014年省政府颁布《四川省高速公路网规划（2014—2030年）》）实施五年以来的首次调整。规划调整后，绵阳市高速公路总规模大幅提升，路网结构更优化，境内高速公路新增3条〔省道24线盐（亭）江（油）茂（县）高速公路、成都—绵阳—广元扩容、省道17线南（江）盐（亭）高速公路〕286公里，减少1条〔绵（阳）中（江）高速公路〕10公里，市辖区高速公路规划总里程从原来750公里增加至1 026公里，突破1 000公里，总里程增长37%。

九绵高速公路 九（寨沟）绵（阳）高速公路项目全长241公里，绵阳境内全长187公里，起于九寨沟交界白马隧道，经平武、北川桂溪、江油，止于游仙区东林乡，双向四车道，路基宽25.5米。截至2019年底，九绵高速（除裂腹鱼段）完成路基70%、桥梁桩基91%、桥梁柱69%，隧道开挖60%，隧道二衬48%；控制性工程白马隧道绵阳段掘进3 148米，占全长的26%，完成二衬

2 891米，占全长的23%。

广平高速公路 广（元）平（武）高速公路全长90公里，绵阳境内全长20公里，起于青川界白杨坪隧道，止于母家山互通（平武枢纽）接九绵高速公路，双向四车道，路基宽24.5米。截至2019年底，项目完成路基土石方工程42%、桥梁工程33%、隧道工程29%。

中遂高速公路 中（江）遂（宁）高速公路项目全长84公里，绵阳境内全长24公里，起于中江县玉兴镇，经三台县观桥、景福，止于射洪县回马，双向四车道，路基宽25.5米。截至2019年底，征地拆迁和驻地建设启动，交付红线用地5.87公顷，房屋拆迁9户，电力迁改3处，并完成拌和站建设。

2019年建成的直通雁门镇西坝村村委会水泥路 田明霞 摄

国省干线公路建设 2019年，省道205改线游仙段二期工程完成路基85%、桥梁60%，三期工程设计方案获得成都铁路局批复，11月23日获得施工图批复；江油段交付红线用地100%，房屋拆迁99%，完成沿线便道、弃土场、预制场建设，市政段2公里路基成型，公路段14公里完成路基20%；三台段开展招商工作。安州区省道418线花荄至秀水段26公里完工通车，秀水至睢水段7公里路基成型。江油市省道209线二郎庙至雁门路基工程基本完工。梓潼县梓东路改建段完工，新建段完成路基工程。国道108线仙海段5公里路基成型，国道347线任家坪至禹里灾毁恢复段和省道209线江油段、梓潼段等项目持续推进。梓潼县省道302线大修等国省干线大中修工程2个完工。

农村公路建设 2019年，绵阳市农村公路建设紧密衔接精准扶贫、产业发展等规划，以县乡道改善提升、窄路基路面加宽、渡改公路桥等专项为重点，编制交通基础设施脱贫实施方案；实施通乡通畅、通村通畅工程，加快建设产业路、扶贫路，解决贫困地区农民群众“出行难”问题，提升农村路网服务脱贫攻坚能力，尤其注重提高北川、平武交通基础设施水平。全市9个县（市、区）全部提前实现乡（镇）和建制村通硬化路

2019年11月11日，建设中的省道205线绵阳绕城改线项目及一环路北段东延线交汇处 蒲 滔 摄

"两个100%"目标，520个省定贫困村通硬化路率全部达到100%。

截至年底，全市建成县乡道199公里，在建60公里；建成村道1 168公里，在建230公里。三台县刘营渡改公路桥、朱家滩渡改公路桥等6个渡改公路桥项目持续推进建设。

"四好农村路"创建 2019年，绵阳市继续推进全省"四好农村路"示范县、全市"四好农村路"示范乡（镇）等创建工作。1月，安州区沸水镇等 13 个乡（镇）通过市交通运输局考核，被认定为绵阳市第一批"四好农村路"示范乡（镇），并获得市级示范乡（镇）奖励资金260万元。2月，63个村通过县（市、区）政府考核，成为绵阳市首批"四好农村路"示范村。4月，涪城、北川、三台先后接受省"四好农村路"示范县考评组"四好农村路"省级示范县创建工作考评验收。

12月19日，全市"四好农村路"高质量发展工作推进会召开。会议传达全省推动"四好农村路"高质量发展现场会精神，通报全市"四好农村路"建设推进情况，对下一步示范创建工作进行安排部署，要求将推动"四好农村路"高质量发展作为总抓手，推动农村公路治理体系和治理能力现代化，打造高品质的农村公路；加强统筹谋划、强化资金保障、注重示范引领、健全完善机制、充分依靠群众，发挥农村公路对农村地区发展的重要支撑作用；压实"四好农村路"发展主体责任、完善示范创建标准、严格落实退出机制、打造示范创建品牌，推动路长制全面展开；把"四好农村路"创建工作与脱贫攻坚、乡村振兴、产业发展、文化旅游紧密结合，形成"交通+"的融合发展模式。

相关链接

第一批绵阳市"四好农村路"示范乡（镇）名单，有13个乡（镇）2019年2月获批，分别为：沸水镇、吴家镇、忠兴镇、芦溪镇、通口镇、战旗镇、塔水镇、金峰镇、乐安镇、方水镇、三泉乡、平通镇、黄溪乡。

春运工作 2019年春运期间，绵阳市投入客车2 841辆、出租汽车3 277辆、公交车2 433辆，运输旅客381.60万人次；投入船舶371艘次，客位数3 092客位，完成客渡运量（含渡船）16.25万人次。全市水路运输未发生事故，道路客运未发生较大道路运输行车事故和重大服务质量投诉事件。组织"绵阳市农民工返乡直达专车"到成都东站，将34名在广东务工的绵阳籍务工人员免费送回家；涪城区、江油市等县（市、区）先后增发专车从绵阳前往深圳、广东等地接载农民工返乡过年。

科博会交通运输保障 2019年第七届中国（绵阳）科技城国际科技博览会期间，绵阳市交通运输部门投入各类车辆1 473辆，其中，公交车292辆，出租车1 000辆，高级大型客车80辆，中巴车25辆，商务车8辆，小轿车60辆，交通执法车8辆；投入交通服务工作人员1 929人，其中，驾驶员1 459人，现场调度人员30人，道路运输执法人员120人，服务保障人员320人；发车10 300余趟次，运送来宾和群众14万余人次，全面保障参会来宾和参观群众的交通运输需求。

客运服务 2019年，绵阳市新建乡（镇）综合服务站1个，建成乡（镇）港湾式车站10个、村级招呼站（牌）168个，完成30座汽车客运站"厕所革命"改造任务。全市乡（镇）、建制村客车通达率100%，提前一年完成交通运输脱贫攻坚兜底目标。推进定制客运有序发展，开通绵阳至成都市际定制客运线路和绵阳至江油、三台、盐亭、梓潼、平武5条县际定制客运线路，投放车辆277辆。加强运力调控，鼓励全市县际以上班线剩余运力依法转为包车客运，共转包车64辆。全市51所驾校均开通"计时培训、计时收费、先培训后付费"服务模式，覆盖率100%。推进交通运行监测和应急指挥系统（二期）工程建设完工，提升信息化保障水平。

货运服务 2019年，绵阳市制订《绵阳市推进运输结构调整三年行动计划实施方案》，指导中油北斗科技能源公司和长虹民生物流公司完成无车承运人资质验收工作。强化重点营运车辆联网联控管理，全市1 820辆"两客一危"车辆安装卫星定位终端达100%，并按要求接入"四川省道路运输车辆卫星定位系统省级监管平台"，上线率98.85%。落实部省试点网络平台道路货运企业财政奖补政策，扶持东亨科技等本地企业做大做强。规范危险货物运输管理工作，推进使用危货运输电子运单，异常率控制在3%以内。

2家企业参加省无车承运人试点企业评审 2019年6月，经绵阳市交通部门推荐，四川长虹民生物流股份有限公司、四川中油九州北斗科技能源有限公司2家企业参加全省无车承运人试点企业评审。经过省交通运输部门专家组评审，2家企业成为四川省第一批省级无车承运人试点企业。无车承运人是依托移动互联网等技术搭建的物流信息平台，通过管理和组织模式创新，集约整合和科学调度车辆、站场、货源等零散物流资源的一种高效率运输组织模式；全市有部级无车承运人试点企业1家、省级无车承运人试点企业2家，企业数及无车承运各项指标数据均居全省前列。

“劳动者港湾·的士之家”揭牌 2019年7月25日，绵阳市依托中国建设银行网点开设的第一个“劳动者港湾·的士之家”揭牌。“的士之家”内有卫生间、饮水机、休息桌椅、手机充电器、防暑降温药品、微波炉、WiFi、复印机等，面向全市出租车从业者，无偿提供临时休憩场所和便民服务。截至年底，“劳动者港湾·的士之家”设置42处，涵盖全市范围内所有建设银行网点。

交通环境保护 2019年，绵阳市交通运输系统推进行业环境保护工作，加大城区出口公路湿式保洁力度，做好养护领域和在建工程扬尘治理工作。督促314家维修企业喷烤漆房完成升级改造、1 003家涉危企业签订危险废物回收处置协议及828家企业建立危险废物管理制度。宣传倡导绿色低碳理念，实施I/M制度（机动车排放检测与强制维护制度），宣传、推广新能源和清洁能源车辆的应用，全年全市保有CNG营运客车1 232辆、LNG客车313辆，占全市营运客车总量的57%。开展水上交通运输行业生态环境突出问题大排查大整治百日攻坚行动、长江经济带环境保护工作和水上交通运输行业水污染防治工作，按相关要求发放“垃圾计划书”“垃圾记录簿”，并张贴垃圾公告牌，督促船舶配备垃圾桶和安装油水分离器。

优化营商环境 2019年，绵阳市交通运输局制订《2019年优化营商环境和支持民营经济发展工作任务分工方案》和《2019年推进“放管服”改革有关工作举措》，并提出12条优化营商环境和支持民营经济发展的工作举措，打造全省交通运输行业领先的营商环境，支持民营经济健康发展。开展交通运输领域专项行动和解决办事群众“最后一公里”“最多跑一次”，会同公安、生态环境部门开展货车年审、年检和尾气排放检验“三检合一”，推行便民服务实现绵阳市道路运输驾驶员从业资格证考试、制证、领证实现一站式服务。持续提升政务服务环境，全年办结行政许可18 852件，群众满意度100%。

相关链接

12条优化营商环境和支持民营经济举措：一是协调航空限高审批，采取编制航空限高数据模型、原审批程序实行容缺审批、建立健全航空限高监管机制等措施实现提速；二是落实“三检合一”，将货车年审、年检和尾气检测三检合一，全市货车除危化品运输车外均实行全省范围内异地通检；三是推行网上办理，市级交通运输建设工程8个事项实现在四川一体化政务服务平台上办理；四是深化并联审批，对涉及多业务科室的23项政务服务事项实行并联审批，实现办件提速；五是精简审批资料，局运管处、航务处26个事项，服务对象只提供一套纸质和电子文档相关申请材料；六是延伸便民利民措施，落实节假日预约服务、主动上门服务、特殊群体代办服务、“绿色通道”服务和回访收集办事意见等制度；七是落实“最多跑一次”，市级交通运输政务服务84个事项到年底“最多跑一次”和“全程网办”两项指标均达100%；八是推行标准化建设，推进修订和完善政务服务事项办事指南和审查细则，优化流程，提升政务服务水平；九是充分授权到位，28项政务服务事项纳入“一窗受理、集成服务”，授权窗口现场受理、办结；十是降本增效，落实国家省市对合法装载的货运车辆、运输鲜活农产品的货运车辆、普通货车“递远递减”差异化收费、持卡ETC缴费车辆等方面的优惠措施；十一是降低门槛，取消总质量4.5吨及以下普通货运车辆道路运输证和驾驶员从业资格证，取消机动车维修经营许可，改为备案制度；十二是激发投资，鼓励民间资本进入交通基础设施领域，积极运用BOT、PPP等方式吸纳民间资本。

公路管养 2019年，绵阳市实施国省干线路基维修300立方米，路面处置7.5万平方米，波形护栏恢复2 200米，挡墙及路肩墙修复1 800立方米。开展预防性养护，实施完成薄层修复8万平方米，直接灌缝8.5万米，开槽灌缝5 000米，贴缝2.2万米，接缝养护5 000米。实施公路绿化专项工作任务235公里，营造“畅安舒美”公路出行环境。全年开展养护巡查、定期巡查及季度检查等工作，检查国省干线公路桥梁79座、隧道6座，并对5座桥梁进行特殊检查，对需重点安全管控的32座桥梁重新设置水尺并标定警戒水位和管控水位线。完成全市国道路网命名编号调整工作。

2019年，江油市枫顺乡夏村便民水泥大桥——雷打石桥

田明霞 摄

交通行政执法 2019年，绵阳市按照《绵阳市交通运输综合行政执法改革实施方案》，推进交通运输综合行政执法改革。组织开展打击非法营运、出租车经营、驾培市场、道路客货运输以及公路水运建设环境领域的专项治理，全年出动执法人员54 056人次、执法车辆9 028辆次，检查客运车辆6 651辆次、出租汽车29 358辆次、货运源头企业517次、道路运输站场687次、维修企业1 176次、机动车驾驶培训机构329次。查处违规客运车辆69辆、违规货运车辆150辆、违规出租汽车508辆、违规运输企业2个。加强公路路政巡查，办理路政案件1 817件。

公路超限超载治理，全年出动执法人员1.1万人次，检测货运车辆23万辆次，其中超限货车367辆次，卸载货物4 239吨，路面超限超载率控制在0.22%，达到省定控制指标。

水上依法行政，市地方海事局建立执法全过程记录制度、行政执法投诉制度、重大案件集体讨论和报备审查制度，完善法律顾问咨询服务机制。规范权力运行，确保在一体化平台上运行的行政许可、行政确认办结之后在网及时公示，对行政处罚、行政检查及时录入一体化平台。将11项行政许可事项及备案事项授权政务中心窗口办理；将7项政务服务事项纳入并联审批，优化营商环境。

工程质量造价管理 2019年，绵阳市交通建设质量安全形势总体可控。建立“1+9”监督体系，监督覆盖率100%。通过“检查组+专家+第三方检测机构”等方式，严把造价控制关、设计审批关、质量监督关等环节，推进工程质量监督全覆盖，全年组织各类质量检查128次，对重点交通项目发出整改通知79份。对全市从业33家试验检测机构等，结合检查情况进行信用评价，促进建设市场健康发展。严把交通建设项目竣工验收关，一次性验收合格率达100%。

道路运输安全监管 2019年，绵阳市推动道路运输经常性安全生产隐患大排查，检查企业2 002个次，治理一般隐患问题704个，落实整改资金50余万元。开展地质灾害和防汛安全隐患大排查，排查公路4 300余公里。开展道路客运和危货运专项整治，检查车辆3 600余辆次，查扣违规车辆80辆。开展“防风险保安全迎大庆”专项行动，治理公路隐患23起，查处违规车辆75辆。开展“打非治违”行动，查处违规客运车辆41辆，对568名驾驶员进行记分处罚，65人记入《道路运输从业人员重点监控名单》，5人记入《四川省道路运输行业禁止进入名单》。推进“平安交通”建设和平安工地、“百日行动”（结合防范化解安全生产重大风险有关要求，围绕道路运输、水路运输、港口生产、公路路网运营、公路水运工程施工和防灾减灾等领域开展的交通运输安全生产风险防控和隐患排查治理行动）等专项行动。

推进道路运输企业安装道路运输车辆主动安全智能防控系统。11月25日，绵阳市道路运输车辆主动安全智能防控系统安装应用工作推进会召开，有“两客一危”道路运输企业35家、服务商14家参加推进会。各到会服务商按抽签顺序分别向参会“两客一危”道路运输企业介绍安装应用本公司产品的优势和报价，参会道路运输企业自行与有意向的服务商进行商业谈判。

开展危险化学品安全综合整治行动。绵阳市于2017年8月至2019年11月在全市开展危险化学品安全综合整治行动。3年中，全市累计对危货运输企业开展督促检查1 000余次，出动人员3 500余人次，出动车辆近1 000辆次，排查并整改一般隐患200余起，整改率100%。注销3家不符合条件危货运输企业资质，撤销3家承诺期内未达到承诺要求的危货企业经营许可。

“12328”交通运输服务监督电话 2019年，绵阳“12328”交通运输服务监督电话受理业务总量25 661件，环比上升7.17%，其中，投诉举报类5 608件，占比21.85%，环比下降2.40%；信息咨询类19 486件，占比75.94%，环比上升11.06%；意见建议类567件，占比2.21%，环比下降13.17%。全年10秒接通率98.17%，信息咨询类即时答复率99.88%，即时答复满意率100%，限时办结率96.83%，抽查回访率48.62%，回访满意率97.36%。

公交服务提升 2019年，绵阳市新开公交线路 3 条，优化调整线路 36 条，线路总数 119 条，线路总里程 2 863 公里，线网覆盖范围有效拓展。全年乘客运输量 2.28 亿人次，营运里程 66 563 万公里。优化运力结构，新购 239 辆新能源公交车投入使用，新能源车辆占比达 31%。开通商务班车、旅游专线等定制公交线路 288 条，全年服务 500 万人次。完善公交运营要素条件，建成魏城公交枢纽站，改造完成临园干道公交候车亭及 1 500 余个区乡线路站牌；启动 76 个充电桩扩建工程。

修订出台《星级线路管理规定》《公交服务人员岗位规范》等制度，举办“服务技巧、行为规范、心理疏导”等专题培训60余场次，提高驾售人员业务技能和服务意识，车厢整洁合格率、服务合格率等指标保持在98%以上。完善行业、社会、企业“三位一体”监督平台，通过“政风行风值守”“书记市长信箱”等理政平台，受理各类舆情960件，接听“12328”“12319”“12345”等热线服务电话25 397次，回复率100%。落实“四类人群”及重度残疾、盲人1名陪护人员免费乘车政策，免费服务3 000万人次。创建星级线路106条，占线路总数的89%，其中三星级及以上线路13条。

升级 GPS 智能调度系统，利用冗量首次实现信息服务输出。对城区180 座智能公交电子站牌提升改造，升级微信公众号功能，集合线路查询、服务投诉等应用，与掌上公交App、公交网站、车载语音视频联动报站系统及头腰尾牌等构成“一站式”公交服务信息平台。

拓展绵州“一卡通”全支付系统功能，全国首创收银点钞钱袋卡系统，公交支付和收银管理更加便捷。公交全支付系统实现一票制和多票制公交线路全覆盖，非现金支付量超过总收入的60%。发行全国交通“一卡通”卡3万张，互联互通城市达460个。

出租车网约车管理 2019年，绵阳市完成巡游出租车运价调整的成本监审、专家论证、风险评估等前期工作，并拟订《绵阳市城区巡游出租汽车调价方案》。完成出租汽车信息化平台建设招标工作，组织实施城区18家出租汽车企业服务质量信誉考核工作，其中，2家企业获A级评定，14家企业获AA级评定，2家企业获省交通运输厅运管局AAA级评定。开通网约车办证“直通车”，稳步推进网约车许可工作，新增平台公司1家。截至年底，全市许可平台公司5家，发放网约车运输证3 496个、驾驶证17 605个，均位居全省第二，基本实现网约车与传统出租车差异化、错位服务的目标。

水路运输管理 2019年，绵阳市对取得水路运输经营资格的企业及所属营业性运输船舶进行核查，核查水路运输企业7家以及营业性运输船舶54艘、818总吨、1 306客位、3 334.45千瓦。开展《水路运输企业信用信息》宣传工作，收集7家水运企业船舶、船员、管理人员的相关资料并进行审核，完善水路运输市场信用信息数据库。实行抽查监督、社会监督、媒体监督，未发现水路运输违法违规经营行为。规范整理全市水路运输企业档案128册，完成春运、十一“黄金周”等水路旅客运输组织协调工作。2019年春运期间，全市投入各类客渡船舶371艘次、3 092客位，完成客渡运量（含渡船）16.25万人次，未发生水上交通安全责任事故和旅客滞留、投诉等事件。

水上交通安全管理 2019年，绵阳市开展安全风险源辨识工作，全市水上交通行业辨识出较大险源44处，其中，较大风险源3处，一般风险源20处，低风险源21处。制订风险源管控措施，并制作“辖区水上交通风险源分布及管控示意图”和“全市水上交通风险源分布及管控示意图”。坚持“安全第一、预防为主、综合治理”原则，做好重大节假日等重点时段的水上交通安全生产工作，出动安全检查组521个次、检查人员2 365人次，检查企业158个次，检查船舶11 068艘次，排查出隐患28起，整改28起。

开展海事宣传。3月，绵阳市地方海事局在江油市大康学校开展水上交通安全知识进校园活动；在“安全生产月”活动期间，市、县两级海事机构以“摒弃交通陋习、安全文明出行”为主题，在人民公园开展水上交通安全宣传咨询活动，宣传水上交通安全法律法规、安全常识，并现场提供政策法规、应急救援等方面的咨询与服务，活动期间还举办为期3天的全市水上交通安全知识暨船舶安全检查和船舶检验业务培训。

开展船员集中安全教育培训。4月16日—18日，绵阳市地方海事局分别在江油市和三台县举办3期持证技术船员集中安全教育培训，230余人参加。培训旨在加强船员安全责任意识，增强船员安全操作、突发事件应急处置能力，邀请乐山市船员培训中心教师进行授课，培训内容主要包括船员职业道德、相关法律法规和安全操作技能等。

船舶检验管理 2019年，绵阳市检验船舶201艘次，并签发检验证书，其中，年度检验船舶200艘，附加船舶检验1艘。11月底，完成全国统一救生设备专项检查工作，更换成人救生衣2 521件、儿童救生衣882件、工作救生衣451件、救生圈480个。对全市主辅机22千瓦以上柴油机动力船舶进行全面梳理，按规范要求完成108艘船舶油水分离器的安装。

交通应急救援及演练 2019年，绵阳市补充保通保运等应急队伍近600人，储备抢通保通机械140余台（套）、客（货）车300辆、救援船舶12艘。针对汛期公路损毁严重的情况，组织并指导开展抢通保通工作，全年出动抢险人员6 200余人次，投入机械设备2 000台班，抢通断道公路59条。

4月26日，由绵阳市交通运输部门和江油市交通运输局联合主办的全市道路运输城市公交突发事件应急处置演练在江油市举行。演练设置公交车防乘客暴力抢夺方向盘应急演练与公交车自燃应急演练2个科目，旨在通过实战演练检验全市道路运输行业突发事件的应急处置能力，确保行业科学高效地处置各类突发事件，最大限度预防和减少道路运输突发事件造成的危害，维护人民群众生命财产安全。

6月，市地方海事局参加由市防汛指挥部在红岩库区开展的全市抗洪抢险应急救援演练。演练设置水域交通安全事故处置、不明漂浮储罐处置、水下搜救打捞、孤岛救援、河堤漫顶险情处置展示5个科目。通过演练，提高全市航务海事系统及有船乡镇对水上交通应急救援的快速反应、处置和综合协调能力。

（本栏目供稿单位：绵阳市交通运输局）

广元市交通

GUANGYUAN SHI JIAOTONG

2019年广元市交通运输能力概况

公路交通运输			
通车里程	总里程（公里）		20 030
	其中	高速公路	392
		一级公路	108
		二级公路	981
		三级公路	337
		四级公路	15 357
		等外公路	2 855
公路密度	按国土面积计算：每百平方公里 123 公里		
	按人口计算：每万人 65 公里		
通达里程	通公路的乡镇 230 个，占乡镇 100 %		
	通公路的村 2 396 个，占村 100 %		
客运站	总　数（个）		167
	其中	一级站	2
		二级站	7
		三级站	5
		四级及以下站	153
营运车辆	总　数（辆）		14 252
	其　中	客车 1 555 辆　34 212 座	
		货车 12 697　辆 105 690 吨	
公路运量	客　运	客运量（万人次）	1 474
		旅客周转量（万人公里）	85 328
	货　运	货运量（万吨）	5 757
		货物周转量（万吨公里）	839 456
内河航运运输			
通航里程	总里程（公里）		568.6
	其中	三级航道	
		四级航道	192
		五级航道	
		六级航道	84.5
		七级航道	90
港口（码头）	总　数（个）		1
	吞吐量	旅客吞吐量（万人次）	52.5
		货物吞吐量（万吨）	694.5
水路运量	客　运	客运量（万人次）	52.5
		旅客周转量（万人公里）	747
	货　运	货运量（万吨）	694.5
		货物周转量（万吨公里）	2 202.3
营运船舶	总　数（艘）182		
	其中	客船 23　艘 938　座	
		货船 159 艘 8 055 吨	
城市公交运输			
营运车辆	574 辆		
公交线路	103 条		
公交站	1 383个		
运　量	0.696 3 亿人次		

交通运输概况　2019年，广元市围绕“开放大通道建设”目标，加快实施“脱贫奔康交通三年大会战”。全年交通基础设施建设完成固定资产投资113亿元，比上年增长29.2%，其中市本级完成投资39.1亿元。储备项目总投资1 093.4亿元，增长26.8%。签约亿元以上项目2个，完成招商引资32.3亿元，增长32.1%。争取上级各类补助资金13.3亿元，有效缓解全市交通建设资金压力。

交通基础设施建设　2019年，广元市交通基础设施建设稳步推进。一是高速公路建设。广平高速公路按时间节点顺利推进；绵阳至苍溪、苍溪至巴中高速公路项目于9月16日开工建设；京昆高速公路广元至绵阳段扩容项目前期工作取得16个专题要件批复，启动招商工作。二是干线公路升级改造。国道212线南山隧道、广元港进港公路南马山隧道、七盘关至曾家山旅游扶贫公路、三江新区两路一隧工程等14个国省干线公路项目加快建设，国道212线元坝过境段改建工程、摆宴坝嘉陵江大桥、国道542线旺苍嘉川至东河快速公路等项目开工建设，国道542线广元至巴中段、省道411线苍溪至旺苍段等一级公路项目前期工作全面推进。三是内河水运建设。广元港张家坝作业区、嘉陵江航运配套（二期）工程加快建设，建成嘉陵江上石盘船闸工程。四是枢纽建设。苍溪县庙垭火车站客运站开工建设，剑阁县西成高铁客运枢纽站开展前期工作；开工建设乡（镇）客运综合服务站1个，建成公交港湾站12个、村级招呼站535个。五是农村公路建设。完成村道窄路加宽改造1 992.4公里，建成资源路、旅游路、产业路156公里和安全生命防护工程3 461公里。

两条苍溪过境高速公路开工 2019年9月16日，2019年四川省交通重点项目集中开工动员活动在位于德阳的国道5线成绵高速公路扩容施工现场举行。绵阳至苍溪、苍溪至巴中高速公路作为全省交通重点项目在本次活动中宣布开工建设。9月25日，广元市重大交通项目建设征拆工作现场动员大会在苍溪县举行，宣布绵阳至苍溪、苍溪至巴中高速公路征地拆迁工作正式启动。

2019年9月25日，广元市重大交通项目建设征拆工作现场动员大会在苍溪县举行　罗　松　摄

绵阳至苍溪高速公路，路线起于绵阳市魏城镇南，接国道5线京昆高速公路扩容，经绵阳市游仙区、梓潼县，广元市剑阁县、苍溪县，止于苍溪县以北茶店，与广南高速公路形成“十”字枢纽互通，对接苍溪至巴中高速公路。路线全长101.9公里（广元境内61公里），双向四车道，设计时速80公里，路基宽25.5米，估算总投资133.38亿元。全线桥隧比61.48%，设有互通式立体交叉8座。苍溪至巴中高速公路，路线起于苍溪县城以北茶店，与广南高速公路交叉设苍溪枢纽，经广元市苍溪县，巴中市恩阳区、巴州区，止于巴中南东侧与巴中至达州高速公路设三岔子河枢纽。路线全长91.99公里（广元境内49公里），双向四车道，设计时速80公里，路基宽25.5米，估算总投资128.39亿元。全线桥隧比59.64%，设有互通式立体交叉10座。绵阳至苍溪、苍溪至巴中高速公路是川东北进出川的又一大通道，建成后将绵阳至苍溪、巴万高速公路联为一体，对完善高速公路网、拓展进出川大通道、提升公路运输能力发挥十分重要的作用。

广平高速公路首座隧道贯通 2019年6月28日，广平高速公路TJ03标段新地山隧道贯通。新地山隧道位于四川省广元市青川县境内，东起孔溪乡，西至瓦砾乡，全长315米，宽10.25米，高5米，自平武端向广元端采用单向掘进方式组织施工，是广平高速公路项目贯通的首条隧道。截至年底，广平高速公路项目路基挖方完成57.23%，填方完成54.32%，桥梁桩基完成62.51%，墩柱完成33.43%，14条隧道开挖完成38.21%，累计完成投资55亿元。

广元市普通国道公路网命名编号调整 2019年3月7日，广元市普通国道公路网命名编号调整前期勘察设计工作完成，进入实施阶段。该次国道公路网命名编号调整692公里，分别是国道108线、国道212线、国道542线、国道543线、国道347线五条，工程新建柱式标志88套，新建悬臂标志162套，标志换膜55块，标志换板118块，新建里程碑687套，新建百米桩6 870个，于6月底完成施工。

广元港红岩作业区进港公路南马山隧道贯通 2019年10月11日8时45分，广元港红岩作业区（一区）进港公路南马山隧道贯通。南马山隧道是广元港红岩作业区

2019年10月11日，南马山隧道顺利贯通　罗　松　摄

（一区）进港公路F合同段（昭化至朝阳段）中的新建隧道，位于昭化区昭化镇天雄关龙山公墓附近，隧道总长度2 405米，是广元市地方公路最长的隧道，地质地形条件复杂，进口端下穿兰海高速跨沟大桥。项目实施过程中，各参建单位及时调整爆破方案，科学组织施工，通过全体建设人员479天连续奋战，提前60天实现隧道零事故、零误差贯通。南马山隧道作为进港公路控制性工程，是广元港连接陕西甘肃的货运通道，隧道建成后将与国家高速公路网连接，推动广元港加快发展和构建广元次级综合交通枢纽，提升公路网整体运输效益。

国道543线木鱼隧道贯通 2019年6月18日，国道543线木鱼隧道贯通。木鱼隧道是国道543线木鱼至沙州公路改建工程的控制性工程，全长517米，全部为Ⅴ级围岩，其中Ⅴ级加强段202米，占隧道全长39%，工序复杂，施工难度较大。洞口仰坡陡立，冲沟发育，岩层破碎，垂直节理发育，综合风险高。四川路桥桥梁工程有限责任公司采用新奥法进行施工，严格执行“先探测、管超前、短进尺、弱扰动、强支护、快封闭、勤量测”原则，克服重重困难确保隧道安全顺利贯通。国道543线木鱼至沙州改建工程连接国道212线和国道75线兰海高速公路，是贯穿青川县东北部的经济命脉，也是连接陕西汉中以及甘肃省陇南市的重要交通要道，项目建成后对青川县全域旅游、促进川东北经济区加速发展及推进秦巴山区连片扶贫攻坚步伐具有重要意义。

嘉陵江全江通航 2019年6月29日，嘉陵江全江通航启航仪式在广元市广元港红岩作业区举行。交通运输部总工程师姜明宝、省交通运输厅总工程师陈乐生和广元市委副书记、市长邹自景出席启航仪式，共同启动嘉陵江全江通航启航按钮。风顺666、宇峰379两艘500吨级货船和护航的川海巡370驶离港区，正式开启通江达海新航程。两艘货船所载货物为甘肃明珠矿业公司生产的重金属矿粉1 000吨，通过公路转水路至广元港红岩作业区，经嘉陵江直航重庆果园港，途径亭子口、金银台、草街等14个航电枢纽，航道里程680公里。7月5日中午12时32分抵达重庆果园港，通过散改集到长江下游张家港，最终于7月23日上午8时到达辽宁营口，全程历时24天。

嘉陵江作为全国内河主通道中第一条全江渠化的河流，通过梯级航电枢纽工程，广元到重庆的航道里程比渠化前缩短56.2公里，成为一条“水上出川大通道”。同时，通过建立通航建筑物统一运行调度机制，基本实现船到闸开，水路运输效率进一步提高，嘉陵江航道境段道由“通”全面变“畅”，从“走得了”向“走得快”转变。嘉陵江沿线广元港红岩作业区、南充港都京作业区、河西作业区化工园区专用码头、广安港新东门作业区等4个主要港口，可为腹地范围内件散杂货、集装箱、液货等提供专业化服务。流域有航运企业15家，货运船舶1 400余艘，运力总吨27万吨，为嘉陵江航运发展提供运力支撑。

交通脱贫攻坚 2019年，广元市交通运输局新（改）建农村公路2 375公里，完成2019年97个退出贫困村通村硬化路建设，全市所有乡（镇）和建制村均通硬化路，已摘帽县（区）通村路提升改造，路面宽度达到4.5米标准，提前完成交通脱贫攻坚兜底性任务。农村客运逐渐发展壮大。新增通客车建制村110个，全市通客车建制村2 309个，建制村通客车率96.4%，建制村招呼站（牌）全覆盖。定点帮扶工作扎实推进。选优配强驻村第一书记1名、工作队员1名、结对帮扶责任人9名，充实帮扶力量。通过开展“两不愁三保障”大排查，全面排查梳理问题，逐一整改销号。

“四好农村路”建设 2019年，广元市交通运输局持续围绕“建好、管好、护好、运营好”目标，推进“四好农村路”建设，以示范路创建带动全市农村公路建、管、养、运水平提升。青川县、朝天区参与创建“四好农村路”示范县。11月4日，苍溪县被交通运输部、农业农村部、国务院扶贫办命名为“四好农村路”全国示范县。苍溪县把“交通先行”作为决战脱贫攻坚、推动乡村振兴的突破口，抢抓“脱贫奔康三年交通大会战”机遇，以创建“四好农村路”示范县为抓手，举全县之力重抓交通建设。全县公路总里程11 115

2019年6月29日，嘉陵江全江通航启航仪式在广元市广元港红岩作业区举行　　赵　辉　摄

2019年9月26日，苍溪县农村公路　　苍溪县交通运输局 供图

公里，实现乡（镇）、建制村通硬化路和乡（镇）、建制村通客车“四个100%”，2018年被评为全省第二批“四好农村路”示范县。

道路运输管理　2019年，广元市强化道路运输管理，道路运输持续稳步发展。全市完成公路客货运周转量84.8亿吨公里，比上年增长7.65%，排名全省第6位。一是发展城市公交，全市新增线路1条，调整线路5条，新增纯电动公交车4辆，市城区城市公交分担率33.87%，较2018年提高8.87%。二是推动客运方式转变，发展预约、响应式客运，县际干线实行班车“小型化”，市际干线实行班车“商务化”，推出商务快捷班车，提高客运周转频率。三是推进公路货运物流业高质量发展，研究出台优化货运物流发展营商环境15条措施；推进县、乡、村三级货运物流网点建设，建成乡村级货运物流网点907个。四是深化出租汽车行业改革，完成市城区巡游出租汽车运价调整，补充巡游出租汽车运力136辆，新增网约车152辆。五是推进道路运输市场秩序整治，全年查纠违规经营运输车辆181辆次，依法查办涉嫌非法营运“黑车”、非法网约车503辆次，端掉“地下班线”窝点1个。

农村客运发展　2019年1月22日，经广元市人民政府七届五十八次常务会审议通过，2月11日，广元市政府出台《关于加快农村客运发展的意见》，对农村客运发展定位、主体责任、建设目标、发展模式、市场监管、保障机制等方面进行明确。确定到2020年，全市所有县级城市有功能完善的客运站，所有乡（镇）有等级客运站，所有建制村有招呼站，所有乡（镇）和具备条件的建制村通客车，城乡道路客运一体化发展水平AAA级以上县（区）达60%以上，农村客运班线通行条件经县级公安、交通运输、应急管理部门联合勘验认定率100%，基本建成“外通内联、通村畅乡、安全便捷”的农村客运网络。

水路运输管理　2019年，广元市强化水路运输市场管理和运输保障服务，全年完成水路旅客周转量747万人公里，水路货物周转量2 202.3万吨公里。开展全市水路运输核查工作，核查营运船舶141艘，核查水路运输企业4家，培育发展水路客运代理公司1家，6月29日实现嘉陵江全江通航。

交通安全生产　2019年，广元市交通运输部门强化隐患排查治理，开展“平安交通”、公交车行驶安全和桥梁防护、汛期安全大检查、隐患排查治理百日行动和“防风险保平安迎大庆”等各类专项活动，推进农村公路安防工程、科技兴安、公路治超等重点工作，全市交通运输未发生因源头管理而引发的责任事故，交通运输安全生产形势稳定向好。强化交通应急管理，应急抢险救助平台工程和交通应急二期工程建设有序推进，完成水上交通、公路抢险保通、工地隧道坍塌等各专项应急演练，成功举办全省国防交通战备钢桥架设应急演练、全省公路交通地震联合应急演练。强化信访维稳，妥善处置市轮船总公司职工信访问题和399仓库、出租车、网约车等稳控化解问题。强化行业安保和反恐防范工作，交通运输发展环境不断改善。

公路养护和路政管理　2019年，广元市完成省下达基层养护站改造5个，新（改）建交通厕所6个，完成国省公路大中修工程60.06公里，PQI（国省干线路面性能指数）86.6。加大公路巡查频率，开展货运车辆超限治理，全年检测货车24.3万辆次，查处超限车辆863辆次，卸载货物6 457吨，抄告公安交警部门215辆次，货车超限率控制在3%以内，全市公路持续保持安全、畅通。

绿色智慧交通　2019年，广元市推进交通道路运输绿色低碳发展，持续淘汰老旧客车96辆、出租车136辆、公交车11辆、货车188辆。建成机动车排放污染治理（M站）24家，升级改造汽车维修企业喷烤漆房5个，“散乱污”汽车维修企业关停取缔2家、整改提升11家。推进公交优先绿色发展战略，全市新增新能源公交车4辆，总数达87辆，清洁能源、新能源公交车占全市公交车总数81%。构建绿色道路运输体系，新（改）建汽车客运站厕所14座，实现三级以上客运站“厕所革命”全覆盖。推进智慧交通建设，建成市公路局路网监测中心以及苍溪县、青川县和非试点县区指挥调度系统并投入使用，完成中通卫星通信载车平台安装调试，符合条件的三级以上汽车客运站全部实现联网售票，新增发放公交“一卡通”85 000张，公交车开通云闪付、美团、支付宝扫码支付。

2019年11月8日，四川省公路交通地震联合应急演练现场　　罗　松　摄

省公路交通地震联合应急演练在广元举行　2019年11月8日，四川省公路交通地震联合应急演练在广元市国道75线兰海高速宝轮服务区举行。四川省交通运输厅安全总监王波，广元市政府副市长叶长春等现场观摩演练。 此次演练由省交通运输厅和广元市人民政府主办，厅公路局和广元市交通运输局承办。演练以模拟广元市利州区宝轮镇处发生5.8级地震，导致省道205线附近区域发生桥梁垮塌、公路断道为背景，设置应急响应、区域联动与发布绕行方案、灾情侦侧、战备钢桥架设、51米应急快速桥架设、直升机紧急救援、公路抢通保通、受困人员转运和车辆疏散8个科目，出动机械救援直升机、5GVR现场图传、无人机等40余台套、人员150余人，实现多级交通运输部门的应急联动，特别是直升机救援，开创“水陆空一体化”应急处置新局面。演练中还首次使用5G通讯技术。演练完整呈现地震公路交通突发事件应急处置全过程，为全省有效应对公路交通突发事件，检验各应急救援队伍面临地震灾害时应急救援处置的科学性、高效性和可操作性提供有效示范。

苍溪县改善区位交通助推县域经济发展　2019年，苍溪县推进“外联、内畅、互通”工程建设，改善区位交通助推县域经济发展。一是加强对外交通主动脉建设，推进绵阳—苍溪—巴中高速公路、广元港张家坝作业区建设，争取三台—苍溪—旺苍—南江高速公路项目。推进苍溪火车站扩容改造提升，争取更多列车停靠苍溪。全年开通苍溪到贵州、成都等省市际列车20列次，运输容量2 000余人。 二是加强县域交通基础设施建设，实施“北畅东进西出中优”计划，加快“一桥一隧”项目建设进度，合理规划公交线网布局、完善换乘枢纽体系，加快推进县城至元坝镇段一级公路、云台山旅游公路、县城至绵万高速白桥互通快速通道等项目建设。建成嘉陵江大桥2座，规划设置公交路线7条、投放营运公交车30辆，城区覆盖率90%。 三是打通县域交通“卡点”“堵点”，优化路网节点和枢纽布局，促进主城区内外交通互通，构建县域一体化交通网络。对县道、乡道、通村公路以及县乡连接线、农村公路路网连接线进行升级改造。全年改造疏通县域内交通拥堵点23个，近四年来为719个村新建公路1 100余公里，加宽、修复破损公路200余公里。

4月30日，苍溪县漓江镇东河大桥建成通车。大桥全长871米（其中桥长224米），桥宽10米，引道长647米，宽6.5米，项目总投资2 025万元。该项目的建成，结束苍溪县漓江镇东河渡运历史，解决两岸群众过河难题。

剑阁县通村客运班线集中发车　2019年11月25日，剑阁县通村客运班线集中发车仪式在普安客运站举行，40辆通村客运班线车辆有序驶离集中发车仪式现场，奔赴乡村服务群众，助力脱贫攻坚和乡村振兴。剑阁县委、县政府推进“四好农村路”建设，投入9座农村客运班线车辆，运营乡（镇）与村、村与村之间的运营线路，方便村民安全、便捷、就近出行需求，并规避非法运营安全风险和遏制非法运营行为，确保农村公路“运营好”。从2018年6月白龙区域农村客运区域化经营试点以来，相继在鹤龄、元山、开封、普安等区域实施农村客运区域化经营及村村通客车工程，全县累计开行通村客运班车248辆，辐射522个建制村，建制村通客车率达96%。

2019年11月25日，剑阁县举行2019年通村客运班线集中发车仪式
广元市交通运输局　供图

（本栏目供稿单位：广元市交通运输局）

遂宁市交通

SUINING SHI JIAOTONG

2019年遂宁市交通运输能力概况

公路交通运输			
通车里程	总里程（公里）		9 105.578
	其中	高速公路	359
		一级公路	140.88
		二级公路	270.865
		三级公路	544.743
		四级公路	7 019.351
		等外公路	770.739
公路密度	按国土面积计算：每百平方公里 175.683 公里		
	按人口计算：每万人 129.09 公里		
通达里程	通公路的乡镇 105 个，占乡镇 100 %		
	通公路的村 2 107 个，占村 100 %		
客运站	总　数（个）		23
	其中	一级站	3
		二级站	3
		三级站	1
		四级及以下站	16
营运车辆	总　数（辆）		10 271
	其　中	客车 1 323 辆　27 256 座	
		货车 8 948 辆 104 695 吨	
公路运量	客　运	客运量（万人次）	1 871.813
		旅客周转量（万人公里）	109 228.462
	货　运	货运量（万吨）	4 913.152
		货物周转量（万吨公里）	608 988.843
内河航运运输			
通航里程	总里程（公里）		453.05
	其中	三级航道	
		四级航道	
		五级航道	260.05
		六级航道	193
		七级航道	
港口（码头）	总　数（个）		37
	吞吐量	旅客吞吐量（万人次）	33.89
		货物吞吐量（万吨）	73.64
水路运量	客　运	客运量（万人次）	33.89
		旅客周转量（万人公里）	295.2
	货　运	货运量（万吨）	73.64
		货物周转量（万吨公里）	372.5
营运船舶	总　数（艘）　936（含44艘渡船、10艘游船）		
	其中	客船 17　艘　577　座	
		货船 865 艘　55 371 吨	
城市公交运输			
营运车辆	453 辆		
公交线路	50 条		
公交站	92 个		
运　量	1.144 1亿人次		

交通运输概况　2019年，遂宁市全力实施综合交通建设三年行动计划，深化交通运输体制机制改革，全市交通运输固定资产完成投资47亿元，为目标任务45亿元的104.4%，客货运总周转量增速8.02%，位列全省第三，交通运输形势总体平稳。

交通基础设施建设　2019年，遂宁市印发交通建设三年行动计划，组织编制遂宁市国家公路和省级公路国土空间控制规划、遂宁市蜀中缤纷文化风情道规划（即城际环线规划），进一步明确交通运输发展新路径。遂渝高速公路扩容项目遂宁段纳入国家发展改革委《西部陆海新通道总体规划》和《四川省高速公路网规划（2019—2035）》；涪江复航初步纳入《国家综合立体交通网规划（2021—2050）》。遂宁涪江通善大桥新建项目南半幅及滨江路下穿隧道、水寨门跨线桥建成通车。中环线累计建成42公里，为总里程的85.7%；农环线累计建成160公里，为总里程的92.5%。遂德高速公路、涪江六桥（即袁家坝渡改桥）、圣平岛大桥、通港大道、城南公交场站、城际环线开工建设。国省干线大中修工程完成28公里，省道205线安居段、经开段、省道401线大英段大中修项目完成交工验收，普通国道路

2019年，田家渡大桥建设现场　　遂宁市交通运输局 供图

面使用性能指数93.1，列全省第3位。2019年，争取交通补助资金8.5亿元，到位4.3亿元。

城市客运　2019年，遂宁市巡游出租汽车规范发展，查处出租汽车违规经营行为466件，记分处理从业人员320名，停车学习404辆次。推进巡游出租车运价结构调整，建立市城区春节期间临时上浮运价机制，遏制春运涨价乱象，有效减少投诉，春节7天出租车投诉量较2018年下降67.2%。举办市城区巡游出租汽车“天府银行杯”技能比武竞赛暨第二届职工运动会，举行遂宁市城区巡游出租汽车行业庆祝中华人民共和国成立70周年工装发布暨深化“百日百车挑战零投诉”活动，不断提高服务质量，提升出租汽车行业“流动窗口”形象，开展第二届市城区巡游出租汽车行业“百日百车挑战零投诉”活动。推进网约车合法化进程，坚守“三证齐全”标准，继向“滴滴出行”“蜜蜂出行”、重庆“呼我出行”颁发平台许可证后，先后对安徽好马科技有限公司遂宁分公司、遂宁市雷霆科技有限公司实施网约车经营许可。截至年底，有7 001人取得“网络预约出租汽车驾驶员证”，1 815辆网络预约出租汽车办理“网络预约出租汽车运输证”，数量位于全省前列。持续开展对车辆和驾驶不合规清理工作，滴滴出行遂宁办事处清理有违法犯罪记录司机75人，封禁背景审核不通过司机725人，封禁服务质量较差司机172人，封禁违规巡游揽客司机108人，封禁作弊司机146人，清理不合规车辆9 735辆。联合公安部门对出租车（含网约车）驾驶员落实背景审查工作，全年清理、撤销背景审核不过关驾驶员从业资格314名。

春运工作　2019年春运期间，遂宁市道路、水路运送旅客1 277余万人次，比上年减少46.79%。全市投入客运车辆595辆，发班61 708班次，加班222班次，输送旅客75.44万人次，下降60.86%；全市城市公交投入437辆，总开行逾8万趟次，运送旅客800余万人次，比上年下降46.67%；全市出租汽车投入1 241辆，输送旅客369.07万人次，比上年下降40.47%；水运投入船舶1 170艘次，输送旅客32.627万人次，比上年下降54.63%。

交通脱贫攻坚　2019年，遂宁市实施农村公路改善提升、窄路加宽、撤并建制村硬化路建设等专项工程883公里，建成农村公路安保工程716公里，新增通客车建制村25个。改善提升贫困村村（组）道路131公里，退出贫困村通村硬化路达标率100%；整合交通行业资源，强化扶贫技术支撑，提升农村公路质量管理能力和养护管理水平；加大资金补助力度，定向补助41个贫困村村道建设资金491万元，给予凉山州盐源县、昭觉县各10万元扶贫工作经费。蓬溪县成功创建四川省第三批“四好农村路”省级示范县，射洪市、大英县被确定为省级“四好农村路”示范培育县，遂宁市作为唯一一市（州）代表在全省“四好农村路”高质量发展推进会上交流发言，“四好农村路”建设经验被《中国交通报》刊载。

2019年9月，遂宁市出租车行业庆祝中华人民共和国成立70周年　　遂宁市交通运输局 供图

运输服务管理 2019年，遂宁市建设旅游集散中心，建成遂宁城市候机楼，开通至双流机场地面快车，实现空地联运无缝对接。落实公交优先发展，市政府审定出台《遂宁市关于优先发展城市公共交通的实施意见》，新增圣莲岛内循环摆渡线路、工业园区区间加班线路、安居至市城区农副产品专班线路，开通遂宁城区至金桥新区线路、高新区至河东新区定制政务公交专线。发展道路旅客定制预约服务，开通定制客运线路7条，工作经验全省交流。交通融合发展更加深入。建成蓬溪县物流中心、快递集散中心，率先在全省开通“交邮、交快”合作试点线路8条，在19个乡（镇）设立快递超市，获得省交通运输厅肯定，蓬溪县、大英县被列入“四川省农村智慧物流提质增效项目”首批试点县（全省4个试点县）。

工程质量监管 2019年，遂宁市以“品质工程”创建为目标，严格落实施工标准化、管理科学化、制度精细化。开展质量监督检查60余次，排查点位71个，发出监督检查意见及现场整改通知20份，监督覆盖率100%，问题整改率100%，交工验收合格率100%。探索造价审查咨询购买社会服务，审查工程造价项目5个，送审金额44.81亿元，核减金额1.61亿元。

2019年12月，遂广、遂西高速公路获国家公路交通优质工程最高荣誉——“李春奖”
遂宁市交通运输局 供图

重点领域改革 2019年，遂宁市交通运输机构顺利承接机构改革划入的渔船检验和监督管理职责；统筹推进承担行政职能事业单位改革，局属各单位行政管理职责划入局机关相应科室；推进交通运输综合行政执法改革，《关于遂宁市市场监管等5个领域综合行政执法改革实施方案》通过中共遂宁市委编委会和市委常委会审定。“放管服”改革不断深化。持续“放”，取消、下放行政许可事项5项，面向遂宁市高新区下放5项；强化“管”，出台《“双随机一公开”工作实施细则（试行）》；优化“服”，市本级35项服务事项全部进驻市政务服务大厅，“一次办”事项100%，“网上办”事项88%。高速公路收费制度改革纵深推进。川渝高速公路—国道93线成渝环线高速公路遂渝段楼房沟收费站率先取消，全国取消高速公路省界收费站工作推进会在遂宁召开。全市新增ETC用户12万户，ETC推广发行位列全省第一方阵。

绿色智慧交通 2019年，遂宁市攻坚蓝天碧水净土保卫战，治理尾气不合格车辆11 874辆，依法查处环保不达标、无证经营维修企业（含洗车场）16家，关停注销2家；拆除老旧船舶232艘，依法取缔非法码头75座；全市1 247辆出租汽车、1 214辆驾培教练车、442辆公交车全部使用清洁能源和新能源，新增新能源电动出租车16辆、公交车90辆。科技创新取得新进展。交通运行监测与应急指挥中心投入使用，完成科技“治超”二期工程，科技“治超”获市政府创新奖，遂广、遂西高速公路获国家公路交通优质工程最高荣誉——“李春奖”。

平安交通 2019年，遂宁市制定《遂宁市交通运输局领导安全生产职责清单》《领导干部安全生产履职台账》，健全安全责任体系，落实安全生产工作职责。强化风险防控和隐患排查治理。修订《2019年度遂宁市普通公路风险点辨识管控清单》，编制点位分布图，纳入市级风险管控点位40个；排查整改道路一般安全隐患19处，完成市级挂牌隐患整改10处，核查涉路地质灾害隐患点10处，排查普通公路在役桥梁国道119座、省道108座，国省道855公里。强化安全应急管理。建立交通运输突发事件应对处置机制，修订《遂宁市普通公路防汛抢通保通应急预案》，建成市级应急保通中心1个、县级应急保通中心2个，开展水上应急救援演练、普通公路事故应急抢险练兵、在建工程安全生产月活动等，应急能力进一步提升。全年实现运输源头管理零责任，水路运输、交通建设领域零责任、零事故、零死亡。强化扫黑除恶专项整治。全年研究部署扫黑除恶专项斗争工作6次，印发《遂宁市交通运输系统扫黑除恶专项斗争乱点乱象整治专项行动方案》，移交涉黑线索2件。

（本栏目撰稿人：何　亮）

内江市交通

NEIJIANG SHI JIAOTONG

2019年内江市交通运输能力概况

公路交通运输			
通车里程	总里程（公里）		12 707.161
	其中	高速公路	306.844
		一级公路	137.649
		二级公路	390.295
		三级公路	383.2
		四级公路	9 636.048
		等外公路	1 800.45
公路密度	按国土面积计算：每百平方公里 236.110 公里		
	按人口计算：每万人 31.28 公里		
通达里程	通公路的乡镇 107 个，占乡镇 100 %		
	通公路的村 1 609 个，占村 100%		
客运站	总　数（个）		125
	其中	一级站	4
		二级站	5
		三级站	3
		四级及以下站	113
营运车辆	总　数（辆）		15 008
	其　中	客车 1 794 辆 48 444 座	
		货车13 214 辆 136 745 吨	
公路运量	客　运	客运量（万人次）	6 195
		旅客周转量（万人公里）	349 847
	货　运	货运量（万吨）	4 376
		货物周转量（万吨公里）	417 677
内河航运运输			
通航里程	总里程（公里）		726.76
	其中	三级航道	
		四级航道	
		五级航道	
		六级航道	
		七级航道	154
港口（码头）	总　数（个）		48
	吞吐量	旅客吞吐量（万人次）	148.86
		货物吞吐量（万吨）	188.54
水路运量	客　运	客运量（万人次）	148.86
		旅客周转量（万人公里）	936.8
	货　运	货运量（万吨）	188.54
		货物周转量（万吨公里）	612.28
营运船舶	总　数（艘）　205		
	其中	客船 109 艘 4 066 座	
		货船 96 艘14 554 吨	
城市公交运输			
营运车辆	808 辆		
公交线路	113 条		
公交站	907 个		
运　量	1.32 亿人次		

注：通航总里程726.76公里中除154公里为七级航道外，其余均为七级以下航道。

交通运输概况　2019年，内江市基础与规划建设不断完善，完成普通国省干线公路项目国土空间控制规划方案研究和报审，完成成渝高速公路扩容、乐山经资中至铜梁、乐至经资中至犍为等高速公路国土空间控制规划方案研究并提出回复意见。完成《内江市综合交通枢纽发展战略研究》，开展普通省道网规划调整研究，结合《四川省高速公路网规划（2019—2035）》等前期成果，梳理内江市率先启动项目清单。围绕全域开放、区域合作，实施“一带一轴一区”重要交通枢纽建设，出台《内江市综合交通建设三年行动计划实施意见》，全年完成交通基础设施投资24.24亿元。

基础设施建设　2019年，内江市争取交通建设地方政府债券资金和中央、部省补助资金13亿元，较2018年增长26.31%，为交通项目建设顺利推进奠定基础。完成普通国省干线公路项目国土空间控制规划方案研究和报审，完成成渝高速公路扩容、乐山经资中至铜梁、乐至经资中至犍为等高速公路国土空间控制规划方案研究并提出回复意见。完成《内江市综合交通枢纽发展战略研究》，开展普通省道网规划调整研究，以强化联通成渝、加强普通国省道省际通道建设为重点提出新增资中经东兴区至荣昌等3条省道布局调整方案。

高速公路建设 2019年，内江市结合《四川省高速公路网规划（2019—2035）》等前期成果，梳理内江市率先启动项目清单。成渝高速公路扩容改造延伸至隆昌川渝界、内江至自贡快速通道、自贡至隆昌高速公路连接线、内江至大足高速公路、内江至南溪高速公路、资中至威远路快速通道一期工程（球溪至连界段）、内江水心坝大桥等重点项目前期工作进展顺利。围绕全域开放、区域合作，实施“一带一轴一区”重要交通枢纽建设，出台《内江市综合交通建设三年行动计划实施意见》，全年完成交通基础设施投资24.24亿元。交通重点项目稳步推进。内江市过境高速公路项目全线恢复施工，开工建设椑木东互通连接线、高桥互通连接线。沱江大桥加宽改造工程新建沱江大桥、左转匝道桥、牌桥路跨线桥、新江路拓宽工程建成并通车。黄荆坝大桥及连接线完成主体工程。成宜高速公路（威远段）完成路基工程和桥梁梁板安装。

干线公路建设 2019年，内江市干线公路服务能力不断提升，国省干线公路路面使用性能指数91.2。完成公路大中修工程43.92公里。预防性养护工程试点63.1公里。完成国省干线公路与铁路和高速公路并行路段安全隐患整治1.88公里。整治危（病）桥9座。建设公路安保工程668.25公里。新（改）建国省干线公路厕所3座。整治桥梁净空不足安全隐患2处。建设生态路90公里。调整普通国道路网命名编号260.58公里。

农村公路建设 2019年，内江市统筹推动“四好农村路”建设，新（改）建农村公路922.7公里，2019年计划退出65个贫困村全部实现通硬化路。隆昌市被认定为全省第三批“四好农村路”示范县，实现内江市“四好农村路”示范县零的突破。市中区凌家镇等6个乡（镇）被评定为内江市“四好农村路”示范乡（镇）。

2019年，川南大草原旅游公路 内江市交通运输局 供图

城市公共交通 2019年，内江市城市公交加速发展，新增道路运输新能源车176辆，全年新增和调整优化公交线路16条，出台《内江市城区城市公共交通政府补贴资金管理办法》，建立健全公交保障长效机制。加快推进网约车合规化进程，批准16家网约车平台，新增合规网约车336辆。建立共享单车入市备案制度，鼓励和规范共享单车投放，解决市民群众出行“最后一公里”问题。实现内江、自贡公交“一卡通”互联互通，与全省21个城市、全国252个城市市区公交实现互联互通。城区客运站布局进一步优化。

2019年5月24日，连威路路面改造工程水稳层铺筑 内江市交通运输局 供图

城乡客运 2019年，内江市进一步优化调整全市运输结构，出台《内江市推进运输结构调整三年行动计划实施方案》。完成“春运”“国庆”等关键时段重点物资和旅客运输任务，全市公路运输总周转量比上年增长7.7%，全省排名第六。内江、自贡同城化建设取得成果，在全省首批开展内江至自贡定制客运试点（全省第2条定制客运线路），后续又新增开通内江至泸州定制客运线路。全市全年累计发行ETC卡片20.11万张，排名全省第三。

（彭高华）

交通行业管理 2019年，内江市法治建设持续深化，全面推行“双随机一公开”监管，建立完善交通运输市场主体诚信档案、失信联合惩戒和黑名单制度。不断深化“放管服”改革，推行“审批不见面、最多跑一次”事项56项，办理行政许可类案件1.39万件，行政处罚类案件787件，行政强制类案件253件。专项治理成效明显，查实出租汽车违规行为305起，查扣各类非法营运车辆62辆，特别是城区规范出租汽车经营行为在春节期间取得实效，开展“爱心送考”“情满旅途”等活动。坚持开展深入整治公路货车违法超限超载行为专项行动，对挖掘、占用利用公路、公路用地和公路设施等违法行为，做到了“三早一严”（早发现、早预防、早处置、严惩处）。交通综合执法改革稳步有序推进。国省干线公路养护市场化改革深入推进，新增26.5公里国省道市场化养护路段。开展创省级“无车承运人企业试点”，市中区渤商西部物流有限公司列为无车承运人试点企业。开展危险运输企业安全生产工作试点，四川安速鑫危险货物运输公司列为全市危险化学品领域“1123”清单制管理（“1”即针对党委、政府和有关行业主管部门制定的危险化学品安全监管责任清单，“123”即针对危险化学品企业制定的“一图两卡三清单”）和“五个第一”（第一操作者、第一工序、第一环节、第一岗位、第一车间）工作试点企业。

交通安全生产 2019年，内江市行业安全生产持续向好。实施“平安交通”“交通运输安全生产专项整治”“防风险保安全迎大庆”等行动，抓好“两个责任”落实，突出在道路运输、水上交通、公路安全、在建工程等四个重点行业领域开展行业安全大检查、隐患大排查大整治专项行动，开展危化品运输专项治理、公交车驾驶区隔离护栏安装、“两客一危”主动智能安全防御系统安装、“清单制管理”建设等工作，成功应对“9·8”威远地震、“12·18”资中地震等自然灾害。全年全行业安全生产形势持续保持稳定，未发生较大及以上安全生产责任事故。质量监管愈加精细。实施差别化管理，改变监督力量、监督资源平均分配常规做法，向重点项目、重要部位、关键环节倾斜。强化质量安全趋势预判，及时分析质量安全状况，掌握质量安全发展趋势。强化参建单位质量安全主体责任落实，健全质量安全保证体系，关口前移，重心下沉，从基础抓起，从源头防范。全年项目监督覆盖率100%，项目交（竣）工一次验收合格率100%。

2019年6月28日，威远县地方海事处执法人员在葫芦口水库开展渡船检查工作

内江市交通运输局 供图

智慧交通 2019年，内江市智慧交通不断发展。推动大数据等新技术与交通行业深度融合，完成交通运行监测与应急指挥系统（二期）工程指挥大厅和部分外场建设。渝丰物流公司与东风汽车公司人工智能驾驶合作取得进展。启动“内河船舶自动化报警及动态管理系统”和“船舶二维码识别系统”实验性建设。综合运用科技手段预测洪峰到达内江市各主要码头渡口的时间及流量，为提前应对处置赢得时间。

绿色交通 2019年，内江市交通环保不断改善。强化环境污染防治措施，打造绿色、环保交通。开展绿色出行专项行动，持续做好城市客运车辆污染防控。加快推进通航河流非法码头整治，印发《内江市沱江非法码头专项整治工作方案》，取缔非法码头41个。推进港口和船舶污染物接收转运处置设施建设，在全市客渡码头配备生活垃圾、废油集中回收容器。推进老旧船舶拆解，拆解老旧船舶94艘。推进汽车维修企业“散乱污”整治，全市整改提升335家，关停取缔50家，整合搬迁26家。常态化开展公路“五清”行动（清污、清漂、清淤、清障、清违），每月暗访并进行排名。

（本栏目撰稿人：彭高华）

乐山市交通

LESHAN SHI JIAOTONG

2019年乐山市交通运输能力概况

公路交通运输			
通车里程	总里程（公里）		12 688.735
	其中	高速公路	304
		一级公路	307.562
		二级公路	729.84
		三级公路	586.158
		四级公路	10 388.137
		等外公路	373.038
公路密度	按国土面积计算：每百平方公里 99.14 公里		
	按人口计算：每万人 人36.06 公里		
通达里程	通公路的乡镇 211 个，占乡镇 100 %		
	通公路的村 1 987 个，占村 100%		
客运站	总　数（个）		96
	其中	一级站	3
		二级站	12
		三级站	2
		四级及以下站	79
营运车辆	总　数（辆）		24 679
	其　中	客车 2 119 辆 56 803 座	
		货车 22 560 辆 342 593 吨	
公路运量	客　运	客运量（万人次）	3 409
		旅客周转量（万人公里）	135 939
	货　运	货运量（万吨）	16 492
		货物周转量（万吨公里）	1 384 420
内河航运运输			
通航里程	总里程（公里）		410.25
	其中	三级航道	
		四级航道	164.7（含宜宾）
		五级航道	32.3
		六级航道	36.3
		七级航道	176.95
港口（码头）	总　数（个）		7
	吞吐量	旅客吞吐量（万人次）	2.99
		货物吞吐量（万吨）	229
水路运量	客　运	客运量（万人次）	272 089
		旅客周转量（万人公里）	1 391.24
	货　运	货运量（万吨）	277.12
		货物周转量（万吨公里）	82 692.24
营运船舶	总　数（艘）　280		
	其　中	客船 98 艘 4 421 座	
		货船 182 艘 60 882 总吨 88 925 载重吨	
城市公交运输			
营运车辆	1 020 辆		
公交线路	126 条		
公交站	949 个		
运　量	1.3 亿人次		

交通运输概况　2019年，乐山市加快构建“十纵八横三环线”现代化交通运输网络体系，建成交通重大项目11个，新开工项目12个，储备项目11个，完成交通投资621亿元。5月31日，乐山市“2016—2018交通三年攻坚大会战暨2019—2021交通攻坚大会战动员部署大会”召开，乐山将开展“三年交通攻坚大会战”，从2019年至2021年，加快以“两港四梯级、五铁十高速”为核心的交通重大项目建设，确保三年内规划交通建设投资800亿元，主动融入国家“高铁网、高速网、水运网、航空网”，推动交通基础设施“四向拓展”，提高交通服务水平和保障能力，实现县县通高速公路和二级公路、客运渡口全面取消、服务设施“四个全覆盖”、所有县（市、区）“四好农村路”达标等目标，提升“绵阳—德阳—成都—眉山—乐山—宜宾”南北综合交通、经济中轴线通行能力，成绵乐客专等实现公交化运营，力争平均发车间隔缩短至15分钟，加速实现“成都—眉山—乐山”交通一体化，到2021年全市铁路运营里程410公里，基本建成与世界重要旅游目的地和全省区域中心城市相匹配的四川综合交通次级枢纽。建成“1+4”航空网，补齐航空运输空白。建成并运行乐山军民合用机场，逐步开通覆盖全国主要城市的航线和主要景点的旅

游航线。建成市中区、峨眉山市、峨边县、马边县4个通用航空机场，拓展全域低空旅游航线。按照省交通运输厅统筹规划开展应急二期项目建设，完成建设任务，完成投资1 024.3万元，全市信息化建设完成投资2 839万元。

2019年，仁沐新高速公路犍为岷江特大桥　乐山市交通运输局 供图

铁路建设　2019年，乐山市建成“三纵两横”铁路网，实现建成和规划项目县县覆盖。铁路通车总里程500公里。建成成昆铁路复线、动车存车场，完成高铁乐山站改造，实现动车公交化运营。成贵铁路乐山段正式通车，项目起于成绵乐铁路客运专线乐山站，经市中区、高新区、五通桥区、犍为县，进入宜宾市，止于贵阳市，全长519公里，设计时速250公里，总投资746亿元。其中乐山段79公里，总投资106亿元。成贵铁路四川段于2019年6月15日正式通车运营，成贵铁路全线于12月16日通车运营。成昆铁路扩能改造工程起于峨眉山市，经市中区、沙湾区、峨边县、金口河区至攀枝花市米易县，全长397公里，设计时速160公里，总投资453.8亿元。其中，乐山段89公里，投资102.5亿元。自开工累计完成投资58.74亿元，占总投资57.30%。2019年1月—12月，累计完成投资12.51亿元，进入路基、桥涵施工。项目为部省共建项目，中国国家铁路集团有限公司负责工程建设及投资，四川省和乐山市负责征地拆迁投资，省、市各承担50%。完成红线内永久性征地1 176 000平方米，占总量97%，房屋拆迁7.3万平方米，占总量33%，完成安置2 724人。连乐铁路起于内江市连界镇，经内江市威远县、眉山市仁寿县，乐山市井研县、五通桥区、市中区、高新区、沙湾区，止于峨眉山市与成昆铁路燕岗站相接。全长124公里，设计时速160公里，概算投资70.4亿元。其中乐山境内长84.05公里，总投资49.6亿元。自开工以来，累计完成投资26.31亿元，占总投资53.04%。2019年1月—12月完成投资5.18亿元，进入路基、桥涵施工。项目为省、市共建项目，工程建设费用由业主自筹。征地拆迁费由乐山市出资2亿元，其余由业主自筹，按195元/平方米支付给地方包干使用。完成红线内永久性征地3 344 000平方米，占总量95.6%，完成房屋拆迁583户，社保安置3 262人。

高速公路建设　2019年，乐山市建成“一环八射一纵”高速公路网，实现四向八通道和县县通高速。高速通车总里程650公里，路网密度5.1公里/每百平方公里，追齐东部地区水平。7月，成乐高速公路扩容（棉竹门户互通立交改造工程）开工建设。棉竹互通立交位于乐山市棉竹镇境内，通过四次跨越高速公路连接乐山绕城高速公路，成乐高速公路及乐雅高速公路，是集高速公路枢纽和收费站一体的大型复合式互通立交，为乐山北大门。此次互通立交扩建有12条匝道及乐雅L连接线和嘉瑞大道L连接线。12月31日24时，仁沐新高速公路（井研至孝姑段通车）开通试运行，主线全长46公里，采用双向四车道高速公路标准建设，设计时速80公里，路基宽25.5米，设有罗城、玉屏、孝姑三个收费站和罗城服务区。峨汉高速公路起于乐雅高速公路峨眉连接线，经峨眉山市、峨边县、金口河区、凉山州、甘洛县，止于雅安市汉源县，路线全长123公里，其中乐山段80.01公里。项目于2016年9月开工建设，当年完成投资20.3亿元，完成路基工程86%、桥涵工程45%、隧道工程41%。乐西高速公路马边至昭觉段起于乐山市马边彝族自治县境内，以仁沐新高速公路马边支线止点为起点，经凉山州雷波县、美姑县，止于昭觉县，与西昌至昭通高速公路相接，线路穿越大风顶国家级保护区和嘛咪泽省级保护区试验区。路线长152.48公里，总投资335.32亿元。其中马边境内长49.89公里，项目于2017年10月开工建设，2019年完成投资8.1亿元，累计完成临时工程90%，桥梁下部构造5%，隧道工程2%。

国省干线公路建设　2019年，乐山市新（改）建国省干线公路完成投资30.17亿元，其中上级补助9.09亿元，新（改）建干线公路104.7公里。省道308线、省道215线PPP项目转入实施阶段。省道103线青五路、省道215线、省道308线等重点项目顺利推进。峨眉至夹江联网畅通工程加快建设，乐夹大道市中区段于2019年9月

2019年，峨眉至夹江联网畅通工程——乐峨大道　乐山市交通运输局 供图

29日实现通车（青衣江大桥右半幅通车）。区（县）13个自建项目按计划推进，其中省道307线千佛岩隧道项目于2019年10月通车。

农村公路建设　2019年，乐山市农村公路完成投资19亿元，其中上级补助3.5亿元，新（改）建农村公路1 602.9公里，实现乡乡通油路、村村通硬化路。安保工程完工461.1公里，“渡改桥”完工1座，病危桥整治完工12座。金口河区成功创建“四好农村路”省级示范县，省级示范县达4个，位居全省第二。10月27日，由部政策研究室、部公路局主办的“我家门口那条路”四川展示周第三站在犍为启动。夹江千佛、陶渡两座渡改公路桥完工。以“强骨干、拓深度”为重点，结合乡（镇）行政区划调整，完善农村公路网，开展通自然村（组）道路、旅游路、资源路、产业路建设，新（改）建农村公路3 000公里，建立健全农村公路养护管理体制。按照双车道四级以上公路技术标准，推动具备条件乡（镇）对外联系干线和区域经济干线改造建设。

港口航道建设　2019年，乐山市建成区域航运中心，辐射成都、攀西经济区。建成岷江高等级航道，内河三级航道里程178公里，1 000吨级船舶常年通航，3 000吨级船舶洪水期通航。建成乐山港新港区，奠定乐山作为成都平原经济区通江达海门户地位。岷江港航电综合开发列入长江经济带综合立体交通走廊规划，包括老木孔、东风岩、犍为、龙溪口4级航电枢纽和岷江龙溪口至宜宾段航道整治工程，总投资估算484亿元，电站总装机容量165.54万千瓦。项目建成后，岷江乐山至宜宾段航道等级将由四级提升为三级，长江黄金水道将向成都平原经济区腹地延伸162公里，可常年通行1 000吨级船舶。老木孔航电枢纽总投资估算135.84亿元，装机容量40.54万千瓦，年均发电量15.65亿千瓦，建设工期61个月。项目是岷江港航电综合开发4级航电枢纽第1级，正常蓄水位358米，坝址位于乐山市五通桥区境内，岷江、青衣江、大渡河三江汇口以下岷江干流上，距乐山大佛11.7公里，距下游东风岩航电枢纽14.6公里。枢纽主要建筑物包括220米×34米×4.5米（有效长度×有效宽度×门槛水深）三级船闸、23孔泄洪冲砂闸、发电厂房、混凝土重力坝、开关站、鱼道和库区防洪堤等。2019年5月29日—30日，生态环境部会同水利部主持召开“报告书”审查会，提出完善环境影响回顾性评价和现状生态环境问题分析，论证老木孔、拐子沱等重点工程必要性和环境合理性等8项修改建议，要求修改“报告书”后重新报审。2019年6月以来，四川省政府多次召开专题协调会，统筹协调省级部门，加快修改工作。长江水资源保护科学研究所修编完成“报告书”初稿。东风岩航电枢纽总投资估算71.72亿元，装机容量27万千瓦，年均发电量12.65亿千瓦，建设工期60个月。项目是岷江港航电综合开发4级航电枢纽第3级，正常蓄水位344米，坝址位于乐山市五通桥区和犍为县交界处，道士观附近的岷江干流河段上，距上游老木孔航电枢纽14.6公里，距下游犍为航电枢纽18.1公里。枢纽主要建筑物包括220米×34米×4.5米（有效长度×有效宽度×门槛水深）三级船闸、31孔泄洪冲砂闸、发电厂房、混凝土重力坝、开关站、鱼道和库区防洪堤等。项目核准需37项前置要件，尚差土地预审、移民规划报告（修编）等7项要件。犍为航电枢纽总投资概算104.24亿元，装机容量50万千瓦，年均发电量21.86亿千瓦，建设工期65个月。2019年11月蓄水至326米高程，启用船闸通航，保障岷江大件航道畅通。计划2020年底最后一台机组安装完毕，主体工程完工。项目规划7个移民安置点，1个完工，6个在建。龙溪口航电枢纽总投资概算155.29亿元，装机容量48万千瓦，年均发电量20.20亿千瓦，建设工期65个月。2018年12月进场施工，工程施工进度符合施工组织计划，征地移民安置工作推进平稳有序。2019年11月，一期围堰成功合龙，项目计划2024年完工。岷江（龙溪口至宜宾合江门段）航道整治一期工程。工程总投资估算16.97亿元，项目建设期3年。岷江龙溪口枢纽至宜宾合江门81公里河段按内河三级航道标准建设，航道尺度为2.4米×60米×480米（水深×航宽×弯曲半径），建设内容包括航道整治、支持保障系统等相关工程。龙溪口航电枢纽至屏山岷江大桥47公里航道整治为一期工程，整治滩险14处，工程总投资9.3亿元。2019年12月30日，岷江（龙溪口枢纽至宜宾合江门）航道整治工程一期工程开工动员大会在犍为召开；12月31日，取得省交通运输厅初步设计批复，预计2020年9月进场施工。

城市公共交通 2019年，乐山市公交公司所属肖坝（大田湾）公交场站扩建项目即将完工。原公交总站及肖坝场站改（扩）建（充电站）工程项目，完成公交总站77支充电枪和肖坝老场站40支充电枪建设工作，公交总站原有32支充电枪，可同时满足149辆公交车充电。新开行2条常规公交线路，即中心城区至茅桥镇的16路，投放10辆公交车运行；中心城区至嘉祥外国语学校的24路，投放12辆公交车运行。继续推行"菜农公交"专线、"旅游公交""直达公交"等特色公交服务，新开通"法制公交"。为打造景城一体化，推动全域旅游，拟新开行"美食公交"专线。乐山市公共交通有限公司全年运营车辆安全运营2 438.75万公里，运载7 278.99万人次，中心城区城市公交出行分担率30.8%。发行"交通一卡通"41 034张卡。事故发生率比上年下降2.7%，未发生一般及以上等级安全生产责任事故。按照中共乐山市委、市政府"世界重要旅游目的地"发展定位、"一总部三基地"建设要求，适时调整和新增相应线路，统筹城乡发展，推进公交优先发展要求，初步编制完成《乐山市中心城区公共交通规划（2019—2024）》，相关编制成果报市政府核准。以国有主导、优化经营格局为重点，按照"一城一司"总体原则，推进公交行业体制改革和发展工作，构建与建设世界重要旅游目的地和成都平原城市群区域中心城市相匹配，与经济社会发展相适应、城际（乡）协调发展、内外有机衔接的一体化公交客运体系。乐山旅游公司与乐山交投集团达成初步收购意向协议，收购完成后将有效提高城市公交运行效率，更好为市民服务。2019年5月，市交投集团启动公交智能调度系统升级改造工作，由于智能化技术更新较快，系统采用4G实时动态视频监控传输技术，实现对车辆和驾驶员全面监管以及企业运营管理，提升公交服务能力。完成2G升4G预留5G端口设计方案专家评审，上报审议通过后，实施公开招投标。完成四川国宏80辆10.5米和8.5米纯电公交车、成都客车股份有限公司40辆5.99米纯电公交车、15辆13米级珠海银隆纯电动公交车等135辆公交车的采购工作。开展第二届城市公共交通行业"文明服务之星"驾驶员命名表彰。倡导行业文明正能量，提升群众满意度，开展"文明服务之星"和"共产党员示范车"评选表彰活动，宣传出租汽车驾驶员优质服务、助人为乐等先进典型，公开曝光典型违法事例，增强驾驶员服务意识，提升职业素养。

制定"三个管理制度"，即出租汽车行业自律公约、出租汽车驾驶员从业准入退出工作制度、出租汽车客运经营权管理办法，进一步压实出租汽车公司主体责任，强化对驾驶人员严格背景核查，健全统一规范驾驶员招聘、岗前培训和准入进出机制，强化对驾驶员违法违规及投诉举报、乘客服务评价等信息记录；建立和完善以服务质量信誉考核为导向的奖惩与退出机制，委托第三方机构或专家负责考核工作，根据每年度服务质量考核结果，实行末位淘汰，收回原授予公司一定数量的出租汽车经营权指标，对经营过程中出现重大服务质量问题、严重违法经营行为、服务质量信誉考核不合格、重大安全生产责任事故等情形，收回公司一定数量经营权；对出租汽车公司年度服务质量信誉考核等级评为AAA级以上的，分别给予一定数量经营权奖励，其中被评为AAA级的企业奖励出租汽车经营权指标2个，被评为AAAA级的企业奖励出租汽车经营权指标3个，被评为AAAAA级的企业奖励出租汽车经营权指标5个；对年度考核等级下降的公司，同比收回奖励的出租汽车经营权指标。加强宣传，开展争先创优活动，印制文明提示3 000份，张贴在出租汽车车内，提醒乘客对驾驶员不文明行为进行监督。进一步规范网络预约出租汽车经营活动。2019年，市交通运输局对中心城区许可的17家网约车平台公司进行检查和约谈，规范其经营行为。融合与巡游出租车共同发展。对网约车行业经营者、车辆和驾驶员依法实行许可管理，与传统巡游出租汽车错位经营、融合发展，构建多样化、差异性出行服务体系。全市许可网络预约出租汽车平台（分）公司36家，中心城区许可网络预约出租汽车平台（分）公司17家，累计办理1 035本网约车运输证。未出现一起巡游出租汽车和网约出租汽车之间不稳定事件。规范巡游（网络预约）出租汽车考试。2019年1月—12月组织考试43场次，报考人数5 766人，参考人数5 295人，考试合格人数4 546人（其中巡游1 834人，网约2 712人）。

现代物流运输 2019年，乐山市形成现代化物流运输体系，构建铁、公、水、空互联互通，物流园区合理布局，多式联运、甩挂联运、联程联运等先进方式有机融合的现代化物流运输体系。规划建设港口、产业园区、大型企业进港公路、专用铁路；推进航空口岸申建，完善和补齐物流基础设施短板。引导大宗货物及中长距离货运转移为铁路和水路运输，力争铁路货运周转量提高至30%。完成《乐山市物流运输规划修编（2019—2023）》工作，报市政府审批。沿森物流园区一期工程完工，犍为县天御新农新城物流农业园区二期开工建设。

铁路运输 2019年，乐山站日均到发旅客量23 349人次，峨眉山站日均到发旅客量8 074人次。全年乐山站累计发送旅客434.8万人次，到达旅客417.4万人次；峨眉山站累计发送旅客154.7万人次，到达旅客140.1万人次。铁路货运总量1 372.25万吨，比上年增长3.13%；货物发送量397.68万吨，到达量974.57万吨。采取租赁动车、定制列车、新建动车存车场等方法，初步启动公交化运营。2019年12月30日全国铁路运行图调整后，成都至乐山（峨眉山）动车日常开行由原来28.5对增加至

41.5对，乐山站增加发往上海、广州、昆明等地动车，提前实现“四川省文化旅游发展大会”开行40对目标。在成都市牵头组织下，乐山市拟租赁国家铁路集团租赁公司CRH6A-A型动车1组，租赁期为10年，租赁期结束后动车组资产归乐山市所有。

航务（海事）工作 2019年，乐山市现有四级航道（含宜宾75.8公里）164.7公里，五级航道32.3公里，六级航道36.3公里，七级航道176.95公里。乐山市现有港口（码头）7个（已取得港口经营许可证），旅客吞吐量2.99万人次，货物吞吐量229万吨；客运量272.89万人次，旅客周转量1 391.24万人公里，货运量277.12万吨，货物周转量82 692.24万吨公里；营运船舶280艘，其中客船98艘4 421客座，货船182艘60 882总吨，88 925载重吨。2019年，全市完成船舶检验469艘次，审查船舶设计图纸10套，配合省船舶检验局开展集中审图1次。与市农业部门达成一致意见，待国家渔业船舶检验系统正式启用后作正式工作移交，选派1人参加国家渔业船舶检验师资培训；开展船舶检验技术服务政府采购招标。乐山市航务（海事）局贯彻《中华人民共和国港口法》《中华人民共和国航道法》等港航管理法规，履行对辖区内港口、航道管理职能，严格把好港口、航道行政审批关，加强航道过、拦、临、跨河建筑物的审批管理，以及航道沿线砂石开采等施工活动审批与管理工作，确保辖区内港航基础设施良好状态，保障辖区航运活动安全顺利开展。加强对岷江大件航道巡查，做好航标设置、信号指挥、日常疏浚维护等工作，保证岷江大件航道稳定与畅通。完成岷江大件航道大件码头新槽口段、老江坝滩段、黄金滩等滩险专项养护工程建设任务。配合岷江航电枢纽建设，做好施工期临时航道审批管理和通航保障工作。2019年，乐山市港航中心派员参加全国船舶检验业务技能比武大赛四川赛区比赛，获团体三等奖。

开创乐山“水运+旅游”融合发展，编制完成《乐山“水运+旅游”融合发展规划》，以“乐山乐水”为主题，提出将水系作为乐山旅游主要载体，码头作为旅游景点，游船作为旅游景观，以水为轴、水陆一体、多种交通方式融合的水运旅游融合发展策略。系统规划乐山水运旅游网络布局，通过航道、码头、精品示范工程等规划建设，打造乐山市水运旅游产品新业态。启动旅游示范船型研究，要求游船稳性和抗沉性足够好。实际建成2艘具有较好安全性能的仿古旅游船和4艘现代游览观光船投运。犍为桫椤湖景区实施新建造LPG（液化石油气）动力推进船舶8艘和纯电力推进船舶1艘。拟在大佛景区和犍为县试点新建纯电力推进客船12艘。加快水上旅游码头建设。开工建设大佛景区岷江嘉定坊（芭蕉林）水上旅游码头，在八仙洞旅游码头、金口河大峡谷实施“厕所革命”。建造1 800马力海事救助艇等一批船艇，完成岷江等江河沿岸中高水位防洪系缆设施建设，实施水上交通安全监测综合信息系统工程。乐山市水上交通安全监管救助与信息服务系统依托电子江图，通过对辖区内重点港区、主要渡口、桥区、通航水域监视覆盖，整合联动已有AIS、VHF等资源，新建水文、气象信息站和船舶定位设备，实现日常安全监管、交通组织、海事调查执法和突发应急救助调度电子化，为各级交通运输管理部门、涉水企业、船员及社会公众提供水路运输运营生产信息、船舶航行助导航服务、一线执法管理等综合信息服务，提高水上交通运输日常运行监管水平与应急处置能力，提升水路运输信息服务水平。

道路交通安全综合治理 2019年，乐山市路政支队按照“全覆盖、零容忍、严执法、重实效”总要求，开展道路安全综合治理等各项工作。全市路政系统严格开展路域巡查、强化“双超”治理，全面排查事故隐患治理，防范化解重大风险、及时消除安全隐患，落实安全生产责任，打击各类非法违法行为，确保全市国省干线公路安全畅通，无重特大事故发生。全年全市投入路政执法人员57 630人次，检查货运车辆1 043 248辆次，检测出超限车辆4 167辆次，处罚车辆3 697辆次，卸载货运车辆4 150辆次，卸载货物重量52 311.75吨，超限车辆比例控制在0.40%内。

公路养护管理 2019年，乐山市国省干线路面使用性能指数93.6，位居全省第二。境内国道从1条增加至3条，里程增加2.4倍，干线路网日臻完善。乐山市代表四川省迎接交通运输部2019年度国道抽检，130公里检测路段全部优等，受到部省主管部门肯定。率先在全省推行公路“以克论净”清扫保洁标准，服务大气污染治理和文明卫生城市创建，主城区及周边干线公路路面污染扬尘、路域环境显著改善。国省干线建设完成投资30.2亿元，其中上级补助9.09亿元，新（改）建干线公路104.7公里。省道308线、省道215线PPP项目转入实施阶段。省道103线青五路、省道215线、省道308线等重点项目顺利推进。

ETC推广安装 2019年7月，省政府办公厅下发《关于深化收费公路制度改革取消高速公路省界收费站的通知》，乐山市交通运输局制订并报市政府审定通过《大力推动全市在籍汽车ETC安装工作方案》，对省下达目标任务按照县（市、区）属地原则进行责任分解。截至2019年12月底，全市累计办理ETC业务车辆31.37万辆，占全市车辆保有量41.96万辆74.76%。

（本栏目供稿单位：乐山市交通运输局）

南充市交通

NANCHONG SHI JIAOTONG

2019年南充市交通运输能力概况

公路交通运输			
通车里程	总里程（公里）		23 052.04
	其中	高速公路	574.06
		一级公路	206.996
		二级公路	1 172.55
		三级公路	413.638
		四级公路	20 054.842
		等外公路	629.954
公路密度	按国土面积计算：每百平方公里 184.42 公里		
	按人口计算：每万人 30.33 公里		
通达里程	通公路的乡镇 242 个，占乡镇 100 %		
	通公路的村 5 232 个，占村 100 %		
客运站	总　数（个）		191
	其中	一级站	4
		二级站	10
		三级站	4
		四级及以下站	173
营运车辆	总　数（辆）		31 899
	其　中	客车 2 800 辆 73 098 座	
		货车 29 099 辆 辆406 770 吨	
公路运量	客　运	客运量（万人次）	4 187.733
		旅客周转量（万人公里）	251 104.195
	货　运	货运量（万吨）	10 728.033
		货物周转量（万吨公里）	1 092 112.615
内河航运运输			
通航里程	总里程（公里）		1 729.8
	其中	三级航道	
		四级航道	301.3
		五级航道	
		六级航道	
		七级航道	1 428.5
港口（码头）	总　数（个）		1
	吞吐量	旅客吞吐量（万人次）	31.623
		货物吞吐量（万吨）	467.836
水路运量	客　运	客运量（万人次）	723.1
		旅客周转量（万人公里）	5 945.8
	货　运	货运量（万吨）	1 476.58
		货物周转量（万吨公里）	40 887.2
营运船舶	总　数（艘） 1 453		
	其　中	客船 236 艘 9 465 座	
		货船 846 艘 143 953 吨	
城市公交运输			
营运车辆	891 辆		
公交线路	73 条		
公交站	1 030 个		
运　量	1.198亿人次		

注：营运船舶总数含驳船371艘36 850吨。

交通运输概况　2019年，南充市交通运输系统聚焦“总量三突破”“增速三高于”“排位一方阵”目标，专注发展定力不动摇，克难攻坚、精准发力，交通投资再创新高，营达高速公路南充段等一批重大工程建成通车，客货运周转量增速稳居全省第二位，营山县成功创建“四好农村路”省级示范县。“城乡公交一体化”建设工作经验在《中国交通报》刊发，春运保障、扫黑除恶、“厕所革命”等工作的典型做法在全省交流，被评为全省“2019年道路水路春运工作成效显著单位”。

交通基础设施建设　2019年，南充市实施重点项目81个，完成投资107.6亿元，国道245线仪陇段、省道208线青川至九龙嘉陵段、阆中凉水至天宫段等37个项目按计划完工，顺蓬营一级公路、南部县嘉陵江三桥、仪陇永乐至营山法堂公路等36个在建项目按计划推进，省道304线阆中城区至水观段改建工程、省道207线仪陇至双龙公路嘉陵段改建工程等8个项目开工。南充过境、南潼、阆营三条高速公路挂网招标，新（改）建农村公路1 330公里，完成交通脱贫攻坚项目建设任务。

营达高速公路建设　营达高速公路线路全长92.5公里，起于营山县新店镇龙顶村，止于达州市石板镇达渝

2019年12月，营达高速公路建成达到通车条件　　南充市交通运输局 供图

高速互通，接巴南广高速公路和阆营高速公路，桥隧比33.2%，总投资101.17亿元，其中，南充段30.89公里，投资33.77亿元。2019年，营达高速公路南充段完成投资11.4亿元，路基、桥隧道、桥梁、路面均完成100%，房建、交安、机电、绿化等工程项目完成100%，于2019年底全面交工，达到通车条件。

国省干线建设　2019年，国道245线仪陇新政至马鞍段、省道304线阆中城区至天宫段改建工程等17条干线公路项目建设全部达目标进度。南充市普通国省干线建设项目计划完成建设里程105.5公里、完成投资24.8亿元；截至年底，完成国省干线公路建设124.7公里，完成投资35.43亿元，为省交通运输厅下达年度目标的142.8%。完善公路养护考核制度，形成市、县、乡三级考核体系，推进公路养护管理科技化、精细化、日常化。全年完成建设超限检测站1座、养护管理站20座、机械化应急保通中心2座、服务区停车区2座，实施大中修及预防性养护53公里，PQI（路面使用性能指数）90.1。

运输市场管理　2019年，为确保扫黑除恶专项斗争工作及行业乱象整治取得实效，南充市交通运输局加强与公安、交警等部门协调联动，严查道路运输行业涉黑涉恶及行业乱象行为。南充市交通运输部门制订并印发《2019年全市道路运输领域扫黑除恶专项斗争及行业治乱工作要点》《南充市道路旅游客运乱象专项整治行动方案》《南充市机动车驾驶员培训行业民生领域突出问题专项整治工作方案》及《南充市道路运输行业经营行为专项整治工作方案》，明确整治目标、内容，落实相关职能部门工作任务，确保道路运输行业乱点乱象专项整治行动有序推进。全年排查和接到其他部门移交新线索3起，出动执法人员1 975人，查处非法营运案件1 080起，“打野车”21起，排查非法教练场26处，清理违规报名点3处，查扣黑教练车4辆，教练员被拉入黑名单1名，查处各类违规行为105起，查处出租汽车违规经营行为426起，处理喊客拉客人员17名，震慑非法营运者，行业乱象得到有效遏制，企业效益大幅提升，社会满意度显著增强。

农村公路建设　2019年，南充市交通民生工程建设任务新（改）建农村公路555公里，全年完成交通民生工

2019年2月，南部县升保路建成　　南充市交通运输局 供图

程建设农村公路558.9公里，完成目标任务100.7%。农村公路建设得到较快发展，各地通达深度不断提高，农村交通环境得到改善，实现100%乡（镇）、建制村通水泥路，50%的社通水泥路目标。

港口码头建设 2019年，嘉陵江南充段航运配套二期工程项目完成投资8 700万元，嘉陵江数字航道、电子航道图系统软件编制及培训工作全面完成；信息化系统硬件完成安装，码头站房、工作船及配套设施顺利实施。建造嘉陵江新政库区南部航道工作船码头工程、两艘36米趸船，完成投资670万元。完成了嘉航政63号、嘉航政11号等8艘船舶维修方案的财评工作，总投资634.93万元。协同推进嘉陵江重庆利泽航电枢纽建设，推动广元港、南充港、广安港“三港”联动发展，建立联系机制，签订三港联动发展框架协议，制定联动发展课题报告。在南充“印象嘉陵江”湿地公园开通汛期轮渡通航工作，开通线路2条，投入船舶6艘，共渡人上岛10万余人次，满足市民游园需求。

南充蓬安县地方海事处落实“六化”安全监管机制，扎实开展水上交通安全监管。图为海事处工作人员对船员进行安全知识宣传 厅航务局 供图

南充市嘉陵区公路局开展农村公路日常养护 何文德 摄

交通运输行业治理 2019年，南充市聚焦民生问题抓整治，累计出动执法人员3万人次，卸载转运货物1.8万吨，检查出租汽车3 000余辆次，行政处罚案件1 465起，移送司法案件89起，行业文明和服务质量明显提升。聚焦安全风险隐患抓治理，开展“平安交通三年攻坚行动”“安全生产月”“大排查、大整治”“防风险保安全迎大庆”等专项行动，完善安全风险管理清单工作制，未出现水上交通运输和交通建设施工安全事故，未出现道路交通重特大事故。聚焦扫黑除恶抓整治，排查工程建设、道路运输等领域涉黑涉恶线索，经验做法2次在全省进行交流。先后获得全省“道路水路春运工作成效显著单位”“法治政府部门建设优秀单位”“交通战备目标管理任务考核先进单位”等称号。

交通环境保护 2019年，南充市交通运输部门应对蓝天行动、重污染天气、公路养护扬尘治理，出动洒水车、波形护栏清洗车200余辆次、清扫保洁人员8 000多人次，全市投入绿化资金1 621.7万元，新植90.8公里，补植287.7公里；全市1 857家机动车维修企业（其中一类66家，二类192家，三类1 246家，一类摩托车维修7家，二类346家）全部完善工商营业执照和经营许可备案手续，完成汽车维修喷烤漆房290个，光氧催化升级改造206个，油性漆改水性漆49个；更新高能耗的老、旧车3 159辆，取缔、复绿非法砂石码头38座，规范非法码头22座。

机构体制改革 2019年，南充市交通运输稳步推进机构改革，划转行政职能200项。加快推进“城乡公交一体化”改革，完成14个乡（镇）、66个建制村通公交车任务，顺庆“县际公交”经验做法在省市主流媒体报道。深化高速公路收费制度改革，推广ETC发展应用，全市ETC用户突破45.59万户，安装率82.52%。持续推进“放管服”改革，落实货车“三检合一”政策，成功开发南充传化公路港智能物流信息系统，建成“路歌”互联网物流平台，每年可为物流企业节约费用1亿元以上。

（本栏目供稿单位：南充市交通运输局）

宜宾市交通

YIBIN SHI JIAOTONG

2019年宜宾市交通运输能力概况

<table>
<tr><td colspan="4">公路交通运输</td></tr>
<tr><td rowspan="7">通车里程</td><td colspan="2">总里程（公里）</td><td>20 211.436</td></tr>
<tr><td rowspan="6">其中</td><td>高速公路</td><td>282</td></tr>
<tr><td>一级公路</td><td>40.538</td></tr>
<tr><td>二级公路</td><td>904.738</td></tr>
<tr><td>三级公路</td><td>321.277</td></tr>
<tr><td>四级公路</td><td>18 011.207</td></tr>
<tr><td>等外公路</td><td>651.676</td></tr>
<tr><td rowspan="2">公路密度</td><td colspan="3">按国土面积计算：每百平方公里 143.032 公里</td></tr>
<tr><td colspan="3">按人口计算：每万人 35.457 公里</td></tr>
<tr><td rowspan="2">通达里程</td><td colspan="3">通公路的乡镇 185 个，占乡镇 100 %</td></tr>
<tr><td colspan="3">通公路的村 2 813 个，占村 100 %</td></tr>
<tr><td rowspan="5">客运站</td><td colspan="2">总　数（个）</td><td>61</td></tr>
<tr><td rowspan="4">其中</td><td>一级站</td><td>4</td></tr>
<tr><td>二级站</td><td>10</td></tr>
<tr><td>三级站</td><td>1</td></tr>
<tr><td>四级及以下站</td><td>46</td></tr>
<tr><td rowspan="3">营运车辆</td><td colspan="2">总　数（辆）</td><td>20 497</td></tr>
<tr><td rowspan="2">其　中</td><td colspan="2">客车 2 244 辆 33 961 座</td></tr>
<tr><td colspan="2">货车 18 253 辆 189 390 吨</td></tr>
<tr><td rowspan="4">公路运量</td><td rowspan="2">客　运</td><td>客运量（万人次）</td><td>3 137</td></tr>
<tr><td>旅客周转量（万人公里）</td><td>143 909</td></tr>
<tr><td rowspan="2">货　运</td><td>货运量（万吨）</td><td>6 225</td></tr>
<tr><td>货物周转量（万吨公里）</td><td></td></tr>
<tr><td colspan="4">内河航运运输</td></tr>
<tr><td rowspan="6">通航里程</td><td colspan="2">总里程（公里）</td><td>963</td></tr>
<tr><td rowspan="5">其中</td><td>三级航道</td><td>100</td></tr>
<tr><td>四级航道</td><td>76</td></tr>
<tr><td>五级航道</td><td>126</td></tr>
<tr><td>六级航道</td><td></td></tr>
<tr><td>七级航道</td><td>219</td></tr>
<tr><td rowspan="3">港口（码头）</td><td colspan="2">总　数（个）</td><td>5</td></tr>
<tr><td rowspan="2">吞吐量</td><td>旅客吞吐量（万人次）</td><td>7.9</td></tr>
<tr><td>货物吞吐量（万吨）</td><td>909.3</td></tr>
<tr><td rowspan="4">水路运量</td><td rowspan="2">客　运</td><td>客运量（万人次）</td><td>85.65</td></tr>
<tr><td>旅客周转量（万人公里）</td><td>1 646</td></tr>
<tr><td rowspan="2">货　运</td><td>货运量（万吨）</td><td>616.66</td></tr>
<tr><td>货物周转量（万吨公里）</td><td>590 328</td></tr>
<tr><td rowspan="3">营运船舶</td><td colspan="3">总　数（艘）　201</td></tr>
<tr><td rowspan="2">其　中</td><td colspan="2">客船 58 艘 3 087 座</td></tr>
<tr><td colspan="2">货船 143 艘 590 328 吨</td></tr>
<tr><td colspan="4">城市公交运输</td></tr>
<tr><td>营运车辆</td><td colspan="3">1 237 辆</td></tr>
<tr><td>公交线路</td><td colspan="3">123 条</td></tr>
<tr><td>公交站</td><td colspan="3">832个（主城区）</td></tr>
<tr><td>运　量</td><td colspan="3">1.932 5亿人次</td></tr>
</table>

交通运输概况　2019年，宜宾市完成交通建设投资113亿元，比上年增长25.8%，超额完成省交通运输厅目标任务28.4%，超额完成市政府目标任务10.2%。对外开放大通道建设全面推进，“四好农村路”创建居全省第二位，被省交通运输厅推荐为全国交通运输系统先进集体上报交通运输部。

交通项目建设　2019年，宜宾市6条高速公路在建里程346公里。成宜、仁新高速公路快速推进，宜宾过境高速公路西段及宜彝高速公路遗留问题平稳有序处置并全面复工建设，宜威、新金至攀枝花高速公路开工建设，宜新、南内高速公路前期工作有序推进，新增云南盐津至筠连至叙永高速公路纳入《四川省高速公路网规划》。宜庆快速通道高县段、南溪仙源长江大桥、兴文县纳黔高速公路连接线建成通车；国道353线宜南阳泸快速通道、叙州区城北新区至喜捷段，国道246线筠连巡司至蒿坝段，国道547线长宁县城至竹海段，宜叙高速公路竹海连接线，省道311线锦屏至龙华段，江安第二过江公路桥梁，叙州区普和金沙江大桥等一批普通国省干线公路项目加快实施。开展农村窄路面加宽和扶贫路、旅游路、产业路建设，完成新（改）建农村公路1 305公里；高县成功创建“四好农村路”国家级示范

2019年，宜宾南溪长江公路大桥航拍　　宜宾市交通运输局 供图

县；长宁县成功创建“四好农村路”省级示范县。宜宾港志城作业区新增3个1 000吨级散货泊位，累计建成1 000吨级多用途泊位4个、重载滚装泊位1个、1 000吨级重大件泊位1个、1 000吨级散货泊位3个，建成进境粮食指定口岸、保税物流中心（B型）。获批国家临时开放口岸，2019年10月28日万吨级船舶“祥福928”从宜宾首航。全年集装箱年吞吐量42万标箱。

交通脱贫攻坚　2019年，宜宾市交通运输局制订《宜宾市交通建设扶贫2019年实施方案》，重点向高县、筠连县、珙县、兴文县、屏山县倾斜。加强山区县交通基础设施建设，完成省、市交通扶贫目标任务。加大对贫困县、贫困村建设资金倾斜力度，实施交通大会战以来安排有建设需求的退出贫困村计划292公里，市级补助资金8 760万元，实现全市所有建制村100%通硬化路、100%通客车。全市交通运输系统各单位（有帮扶任务的单位有局机关、公路局、运管局、路政支队、海事局、信息应急中心6个单位），围绕村脱贫“一低五有”（贫困村退出当年贫困发生率降至3%以下，有集体经济、有硬化路、有卫生室、有文化室、有通信网络）、贫困户脱贫“一超六有”（不愁吃，不愁穿；义务教育有保障，基本医疗有保障，安全住房有保障；有安全用电，有安全饮用水、有广播电视信号。脱贫人口家庭年人均纯收入稳定超过国家扶贫标准且不愁吃穿）标准精心组织、精准帮扶，全面实现帮扶贫困户脱贫、帮扶村脱贫目标，顺利通过国家、省级扶贫验收。

重点领域改革　2019年，宜宾市交通运输局按照中共宜宾市委、市政府安排，逐步调整完善市交通运输局“三定”方案，探索推进交通运输综合行政执法改革，将实现交通运输领域“一支队伍管执法”（综合行政执法支队集中行使道路运政、公路路政、水路运政、航道行政、港口行政、地方海事、工程质量等方面的行政检查、行政处罚、行政强制权力）；建立“三中心”（宜宾市航务事务中心、城乡道路运输事务中心、交通建设工程质量安全造价站），全面加强交通运输行业服务工作。推进行政审批事项相对集中改革，将市级交通能运输34项行政许可、县级交通运输11项行政许可项目整体划转到市、县行政审批局，进一步优化服务、提升效能，方便群众。持续推进交通运输政务窗口“全天候”服务，不断拓展全天候政务服务实施范围。推进“最多跑一次”改革服务，持续优化营商环境。

绿色智慧交通　2019年，宜宾市绿色交通发展取得实效。打好交通运输污染防治攻坚战，强力推进中央企业、省属企业环保督察问题整改，取缔拆解长江干流餐饮趸船17艘，长江干流岸线利用交通项目清理整治工作完成。严格执行交通项目建设“六不准、六必须”（“六不准”即不准车辆带泥出门、不准高空抛撒建渣、不准现场搅拌混凝土、不准场地积水、不准现场焚烧废弃物、不准现场堆放未覆盖的裸土，“六必须”即必须打围作业、必须硬化道路、必须设置冲洗设施、必须湿法作业、必须配齐保洁人员、必须定时清扫施工现场）规定，严控建设工地扬尘、非移动机械污染治理，全面实施公路湿法保洁；加大公共交通绿色出行投入，全市新能源公交车占比76%，新建充电桩226根，共享单车、共享汽车和公交出行渐成群众习惯。智慧交通建设加快推进。宜宾市交通运行监测与应急指挥系统加快建设，完成前期工作。“两客一危”车辆全面完成主动安全智能防控系统客户端安装，实现可视化监管。公交开通“宜宾掌上公交”App，公交信息实时查询，实现公交卡、银联卡、手机等全支付方式乘车，便利市民出行。

平安交通　2019年，宜宾市交通建设领域发生事故2起，致2人死亡；道路运输领域，纳入行业统计的源头管理零伤亡事故，比上年下降100%；水上运输领域，发生2起安全事故，无人员伤亡。“6·17”长宁地震发生后，全市交通运输系统第一时间启动应急预案、第一时间作出安排组织力量开展道路应急抢通保通工作，及时核查公路灾情上报；调集客货应急运力，保障灾区物资及人员运输，得到省、市领导充分肯定。贯彻落实中共宜宾市委、市政府工作要求，成立信访应急处置工作领导小组、维稳工作领导小组，开展信访矛盾隐患排查化解，突出重点、包案负责，着力宜宾过境高速公路西段和宜彝高速公路终止协议遗留问题处置，成功妥善处置恒天集团、“5·25”出租车群体等信访维稳事件，确保交通行业稳定可控，未发生较大以上群体性事件。网上信访、热线平台接件151件，其中“12345”市民热线90件、“问政互动”22件（含市长督办3件、“厅长信箱”10件，四川省信访信息系统25件、人民网网民留言4件），全部办理完成，实现信访办结率100%。

道路客运 2019年，宜宾市围绕成贵高铁，建成宜宾西站、屏山站、泥溪站并投入运营，长宁站、兴文站加快建设。建成传化物流货运枢纽站并投运。建成乡（镇）港湾客运站30个、村级招呼站牌420个，完成214个建制村通客车任务，建制村通客车率100%。推广电子客票，赵场客运中心站完成电子客票安装。在部分二类以上市际客运班线开展定制客运试点。推进道路客运线路配置和价格机制改革，完成宜南城际公交提升改造，票价从8元下降至5元。试点推进旅游直通车，许可宜宾高铁西站至蜀南竹海、高铁西站至兴文石海。完成赵场客运站开业班次调整，使其在高铁开通的同时投入营运，实现7县3区和周边重点城市全覆盖。

道路货运 2019年，宜宾市完成道路货物运输专项整治工作，中心城区出动检查人员122余人次，检查货运企业58户，发现问题210个；各县（区）运管部门检查出货运企业问题35个，要求立即整改并报送整改资料，形成闭环管理，各问题基本整改落实到位。开展道路危险货物运输领域提升本质安全水平专项整治行动，全面检查全市所有危货运输企业，发现问题98个并基本整改完成。积极为电商运输服务，提供帮助联系车辆。宜宾市优配物流信息服务有限公司、四川天地汇物流发展有限公司是省运管局确定的无车承运人试点企业，宜宾市农产品（李子、莱芯等）涉及大宗运输的电商商品运输，可通过无车承运人试点企业车货平台进行货物和车辆匹配，助推电商业发展。依托宜宾市集“铁、公、水、空”四位一体优势，四川宜宾港（集团）有限公司、四川省宜宾五粮液集团安吉物流公司、宜宾天畅物流有限责任公司铁、公、水多式联运发展取得阶段性成果。开展长宁县地震应急工作，完成珙县、长宁县地震应急运输救援和灾后重建运输任务，完成道路货物运输量专项调查工作。

城市公共交通 2019年，宜宾市不断推进公交优先和线路优化调整工作，新增开行2条公交快线K02路和K03路。宜宾五粮液机场12月初通航，为做好空地之间交通无缝衔接，多次会同相关部门研究相关工作，制订五粮液机场交通运输保障，前期开通五粮液机场至市政广场公交专线（机场快线），适时推出满足个性需求定制公交，待机场东连接线通车后再开行临港至翠屏新城至五粮液机场常规公交。继续推进公交一卡通工作，完成公交车驾驶区域防护隔离设施安装工作。按照创文“十大攻坚”行动要求，从3月至12月，抽调3个中队执法人员专职开展出租汽车违规行为查处和整治，重点针对出租车违规行为以及市民投诉举报，特别是机场、客运站、人流密集地等重点区域。推进全市中心城区出租汽车运价改革工作并于7月正式实施，出租车营运收入明显上升。

道路安全监管 2019年，宜宾市未发生上报道路运输行车事故，比上年事故次数下降100%、死亡人数下降100%。全市道路运输行车安全事故各项指标比上年呈大幅下降趋势，安全生产形势总体稳定向好。开展危险品运输专项整治行动，对2户企业进行行政处罚，对3户企业下发《整改通知书》，被整改企业在整改期间暂停新增有关业务，整改不达标将进一步停业整顿直至吊销危货运输资质。宜宾市交通运输局打非治违联合行动小组负责宜宾欣联物流有限公司等16家货运源头企业，每月进行巡查，截至年底，开展巡查167起。加强安全执法力度。重点查处违反“六严禁”行为，加大查处力度，查处违反“六严禁”管理规定车辆51起，对违反“六严禁”实施多头处罚，对违规车辆停运1至3个月，驾驶员下岗学习1至3个月，对驾驶员实施计分处罚。对驾驶员严格实施计分管理，对记满20分营运驾驶员、不符合营运资格驾驶员注销和吊销从业资格证。实现科技强安、技术兴安。利用科技手段强化对道路运输车辆动态监控，推动道路运输安全主动防控系统安装普及工作，以及安全主动防控系统和“第三方监测”平台建设。利用省“安全与服务微信公众平台”“第三方监管平台”及时发现和查处道路运输各类违法违规行为。

扫黑除恶治乱专项整治 2019年，宜宾市交通运输局联合公安持续开展“打非治违”专项行动，重点整治中心城区出租车、班线旅游包车及超长客运。查处案件2 504起，其中非法营运1 252起（黑车1 034起、非法网约车218起），仅中心城区就有479起（黑车323起、非法网约车156起）；出租车违规705起、客车违规278起、货车违规179起、网约车违规52起、危货运输车辆违规11起，处罚金485万元，有效维护交通运输良好秩序。重点整治中心城区出租车违规经营、区（县）出租车驻点、待客等情况。整治班线、旅游包车及超长客运。强化路面巡查执法，联动江安县、长宁县、南溪区、叙州区运管部门与四川高速公路执法一支队的宜泸高速公路十五大队、宜叙高速公路十七大队、内宜高速公路五大队分别在江安怡乐、南溪罗龙、长宁梅白、宜宾北站、南站和临港等高速公路收费站进出口处开展联合执法。

（本栏目撰稿人：胥思伟）

达州市交通

DAZHOU SHI JIAOTONG

2019年达州市交通运输能力概况

公路交通运输			
通车里程	总里程（公里）		20 225.706
	其中	高速公路	417
		一级公路	57.827
		二级公路	1 153.729
		三级公路	269.741
		四级公路	16 927.774
		等外公路	1 399.635
公路密度	按国土面积计算：每百平方公里 121.93 公里		
	按人口计算：每万人 30.1 公里		
通达里程	通公路的乡镇 307 个，占乡镇 100 %		
	通公路的村 2 754 个，占村 100%		
客运站	总　数（个）		229
	其中	一级站	4
		二级站	5
		三级站	3
		四级及以下站	217
营运车辆	总　数（辆）		26 169
	其　中	客车 2 274 辆 54 750 座	
		货车 23 895 辆 276 525 吨	
公路运量	客　运	客运量（万人次）	3 709.52
		旅客周转量（万人公里）	282 930
	货　运	货运量（万吨）	9 717.94
		货物周转量（万吨公里）	102 2105
内河航运运输			
通航里程	总里程（公里）		866
	其中	三级航道	
		四级航道	152
		五级航道	
		六级航道	
		七级航道	216
港口（码头）	总　数（个）		240
	吞吐量	旅客吞吐量（万人次）	16.67
		货物吞吐量（万吨）	129.47
水路运量	客　运	客运量（万人次）	159.115
		旅客周转量（万人公里）	1 801.61
	货　运	货运量（万吨）	340.27
		货物周转量（万吨公里）	9 199.54
营运船舶	总　数（艘）577		
	其　中	客船 144 艘 6 081 座	
		货船 433 艘 57 074 吨	
城市公交运输			
营运车辆	796 辆		
公交线路	77 条		
公交站	625 个		
运　量	1.68 亿人次		

注：1.港口码头统计为港口1个，渡口、客运码头239个；
2.航道总里程数据包含等外航道498公里。

交通运输概况　2019年，达州市交通建设完成投资120.4亿元，为省下达目标的107%。

重点建设工程营达、巴万高速公路稳步推进，2020年可实现通车目标；开展镇巴经达州至广安、达州绕城高速公路西段、开江至梁平高速公路项目前期工作，2020年将开工建设；达宣快速通道、达州机场大道等一

2019年5月，大竹县“四好农村路”示范村——庙坝镇寨峰村村道
达州市交通运输局 供图

2019年3月，通川区青宁乡至安云乡农村公路 达州市交通运输局 供图

批重点项目进展顺利，2020年底将全面建成通车。国省干线建成101.5公里，农村公路新（改）建3 693公里，渡改桥完成11座，加快推进“四好农村路”建设，宣汉县被省政府认定为第三批四川省“四好农村路”示范县。发挥交通专项扶贫作用，精准抓好贫困地区农村道路建设，截至年底，全市实现“三个100%”：所有乡（镇）100%通油（水泥）路、所有建制村100%通硬化路，具备条件的建制村100%通客车，实现所有村组公路“有路必养，养必到位”，助推全市7个贫困县（市、区）全部摘帽，828个贫困村全部退出，70.4万人顺利脱贫。

航空方面，恢复冬春航季达州—海口、达州—西安航线，开通达州—南宁、达州—南京2条新航线，通航城市16个，完成旅客吞吐量57.1万人次，比上年增长11.25%；保障航班6 358架次，增长10.23%；航班平均客座率73.78%，比上年增长2.12%；货邮吞吐量1 369吨，比上年增长7.13%。

项目储备情况 2019年，城口经宣汉经大竹至邻水、通江经宣汉至开州、开江至梁平、大竹至垫江、城口至万源高速公路纳入《四川省高速公路网布局规划（2019—2035年）》，启动项目路线方案国土空间规划编制工作。国道210线达州市过境段三期工程开展项目公司组建和施工组织方案编制。启动达州绕城高速公路西段、开江至梁平高速公路BOT招商、渠江风洞子航运工程招商和镇巴经达州至广安高速公路PPP模式招商准备工作，启动达州绕城高速公路东段、绵阳经达州至襄阳高速公路路线方案研究工作。

达州机场迁建工程及航站楼改扩建项目 达州机场新址位于达川区百节镇、石板镇、金垭镇交界处，占地面积183.8公顷，距主城区直线距离19公里、公路距离27公里。该项目本期工程按满足2025年旅客吞吐量85万人次、货邮吞吐量8 000吨的目标设计，飞行等级指标为4C。主要建设内容包括：建设1条长2 600米、宽45米的跑道，跑道主降方向设置Ⅰ类精密进近系统，次降方向设置B型简易灯光系统；建设9 000平方米航站楼及8个C类机位站坪，配套建设空管、供油、消防救援、供电、给排水等设施。2019年4月17日，航站楼扩建项目获得省政府批复，同意项目按照满足2030年年旅客吞吐量235万人次、年货邮吞吐量2.1万吨的目标进行建设，主要建设内容为：扩建航站楼22 601平方米、站坪机位8个、货运仓库1 995平方米，以及生产、生活辅助用房9 454平方米。2019年完成投资3.32亿元，为年计划投资3.3亿元的100.6%。

巴万高速公路 该项目起于巴中市巴州区清江镇，与巴达高速公路相接，止于万源市官渡镇，与达陕高速公路相交，全长120.061公里，双向四车道，设计时速80公里。桥隧比64.8%，全线有桥梁120座34.6公里，其中特大桥2座；隧道22座43.8公里，其中特长隧道6座；互通式立交11处，服务区3处，停车区1处；同步建设互通连接线9条，总长度为26.5公里。项目批复概算188.055亿元，建设期4年，于2016年底开始筹建，2017年10月正式建设，计划全线2020年底交工投运。达州段建设里程59.83公里，2019年完成投资28.27亿元，为年度目标任务20亿元的141.35%。

营达高速公路 该项目起于南充市营山县新店镇与巴广渝高速公路相接，止于达州市达川区石板镇与达渝高速公路相接。主线长度为92.53公里，达州段建设里程61.64公里。新建L连接线与铁山互通相接，L连接线初设长度5.70公里。全线概算投资101.17亿元，预算投资99.82亿元。项目主线采用四车道高速公路技术标准，设计时速80公里，路基宽24.5米；L连接线初设按公路Ⅰ级标准建设。全线设置2个枢纽，9个互通，2对服务区（涌兴、管村），控制性工程有：新店枢纽互通、消水河大桥、巴河特大桥、铁山特长隧道、州河特大桥、石板枢纽互通等，主线桥隧比33.2%。该项目建成后分别与巴广渝高速公路、规划的平渠广高速公路及达州市机场大道、国道65线包茂高速公路形成交叉枢纽进行交通转换。达州段2019年完成投资20.10亿元，为年度目标任务20亿元的100.5%，预计2020年建成通车。

国道210线达州过境段二期工程通车 国道210线达州市过境段二期工程经过通川区东岳镇、双龙镇、莲花湖管委会、西外镇、复兴镇和经开区斌郎乡等乡（镇），全长16.4公里，建设标准为一级公路，于2019年5月10日正式通车。

2019年5月10日，国道210线达州市过境段二期工程正式通车　　达州市交通运输局 供图

达州机场大道工程 该项目总投资约30亿元，道路全长12.36公里，全线新建2座特大桥、4座大桥、1座中桥，桥梁总长5 346.88米（不含立交匝道桥），桥路比43.4%，1座半互通立交。道路规划红线宽度40～50米，采用双向八车道，中间设置分隔带，两侧布置人行道。2019年完成投资13.25亿元，预计2020年建成通车。

达宣快速通道 项目起于达州市通川区徐家坝（国道210线与达渝高速路徐家坝互通连接线交汇处），经韩家坝、八庙河、洋烈、插旗山、石花寨、谢生坝，止于宣汉县城张家坝（国道210线与省道303线交汇处）。项目全长20.96公里，采用双向六车道一级公路技术标准，设计时速80公里，市政段路基宽36米，非市政段路基宽32米，采用沥青混凝土路面。项目概算投资28.83亿元。2019年完成投资8.19亿元，为年度计划投资6亿元的136.5%，预计2020年建成通车。

交通精准脱贫 2019年，达州市计划整体脱贫摘帽的万源市、宣汉县实现所有乡（镇）通油（水泥）路和建制村100%通硬化路；49个计划退出贫困村通村硬化路实现100%畅通。全市现有乡（镇）实现100%通油（水泥）路，100%建制村通硬化路。8月，建成投运达川区万家镇银杏产业大道，全长9.55公里，设计标准为公路二级，设计时速40公里，路面宽7～22米，沥青混凝土路面。达州市交通运输局精准对接帮扶万源市庙垭乡名扬村，筹措帮扶资金63.4万元、村社道路硬化项目资金25万

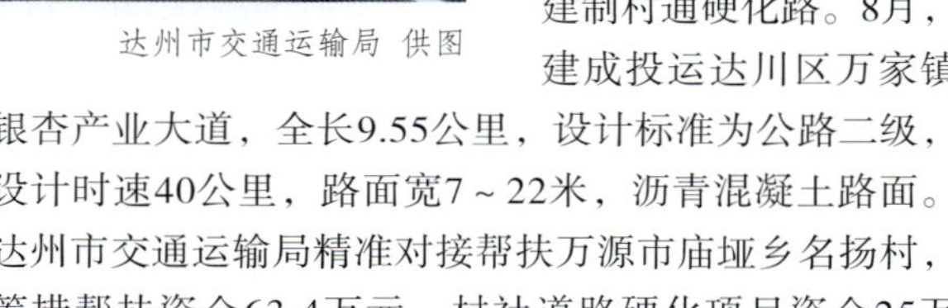

2019年12月，达川区万家镇银杏产业大道　　达州市交通运输局 供图

元，协调饮水改建工程资金30万元，全村交通、饮水基础设施更趋完善。通过扶持养殖、种植等促进基础产业蓬勃发展，一对一结对帮扶效果明显，全村于2019年如期整体脱贫。

客运服务能力提升 2019年，达州市完成24个乡（镇）双向港湾站、1 196个村级招呼站建设，加快推进达州东乡客运枢纽站、渠县客运枢纽站、开江客运站、渠县三汇镇乡（镇）综合运输服务站等建设。打通肖公庙公交首末站与滨河东路的通道，完成莲花湖公交首末站建设，完成七河路公交首末站建设立项、选址等前期工作。

2019年8月，大竹县观音至周家县道改造提升完工并通车 达州市交通运输局 供图

年内，推行定制客运服务，开行达州至平昌市际定制客运线路1条、车辆6辆，达州至开江、达州至万源、达州至渠县和达州至大竹县际定制客运线路4条、车辆60辆，巴山大峡谷至通川区、大竹至渠县毗邻县定制客运线路2条、车辆12辆。

2019年11月15日，达州定制客运车辆 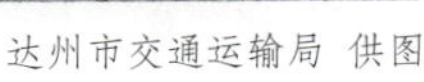达州市交通运输局 供图

2019年，新增213个农村建制村通客运车辆，全市客车通乡率100%，建制村客车通达率98.7%。开通农村客运线路411条，农村客运班车1 548辆，道路客运中农村客运占比19.9%。

公路管养 2019年，达州市突出大中修工程、危桥（隧）整治、公路服务设施（厕所革命）、水毁路段恢复等重点工作，坚持季度督查考核通报，大中修建成37.2公里，危桥整治完成6座，公路养护站完工18座，PQI（公路路面使用性能指数）达87.2。

年内，达州开展“村社道路维护不到位、防护措施缺乏”问题专项整治，各县（市、区）人民政府结合管辖区域内村社道路实际情况，制定村社道路管养实施意见，明确村社道路推入标准，并纳入财政预算，建立“三分建、七分养”理念。截至年底，全市村社道路列养率实现100%，村社破损道路整治完工1 098公里，完成目标任务的109.8%，村社道路防护设施建成2 574.9公里，完成目标任务的102.9%。

交通安全生产 2019年，达州市交通运输局严格落实安全生产“党政同责、一岗双责、失职追责”和“三个必须”刚性原则，以开展专项整治为抓手，强化“两客一危”车辆安全管理，深化货车“双超治理”，加大道路安防工程投入，推进诚信体系建设，努力提升从业人员业务素质。对全市2 700余名运输企业主要负责人和安全

管理人员进行无纸化考核，全市9个三级以上客运企业6 000余名驾驶员参加安全云课堂远程教育培训，提升全员安全意识。牵头组织各类明查暗访43次，推动整改落实，全市交通运输安全生产形势稳中向好。

路政执法 2019年，达州市以“保护路产、维护路权”为中心，加强扬尘控制区公路沿线管理，严厉打击运输车辆“抛洒漏滴”行为。推行科技治超，检查载货车辆13.8万辆次，卸载超限车辆640辆次，超限超载率控制在0.5%。清理公路限高限宽设施61处，清除路障1 841处，撤除违章建筑60处，查处损害公路及其设施110处。

出租车网约车管理 2019年，达州市开展“出租车运营不规范”专项整治，以“争红旗、创标兵”服务质量提升活动为抓手，集中教育培训驾驶员3 000余名，投入使用出租汽车驾驶员服务质量管理系统，启动出租车车载4G监控设备采购及安装，查处违规行为376起。按照一个改革目标、两种经营方式、一种政策延续的“1+2+1”改革总体模式，推进主城区巡游出租汽车经营体制改革，539辆车辆办理车辆产权归属公司手续，占车辆总数的50.7%。规范3家网约车平台公司（达运出行、斑马快跑和万顺叫车）运营行为，办理网约车道路运输证456件，网约车驾驶员从业资格证4 506件，先后多次约谈“滴滴出行”相关负责人，推进滴滴平台合规化进程。

城市公交服务 2019年，达州市完成主城区“5+5”新增、优化公交线路配套站台建设，新增91辆新能源公交车辆进入采购程序。公交智能车载终端系统、调度大屏显示系统投入试运行，37条线路纳入智能调度，实现60个电子站牌到站离站信息服务提示，开通手机端公交信息实时查询和达州通App扫码、银联闪付、支付宝支付乘车等功能，办理一卡通50.4万张。开行定时公交、区间公交、定制公交。完成4条城乡公交线路50辆车回购工作，全面实现“一城一交”新格局。主城区有公交线路41条、线路总长543.4公里、车辆519辆，2019年运送乘客1.05亿人次，比上年增加2 539万人次，日均运送28.7万人次。

河运管理 2019年，达州市引导船舶向大型化、标准化、专业化发展，推进客运船舶公司化经营，144艘客运船舶纳入公司化管理。加大对企业、船舶核查力度，全市核查水运企业16家，营运船舶577艘（其中，货船433艘，客船144艘）。开展重要航道清理整顿工作，疏浚航道19 875立方米，整治滩槽1处，安（补）设航标1 080余根次，维护太阳能航标20座，岸标20座，清除河面漂浮物588吨。

扫黑除恶专项整治 2019年，达州市交通运输局以四部门联勤联动打击非法客运为依托，以“1+4”联合惩处为抓手，突出道路客运市场乱点乱象整治，坚持打点、断线、破面，强力整治和取缔长期以来以高速公路从事非法营运的“地下班线”和“地下非法聚集点、发车点”。2019年，全市出动执法车辆3 300余辆次、执法人员10 100余人次，查处非法营运车辆847辆次。2019年11月7日，在成都召开全省扫黑除恶专项斗争第2次推进会，达州整治经验代表全省交通运输系统在会上作交流发言。

交通生态环保 2019年，达州市交通运输局严格落实生态文明建设和环境保护“党政同责、一岗双责”刚性原则，将生态环保要求贯穿公路规划、设计、建设、运营、管理、服务全过程。推进明月江河湖长制工作，督促流域区县强力整改2019年涉河问题21处；牵头做好船舶、港口码头防治污染工作和非法码头清理整治，全市698艘主机功率22千瓦以上的船舶安装油水分离器，64艘船舶安装生活污水处理设施，营运船舶污油水桶、垃圾桶配备率100%，在110座渡口码头设置固体垃圾回收桶，建立船舶废油回收点11个。实施I/M（机动车排放检测与强制维护）制度，全市建成I站9户、M站56户并对外公布目录，M站尾气治理排放超标车辆589辆，实现排放超标车辆“检验、维修、复检”闭环管理。推进VOCs（汽车维修行业挥发性有机物）治理，维修企业喷烤漆房升级改造工作完成率82%，62家维修企业完成油性漆改水性漆推广试点工作。

交通政务服务 2019年，达州市交通运输局落实“放管服”改革工作，市级交通行政许可事项缩减至37项，实现“最多跑一次”达100%。办理办结行政许可事项4 564件，其他行政权力案件7 206件，办结率和满意率均为100%。

年内，达州市交通运输局认真对待群众来信来电和网络舆情，回应群众关切，接受人大代表、政协委员监督，邀请行风监督员和基层服务对象检查交通运输系统政风行风建设工作，就征求到的16个问题，认真梳理、主动认领、对号入座，建立台账，扎实整改。妥善处置历史遗留信访问题，及时排查调处化解交通运输发展改革中的矛盾纠纷，周密做好庆祝中华人民共和国成立70周年期间信访安全稳定工作，全年接访80余次，按时办结信访系统转交信访件20件，回复“书记信箱”76件、“市长信箱热线”120件、人民网地方领导留言版22件、《凤凰山下》论坛101条、“12328”交通运输服务监督热线9 310件。

（本栏目供稿单位：达州市交通运输局）

广安市交通

GUANG 'AN SHI JIAOTONG

2019年广安市交通运输能力概况

公路交通运输			
通车里程	总里程（公里）		13 857.872
	其中	高速公路	360
		一级公路	162.451
		二级公路	483.679
		三级公路	404.651
		四级公路	11 891.992
		等外公路	555.099
公路密度	按国土面积计算：每百平方公里 218.5 公里		
	按人口计算：每万人29.48 公里		
通达里程	通公路的乡镇 171 个，占乡镇 100 %		
	通公路的村 2 748 个，占村 100%		
客运站	总　数（个）		55
	其中	一级站	2
		二级站	4
		三级站	2
		四级及以下站	47
营运车辆	总　数（辆）		8 730
	其　中	客车 1 129 辆 29 656 座	
		货车 7 601 辆 96 516 吨	
公路运量	客　运	客运量（万人次）	3 819.51
		旅客周转量（万人公里）	76 629.89
	货　运	货运量（万吨）	3 277.81
		货物周转量（万吨公里）	266 100.27
内河航运运输			
通航里程	总里程（公里）		522.06
	其中	三级航道	70.9
		四级航道	119.8
		五级航道	19
		六级航道	
		七级航道	14.62
港口（码头）	总　数（个）		114
	吞吐量	旅客吞吐量（万人次）	57.81
		货物吞吐量（万吨）	346.18
水路运量	客　运	客运量（万人次）	60.32
		旅客周转量（万人公里）	405.66
	货　运	货运量（万吨）	783.78
		货物周转量（万吨公里）	40 752.25
营运船舶	总　数（艘）	250	
	其　中	客船 14 艘 520 座	
		货船 236 艘 62 199 吨	
城市公交运输			
营运车辆	446 辆		
公交线路	59 条		
公交站	1023 个		
运　量	0.66 亿人次		

交通运输概况　2019年，广安市交通运输部门深入研究中央和省交通投资导向，加快国省干线公路、农村公路前期工作，推动更多项目纳入中央和省计划“盘子”。争取到位中央和省补助资金7.61亿元，发行天府交通产业投资基金2.5亿元、发行收费公路专项债3.92亿元，利用社会投资近15亿元，保障项目建设资金需求。采取“挂图作战”、倒排工期等方式推进项目建设，全年完成投资50亿元。

2019年，邻水县长安乡贵人槽蔬菜基地农村公路　　吴德权 摄

推行“路长制”工作机制；指导邻水县、华蓥市分别成功创建“四好农村路”国家级、省级示范县，创建个数在全省排名前列。安全生产平稳有序。开展安全生产大检查、十大专项整治行动，加强汛期及重大节假日安全督查，全年未发生较大以上安全生产责任事故，水上交通运输安全连续6年实现“零事故”。

国道350线官盛渠江大桥通车 官盛渠江大桥是国道350线（小平大道）广安环城公路东南端跨渠江的一座特大型桥梁，是连接护安镇和官盛镇的关键工程。该大桥总投资1.26亿元，大桥全长793米，主桥长320米，桥宽27米，设计时速60公里。主桥采用钢管混凝土劲性骨架中承式钢筋混凝土拱桥，主孔净跨径300米，跨径位居同类型桥梁世界第五。该工程由省公路设计院公司设计，四川路桥集团承建，建设单位为广安市公路管理处，项目代管单位为广安交通投资建设开发集团有限责任公司旗下的广安交通建设开发有限责任公司，监理单位为四川省公路工程监理事务所，桥梁监测与控制单位为重庆交通大学。2015年3月开工建设，2019年2月2日竣工通车。

2019年2月2日，国道350线（小平大道）广安环城公路官盛渠江大桥建成通车　　吴德权 摄

国道212线武胜万善至万隆段工程 国道212线武胜境内段改建工程，起于万善镇羊城大道，途径白玉村，止于万隆镇古福桥村，全长4.63公里，全线采用二级公路技术标准建设，沥青混凝土路面，路基宽10米—12米。项目总投资1.14亿元，资金来源由上级补助与自筹构成。截至2019年底，完成投资2 190万元，占计划投资的43.8%；累计完成路基挖土方47 356立方米，挖石方55 126立方米，填方50 906立方米，软基换填14 000立方米，低填浅挖处理2 554立方米，盖板涵4道，乡村公路改道1条、538米。

国道244线清溪口渠江大桥 清溪口渠江大桥是国道244线广（安）华（蓥）快速通道跨渠江的一座特大型桥梁，是连接广安和华蓥的关键性工程。大桥全长近670米，主跨280米，主塔高151米，低塔高104米，设计为双向六车道一级公路；施工工艺复杂，施工精度要求极高，是一座设计新颖的高低塔斜拉桥，总投资2.5亿元，投资单位为中建六局。2015年8月开工建设，由广安交通投资建设开发集团有限责任公司组织实施，建设

2019年9月29日，国道244线广（安）华（蓥）快速通道清溪口渠江大桥建成通车　　吴德权 摄

单位为中国建筑股份有限公司与中建六局联合体建设。道路部分于2017年5月建成通车，控制性工程清溪口渠江特大桥于2019年9月29日11时竣工通车。

港前大道公路工程 港前大道工程属广安市前锋（货运站）至枣山（操场坝）干线公路工程（下称“前枣路”），由小平大道和港前大道整合而成，是全省重点交通工程项目。全长52.92公里，采用一级公路标准建设，设计时速60公里，双向四车道，沥青混凝土路面，路基宽23米，预算总投资26.19亿元。除建成的小平大道枣山至彭家段和港前大道广安经济技术开发区境内段、前锋货运站段等16.79公里外，待建路段全长36.13公里（含大龙渠江特大桥、前锋自行建设路段3.32公里），预算投资20.03亿元（其中前锋区段投资7.36亿元、广安经济技术开发区及华蓥市境内段投资7.54亿元、广安区境内段投资5.13亿元），预计总工期27个月；于2016年开工建设，截至2019年底，完成总工程量的93%。

省道202线邻水县丰禾至秤砣段改建工程 省道202线公路邻水县丰禾至秤砣段改建工程，起于邻水县护邻乡与大竹县朱家坝交界处，经护邻乡、兴仁镇，在K14+080位置下穿沪（上海）蓉（成都）高速公路邻（水）垫（江）段，再经石滓镇、丰禾镇，止于御临乡陈家垭口（邻水县与重庆界）。路线起点桩号：K0+000，止点桩号：K60+907.557，扣除短链1 324.188米以及与省道208线公路共线段2.29公里，路线全长57.294公里，设计时速60公里， 总投资10.6亿元。于2017年10月开工建设，截至2019年底，完成总工程量的93%。

省道208线岳池段工程 省道208线岳池境内段升级改造工程，项目全长73.14公里，进入实施的白庙镇至石鼓乡路段升级改造工程建设分为四个标段，路线起于石鼓乡与南充市嘉陵区交界处，途径石鼓乡、镇裕镇、坪滩镇、龙孔镇、白庙镇，止于白庙镇与广（门）高（坪）公路交界处，全长28.9公里，设计时速60公里，合同金额1.07亿元。2017年开工建设，截至2019年底，完成先期建设的29公里。

省道208线邻水高滩至九龙段改建工程 省道208线邻水境内段工程，路线起点位于高滩镇场镇北侧国道210线公路与在建的高滩镇工业大道交叉口处；经高滩镇、子中乡、御临镇、九龙镇，止点位于邻水县九龙镇境内；在桂花坪川渝界附近与重庆市国道204线公路相接，全长30.223公里，按二级公路标准建设，路基全线宽16米，设计时速60公里，项目概算投资11.13亿元。2017年正式开工建设，截至2019年底，完成总工程量的91%。

省道406线邻水段工程 省道406线邻水境内段工程，路线起于邻水县经济技术开发区，经西天乡、甘坝乡、止于甘坝乡政府处，全长12.7公里。按二级公路标准建设，路基宽12米。项目总投资2.4亿元，建安费1.76亿元。于2017年3月正式开工建设，截至2019年底，完成总工程量的75%。

省道406线华蓥段新改建工程 省道406线华蓥市境内段新（改）建工程，路线起于华蓥市观音溪镇李子垭村邻水县界，经田坝子村，沿庆（华）观（音溪）公路，绕高兴场镇，接高（兴）伏（龙）公路，止于高兴镇花庙嘴村岳池县界。路线全长39.9公里，设计时速40公里；越岭线段设计时速30公里；全线路基宽8.5米，项目总投资5.25亿元。2017年正式开工建设，截至2019年底，完成总工程量的89%。

省道203线岳池环城公路过境段工程 省道203线岳池县环城公路升级改造工程过境段（耿家店至粟家坝段），项目全长5.8公里，路面宽23.5米，为沥青混凝土路面，按一级公路标准设计建设，计划投资3.3亿元（建安费1.8亿元），路线起于九龙街道办事处耿家店村，经九龙街道办事处土桥寺村、赵椿桥村、白庙镇菊花村，止于九龙街道办事处粟家坝村，连接省道206线公路。于2017年12月正式开工建设，截至2019年底，完成路基工程。

2019年12月，省道208线岳池县境内段升级改造工程投入使用。图为白庙镇至石鼓乡路段 吴德权 摄

省道204线前锋区境内段工程 省道204线前锋区境内段工程起于前锋区与渠县交界处，经广兴、光辉、龙滩、小井、前锋城区、新桥、八一桥至前锋区与华蓥市交界处；全长32.25公里，总投资7.8亿元，按照一级公路标准设计建设。其中新建13.54公里，路基宽23米，设计时速60公里；原路改造二级公路18.71公里，路基宽8米～12米，设计时速40公里，为沥青混凝土路面。于2017年10月开工建设，截至2019年底，完成总工程量的98%。

广安大龙渠江大桥 广安大龙渠江大桥，是广安市前锋货运站至枣山操场坝干线公路工程小平大道第5合同段（大龙渠江大桥）部分。通过公开招标，确定中国建筑第六工程局有限公司为施工单位建设，该合同段全长1.844公里，其中，大桥长940米，引道部分长904米，项目总投资1.8 亿元。2017年3月16日，进场清表开工建设；截至 2019年底，完成总工程量的58%。

武胜中心嘉陵江大桥 武胜县中心嘉陵江大桥工程位于桐子壕电站大坝下游1.2公里处，左岸位于旧县乡长伸沟村，右岸位于中心镇秀观村，为渡改公路桥，建设成一级公路桥梁；桥梁全长1 138米，桥宽23米，双向四车道，为连续钢结构大桥，其中引道长0.47公里；项目总投资3.56亿元。2018年12月30日开工建设，截至 2019年底，完成总工程量的30%。

罗渡渠江大桥 省道208线广安罗渡渠江大桥工程，起于渠江北岸国道85线银昆高速公路巴广渝段罗渡连接线，经荆家院子、罗渡场镇，在富流滩电站大坝下游约730米处跨渠江，止于渠江南岸岳池县罗渡镇瓦窑沟村，与省道208线顺接。路线全长3.75公里。其中，大桥全长745延米，宽20米，兼顾城市交通和人行需求，设计汽车荷载等级为公路一级，洪水频率1/100，通航等级三级，抗震设防烈度六度，采用（105+170+90）米预应力混凝土连续刚构+（65+120+120+65）米预应力混凝土连续刚构及连续梁；两端引道长3.00公里，采用设计时速60公里、路基宽8.5米的二级公路技术标准建设。项目工程总投资2.57亿元，由广安交通投资建设集团有限责任公司建设。2016年12月21日开工建设，截至2019年底，完成总工程量的45%。

嘉陵江利泽航电枢纽配套工程 嘉陵江利泽航运枢纽工程，是嘉陵江全江渠化开发规划17个梯级中的第十五级，被列入“十二五”国家重点工程。该工程位于合川区大石街道的利泽场，项目业主为重庆嘉陵江利泽航电开发有限公司，项目总投资35亿元，计划建设工期65个月（其中，施工准备期12个月，主体工程施工期43个月，工程完建期10个月），设计总装机容量为74兆瓦，死水位为210.3米，正常蓄水位为210.73米，校核洪水位为235.86米，总库容6.19亿立方米；航道等级为四级（远期三级）；电站额定水头5.3米，装机容量74兆瓦，平均年发电量3.17亿千瓦时。2018年11月13日，该项目工程可行性报告获重庆市发展和改革委员会和四川省发展和改革委员会联合批复。2019年3月26日开工建设，截至年底，完成投资2.56亿元，项目工程建设一枯围堰合龙，砂石拌合系统试运行，实现首仓混凝土浇筑。

客运站场建设 2019年，广安市客运站场建设稳步推进。

1月21日，岳池综合客运枢纽站建成竣工，投入使用。项目总投资3.8亿元，占地5.73公顷，地下设停车场和通往岳池火车站的人行通道，地面有站前广场、营业用房、办公大楼、售票厅、候车厅、检票口、站台、停车场、公交车首末站等功能设施。

前锋汽车客运站项目，总投资1.2亿元。主要建设包括客运中心主站房、站务辅助用房、车辆安全例检室、驾乘公寓、维修管理用房、客运停车场、站前广场、道路绿化及辅助工程等。项目总占地面积3.6公顷；截至年底，完成主体框架工程建设，幕墙完成70%，装修完成40%，景观工程建设完成60%，信息化、强电、空调进场建设。

2019年1月21日，岳池综合客运枢纽站建成投入使用 吴德权 摄

华蓥南综合客运枢纽站项目，为新建二级综合客运枢纽站，占地面积2公顷，建筑面积1.1公顷，生产能力（发送人次）5 000人次，主要有候车厅、售票用房、行包用

房、站务用房、服务用房、附属用房等设施建设；建设地址华蓥市高兴镇，估算投资约8 000万元，建设工期30个月。截至年底，项目主体工程完成，进入装修阶段。

武胜万善综合客运枢纽站项目工程，总投资7 500万元，占地3.8公顷，属公铁枢纽站，于年底竣工投入使用。

广安区花桥特色集镇综合运输服务中心项目，总投资1 120万元，占地面积0.8公顷，建设功能主要有客运、物流、电商等项目工程设施建设。至年底，项目主体工程完工，附属工程设施建设加快推进。

岳池县兴隆特色集镇综合运输服务中心项目工程，总投资900万元，占地面积0.4公顷，设售票厅、候车室、停车场、检票口、站台等功能设施，于年底竣工投入使用。

华蓥物流园多式联运工程 华蓥物流园多式联运项目，占地面积38.4公顷，总建筑面积59 764平方米。项目工程建设包括铁路专用物资仓储库（场）、公路线路、站场设施等；项目总投资5.43亿元。截至2019年底，综合办公楼建设完成，公路零担作业区仓库场平建设有序推进。

交通强市战略政策落实 2019年，广安市交通运输工作抢抓西部大开发、成渝城市群一体化以及成渝地区双城经济圈等有关政策机遇，加快编制“十四五”交通运输发展规划，牵头与重庆市毗邻区县共同开展成渝地区双城经济圈交通一体化先行示范区创建工作。镇（巴）广（安）渝（重庆）高速公路通江至广安段工程可行性报告通过省发展改革委员会和省交通运输厅联合审查，“两评一案”获行业审查意见，开展向省政府申报PPP授权工作，广安过境高速公路西环线、城（口）宣（汉）大（竹）邻（水）高速公路、武（胜）潼（南）高速公路、国道42线沪蓉高速公路南充至川渝界扩容纳入四川省高速公路网调整规划。华蓥山隧道及引道工程和国道350线公路枣山操场坝至武胜宝箴寨项目工程获得施工图设计批复和收费公路立项批复。

健全交通运输体制机制，广安市人民政府出台《广安市高质量发展“四好农村路”服务乡村振兴的指导意见》《广安市优先发展城市公共交通的实施意见》《广安市网络预约出租汽车经营服务管理实施细则（暂行）》等规范性文件，助推中央和四川省政策落地。同时，广安机场军民航空域协同、气象观测等关键问题得到较好解决，近期可望获得国家民航局关于广安机场选址的批复。西（安）渝（重庆）高速铁路完成预可行性研究和广安站场初步选址工作，开展编制可行性研究报告，控制性工程可望2020年底前开工建设；遂（宁）广（安）高速铁路前期工作得到中共四川省委、省政府和国家铁路集团公司的肯定和支持，同意在遂宁枢纽预留接入条件，并争取纳入国家“十四五”规划。

运输行业服务治理 2019年，广安市实现主城区巡游出租汽车国有企业经营管理；设立巡游出租汽车“安全质量服务奖”，单车1 000元/月；通过地方立法出台《广安市城市公共汽车客运安全规定》；开通广安至江北国际机场、邻水至重庆的定制班线客运。

2019年3月11日至12日，华蓥市交通运输执法大队组织开展业务技能比武竞赛。图为整体队列比武现场
赵　勇　吴德权 摄

推进运输行业治理工作。货运车辆超限率控制在3%以内、超限车辆比例1.43%。分类推进道路运输、水上运输、在建项目、公路养护环境保护问题大排查大整治行动，取缔非法码头8个。研究制定交通运输系统“1+9”整治方案，132处非法驾驶培训点全部取缔，整治效果得到中央和四川省各级扫黑除恶督导组肯定认可。

“12328”服务于民 2019年，“12328”交通运输服务监督中心受理业务7 878件。其中，投诉举报类业务1 900件，占业务总量的24.1%；信息咨询类业务5 930件，占业务总量的75.3%；意见建议类业务48件，占业务总量的0.6%。业务总量类、投诉举报类、信息咨询类、意见建议类总量环比增长1.3%；投诉举报类下降11.9%，信息咨询类增长7.3%，意见建议类下降48.9%；信息咨询类及时答复率99.8%，回访满意率97.95%，及时答复满意率95%，数据及时报送率97.05%，限时办结率97.84%。

（本栏目供稿单位：广安市交通运输局）

巴中市交通

BAZHONG SHI JIAOTONG

2019年巴中市交通运输能力概况

公路交通运输			
通车里程	总里程（公里）		18 525
	其中	高速公路	356
		一级公路	54.431
		二级公路	804.969
		三级公路	434.734
		四级公路	16 864.712
		等外公路	9.806
公路密度	按国土面积计算：每百平方公里 12 293 公里		
	按人口计算：每万人 365.68 公里		
通达里程	通公路的乡镇 187 个，占乡镇 100 %		
	通公路的村 2 228 个，占村 100 %		
客运站	总　数（个）		219
	其中	一级站	2
		二级站	7
		三级站	9
		四级及以下站	201
营运车辆	总　数（辆）		21 234
	其　中	客车 3 119 辆 38 524 座	
		货车 18 115 辆 122 598 吨	
公路运量	客　运	客运量（万人次）	2 001.87
		旅客周转量（万人公里）	151 321.01
	货　运	货运量（万吨）	4 332.26
		货物周转量（万吨公里）	512 534.48
内河航运运输			
通航里程	总里程（公里）		685.41
	其中	三级航道	
		四级航道	
		五级航道	
		六级航道	
		七级航道	194.16
港口（码头）	总　数（个）		
	吞吐量	旅客吞吐量（万人次）	79.688 6
		货物吞吐量（万吨）	
水路运量	客　运	客运量（万人次）	79.688 6
		旅客周转量（万人公里）	351.425 2
	货　运	货运量（万吨）	
		货物周转量（万吨公里）	
营运船舶	总　数（艘）		
	其　中	客船 95 艘 2 680 座	
		货船　　艘　　吨	
城市公交运输			
营运车辆	232 辆		
公交线路	19 条		
公交站	438 个		
运　量	0.43 亿人次		

交通运输概况　2019年，巴中市交通运输系统完成交通建设投资123亿元，大通道加快完善，主干道大幅提升，内循环加速成网。

项目前期加速突进。米仓大道突破前期工作多个障碍，获准70亿元地方政府收费公路专项债券资金支持，完成施工招标，开工在即。镇广高速公路北段完成工程可行性报告专家评审，南段规划选址等前期要件获得批复，王坪至通江段及连接线完成工程可行性报告、用地预审、规划选址等核准前置要件报告编制，启动勘察设计工作。储备普通国省道项目15个496.1公里。

巴陕高速公路南江南互通　　巴中市交通运输局 供图

项目争取成效突出。南江经苍溪至盐亭、通江经宣汉至开州高速公路纳入《四川省高速公路网规划（2019—2035年）》，普通国省道升级改造36个项目1 339.7公里纳入省国土空间控制规划项目库。全年争取到位交通项目中央、省补助资金32.58亿元，比上年增长54%。

（李艳梅）

交通基础设施建设 2019年，巴中市交通项目建设稳步推进。巴万高速公路清江至高明段建成通车，结束通江不通高速公路历史，相继被《人民日报》和中央电视台报道。苍巴高速公路、北环线东段、国道245线恩阳段实现开工建设。国道245线恩阳段等20个干线公路项目加快建设，南环线等4个项目217公里建成投运。完成农村公路改造727公里，建成建制村联网路1 249公里、村内通组路3 735公里。建成渡改公路桥6座、独立桥梁6座、渡改人行桥7座。南江成功创建为第三批省级“四好农村路”示范县。全面建设品质工程，重点工程一次验收合格率100%，农村公路强度抽检指标提升32.5%，工程质量显著提高。站场体系加快完善。汉巴南铁路综合交通枢纽站开展选址前期工作，恩阳客运中心站、西客站（吴家河）开工建设，通江客运中心站、平昌金宝客运枢纽站前期工作有序推进。新建126个村级招呼站，村级招呼站覆盖率达95%。

（李艳梅）

巴万高速公路清江至高明段试运行 2019年12月10日12时，巴万高速公路清江至高明段开通试运行，结束革命老区通江县不通高速公路的历史，也标志着巴中市实现县县通高速公路。巴万高速公路作为全省第一个采用“BOT＋政府股权合作”模式建设项目，是四川省规划建设的5条东西横线之一，是绵阳经巴中至万源高速公路的东段，全长122公里，清江至高明段21.4公里。该段并入全国高速公路网运行后，通江县城至巴中的车程缩短至40分钟；带动通江脱贫奔康、乡村振兴和红色旅游资源开发，有力支撑通江县域经济高质量发展。

建成后的巴万高速公路　　巴中市交通运输局 供图

（李艳梅）

新增两条高速公路纳入省高速公路网规划 2019年11月16日，新版《四川省高速公路网规划（2019—2035年）》印发，巴中新增两条高速公路纳入规划，分别为南江至盐亭、通江经宣汉至开州高速公路。南江至盐亭高速公路主要途经南江、旺苍、苍溪、阆中、盐亭，是省高速公路网联络线；通江经宣汉至开州高速公路是国道5012线恩施至广元高速公路的扩容改造线。新增规划项目有效加密升级市域高速公路网，增强地方发展后劲，为建设川陕革命老区振兴发展示范区、促进区域协同发展提供坚实的交通保障。

（袁　铭）

专题研究省人大代表建议 2019年7月31日，省交通运输厅副厅长张琪主持召开座谈会，专题研究省人大代表李本勇所提《支持川东北经济区高速公路建设的建议》办理工作，省政府督查室、省发展改革委相关负责人参与会商。《支持川东北经济区高速公路建设的建议》是副省长杨洪波领衔督办的重点建议。座谈会认为，省交通运输厅将按照省委“一干多支、五区协同”的战略部署，继续加大对川东北经济区交通发展的支持力度，帮助川东北经济区加快完善高速公路大通道，提升普通国省主干道，畅通农村公路内循环，着力提升交通服务水平，不断强化川东北经济区东向北向出川综合交通枢纽功能，为建成川渝陕甘结合部区域经济中心提供交通支撑。

（何开军）

米仓大道施工图设计阶段安全性评价通过评审 2019年7月29日，《诺水河至光雾山公路（米仓大道）施工图设计阶段安全性评价报告》专家评审会在成都召开。报告编制单位重庆交通大学工程设计研究院有限公司就报告编制背景、编制依据、具体内容等进行详细汇报。与会专家在听取报告编制单位情况介绍、查阅相关资料，经质询和讨论后，认为编制单位提交的报告基础资料完整，评价方法可行，主要参数选用适当，符合规范要求，一致同意通过评审。

（赵　升）

交通大会战暨“四好农村路”建设推进大会 2019年5月15日，巴中市召开交通大会战暨“四好农村路”建设推进大会。会议强调，一要着眼战略全局驰而不息抓推进，保持大干快上的会战态势。全市交通战线要把准交通在老区振兴战略全局中的定位，知时明势，抢抓机遇，一棒紧接一棒全力冲刺，巩固发展大干快上的会战态势，攻克一个又一个“腊子口”“娄山关”，不断斩获新的战果，为老区振兴发展打下坚实基础。二要聚焦重点难点持续攻坚抓推进，不断扩大攻坚拔寨再战再胜的会战战果。交通大会战要集中精力攻重点、集中火力破难点，以重点突破、难点攻破催生格局性变化，不断夺取会战新的胜利、更大战果。要围绕老区振兴需求抓项目谋划争取，紧盯竣工投用抓重点项目推进，着眼开创新局抓难点难题破解，聚焦全域创建抓“四好农村路”建设。三是坚持“一盘棋”聚合力量抓推进，切实强化打硬仗、打胜仗的会战保障。要聚合各方力量、创新推进机制、强化要素保障，扎死寨、打硬仗，确保再战再胜。要各司其职，协同作战，健全机制高效运行，严考严督，务求实效，铆足干劲、加压奋进。

（赵　升）

“四好农村路”建设　2019年8月16日，巴中市政府出台《关于加快推进“四好农村路”建设的实施意见（2019—2021年）》。实施意见提出，要紧扣“四好标准”，全域推进农村公路建设，到2020年实现乡（镇）和建制村通硬化路率、县级交通质量监督覆盖率、县乡农村公路管理机构设置率、农村公路管养经费纳入财政预算比例、乡规民约和村规民约制定率、农村公路列养率、具备条件的建制村通客车率等7个指标达到100%。到2021年，实现两个以上区（县）创建为国家级示范县、所有区（县）均创建为省级示范县。每个区（县）每年创建不低于100公里的示范路，按照10%的比例创建“四好农村路”示范乡（镇）、示范村，确保全市农村公路实现可持续发展。

巴中市平昌县千佛村至洞滩湖乡村公路　　平昌县交通运输局 供图

11月1日，省政府办公厅印发《关于认定第三批“四好农村路”示范县的通知》，其中南江县成功创建为省级“四好农村路”示范县。“十三五”期间，南江县针对贫困山区农村公路建设难、管理难、养护难等问题，探索出一条全民参建、参管、参养的“四好农村路”建设新路子，发动社会捐资修路、引导企业垫资修路的做法得到省委领导肯定性签批并印发全省推广。截至年底，全市成功创建1个国家级、3个省级“四好农村路”示范县。

（李艳梅　王彦卓）

王坪景区交通提升建设对接　2019年10月30日，省交通运输厅副厅长张琪主持召开通江广纳至王坪高速公路前期工作专题会。巴中市交通运输局局长李本勇一行汇报了关于川陕苏区王坪烈士陵园交通建设方案的报告，项目工程可行性报告编制单位就镇广高速公路前期工作推进情况进行说明，并对通江广纳至王坪高速公路方案研究进行介绍。张琪在讲话中指出，一要把川陕革命根据地红军烈士陵园及周边地区作为川陕革命根据地核心区、红军烈士纪念地、党的初心使命教育基地、红色旅游目的地来规划和打造，交通要先行，要高质高效有序推进王坪景区的交通提升建设；二是接巴万高速公路通江广纳枢纽互通，修建广纳直达王坪的高速路，通过出口的一级公路快速连接王坪景区；三是各单位要按照通江广纳至王坪高速公路明年开工建设的目标任务，加快推进前期工作；四要提前研究项目建设模式，多方争取上级政策和资金支持；五是迅速对王坪景区的地方道路进行现场踏勘，编制王坪景区地方道路提升方案；六是同步抓紧推进镇广高速公路南段和北段前期工作，南段下一年实现开工建设、北段“十四五”实现开工建设。

（张　杰）

公路管养　2019年，巴中市养护水平不断提高。完成国道244线、国道347线、国道542线591公里普通国道公路命名编号调整工作。新（改）建普通国省道养护站房3处，实施养护工程11个项目129.53公里，加强全市307座桥梁和20座隧道日常养护监管，整治危（病）桥4座，路面使用性能指数为91，保持优等路水平。各区（县）以“四好农村路”建设为抓手，落实“四级三员”养护机制，常态开展农村公路日常性养护、预防性养护，实现“有路必养、养必到位”。完成汛期公路灾毁情况统计上报，最短时间完成应急抢通，修复水毁路段16.5公里。积极探索普通公路市场化养护新模式，出台《公路养护改革试点方案》。恩阳区全面推行辖区公路“路长制”，实现公路长管常治。平昌县深化“四级三员”管养机制，巩固“四好农村路”创建成果。

（李艳梅）

运输服务升级 2019年，巴中市完成公路运输总周转量446 632.5万吨公里，比上年增长7.4%，增速高于全省平均水平。2019年春运完成总客运量291万人次，保持“三无”好成绩，获全省“农民工服务保障工作交通出行先进市”称号。

运输服务更加便民。推动一城三区公交一体化发展，开通巴城至恩阳机场和“市民之家”快线公交2条、普线公交2条，优化调整公交线路3条，发展网约车平台公司9家，公共交通分担率提升至30.3%。农村客运推广公司化经营和响应式服务，南江县开通沙河、长赤2条乡（镇）公交线路，全市建制村通客车率96.6%。平昌县开展定制客运试点，开通平昌至达州、成都定制客运线路，满足旅客出行需求。出台全市加快货运物流业转型升级“八条措施”，促进物流高质量发展。

智慧交通稳步推进。建成交通运输运行监测与应急指挥系统工程，安装完成普通国道42个视频监控点、22套车载视频外场终端和1套可变情报板，提升路网监测运行水平。加大新能源汽车推广应用力度，全市新增新能源公交车30辆、出租车33辆和清洁能源出租车200辆。完成车辆ETC安装15.3万辆。

（李艳梅）

服务农民工交通出行获通报表扬 2019年春运期间，巴中市交通运输局以“情满旅途”和“农民工平安返乡返岗”活动为载体，通过优化提升购票服务、举行公开服务承诺、开展“运政服务日”、安排客运班车、公交车、出租车赴火车站接续接驳等措施，确保农民工“顺顺利利回家、高高兴兴过年、平平安安返岗”，增强农民工在交通运输领域的获得感、幸福感和安全感。春运期间，全市交通运输部门在汽车站、码头累计悬挂张贴以欢迎农民工返乡为主题的横幅标语43幅，引导购票300余人次，接受咨询500余人次，发放宣传资料1 800余份，赠送价值2 000余元的晕车药、感冒药，免费提供方便面2 400余人次，火车站接站3 449人次，安排专车运送农民工31 794人次。2020年3月29日，中共四川省委办公厅、省人民政府办公厅联合发文通报表扬全省去冬今春农民工服务保障工作先进单位，巴中市获“农民工服务保障工作交通出行先进市”称号。

（杜 松）

交通安全监管 2019年，巴中交通安全生产形势稳定。坚守安全红线和底线，抓安全责任落实，实施科技治安，强化风险管控体系建设，深化“平安交通”等系列专项行动，全市整治重点领域安全隐患1 280起，开展公路抢通保通、道路运输、水上搜救、施工地质灾害等各类应急演练16次。全年全市水上交通、公路养护、公路水运施工建设取得生产安全亡人责任事故为“零”的好成绩，未发生较大及以上事故和源头管理责任事故。

（李艳梅）

交通运输专项治理 2019年，巴中市交通运输专项治理稳步推进。扫黑除恶卓有成效。整治城乡客运市场乱象，查扣“黑车”1 237辆次（巴城914辆次），移交法院545件，强制执行579起，查处班线车、出租车、旅游车等其他违规经营行为362起，行政拘留26人，刑事拘留28人。专项整治江北车站周边客运乱点乱象，配合公安机关破获2个非法营运团伙，查处区（县）交通运输部门职工涉嫌充当非法营运“保护伞”4人。

建设市场更加规范。开展公路建设招投标领域突出问题专项整治，排查市本级交通建设项目11个，抽查区（县）交通运输局实施项目9个，整改各类问题17个，进一步规范公路建设市场秩序。

公共服务屡获好评。受理“12328”（“12345”）交通运输服务监督电话13 906件，信息咨询类即时答复率99.5%，限时办结率98%，回访满意率97%。巴中市“12328”电话服务中心获全省“12328”电话业务技能练兵竞赛活动一等奖。受理来信来访136件，办结率和群众满意率均为100%。

（李艳梅）

路政管理 2019年，巴中市强化路政管理，常态开展爱路护路宣传，持续加大路产保护和路域环境整治力度，全市查处路政案件7 241件，查处率100%，结案率99%，遏制普通国省道建控区乱修乱建行为。持续加强路面治超力度，全市查处超限运输车辆6 714辆次，车辆超限率控制在1%以内。完成全市普通公路限高限宽设施和检查卡点清理，进一步规范公路管理。

（李艳梅）

交通改革创新 2019年，巴中市“放管服”改革为群众拥护。减免市县两级证明文书4种，取消行政审批事项2项。依托四川省一体化平台，结合新建四川交通网上审批平台动态完善网上数据89条，调整优化审批事项35大项、150小项，修改审批流程2项，修订办事指南25项，上线运行率、群众满意率、按时办结率均达100%。推行交通“一站式”服务、邮寄到户、上门接件、节假日预约等服务，方便群众办事。道路运输改革进展顺利。高质量完成《巴中市查处非法出租汽车客运若干规定（草案）》起草工作，通过专家论证、公开听证等立法程序，并通过市人大一审。新修订《巴中市网络预约出租汽车经营服务管理实施细则》，增加网约车平台公司经营准入及退出条件，网约车发展更趋规范。机构改革平稳起步。编制完成市交通运输局机构编制及职责调整方案、交通综合执法改革方案。

（李艳梅）

雅安市交通

YAAN SHI JIAOTONG

2019年雅安市交通运输能力概况

公路交通运输			
通车里程	总里程（公里）		6 747
	其中	高速公路	340
		一级公路	35
		二级公路	607
		三级公路	375
		四级公路	5 059
		等外公路	331
公路密度	按国土面积计算：每百平方公里 44.98 公里		
	按人口计算：每万人 43.89 公里		
通达里程	通公路的乡镇 137 个，占乡镇 100 %		
	通公路的村 1 004 个，占村 100 %		
客运站	总　数（个）		109
	其中	一级站	2
		二级站	3
		三级站	5
		四级及以下站	99
营运车辆	总　数（辆）		14 107
	其　中	客车 1 135 辆 20 220 座	
		货车 12 972 辆 166 005 吨	
公路运量	客　运	客运量（万人次）	1 736
		旅客周转量（万人公里）	60 531
	货　运	货运量（万吨）	5 325.6
		货物周转量（万吨公里）	582 350
内河航运运输			
通航里程	总里程（公里）		178
	其中	三级航道	
		四级航道	
		五级航道	
		六级航道	
		七级航道	178
港口（码头）	总　数（个）		24
	吞吐量	旅客吞吐量（万人次）	14.9
		货物吞吐量（万吨）	
水路运量	客　运	客运量（万人次）	14.9
		旅客周转量（万人公里）	89.4
	货　运	货运量（万吨）	
		货物周转量（万吨公里）	
营运船舶	总　数（艘）8		
	其　中	客船 8 艘 352 座	
		货船　艘　　吨	
城市公交运输			
营运车辆	295 辆		
公交线路	32 条		
公交站	8 个		
运　量	0.382 8亿人次		

交通建设概况　2019年，雅安境内建成成雅、雅西、雅乐、邛名、雅康5条高速公路，计340公里，全省排名第7位，占比5%；在建峨汉高速公路，里程35公里；在建泸石高速公路，里程36公里。全市通车里程6 747公里，其中，高速公路340公里，国道5条630公里，省道10条609公里，农村公路4 906公里，专用公路262公里，公路密度44.98公里/百平方公里、43.89公里/万人；二级以上公路里程982公里，占比14.6%，全省排名第2位，其中国省干线中二级以上公路里程613公里，占比49%。名山客运枢纽站开工建设，累计完成投资0.26亿元。完成53个建制村通客车任务。完成53个建制村通客车任务，分别是雨城区7个、名山区4个、天全县10个、芦山县3个、宝兴县4个、荥经县6个、汉源县9个、石棉县10个。

交通固定资产投资　2019年，雅安市交通基础设施完成投资58.7亿元，为目标任务的115%。其中，高速公路完成投资13亿元，为计划投资的100%；国省干线完成投资37.73亿元，为计划投资的118%；农村公路完成投资5.48亿元，为计划投资的137%；养护等其他专项工程2.49亿元，为计划投资的125%。

高速公路建设　2019年，雅安市高速公路加快建设。

峨汉高速公路完成年度投资12亿元。泸石高速公路开工建设。成雅高速公路扩容（即天雅高速公路）、荥经至峨眉、雅安至马尔康、石棉至甘洛4条高速公路纳入《四川省高速公路网规划（2019—2035年）》。

国省道建设 2019年，雅安国省道建设有序开展。成雅快速通道项目全线路基工程基本贯通（桥隧工程除外），控制性工程水津关特大桥完成总工程量的75%，草坝岸及水中全部下部构造完成，主桥现浇箱梁完成80%，完成投资13亿元。雨名快速通道项目桥梁下部工程累计完成62%，路基累计完成33%，累计完成年度投资6.5亿元。草坝青衣江大桥完成年度投资1亿元。多营青衣江大桥项目完成总工程量的81%，完成投资0.57亿元。国道351线宝兴硗碛至夹金山段面大修工程路面主体完工；省道105线雅安至上里段项目总进度完成93%；省道104线南郊至孔坪段工程（一期）完成投资0.5亿元。

2019年10月，成雅快速通道草坝2.3公里路基建设场景　李依凡 摄

农村公路建设 2019年，雅安市争取农村公路部、省建设补助资金2.16亿元，新（改）建农村公路446公里（其中县乡道88.9公里，村道325.9公里，美丽乡村旅游示范公路31公里，林区公路0.2公里），完成生命安防工程建设440公里，完成桥梁建设8座316米，累计完成投资7亿元。2019年完成市下民生工程新（改）建175公里，完成省下民生工程新（改）建61.3公里，分别为市计划里程目标和省计划里程目标的116%、122.6%。完成贫困村新（改）建农村公路177.08公里、桥梁3座83米，完成生命安防工程118.8公里，修复工程155.6公里，完成投资3.52亿元。名山区进入国家级“四好农村路”示范县省推荐名单，“中国至美茶园绿道”被中国公路学会评选为18条“2019全国美丽乡村路”之一。

省道104线草坝至姚桥段改建 省道104线草坝至姚桥段改建项目，路线起于省道104线（已建成的永兴大道）与草坝市政道路龙洲路交叉口，下穿雅康高速公路及成雅快速通道，沿青衣江而上，基本沿原老路加宽改造，途经大垭口、顶峰村、梯子岩，止点接既有省道104线与姚桥东外环路平面交叉处，并在省道104线与成雅快速通道B匝道交叉口处设服务区，全长6.208公里，利用道路（局部维修利用）1.570公里。一级公路技术标准，设计时速60公里，双向四车道，路基宽25.5米，总投资3.97亿元，项目于2019年开工建设，计划2021年完工。截至年底，省道104线南郊至孔坪段工程（一期）完成投资0.5亿元。

成雅快速通道（雅安段）新建 成雅快速通道起于雅安市名山区与成都市蒲江县交界处观音阁，经名山区茅河、红星、解放、车岭、前进、永兴、雨城区草坝、大兴、南郊，止于对岩镇，新建里程50.138公里（不含南外环线利用段10.49），起点观音阁至永兴段30公里为路基宽28米、设计时速80公里、双向六车道的一级公路；永兴至止点对岩20公里为路基宽18.5米、设计时速60公里、双向四车道的一级公路。该项目采用PPP模式由中建股份有限公司投资建设、运营维护，建设期2.5年，运营维护期12年，综合回报率5.8%。项目概算总投资34.69亿元，其中建安投资21.97亿元。工程于2017年11月1日开工建设。截至2019年底，成雅快速通道项目全线路基工程基本贯通（桥隧工程除外），控制性工程水津关特大桥完成总工程量的75%，草坝岸及水中全部下部构造完成，主桥现浇箱梁完成80%，完成投资13亿元。

雨名快速通道 雨名快速通道起于雨城区雅州大道与爱国路平交口，利用原路至金鸡关隧道口，将金鸡关隧道进行开挖以明线的方式通行（开挖段路基宽度80米，将成雅高速雅安东互通连接线与雨名快速通道完全分离，双向十车道+绿化带），于清泉寺隧道口附近上跨成雅高速公路，经罗家山、原山墅北侧、丁家坝至龙奠桥，与国道318线平交并止于名山区城西火烧桥。路线全长5.876公里，其中新建里程3.976 公里，改建原

2019年12月，雨名快速通道金鸡关开挖现场　周 慧 摄

路0.535 公里，利用原路1.365 公里，设计时速60公里，路基宽36米，一级公路技术标准。项目估算总投资13亿元，建筑投资8亿元。2018年12月开工建设，建设工期2.5年。截至2019年底，雨名快速通道项目桥梁下部工程累计完成62%，路基累计完成33%，累计完成年度投资6.5亿元。

水路建设 2019年，雅安市启动《雅安港口码头总体规划》编制。启动大兴湖夜游（平羌夜游）项目相关工作，完成大兴库区通航论证、夜航论证、航标布设方案专家审查，启动航标布设。完成《防治船舶及有关作业活动污染水域环境应急能力建设规划》编制、《港口和船舶污染物接受转移及处置能力评估方案》编制和《船舶污染物事故应急处置预案》制定，并以市政府办名义发布执行。监测巡航救助一体化项目市级（含雨城区）项目土地预审、工程可行性研究等工作基本完成，汉源县地方海事局、市地方海事局16米级海巡艇完成建造并交付使用。完成雨城区搭沟漩渡改公路桥、茶地坎渡改公路桥、省道104线草坝至姚桥段改建工程项目航道通行条件影响评价和项目施工通航安全保障方案专家审查。

道路运输行业概况 至2019年底，雅安市有道路客运业户33户，其中，从事班车客运和包车客运10户，从事出租、公交企业23户。道路货物运输企业334户，其中，普通货运327户，危险货物运输企业7户。驾驶培训学校25所，实际使用教练车471辆，教练员549人。维修企业794家。有客运站109个，其中一级客运站2个、二级客运站3个、三级客运站5个、农村客运站99个；全市开通客运线路162条，有客运车辆1 256辆，营运货车12 473辆，道路运输驾驶员50 728人。农村客运通乡（镇）137个，通达率100%；通建制村923个，通达率92%。开展道路运输行业质量信誉考评，全市5家道路旅客运输企业均评为AAA级；出租汽车企业评选出AA级10家、A级2家；维修企业评选出AAA级3家。全年全市推广安装高速公路ETC16.29万辆，安装率85.24%，超额完成任务。

综合交通运输 2019年，雅安市完成公路客运量1 736万人次，旅客周转量60 531万人公里；货运量5 325.6万吨，货物周转量582 350万吨公里，客运量、旅客周转量分别比上年下降2.02%、6.86%，货运量、货物周转量分别增长4.42%、7.7%。2019年春运期间，全市日均投放客车2 041辆（其中，客运班车1 223辆、公交车297辆、出租车521辆）。发班12.86万个班次（其中加班281个班次），安全运送旅客148.17万人次（不含出租车、公交车），下降3.5%。

铁路运输方面，成雅铁路每日火车往返14对，运行时间最快缩短至54分钟，雅安站年发送旅客950 129人次，到达950 767人次，旅客全年到发量超过190万人次。汉源乌斯河火车站年发送旅客40 349人，运输货物4 718车、301 952吨。

城市公共交通方面，将1、5、7路公交线路调整到雅安火车站发车，推进公铁无缝换乘。实行城区公交车半小时内免费换乘。名雅公交更新12辆天然气公交车；开通13路公交车（陆家坝—火车站），新增新能源公交车10辆；完成城区新建、维护公交站台、站点197个。互联互通发卡量累计51 589张。完成295辆公交车防护隔离设施安装。完成出租汽车调价工作，雅安市主城区巡游出租汽车运价由每公里3元调整为每1.5公里5元。中心城区373辆出租汽车启动驾驶员人脸识别系统。完成221辆到期出租汽车经营权处置，重新配置给公司。统一出租汽车、公交车驾驶员工作服装。报废更新90辆出租汽车。

水运方面，完成客渡运量33.57万人次。

公路管养 2019年，雅安市完成大中修项目6个，累计完成103.14公里，完成投资2.6亿元，完成预防性养护工程14.9公里、路面整治14.2公里、危桥改造3座，养护和应急保障中心新建2个，养护管理站改建2个，停车区新建2个，“厕所革命”公共厕所新建、改造4个。国省干线PQI（路面使用性能指数）90.3。全年开展督查、巡查、检查620人次，车辆300余辆次，机具60余台次，排查出地质灾害隐患点62处；开展提升国省干线公路桥梁安全防护和连续长陡下坡路段安全通行能力专项行动，排查出145座桥梁防护设施不符合规范要求，在10段共60公里长大下坡中路段，采取设置大型警示标志、振荡标线、加水降温点等措施。

路政管理 2019年，雅安市公路巡查率90%以上，巡查各种侵占、损坏公路路产和公路设施案件612起，查处594起，查处率97%。清障排障1 407起。建立大件运输审批集体会商工作机制和大件运输路警联动工作机制，推动“放管服”改革。整治公路治超领域乱点乱象，对4家有违法记录的企业进行集中约谈。对省道306线峨汉高速公路部分路段破损和国道318线多营至飞仙关违法加水点开展专项督查，整治成果明显。完成冬季交通管制、汛期和节日长假期间的保通保畅工作。

安全应急监管 2019年，雅安市加强交通安全监管，全行业实现无死亡安全生产责任事故，完成全年安全生产目标任务。

强化应急管理，组建1支防灾减灾抢险保通应急保障大队和8支防灾减灾抢险保通应急保障分队，应急队员423名，挖掘机18台，装载机39台，运输车数量18辆，其他设备49台（套），落实24小时值班制度，做好汛期抢险保通。6月12日，雅安市交通运输局、荥经县

2019年6月12日，雅安市交通运输系统防汛减灾应急演练场景
雅安市交通运输局 供图

人民政府联合在荥经县举行公路抢通保通应急演练。

全市330辆客运车辆纳入省安全与服务微信公众平台；7 623辆重点营运车辆全部纳入市重点营运车辆卫星定位动态监督中心进行监督管理，其中“两客一危”运输车辆721辆，入网率100%，在线率99.3%。

水运方面，完成全市4家水路运输企业的核查工作，未发生水上交通安全事故。全年检查78次，出动执法人员198人次，检查船舶378艘次。

“8·22”特大暴雨灾害处置 2019年雅安市“8·22”特大暴雨灾害，国省县乡道交通中断33条，村道交通中断81条，损失金额21亿元。全市27条班线313辆客车因灾停运。交通系统调集大型机具及运输车辆100多辆，抢险人员300余人，全力推进国道351线抢险保通。8月23日3时，抢通国道351线至省道308线便道，打通开往宝兴县城的救灾通道。8月30日，国道351线宝兴境内全线抢通应急便道。至10月14日，全市因灾

2019年8月27日，宝兴县暴雨灾害抢险工作场景
雅安市交通运输局 供图

停运的客运班线全部恢复运营。及早谋划公路交通恢复重建，国道351线、省道308线、省道432线水毁恢复重建工程列入交通运输部资金补助计划库，3个项目均完成施工图批复，其中国道351线开工建设。省交通运输厅下达577.98万元支持雅安农村公路灾后恢复重建。

公路“治超” 2019年，雅安市双超治理投入执法人员19 368人次，检查货运车辆232 355辆次，查处违法超限车辆2 415辆次，卸载超限车辆1 979辆次，卸载吨位47 074吨，发出违法超限运输车辆抄告478份，违法超限运输比例0.89%。开展超限超载专项整治，重点打击“百吨王”等恶性超限违法行为，处罚“百吨王”车辆9辆。

“打非治违” 2019年，雅安市运管机构出动执法人员18 627人次，检查车辆35 920辆次，查获非法违法经营车辆937辆，其中“黑车”174辆。查处黑教练车2辆、黑教练员2名和非法培训点11个、非法招生站点3个、违规驾校2所、违规违章教练员4人。

出租汽车服务质量专项整治 2019年3月至12月，雅安市公路运输管理处抽调雨城区、名山区执法人员联合交警部门开展出租汽车服务质量专项整治。累计出动执法人员1 300余人次，检查出租汽车3 600余辆次，查处不按规定使用计价器、违规拼车等行为126起，对其中123起给予罚款2 000元、停运学习3～5天的行政处罚。

驾驶培训 2019年，全市培训初学学员17 227人，新办从业资格证1 838个，其中含59个网络预约出租车驾驶员证；换发从业资格证2 078个；从业资格证转籍163个。驾驶员继续教育注册学员5 177人，结业5 097人。全市机动车驾驶员培训机构在场地、设备、设施中投入资金100多万元。全市25所驾培机构均安装使用计时培训系统，推行“计时收费、先培后付”模式，覆盖率100%；全市实际使用教练车487辆，安装计时车载终端设备487辆，安装率100%。全年全市310名违章营运驾驶员被记分，其中，记15分并被列入重点监控名单违章营运驾驶员174名，记20分及以上并被列入禁止进入名单6名。

汽车维修 2019年，雅安市安装汽车维修电子健康档案系统183家。其中，一类维修企业15家，安装率100%；二类维修企业162家，占二类总数的90%；三类维修企业6家，占三类综合小修的31%。全面完成目标任务。推进汽车维修行业VOCs（挥发性有机物）治理，督促维修企业完善危险废物贮存场地“三防”设施；开展维修企业环境污染防治督查检查900余家次。全市维修企业升级改造喷烤漆房135个，推广使用水性漆20户。加快建立I/M（机动车排放检验与维护）制度，建立机动车排放污染治理维修企业（M站）10家。

（本栏目供稿单位：雅安市交通运输局）

眉山市交通

MEISHAN SHI JIAOTONG

2019年眉山市交通运输能力概况

公路交通运输			
通车里程	总里程（公里）		8 081.5
	其中	高速公路	403.2
		一级公路	288.2
		二级公路	387.4
		三级公路	346.8
		四级公路	5 582.7
		等外公路	1 073.2
公路密度	按国土面积计算：每百平方公里 112.46 公里		
	按人口计算：每万人 23.61 公里		
通达里程	通公路的乡镇 126 个，占乡镇 100 %		
	通公路的村 1 052 个，占村 100 %		
客运站	总　数（个）		146
	其中	一级站	1
		二级站	5
		三级站	2
		四级及以下站	138
营运车辆	总　数（辆）		30 206
	其　中	客车 1 575 辆 36 364 座	
		货车 28 631 辆 235 143 吨	
公路运量	客　运	客运量（万人次）	2 979
		旅客周转量（万人公里）	108 393
	货　运	货运量（万吨）	10 197
		货物周转量（万吨公里）	705 036
内河航运运输			
通航里程	总里程（公里）		280
	其中	三级航道	
		四级航道	
		五级航道	
		六级航道	78.7
		七级航道	11.02
港口（码头）	总　数（个）		34
	吞吐量	旅客吞吐量（万人次）	56.6
		货物吞吐量（万吨）	
水路运量	客　运	客运量（万人次）	27.3
		旅客周转量（万人公里）	430
	货　运	货运量（万吨）	
		货物周转量（万吨公里）	
营运船舶	总　数（艘）171		
	其　中	客船 122 艘 2 782 座	
		货船 49 艘 5 472 吨	
城市公交运输			
营运车辆	792 辆		
公交线路	66 条		
公交站	927 个		
运　量	0.783 亿人次		

交通运输概况　2019年，眉山市综合交通建设完成投资152.8亿元。全年新开工一级公路2条33.5公里（天府大道眉山段、眉山环城公路南环线），航电项目1个（尖子山航电）；续建铁路1条30公里（连汪燕铁路仁寿段），高速公路1条56公里（成宜高速公路仁寿段），一级公路6条201.4公里（环天府新区快速通道、太和大道、工业大道国道351线至夹江界段、红星路南延线仁寿段、洪雅至峨眉山旅游快速通道、丹蒲快速

2019年，眉山环天府新区快速通道下穿天府大道立交建设场景
古良驹 摄

路），二级公路3条68公里（瓦屋山旅游快速通道袁坪至瓦屋山镇段、丹名路、国道351线富加至资阳段），航电项目1个（汤坝航电）；建成高速公路1条28公里（成乐高速公路扩容眉山互通至青龙段），一级公路2条40公里（岷东大道东坡界至青神县城段、岷东大道九龙山隧道二期工程）。

2019年，最美景区路——大峨眉国际旅游西环线 姚永亮 摄

2019年，连汪燕铁路仁寿段完成投资1.01亿元，累计完成投资13.2亿元。省道401线丹蒲快速路完成投资2.8亿元，累计完成投资5.3亿元。大峨眉国际旅游西环线完成投资5.9亿元，累计完成投资36.7亿元。工业大道国道351线至夹江界（工业大道东坡区南段）完成投资4.7亿元，累计完成投资10.7亿元。太和大道完成投资3.84亿元，累计完成投资14亿元。环天府新区快速通道完成投资13.42亿元，累计完成投资35.61亿元。洪雅至瓦屋山旅游快速通道建设完成投资3.03亿元，累计完成投资6.23亿元。红星路南延线完成投资14.9亿元，累计完成投资32.4亿元。国道351线富加至资阳段完成投资0.2亿元，累计完成投资5.27亿元。青神岷江二桥完成投资1.6亿元，累计完成投资4.4亿元。丹名路完成投资2.05亿元，累计完成投资4.35亿元。

汤坝航电枢纽工程基本完成16孔冲砂泄洪闸土建施工，完成发电厂房工程土建施工和桥机安装，完成防洪堤的96%，船闸土建施工的60%，完成老东坡湖进水口改造工程和蟆颐堰重力式挡墙工程，完成投资8.18亿元，累计完成投资17.81亿元。虎渡溪航电枢纽工程项目前期23个专题报告全部取得批复，完成投资0.52亿元，累计完成投资1.63亿元。

年内，眉山市评出“四好农村路”示范乡（镇）11个、示范村56个，“四好农村路”示范路保有量超过600公里。

眉山市高速公路项目首获殊荣。由眉山市牵头招商引资、建设、监管和地方协调保障服务的“成赤高速公路成都至眉山（仁寿段）项目（成仁高速公路）”和“成都经济区环线高速公路简阳至蒲江段项目（三绕南段）”分别于2019年2月和11月获国家优质工程奖，该奖项为工程建设质量方面的最高荣誉奖励。

洪雅通用机场建设 2018年7月3日，洪雅县通过政府采购与中航规划设计研究总院签订机场选址报告和航服报告（含飞行程序设计）技术咨询合同。7月24日，中航规划设计研究总院专家到洪雅实地调研踏勘，收集中保通用机场选址相关前期资料。9月10日，洪雅县向设计单位提供“十三五”发展规划、城市规划、土地规划、征地拆迁、县乡道路建设规划、气象等涉及通用机场选址资料。11月19日与四川通用航空投资管理有限责任公司共同拟定《洪雅通用航空项目战略合作协议》，机场建设探索采用通用航空机场“省市县三级共建”模式。12月27日，向四川省测绘局购买1：10 000及1：50 000洪雅县地形图40幅，提供给设计单位。

2019年，眉山洪雅县完成《四川省眉山市洪雅县通用机场选址报告》《四川省眉山市洪雅县通用机场选址阶段——飞机性能分析报告》《四川省眉山市洪雅县通用机场选址阶段航行服务研究——飞行程序设计报告》编制。经过前期对孙坝、中保、花溪等初选场址实地踏勘对比，拟推荐中保镇作为洪雅通用机场首选场址。中保场址位于洪雅县中心城区西南侧，距县城直线距离8.2公里，公路里程15公里，乐雅高速公路北侧，国道351线南侧，距离国道351线最近点直线距离270米，跑道中心初定位置坐标：（E103° 16′ 57.72″，N29° 52′ 20.16″）（2000国家大地坐标系）。

成乐高速公路扩容项目青龙至眉山试验段建成通车 国道0512线成乐高速公路扩容工程位于四川省成都市、眉山市和乐山市境内，是连接成都双流机场与三市的重要快速通道，分为主线和乐山城区过境复线两部分，总长141.286公里，总投资估算231亿元，新建、扩建段均为双向八车道，路宽分别为42米和41米，设计时速120公里和100公里，沥青混凝土路面。项目主线划分为成都三环路川藏立交至彭山青龙场段新建复线和青龙场至乐山段原路加宽两段，主线起点位于成都市三环路川藏立交，止于乐山张徐坝互通，在张徐坝互通顺接乐宜高速公路并与乐雅高速公路形成十字交叉，里程

129.926公里。乐山城区过境复线起于棉竹北枢纽互通跨青衣江大桥西侧桥台，顺接乐自高速公路乐山城区连接线，止于冷山枢纽互通，与乐雅高速公路十字交叉，顺接乐雅高速公路峨眉连接线，里程11.36公里。其中眉山市境内长60公里，估算投资60亿元。2016年9月，为探索提高通车高速公路扩容改造建设质量和建设期间施工保通经验，成乐高速公路青龙场至眉山试验段经省发展改革委批准立项，试验段长28公里，沿主线加宽改造（双向四车道改为八车道），采用PPP模式，估算投资20亿元，项目业主为四川成渝高速公路股份有限公司。12月30日，试验段开工建设，计划建设工期3年，由省公路设计院公司设计，中公交通监理咨询河南有限公司监理，四川交投建设工程股份有限公司施工。2019年11月27日提前1个月建成通车，是四川省第一条投入运营的大规模经营性改（扩）建高速公路。

成乐高速公路扩容项目二期工程开工建设 国道0512线成都至乐山高速公路扩容工程位于四川省成都市、眉山市和乐山市境内，是连接成都双流机场与三市的重要快速通道，分为主线和乐山城区过境复线两部分，总长141.29公里，总投资估算231亿元，新建、扩建段均为双向八车道，路宽分别为42米和41米，设计时速120公里和100公里，沥青混凝土路面。项目主线划分为成都三环路川藏立交至彭山青龙场段新建复线和青龙场至乐山段原路加宽两段，主线起点位于成都市三环路川藏立交，止于乐山张徐坝互通，在张徐坝互通顺接乐宜高速公路并与乐雅高速公路形成十字交叉，里程129.926公里。乐山城区过境复线起于棉竹北枢纽互通跨青衣江大桥西侧桥台，顺接乐自高速公路乐山城区连接线，止于冷山枢纽互通，与乐雅高速公路十字交叉，顺接乐雅高速公路峨眉连接线，里程11.36公里。其中眉山市境内长60公里，估算投资60亿元。眉山互通至至夹江交界段长31.5公里，其中主线26.5公里，青神互通连接线5公里，基本沿主路加宽改造（四车道改八车道）。2019年6月开工建设，由省公路设计院公司设计，四川交投建设工程股份有限公司施工，四川省亚通工程咨询有限公司监理，路基、桥涵及互通施工有序进行。青龙场至二绕段眉山境内4.3公里双向八车道新建高架桥段，项目施工招标工作有序进行。2019年眉山段（含试验段）完成投资9.43亿元，累计完成投资32.75亿元。

成宜高速公路建设 成宜高速公路起于成都经济区环线高速公路，对接成都天府国际机场高速公路南线，经成都、眉山、内江、自贡、宜宾，止于乐宜高速公路中峰寺，是成都至宜宾最快捷的通道，也南向是通往云南重要高速大通道，路线全长157公里，全线采用双向六车道高速标准建设，设计时速120公里，路基宽34.5米，沥青混凝土路面。其中眉山（仁寿）境内长56公里，投资估算72.3亿元。2016年12月，成都、眉山、内江、自贡、宜宾五市政府与四川省铁路产业投资集团有限责任公司签订《成都至宜宾高速公路合作共建投资协议》。2017年3月工程可行性报告经省发展改革委批复，3月15日在宜宾市召开项目开工动员大会，11月20日仁寿县政府启动征地拆迁工作，12月施工单位进场开展驻地建设。2018年6月22日全线开工，由广东省交通规划设计研究院股份有限公司和招商局重庆交通科研设计院有限公司设计，四川省公路工程咨询监理事务所有限责任公司监理，四川川交路桥有限责任公司、中建路桥集团有限公司等施工。2019年完成仁寿段路基施工，实施路面工程，完成投资16.6亿元，累计完成投资39.6亿元。

岷东大道东坡界至青神城区段建成通车 岷东大道东坡界至青神城区段工程起于粤江河大桥（K8+581.165）顺接东坡段，经青神县高台乡、白果乡，止于青神岷江大桥连接线处（K17+352.811），全长8.77公里，一级公路技术标准，双向六车道，设计时速80公里，路基宽30米，沥青混凝土路面，青神县投资建设。2017年4月开工建设，由中国华西工程设计建设有限公司设计，四川兴华建设咨询监理有限公司、河南同济路桥工程技术有限公司监理，长沙路桥集团施工。2019年完成主体工程并建成通车，完成投资1亿元，累计完成投资6亿元。

岷江一桥改造工程建成通车 眉山岷江一桥改造工程起于老城区二环东路，终点与泡菜园区物流主通道立交，止于水天花月景区大门附近，全长1 800米，其中，桥长1 175.5米，桥梁宽34米，道路宽54米，一级公路技

2019年7月，眉山新岷江一桥建成通车　　塞玮杰 摄

术标准，双向六车道，设计时速60公里，桥型采用双孔通航连续刚构桥，结合城市总体规划采用外观装饰方案建设。2016年10月开工建设，由东坡区投资建设，省公路设计院公司设计，四川省亚通公路工程监理所监理，陕西建工机械施工集团有限公司施工。2019年7月建成通车，完成投资0.6亿元，累计完成投资3.6亿元。

岷东大道九龙山隧道二期工程通车 岷东大道九龙山隧道二期工程位于彭山区江口镇境内，起于府河大桥（新）桥头处，接岷东大道K31+905，在岷东大道前进方向单洞隧道左侧，以隧道穿过九龙山脉，止于江新路，接岷东大道K30+230，全长1.69公里（其中隧道长495米，引道长1 194米），一级公路技术标准，设计时速80公里。2018年3月开工建设，由中交第二公路勘察设计研究院有限公司设计，四川建充工程项目管理有限公司监理，江西省路桥工程集团有限公司施工。2019年12月建成通车，完成投资0.1亿元，累计完成投资0.9亿元。

洪雅至峨眉山旅游快速通道东岳连接线通车 洪雅至峨眉山旅游快速通道东岳连接线全长3.77公里，双向二车道，二级公路技术标准，设计时速60公里，路基宽12米。2017年9月开工建设，由中铁二院工程集团有限责任公司设计，圣弘建设股份有限公司施工，四川建充工程项目管理有限公司监理。2019年建成通车，完成投资2 000万元，累计完成投资7 000万元。

青神滨江路南段通车 青神滨江路南段工程全长2.3公里，双向四车道，沥青混凝土路面，设计时速40公里，路基宽30米，按市政主干道技术标准建设，青神县住房和城乡建设局负责投资建设。2018年6月开工建设，由重庆中设建筑设计有限公司勘察设计，四川明清监理咨询有限公司监理，天工方圆建设集团有限公司施工。2019年完成主体工程并通车，完成投资6 000万元，累计完成投资3亿元。

2019年，眉山青神县滨江路建成通车 古良驹 摄

眉山环城公路南环线开工 眉山环城公路南环线（国道351线绕城）工程起于在建的东坡区工业大道南段，止于岷东大道，路线由西至东，先后与工业大道、成乐高速、成昆铁路、成绵乐客专、国道245线（原省道103线）、顺江大道、崇礼大道（规划）、岷东大道交叉，同时在岷江一桥下游约5公里处跨岷江，路线全长14.39公里，一级公路技术标准，设计时速80公里，配套市政设施，双向六车道，标准路幅宽60米，项目控制性工程为跨岷江的岷江特大桥、跨成昆铁路（含成昆铁路复线）大桥。项目划分为东、西两段实施，东段起于国道245线，止于岷东大道，长7.5公里，2019年3月27日开工建设，由中国华西工程设计建设有限公司设计，四川公路工程咨询监理有限公司监理，四川公路桥梁建设集团有限公司建设；年内，实施控制性工程岷江三号特大桥水中基础施工和路基清表、路基换填，完成投资4亿元。西段起于工业大道，止于国道245线，长6.9公里，项目初步设计、施工图设计有序推进。

天府大道眉山段开工建设 天府大道眉山段起于天府大道与成黑旅游通道平交口，经眉山天府新区、仁寿县、东坡区、岷东新区，止于工业大道，路线全长约35公里，估算总投资87.57亿元。采用一级公路标准建设，兼顾城市道路功能，路基宽80米，机动车道设计时速80公里，辅道设计时速40公里，双向十二车道（8个机动车道+4个非机动车道）。项目划分为两段建设，其中：天府大道眉山段17.71公里，于2019年3月27日开工建设，采用PPP模式建设，由眉山天环基础设施项目开发有限责任公司组织实施，省交通设计院公司设计，四川公路工程咨询监理有限公司监理，四川路航建设工程责任有限公司施工；年内路基、桥涵施工有序推进，完成投资5亿元。天府大道眉山城区段17公里，工程可行性研究报告修编等前期工作加快推进。

彭山锦绣大道开工 彭山锦绣大道起于迎宾大道交叉口，止于西南应急储备中心，道路全长680米，二级公路技术标准，设计时速50公里，路基宽40米（含市政配套），其中，车行道28.5米，双侧绿化带各2米，双侧人行道各3.75米，沥青混凝土路面。2019年5月开工建设，由省公路设计院公司设计，河南晟源路桥工程管理有限公司监理，四川中澈检测技术有限公司施工。至年底，完成投资4 000万元，附属工程施工有序开展。

眉山港总体规划 2019年12月9日，《眉山港总体规划》经眉山市第四届人民政府89次常务会议审议通过，12月18日，经眉山市人民政府批准执行。眉山港规划彭山、东坡和青神3个港区，重点规划2个作业区（张坎作业区、黑龙场作业区），规划中的其他码头及停靠点是对眉山港功能的补充。根据眉山市岸线资源特点和相关规划，综合考虑近期建设及长远发展需要，规划利用各类岸线总长11 040米（其中规划宜港岸线6 390米、锚地岸线4 650米），宜港岸线中规划期内新利用岸线4 365米，预留岸线2 025米。在“十四五”期间启动眉山港口项目建设，拟建47个泊位，计划总投资43.5亿元。2025年以前重点建设张坎作业区一期工程、黑龙场作业区一期工程、青神县瓮家坝客运码头、中岩寺客货码头、东坡码头及东坡岛、崇礼停靠点等。到2035年，规划的所有泊位全部建成。通过规划期内各作业区及码头建设，使眉山港能够满足腹地范围内化工产品、机械设备以及工农业产品的运输需求。

2019年，眉山岷江汤坝航电枢纽工程建设场景 古良驹 摄

岷江航电建设 《岷江干流（彭山江口至乐山岷江三桥段）航电规划报告》于2009年7月经省发展改革委、省交通运输厅、省水利厅审查批准。航电以通航为主，发电为辅，兼顾防洪、灌溉、供水、流域综合开发，按照四级航道标准设计，建设航电工程8个（眉山境内有江口、尖子山、汤坝、张坎、季时坝、虎渡溪、汉阳），总装机容量36.3万千瓦，总投资73亿元。2019年9月优化调整规划，建设航电工程6个（眉山境内有尖子山、汤坝、张坎、虎渡溪、汉阳），总装机容量35.7万千瓦，渠化四级航道里程73.7公里，总投资85.59亿元。2015年1月，青神县汉阳航电工程全面竣工，3台机组并网发电，成为岷江中下游首个建成投运的航电工程。2017年12月东坡区汤坝航电工程开工建设，2018年青神县虎渡溪航电工程开工建设，2019年彭山区尖子山航电工程开工建设。

尖子山航电枢纽工程开工建设 尖子山航电枢纽工程位于眉山市彭山区境内，是规划调整后岷江中游六级航电规划自上而下开发的第1个梯级，2009年获省发展改革委、省交通运输厅、省水利厅审查批准建设。2016年纳入《四川省高等级航道达标升级2016—2020年专项工程方案》。2017年5月纳入《四川省公路水路交通运输“十三五”发展规划》《四川省“十三五”内河水运发展规划》。2019年10月纳入《成都至乐山段航运发展规划》。该工程是四川省“十三五”期间省重点开工建设项目。由广西亚王水电股份公司开发，以通航为主，发电为辅，兼顾防洪、灌溉、供水、流域综合开发，按照四级航道标准设计，坝址位于彭山主城区岷江一桥下游5.7公里处，水库正常蓄水位426米，电站装机容量6.9万千瓦，多年平均发电量2.80亿千瓦时，船闸按四级航道通行2×500吨级船队标准进行设计，渠化航道14.9公里，工程概算总投资16.89亿元。前期32个专题报告全部取得批复。2019年10月8日开工建设，由四川省岷源水利水电工程设计有限公司、省交通设计院公司设计，湖南水利水电工程监理承包总公司、四川省水运工程监理事务所有限公司监理，成都水利水电建设有限责任公司施工。2019年完成砂石筛分和砼拌合系统建设，完成施工营地建设，完成一枯围堰，基本完成5孔冲砂闸、厂房基坑开挖，右岸防洪堤填筑2公里，完成投资1.65亿元。

公路水路运输 2019年，眉山市完成公路客运量2 979万人次、旅客周转量10 393万人公里；货运量10 197万吨、货物周转量705 036万吨公里，客货运输总周转量715 875万吨公里，比上年增长7.59%，全省排名第7位。城市公共交通运营里程2 409万公里，客运总量4 305万人次，水路客运量21万人次，完成春运、国庆等重点时段运输和节会运输保障任务，保障运输车辆1 604辆次，安全运送道路旅客424.6人次。继续实施客运“村村通”工程，全市126个乡（镇）、1 052个建制村开通客运，农村客运通乡（镇）通达率100%，村社通达率100%。全年23 家危货企业、1 886（其中含393辆挂车）辆危货车辆和电子运单管理系统对企业实现100%全覆盖，车辆平均使用率85.6%。

成眉交通同城化 2019年，眉山市交通运输局多次与成都市交通运输局等相关部门进行工作对接，落实《成眉交通同城化发展工作方案》，坚持交通规划与成都同网，推进交通建设与成都同步。成都眉山（以下简称“成眉”）之间规划建设的“7高（成雅高速公路、成都经济区环线高速公路简蒲段、成乐高速公路、成自泸赤高速公路、成宜高速公路、蒲夹高速公路、天府新区经眉山至乐山高速公路）、10快（环天府新区快速通道、工业大道、滨江大道、剑南岷东大道、天府大道仁寿段、红星路南延线、丹蒲快速通道、仁简快速通道、站华路南延线、锦江大道）、9轨〔川藏铁路、成都城际外环线（成都都市圈环线铁路）、成眉市域铁路S5线天府机场支线、成昆铁路、成昆铁路复线、成绵乐高铁、成眉市域铁路S5线（含仁寿支线）、成眉市域铁路S13线、瓦屋山山地轨道交通〕”共26个综合交通大通道，总里程超过1 300公里，实现成眉200公里市界线平均间隔约20公里就有一条铁路、一条快速通道，约40公里就有1条高速公路，形成互补、合理、高效的综合交通路网布局。成眉市域S5线（含仁寿支线）、S13线等3条市域铁路纳入省级《成都平原城市群轨道交通规划》，并上报申请纳入国家级《成渝城市群多层次轨道交通规划》。成眉市域铁路S5线抓紧开展前期工作，加强与成都市对接，共同研究建设、投资、运营模式。2019年9月29日，眉山市与省交投集团签订《成都至眉山市域铁路投资合作协议》，在全省首次采用TOD模式建设市域铁路S5线。对接成都的“两横五纵”高速公路网和“一横九纵”快速公路网，相关工作加快推进。推动成眉动车公交化运营，配合成都市和中国铁路成都局集团开展相关工作，经停眉山东站的列车班次达到28.5对57次，较2018年增加10对20列。开创全省跨市公交先例，继天府新区视高至成都兴隆湖T50城市公交线路开通运营后，再开通彭山至双流黄龙溪S101路、S102路和彭山至新津XK4等3条跨市公交线路。实现成德眉资四市公交“一卡通”，四城优惠共享，眉山票价在四市中最优惠，极大方便群众出行。

铁路公交化运营 2019年，眉山市交通运输局贯彻落实中共四川省委“一干多支”发展战略，加快实施“8+1”《关于推进成都平原经济区协同发展加快铁路公交化运营合作框架协议》，采取“请下来调研、走上去对接”的方法，加强与铁路成都公司相关业务部门对接，及时对眉山铁路、公路运输市场情况进行调研分析，向铁路部门提出成眉动车公交化运营的眉山需求，推进成眉动车公交化运营。经过调图争取，成绵乐动车6次运行图调整（分别为2019年1月5日、4月10日、6月15日、7月10日、10月11日、12月30日）和12月16日成贵高铁全线通车后，经停眉山东站列车对数从年初的18.5对增加到28.5对，按每天运营16小时计算，平均16分钟就有一列停靠眉山东站，日均客流量突破1.5万人次。

年内，眉山市交通运输局与成都车务段签订《眉山东站客运运营专项补助协议》，自2019年4月10至2020年4月9日，开行4对眉山东始发终到列车和1对贵阳始发终到列车在眉山东站增加停站。其中全年开行的眉山东始发终到车2对，开行66天的始发终到车2对；贵阳站经停车1对全年开行；高峰线始发终到列车2对。

城市公共交通 2019年，眉山市继续推进城市公共交通发展。

12月20日，成德眉资四市公共交通“一卡通”启动仪式在成都举行，成德眉资公共交通正式实现“一卡通刷，优惠互享”。四市公共交通实现同城化。成德眉资“一卡通”在成都基准价2元，享受9折优惠；在德阳城市公交基准票价是空调车2元、普通车1元，普通卡享受8折优惠，1小时免费转乘1次；在眉山城区内基准票价1元，享受普通卡9折优惠且1小时免费换乘1次；在资阳城市公交基准票价2元，普通卡8折，1小时免费换乘1次，天府通二维码8折。全年眉山市展通公交公司发行公交IC卡38 857张，其中普通卡3 718张、交通“一卡通”15 126张、敬老卡10 788张、学生卡7 396张、爱心卡1 829张。

开通跨市公交线路。12月，彭山区开通三条跨市公交线路，分别为：彭山北站—黄龙溪客运站（S101路），线路全长22公里，沿途设置站点24个；彭山北站、恒大文旅城、黄龙溪客运站（S102路），全长25公里，沿途设置站点22个；彭山北站、地铁10号线（新平站，XK4路），线路全长34公里，沿途设置站点21个。

推动新能源公交车使用。投放52辆10.5米大型能源公交车，开行眉山至视高、彭山至黄龙溪、彭山至新津公交线路。《天府新区视高区域公交线路运行方案》经眉山天府新区管委会审批同意，天投公司采购34辆纯电动公交车，计划开行视高区域4条内循环公交线路。年内，眉山市交通运输局根据《市领导对关于解决眉山天府新区公交工作相关问题的请示的批示》，按照《城市道路公共交通站、场、厂工程设计规范GJ/T15-2011》规范，拟在眉山天府新区内规划4条公交线路，投放新能源公交车34辆。眉山市展通公交公司新购置新能源公交车150辆（纯电动公交车74辆、气电混动76辆），新能源公交车占公交车辆比重36.4%，眉山中心城区投入38辆新能源纯电动公交车运行6路、13路、18路三条公交线路，其中，6路更换8.5米纯电动公交车16辆，13路更换8.5米纯电动公交车16辆，18路新增10.5米纯电动公交车6辆，加大车辆容量，提高运行效率。全年完成眉山东站、彭山北站、视高公交站、五路车客运站充电桩建设工作，累计建设充电桩61个。

公交都市创建 根据《眉山市创建公交都市实施方案（2017—2020年）》要求，公交都市创建主要包括公交场站建设、公交车辆购置、智能公共交通建设、公交专用道建设和各类政策规划编制等5项重点项目，预算总投资66 129万元（市本级41 679万元），其中，公交站建设26 150万元（市本级1 700万元），公交车辆购置24 300万元，智能公共交通建设10 900万元（智慧公交5 600万元、智慧交通5 300万元），公交专用道建设4 000万元，完善政策规范制定779万元。2019年开展城市公交规划编制、公交管理政策制定等10项工作，形成《眉山市城市公共交通专项规划（含专用道规划）》《眉山市互联网+城市公交专项规划》《眉山市绿色低碳交通运输体系发展规划》等3项专项规划和《眉山市公共汽电车客运管理办法》《眉山市建设项目交通影响评价管理办法》《眉山市关于落实公交优先加快建设公交都市的意见》等3项管理办法，会同上海同济大学建筑设计院完成公交都市创建任务中7宗公交场站可行性研究报告及社会稳定风险评估报告的审核、编制工作，确定专用道建设起止点位，完成公交IC卡刷卡机具升级改造，12月实现"天府通卡"在成德眉资四市公交和成都地铁刷卡互联互通，完成38辆新能源纯电动公交车和车辆充电桩公开招标采购投放工作。市、区两级政府落实到位公交政策性补贴5 783万元，其中，市财政4 000万元，彭山区财政1 783万元，全年公交都市建设完成投资5 887.85万元。

交通安全监管　2019年，眉山市交通运输局坚持"安全第一、预防为主、综合治理"方针，结合交通工作实际，开展"平安交通"建设，落实"一岗双责"，健全制度，完善安全生产责任机制，开展安全专项整治行动，进一步加强交通运输安全管理，严格"三把关一监督"。全市交通运输安全生产工作形势持续稳定向好，水上交通连续22年保持无事故、无经济损失、无死亡人数"三为零"的目标，道路运输没有发生负源头管理责任事故，公路管理、养护和在建工程项目以及各单位内保安全没有发生人员伤亡事故。

公路工程质量监管　2019年，眉山市纳入质量安全监督范围的续建、新建重点公路建设项目23个，项目总投资363.3亿元，建设总里程451.3公里。其中高速公路2条，建设里程115.17公里，占比25.52%；一级公路16条，建设里程244.22公里，占比54.11%。有隧道9座、特大桥6 座、大桥70余座。为确保全市交通建设工程项目质量安全管理平稳运行，落实专职质监人员，职责分工明确，以"品质工程""平安工地"为主要抓手，对全市交通建设工程质量安全进行有效监督，未发生安全生产责任事故，安全状况良好。全年开展质量安全综合检查1次，执法检查48次，安全专项检查4次，淘汰落后工艺专项检查1次，环保专项检查1次，路面专项检查1次，日常巡查126次，立案5件，依法对存在违法行为的贵州建工集团有限公司施工单位和监理单位进行查处，处罚金额15.6万元。印发检查结果通知8份，现场抽查意见通知书13份，提出质量安全问题300余条。对5个重点项目施工单位较轻违法行为下发限期整改通知，约谈红星路南延线5标段监理单位的项目总监，通过暂停部分工程施工、清退不合格材料、核查工程实体质量等措施，确保违规行为得到纠正。完成岷东大道东坡区永寿至青神县中岩寺工程项目（东坡区段）等6个工程建设项目交工验收，完成洪雅至峨眉山公路新建工程（五龙祠至柳江段）等6个工程建设项目竣工验收，交竣工一次性验收合格率100%。

造价管理　2019年，眉山市交通运输局参与成乐高速公路扩容建设青龙场至眉山试验段项目造价监督工作，开展3次监督检查，收集材价信息600余条，发布材价信息12期。对12个交通建设项目进行造价审查，其中，6个概算审查项目，送审金额177.78亿元，审减金额1 564万元；6个预算审查项目，送审金额57.37亿元，审增金额4 596万元，为项目建设提供更合理、更准确的投资概算、预算。

公路养护管理　2019年，眉山市加强公路养护管理，坚持每月对市域1 183公里国省干线、旅游专线、桥梁隧道专项巡查，全市排查整治公路安全隐患650处，查处违规占用公路、公路建控区内乱搭乱建、违规接道、损坏公路及其附属设施等违法违规行为730起。完成普通国省干线公路大中修和预防性养护工程39.65公里，完成全市普通公路桥梁健康监测系统项目前期工作，普通公路养护及其他专项工程完成投资2.25亿元，国省干线公路路面使用性能指数87.9。农村公路实际构建市、县、乡、村四级养护管理体系，推行农村公路路长制，推动管养工作日常化、科学化和规范化，县乡公路路况水平良好。完成国道351线东坡区岷江二桥维修加固工程，国道351线丹棱段道路安全隐患整治。市级养护和应急保通中心机械采购，改造装饰工作进展顺利，全面完成普通国道命名编号调整工作，公路服务能力进一步加强。

交通综合执法　2019年，眉山市严格落实行政执法"三项制度"，印发《关于贯彻执行〈全面落实行政执法公示制度行政执法全过程记录制度重大行政执法决定法制审核制度〉相关要求的通知》，落实政务公开制度和行政执法全过程记录制度，实现一线执法人员人均一台执法记录仪，完善法制审核机制。全年全市办理行政处罚案件833件，行政强制案件2 713件，行政执法办结案件按要求通过政府网站进行公示。开展道路运输企业（客货站场）执法检查960次，国省干线公路检查365次，水上交通行政执法264次，工程质量安全执法检查48次。全市12个超限检测站继续坚持交警、路政联合执法"一站式"查处和24小时不间断检测、卸载工作机制，全年检测货车250万辆次，联合查处率100%，查处超限车辆4 000辆次，流动巡查立案查处严重超限车辆2 601辆次，卸载超限货物5万吨，超限率控制在0.5%以内，超额完成省定超限率控制在3%以内的目标任务。

打非治违 2019年，眉山市交通运输局结合扫黑除恶专项斗争，在全市运政执法机构开展“打非治违”专项行动，持续规范道路运输市场经营秩序。全年出动执法人员2.2万人次，检查车辆3.88万辆次，查处非法营运车辆221辆、营运车辆违规经营1 225起。开展道路旅客运输非法营运和客运站“喊客、拉客”专项整治，查处非法营运车辆102辆，打击眉山东站及全市客运站周边长期盘踞“喊客、揽客、组客”人员，净化客运站周边环境。全市对营运车辆驾驶员从业资格证进行记分1 100人次，273人次被列入“重点监控名单”，15人被列入“禁止进入黑名单”退出运输市场。紧扣安全开展执法检查，夯实道路运输安全管理基础，全市运政执法机构充分利用各种营运车辆、驾驶员监管平台，加强 “两客一危”车辆和12吨以上重型货车动态监管，实行联网监控，“两客一危”车辆GPS安装率和在线率均达100%，12吨以上重型货车GPS安装率和在线率均达95%以上。对存在违规行为的12家危化品运输企业负责人进行约谈，限期整改。紧扣稳定工作强执法，及时化解道路运输领域不稳定因素，对道路运输领域涉黑涉恶和行业乱象方面的线索进行认真调查处理，检查维修企业2 638家次，重点货运源头企业68家，处罚违规企业21家。化解中心城区出租车不稳定问题，对引发稳定问题3家网约车公司进行针对性个别约谈，对出现驾驶员上访5家巡游出租车公司进行集体约谈，引导出租公司对承包合同进行合理化修改调整，配合司法部门对出租汽车行业“扫黑除恶治乱”线索进行查处。5月，东坡区6名出租汽车驾驶员因涉嫌寻衅滋事罪，被依法判处有期徒刑。全年检查巡游出租汽车5 400余辆次，查处73名违法违规出租汽车驾驶员，中心城区巡游出租车经营服务质量提升，出租车举报投诉数量下降40%以上。

交通信息化建设 2019年，眉山市实施“互联网+交通”战略，推进“智慧交通”建设，四川省交通运行监测与交通应急指挥系统项目二期工程全面启动，眉山市作为项目第三批次建设市（州），项目设计概算总投资2 122.73万元，其中，省级财政投资799.08万元，市、区（县）地方财政投资1 048.62万元。地方投资按市、区（县）财政分级自筹，市本级财政投资472.42万元，试点县（洪雅县）投资408.16万元，非试点区、县（东坡区、彭山区、仁寿县、青神县、丹棱县）投资108.04万元，企业投资295.03万元。眉山市工程主要有建设完善交通运行监测和应急指挥应用系统，建设交通数据中心，建设通信调度系统，建设网络和安全系统，建设应急指挥中心、机房和配套工程，建设联网监控监测管理平台和外场监测监控，信息发布终端。工程实际总投资1 299.34万元。按眉山建设部分和洪雅建设部分两个标段进行建设。其中，眉山建设部分总投资1 145.99万元，包括省级投资419.8万元、市本级投资299.05万元、非试点区（县）投资132.11万元、企业投资295.03万元。洪雅建设部分总投资153.35万元，包括省级投资108.2万元、县财政投资45.15万元（洪雅县指挥中心内场建设由县智慧旅客平台统筹建设，未纳入建设内容）。项目总体建设目标为“两大体系”（在充分融合、利用已有各类监测设备设施与数据共享的基础上，建成四川省交通运输运行监测体系；将一期工程所建交通运输应急指挥平台向全省推广，建设完善四川省交通运输应急管理体系）、“三级应用”〔在“四川省交通公路水路交通应急指挥及抢险救助保障系统一期工程”建设的应急指挥系统基础上，建设完善形成一套交通运输运行监测与应急指挥平台供省、市（州）、区（县）三级交通运输管理部门分级应用〕。由市交通运输局统筹非试点区县招标建设，财评招标控制价850.96万元。2019年3月完成项目招标工作，确立项目施工单位为四川省眉山新世纪科技发展有限公司，项目中标价809.085万元，4月确立项目监理单位为首盛建设集团有限公司，5月13日项目正式启动建设。11月13日完成项目基础建设。截至12月，完成投资330.754万元。

中心城区出租汽车行业改革启动 2019年，眉山市交通运输局通过前期调研，于9月会同东坡区政府、市司法局等相关部门人员前往株洲市、青岛市等地学习考察出租车改革先进经验，在充分采纳车主、驾驶员、出租汽车公司和群众的合理化建议基础上制定改革方案。改革方案经全部车主和原5家出租车公司签字同意，通过专家论证和法律顾问把关，严格按程序开展稳定风险评估备案和方案合法性审查，确保合法性、科学性和可操作性，为眉山出租汽车改革顺利进行奠定基础。2019年12月16日，经市政府批准，市交通运输局印发《眉山市中心城区巡游出租汽车深化改革方案》，迅速制订《“两权合一”操作方案》，组建综合统筹协调、政策法规宣传、“两权合一”操作推进、信访维稳、综合保障等5个工作推进组，细化“两权合一”改革操作流程，拟订《眉山市中心城区巡游出租汽车服务管理公司管理办法》《眉山市中心城区巡游出租汽车车辆管理办法》《眉山市中心城区巡游出租汽车驾驶员从业管理办法》《眉山市中心城区巡游出租汽车经营权变更管理办法》《眉山市中心城区巡游出租汽车服务质量信誉考核办法》等5个管理办法，明确行业服务标准、服务内容、进退机制、处罚处理等。

（本栏目撰稿人：魏　平）

资阳市交通

ZIYANG SHI JIAOTONG

2019年资阳市交通运输能力概况

<table>
<tr><td colspan="4">公路交通运输</td></tr>
<tr><td rowspan="7">通车里程</td><td colspan="2">总里程（公里）</td><td>12 386.962</td></tr>
<tr><td rowspan="6">其中</td><td>高速公路</td><td>278.5</td></tr>
<tr><td>一级公路</td><td>30.374</td></tr>
<tr><td>二级公路</td><td>388.858</td></tr>
<tr><td>三级公路</td><td>208.753</td></tr>
<tr><td>四级公路</td><td>11 215.245</td></tr>
<tr><td>等外公路</td><td>265.232</td></tr>
<tr><td rowspan="2">公路密度</td><td colspan="3">按国土面积计算：每百平方公里 211 公里</td></tr>
<tr><td colspan="3">按人口计算：每万人 34 公里</td></tr>
<tr><td rowspan="2">通达里程</td><td colspan="3">通公路的乡镇 116 个，占乡镇 100 %</td></tr>
<tr><td colspan="3">通公路的村 1 988 个，占村 100 %</td></tr>
<tr><td rowspan="5">客运站</td><td colspan="2">总　数（个）</td><td>9</td></tr>
<tr><td rowspan="4">其中</td><td>一级站</td><td>1</td></tr>
<tr><td>二级站</td><td>5</td></tr>
<tr><td>三级站</td><td>1</td></tr>
<tr><td>四级及以下站</td><td>2</td></tr>
<tr><td rowspan="3">营运车辆</td><td colspan="2">总　数（辆）</td><td>7 684</td></tr>
<tr><td rowspan="2">其　中</td><td colspan="2">客车 1 099 辆　28 720 座</td></tr>
<tr><td colspan="2">货车　6 585 辆　67 665 吨</td></tr>
<tr><td rowspan="4">公路运量</td><td rowspan="2">客　运</td><td>客运量（万人次）</td><td>2 366</td></tr>
<tr><td>旅客周转量（万人公里）</td><td>103 331</td></tr>
<tr><td rowspan="2">货　运</td><td>货运量（万吨）</td><td>4 581</td></tr>
<tr><td>货物周转量（万吨公里）</td><td>420 869</td></tr>
<tr><td colspan="4">内河航运运输</td></tr>
<tr><td rowspan="6">通航里程</td><td colspan="2">总里程（公里）</td><td>74</td></tr>
<tr><td rowspan="5">其中</td><td>三级航道</td><td></td></tr>
<tr><td>四级航道</td><td></td></tr>
<tr><td>五级航道</td><td></td></tr>
<tr><td>六级航道</td><td></td></tr>
<tr><td>七级航道</td><td>74</td></tr>
<tr><td rowspan="3">港口（码头）</td><td colspan="2">总　数（个）</td><td>1</td></tr>
<tr><td rowspan="2">吞吐量</td><td>旅客吞吐量（万人次）</td><td></td></tr>
<tr><td>货物吞吐量（万吨）</td><td>1 800</td></tr>
<tr><td rowspan="4">水路运量</td><td rowspan="2">客　运</td><td>客运量（万人次）</td><td></td></tr>
<tr><td>旅客周转量（万人公里）</td><td></td></tr>
<tr><td rowspan="2">货　运</td><td>货运量（万吨）</td><td>270</td></tr>
<tr><td>货物周转量（万吨公里）</td><td>1 800</td></tr>
<tr><td rowspan="3">营运船舶</td><td colspan="3">总　数（艘）86</td></tr>
<tr><td rowspan="2">其中</td><td colspan="2">客船　艘　座</td></tr>
<tr><td colspan="2">货船 86 艘 9 003 吨</td></tr>
<tr><td colspan="4">城市公交运输</td></tr>
<tr><td>营运车辆</td><td colspan="3">340 辆</td></tr>
<tr><td>公交线路</td><td colspan="3">36 条</td></tr>
<tr><td>公交站</td><td colspan="3">898 个</td></tr>
<tr><td>运　量</td><td colspan="3">0.3 亿人次</td></tr>
</table>

交通运输概况　2019年，资阳市继续围绕优化交通运输基础设施网络布局，建设成渝门户交通枢纽城市，推动运输服务提质升级，重点推进“三网一枢纽”建设，加快构建“7高11轨16快”综合交通网络体系。全面推进境内5条国道292公里、8条省道423公里提档升级，实现沱江渠化复航，畅通市域路网，强化与周边地区联系；提升县、乡道路技术等级，新（改）建县乡道2 200公里，推进村社道、入户路建设，建设村社道9 500公里，入户路4 250公里。建设雁江区、安岳县、乐至县3个通用机场，资阳东站、资阳西站2个客运综合枢纽以及成自高铁资阳西站货运枢纽，通过综合枢纽快速转换，形成内外一体、无缝衔接的区域综合站场枢纽。

相关链接

“三网一枢纽”：快速交通网络、普速交通网络、农村交通网络、综合站场枢纽。

“7高11轨16快”：“7高”即成渝、渝蓉、成资渝、内遂、遂资眉、资中经安岳至铜梁、三台经乐至至犍为高速公路；“11轨”即成渝铁路、成渝高铁、绵遂资内铁路、轨道交通资阳线、成自高铁、成南达万高铁、成渝中线高铁、雅眉资遂铁路、成都城际外环线铁路、市域轨道交通省道14线和省道17线。“16快”即成资大道、成资临空大道、成渝高速至成宜高速联络线、蜀都大道东延线资简段、蜀都大道东延线乐简段、乐金快速通道、遂宁至天府机场快速通道乐简段、遂宁至天府机场快速通道乐至至大英段、省道102线资阳至安岳公路、陈毅故居旅游快速通道、省道207线安岳卧佛至石羊快速通道、雁江中和至花溪谷快速通道、国道247线安岳绕城快速通道、紫薇大道、乐雁快速通道、乐至县旅游环线公路。

地方公路建设管理 2019年，资阳市新（改）建农村公路688公里（改善提升工程25公里，窄路加宽工程663公里），完成危（病）桥整治4座，生命安全防护工程320公里，贫困村通组硬化路57.8公里，“四好农村路”示范路100公里，总投资4亿元。国省干线大中修工程开工11.882公里，完成11.882公里，完成预防性养护工程38.86公里。建设养护和应急保通中心2个，其中一个完成房建主体工程，开工建设普通国省道新建停车区1个及“厕所革命”公共厕所1座。完成国省干线桥梁护栏改造专项工程31座，完成国省干线三类病桥处治17座，国省干线公路路面使用性能指数91，达优良等级。陈毅故居旅游快速通道和国道247线安岳县周礼镇至资中界段改建工程建成通车。

“四好农村路”建设 2019年，资阳市成立市委、市政府领导为组长，市级相关部门领导以及各县（区）政府分管领导为成员的资阳市“四好农村路”建设工作领导小组，建立定期研究、会商、督促、检查和考评工作制度。修订完善《农村公路建设管理办法（试行）》《农村公路养护管理办法（试行）》《2019年“四好农村路”建设考核内容和评分标准》等文件。启动以提高农村公路建设质量为目的的“2019—2020年全市农村公路建设质量提升”专项行动，制订农村公路建设质量专项抽查检测方案，按照年度农村公路建设项目总数20%的比例抽取项目，开展专项指导9次，综合督查3次。

城市公共交通 2019年，资阳市提升城市公共交通服务能力和水平，推动公交车覆盖面扩大。1月，正式发行“天府通资阳卡”，全面落实刷卡乘坐公交车8折和1小时内免费换乘一次优惠政策。5月，实现在成都刷卡乘坐地铁目标。11月，实现成德眉资四市市民持天府通卡乘坐公共交通（公交、地铁）出行享受互通互惠目标。全年新投放新能源公交车36辆，投资395.3万元建设2处充电桩场站。“车来了”“天府通”等手机App和公交ERP系统、公交电子站牌建成并投入使用。结合资阳城区道路交通状况，对资阳城区6条公交线路进行优化调整，增开“资阳牙谷产业园”专线2条，保障市民及牙谷职工、资阳天立学校、资阳环境职业学院、资阳口腔职业学院师生正常出行。

2019年1月2日，资阳市举行城市公交“天府通·成资通”卡首发暨新能源公交车投运启动仪式　　资阳市交通运输局 供图

道路运输 2019年，资阳市公路运输总周转量420 869万吨公里，比上年增长7.6%。2019春运期间，安全疏运旅客102.6万人次，下降58.4%。制订出台《雁江区农村客运响应式（电召）服务区域化经营试点方案》，投资240万元，在全区范围内投放40辆9座以下便民小巴士，开展农村客运响应式服务。出资104万元改善农村客运站牌，在雁江区460个村委会附近设立以建制村村名命名的响应式预约客运招呼牌，预留电话信息方便旅客享受叫车、约车服务。

水路运输 2019年，资阳市水路运输货运量270万吨，货物周转量1 800万吨公里，比上年分别增长13%和20%。全市推进船舶规范化治理，所有运输船舶建立安全隐患排查台账和“一船一档”。深入一线渡口、码头、砂石作业场地开展全方位核查工作，核查企业25家，核查船舶108艘，核查合格船舶86艘，注销船舶12艘。举办2期资阳市内河证船员集中安全与环保教育培训班，全市116名持证船员参加培训，不断推进船员管理工作规范化。2019年，建成南津驿下渡口厕所1座，推进全市水路交通运输行业“厕所革命”工作。

路政管理 2019年，资阳市加强公路巡查，保障安全畅通。通过路域环境治理，全市路政系统排除安全隐患360处，其中拆除公路建控区违章建筑1处，查处损害公路及设施36起，取缔占用公路及用地6处，清障排障331处，清除违规广告标牌6块。对严重危害公路行为进行行政处罚，为国家挽回经济损失16.2万元，实现公路安全畅通。全市“治超”工作投入执法人员5 135人次，检查货运车辆31 191辆次，卸载超限车辆642辆次，卸载货物14 587吨，抄告车辆违法运输信息642条，车辆违法超限超载行为发展势头得到有效遏制。

交通行政执法 2019年，资阳市交通运输系统落实执法人员年审制度，实施执法人员动态管理，严把执法人员“入口关”。完善执法人员退出机制，清理退休、调离执法人员14名。梳理行政职权291项，其中，行政许可34项，行政处罚207项，行政强制13项，行政确认1项，行政裁决1项，行政检查15项，其他权力事项20项。资阳市交通运输系统受理行政许可及服务事项申请10 748件，按时办结率100%。交通行政审批事项实现“最多跑一次”，便民服务政务环境逐步形成。

“打非治违”专项行动 2019年，资阳市交通运输系统开展“打非治违”和“车站周边秩序专项整治行动”，确保道路运输和谐有序。针对车站周围城乡结合部和部分农村客运线路非法客运相对集中情况，采取错时上下班、定点蹲守等方式，进行突击整治。联合公安、交警等部门组成联合执法组，大规模开展路面整治工作，对非法客运、客运车辆途中超载超速、驾驶员从业资格不符合要求、维修摊点无证经营等各类非法违法道路运输经营行为重点打击。全市运管机构检查各类车辆3 000余辆，查处非法营运车辆72辆，违规营运车辆260辆，处罚金94.5万元，维护合法经营者权益，促进道路运输市场秩序规范有序。

交通安全生产 2019年，资阳市交通运输系统始终坚持“安全第一、预防为主、综合治理”方针，加强组织领导，强化“红线意识”和“底线思维”，按照“党政同责、一岗双责、齐抓共管、失职追责”和“管行业必须管安全、管业务必须管安全、管生产经营必须管安全”要求，全面抓好全市交通运输安全生产工作，全面堵塞安全监管漏洞，强化安全生产措施，落实安全责任。开展 “岁末年初”、汛期安全生产、安全生产专项整治、“防风险、保平安、迎大庆”专项行动等安全工作。全市交通运输系统开展检查599次，暗访43次，检查企事业单位432家次，船舶1 196艘次，排查出一般隐患和问题1 724项，整治1 722项，投入隐患整改资金676万元。全市交通运输系统未发生水上交通、道路客运源头管理和公路养护生产安全责任死亡事故。

交通环境保护 2019年，资阳市落实生态环境保护“党政同责，一岗双责”，制订《资阳市交通运输领域环境保护监督管理“一岗双责”方案》和《关于交通环境保护工作职能职责分工实施方案》切实担起交通环保职责，建立《资阳市交通运输局网格化环境监管问题报告制度》《资阳市交通运输局网格化环境监管工作岗位制度》，确定网格化环境监管工作人员，专门协调处理生态环保攻坚工作；对环保网格化人员进行《中华人民共和国环境保护法》《中华人民共和国水土保持法》等法律法规培训学习，开展环水保网格化巡查19次，出动人员115人次。2019年，资阳市交通运输局严控道路运输扬尘，与市环保局共同牵头，对城区内运输企业开展专项检查并治理。联合市环保局、市城市行政执法局、市交警支队开展柴油货车超标排放专项治理；开展阳化河综合治理，配合市河长制办公室开展巡河等工作。全市开展生态环境和水土保持监督检查1 323人次，排除环保隐患253处。

工程质量监管 2019年，资阳市对全市高速公路、国省干线新（改）建工程进行全覆盖质量安全监督，重点监督工程项目9个。其中高速公路项目1个，即成资渝高速公路成都天府国际机场至潼南（川渝界）段。地方重点建设项目8个，包括乐至县陈毅故居旅游大道建设工程、国道319线（安岳毛家至龙台段）中修工程及龙台桥（病危桥）维修加固工程、国道247线（安岳段周礼至资中界）改建工程、国道318线乐至县天池镇水泥厂至天池镇新观音村大修工程、国道318线乐至县石佛镇天神庙至石佛镇放生村中修工程、省道106线川西环线资乐路乐至段中修工程、国道319线乐至至安岳段大中修工程（养护示范）、国道318线乐遂段大中修工程。严格按照年度安全监督检查计划，结合各阶段安全生产工作重点，对境内各在建交通建设项目开展质量安全检查32次、73人次；下发抽查意见通知书6份，质量安全文件10份，监督检查记录表7份，监督检查覆盖率100%。

应急演练 2019年，资阳市开展“防风险、除隐患、遏事故”“六月安全月”应急救援演练水上应急抢险救援综合演练和公路突发事件（高边坡崩塌断道）应急救援练兵活动。“六月安全月”应急救援演练以汛期安全运输工作为重点，设交通法律法规、交通事故救援知识培训、客运车辆发生突发事件旅客疏散应急演练、汛期客运车辆道路塌陷路段通行演练、涉水路段通行演练等五个课目；水上应急抢险救援综合演练出动消防车、救护车各1辆，海事执法车2辆，进行搜救转移、失事船舶灭火、失事船舶拖离现场、水域环境污染处置4个演练课目，有效检验应急指挥体系和应急抢险救援运行机制，锻炼多部门合成作战能力；公路突发事件（高边坡崩塌断道）应急救援练兵投入主要机械有长臂挖机、装载机、洒水车各1辆，运辆车5辆和一些其他设备物资，取得预期效果。

（本栏目供稿单位：资阳市交通运输局）

阿坝藏族羌族自治州交通

ABA ZANGZU QIANGZU ZIZHIZHOU JIAOTONG

2019年阿坝州交通运输能力概况

公路交通运输			
通车里程	总里程（公里）		13 895.677
	其中	高速公路	209.22
		一级公路	4.299
		二级公路	1 649.177
		三级公路	578.462
		四级公路	11 196.759
		等外公路	257.76
公路密度	按国土面积计算：每百平方公里 16.91 公里		
	按人口计算：每万人 153.58 公里		
通达里程	通公路的乡镇 225 个，占乡镇 100 %		
	通公路的村 1 377 个，占村 100 %		
客运站	总　数（个）		18
	其中	一级站	
		二级站	10
		三级站	8
		四级及以下站	
营运车辆	总　数（辆）		16 227
	其　中	客车 3 809 辆　76 405 座	
		货车　12 418 辆 109 670 吨	
公路运量	客　运	客运量（万人次）	1 165.949
		旅客周转量（万人公里）	160 640.162
	货　运	货运量（万吨）	2 709.875
		货物周转量（万吨公里）	642 238.136
内河航运运输			
通航里程	总里程（公里）		
	其中	三级航道	
		四级航道	
		五级航道	
		六级航道	
		七级航道	
港口（码头）	总　数（个）		20
	吞吐量	旅客吞吐量（万人次）	0.5
		货物吞吐量（万吨）	
水路运量	客　运	客运量（万人次）	
		旅客周转量（万人公里）	
	货　运	货运量（万吨）	
		货物周转量（万吨公里）	
营运船舶	总　数（艘）5		
	其中	客船 5 艘 60 座	
		货船　艘　　吨	
城市公交运输			
营运车辆	158 辆		
公交线路	68 条		
公交站	1 035 个		
运　量	0.049 56 亿人次		

交通运输概况　2019年，阿坝州交通大会战重点实施国省干道项目36个，完成投资131亿元。其中，高速公路51.2亿元，国省干线公路65.3亿元，农村公路9亿元，大中修及其他5.5亿元，项目总数与投资强度为全州新高。

2019年9月26日，阿坝州2019年“交通大会战”推进会暨久马高速公路等重点项目集中开工动员会在阿坝县举行　　高晓瑾 摄

按照“四向通道、全域拓展”交通发展思路，编制完成《综合交通中长期发展规划纲要》，规划交通项目112个；编制《阿坝州交通基础设施国土空间控制规划》，涉及项目46个（不含高速公路项目），完成工程可行性研究15个项目，启动17个项目工程可行性研究。全年全州未发生道路运输安全生产事故，未发生水上交通运输

事故。全州交通运输安全生产连续92个月没有发生重大及以上安全事故，连续41个月没有发生较大安全事故。

交通基础设施建设 2019年，汶马高速公路实现148公里通车试运行；九绵高速公路完成投资17亿元；久马高速公路5月完成招商工作，6月20日完成项目公司注册，9月26日获得初步设计批复，开展施工图设计工作。在建国省干线项目23个，其中：省道217线唐克至花湖段改建工程、省道452线求吉玛至茸木达（阿坝至壤塘）公路改（扩）建工程、省道217线麦尔玛至唐克段公路改建工程主体工程完工。完成大中修计划180.829公里，续建大中修项目177.228公里。全州道路运输站场完成投资161.45万元，新建招呼站2个和招呼牌42个，续建完成松潘黄龙乡（镇）客运站和马尔康沙尔宗乡（镇）客运站。处理道路病害3.6万平方米，修复波形护栏16.747公里，清理边沟20 983.96公里，疏通（维修）涵洞2 030道，投入小修保养经费395万元；将全州190座养护站点整合为33个大养护站、14个机械化养护和应急抢通保通中心，第一期15个建设项目13个站点开工建设，完成公路服务区旅游厕所新（改）建2座；编制完成《阿坝州公路管理局机械化养护发展规划方案》，投入130万余元，购置2辆综合养护车。

“8·8”九寨沟地震灾后恢复重建 2019年，川九路灾后恢复重建路基工程完成90%，路面工程完成88.9%，隧道工程完成68.67%，桥梁工程完成78.54%，涵洞工程完成100%，绿化工程完成10.34%，智慧交通一期完成100%，通信管道完成36.42%，交安工程完成12.85%。

2019年5月11日，川九路水稳层首件工程现场会 兴蜀公司 供图

交通应急抢险 2019年，阿坝州及时修订并完善《2019年度普通国省干线公路汛期抢通保通应急预案》，并成立15个公路应急保障队，组织应急保畅人员1 173人，定点布置挖掘机19台、装载机87台、运输车33辆、推土机1台、板拖车3辆。全年出动抢通机械2 647台班，投入抢通人力8 697人次，清理坍方、泥石流31.87万立方米，抢通公路117次；处理道路病害35 596平方米。汶川“8·20”强降雨特大山洪泥石流灾害发生后，交通运输部门投入抢险人员2 643人次，抢险机械462台次，清理坍方、泥石流11.80万立方米，抢通断道6处；调度应急客车467辆次，疏散旅客11 781人次；开通应急班车进州1 364班，运送旅客26 540人次，出州1 405班，运送旅客39 822人次，组织运政执法人员在受灾路段疏导护送应急班车出动执法车辆257辆次，出动执法人员729人次。

2019年6月27日，金川县曾达乡泥石流灾害发生后，交通部门抢修场景 高晓瑾 摄

交通脱贫攻坚 2019年，阿坝州交通运输部门按照《2018—2020年交通定点扶贫专项行动方案》和三年项目库，完成项目投资2.3亿元。全年全州农村公路建设完成500公里，完成投资9亿元。33个退出贫困村通村硬化路和3个摘帽贫困县通乡、通村硬化路均完成建设。19个专项全年完成投资目标26.60亿元，其中国省干线完成投资25.1亿元，农村公路建设计划完成投资1.52亿元；运输站场2个，完成投资4万元。通客车乡（镇）221

个，通达率为98.22%；通客车建制村1 355个，其中新增通车建制村375个，通达率98.4%，具备条件的建制村通达率100%。民生工程完成新（改）建农村公路建设200公里，完成投资2.36万元。

阿坝县公路 交通宣传中心 供图

客货运输 2019年，阿坝州累计完成公路客运量1 165.95万人次、旅客周转量160 640.16万人公里、公路货运量2 709.88万吨、货物周转量642 238.14万吨公里，分别比上年上升0.88%、下降3.38%、上升6.05%、上升3.98%。完成“两客一危”电子档案建设1 851辆，完成部分公交车、教练车、出租车、普货车辆安装工作，共安装359辆。全面推行危险货物运输电子运单工作，派单7 719份，其中异常运单24单，占0.49%，严格控制在目标要求范围内。

法治交通专项整治 2019年，阿坝州交通运输部门加大超限治理力度，投入治超执法人员15 442人次，出动宣传执法车辆919车次。检测车辆463 163辆，查处超限车辆684辆，卸载转运车辆106辆，警告车辆486辆，卸载转运货物1 794.56吨。开展“打非治违”，出动执法人员1 885人次，检查各类运输车辆6 477辆次，检查运输企业（含客货运输站场）16次，查处车辆违规经营行为43起，其中社会车辆违法经营31起，营运车辆违规经营12起。开展扫黑除恶宣传，加强对交通建设领域扫黑除恶力度，开展专项摸排，排查交通在建项目（标段）62个，走访群众和施工人员100余人次，排查运输企业13家、客运站点13个，收集、移交线索3条，核实处理乱点乱象线索14起，治理乱点乱象8处。进一步加强路政管理，开展上路巡查3 812辆次12 157人次，开展专项整治活动112次，清理整治砂石场、洗车场、加水点260处，清理占道经营407处，规范运输车辆1912辆次，规范涉路施工244次，查处损坏公路及设施88处、违章建筑21处、占用公路及公路用地161处、清障排障1 032处，案件查处率100%。

交通运输信息化建设 2019年7月底，阿坝州交通运输部门推进交通运输信息化工作，自主实施完成州交通运输局高清视频会议调度室1个、县级分调度室3个（汶川、九寨沟、红原）及新增路网运行监测系统外场7个监控点位的建设和使用，同时，交通运行监测与应急指挥系统（二期）工程建设进展顺利。

交通环境保护 2019年，阿坝交通生态环保工作整体推进。落实水土保持措施，按照与主体设计“同时设计、同时施工、同时投产使用”原则，在建项目投入环境保护和水土保持措施费用2.97亿元，实施景观打造、坡面植被恢复、取（弃）土场绿化恢复和声屏障安装等内容。完成汶马高速公路、省道209线若瓦路等项目生态恢复工程。全面完成6条国道、1条省道标识标牌设计安装、拆除、迁移和更换工作，共计16 348套；公路绿化美化里程超过1 000公里，面积250万平方米；对公路沿线挡墙进行美化装饰145处；清洗隧道76座，清理涵洞1 640道，边沟1 308公里，清捡白色垃圾420吨，拆除非公路标志标牌3 773块，喷刷墙体广告、拆除标语2 445处。

交通行政机构改革 2019年，阿坝交通运输部门机构改革有序推进。成立阿坝州交通运输局综合执法改革领导小组，拟订《阿坝州交通运输综合行政执法改革建议方案（送审稿）》，制订《关于调整局职能配置、机构设置和人员编制规定》，推进局直属事业单位改革工作，形成《关于调整局属事业单位职能职责、机构设置和人员编制方案》。完成局机关和参公事业单位科级非领导职务与职级套转工作，制订职级晋升工作方案。成立中级职称评审委员会，建立交通行业评审专家库，制订《阿坝州交通运输局中级职称评审方案》，完成系统内52名晋升专业技术中级职称的评审工作。

（本栏目撰稿人：王廷强）

甘孜藏族自治州交通

GANZI ZANGZU ZIZHIZHOU JIAOTONG

2019年甘孜州交通运输能力概况

公路交通运输			
通车里程	总里程（公里）		34 264.463
	其中	高速公路	
		一级公路	
		二级公路	618.215
		三级公路	3 245.685
		四级公路	29 373.085
		等外公路	1 027.478
公路密度	按国土面积计算：每百平方公里　公里		
	按人口计算：每万人　公里		
通达里程	通公路的乡镇 323 个，占乡镇 100 %		
	通公路的村 2 736 个，占村 100 %		
客运站	总　数（个）		2 828
	其中	一级站	
		二级站	2
		三级站	20
		四级及以下站	2 806
营运车辆	总　数（辆）		6 211
	其　中	客车 1 601 辆 38 864 座	
		货车 4 610 辆 51 348 吨	
公路运量	客　运	客运量（万人次）	768.995
		旅客周转量（万人公里）	154 454.557
	货　运	货运量（万吨）	1 202.594
		货物周转量（万吨公里）	242 046.299
内河航运运输			
通航里程	总里程（公里）		
	其中	三级航道	
		四级航道	
		五级航道	
		六级航道	
		七级航道	
港口（码头）	总　数（个）		
	吞吐量	旅客吞吐量（万人次）	
		货物吞吐量（万吨）	
水路运量	客　运	客运量（万人次）	
		旅客周转量（万人公里）	
	货　运	货运量（万吨）	
		货物周转量（万吨公里）	
营运船舶	总　数（艘）		
	其中	客船　艘　座	
		货船　艘　吨	
城市公交运输			
营运车辆	245 辆		
公交线路	84 条		
公交站	751 个		
运　量	694 万人次		

交通运输建设概况　2019年，甘孜州完成交通固定资产投资131.17亿元，为年度目标任务的113.8%，连续7年实现交通建设投资规模超百亿元。甘孜格萨尔机场竣工并正式通航。川藏铁路雅安至林芝（甘孜）段前期工作深入推进。全年新开工泸定至石棉高速公路、国道318线康定市过境段等项目10个，完成年度目标任务的125%。18个续建重点项目全面推进，建成路面555公里，完成年度目标任务的103.4%，11个项目基本完成主体工程，7个项目建设加快推进。建成旅游路资源路产

2019年，国道548线色达段　　陈　勇摄

业路218公里，完成目标任务的148%。

落实安全生产工作“党政同责”“一岗双责”和“三个必须”要求，以道路运输中的“两客一危”，项目建设中的长、特长隧道、大桥、特大桥等为重点持续开展安全生产大检查和隐患排查治理，全年行业安全生产形势总体平稳。

高速公路建设 2019年，雅康高速公路正式收费运营。国道4218线雅安至叶城高速公路康定过境段加快建设，9月19日泸定至石棉高速公路控制性工程开工建设，康定榆林至新都桥高速前期工作有序推进，康定新都桥至炉霍、马尔康至康定等高速公路前期工作全面启动，《四川省高速公路网规划（2019—2035年）》中新增规划线路5条。

泸石高速公路开工 2019年3月，泸定至石棉高速公路水土保持方案报告书获省水利厅批复，该项目开工前置主要要件全部获得批复。泸石高速公路位于甘孜州泸定县和雅安市石棉县境内，属于《四川高速公路网规划（2014—2030）》中的8条纵线“马尔康至石棉高速公路”重要组成部分。该路线起于泸定伞岗坪，终于石棉新棉镇，全长96.80公里。项目总投资160.73亿元，9月19日开工，预计2023年完成。项目勘察设计工作加快开展。项目建成后，将无缝衔接雅西、雅康两条川西交通大动脉，进一步丰富和完善川西地区高速公路网络。

农村“两通”工程 2019年，甘孜州围绕“两通”（村村通公路、村村通班车）目标，推动实施交通扶贫任务。全年建成通乡通畅工程131公里，为目标任务的179%；建成通村通畅工程319公里，为目标任务的101%（民生目标外完成农村公路通畅工程2 836公里）。建成乡（镇）客运站299个、村级招呼站2 507个，通客车乡（镇）299个，通客车建制村2 450个，乡（镇）、建制村通客车率分别达92%和89.55%。

甘孜州开展通乡油路通硬化路建设。图为革什扎镇至丹东镇改建工程沥青砼面层试验段施工现场 甘孜州交通运输局 供图

道路运输 2019年，甘孜州道路运输完成客运量768.10万人次，旅客周转量154 454.56万人公里；完成货运量1 202.60万吨、货物周转量242 046.30万吨公里。城市公交不断提质增效，新增雅江、炉霍、乡城、得荣等四县开通城市公交，实现全州18个县（市）公交全覆盖，全年公交车、出租车分别完成客运量763万人次、692万人次。

客运服务 2019年，甘孜州17个县级客运站全部实现客运联网售票，覆盖率100%；道路定制客运服务取得新突破，新开通康定至成都、康定至丹巴、康定至道孚、康定至炉霍、泸定至丹巴定制客运；推行“大改小”循环滚动发班运输组织模式，投入小型高一级客车42辆；与西藏、甘肃等毗邻省、市、县达成道路运输管理信息共享、合作共赢一体化道路运输合作机制，新开通德格至江达、色达至青海大武2条省际客运班线。

城乡客运方面，发展预约、定制、响应式等个性化客运服务，新增开行城乡客运线路9条，新增（更新）城乡客运车辆57辆。

春运工作 2019春运期间，甘孜州日均投入车辆878辆，开行总班次3.52万车次；运送旅客54.75万人次（其中旅游客运21.77万人次），较2018年春运上升1.94 %。督促客运站严格执行出站检查制度、营运客车安全例检制度、危险品查堵制度和道路客运安全告知制度，严格落实“三不进站、六不出站”，同时加强部门间协调联动、联合执法督查，坚持“日报告周分析月例会”制度，建立“行业监管、企业自查、公众参与、社会监督”常态管理机制，确保“零事故”。春运期间开展“情满旅途”活动。实现运输服务“六化”联动，确保旅客走得了，走得好，走得满意。

交通执法 2019年，甘孜州开展“道路运输行业平安交通百日行动”等专项整治行动，累计出动执法人员2.02万人次，检查各类车辆9.39万辆次，查处各类违章车辆1 423辆，查处非法营运车辆770辆。强化路巡路查力度，公路巡查率达91.6%，受理路政案件342件，查处334件，结案312件，路政案件查处率97.7%，结案率93.4%；扎实推进“双超”治理，检测货运车辆12.32万辆次，卸载并处理超限运输车辆596辆次，车辆超限率控制在0.48%以内。

“放管服”改革 2019年，甘孜州交通运输部门组织州、县两级交通运输行政审批人员120余人分3批次到省参加“互联网+政务服务”培训，按时完成部门政务平台与省一体化政务服务平台对接，实现企业、群众通过四川政务服务网及时办理各项行政审批；按要求缩短办理时间，办理时间从规定20天缩短至10天，进一步规范办事指南。年内，57项依申请权力事项100%实现“网上办”“一次办”，行政审批事项按时办结率达100%，现场办结率达100%；全年受理行政许可6 436件，办结6 436件，办结率100%。推行货运车辆检验检测“三检合一”，推进普通货运车辆异地年审，减轻企业负担。继续推广计时培训、计时收费和先培后付培训模式，办理从业资格证1 801人，继续教育1 052人。

公路管养 2019年，甘孜州完成民生工程投资2.6亿元，完成优等路1 393公里、良等路878公里，中等路370.5公里，路域环境治理明显改善，桥梁管理不断规范，隧道隐患及时处置，信息化建设取得突破、机械化养护能力逐步增强、完成小部检任务。通乡通村畅返不畅路面整治453公里，完成目标任务的143%。危桥整治1 010延米，完成目标任务的101%；农村公路安保工程隐患里程1 873公里整治任务全面完成。

2019年，国道318线 胡廷辉 摄

质量造价管理 2019年，甘孜州交通运输部门对在建高速公路、国省干线、县乡道等公路项目实施监督管理，监督覆盖率100%，监督覆盖里程1 900公里，开展综合检查、巡查、专项检查、重点抽查62次，工程实体抽检48 841点（组），下发整改通知20份，对发现问题点对点进行督促整改，在建项目工程质量总体向好。开展造价审查，完成59个项目预算审查，送审金额125.8亿元，审查金额123.7亿元，审减2.1亿元；完成17个项目概算初审意见，送审金额140.4亿元，审查金额为139.1亿元，审减1.3亿元。

智慧交通 2019年，甘孜“12328”交通运输电话服务系统运行平稳；交通运行监测与应急指挥系统二期建设完成前期；ETC推广发行加快推进，道路营运车辆安装率80%以上。开展营运车辆安装主动安全智能防控系统专项行动，全州961辆“两危一客”车辆全部安装主动安全智能防控设备及系统应用，安装率达100%。创新方式，加大客货运车辆驾驶人员培训，通过云课堂对1 300余名驾驶员进行安全教育。

绿色交通 2019年，甘孜州优先发展新能源公共交通，新增新能源汽车77辆；开展运营机动车尾气治理行动，推进机动车排放检测及强制维护制度实施，实现对大气污染排放车辆的“检验、维修、复检”闭环管理。

冰冻灾害处置预防 2019年1月，甘孜州突降暴雪，甘孜交通运输部门全力做好冰冻灾害处置，及时发布预警信息。对低温雨雪冰冻恶劣天气预警、路况和出行安全提示等信息，及时通过传真、QQ、微信等形式传递到基层一线施工企业、运输企业，督促其做好提前防范应对工作。加大公路行车安全隐患，特别是国省干线、重要旅游公路、重要桥涵、“两客一危”车辆隐患排除，落实公路养护各项巡查、检查制度，做好驾驶员安全教育培训、营运车辆维护检查以及防滑装置加装工作。对不适宜安全施工、安全行车的低温雨雪冰冻恶劣天气，坚决停工、停运。同时明察暗访，严防交通建设冒险施工、违规操作和营运车辆超速超载、危险驾驶。提前做好防滑沙堆放、融雪剂储备、装载机等保通机具摆放工作，关注高山、高海拔易引发低温雨雪冰冻灾害路段，落实保畅通责任，突出保畅通重点，采取分片、分线形式，加大除雪打冰力量、物资、机具投入，加快抢通保通进程，确保保通保畅整体效果。同时与公安交警部门加强处置联动，配合实施科学交通管制措施，及时开辟绕行路线，做好缓堵保畅工作。

（本栏目供稿单位：甘孜州交通运输局）

凉山彝族自治州交通

LIANGSHAN YIZU ZIZHIZHOU JIAOTONG

2019年凉山州交通运输能力概况

公路交通运输			
通车里程	总里程（公里）		27 328.117
	其中	高速公路	
		一级公路	46.005
		二级公路	1 009.828
		三级公路	1 400.71
		四级公路	22 759.825
		等外公路	2 111.749
公路密度	按国土面积计算：每百平方公里 45.25 公里		
	按人口计算：每万人 51.6 公里		
通达里程	通公路的乡镇612个，占乡镇100%		
	通公路的村3 747个，占村100%		
客运站	总 数（个）		2 485
	其中	一级站	2
		二级站	11
		三级站	13
		四级及以下站	2 459
营运车辆	总 数（辆）		32 649
	其 中	客车 3 286 辆 49 829 座	
		货车 29 363 辆 239 344 吨	
公路运量	客 运	客运量（万人次）	6 966
		旅客周转量（万人公里）	320 055
	货 运	货运量（万吨）	14 932
		货物周转量（万吨公里）	1 339 470
内河航运运输			
通航里程	总里程（公里）		860.91
	其中	三级航道	
		四级航道	
		五级航道	156.05
		六级航道	164.83
		七级航道	76.83
港口（码头）	总 数（个）		61
	吞吐量	旅客吞吐量（万人次）	39.84
		货物吞吐量（万吨）	40.25
水路运量	客 运	客运量（万人次）	131.522 9
		旅客周转量（万人公里）	2 007.881 1
	货 运	货运量（万吨）	54.2
		货物周转量（万吨公里）	3 794
营运船舶	总 数（艘） 252		
	其 中	客船 214 艘 3 309 座	
		货船 38 艘 2 153 吨	
城市公交运输			
营运车辆	810 辆		
公交线路	134 条		
公交站	个		
运 量	亿人次		

交通运输概况 2019年，凉山州交通运输系统加快实施第三轮“凉推”方案，推进综合交通建设三年攻坚行动，全年累计完成交通投资108.94亿元，为年度投资目标60.05亿元的181%。其中，高速公路62.32亿元、国省干线18.16亿元、农村公路21.87亿元、运输站场0.9亿元、养护及其他专项工程5.69亿元。

交通规划编制 2019年，《凉山州加快综合交通建设三年攻坚行动的实施意见》正式印发，拟形成凉山州综合交通规划基本思路，规划期限为2021—2025年。开展凉山州普通干线公路国土空间控制规划编制。完成国道348线、省道221线西昌至泸沽湖段“交通+旅游”试点项目总体方案初稿编制、全州公路工程项目生态保护红线评估调整。《凉山港总体规划（金沙江河段）》取得州人民政府批复。

交通基础设施建设 2019年是第三轮“凉推”实施的第一年，凉山州交通运输系统以“一主四副”综合交通枢纽建设为引领、三年攻坚行动为抓手，推进第三轮“凉推”。高速公路方面，国道5线京昆高速公路泸黄段改（扩）建主线工程完工，乐西、德会、宜攀高速公路开工建设，西昭高速公路完成社会资本方招标，西香、西宁等9条高速公路前期工作进展顺利，高速公路规划实现所有县（市）全覆盖。国省干线方面，建成国道227线盐米路至米易界段等3个国省干线项目，新开工国道348线盐源小高山隧道等8个项目；建成国省干线公路130.5公里，为年度目标的131%。农村公路建设方面，建成农村公路1 913公里，完成农村公路“畅返不畅”破损路面整治1 600公里，建成资源路旅游路产业路130.8公里，建成通乡硬化路104.3公里、通村硬化路85.06公里，提前一年实现所有乡（镇）通油路、建制村通硬化路的交通脱贫攻坚兜底目标任务。会理县成功创建全省“四好农村路”示范县。新（改）建13座普通国省干线“厕所革命”项目。

2019年1月24日，凉山州2019年第一季度重点项目暨乐西高速公路建设项目集中开工仪式在美姑举行
孟　松　摄

3个高速公路项目开工建设　2019年，凉山州开工建设3个高速公路项目。乐西高速公路项目路线全长152公里，总投资335亿元，其中凉山境全长103公里，投资226亿元，于2018年6月实现先期开工点开工建设，年内正式进场施工。

德会高速公路项目路线全长77公里，总投资121亿元，项目于2019年10月实现先期开工点开工建设。

宜攀高速公路项目路线全长430公里，支线长67公里，概算总投资935亿元，其中凉山州境内主线长373公里，概算总投资795亿元。该项目于2019年7月完成社会资本方招标工作，8月完成投资协议和PPP项目合同的签署，9月底取得省发展改革委对项目核准延期、项目法人变更、自行设计自行施工的批复。该项目宁南至攀枝花段于11月实现先期开工点开工建设。

国道5线京昆高速公路泸黄段改扩建主线完工　国道5线京昆高速公路泸黄段改（扩）建工程项目全长69.95公里，估算总投资38.43亿元。全线有泸沽、漫水湾、礼州、西昌北（西宁）、西昌、马道、西昌南（西木）互通7处、西昌卫星基地专用通道1处、西昌服务区1处。全线路基土石方623.5万立方米，主线桥梁166座（其中小桥126座、中桥28座、大桥12座）。项目由两部分组成：泸沽至漫水湾试验段（长度11公里）采用双向四车道标准，路基宽24.5米，设计时速80公里，于2016年3月8日开工建设；漫水湾互通至终点段（长度59公里）采取原路加宽为双向六车道进行扩建，路基宽33米，全线采用沥青混凝土路面，设计时速80公里，于2017年10月24日开工，主线于2020年1月3日进行交工验收。

国道227线盐源杨柳桥至黄泥梁子段交工　国道227线盐源杨柳桥至黄泥梁子（米易界）段路线全长58.62公里，采用三级公路标准，设计时速30公里，路基宽7.5米，设计荷载公路Ⅰ级，大中桥设计洪水频率1/50，小桥、涵洞和路基设计洪水频率1/25，路面类型为沥青混凝土路面，项目总预算49 971.28万元。2019年9月30日全面完工，11月7日进行交工检测。

国道348线盐源小高山隧道开工　国道348线（原省道307线）盐源小高山隧道工程全长7.92公里，全线设置一座隧道，起于盐源县平川镇西南面青天堡村，止于百草坡，隧道为单洞双向交通隧道。隧道全长3 242米，采用二级公路技术标准，设计时速40公里，连接线采用三级公路技术标准，设计时速40公里，路基宽8.5米，路面宽7.0米，项目批复调整概算总投资4.30亿元，2019年12月13日开工。

国道348线盐源卡坝桥至云南宁蒗界改建完工　国道348线盐源卡坝桥至云南宁蒗界公路改建工程，路线全长16.23公里，按设计时速 40 公里、一级公路、路基宽 8.5 米、桥梁宽 9.0米（2×0.5米+净8米）标准建设，核定施工预算总金额2.28亿元，2019年12月完工。

省道463线亚丁至云南三江口新建工程完工 省道463线亚丁至云南三江口（木里段）新建工程项目全长57.6公里，分为试验段和主线新建段。试验段路线全长16.75公里（含俄亚乡连接线6.95公里）。新建段路线全长40.89公里，采用设计时速30公里、路基宽7.5米的三级公路标准建设（其中俄亚乡连接线采用四级公路技术标准，设计时速20公里，路基宽6.5米），项目批复概算4.82亿元，2019年6月全面完工。

推进国省干线项目建设 2019年10月29日，国道353线鲁昆山隧道工程开工；项目全长3.02公里（其中隧道长1 277米），预算投资1.26亿元。省道464线普格县与德昌交界段、省道217线甘洛县城至阿嘎段、省道217线美姑苏洛乡至牛牛坝段、省道309线越西团结桥至普雄段、国道356线金阳界至布拖县城段等5个项目开工准备有序展开。

椅子垭口隧道工程开工 椅子垭口隧道工程项目路线起于峨美公路（X149）与林场路交汇处，在椅子河坝附近与既有峨美路相接，路线全长11.31公里（含三处长链），隧道采用设计时速40公里的二级公路标准，其他路段采用三级公路技术标准，设计时速30公里，路基宽7.5米建设，项目批复概算总金额为3.96亿元，2019年7月1日开工。

交通脱贫攻坚 2019年，甘孜州交通建设扶贫专项实际完成投资56.23亿元，为目标任务的140.6%。其中高速公路完成投资49.09亿元、为目标任务的148.8%，建设完成泸黄高速改扩建项目主体工程；国省干线完成投资6.2亿元、为目标任务的101.3%，全年建成路面128.5公里；农村公路完成投资0.87亿元、为目标任务的100%，实现所有乡（镇）、所有建制村通硬化路的“两个100%”目标；管养设施完成投资0.07亿元、为 目标任务的100%，建设完成州级养护和应急保通中心1个、美姑县养护和应急保通中心1个、雷波县养护管理站3个、美姑县养护管理站2个、昭觉县养护管理站1个、盐源县养护管理站1个。

建成农村公路1 913公里，完成农村公路“畅返不畅”破损路面整治1 600公里；建成资源路旅游路产业路130.8公里；建成通乡硬化路104.3公里、通村硬化路85.06公里；布拖县阿布洛哈村峡谷摆渡车正式运行，全州最后一条通村硬化路主体工程基本建成，同步于全国全省，实现提前一年完成交通脱贫兜底性目标任务。全州实现所有乡（镇）通油路、建制村通硬化路、“畅返不畅”整治三大目标。

会理县农村公路 2019年，凉山州以“四好农村路”创建为抓手，统筹推进农村公路建、管、养、运协调发展，会理县成功创建第三批省“四好农村路”示范县，为全州第一个创建成功县（市）。截至年底，会理县通车公路里程2 823.73公里，其中，国道336.93公里，省道27.57公里，县道197.2公里，乡道355.93公里，村道1 818.49公里，专用公路87.6公里，路网密度62.38公里/百平方公里、61.54公里/万人。

阿布洛哈村硬化路建设 2019年12月31日，随着阿布洛哈峡谷摆渡车的正式投入运营，标志着凉山州布拖县阿布洛哈村通村硬化路主体工程基本建成，基本满足老百姓客货运输需求，也标志着全国最后一个未通公路建制村——布拖县阿布洛哈村对外通道打通，标志着四川提前一年完成交通脱贫攻坚兜底性目标。阿布洛哈村通村硬化路项目起于布拖县拉果乡布歪村至伟木村通村路K11+000处，止于乌依乡阿布洛哈村小学，全长3.8公里，按四级公路标准修建。布拖县乌依乡阿布洛哈村坐落在距离布拖县城60公里的金沙江畔西溪河峡谷中，平均海拔1 000米，全村面积4.04平方公里，其中耕地面积66.67公顷、林地面积166.67公顷，全

2019年3月8日，全州农村公路建设暨创建“四好农村路”推进会在西昌召开 凉山州交通运输局 供图

村辖4个村民小组，共65户、263人，属彝族聚居村。阿布洛哈在彝语中的意思是“高山中的深谷”“人迹罕至的地方”。因历史原因，该村一直以来未专门修建对外出行通道，村民出行需沿陡峭山路步行3个多小时才能到达对外通道公路。该村三面环山一面临崖，公路处于坡度达七八十度的悬崖绝壁之上，悬崖之间还有一条深达三四百米的大峡谷，地质结构异常复杂，岩层破碎，施工点单一、施工面狭小，大型设备难以进入。四川省交通运输厅将该项目作为交通脱贫攻坚的头等大事，抽调专业技术骨干力量，组建阿布洛哈村通村公路工程现场服务指导组，现场蹲点帮扶指导。施工单位更是加大人员、设备投入力度，实行24小时轮班连续施工作业，加班加点抢抓施工进度，啃硬骨头攻坚克难，终于在年底完成专家应急方案（立即修建峡谷摆渡车，让村民顺利通行。同时，继续修建通村公路，将C型隧道改为全隧道，将于2020年完工）制定的任务。

2019年，阿布洛哈村客运已开通　　凉山州交通运输局 供图

运输服务保障　2019年，凉山州新增95个乡（镇）、1 310个建制村开通农村客运，通车率97.8%、98.4%；乡（镇）客运综合服务站点建设有序推进，建成79个乡（镇）港湾站、881个村级招呼牌。全州公路水路客货运量比上年增长10%、28.8%和4.60%、8.84%。开通西昌至珠江三角洲的农民工专项运输线路，运送农民工达2.5万人次，解决农民工往返转车难题。

航道水运　2019年，凉山州配合推进乌东德、白鹤滩和溪洛渡库区翻坝转运码头建设前期工作。凉山州库区便民交通码头（渡口）建设工程取得工程可行性研究及施工图批复。金沙江溪洛渡至水富航道建设工程（四川段）建设中由凉山州负责推进7个前期专题要件，完成社会稳定性风险评估和地质灾害评估，其余5个前期要件加快推进。完成非法码头取缔拆除工作。

交通安全应急　2019年，凉山州交通运输行业领域未发生较大及以上安全责任事故。凉山州道路交通容易发生山体滑坡、路基沉陷、路面垮塌、桥梁冲毁、泥石流塌方等地质灾害。州交通运输部门制订《2019年防汛与地质灾害防控值班及抢险应急预案》，印发《关于切实做好2019年公路防汛保通和地质灾害防治工作的通知》，成立交通运输应急抢险领导小组，对后勤安全保障工作，抢险救灾方案的制订，人员、机械、物资的落实，抢险资金的筹备和协调，相关信息的收集整理报送等进行明确分工。全年开展公路应急抢险保通等各类应急演练17次，排查整改安全生产隐患1 344个；迅速应对并处置“6·28”雷波县飞石砸中客车、“7·29”甘洛特大暴雨灾害、“8·14”成昆铁路甘洛埃岱2号至3号隧洞附近突发山体崩塌等突发事件。

2019年7月29日，甘洛县发生暴雨泥石流灾害，国道245线、省道217线遭受严重损毁，交通中断，省、州、县交通运输部门第一时间成立抢险救灾工作领导小组，指导开展抢险救灾工作。图为抢险作业场景　　凉山州交通运输局 供图

（本栏目供稿单位：凉山州交通运输局）

荣誉榜

RONGYU BANG

四川交通年鉴

先进名录

XIANJIN MINGLU

2019年中华全国总工会表彰的2019年全国“五一劳动奖章”

（四川交通）

晏启红　成都华川公路建设集团有限公司

（省交通工会）

2019中华全国妇女联合会表彰的全国巾帼建功标兵

（四川交通）

范碧琨　四川省公路规划勘察设计研究院有限公司

（厅直机关党委）

共青团中央、交通运输部等21家全国创建“青年文明号”活动组委会授予的2017—2018年度交通运输行业全国青年文明号

（四川交通）

四川省公路规划勘察设计研究院有限公司勘察设计四分院

四川省交通勘察设计研究院有限公司环保设计处

（厅直机关党委）

交通运输部 中华全国总工会“2019年感动交通十大年度人物”系列荣誉

（四川交通）

2019年感动交通十大年度人物

吴孝忠　杨柳工作组　四川省交通运输厅高速公路交通执法第四支队七大队

2019年感动交通年度人物”推选宣传活动最佳组织贡献奖

四川省交通运输厅

2019年感动交通年度人物

李树斌　四川省凉山彝族自治州会理县公路管理局局长

（厅史志总编室）

2019年省总工会表彰的2019年四川省“五一劳动奖章”

（四川交通）

田鹏辉　成都车之绮汽车服务有限公司

程　强　四川省公路规划勘察设计研究院有限公司

（省交通工会）

2019年省总工会表彰的2019年“省工人先锋号单位”称号

（四川交通）

川东高速公路公司华蓥收费站

（省交通工会）

中华全国总工会 中华人民共和国应急管理部 国家卫生健康委员会表彰的年度全国“安康杯”优胜单位

（四川交通）

四川川西高速公路有限责任公司　2018—2019年度全国“安康杯”竞赛活动优胜单位

（省交通工会）

2018—2019年度四川省“安康杯”竞赛表彰的单位和个人

（四川交通）

优胜单位

阿坝州公路管理局

优胜班组

阿坝州公路管理局金川公路管理分局卡卡足养护站

四川成乐高速公路有限责任公司运营管理分公司路产管护大队

四川泸州港务有限责任公司生产作业部调度班

优秀组织单位

山东高速四川产业发展有限公司

优秀个人

张　利　四川嘉陵江小龙门航电开发有限公司

（省交通工会）

2019年度全国“安康杯”竞赛安全文化宣传工作获得表扬的单位和个人

（四川交通）

先进示范单位

四川省交通运输工会

先进单位

阿坝藏族羌族自治州公路管理局

四川省交通勘察设计研究院有限公司

四川营达高速公路有限公司

南充市公路管理局

先进个人

蒋旭春　四川省交通运输工会

孙　彬　四川川西高速公路有限责任公司

（省交通工会）

全国职工劳动安全健康与交通消防应急法律法规知识普及竞赛活动获得表扬的单位和个人

（四川交通）

优秀组织单位

四川川高工程技术咨询有限责任公司

德阳市交通运输局

广安市公路管理处工会委员会

优秀个人

李蓓蓓　四川省交通运输工会

巫东生　四川川西高速公路有限责任公司

（省交通工会）

优秀专家

YOUXIU ZHUANJIA

2019年度享受国务院政府特殊津贴人员

（四川交通）

林国进　四川省公路规划勘察设计院研究院有限公司隧道与地下工程分院院长、正高级工程师

范碧琨　四川省公路规划勘察设计院研究院有限公司桥梁勘察设计分院正高级工程师

2019年度交通运输部交通运输青年科技英才

（四川交通）

田志宇　四川省公路规划勘察设计院研究院有限公司隧道与地下工程分院高级工程师

刘晓帆　四川省交通勘察设计院研究院有限公司交通规划研究分院高级工程师

2019年度全国交通技术能手

（四川交通）

张秀娟（女）　四川交通技师学院（四川交通运输职业学校）道桥工程系副主任

李　君　四川成都地铁运营有限公司电动列车司机高级工

彭无忌　四川成都地铁运营有限公司轨道交通信号工技师

任　东　四川交通职业技术学院汽车工程系教师

贺　希　四川交通运输职业学校汽车工程系教师

2019年度四川省教书育人名师

（四川交通）

张定国　四川交通运输职业学校（四川交通技师学院）信息工程系主任

2019年度四川省天府万人计划教学名师

（四川交通）

杨二杰　四川交通运输职业学校（四川交通技师学院）汽车工程系副主任

（本栏目供稿单位：厅人教处）

人物选介

RENWU XUANJIE

晏启红

成都华川公路建设集团挖掘机手

晏启红从初中毕业便开始学习挖掘机技术，从事挖掘机操作18年。2014年12月加入华川集团以来，他十分珍惜这份工作和华川提供的平台，爱岗敬业，刻苦钻研，恪尽职守，脚踏实地，始终干一行爱一行，潜心研究挖掘机操作技能，全心投入重点工程施工建设，迅速成长为挖掘机操作领域骨干人才，他心无旁骛的匠心精神深深地感染和影响着身边同事。

2015年，在雅安至康定高速公路建设施工期间，晏启红面对的是高寒缺氧、挖掘机动力减弱、虑芯需频繁清洗、机械故障率高的艰苦环境。为了不影响工期，他克服高原反应对身体的折磨，每天起得最早，睡得最晚，既是操作手，又是维修工，始终保持机械的最佳性能，发挥了机械的最佳功效。他心系队伍建设，手把手向徒弟传授技能，毫无保留地把自己的操作、维修技能传授给5名挖掘机操作手。

2017年，晏启红随公司投入河北太行山项目邯郸段高速公路施工。该项目地下埋设管线较多，操作机械必须精准避开，保证通信光缆、水管、气管等设施完好。晏启红凭借过硬技能、踏实做事和高度负责的态度，带领团队精心、精准作业，攻克一个个难题。他带领班组严格按照施工工艺和图纸要求进行科学施工，落实工完场清、安全防护等要求，邯郸段近百公里高速公路修建施工、挖掘质量均达到优良，无一管线被损坏，所干工程多次成为全路段的观摩样板。

作为一名普普通通的挖掘机手，晏启红以不甘平庸的钻劲和默默奉献的精神，在平凡的岗位上实现着自己的人生价值。有付出必有收获，2014年起，他多次在四川省和全国交通运输行业筑路机械操作技能竞赛中名列前茅。2018年5月，他再次代表华川集团参加四川省交通运输行业筑养路机械操作工职业技能竞赛挖掘机项目。在参赛集训现场挖掘机少，参赛人员多，每个人分配到的训练时间严重不足的情况下，他坚持每天早上5点就起床训练，晚上等别人训练结束休息时，又抓紧时间练习，凭借高度敬业的职业操守、敢于牺牲的拼命精神、严谨果断的竞赛心态，最终在比赛中脱颖而出，夺得项目第一名，荣获一等奖。2018年11月17日，他以四川省交通运输行业筑养路机械操作工职业技能竞赛挖掘机项目第一名的身份，代表四川交通参加第十届全国交通运输行业“中联重科杯”筑路工职业技能大赛全国总决赛，凭借丰富的经验、高超的技术，沉着应战，一举夺魁，荣获筑路工职业组挖掘机项目一等奖，团体第五名。

从一名普通挖掘机手，到挖掘机操作领域全国最强，晏启红一步一个脚印，在奉献中体现着人生的价值，谱写了一曲青春奉献的华美乐章。

田鹏辉

成都车之绮汽车服务有限公司修理厂漆面膜技术主管

作为汽车修理厂的漆面膜技术主管，田鹏辉在平凡的技术工作岗位上，田始终践行高标准、严要求、抓细节、热心服务、忠诚奉献的工匠精神，从施工每一个小的面做起，用优质高效的服务赢得了公司的信任、客户的满意，在平凡的岗位上展示了汽车后市场行业的匠人精神。

立足岗位学习，练就过硬技能本领。2013年8月离开校园步入社会起，他始终坚持以学知识、提素质、练本领为准绳，积极探索、勇于实践，不断丰富拓展个人的知识结构。为了满足客户和公司的需要，他在理论水平和技术能力提升上积极实践，不断向老师傅请教学习，多角度、多层面研究分析生产实际难题，并把掌握的知识和技能灵活应用到施工工作中。通过自身的不懈努力得到了企业负责人的认可和客户的满意，实现了从校园到社会的适应转变，找到了自己的第一份人生价值认同感。

强化设备维护，确保施工安全稳定。面对冬夏交替气候不稳定对施工质量的影响，他立足公司现行基础设备条件，不断进行施工技术革新、设备使用的优化，将全部的身心投入到专业领域建设中，敢于挑重担，大胆创新，勇于实践，解决了行业领域一系列的技术施工难题。

默默无私奉献，终成自身辉煌。他始终坚信只有不断的提升自身的能力素质，才能满足市场的需求，在2019年中国技能大赛——第十一届全国交通运输行业职业技能大赛四川赛区预选赛暨2019年四川省交通运输行业汽车维修工职业技能竞赛中，田鹏辉获一等奖。

一直以来，他从点滴上要求自己，从最基本点做起，事事要求做到极致，以不断完善自身技术知识为目的，解决施工难题，开展技术攻关，用无悔的青春续写对岗位无限的热爱，努力创造精彩人生。

程　强

省公路设计院公司公路工程地质勘察设计师

程强长期从事公路工程地质勘察设计及研究技术工作，近年来参与数千公里复杂地质条件公路工程地质勘察工作，解决了大量复杂地质问题，并结合生产实际中的难点问题，主持开展多项省部级科研课题。获省部级科技奖特等奖1项、一等奖3项、二等奖1项、三等奖5项；获省部级优秀勘察一等奖5项、二等奖4项，第一作者发表科技论文20余篇（其中EI收录9篇），主编专著1本，主编四川省地方标准1本，参编行业标准1本。

多年来专心于技术工作和科学研究，工作中始终坚持踏踏实实地开展工作，常年跋山涉水、奔波于各项目工地，先后参与雅西高速公路、雅康高速公路等大量复杂地质条件公路工程地质勘察项目，解决大量难点地质问题。其中既有国道317线雀儿山隧道、川主寺至黄龙公路雪山梁子隧道等高寒高海拔区，也有雅西高速公路大相岭泥巴山隧道、雅康高速公路二郎山隧道等原始林区。

为查明工作中的一些关键问题，程强常常需要反复调查、深入研究，例如在雅康高速公路泸定大渡河桥工程地质勘察中，为查明桥位边坡地质条件和岩土特性，反复攀爬高差400余米的高陡斜坡，深入研究桥位边坡稳定性等关键岩土工程问题，为桥梁工程安全和稳定提供基础地质支撑。在汶川地震、芦山地震及九寨沟地震后，在抢通保通和恢复重建阶段积极开展震后地质灾害调查和灾区恢复重建公路工程地质勘察工作。

吴孝忠（左）　杨　柳（右）

高速公路交通执法第四支队七大队

2019年8月20日，一张泥水满身、看不清人脸的工作照获得众多网友点赞。照片上，仅能辨认是两名穿着工作服的高速公路交通执法人员。原来，8月20日凌晨阿坝州因持续暴雨出现泥石流灾害，两人在执勤途中突遇泥石流，经历一番生死拼搏后及时传回现场一手信息。他们是厅高速公路交通执法第四支队七大队大队长吴孝忠和队员杨柳。

"可能要给我开追悼会了"

8月20日3时40分，杨柳接到都汶高速监控中心电话，称都汶高速公路映汶段汶川至都江堰方向K93+400米处发生泥石流，车道被泥沙覆盖，绵虒服务区有乘客滞留。杨柳立即向吴孝忠汇报。"K93+400米处就在绵虒停车区附近，当时只知道有泥石流，但不知道具体情况如何，我们要到一线了解准确情况，才能为后续交通通行提供更准确的信息。"吴孝忠说，当时雨势已变小，他和杨柳马上出勤。两人开车从距离最近的汶川南收费站驶上都汶高速，刚驶出几公里，穿过板桥山隧道10米左右就看到一股泥石流从右侧的山体往下滑。

"开慢点，观察一下。"有经验的吴孝忠说，杨柳闻言减慢了车速。正在缓慢观察通行的时候，一股冲力猛地从车后撞上来，将车往前推了四五米，汽车底盘传来石头刮划的声音，车子熄火，打不燃了。两人赶紧下车，刚打开车门，山洪夹杂着石块就冲过来了，瞬间漫过膝盖，车、人被巨力往左前方推。不到2秒，洪水齐腰深，两人被泥水裹挟着往前冲了十几米。杨柳靠近中央隔离带，顺着这股推力，他抓到了护栏，抬头一看，吴队还在水中！吴孝忠坐在副驾驶座靠近山的一侧，要绕过车才能到隔离带，几步之差，就被山洪冲着不断往前，他紧紧抓住一起往前滚动的汽车，才没被冲走。杨柳一手紧抓护栏，一手伸过去抓吴孝忠，两只手在空中抓了十几次后终于紧紧握住，并顺势抓住护栏，进入了中央隔离带。隔离带虽然相对安全，但山洪一直在蔓延，两人一度被冲得倒进洪水里。大概过了10多秒，水势变小，两人相互支撑着，跨到另一侧的高速公路车道，才算脱困。

"被冲走的那一瞬间，我想，这次可能要给我开追悼会了。"吴孝忠回想起这一幕，仍心有余悸，他说，随之闪过的念头就是：不好，板桥山隧道也发生泥石流了，这次都汶高速遭得有点凶。

第一时间汇报最新路况

死里逃生后，两人第一时间想的是把最新路况发回去。可刚经历泥石流"冲洗"，两人的手机、内部通讯设备等已无法使用。返回去寻找汽车，无奈车辆深陷泥潭，无法再启动。两人徒步从原路返回，幸好半路遇到一武装部的救援车辆，这才搭上车回汶川。

在距离高速公路最近的汶川南收费站下车，两人匆匆找到收费站值班人员："板桥山隧道突发泥石流灾害，赶紧上报！"这时已是凌晨5点30分。根据最新路况信息，高速公路公司、交通运输高速执法、公安交通立即调整应急方案，对都汶高速的交通管制从暂时封闭变成了全线封闭，并做好相应的抢险准备工作。

完成上报任务后，一身泥水的两人回到七大队洗漱。这一清洗才发现，眼睛、耳朵里全是碎渣，扎得痛，腿上、手上也被石头划出了很多血痕。两人这才来到汶川县医院，得知他们才从泥石流里爬出来，医院直接让住院。"医生说，山洪细菌多，吞了很多山洪水，担心肺部感染，要住院观察。"

吴孝忠的大腿根部有一道很深的血痕，走路都痛，因吸入太多洪水胸口发闷。住院期间，他一直在关注都汶高速情况，一心期望着早点出院，在支援人手未到之前，"七大队只有5个人，现在正是事多的时候，两人住院后，人手更不够。"以后再遇到类似情况，还敢不敢出勤？"敢！"刚从平原地区调到山区的杨柳说，抢险、应急救援是高速执法人员的职责所在，"我们如果不去，路况发不出去，社会也不晓得。但是以后会更有经验，遇到山洪会更小心。"

用实际行动践行初心与使命，吴孝忠和杨柳工作组获2019年感动交通十大年度人物。

附录

FU LU

调研报告
DIAOYAN BAOGAO

四川省农村公路建设模式及质量监管研究报告

厅建管处

根据厅党组“不忘初心、牢记使命”主题教育工作安排，厅建管处会同厅公路局、厅质监局和厅科信处开展“农村公路建设模式及质量监管研究”工作。接到任务后，牵头厅领导组织成立课题组，制定了《农村公路建设模式及质量监管研究工作方案》，研究目标确定为：全面剖析和总结农村公路建设管理中的问题和经验，提出农村公路建设管理模式的指导性意见；研究方法包括：收集全省范围内农村公路建设模式及质量监管的基础数据、经验做法、存在问题等资料；2019年7月15日—19日赴三个“四好农村路”示范县：江安县、高县、甘孜县，开展实地调研工作，详细了解农村公路建设模式及质量监管的经验做法和农村公路质量，围绕研究目标总结分析形成研究报告。

一、研究意义

党的十八大以来，习近平总书记多次就农村公路发展作出重要指示，要求农村公路建设要因地制宜、以人为本，与优化村镇布局、农村经济发展和广大农民安全便捷出行相适应，要进一步把农村公路建好、管好、护好、运营好，逐步消除制约农村发展的交通瓶颈，为广大农民脱贫致富奔小康提供更好的保障。

全省各级交通运输主管部门深入贯彻落实习近平总书记关于“四好农村路”建设的系列重要指示批示精神，按照省委省政府安排部署和交通运输部工作安排，坚持问题导向，聚力攻坚，以专项工程补齐发展短板；坚持政府主导，发动群众，以典型经验引领加快发展；坚持转变发展方式，提质增效，以“四好农村路”建设推动协调发展。党的十八大以来，全省实现年均新改建农村公路超2万公里，农村公路年均完成投资超200亿元，农村公路建设实现跨越式发展，已解决99.9%的乡镇和建制村通硬化路问题，县级质量监督机构力量得到显著提升，人民群众出行条件得到极大改善。

四川省幅员辽阔，高原、山地、丘陵地貌分布范围广。受全省特殊的地理、地形条件限制，四川农村公路具有分布面广、总里程长、技术标准低、施工周期短等特点，同时开工的农村公路建设项目多，特别是贫困县建设任务十分重。在农村公路建设过程中，个别项目存在建设组织和招投标不规范、施工队伍技术力量不足、质量监管不到位等问题。繁重的农村公路建设任务与现有建设管理模式和有限的质量监督力量之间的矛盾，使得部分地区农村公路质量得不到保障。导致农村公路质量问题的原因主要是建设管理模式和质量监管机制与大体量启动农村公路建设不协调。因此，开展本项课题研究工作，提出指导进一步规范农村公路建设管理和加强工程质量监管的原则及建议，对四川农村公路高质量发展具有重要指导意义。

二、调研结果

随着农村公路建设管理制度的不断规范和完善，县级人民政府农村公路管理主体责任和交通部门行业监管责任明确和有效落实，省、市、县三级质量监管工作机制逐步建立健全，县级质量监督机构能力不断增强；全省农村公路建设管理水平进一步提升，农村公路总体质量可控。全省农村公路建设管理和质量安全监督开展了一些工作，总结了一批农村公路建设管理的经验做法，取得一定成效。但调研过程中也发现农村公路建设模式和质量监督存在的一些问题和不足。

（一）江安县

江安县按照“政府统筹、企业主体、部门监管”的原则，实施“施工前场+施工后场”远程视频监控，建立“红黄旗流动”的质量监管模式。

1.建设模式：江安县形成“通乡通村通畅公路国企代建、通组公路由乡镇政府建设、县交通运输部门提供行业管理和技术支持”的建设模式。江安县县交通运输局负责建设项目计划拟定、质量监督和技术指导工作，成立江安县兴安交通建设投资有限公司，负责通乡、通村通畅公路项目代管代建；其余通组自建公路由乡（镇）人民政府为项目业主进行建设，由县财政给予资金奖补支持。县级交通运输主管部门通过“保姆式”服务，为乡镇组织建设项目提供了有力的技术支持。江安县已累计建成水泥路近2 700公里，实现100%乡镇和建制村通硬化路（路面宽度不少于5.0米）、100%村民小组通泥结石路、99%村民小组通硬化水泥路，农村公路及村内道路建设成效显著。

2.招投标管理：江安县采用公开招标和施工企业备选库抽取方式相结合确定施工单位。对投资额400万元以上（满足公开招标）的农村公路项目，按照公开招标相关规定要求执行；对投资额不足400万元的项目以比选方式在施工企业备选库中抽取，农村公路建设项目招标投标管理整体较到位

3.质量监管：江安县建立了政府监督、法人管理、社会监理三方参与的质量监管机制，实行施工企业“红黄旗流动”奖惩机制。严把事前、事中、事后控制三个关口，严格实行“七公开”制度，接受社会监督。安装远程视频监控系统，监管施工前场与施工后场，强化过程监督。各乡镇在农村公路建设过程中均成立乡（镇）、村、组质量监督小组，邀请“两代表一委员”及群众义务监督员全程参与公路建设质量监督，着力形成主管部门、项目业主、社会监理、施工企业、沿线群众齐抓共管工程质量的良好局面，确保工程质量始终处于可控状态。“十三五”以来，全县农村公路建设过程中未发生一起质量安全事故，一次性验收合格率达到100%。

（二）高县

高县采用“代建、打捆、自建”相结合的建设模式，对小规模通村硬化道路采用打捆招标方式，县交通运输局质监站通过外聘专业技术人员的方式加强能力建设。

1.建设模式：高县形成“通乡通村通畅公路国资公司或乡镇政府代建、通组自建公路村委会建设或打捆代建”的建设模式。县国资公司或乡（镇）人民政府负责通乡、通村通畅公路项目代管代建；通组道路由村委会负责组织建设。在部分村通村公路硬化项目中，采用打捆由县国资公司进行代建方式，对施工、监理进行招投标，保证了项目建设需求，加快了项目推进。

2.招投标管理：高县农村公路建设采用公开招标或打捆招标、比选和竞争性谈判方式确定中选单位。高县农村公路达到公开招标规模的项目均采用公开招标的形式，对规模小的通村公路硬化项目由高县国资公司进行打捆招标；对公开招标规模以下的项目，采用比选及竞争性谈判的方式确定中选单位，农村公路招标投标管理较规范。

3.质量监管：高县成立质量监督领导组，社会招聘工程技术人员充实质监站，发动群众参与质量监督。高县成立以局主要领导为组长，分管局长为副组长的质量监督领导组，落实3名正式人员具体负责项目质监工作。此外，通过外招聘工程专业技术人员，进一步充实了质监站力量。同时，充分发挥社会以及广大人民群众监督力量，在专业技术人员跟踪监督和群众监督中，做到及时查找，及时整改。如落润乡阳红村道建设，在项目建设期间，县级质监机构聘请当地三名群众进行现场旁站监督，基本实现项目建设监督全过程，并信服于当地群众；目前，道路路况良好，得到一致好评。

（三）甘孜县

甘孜县农村公路由县公路段作为项目业主统一建设，成立农村公路质监股，委托第三方检测机构开展专业检测，建立参建企业考核退出机制。

1.建设模式：甘孜县所有农村公路建设项目均由县公路段承担项目业主职责。甘孜县为切实加快推进通乡、通村硬化路建设，所有农村公路建设项目均由甘孜县公路段作为业主组织项目建设，在甘孜州率先实现了5个100%（通乡通畅、通村通畅、通寺隐患、场站建设和安保覆盖）。

2.招投标管理：甘孜县按照州相关文件要求，采用摇号、固定价随机发包、直接发包或随机抽取等方式开展招投标工作。2018年前建设的项目，甘孜县依据国家、省“互联网+”招标采购行动方案和甘孜州政府关于政府性投资工程建设项目招标投标管理工作等相关规定，对于单项目投资额400万元以上、3 000万元（不含）以下的合同包，以及采用打捆方式的单项目1 000万元以下，打捆总投资额5 000万元以下的项目采用摇号方式确定施工单位；单合同100万元～400万元采用固定价随机发包；单合同不足100万元项目采用直接发包或随机抽取的方式。在大体量农村公路建设时期，这种方式对加快甘孜县农村公路招标进程和工程建设起到积极作用，但在执行招投标规范方面存在一定的风险。2018年以后实施的项目，严格按照国家、省招投标管理办法执行。

3.质量监管：甘孜县成立农村公路质监股，建立施工企业考核退出机制，与第三方检测公司合作，开展农村公路质量监管工作。甘孜县抽调专业技术力量成立了县农村公路质量监督监测股，并依托康北中心实验室，与第三方检测公司合作，对农村公路项目工程实体进行试验检测，试验监督检测范围达100%。同时，制定施工企业退出机制，强化施工企业的履约和合同管理，有效保障了农村公路建设质量。

（四）金堂县

金堂县成立县乡两级交通管理服务机构，对路面工程实施打捆公开招标，委托第三方检测结构开展质监工作。

1.建设模式：金堂县建立了“公路管理服务中心为业主+乡镇交通管理服务站”进行建设管理和质量监管的模式。金堂县公路管理服务中心作为农村公路项目法人机构，组织县乡公路、桥梁和片区打捆项目的实施。县交通运输局、公路管理服务中心综合考虑农村公路项目区域、规模等因素，实施分片管理，每个片区安排工程技术人员作为业主代表全程参与项目监督管理和协调服务等工作。所有乡镇均成立交通管理服务站，由乡镇分管领导任站长，县交通运输局选派优秀人员任副站长，并由各乡镇安排1～2名专职工作人员，负责乡镇组织实施的农村公路项目的监督和管理。金堂县依托有利的人才和技术优势，实现了县域内农村公路建设项目专业管理全覆盖，建设质量、专业化水平得到有效保障。

2.招投标管理：金堂县采用“公开招标、路基工程一事一议+路面工程打捆公开招标”的方式确定施工企业。由金堂县公路管理服务中心组织实施的农村公路项目，均采用公开招标开展。目前金堂县已全面完成通乡通村硬化公路建设任务。村内道路由村委会通过“一事一议”民主决策确定资金筹集、实施方式等，完成路基工程；再由公路管理服务中心根据地域和专业性质采用打捆公开招标的方式实施路面工程。

3.质量监管：金堂县成立了县公路工程质量监督管理站（核定事业编制10名），并委托第三方检测机构进行质量监管。工程开工前，要求项目业主向质监站办理工程质量监督手续及施工许可；县交通运输局委托具有相应资质的检测机构对建设项目进行监督抽检工作。通过项目质量监督和专业抽检全覆盖，金堂县农村公路、村内道路建设质量可控。

（五）犍为县

犍为县采用代建与自建相结合的建设模式，推行“六方”现场验收机制，将验收结果作为划拨补助资金的依据。

1.建设模式：犍为县建立了县乡公路国有企业代建、通组道路村委会建设的两级建设模式。犍为县成立了犍为县紫鑫建设投资有限公司作为项目业主，组织县乡公路项目建设；村道公路和村内道路由村民委员会履行项目业主职责，县交通运输局、乡镇公路办（交管办）给予技术支持和指导。

2.招投标管理：犍为县采用公开招标、竞争性谈判、比选等方式分类确定农村公路施工企业。县乡公路项目按照工程招标、政府采购要求，采用招标、竞争性谈判等方式实施；村道公路公开招标规模以上的，进行公开招标。公开招标规模以下的，按照县交通运输局制定的比选文件模板进行比选；比选公告在乡镇政府党务政务公示栏、村民委员会公示栏同步张贴公布等公开比选方式确定中标单位，招投标管理有序。

3.质量监管：犍为县建立了县质检所、乡镇公路办（交管办）、村质量监督组三级质量管理体系，并通过宣传动员，鼓励群众参与质量监督。工程验收由交通主管部门组织，会同村委会、乡镇政府和财政、审计、监察“六方”现场验收，验收结果作为划拨补助资金的依据，工程质量和资金安全得到了有效保障。

（六）小金县

小金县农村公路由县交通运输局或村委会作为业

主，采用公开招标、竞争性谈判、固定价比选等方式确定施工企业，实行专业检测与群众监督相结合的质量监管模式。

1.建设模式：小金县农村公路由县交通运输局或村委会项目理事会作为业主进行建设。小金县的重点农村公路建设项目和打捆项目经县发改部门批准，由县交通运输局作为业主单位组织实施；村民自建项目由村委会成立项目理事会，由项目理事会履行项目业主职责。小金县交通运输局作为业主实施的重点农村公路项目，行业管理和建设管理未实现分离，同时，受限于专业人员配置，对村民自建项目监管未能全部到位。

2. 招投标管理：小金县采用公开招标、竞争性谈判、固定价比选等方式确定施工企业。对于达到公开招标要求的农村公路项目均按政府性投资项目管理方式执行。村民自建项目中，技术要求不高、村民能够自行建设的工程，由村项目理事会作为主体通过竞争性谈判，聘请技术人员、租赁施工设备和采购原材料等直接组织实施；经县交通运输局审查认定施工难度较高的项目，由村项目理事会按照固定价比选方式抽签确定施工单位。

3.质量监管：小金县建立了专业检测与群众监督相结合的质量监管模式。小金县为解决质量监督力量不足的问题，建立村民动态监督机制和质量循环监督体系，通过每天轮换2～3名村民代表到施工现场找问题、挑毛病；对工程建设项目通过“县、乡质量监督组把关，群众轮流监督、实验检测中心检测、群众满意度测评、群众举报、实验检测中心再试验检测”的方式开展质量监督，取得较好的监督效果，群众满意度、参与度逐步提高。

（七）典型问题

根据前期巡视、督导反馈结果，个别县、个别农村公路项目存在建设模式不规范、质量监督缺位等情况：

1.美姑县：美姑县在2017年组织实施的10个通村公路建设项目存在依法应公开招标的项目采取“一事一议”“化整为零”拆分等方式规避招标，选择的施工单位能力不足，甚至存在个人承担项目建设的情况。现场核查和质量抽检发现个别检测点路面厚度不满足设计要求、水泥混凝土路面平整度较差等问题。

2.色达县：色达县克然路参建单位质量管理不到位，质量监管部门责任不落实，导致项目在完工后不到两年即出现大面积路基沉陷及路面破损，沿线群众出行和生命财产安全得不到保障，交通脱贫攻坚工作总体成效大打折扣。经调查追责，对项目参建单位罚款共1200万元，对8名参与项目管理的干部进行问责处理，并责令立即对存在问题的项目进行提升改造。

三、经验做法

（一）坚持政府主导，科学谋划，保障项目有序推进

江安、金堂、犍为等县出台农村公路建设管理办法、村级道路建设资金整合使用暂行办法等制度文件，强化政府主导，进一步落实农村公路建设计划、补助政策、招投标、施工管理、质量监管、资金使用等制度；江安、高县等农村公路建设围绕脱贫攻坚、农业产业、乡村振兴，科学规划、统筹谋划，使农村公路规划和建设与国家政策方针、群众需求高度融合，任务目标明确，建设资金有保障，建设推动有力，切实发挥了交通先行和支撑作用。

（二）坚持政府主体地位，发动群众，保障项目实施效果

江安、高县、金堂等县按照“乡（镇）打底子（路基）、县上铺面子（路面工程）”的建设模式，实现由了“政府修路”向“我要修路”转变，充分调动群众参与村道公路、村内道路项目建设的积极性，为项目建设创造了良好施工条件，一定程度解决了村道公路和村内道路建设资金问题。江安县、高县、犍为县等县以国有企业作为项目建设业主，落实企业建设责任，强化政府监督管理，开展专业检测的同时，全面推行“七公开”制度，发动群众参与工程建设监督，通过群众质量监督员、公开质量举报电话和开展满意度测评等方式，实现了建设过程监督的全覆盖，保障了项目实施效果。

（三）探索打捆招标模式，形成规模效应，提升专业化施工水平

农村公路建设项目，特别是村道公路、村内道路具有分布散、规模小、投资少、工期短的特点，以单一项目招标很难吸引实力强的专业化施工队伍。金堂县、犍为县、高县等县积极探索打捆发包方式，根据项目区域、建设性质、施工工艺、投资规模、施工组织及交通组织等情况，采用打捆方式对项目工可、设计、施工、监理进行发包，进一步强化项目统筹，吸引一批专业化

队伍参与农村公路建设，保障了项目建设质量和推进效率。

（四）创新信誉管理，强化监管，建立完善退出机制

江安、甘孜等县探索建立县域参建单位信誉管理考核评价机制。江安县对参建单位实施“红黄旗流动”奖惩机制，进行综合考核评定，采用红旗（评定90分以上）引路、黄旗（评定70分以下）问责的方式，对获得红旗的单位和个人予以表彰奖励，对获得黄旗的单位和个人予以批评警告并罚款，同时加强信用评价结果与招投标、项目监管（项目管理人员及民工班组）的联动运用。甘孜县制定处罚细则，实施“参建企业考核退出”机制，对参建单位实行考核评分、扣分，对扣减至60分以下的参建企业，直接启动企业退出机制，使其不得参与甘孜县项目投标和工程建设。

（五）强化过程监督，严把验收关，保障项目建设质量

江安、金堂等县建立政府监督、法人管理、社会监理、群众监督的质量监督机制，强化建设项目质量建设过程监督管理；严把工程验收关，成立由党委分管领导为组长，人大、政府、政协分管联系交通领导为副组长，县交通、发改、财政、审计、安监、交警、管护交接单位等部门为成员单位的验收组，严格执行工程竣（交）工验收办法和质量检测评定要求，全力保障工程建设质量和资金安全。

（六）创新信息化监管方式，积极推进信息化建设

为加快推进普通公路的信息化、智能化、精细化管理要求，进一步加大信息化的应用能力，丰富行业管理手段和提高行业管理水平， 省内建立了农村公路项目建设信息及督导平台，运用手机App、卫星遥感图像核实等信息化手段，探索非现场行业监管方式。江安县通过试点安装远程视频监控系统，严格监控施工前场、施工后场“两个场”，加强施工过程监控；三台县建立档案信息化管理制度，对投诉反映的质量问题处理情况和质量业绩进行网上公布。

四、存在问题

（一）统筹规划不到位，计划安排不合理

个别县（市、区）存在农村公路建设项目统筹规划不到位，突击性推进项目建设，短期内开工项目数量多，与自身管理力量、资金保障严重不匹配，导致项目推进缓慢、工程质量得不到保障。还有个别项目，由于计划安排不合理（甚至没有计划），前期工作推进缓慢，不能按科学规划的正常工期实施，擅自压缩工期或提前工期，存在盲目赶工的现象，影响工程质量。

（二）建设体制不清晰，行业监管履行不到位

按照交通运输部《农村公路建设管理办法》的规定，应由县级以上地方交通运输主管部门依据职责主管本行政区域内农村公路的建设管理工作，农村公路建设项目实行项目业主责任制。但还有个别县（如小金），受财力、技术、政策等影响，未落实建设主体单位，没有成立农村公路建设项目业主单位（机构），项目业主由交通运输局承担，交通运输局既做建设主体又做监管主体，不能明确划分“裁判员”与“运动员”的职能职责，行业监管履行不到位。

（三）招标程序不规范，工程质量安全存在隐患

个别县（市、区）未严格执行国家、省关于政府投资项目招标投标的相关规定，甚至有意规避需依法招标项目，特别是农村公路中的小、微、散项目，通过“一事一议”、“化整为零”、“分阶段实施”等方式直接委托个人或小队伍承担工程建设，工程质量安全存在隐患。

（四）行业监管力量不足，质量监督责任落实不到位

受限于机构、编制等因素，部分县级质监机构属县级交通主管部门内设股室增挂牌子，实行“两块牌子、一套人马”，兼职不履职现象较为突出；现有人员的技术管理能力、工程实践经验等较为缺乏，履行监督职责能力不足。同时，工作经费难以足额落实到位，致使质量监督机构检测设备配置不全也不能实现委托抽检，检测手段单一，检测内容和频率不满足规范要求。

（五）事后把关不严，质量缺陷整治不到位

个别项目在组织项目验收时，未按照设计和标准规范组织验收，或工程验收走过场，质量评定不严谨，流于形式，没能把好工程质量最后的关口，导致验收过程

不能发现工程质量缺陷。部分农村公路建设项目甚至没有工程验收环节即投入使用，存在营运安全风险。

（六）建设规模受限，信息化建设推进难度大

农村公路建设项目存在总量大、分布散、投资少、工期短等特点，市（州）、县（市、区）在推进工程建设现场视频监控等信息化建设难度极大，短期内难以实现监测预警全覆盖。

五、措施建议

（一）科学谋划，有序推进建设

建议县级人民政府统筹规划、科学谋划农村公路发展，鼓励有条件的县（市、区）建立三至五年农村公路项目建设计划库，分批分期实施，使管理力量、资金投入、质量监督与农村公路建设计划执行相匹配，全力保障建设目标效益。

（二）完善建设体制，强化行业管理

建议县级人民政府明确农村公路建设、监管和质量监督主体单位及其职责，进一步完善县级农村公路管理机构，实现项目建设管理与行业管理相分离管理体制，切实落实农村公路建设项目业主责任制，项目业主应当具备建设项目相应的管理和技术力量，按照交通运输部《农村公路建设管理办法》，鼓励选择专业化机构履行业主职责。

（三）规范招投标管理，鼓励打捆招标

一是严格执行国家、省关于招投标的相关法律法规和制度要求，进一步规范农村公路招标投标行为。建议尽快出台《四川省农村公路建设管理办法》，对适宜打捆招标农村公路项目的建设规模及投资进一步明确；通过打捆的形式发包，形成规模效益，吸引资质好、业绩优、实力强、信誉好的专业化队伍参与农村公路项目建设。

二是强化中标施工单位质量责任。施工单位的技术实力、管理水平、履约守信是保障工程质量的关键性因素。为切实加强施工单位的管理，全面落实施工单位质量安全责任，建议进一步加强公示公开，对施工单位的项目负责人、技术负责人等主要人员信息进行公开，广泛接受社会和群众监督。同时，建议将农村公路建设项目从业单位和主要从业人员逐步纳入厅信用评价，并按照《四川省公路工程建设项目招标投标管理实施细则（试行）》有关要求，将信用评价结果在农村公路建设项目招标投标中充分利用，充分发挥“守信激励、失信惩治”作用。

（四）强化行业监管，落实质量监督责任

鼓励采用政府购买服务等方式，进一步加强县级质量监督能力建设，加强过程抽检，确保农村公路项目专业监督全覆盖。全面推行农村公路建设“七公开”，并将农村公路建设管理负责人、业主负责人和质量监督负责人同步公开，进一步强化质量安全责任落实，广泛接受社会和群众监督。逐步建立健全农村公路参建单位信用信誉管理机制，实施严格的评分考核，建立奖惩及退出机制。

（五）严格执行农村公路验收制度，确保建设质量

农村公路项目工程验收应由交通运输主管和建设单位组织，按照设计文件、合同文件和标准规范加强对关键指标的质量抽检和工程质量评定，加强路基、路面基层、桩基、预制构件、交安设施、排水设施等关键工序或结构的质量验收，验收过程中发现质量缺陷的，要督促施工单位整改到位，确保建设成效。

（六）利用信息化手段，强化信息化现场监管

鼓励一线作业人员、监理人员、管护人员和沿线群众利用微信、手机App等信息化手段，通过传输图片、视频等影像资料，加强施工监测、公路管护等信息反馈，强化信息化监管。

（七）创新管养模式，巩固建设成果

一是积极探索创新农村公路养护模式，如蒲江县采用购买服务的市场化运作方式进行农村公路管养，实现“公路管理部门专职管、养护生产单位专业养，管理养护全覆盖”，确保养护质量，巩固建设成效。

二是按照交通运输部《农村公路建设管理办法》，鼓励探索采用设计、施工和验收后一定时期养护工作合并实施的“建养一体化”模式。建议尽快出台《四川省农村公路建设管理办法》，并将“建养一体化”模式纳入管理办法。

关于利用红星路南延线和天府大道南延线以及自贡至泸州大件公路作为大件运输第二通道的调研报告

大件处

一、调研概述

（一）调研目的。四川省大件运输经过二十多年的发展，以重大技术装备为重点的装备制造业发展迅速，大件运输通道的通行和保障能力不断提高。为解决大件运输通道因岷江枯水期（每年11月至次年4月）带来的运输困难，本次我们重点将大件公路外绕线与红星路南延线交叉点作为起点，沿仁寿、自贡、泸州码头方向对现有、在建和正在规划的道路进行了调研，与沿线交通主管部门进行了主动衔接。在衔接过程中明确目的，努力探索大件运输第二通道建设的可行性，确保枯水期重点项目大件设备顺利运输和最终实现大件运输常态化、全天候。

（二）调研结论。随着大件产品在容量、重量、尺寸为提高生产率和竞争力向更大型化方向发展趋势，岷江枯水期无法进行运输问题愈加突显。利用已建成的红星路南延线、天府大道南延线、和眉山市、自贡市政府正在规划的红星路南延线延伸线、天府大道南延线延伸线接通自贡至泸州已批准建设的大件公路至泸州码头。在不增加太大投入的前提下，通过加固、改造、修改设计等措施打通一条大件运输新通道，彻底解决岷江枯水期无法通航问题，兑现省政府对全省重装企业的庄严承诺：造的出来就运的出去。实现大件产品运输常态化，支持重装产业发展和省重点工程建设设备运输是可行的。

二、大件运输的现状

从总体上看，四川省大件运输现状呈现以下几个特点：

（一）具有较为完善的管理体系。为了统一、规范管理大件运输，成立了全国唯一的大件公路及大件运输管理机构，充实调整了大件公路专门管理机构的职能职责，并成立了大件运输协调小组，初步建立了系统内的大件运输工作体系。制定出台了《四川省特殊超限货物运输公路、水路管理办法（试行）》、《四川省非大件公路重点大件运输协调工作方案》《四川省大件公路及大件运输管理规定》等大件运输管理规定，并在实践中不断积累经验，大件运输管理的制度保障不断增强。

（二）大件运输量呈快速上升态势，实现大件运输常态化迫在眉睫。德阳重大技术设备制造业基地依托大件公路近几年产品产量在不断增加，近5年来，大件运输审批办理均近10万件次，其中，2014年100吨以上的大件运量超过200件次，2017年100吨以上的大件运量152件次，比上年增长83.1%。但每年6个月的枯水期严重影响大件货物的运输和重装基地产能的释放。早日实现大件运输常态化，有力保障和支撑四川省重装企业，积极支持重装产业的发展迫在眉睫。

（三）大件运输通道（公路）的通行能力和保障能力强。大件因超高、超宽、超长、超重又不可拆解，因此不同于普通货物运输，对运输通道的通行和保障能力要求更高，要求通道满足一定的宽度、净空和承重能力，还需要有专业的运输团队以及交通管理部门的安全保障。近年来，大件运输的重量、几何尺寸不断刷新纪录，达到车货最长93米，最高8.95米，最重1 189吨。每一次大件运输任务的成功完成，都是对大件通道通行能力和保障能力的检验，在不断刷新纪录的过程中，大件通道的通行能力和保障能力也不断增强。

（四）对地方现有道路进行改造以满足大件运输需求。随着城乡建设和地方道路规划建设的需要，现有大件公路经常面临变更路线的状况，眉山段、夹江段、乐山段大件公路都曾变更过路线。2017年通车运行的大件公路外绕线通过对现有地方道路进行改造、桥梁进行加固、原有设计进行部分变更从而很好地满足了大件运输的需求，在支持地方建设的同时也为以后利用地方道路进行改造以满足大件运输需求积累了经验。

三、岷江长达半年的枯水期影响

（一）对重装生产企业和大件运输企业的影响。1.增加生产和运输成本。岷江枯水期问题是长期困扰重装生产企业和大件运输企业的问题，但是这一难题不是一个企业或几个企业就能解决的，作为企业，只能从自身的角度采取措施来应对枯水期问题，但是这导致成本成倍增加。其一，生产企业选择将生产基地搬离四川，在其他省份新建厂址。比如二重，就在江苏镇江新建了生产基地，企业不得不承担基地新建和运营的额外成本；其二，生产企业从产品上入手，在设计阶段，尽量设计更小尺寸和更轻重量的产品，但是受产品结构本身的限制，一些产品根本无法再减小减轻；其三，对一些产品采取分块生产，运输过岷江后再在码头完成组装，这样就必须将一大批工人，还有生产线搬到码头，原本可以在出厂时就完成的工作，不得不转移到几百公里外的码头，成本的增加是显而易见的。事实上，分块生产本身就会增加成本，模块化、集约化生产就是为了降低分块生产成本而改进的一种生产方式；其四，由于市场变化、业主需求、生产资源约束等，交货时间存在很大的不确定性，在岷江枯水期也总是有一些不得不运输的大件，通常采取特种船舶装载、协调上游电站放水、人工疏浚航道等一般应对措施，但是这些应对措施不仅受限因素多，而且大大增加运输成本，给生产或运输企业造成巨大的经济损失。据不完全统计，2013—2017年受枯水期影响的大件运输82件次，造成经济损失近1 000万元，其中2017年54件次，经济损失655万元。2.影响企业承接订单和按期交货，削弱市场竞争力。因为岷江枯水期问题，一方面，大件运输企业无法承接部分运输订单，四川东方物流有限公司在2016年1月就因岷江枯水，不能完成2件高压加热器的运输任务，从而取消运输订单，造成8万元的经济损失；另一方面，重装生产企业尽量把大件安排在丰水期产出，但由于业主需求变化、生产资源约束等原因，仍有部分大件产品只能在枯水期产出，对产出后不能运出去的，要么采取一般应对措施完成运输，要么只有等到丰水期后再运输，造成产品积压，不能按期交货。在市场竞争日趋激烈的情况下，不能正常承接订单，产品不能保质、按期生产和交付到客户，将影响企业商誉，不利于企业保持原有市场份额，更不利于开拓新的市场，削弱了企业市场竞争力。

（二）对重点工程建设的影响。重点工程建设项目各个环节环环相扣，如果其相关大件设备不能按合同时间运达目的地，就会影响整体工程建设进程，造成较大经济损失。省重点建设工程江油天明电厂单体500吨变压器运输项目，曾因岷江水位低，不得已疏浚岷江航道，否则该变压器只能停放在乐山大件码头半年，将严重影响重点工程的顺利进行。

（三）对大件运输的影响。1.影响大件运输均衡发展。大件运输中单件超过200吨的产品必须经岷江外运，但是，在岷江枯水期五通桥以下仅可通行200吨以下的船舶，五通桥以上基本不能通航，使得春、冬季的大件运量显著减少。2018年，省经信委共下达57件次大件运输计划，仅有14件次拟在枯水期发运，约占24.6%。但是，随着大件运输需求的增加，将有更多的大件运输受到枯水期的影响。因此，岷江航道的枯水期成了大件运输的“拦路虎”，严重制约了大件运输均衡发展。2.构成严重的安全隐患。长期以来，大件运输存在偷运、瞒报的现象。在2016年的一次调查中，从重装生产企业了解到已运单体重量超过260吨的大件产品共11件，但省政务中心交通窗口并未有单体重量超过260吨的大件运输申请，说明了偷运、瞒报现象的存在。产生这一现象的原因不排除岷江枯水期。在岷江枯水期期间，因无法满足运输要求，企业不得已更改线路，但更改的线路的通行能力可能不足，为了避免这一原因在审批时受限，企业往往选择偷运或瞒报。偷运、瞒报不仅扰乱了市场运输秩序，还对大件运输构成了严重的安全隐患。

（四）对管理部门的影响。在枯水期，对于一些业主急需的产品，重装企业不得不采取一般应对措施，往往是协调上游电站放水，但是因涉及的单位多，除了政府部门，还涉及诸多经营单位，协调难度大，增大了协调成本。

四、大件运输未来5年的发展需求

随着四川省重装产业快速发展以及国家、省重点工程建设项目和国防建设工程项目增多，大件运输需求日趋旺盛。100吨以上的大件运量除2015年有所下降外，其余每年均保持22.1%以上的增长率增长，年均增长率为6.7%。在大环境持续向好的背景下，大件运输需求量将持续增加，而且根据三代及以上核电机组、高端清洁高效发电设备的发展趋势，在未来几年，重装企业还将陆续产出容量、重量、尺寸更大的大型发电设备产品，包括百万千瓦级水电，百万千瓦级新一代高效超超临界火电机组等。随着总量的增加，在枯水期的运量也将相应增加。以二重为例，未来5年在枯水期期间200吨以上的大件运输需求（单位：件次）分别为10、18、24、29、38，产值总量（单位：万元）分别为14 000、26 000、36 000、44 000、53 000。如果岷江枯水期问题能够得到有效解决，使得重装生产企业和大件运输企业能够承接更多的枯水期订单，大件运输需求将比预期更大。因此，未来5年的大件运输需求将持续增加，岷江枯水期问题对大件运输的影响将更加突出。

五、大件公路第二通道情况

将天府大道南延线经过仁寿至自贡延伸到泸州事宜，已列入眉山市、自贡市、泸州市政府工作议事日程，天府大道南延线向川南腹地延伸，对于沿线经济建设具有积极推动作用，是落实省委十一届三次会议精神的重要举措，沿线地方政府积极性高，在今年初，三市政府有关部门在仁寿召开了专题研究座谈会。现就目前大件公路备用通道调研情况介绍如下：

（一）大件公路备用通道概况。大件公路第二通道北起大件公路外绕段与红星路南延线交汇点，沿红星路南延线仁寿段经仁寿宝飞镇与天府大道南延线仁寿段交汇于仁寿彰加镇。再沿天府大道南延线仁寿段、自贡段与自贡至泸州港大件公路交汇于自贡市舒坪镇，并经自贡至泸州港大件公路到达第二通道终点泸州港大脚石码头。其中，红星路南延线与天府大道南延线交汇点长120公里，仁寿至自贡舒坪镇段长约160公里，自贡至泸州港段约120公里，备用通道全长约400公里。

（二）大件公路备用通道目前规划、建设情况。红星路南延线仁寿段建设情况：第二通道起点至成都二绕高速公路段已经建成。成都二绕高速公路至仁寿观寺镇段为隧道设计方案，还未动工。观寺镇至仁寿宝飞镇段已经开建有一年半的时间。宝飞镇与仁寿彰加镇天府大道联通段（约20公里）尚未列入规划。

仁寿至自贡段天府大道南延线已列入自贡市地方政府规划，并按公路一级标准设计。眉山、自贡市交通主管部门表示愿意积极配合对原设计按《四川省大件公路设计技术指标规定》进行修改。

自贡至泸州大件公路建设项目已批准立项，部分建设资金已经到位。

泸州大件码头建设已经列入政府规划。大件货物从泸州上船可节省水路300多公里，新路线比原路线运输时间可提前1天。

目前泸州长江航道已具有Ⅲ级通航能力，能实现枯水期1 000吨船舶昼夜通航。

六、利用红星路南延线和天府大道南延线以及自贡至泸州大件公路作为大件运输第二通道的积极意义

（一）有利于履行好基本职责。在《四川省军民深度融合发展实施方案》中明确指出：交通运输厅负责，针对重大装置超大、超精密结构件的物流运输要求，制定实施专项物流保障方案，若运输沿途需临时改道，统筹协调做好临时改道铺装及恢复等工作。开展利用红星路南延线和天府大道南延线以及自贡至泸州大件公路作为大件运输第二通道的可行性研究，是履行好这一职责的需要。同时，利用此次研究工作，前期阶段对重装生产企业和大件运输企业进行了调研，深入了解岷江枯水期给他们带来的困难，把“大学习、大讨论、大调研”活动和省委十一届三次全会会议精神落地生根，开花结果。

（二）有利于深化供给侧结构性改革。将利用红星路南延线和天府大道南延线以及自贡至泸州大件公路作为大件运输第二通道，在岷江枯水期，形成一条新的大件运输通道，使得大件能够通过长江航道进出川，能够有效降低企业生产和运输成本，同时也补齐了大件运输的短板，是深化供给侧结构性改革，坚持降成本、补短板，积极支持产业发展，提升为实体经济服务水平的举措。

（三）有利于支持重装产业发展和省重点工程建设。岷江枯水期问题，一方面是重装生产和大件运输企业发展的难题，有效解决这一难题，有利于降低生产和运输成本，维护企业良好声誉，提高市场竞争力，促进重装产业良好发展。另一方面是影响重点工程建设如期推进的关键因素，新开辟的大件运输备用通道，可以保证重点工程建设所需的大件设备在任何时候都能运抵目的地，保证了重点工程建设如期推进，支持了重点工程建设。

（四）有利于缓解岷江枯水期的不利影响。岷江枯水期问题长期困扰着参与大件运输的各方，岷江高等级航道建设项目的上马，给根本上解决这一问题带来了希望，但是在其未完成的这6、7年间，岷江枯水期问题依然摆在我们的面前，根据实际情况，将红星路南延线延伸线和天府大道南延线延伸线以及自贡至泸州大件公路作为大件运输第二通道，有利于缓解岷江枯水期的不利影响，这也是发现问题并解决问题的一种主动作为的表现，有利于提升民众对政府的满意度。

（五）有利于大件运输常态化。大件运输第二通道的打通，可以彻底解决岷江枯水期无法通航问题，实现大件产品运输常态化，大件运输企业运输全天候。极大有利于重装企业产能的释放，企业竞争力再上一个台阶，有力支持全省重装产业发展和省重点工程建设设备运输。

七、结论和建议

（一）结论。随着全省重装产业快速发展以及国家、省重点工程建设项目和国防建设工程项目增多，大件运输需求不断增加，且大件产品趋于向容量、重量、尺寸更大的方向发展，岷江枯水期问题对大件运输等的影响将更为严重。然而，现有解决岷江枯水期问题的措施不仅受限因素多，而且成本高，岷江高等级航道建设项目又至少需要6、7年才能完成，建设还需要较长时间而且存在许多不确定、不可控因素，将红星路南延线和天府大道南延线以及自贡至泸州大件公路作为大件运输第二通道，不仅有利于缓解岷江枯水期的不利影响，而且有利于支持重装产业发展和省重点工程建设，有利于大件运输常态化。因此，将红星路南延线和天府大道南延线以及自贡至泸州大件公路作为大件运输第二通道具有重大经济价值且是可行的。

（二）建议。要将利用红星路南延线和天府大道南延线以及自贡至泸州大件公路作为大件运输第二通道，还需要：一是省交通运输厅层面与地方政府对大件运输通道和红星路南延线和天府大道南延线的规划、建设要同步实施。二是进一步对仁寿红星路南延线龙泉单向隧道按照《四川省大件公路设计技术指标规定》进行合理设计和改造，桥梁进行加固处理，空路障进行改造。对下穿现有高速公路、铁路立交道口进行改造。三是仁寿至自贡段天府大道南延线延伸线按《四川省大件公路设计技术指标规定》标准统筹规划建设。四是建设、加固改造经费可按地方自筹省上补助方式解决。

法律法规索引

FALV FAGUI SUOYIN

2019年法律和行政法规索引

类　别	颁布时间	名　称	颁布机关及文号
法律	2019-04-23	中华人民共和国行政许可法（2019年修正）	中华人民共和国主席令第29号
行政法规	2019-09-29	中华人民共和国招标投标法实施条例（2019年修订）	中华人民共和国国务院令第676号

2019年地方性法规和部门规章索引

类　别	颁布时间	名　称	颁布机关及文号
政府规章	2019-12-27	四川省道路旅客运输管理办法（2019年修订）	四川省人民政府令
部门规章	2019-05-29	航道工程建设管理规定	中华人民共和国交通运输部令2019年第44号
	2019-12-04	港口和船舶岸电管理办法	中华人民共和国交通运输部令2019年第45号
	2019-12-24	道路危险货物运输管理规定（2019年修改）	中华人民共和国交通运输部令2019年第42号
	2019-11-20	公路水运工程试验检测管理办法（2019年修改）	中华人民共和国交通运输部令2019年第38号
	2019-11-20	公路水运工程监理企业资质管理规定（2019年修改）	中华人民共和国交通运输部令2019年第37号
	2019-04-04	港口经营管理规定（2019年修改）	中华人民共和国交通运输部令2019年第36号

续表

类 别	颁布时间	名 称	颁布机关及文号
部门规章	2019-11-20	航道通航条件影响评价审核管理办法（2019年修改）	中华人民共和国交通运输部令2019年第35号
	2019-11-28	港口危险货物安全管理规定（2019年修改）	中华人民共和国交通运输部令2019年第34号
	2019-11-28	港口工程建设管理规定（2019年修改）	中华人民共和国交通运输部令2019年第32号
	2019-11-06	渔业船舶检验管理规定	中华人民共和国交通运输部令2019年第28号
	2019-07-10	危险货物道路运输安全管理办法	中华人民共和国交通运输部令2019年第29号
	2019-06-12	机动车维修管理规定（2019年修改）	中华人民共和国交通运输部令2019年第20号
	2019-06-12	道路运输车辆技术管理规定（2019年修改）	中华人民共和国交通运输部令2019年第19号
	2019-06-12	道路运输从业人员管理规定（2019年修改）	中华人民共和国交通运输部令2019年第18号
	2019-06-12	道路货物运输及站场管理规定（2019年修改）	中华人民共和国交通运输部令2019年第17号
	2019-05-06	交通运输标准化管理办法	中华人民共和国交通运输部令2019年第12号
	2019-04-04	交通运输行政执法程序规定	中华人民共和国交通运输部令2019年第9号
	2019-04-04	中华人民共和国内河海事行政处罚规定（2019年修改）	中华人民共和国交通运输部令2019年第11号
	2019-04-04	中华人民共和国海上海事行政处罚规定（2019年修改）	中华人民共和国交通运输部令2019年第10号
	2019-01-30	通航建筑物运行管理办法	中华人民共和国交通运输部令2019年第6号
	2019-01-30	中华人民共和国船员培训管理规则（2019年修改）	中华人民共和国交通运输部令2019年第5号
	2019-01-16	中华人民共和国水上水下活动通航安全管理规定	中华人民共和国交通运输部令2019年第2号

2019年省政府规章和文件索引

类　别	颁布时间	名　称	颁布机关及文号
规范性文件	2019-09-04	交通运输部关于印发《交通扶贫项目和资金监督管理办法》的通知	交规划发〔2019〕112号
	2019-07-18	交通运输部关于印发《道路运输企业主要负责人和安全生产管理人员安全考核管理办法》《道路运输企业主要负责人和安全生产管理人员安全考核大纲》的通知	交运规〔2019〕6号
	2019-05-23	四川省人民政府办公厅关于全面落实行政执法公示制度执法全过程记录制度重大执法决定法制审核制度的实施意见	川办发〔2019〕34号
	2019-01-14	四川省人民政府办公厅关于印发四川省高速公路“建设—运营—移交”项目管理办法的通知	川办发〔2019〕6号
	2019-12-03	四川省交通运输厅关于印发《四川省高速公路投资人信用管理办法》的通知	川交发〔2019〕33号
	2019-02-03	四川省交通运输厅关于印发《四川省交通运输信息化建设从业单位信用评价管理办法（试行）》的通知	川交发〔2019〕5号
	2019-08-14	四川省交通运输厅 四川省发展和改革委员会关于印发《四川省通行高速公路严重违法失信行为信用联合惩戒管理办法》的通知	川交发〔2019〕23号

（本栏目供稿单位：厅法规处）

统计资料

TONGJI ZILIAO

2019年全省高速公路明细表

单位：公里

线路名称	线路编号	起讫地点	高速公路里程合计	高速公路车道里程合计	四车道	六车道	八车道	通车时间
合 计			7 523.207	32 204.444	6 512.444	965.718	45.045	
成乐高速	G0512	成乐高速与成雅高速交界	91.242	476.348	63.397		27.845	2010-12-26
北京—昆明	G108	金鸡关收费站	2.388	9.552	2.388			1999-12-31
沪蓉高速	G42	垫江（川渝界）	356.366	1 478.740	329.728	26.638		2008-12-31
成都绕城高速	G4202	成都市金牛区天回镇	85.000	510.000		85.000		2001-12-31
蓉遵高速	G4215	成都	296.721	1 241.852	269.237	27.484		2014-06-29
蓉丽高速	G4216	仁寿枢纽互通	153.688	614.752	153.688			2019-12-31
蓉昌高速	G4217	成灌高速入口	267.679	1 140.556	232.759	34.920		2019-12-31
雅叶高速	G4218	草坝枢纽互通	135.000	540.000	135.000			2018-12-31
京昆高速	G5	棋盘关（川陕界）	981.483	4 111.532	888.683	92.800		2012-04-23
恩广高速	G5012	宝石（川渝界）	313.109	1 252.436	313.109			2014-12-31
渝蓉高速	G5013	忠义（川渝界）	174.539	1 047.234		174.539		2017-12-31
张南高速	G5515	石桥铺（川渝界）	142.101	568.404	142.101			2017-01-22
包茂高速	G65	金竹坝（川陕界）	305.014	1 220.056	305.014			2012-04-14
兰海高速	G75	姚渡（川甘界）	331.078	1 324.312	331.078			2012-04-01
厦蓉高速	G76	白土岭（川黔界）	420.470	1 681.880	420.470			2012-12-31
银昆高速	G85	桃园	458.614	1 834.456	458.614			2018-12-31
广泸高速	G8515	广安区	81.328	325.312	81.328			2019-01-22
成渝环线高速	G93	绵阳 G5 与 G93 接点	579.614	2 318.456	579.614			2013-09-12
成万高速	S1	新都区大丰镇	157.626	699.304	140.426		17.200	2019-12-31
成巴高速	S2	成都市	308.077	1 232.308	308.077			2014-01-01

续表

线路名称	线路编号	起讫地点	高速公路里程合计	高速公路车道里程合计	四车道	六车道	八车道	通车时间
达阆高速	S26	石板枢纽	92.530	370.120	92.530			2019-12-31
遂西高速	S29	遂宁吉祥	67.644	270.576	67.644			2015-12-10
西绵高速	S32	西充	124.358	497.432	124.358			2018-12-31
广洪高速	S40	武胜枢纽互通	314.939	1 259.756	314.939			2015-12-26
遂宜毕高速	S41	复兴互通	173.014	692.056	173.014			2016-06-30
茂遂高速	S53	遂宁市大英县回马镇	24.116	96.464	24.116			2007-11-14
内荣高速	S56	冷家湾互通	62.761	251.044	62.761			2015-12-31
成都城北出口高速	S57	青龙场	10.349	62.094		10.349		1997-12-31
成都机场高速	S6	人民南路南站立交桥	11.980	47.920	11.980			1999-12-01
隆汉高速	S66	迎接互通	174.828	699.312	174.828			2015-12-31
成名高速	S8	318 尾	109.017	487.360	83.371	25.646		2010-11-09
古宜高速	S80	贵州界	125.831	503.324	125.831			2019-12-31
成都第二绕城高速	SA2	彭州	222.894	1 337.364		222.894		2015-12-27
成都经济区环线高速	SA3	中兴枢纽互通	252.473	1 514.838		252.473		2019-12-31
广元绕城高速	SH	瓷窑铺互通	19.456	77.824	19.456			2015-12-31
乐山绕城高速	SL	凌云枢纽互通	23.618	94.472	23.618			2017-12-31
南充绕城高速	XA56	青莲	19.944	79.776	19.944			2007-12-31
成仁高速连接线	XAAA	成都市	1.258	7.548		1.258		2012-12-31
遂洪高速连接线	XAAB	罗家湾	1.300	5.200	1.300			2014-12-31
S1 成万高速彭州连接线	XAS1	成彭高速接点	4.117	16.468	4.117			2004-12-31
S8 成名高速邛崃连接线	XAS8	邛名高速接点	8.960	35.840	8.960			2004-12-31
高速公路泸州连接线	XE29	收费站	8.600	34.400	8.600			2000-12-31
厦蓉高速渠坝连接线	XE99	渠坝	2.744	10.976	2.744			2000-12-31
宜叙高速连接线	XG41	绥庆	2.316	9.264	2.316			2015-12-26
内江连接线	XLL1	冷家湾收费站	0.717	2.868	0.717			2016-12-31
都江堰连接线	XLL2	都汶高速出口	5.519	33.114		5.519		2000-12-30
乐山连接线	XLS1	国道 108	1.433	5.732	1.433			2013-09-12
成雅路城区连线	XN88	城区	6.198	37.188		6.198		1999-12-31
高速公路连接线	XT28	高速出口	0.245	0.980	0.245			1999-12-31
白塔连接线	XX60	植物油厂	8.911	35.644	8.911			2000-12-31

（厅规划处）

2019年全省公路里程年底达到数（按技术等级分）

单位：公里

项 目	公路里程总计	等级公路				
		合 计	高速公路			
			小 计	四车道	六车道	八车道及以上
一、上年年底达到数	331 592.258	304 830.305	7 131.370	6 331.392	782.778	17.200
国 道	22 461.699	22 256.457	5 033.064	4 648.483	384.581	
其中：国家高速公路	5 030.676	5 030.676	5 030.676	4 646.095	384.581	
省 道	23 405.274	22 756.134	2 037.955	1 645.882	374.873	17.200
县 道	22 695.060	21 872.707	60.351	37.027	23.324	
乡 道	50 036.216	45 743.757				
专用公路	4 799.313	2 410.405				
村 道	208 194.696	189 790.845				
二、本年新建数	1 369.244	1 369.244	391.837	265.697	126.140	
国 道	162.908	162.908	142.370	142.370		
其中：国家高速公路	142.370	142.370	142.370	142.370		
省 道	253.354	253.354	249.467	123.327	126.140	
县 道	23.017	23.017				
乡 道	96.399	96.399				
专用公路	12.102	12.102				
村 道	821.464	821.464				
三、本年改建变更数	4 133.396	11 892.457		−84.645	56.800	27.845
国 道	−76.687	−64.872		−84.645	56.800	27.845
其中：国家高速公路				−84.645	56.800	27.845
省 道	37.083	32.249	−11.911	−22.260	10.349	
县 道	−134.498	209.296	11.911	22.260	−10.349	
乡 道	−444.142	1 323.368				
专用公路	−435.515	135.356				
村 道	5 187.155	10 257.060				
四、本年年底达到数	337 094.898	318 092.006	7 523.207	6 512.444	965.718	45.045
国 道	22 547.920	22 354.493	5 175.434	4 706.208	441.381	27.845
其中：国家高速公路	5 173.046	5 173.046	5 173.046	4 703.820	441.381	27.845
省 道	23 695.711	23 041.737	2 275.511	1 746.949	511.362	17.200
县 道	22 583.579	22 105.020	72.262	59.287	12.975	
乡 道	49 688.473	47 163.524				
专用公路	4 375.900	2 557.863				
村 道	214 203.315	200 869.369				

续表

项　目	等级公路				等外公路
	一　级	二　级	三　级	四　级	
一、上年年底达到数	4 178.049	16 021.142	14 635.651	262 864.093	26 761.953
国　道	1 952.022	8 889.039	4 191.217	2 191.115	205.242
其中：国家高速公路					
省　道	1 027.971	4 193.352	4 218.265	11 278.591	649.140
县　道	510.588	1 570.596	3 653.240	16 077.932	822.353
乡　道	304.585	707.355	1 526.264	43 205.553	4 292.459
专用公路	16.908	82.422	148.246	2 162.829	2 388.908
村　道	365.975	578.378	898.419	187 948.073	18 403.851
二、本年新建数	30.582	47.805	57.011	842.009	
国　道	18.138	2.400			
其中：国家高速公路					
省　道		3.575	0.312		
县　道	2.585	19.377		1.055	
乡　道		10.358	23.391	62.650	
专用公路				12.102	
村　道	9.859	12.095	33.308	766.202	
三、本年改建变更数	101.336	583.052	-39.428	11 247.497	-7 759.061
国　道	20.177	443.253	45.134	-573.436	-11.815
其中：国家高速公路					
省　道	19.481	74.180	39.611	-89.112	4.834
县　道	7.721	-35.276	-23.056	247.996	-343.794
乡　道	27.374	73.726	-48.592	1 270.860	-1 767.510
专用公路	5.725	6.148	7.333	116.150	-570.871
村　道	20.858	21.021	-59.858	10 275.039	-5 069.905
四、本年年底达到数	4 309.967	16 651.999	14 653.234	274 953.599	19 002.892
国　道	1 990.337	9 334.692	4 236.351	1 617.679	193.427
其中：国家高速公路					
省　道	1 047.452	4 271.107	4 258.188	11 189.479	653.974
县　道	520.894	1 554.697	3 630.184	16 326.983	478.559
乡　道	331.959	791.439	1 501.063	44 539.063	2 524.949
专用公路	22.633	88.570	155.579	2 291.081	1 818.037
村　道	396.692	611.494	871.869	198 989.314	13 333.946

（厅规划处）

2019年全省公路里程年底达到数（按路面类型分）

单位：公里

项 目	公路里程总计	有铺装路面（高级）		
		合 计	沥青混凝土	水泥混凝土
一、上年年底达到数	331 592.258	270 909.401	50 234.972	220 674.429
国 道	22 461.699	20 762.535	18 890.711	1 871.824
其中：国家高速公路	5 030.676	5 030.676	4 923.047	107.629
省 道	23 405.274	19 727.088	11 745.668	7 981.420
县 道	22 695.060	18 403.986	6 405.589	11 998.397
乡 道	50 036.216	38 821.493	8 857.760	29 963.733
专用公路	4 799.313	1 587.761	467.643	1 120.118
村 道	208 194.696	171 606.538	3 867.601	167 738.937
二、本年新建数	1 369.244	1 369.244	624.495	744.749
国 道	162.908	162.908	162.908	
其中：国家高速公路	142.370	142.370	142.370	
省 道	253.354	253.354	253.354	
县 道	23.017	23.017	23.017	
乡 道	96.399	96.399	54.980	41.419
专用公路	12.102	12.102	12.102	
村 道	821.464	821.464	118.134	703.330
三、本年改建变更数	4 133.396	26 932.685	5 905.623	21 027.062
国 道	−76.687	920.616	1 194.504	−273.888
其中：国家高速公路	0.000	0.000	70.000	−70.000
省 道	37.083	206.265	217.671	−11.406
县 道	−134.498	1 245.786	729.391	516.395
乡 道	−444.142	4 711.190	2 117.726	2 593.464
专用公路	−435.515	192.857	−16.731	209.588
村 道	5 187.155	19 655.971	1 663.062	17 992.909
四、本年年底达到数	337 094.898	299 211.330	56 765.090	242 446.240
国 道	22 547.920	21 846.059	20 248.123	1 597.936
其中：国家高速公路	5 173.046	5 173.046	5 135.417	37.629
省 道	23 695.711	20 186.707	12 216.693	7 970.014
县 道	22 583.579	19 672.789	7 157.997	12 514.792
乡 道	49 688.473	43 629.082	11 030.466	32 598.616
专用公路	4 375.900	1 792.720	463.014	1 329.706
村 道	214 203.315	192 083.973	5 648.797	186 435.176

续表

项　目	简易铺装路面（次高级）	未铺装路面（中级、低级、无路面）	可绿化里程	已绿化里程	养护里程
一、上年年底达到数	14 010.064	46 672.793	270 621.277	140 292.734	319 493.498
国　道	1 030.473	668.691	19 362.858	17 634.801	22 461.699
其中：国家高速公路	0.000	0.000	4 619.054	4 600.833	5 030.676
省　道	1 645.654	2 032.532	21 893.868	17 841.431	23 405.274
县　道	2 375.109	1 915.965	21 701.580	16 634.419	22 695.060
乡　道	3 582.019	7 632.704	46 231.431	28 261.494	49 216.240
专用公路	216.712	2 994.840	4 166.199	1 989.059	4 558.745
村　道	5 160.097	31 428.061	157 265.341	57 931.530	197 156.480
二、本年新建数			1 138.357	837.441	1 239.905
国　道			114.875	111.776	162.908
其中：国家高速公路			96.315	96.315	142.370
省　道			175.184	175.004	253.354
县　道			22.489	18.380	23.017
乡　道			90.085	62.033	94.388
专用公路			12.102	10.000	10.982
村　道			723.622	460.248	695.256
三、本年改建变更数	−6 205.994	−16 593.295	12 135.996	30 045.976	6 266.506
国　道	−874.408	−122.895	−1 685.678	−1 726.593	−76.687
其中：国家高速公路	0.000	0.000	−1 017.400	−999.179	0.000
省　道	−47.757	−121.425	−733.719	−1 276.019	37.083
县　道	−822.483	−557.801	−593.867	−342.232	−134.498
乡　道	−1 812.045	−3 343.287	−788.662	1 073.658	−409.017
专用公路	−74.801	−553.571	−343.690	−148.831	−387.498
村　道	−2 574.500	−11 894.316	16 281.612	32 465.993	7 237.123
四、本年年底达到数	7 804.070	30 079.498	283 895.630	171 176.151	326 999.909
国　道	156.065	545.796	17 792.055	16 019.984	22 547.920
其中：国家高速公路	0.000	0.000	3 697.969	3 697.969	5 173.046
省　道	1 597.897	1 911.107	21 335.333	16 740.416	23 695.711
县　道	1 552.626	1 358.164	21 130.202	16 310.567	22 583.579
乡　道	1 769.974	4 289.417	45 532.854	29 397.185	48 901.611
专用公路	141.911	2 441.269	3 834.611	1 850.228	4 182.229
村　道	2 585.597	19 533.745	174 270.575	90 857.771	205 088.859

（厅规划处）

2019年全省公路桥梁、渡口年底达到数（按跨径分）

项 目	总 计		互通式立交桥	
	座	延米	座	延米
一、上年年底达到数	42 631	3 045 993.70	513	96 307.31
国 道	10 900	1 684 157.77	334	53 767.85
其中：国家高速公路	6 080	1 373 825.51	331	53 310.85
省 道	6 772	636 269.25	178	42 483.40
县 道	4 447	173 022.20	1	56.06
乡 道	6 603	197 051.54		
专用公路	419	10 518.50		
村 道	13 490	344 974.44		
二、本年新建数	625	119 926.55	28	8 043.34
国 道	193	36 025.08	7	4 402.42
其中：国家高速公路	127	32 436.18	7	4 402.42
省 道	296	78 155.47	21	3 640.92
县 道	16	1 045.55		
乡 道	33	1 233.18		
专用公路	2	84.00		
村 道	85	3 383.27		
三、本年改建变更数	459	65 665.28	6	580.88
国 道	157	51 417.06	6	554.40
其中：国家高速公路	63	33 327.18	2	91.40
省 道	27	3 487.15	−3	−206.55
县 道	−69	−41.15	3	233.03
乡 道	−25	2 876.39		
专用公路	−65	−1 244.00		
村道	434	9 169.83		
四、本年年底达到数	43 715	3 231 585.53	547	104 931.53
国 道	11 250	1 771 599.91	347	58 724.67
其中：国家高速公路	6 270	1 439 588.87	340	57 804.67
省 道	7 095	717 911.87	196	45 917.77
县 道	4 394	174 026.60	4	289.09
乡 道	6 611	201 161.11		
专用公路	356	9 358.50		
村 道	14 009	357 527.54		

续表

项目	按跨径分								渡口总计	机动渡口
	特大桥		大桥		中桥		小桥			
	座	延米	座	延米	座	延米	座	延米	处	处
一、上年年底达到数	275	411 378.95	6 923	1 670 001.81	9 656	508 562.12	25 777	456 050.82	176	101
国道	201	309 044.71	4 138	1 125 632.36	2 963	176 690.76	3 598	72 789.94	1	1
其中：国家高速公路	175	292 435.33	3 319	959 417.23	1 562	101 353.38	1 024	20 619.57		
省道	63	91 066.12	1 620	383 092.18	1 857	99 590.40	3 232	62 520.55	7	6
县道	7	9 547.24	296	53 501.36	976	49 637.00	3 168	60 336.60	7	5
乡道	4	1 720.88	363	47 137.83	1 273	61 739.46	4 963	86 453.37	44	24
专用公路			24	2 372.40	86	3 298.00	309	4 848.10	8	6
村道			482	58 265.68	2 501	117 606.50	10 507	169 102.26	109	59
二、本年新建数	18	25 041.50	332	84 702.54	140	8 182.34	135	2 000.17		
国道	6	9 521.92	102	23 797.19	37	2 208.73	48	497.24		
其中：国家高速公路	6	9 521.92	89	21 417.56	21	1 386.70	11	110.00		
省道	12	15 519.58	218	59 236.51	58	3 263.88	8	135.50		
县道			2	536.00	6	351.39	8	158.16		
乡道			4	506.64	7	381.04	22	345.50		
专用公路			1	60.00			1	24.00		
村道			5	566.20	32	1 977.30	48	839.77		
三、本年改建变更数	10	18 314.89	132	37 554.61	66	4 129.99	251	5 665.79	–37	–16
国道	9	15 391.50	111	33 250.94	53	2 617.21	–16	157.41		
其中：国家高速公路	10	15 953.00	45	16 701.45	10	697.82	–2	–25.09		
省道	1	4 163.33	–2	–1 613.45	12	596.75	16	340.52		
县道		–1 239.94	11	2 155.78	–4	7.39	–76	–964.38		
乡道			–6	1 755.56	22	1 270.40	–41	–149.57	–8	–5
专用公路				24.10	–10	–329.40	–55	–938.70		
村道			18	1 981.68	–7	–32.36	423	7 220.51	–29	–11
四、本年年底达到数	303	454 735.34	7 387	1 792 258.96	9 862	520 874.45	26 163	463 716.78	139	85
国道	216	333 958.13	4 351	1 182 680.49	3 053	181 516.70	3 630	73 444.59	1	1
其中：国家高速公路	191	317 910.25	3 453	997 536.24	1 593	103 437.90	1 033	20 704.48		
省道	76	110 749.03	1 836	440 715.24	1 927	103 451.03	3 256	62 996.57	7	6
县道	7	8 307.30	309	56 193.14	978	49 995.78	3 100	59 530.38	7	5
乡道	4	1 720.88	361	49 400.03	1 302	63 390.90	4 944	86 649.30	36	19
专用公路			25	2 456.50	76	2 968.60	255	3 933.40	8	6
村道			505	60 813.56	2 526	119 551.44	10 978	177 162.54	80	48

（厅规划处）

2019年全省公路桥梁年底达到数（按使用年限分）

项　目	桥梁总计				按建筑材料和使用年限分					
			危　桥		永久性		半永久性		临时性	
	座	延米	座	延米	座	延米	座	延米	座	延米
一、上年年底达到数	42 631	3 045 993.70	1 247	49 599.48	41 513	3 011 977.40	833	25 750.30	285	8 266.00
国　道	10 900	1 684 157.77	73	5 685.15	10 865	1 682 614.77	25	1 325.00	10	218.00
其中：国家高速公路	6 080	1 373 825.51	2	682.00	6 080	1 373 825.51		0.00		0.00
省　道	6 772	636 269.25	206	8 918.66	6 703	634 121.41	28	1 689.24	41	458.60
县　道	4 447	173 022.20	124	4 799.54	4 425	172 382.60	19	496.00	3	143.60
乡　道	6 603	197 051.54	235	10 214.97	6 424	192 632.89	124	3 323.15	55	1 095.50
专用公路	419	10 518.50	9	195.40	406	10 201.00	7	211.50	6	106.00
村　　道	13 490	344 974.44	600	19 785.76	12 690	320 024.73	630	18 705.41	170	6 244.30
二、本年新建数	625	119 926.55			618	119 632.05	7	294.50		
国　道	193	36 025.08			193	36 025.08				
其中：国家高速公路	127	32 436.18			127	32 436.18				
省　道	296	78 155.47			296	78 155.47				
县　道	16	1 045.55			16	1 045.55				
乡　道	33	1 233.18			33	1 233.18				
专用公路	2	84.00			2	84.00				
村　道	85	3 383.27			78	3 088.77	7	294.50		
三、本年改建变更数	459	65 665.28	–210	–6 844.76	504	70 738.17	16	–1 548.89	–61	–3 524.00
国　道	157	51 417.06	–18	–586.35	154	51 134.86	2	154.20	1	128.00
其中：国家高速公路	63	33 327.18	–2	–682.00	63	33 327.18				
省　道	27	3 487.15	–102	–4 075.78	29	4 308.65	–1	–783.50	–1	–38.00
县　道	–69	–41.15	–7	–155.04	–74	–123.15	5	82.00		
乡　道	–25	2 876.39	–28	–917.37	–15	3 525.60	4	–148.21	–14	–501.00
专用公路	–65	–1 244.00	–8	–84.60	–68	–1 256.00	4	38.00	–1	–26.00
村　道	434	9 169.83	–47	–1 025.62	478	13 148.21	2	–891.38	–46	–3 087.00
四、本年年底达到数	43 715	3 231 585.53	1 037	42 754.72	42 635	3 202 347.62	856	24 495.91	224	4 742.00
国　道	11 250	1 771 599.91	55	5 098.80	11 212	1 769 774.71	27	1 479.20	11	346.00
其中：国家高速公路	6 270	1 439 588.87			6 270	1 439 588.87		0.00		
省　道	7 095	717 911.87	104	4 842.88	7 028	716 585.53	27	905.74	40	420.60
县　道	4 394	174 026.60	117	4 644.50	4 367	173 305.00	24	578.00	3	143.60
乡　道	6 611	201 161.11	207	9 297.60	6 442	197 391.67	128	3 174.94	41	594.50
专用公路	356	9 358.50	1	110.80	340	9 029.00	11	249.50	5	80.00
村　道	14 009	357 527.54	553	18 760.14	13 246	336 261.71	639	18 108.53	124	3 157.30

（厅规划处）

2019年全省公路隧道年底达到数

项　目	合　计		按隧道长度分类							
			特长隧道		长隧道		中隧道		短隧道	
	延米	处	延米	处	延米	处	延米	处	延米	处
一、上年年底达到数	1 547 389.12	1 281	584 777.07	123	618 729.75	358	203 782.77	284	140 099.53	516
国　道	1 238 255.20	920	515 599.07	105	483 932.73	276	141 105.27	198	97 618.13	341
其中：国家高速公路	1 019 774.56	692	457 985.07	93	378 227.50	217	111 158.77	156	72 403.22	226
省　道	269 827.00	266	61 183.00	16	118 151.60	69	58 152.00	80	32 340.40	101
县　道	20 240.42	28	4 895.00	1	10 336.42	8	993.00	1	4 016.00	18
乡　道	8 649.50	27	3 100.00	1	1 200.00	1	903.50	1	3 446.00	24
专用公路	3 459.00	6			2 659.00	2			800.00	4
村　道	6 958.00	34			2 450.00	2	2 629.00	4	1 879.00	28
二、本年新建数	102 462.49	67	30 661.50	8	58 665.49	28	8 021.50	12	5 114.00	19
国　道	52 116.49	30	16 373.50	4	32 332.49	14	975.50	1	2 435.00	11
其中：国家高速公路	49 756.49	22	16 373.50	4	31 097.49	13	975.50	1	1 310.00	4
省　道	42 400.00	31	11 213.00	3	22 262.00	11	7 046.00	11	1 879.00	6
县　道	1 093.00	1			1 093.00	1				
乡　道	800.00	2							800.00	2
专用公路										
村　道	6 053.00	3	3 075.00	1	2 978.00	2				
三、本年改建变更数	94 557.91	54	37 354.00	8	40 966.00	20	11 046.00	14	5 191.91	12
国　道	68 168.41	42	21 804.00	5	36 431.00	18	6 576.00	8	3 357.41	11
其中：国家高速公路	16 585.01	4	10 891.00	2	5 593.50	2	63.00		37.51	
省　道	–252.50	–1					66.00		–318.50	–1
县　道	5 178.00	5			2 700.00	1	2 054.00	3	424.00	1
乡　道	19 114.00	5	15 550.00	3	1 835.00	1			1 729.00	1
专用公路	0.00									
村　道	2 350.00	3					2 350.00	3		
四、本年年底达到数	1 744 409.52	1 402	652 792.57	139	718 361.24	406	222 850.27	310	150 405.44	547
国　道	1 358 540.10	992	553 776.57	114	552 696.22	308	148 656.77	207	103 410.54	363
其中：国家高速公路	1 086 116.06	718	485 249.57	99	414 918.49	232	112 197.27	157	73 750.73	230
省　道	311 974.50	296	72 396.00	19	140 413.60	80	65 264.00	91	33 900.90	106
县　道	26 511.42	34	4 895.00	1	14 129.42	10	3 047.00	4	4 440.00	19
乡　道	28 563.50	34	18 650.00	4	3 035.00	2	903.50	1	5 975.00	27
专用公路	3 459.00	6			2 659.00	2	0.00		800.00	4
村　道	15 361.00	40	3 075.00	1	5 428.00	4	4 979.00	7	1 879.00	28

（厅规划处）

2019年全省公路旅客营运车辆拥有量

指 标	单 位	总 计		按标记客位分					
			个 体	大 型	个 体	中 型	个 体	小 型	个 体
总 计	辆	48 267	324						
	客位	1 131 913	2 470						
一、载客汽车	辆	48 267	324	12 980		18 156	5	17 131	319
	客位	1 131 913	2 470	526 527		458 144	112	147 242	2 358
其中：卧铺客车	辆								
	客位								
（一）按经营范围分									
班车客运客车	辆	37 689	324	8 571		16 410	5	12 708	319
	客位	872 727	2 470	340 778		413 475	112	118 474	2 358
旅游客车	辆	5 196		3 104		1 502		590	
	客位	172 776		128 850		38 178		5 748	
包车客车	辆	1 850		1 282		242		326	
	客位	64 504		55 964		6 433		2 107	
其它客车	辆	3 532		23		2		3 507	
	客位	21 906		935		58		20 913	
（二）按燃料类型分									
汽油车	辆	11 943	314						
柴油车	辆	26 549	10						
液化石油汽车	辆	105							
天然气车	辆	3 328							
双燃料车	辆	4 705							
纯电动车	辆	955							
混合动力车	辆	682							
其它燃料车	辆								

（厅规划处）

续表

指　标	计算单位	按车长分				按等级分			安装卫星定位车载终端
		特大型	大　型	中　型	小　型	高　级	中　级	普　通	
总　计	辆								
	客位								
一、载客汽车	辆	3 355	9 031	17 734	18 147	14 608	14 634	19 025	44 402
	客位	135 516	344 947	477 996	173 454	499 278	369 962	262 673	1 026 563
其中：卧铺客车	辆								
	客位								
（一）按经营范围分									
班车客运客车	辆	2 068	6 184	15 615	13 822	8 953	12 421	16 315	34 734
	客位	81 863	229 074	415 874	145 916	302 864	325 306	244 557	793 458
旅游客车	辆	775	2 128	1 731	562	4 255	823	118	4 533
	客位	31 623	84 246	50 819	6 088	149 630	21 354	1 792	149 944
包车客车	辆	512	688	336	314	1 128	575	147	1 844
	客位	22 030	30 300	10 146	2 028	44 479	17 845	2 180	63 590
其他客车	辆		31	52	3 449	272	815	2 445	3 291
	客位		1 327	1 157	19 422	2 305	5 457	14 144	19 571
（二）按燃料类型分									
汽油车	辆								
柴油车	辆								
液化石油汽车	辆								
天然气车	辆								
双燃料车	辆								
纯电动车	辆								
混合动力车	辆								
其他燃料车	辆								

（厅规划处）

2019年全省公路货物营运车辆拥有量（按标记吨位分）

指 标	单 位	总 计		按标记吨位分		
			个 体	大 型	重 型	
						个 体
全省合计	辆	493 091	158 912			
	吨位	4 888 065	894 263			
一、载货汽车	辆	491 495	157 316	267 636	230 625	40 945
	吨位	4 886 624	892 822	4 630 610	4 409 057	625 132
（一）货车	辆	372 064	150 265	205 265	168 829	36 916
	吨位	2 893 129	766 227	2 637 196	2 419 602	498 963
1. 按车型结构分						
普通货车	辆	212 034	105 802	97 773	76 426	23 895
	吨位	1 410 080	527 849	1 237 131	1 111 191	328 685
平板货车	辆	33 527	12 048	16 378	13 673	1 645
	吨位	236 391	40 546	208 343	191 152	21 190
仓栅式货车	辆	29 110	12 548	21 269	17 711	5 126
	吨位	282 829	85 638	271 459	250 218	66 821
厢式货车	辆	34 523	11 375	12 674	7 782	1 199
	吨位	159 416	33 334	127 133	97 107	14 317
其中：冷藏保温车	辆	511	12	229	144	6
	吨位	3 017	73	2 414	1 898	54
封闭货车	辆	111	26			
	吨位	128	19			
罐式货车	辆	17 607	1 504	16 866	15 559	1 367
	吨位	222 112	17 676	219 994	211 582	17 183
特殊结构货车	辆	4 303	595	4 231	3 827	342
	吨位	46 454	5 604	46 307	43 787	3 666
自卸货车	辆	38 459	6 367	33 684	31 462	3 342
	吨位	459 539	55 561	450 649	438 392	47 101
车辆运输车	辆	12		12	11	
	吨位	111		111	104	
集装箱车	辆	2 378		2 378	2 378	
	吨位	76 069		76 069	76 069	
	标箱	4 225.25	0.00	4 225.25	4 205.25	
2. 按经营范围分						
普通载货汽车	辆	346 159	147 002	183 848	149 954	35 423
	吨位	2 562 539	741 012	2 315 099	2 113 437	479 193
专用载货汽车	辆	25 905	3 263	21 417	18 875	1 493
	吨位	330 590	25 215	322 097	306 165	19 770
其中：商品汽车运输车	辆	29		29	29	
	吨位	317		317	317	
大型物件运输车	辆	932		932	870	
	吨位	22 946		22 946	22 457	
危险货物运输车	辆	9 646		7 140	5 075	
	吨位	102 366		97 358	86 227	

续表

指　标	单　位	总　计	个　体	按标记吨位分		
				大　型	重　型	个　体
3. 按燃料类型分						
汽油车	辆	44 480	29 082			
柴油车	辆	325 758	120 975			
液化石油汽车	辆	16				
天然气车	辆	237	77			
双燃料车	辆	380	118			
纯电动车	辆	1 191	13			
混合动力车	辆	2				
其他燃料车	辆					
（二）牵引车	辆	57 033	2 984			
按燃料类型分						
汽油车	辆	312	24			
柴油车	辆	54 228	2 901			
液化石油汽车	辆	22				
天然气车	辆	2 146	49			
双燃料车	辆	324	10.00			
纯电动车	辆	1				
混合动力车	辆					
其他燃料车	辆					
（三）挂　车	辆	62 398	4 067	62 371	61 796	4 029
	吨位	1 993 495	126 595	1 993 414	1 989 455	126 169
1. 按车型结构分						
普通挂车	辆	39 765	2 764	39 747	39 218	2 732
	吨位	1 267 689	85 262	1 267 636	1 263 942	84 931
平板挂车	辆	3 589	456	3 589	3 583	456
	吨位	113 815	14 653	113 815	113 782	14 653
仓栅式挂车	辆	8 284	477	8 278	8 265	477
	吨位	274 089	15 373	274 067	273 999	15 373
厢式挂车	辆	320	22	320	319	22
	吨位	9 593	625	9 593	9 586	625
其中：冷藏保温式挂车	辆	1		1	1	
	吨位	25		25	25	
罐式挂车	辆	5 550	149	5 549	5 534	149
	吨位	173 193	4 754	173 190	173 108	4 754
特殊结构挂车	辆	343	6	341	341	5
	吨位	8 847	96	8 844	8 844	94
自卸挂车	辆	3 857	167	3 857	3 846	162
	吨位	125 906	5 306	125 906	125 831	5 213
车辆运输挂车	辆	130	19	130	130	19
	吨位	1 985	313	1 985	1 985	313
集装箱挂车	辆	560	7	560	560	7
	吨位	18 378	213	18 378	18 378	213

续表

指 标	单 位	总 计	个 体	按标记吨位分		
				大 型	重 型	个 体
	标箱	732.38	8.25	732.38	732.38	8.25
2. 按经营范围分						
普通载货汽车	辆	52 234	3 949	52 211	52 024	3 913
	吨位	1 708 942	123 102	1 708 875	1 707 806	122 701
专用载货汽车	辆	10 164	118	10 160	9 772	116
	吨位	284 553	3 493	284 539	281 649	3 468
其中：商品汽车运输	辆	54		54	54	
	吨位	877		877	877	
大型物件运输	辆	1 134	3	1 134	1 134	3
	吨位	37 410	83	37 410	37 410	83
危险货物运输	辆	4 918		4 915	4 874	
	吨位	147 225		147 215	146 935	
二、其他载货机动车	辆					
	吨位					
三、轮胎式拖拉机	辆	1 596	1 596			
	吨位	1 441	1 441			

续表

指 标	按标记吨位分				
	个 体	中 型	个 体	小 型	个 体
全省合计					
一、载货汽车	56 364	12 622	6 043	154 204	91 925
	746 479	37 734	18 372	218 280	127 971
（一）货车	52 299	12 600	6 043	154 199	91 923
	619 887	37 660	18 372	218 273	127 968
1. 按车型结构分					
普通货车	34 641	8 635	4 900	105 626	66 261
	420 634	24 361	14 458	148 588	92 757
平板货车	2 465	1 020	453	16 129	9 130
	26 171	3 449	1 546	24 599	12 829
仓栅式货车	6 793	362	205	7 479	5 550
	77 712	1 290	743	10 080	7 183
厢式货车	2 191	1 809	357	20 040	8 827
	20 764	5 959	1 187	26 324	11 383
其中：冷藏保温车	7	125	2	157	3
	62	396	7	207	4

续表

指　标	按标记吨位分				
	个　体	中　型	个　体	小　型	个　体
封闭货车		1		110	26
		3		125	19
罐式货车	1 471	541	28	200	5
	17 573	1 853	94	265	9
特殊结构货车	536	6	2	66	57
	5 483	22	7	125	114
自卸货车	4 202	226	98	4 549	2 067
	51 550	723	337	8 167	3 674
车辆运输车					
集装箱车					
2. 按经营范围分					
普通载货汽车	50 301	11 384	5 908	150 927	90 793
	596 612	33 648	17 927	213 792	126 473
专用载货汽车	1 998	1 216	135	3 272	1 130
	23 275	4 012	445	4 481	1 495
其中：商品汽车运输车					
大型物件运输车					
危险货物运输车		971		1 535	
		3 176		1 832	
3. 按燃料类型分					
汽油车					
柴油车					
液化石油汽车					
天然气车					
双燃料车					
纯电动车					
混合动力车					
其他燃料车					
（二）牵引车					
按燃料类型分					
汽油车					
柴油车					
液化石油汽车					
天然气车					
双燃料车					
纯电动车					

续表

指 标	按标记吨位分				
	个 体	中 型		小 型	
			个 体		个 体
混合动力车					
其他燃料车					
（三）挂 车	4 065	22		5	2
	126 592	74		7	3
1. 按车型结构分					
普通挂车	2 763	15		3	1
	85 261	49		4	1
平板挂车	456				
	14 653				
仓栅式挂车	477	6			
	15 373	22			
厢式挂车	22				
	625				
其中：冷藏保温式挂车					
罐式挂车	149	1			
	4 754	3			
特殊结构挂车	5			2	1
	94			3	2
自卸挂车	167				
	5 306				
车辆运输挂车	19				
	313				
集装箱挂车	7				
	213				
	8.25				
2. 按经营范围分					
普通载货汽车	3 947	18		5	2
	123 099	60		7	3
专用载货汽车	118	4			
	3 493	14			
其中：商品汽车运输					
大型物件运输	3				
	83				
危险货物运输		3			
		10			
二、其他载货机动车					
三、轮胎式拖拉机					

（厅规划处）

2019年全省公路密度及通达情况表

项 目	单 位	数 量
一、公路密度		
以国土面积算	公里／百平方公里	69.10
以人口数量算	公里／万人	36.89
二、公路通达		
乡镇数量	个	4 251
已通畅	个	4 251
其中：通其它硬化路面	个	1
其中：本年新通畅	个	2
已通达、未通畅	个	
其中：本年新通达、未通畅	个	
未通达	个	
建制村数量	个	45 491
已通畅	个	45 491
其中：通其它硬化路面	个	26
其中：本年新通畅	个	21
已通达、未通畅	个	
其中：本年新通达、未通畅	个	
未通达	个	

（厅规划处）

2019年全省贫困地区农村客运基本情况表

一、客运站数量

项目	单　位	总　计		县城		乡镇		建制村	
			本年新建		本年新建		本年新建		本年新建
客运站总数	个	22 969	4 187	131	1	1 897	236	20 941	3 950
一级客运站	个	20		20				--	--
二级客运站	个	65	1	62	1	3		--	--
三级客运站	个	68		42		26		--	--
四级客运站	个	293		6		287			
五级客运站	个	1 214	205	1		1 164	205	49	
简易站	个	449	24			202	23	247	1
招呼站（候车亭牌）	个	20 860	3 957			215	8	20 645	3 949

续表

二、农村通客运班车（公交）情况

项目	单　位	总　计		
		本年填报	2018 年底数（专项核查结果）	本年新增
乡镇数量	个	2 626	2 626	-1
其中：通客车数量	个	2 586		117
通客运班车数量	个	2 540		134
其中：拥有等级客运站数量	个	1 451		198
其中：具有农村客运始发班线数量	个	2 005		99
内：建有客运站数量	个	1 296		115
建制村数量	个	25 288	25 298	27
其中：通客车数量	个	24 752		1 787
通客运班车数量	个	23 374		2 203
其中：拥有客运站或停靠点数量	个	20 487		2 931
补充资料：县城是否通二级及以上公路:		是		

（厅规划处）

2019年全省水路运输工具拥有量表

项目	单位	总体		内河	
			个体		个体
一、机动船	艘	4 307	2 426	4 307	4 307
总吨	吨位				
总载重量	吨	1 347 419	286 122	1 347 419	1 347 419
净载重量	吨	1 269 653	255 629	1 269 653	1 269 653
载客量	客位	45 878	12 198	45 878	45 878
标准箱位	标箱	4358		4358	4358
功率	千瓦	549 535.00	228 640.00	549 535	549 535
（一）客　船	艘	1 512	292	1 512	1 512
总吨	吨位				
总载重量	吨				
净载重量	吨				
载客量	客位	45 878	12 198	45 878	45 878
功率	千瓦	61 708.00	9 032.00	61 708	61 708
（二）客货船	艘				
总吨	吨位				
总载重量	吨				
净载重量	吨				
载客量	客位				
标准箱位	标箱				
功率	千瓦				
（三）货　船	艘	2 613	1 983	2 613	2 613
总吨	吨位				
总载重量	吨	1 347 419	286 122	1 347 419	1 347 419
净载重量	吨	1 269 653	255 629	1 269 653	1 269 653
标准箱位	标箱	4358		4358	4358
功率	千瓦	472 684.00	208 087.00	472 684	472 684
其中：油船	艘	32	1	32	32
总吨	吨位				
总载重量	吨	43 029	63	43 029	43 029
净载重量	吨	40 962	42	40 962	40 962
功率	千瓦	22 380.00	60.00	22 380	22 380
其中：集装箱船	艘	19		19	19
总吨	吨位				
总载重量	吨	58 216		58 216	58 216
净载重量	吨	56 729		56 729	56 729
标准箱位	标箱	2512		2512	2512
功率	千瓦	12 948.00		12 948	12 948
（四）拖　船	艘	182	151	182	182
总吨	吨位				
功率	千瓦	15 143.00	11 521.00	15 143	15 143
二、驳　船	艘	853	701	853	853
净载重量	吨位	52 518	39 146	52 518	52 518
载客量	客位				
标准箱位	标箱				

（厅规划处）

2019年交通固定资产投资完成情况

单位：万元

指 标	金 额
计划总投资	115 621 139.2
其中：中央投资	12 179 492.0
自开始建设至当年底　累计完成投资	48 606 514.3
建筑工程	37 725 089.2
安装工程	179 882.3
设备工器具购置	122 700.6
其　他	10 578 842.2
累计新增固定资产	16 268 089.2
本年计划投资	15 570 911.9
其中：中央投资	2 478 744.7
本年完成投资	18 052 408.5
1. 按交通行业分	
水上运输业	459 709.0
航　道	443 806.0
内河航道	443 806.0
沿海港口出海航道	
港　口	10 000.0
内河港口	10 000.0
沿海港口	
水上运输部门	5 903.0
公路运输业	17 456 709.5
公路线路基础设施	17 128 814.5
其中：国家高速公路	2 785 862.0
地方高速公路	6 149 753.5
公路场站基础设施	327 895.0
公路运输业其他	
支持系统	67 251.0
其中：海事、救助、打捞	5 080.0
交通部门其他	
综合交通	68 739.0
2. 按建设性质分	
新　建	11 707 612.8
扩　建	437 581.0
改建和技术改造	5 802 497.8
单纯建造生活设施	
迁　建	
恢　复	65 716.9
单纯购置	
3. 按构成分	
建筑工程	15 417 969.1
安装工程	134 156.4
设备工器具购置	52 357.5
其他	2 447 925.5
本年新增固定资产	4 713 453.9
本年资金来源合计	14 225 777.2
上年末结余资金	1 456 816.8
其中：国家预算内	137 813.8
部专项资金	176 485.1
本年资金来源小计	12 768 960.4
国家预算	1 851 071.7
中央预算资金	3 684.2
中央国债	0.0
地方预算资金	1 808 672.5
其中：燃油税返还	1 482.0
通行费	0.0
地方政府债券	38 715.0
部专项资金	1 143 624.6
车购税	1 143 624.6
港建费	0.0
国内贷款	5 107 127.4
其中：中央专项建设基金	0.0
利用外资	0.0
企事业单位自筹资金	2 148 310.0
交通发展基金	51 100.0
其他资金来源	2 467 726.7

（厅建管处）

2019年四川省交通运输安全事故地域统计表

地区	道路运输		水上交通		建设施工	
	事故数（起）	死亡人数（人）	事故数（起）	死亡人数（人）	事故数（起）	死亡人数（人）
合计	156	187			16	21
成都	42	47			3	4
自贡	6	7			1	2
攀枝花	4	4			1	1
泸州	16	22				
绵阳	7	7			3	4
广元						
遂宁	7	8				
德阳	8	10			4	6
内江	2	2				
资阳	2	3			1	1
乐山	10	10			2	2
眉山	10	12				
南充	18	24				
宜宾					1	1
广安	10	11				
达州	10	14				
巴中	2	4				
雅安	1	1				
凉山	1	1				
阿坝						
甘孜						

（厅安监处）

2019年全省交通运输经济运行情况分析报告

厅规划处

2019年，全省交通系统坚持稳中求进工作总基调，践行新发展理念，主动对标对表高质量发展要求，贯彻落实“巩固、增强、提升、畅通”八字方针，深入推进“一干多支、五区协同”“四向拓展、全域开放”重大战略部署，启动《四川交通强省战略规划研究》《四川交通强省高质量发展战略目标与指标体系研究》《四川省完善综合交通运输规划体系研究》等多个战略研究课题；起草形成贯彻落实《交通强国建设纲要》实施意见（征求意见稿）；选取成渝城市群一体化交通网、高原山区综合立体交通网、公园城市绿色交通体系、有韧性的交通防灾体系、车路协同的智慧高速公路体系、“交通+旅游”“交通+文化”融合新名片等6个方面打造交通强国建设试点，成功进入第二批交通强国建设试点范围。全力做好“六稳”工作，坚决打好三大攻坚战，完成2019年目标任务，交通运输经济运行总体平稳、稳中有进。

一、全年交通运输经济运行情况

（一）挖潜力、促增长，交通固定资产投资超额完成

全省公路水路交通建设投资完成1 925.4亿元（包含养护投资120.4亿元），比上年增长14.0%，完成厅年度目标1 800亿元的107.0%。具体如下：

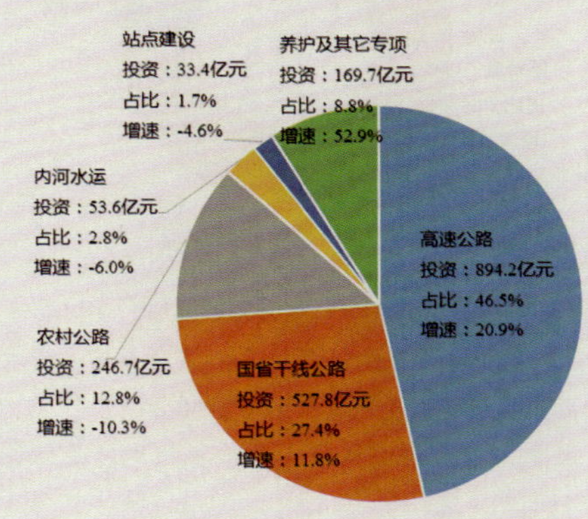

图1 全省交通项目分类投资占比情况

高速公路投资继续保持高位增长，比上年增长20.9%，投资主要以续建及扫尾项目为主，完成投资807.7亿元，占高速公路总投资的90.3%，同时ETC改造完成投资36.7亿元，占4.1%。国省干线公路投资较快增长，完成投资527.8亿元，为力争目标515.4亿元的102.4%，增长11.8%。农村公路投资增速有所下降，完成投资246.7亿元，占力争目标235亿元的105.0%，减少10.3%。内河水运投资超额完成目标，完成投资53.6亿元，为48.5亿计划的110.5%，减少6.0%，其中7个续建项目完成投资42.0亿元，为考核目标35.9亿的116.9%。站点建设投资有所降低，完成投资33.4亿元，为完成计划的107.7%。养护及其他专项投资增长较快，实现年度投资目标翻番，其中养护投资91.6亿元，其他专项投资71.9亿元，智慧交通6.2亿元。

分区域看，五区完成投资增速均较上年均有所提升。其中，由于乐山至西昌高速乐山至马边段开工建设，高速公路投资

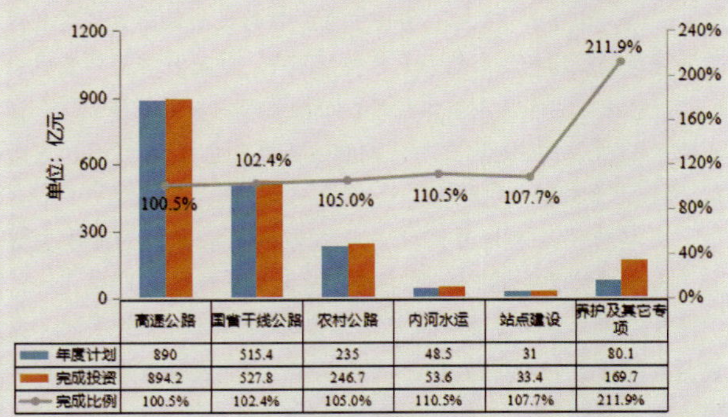

	高速公路	国省干线公路	农村公路	内河水运	站点建设	养护及其它专项
年度计划	890	515.4	235	48.5	31	80.1
完成投资	894.2	527.8	246.7	53.6	33.4	169.7
完成比例	100.5%	102.4%	105.0%	110.5%	107.7%	211.9%

图2 全省交通项目分类投资完成情况

比上年增长134.5%，攀西经济区总投资增长66.4%；由于宜宾至威信高速公路项目（四川境段）开工建设，高速公路投资增长64.5%，川南经济区总投资增长49.2%。

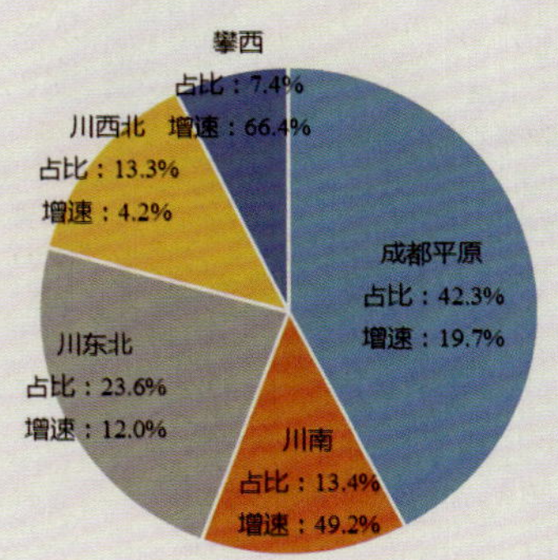

图3 全省五大经济区投资完成情况

（二）重建设、促供给，交通基础设施建设持续深入推进

高速公路方面。对标“确保建成高速公路500公里、新开工高速公路1 000公里、成功招商高速公路1 000公里”目标任务，新开工里程1 065公里，完成目标任务的106.5%；续建项目及扫尾项目，建成488公里（含98公里原路扩容），完成目标任务的97.6%。成功招商国道5线成绵高速公路扩容、绵阳至苍溪、苍溪至巴中等10个高速公路项目1 019公里。

国省干线方面。对标“新（改）建国省干线公路1 500公里、新开工国省干线1 000公里”目标任务，新（改）建1 868公里，新开工2 517公里，分别完成年度目标的124.5%和251.7%。

农村公路方面。对标“新（改）建农村公路2万公里、新

开工美丽乡村旅游路1 000公里”目标任务，新（改）建农村公路2.5万公里，新开工1 772公里，分别完成目标的125.8%和177.2%。

内河水运方面。对标“加快建设7个项目、新开工建设1个项目”目标任务，7个续建项目中，尖子山航电枢纽工程于10月初开工，岷江龙溪口正在开展临时设施及主体工程施工建设，岷江虎渡溪航电工程进行征拆和临时设施建设，其余4个项目均展开项目主体工程建设。新开工沱江（自贡段）航道升级工程项目环境影响评价编制完成，沱江流域规划环评取得批复，待项目初设方案初定后启动项目环评审查事宜。

（三）强服务、促升级，高品质出行需求保持增长

全年全社会完成营业性旅客周转量1 949亿人公里，比上年增长8.1%，增速加快1.9%。分方式看，铁路民航等高效舒适出行方式保持较快增长，公路、水路持续下降。铁路旅客周转量增长6.1%，占比与去年同期基本持平；公路旅客周转量下降6.1%，占比减少3.4%；水路占比较小；民航旅客周转量增长15.9%，占比超55%，上升3.8%。

公路营业性客运量延续下降态势，私家车出行量较快增长。全省完成营业性客运量7.2亿人次，比上年减少0.9亿人次，下降11.1%。分季度看，除第三季度外均出现两位数下降，完成旅客周转量437.7亿人公里，下降6.1%，兜底性作用进一步显现；高速公路7座及以下小客车流量5.9亿辆，增加3 400万辆、增长6.1%，占高速公路客车流量的97.6%。

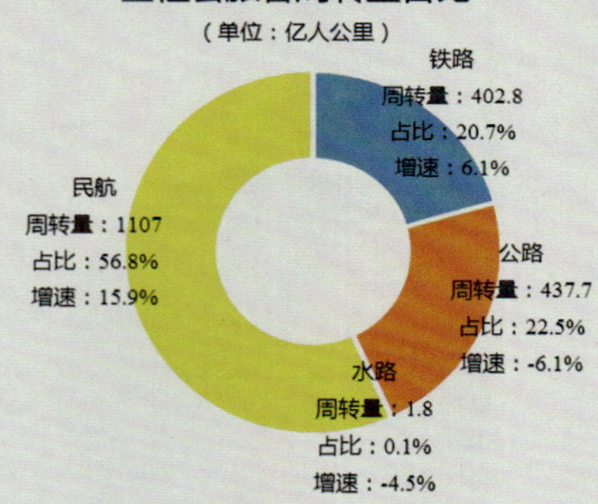

图4 全省全社会营业性旅客周转量占比

分区域看，五大经济区中攀西、川西北经济区公路客运量保持增长，占比较大的成都平原经济区降幅低于川南和川东北经济区。川西北地区公路客运平均运距达162.8公里、高于其他四区（45～70公里）。

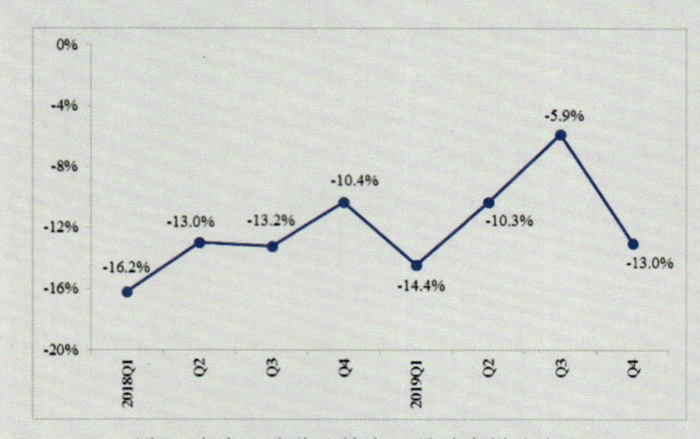

图5 全省公路营业性客运量季度增速变化

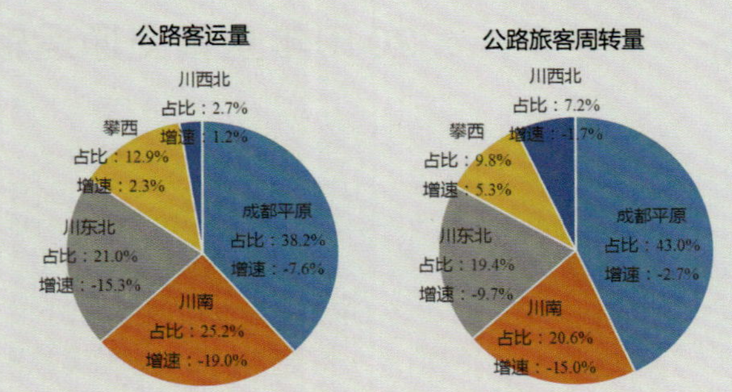

图6 全省五大经济区公路旅客运输构成

水路客运延续下降态势。完成水路客运量1 930万人次，比上年下降3.1%；完成旅客周转量1.8亿人公里，下降4.5%。

（四）优结构、促增量，货物运输实现较快增长

全年全社会完成货物周转量3 000亿吨公里，比上年增长6.5%，其中各季度分别增长7.9%、6.4%、5.0%和6.8%。分方式看，铁路占比24.2%，比上年下降1.3个百分点；公路占比最大达65.1%，提高0.7个百分点；水路占比9.8%，提高0.6个百分点；民航占比最小，基本持平。

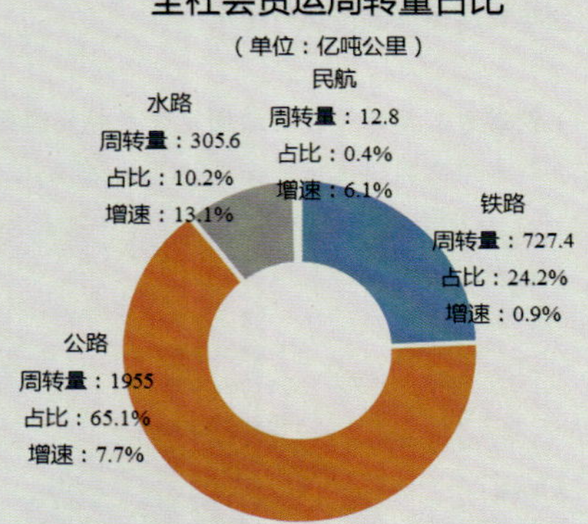

图7 全省全社会货运周转量占比

公路货运较快增长。完成货运量18.8亿吨、货物周转量1 955亿吨公里，比上年分别增长8.7%和7.7%，高于全国平均水平3.6和2.7个百分点，其中四季度分别增长9.7%和8.2%。

分区域看，五大经济区货运量、货物周转量保持稳步增

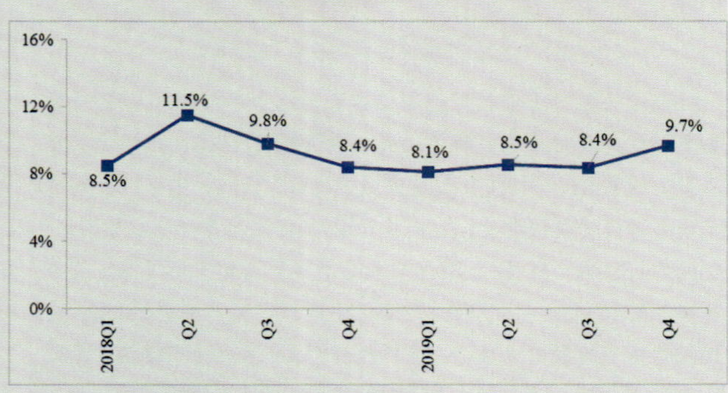

图8 全省公路货运量季度增速

长。成都平原经济区占比保持最大，攀西经济区货运量增速最快，川南经济区货物周转量增速最快。川西北地区公路货运平均运距达226.0公里，高于其他四区（75～130公里）。

水路货运有所增长。完成水路货运量6 896万吨、货物周转量305.6亿吨公里，比上年分别增长0.5%和13.1%。完成港口货物吞吐量1 925万吨，集装箱吞吐量44.2万标箱。

（五）保通行、促顺畅，公路网运行畅通有序

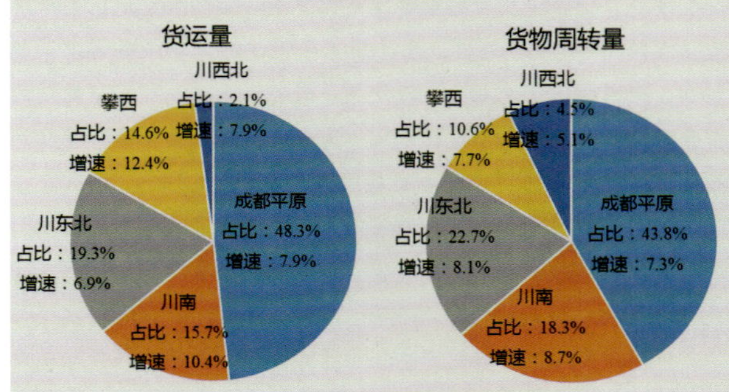

图9　全省五大经济区公路货物运输构成

高速公路处于拥堵水平，普通公路运行顺畅。公路交调数据显示，2019年全省国家高速公路、普通国道、普通省道拥挤度[1]分别为0.81、0.50和0.55，较上年分别提高0.1个、0.02个和0.03个百分点。其中，国道4202线成都绕城高速、国道76线厦蓉高速、国道0512线成乐高速等3条高速公路和省道103线成都—美姑普通公路（仅眉山—峨眉段）拥挤度大于1.0。

路段交通流量持续增加。国家高速公路、普通国道、普通省道年平均日交通量当量分别为4.5万pcu（标准车当量数，下同）、6627pcu和7472pcu，比上年分别增长5.0%、13.7%和3.9%。其中，国家高速公路年平均日交通量是普通国道的6.9倍，承担全省较大的交通量。

各方向出入川通道车流平稳。各主要方向日均车流量达31.3万pcu，其中重庆方向、陕西方向、云南方向车流量占比分别为52.2%、21.0%、11.2%；各主要方向货车流量平均占比达57.9%，其中陕西方向、甘肃方向、云南方向货车流量占比较高，分别达80.4%、66.9%、58.3%。

（六）守底线、促稳定，安全生产形势平稳向好

（1）事故起数死亡人数双下降。开展平安交通三年攻坚行动，全省共发生交通运输安全事故172起，死亡208人，比上年分别下降14.9%和13.7%。（2）安全监管力度持续加大。采取“四不两直”（不发通知、不打招呼、不听汇报、不用陪同接待、直奔基层、直插现场”）方式全面提升行业安全监管力度，组织检查组7 000余个，打击严重非法违法行为超3 600起。（3）安全防护设施装备水平不断提高。安全基础设施建设投入力度加大，新建农村公路路侧护栏2.1万公里，推动全省3.2万辆“两客一危”车辆完成主动安全智能防控系统安装，开发完成内河渡运智能化研判系统。（4）应急响应能力全面提升。组织编制《四川省交通运输综合应急预案》，高效处置宜宾长宁“6·17”地震、汶川“8·20”强降雨特大山洪泥石流灾害、凉山甘洛7月暴雨灾害等重大自然灾害。

二、交通运输重点工作推进情况

（一）交通运输供给侧结构性改革持续深化

（1）巩固并扩大降成本、补短板成果。企业降成本效果明显。全省收费公路通行费收入265.3亿元，各项通行费优惠减免52.8亿元。其中，鲜活农产品绿色通道减免15.7亿元，节假日小型客车减免16.5亿元，集装箱运输车辆优惠1.6亿元。出台高速公路差异化收费政策，普通货车递远递减差异化收费政策优惠11.7亿元。基础设施补短板全面推进。高速公路累计新增建成里程达7 520公里，泸黄扩容、成乐扩容试验段、汶马等7个项目（路段）建成通车，营达、德简、蒲都3个项目（路段）基本建成；普通国省干线公路全省重点项目新改建国省干线公路492.1公里；内河水运续建项目有序推进，新开工项目加快进行中。

（2）增强优环境、强服务水平。营商环境不断优化。持续深化“放管服”改革，推动修改的法律、行政法规5件，规章25件，取消下放10项审批事项和46项证明事项。梳理制定事项清单，90%市县级许可事项实现“最多跑一次”。稳步推进“三检合一”，道路普通货运车辆综检联网和网上年审全面落地，港口作业单证电子化、国内船舶证书“多证合一”有序推进，涉企服务进一步优化。200家交通运输企业调查显示，64%的企业认为企业营商环境明显优化或有所优化。服务水平逐渐增强。建成并投用成都传化物流公路港、成德南高速公路金堂服务区、成仁高速汪洋服务区等3个“司机之家”，超额完成部下达目标任务。“12328”交通运输服务监督电话系统共受理业务27.2万件，信息咨询、投诉举报各占63.7%和32.0%。驾培机构“计时培训计时收费、先培训后付费”服务模式覆盖率达100%。

（3）提升抓创新、增动能能力。交通运输新业态规范有序发展。约谈60余家网约车企业，要求规范运营行为、加快清理不合规驾驶员及车辆。印发规范共享单车发展的系列文件，企业格局和车辆投放数量稳定。无车承运人试点企业整合社会运力9.1万辆，完成运单129.1万单、货运量2.1亿吨，比上年分别增长30.6%、50.3%、200.8%。智慧交通项目建设持续推进。智慧高速公路示范工程在绕城高速缓堵保畅工作中初见成效，高速公路雨雾行车诱导系统覆盖19条高速公路120公里的恶劣天气常发的危险路段。水上交通安全管理系统已接入10个市州698路视频监控，完成82个（占93%）一二类渡口监控视频接入，累计安装AIS船载定位终端1 075套，试点应用北斗定位系统34套，占船舶总数的11%。

（4）畅通提效率、促融合渠道。撤销高速公路省界收费站工作取得积极成效。建设ETC门架系统1524套，建设改造ETC车道2 871条，升级入口治超系统685套，拆除省界实体收费站8处，同步完成省中心、路段分中心、收费站系统升级改造，完成网络安全建设及配套通信系统建设等工作。全省ETC用户量达920万户，完成年度目标100.7%。高速公路出入口客车ETC使用率分别达78.1%和79.0%，居全国第四。道路运输与旅游融合更加深入。交通旅游服务大数据应用试点工程完成初步设计编制，开发“四川省临时客运管理信息系统”，省际、市际、县际、县内旅游包车牌和加班牌发放统一纳入系统管理，多样化、高品质包车出行需求不断增加，开展包车客运服务54.2万趟次，运送旅客1 938万人次，比上年分别增长23.2%和25.2%。

（二）交通运输服务三大攻坚战成效显著

一是交通脱贫攻坚战取得决定性进展。“乡乡通油路、村村通硬化路”兜底目标顺利实现。2019年全省贫困地区新改建国省干线公路1 610公里、农村公路1.8万公里，分别占年度目标任务的178.9%、365.4%。减少不通硬化路乡镇3个、建制村24个，完成整治通乡通村破损路面2 979公里。在建、已建高速公路覆盖三州外所有贫困县（市、区），市（州）到县通二级（三州三级）以上公路基本实现。建制村通客车率稳步提升。全年累计完成通客车乡镇174个、建制村4520个，占部年度目标的188.3%，占厅年度目标的150.7%，具备条件的乡镇和建制村通客车率分别达到99.7%和98.9%。“四好农村路”示范创建格局形成。成功创建第三批17个省级示范县和4个全国示范县，累计创建省级示范县45个、全国示范县10个，为全国最多省份之一。全年累计创建350个示范乡镇、2 988个示范村和1.6万公里示范路。

二是交通运输污染防治攻坚战取得阶段性成果。运输结构调整取得积极进展。联合印发《四川省推进运输结构调整三年行动计划实施方案》，深入推进省内20个“公转铁”项目，推进大宗货物运输“公转铁、公转水”，全年完成铁路货运量2 330万吨，比上年增长7.5%；水路货物周转量增长13.1%，提升7.6个百分点；集装箱铁水联运量3.1万标准箱，增长31.7%。运输装备绿色化水平稳步提升。全省道路运输领域新能源、清洁能源车辆达8.2万辆，占全部营运车辆的13%，城市公交新增和更新车辆中新能源车比重超50%。绿色配送示范工程有序推进。城市配送试点范围不断扩大，成都市纳入试点的标准化集中配送车辆中新能源纯电动货车超1/3，单车平均满载率由试点前的70%提升至80%。

三是防范化解债务风险攻坚战取得积极成效。交通筹融资力度进一步加大。成功发行收费公路专项债券20亿元，用于8市（州）11个地方一级收费公路项目建设。四川交通投资基金实现第二期投资落地，省级财政交通专项资金出资2.5亿元，撬动社会投资16.8亿元。严格把控债务风险。建立债务风险评估预警和应急处置机制，落实《关于防范化解地方政府隐性债务风险的意见》及其《实施方案》，严查违法违规融资担保，从源头上遏制隐性债务增量。

（三）交通强省建设扎实开展

一是《交通强国建设纲要》深入推进。交通强省顶层设计逐步完善，出台《贯彻落实交通强国建设纲要实施意见》，征求省直部门意见。第二批交通强国建设试点工作有序开展，细化6个试点方案，培育全省21市（州）若干示范项目，形成一批可复制、可推广的先进经验。二是“十四五”规划编制积极开展。开展《“十四五”综合交通运输发展规划》编制工作，启动1+4+1和1+11“十四五”规划研究，争取更多项目纳入国家、省专项规划。三是国土空间规划加快推进。巴中、广安等4市已完成建设方案研究报告，计划于2020年2月底前完成建设方案研究报告、三个专题研究报告和规划研究报告报厅审核。四是圆满完成陆海新通道课题研究。明确四川推进西部陆海新通道建设发展的总体思路、空间布局、战略重点，为四川构建立体全面开发开放新态势，畅通四川至沿边沿海运输通道，推动经济高质量发展提供有力支撑。

三、2020年交通运输经济运行走势预判

2020年是全面建成小康社会的决胜之年，是全面推进交通强国建设的开局之年，也是全面完成“十三五”规划的收官之年。展望2020年，四川交通运输发展面临的环境更加错综复杂，机遇与挑战同生共存，机遇大于挑战。

从有利条件看，全国经济稳中向好、长期向好的基本趋势没有改变，仍处于发展的重要战略机遇期。全国人均地区生产总值正在跨越1万美元关口，高品质、个性化的运输服务需求不断增加，交通运输仍处基础设施发展、服务水平提高和转型发展的黄金时期。《交通强国建设纲要》为新时代交通运输高质量发展指明方向，是交通运输行业发展的重大机遇。10月8日国务院常务会议通过的《优化营商环境条例》，更大力度放权、规范和创新监管执法，加强市场主体保护，将有利于全省交通运输行业营商环境优化，促进企业蓬勃发展。11月27日，国务院印发《关于加强固定资产投资项目资本金管理通知》，下调一部分基础设施项目最低资本金比例，将有利于激发社会资本投资活力，促进全省交通运输有效投资。2020年1月3日召开的中央财经委员会提出推动成渝地区双城经济圈建设，将有利于全省形成具有全国影响力的重要经济中心，助推高质量发展。

从不利条件看，世界经济增长动能减弱，全球贸易投资低迷，主要国际组织多次下调全球经济和贸易增长预期，新型冠状病毒感染的肺炎疫情等，将对保持交通运输行业平稳发展带来新的挑战。我国经济增速逐季放缓，呈减速下行态势，工业生产出现回落，与交通运输密切相关的汽车产量连续17个月负增长，拖累整个工业生产增速明显放缓；投资、消费、出口“三驾马车”增速均出现不同程度回落，工业生产者出厂价格指数（PPI）连续5个月下降，表明需求不振问题日渐突出，经济下行压力持续加大；国际货币基金组织、经合组织下调2020年中国经济增速预期至5.8%左右。全省200家交通运输企业调查显示，在用工成本上升、燃料价格上涨、运输需求减少的影响下，43.0%的企业预计2020年业务量增速将放缓，企业经营面临较大困难；此外交通运输环保、用地等前期制约因素和普通国省道融资难等问题仍然存在，交通投资后劲不足，“十三五”建设目标顺利收官、“十四五”投资平稳开局将面临较大压力。

综合分析判断，虽然挑战在增多，但是趋势总体有利，2020年交通运输经济运行有望保持总体平稳增长态势，各主要指标发展趋势初步预计如下：

投资方面，固定资产投资延续增长态势，规模保持高位。在加大交通基础设施补短板力度的政策和国家重大战略的带动下，预计2020年全省交通固定资产投资将继续保持稳定增长，能够完成计划目标。运输方面，受私家车、高铁分流及城乡交通运输一体化等影响，公路营业性客运量继续延续下降态势；公路货运量仍将保持平稳增长，运输结构进一步优化。

[1] 拥挤度是指公路上某一路段折算交通量与适应交通量的比值，反映道路拥堵程度。分为四级：一级0≤0.6，顺畅；二级0.6≤0.8，稍有拥堵；三级0.8≤1，拥堵；四级V/C>1，严重拥堵。

机构及领导名录

JIGOU JI LINGDAO MINGLU

2019年四川省交通运输厅厅领导名录

党党组书记、提名厅长人选 罗佳明
（2019.12任党组书记，2019.12提名厅长）
党组书记、厅长 汪 洋
（2019.12免党组书记）
党组副书记、副厅长 张 琪
党组成员、副厅长 宁 坚
（2019.02任职）
党组成员、副厅长 朱学雷
党组成员、副厅长 张 勇
副厅长（兼）、省邮政管理局党组书记、局长 徐文葛
党组成员、省纪委监委驻厅纪检监察组组长 杜世相
党组成员、总工程师、一级巡视员 陈乐生
党组成员、机关党委书记 胡洪波
安全总监 王 波
省交通战备办公室主任 刘洁梅
（2019.05任职）
二级巡视员 寇小兵
二级巡视员 蒲继生
二级巡视员 但 伦

（厅人教处）

2019年四川省交通运输厅内设机构及领导名录

厅办公室（精神文明建设办公室）

主任、一级调研员 屈洪斌
副主任、二级调研员 屈争真
（2019.04调出）
副主任 丁 杨
副主任 黄朱林
（2019.04任职）

厅政策法规处

处长 罗 廷
副处长、二级调研员 孙秋明
（2019.08任职）

厅综合规划处

处长、一级调研员 王茂奎
（2019.02任职）
处长、一级调研员 许 磊
（2019.02免职，任厅公路局局长、党委书记<正处级>、一级调研员）

副处长、二级调研员 胡厚池

（2019.03免职，任厅公路局副局长<正处级>）

副处长 黄朱林

（2019.04免职，任厅办公室副主任）

副处长 全应红

（2019.02任职）

厅财务处

处长、一级调研员 陈亚莉

副处长 刘烽

副处长 丁敏

厅人事教育处

处长、一级调研员 冯书明

副处长 李阑阑

副处长 周芳

（2019.06任职）

厅建设管理处

处长、一级调研员 王茂奎

（2019.02免职，任厅综合规划处处长、一级调研员）

处长、一级调研员 曾宇

（2019.02任职，免厅质监局局长、党委书记、一级调研员）

副处长、二级调研员 马海燕

副处长 赵刚

厅公路管理处

处长 胡旭

（2019.02免职，任厅公路局副局长<正处级>）

处长 蒋军

（2019.03任职，免厅公路管理处副处长、二级调研员）

副处长 翟艺阳

（2019.03任职）

厅行政审批处

处长、一级调研员 吴波

副处长、二级调研员 潘玉华

厅运输管理处（出租车行业指导办公室）

处长 雷磊

副处长、二级调研员 黄静兰

副处长 唐科

（2019.05任职，免交职学院党委行政办公室主任）

厅安全监督处（应急办公室）

处长 朱江

副处长、三级调研员 周翔

厅审计处

处长 周翠琼

厅科技和信息化处

处长 柏吉琼

（2019.05任职，免厅信息中心主任）

处长、二级巡视员 但伦

（2019.05免厅科信处处长）

副处长、二级调研员 钟映梅

厅外经外事处

处长 颜晓平

省纪委驻厅纪检监察组

副组长、一级调研员 张贤翠

综合处处长 刘芳

厅公安处

处长、一级调研员 何志远

（2019.06晋升一级调研员）

副处长 刘翔宇

厅信访处

副处长、二级调研员 李天洲

厅离退休人员工作处

处长、一级调研员 李宏琳

厅机关党委

专职副书记（正处级）、机关纪委书记 蒲朝勇

（2019.03任职，免厅公路局副局长）

专职副书记（正处级）、机关纪委书记 李可

（2019.03免职，任省交通设计院公司纪委书记、监事、工会主席）

副书记（副处级） 廖迎春

省交通战备办公室

副主任（正处级）、一级调研员 王子开

副主任（保留正处级）、一级调研员 李欣荣

（2019.06晋升一级调研员）

（厅人教处）

2019年四川省交通运输厅直属单位领导名录

省交通运输工会

主席、交通执法第三支队二级巡视员 陈光华

（2019.02退休）

副主席、二级调研员 唐蓉华

副主席 敬川平

四川省交通运输厅公路局

党委书记、局长（正处级）、一级调研员 许 磊

（2019.02任职）

党委副书记、副局长（正处级）、一级调研员 李武强

副局长（正处级）、一级调研员 钱育锋

副局长（正处级） 胡 旭

（2019.02任职）

副局长（正处级） 胡厚池

（2019.03任职）

副局长（正处级）、一级调研员 刘 涛

（2019.03调出免职）

副局长（正处级） 蒲朝勇

（2019.03免职，任厅机关党委专职副书记<正处级>、机关纪委书记）

纪委书记（副处级）、工会主席、二级调研员 刘 芳

总工程师（正处级） 梁正钦

（2019.02免职，任厅质监局局长、党委书记）

四川省交通运输厅航务管理局（四川省地方海事局、四川省船舶检验局）

党委书记、局长、二级巡视员 刘孝明

副局长、纪委书记（正处级）、一级调研员 任胜平

副局长、交通执法第七支队二级巡视员 赵旭东

（2019.06免厅航务局副局长）

副局长（保留正处级待遇） 肖体育

副局长 陈春梅

监督长、二级调研员 张晓川

四川省交通运输厅道路运输管理局

党委书记、局长（正处级）、一级调研员 彭 涛

党委副书记、副局长（正处级）、一级调研员 刘 剑

副局长、交通执法第二支队二级巡视员 张 洪

（2019.06免厅运管局副局长）

党委副书记、纪委书记 （正处级）、一级调研员 左思英

副局长（正处级） 曹驰宇

安全总监（正处级） 周继斌

四川省交通运输厅高速公路管理局（四川省交通运输厅高速公路交通执法总队）

党委书记、局长（总队长） 刘洁梅

（2019.05任省交战办主任）

副局长（副总队长）（保留正处级）、党委副书记、二级调研员 邓 洪

（2019.04任党委副书记）

副局长（副总队长（正处级））、工会主席、一级调研员 张 钧

副局长（副总队长）、纪委书记（保留正处级）、一级调研员 黄 健

（2019.01任职）

总工程师、二级调研员 张 敏

四川省交通运输厅高速公路交通执法第一支队

党委书记、支队长、二级巡视员 黄 健

副支队长、纪委书记、二级调研员 赵 刚

副支队长、党委副书记、工会主席、二级调研员 聂红峰

副支队长、三级调研员 罗 勇

（2019.01晋升三级调研员）

四川省交通运输厅高速公路交通执法第二支队

党委书记、支队长、一级调研员 吕 军

副支队长、纪委书记、一级调研员 李俊国

（2019.01晋升一级调研员）

副支队长、二级调研员 王 庆

副支队长、党委副书记、工会主席、三级调研员 颜 敏

四川省交通运输厅高速公路交通执法第三支队

党委书记、支队长、一级调研员 李宏军

副支队长、纪委书记、工会主席、二级调研员 陈 岗

副支队长、党委副书记、二级调研员 何清华

副支队长、三级调研员 杨森林

四川省交通运输厅高速公路交通执法第四支队

党委书记、支队长、一级调研员 黄 健（女）

（2019.01免职，任厅高管局副局长<副总队长>、纪委书记<保留正处级>、一级调研员）

副支队长、党委副书记、工会主席、二级调研员 吴 晨

副支队长、纪委书记 余 良

副支队长 唐 娟

四川省交通运输厅高速公路交通执法第五支队

党委书记、支队长、二级巡视员 龚文春

副支队长、党委副书记、二级调研员 姜学宏

副支队长、纪委书记、一级调研员 杨建刚

（2019.01晋升一级调研员）

副支队长 李　方

四川省交通运输厅高速公路交通执法第六支队

党委书记、支队长、一级调研员 胡　刚

副支队长、党委副书记、工会主席、三级调研员 吉后马布

副支队长、纪委书记、三级调研员 董　清

副支队长 高洪贵

四川省交通运输厅高速公路交通执法第七支队

党委书记、支队长、一级调研员 李威明

副支队长、纪委书记、工会主席、二级调研员 刘　坚

副支队长、三级调研员 寇　伟

副支队长、党委副书记、三级调研员 曾衍家

四川交通职业技术学院

党委书记 王东平

院长、党委副书记 蒋永林

副院长 彭　谦

党委副书记、纪委书记 徐　林

副院长 权　全

副院长 鞠　敬

副院长 李玉文

副院长 李全文

（2019.05退休）

副院长 刘玉荣

副院长 杨甲奇

四川省交通运输厅工程质量监督局

党委书记、局长 梁正钦

（2019.02任职，免厅公路局总工程师）

党委书记、局长、一级调研员 曾　宇

（2019.02免职，任厅建管处处长、一级调研员）

副局长 苏林军

副局长、纪委书记、工会主席 高艳龙

副局长 邹　南

四川省交通运输发展战略和规划科学研究院

院长 陈　斌

副院长 罗　强

副院长 康子庄

副院长 周志彬

（2019.06任职）

副院长 韩先科

（2019.01任职）

副院长（挂职） 刘昱岗

（2019.06挂任副院长）

四川省公路规划勘察设计院研究院有限公司

董事长、党委书记 罗玉宏

总经理、副董事长、党委副书记 柯　勇

（2019.01任职）

党委副书记、纪委书记、监事 姜洪武

董事、副总经理 蒋自强

董事、副总经理 余　强

董事、副总经理 蒋劲松

（2019.04任董事）

副总经理 陈　强

（2019.02免职）

总工程师 牟廷敏

工会主席 杨　芳

四川省交通勘察设计院研究院有限公司

董事长、党委书记 刘四昌

总经理、副董事长、党委副书记 王　屹

（2019.01任职）

董事、党委副书记 任康秀

副院长 张世慧

（2019.01退休）

董事、副总经理 杨小宁

（2019.03任职，免公司纪委书记、监事、工会主席）

纪委书记、监事、工会主席 李　可

（2019.03任职，免厅机关党委专职副书记、机关纪委书记）

副总经理 李　杰

（2019.01任职）

副总经理 郝　岭

（2019.03任职）

董事、副总经理、总工程师 庄卫林

（2019.04免职）

四川省交通管理学校

党委书记 李　红

校长、党委副书记 鞠友才

副校长 穆树林

（2019.01免职，任四川公路工程咨询监理有限公司纪委书记、监事）

副校长 赵　明

副校长 瞿　勇

纪委书记、工会主席 王志荣

副校长 付传龙

（2019.06任职）

四川交通运输职业学校（四川交通技师学院）

校长（院长）、党委副书记 王永莲

党委书记 曾祥亮

副校长（副院长）、纪委书记、工会主席 周　萍

副校长（副院长） 龚文安

副校长（副院长） 刘新江

四川省交通运输厅高速公路监控结算中心、四川智能交通系统管理有限责任公司

监控结算中心主任、党委书记、智能公司总经理 易 术
监控结算中心副主任、纪委书记 李晓春
监控结算中心党委副书记、副主任 戴 元
（2019.04免职，任省运业公司副总经理）
监控结算中心副主任、工会主席 李世洪

四川省交通运输厅交通建设工程造价管理站

站长 谭举鸿
副站长 张 德

四川公路工程咨询监理有限公司

党委书记、董事长 吉随旺
总经理、党委副书记、副董事长 陈 谋
副总经理 唐元华
（2019.01免职，任兴蜀公司董事、副总经理）
董事、党委副书记 卢夏琼
（2019.01任职，免纪委书记、监事）
副总经理 范洪成
（2019.11退休）
纪委书记、监事 穆树林
（2019.01任职，免交通管理学校副校长）
副总经理 盛兴富
工会主席 李新江
（2019.03退休）

四川省大件公路管理处

党总支书记、处长 谢能剑
副处长 何 伟
副处长 余 波

四川省交通宣传中心

主任 吴 丹
副主任 周显仁
（2019.01免职）
副主任 徐 航

四川省交通运输厅信息中心

主任 柏吉琼
（2019.05免职，任厅科信处处长）
副主任（主持工作） 王卓伟
（2019.06任职，免路网中心副主任）
副主任 周志彬
（2019.06免职，任省交科院副院长）
副主任 许长枫

四川省路网监测与应急处置中心

党总支书记、主任 范双成
（2019.08免职，任后勤中心党委书记、主任）
副主任、工会主席 马华卫
副主任 任吉剑
副主任 王卓伟
（2019.06免职，任厅信息中心副主任<主持工作>）

四川省公路交通应急装备物资储备中心

党委书记、主任 王雪飞
副主任、党委副书记 刘 健
副主任、纪委书记 毛 林
副主任 袁顺山

四川省交通运输厅交通史志总编室

总编辑 黄 丽
副总编辑 岑 松

四川省交通运输厅机关后勤服务中心

党委书记、主任 范双成
（2019.08任职，免路网中心主任、党总支书记）
党委书记、主任 孙秋明
（2019.08免职，任厅法规处副处长、二级调研员）
副主任 周德树
副主任 陈 斌
副主任 、纪委书记 李建荣

四川交通运输职业资格中心

主任 李 明
副主任 何天茂

四川兴蜀公路建设发展有限责任公司

党委书记、董事长、总经理 王 屹
（2019.01免职，任交通院公司总经理、副董事长、党委副书记）
总经理、党委副书记、董事 袁 泉
纪委书记、监事会主席 李崇明
董事、副总经理 晏大蓉
（2019.06退休）
董事、副总经理 唐元华
（2019.01任职）
董事、副总经理 刘 臻
董事、副总经理 潘 华
董事、总工程师 樊增彬

四川省智慧交通科技有限责任公司（2019.06由四川省运业汽车站建设有限公司变更为四川省智慧交通科技有限责任公司）

副总经理 刘晓东
副总经理 戴 元
（2019.04任省运业公司副总经理，免厅监控结算中心党委副书记、副主任）

四川省交通运输厅公路局医院

党委书记 隆泽均

四川省公路职工疗养院

院长 张炳文
（厅人教处）

2019年四川省市（州）交通运输局领导名录

成都市交通运输局

党组书记、局长 王翼刚
党组副书记、副局长 任　务
（2019年1月任职）
党组成员、副局长 易传斌
党组成员、副局长 金大中
党组成员、市纪委监委派驻市交通运输局纪检监察组组长 郭海涛
市邮政管理局党组书记、局长兼任市交通运输局副局长 陈　敬
党组成员、副局长 田贵文
副局长 聂　斌
（2019年10月任职）
党组成员、机关党委书记 王　宏
总工程师 王清宇
（2019年10月任职）
一级调研员 肖　生
（2019年6月任职）

自贡市交通运输局

党组书记、局长 黄如贝
（2019年7月免职）
党组书记、局长 冯永志
（2019年10月任职）
党组成员、副局长 陈　鹏
（2019年2月免职）
党组成员、副局长 王　平
党组成员、副局长 唐渝俊
（2019年2月任职，2019年11月免去党组成员、2019年12月免去副局长）
党组成员、副局长 王行富
党组成员、副局长 李慎康
党组成员、市纪委监委驻市交通运输局纪检监察组组长 蒲友明
党组成员、机关党委书记 魏旭春
党组成员、总工程师 张代江
党组成员、市公路管理局局长 高建军
党组成员、副局长、市邮政管理局长 梁　桢
（2019年4月任党组成员、副局长）
安全总监 肖　茂
（2019年10月任职）

攀枝花市交通运输局

党委书记、局长 曾　科
（2019年1月任职）
党委委员、副书记 朱　斌
党委委员、副局长 付朴忠
党委委员、副局长 温　洮
党委委员、市纪委监委驻局纪检监察组组长 尹锡军
党委委员、副局长 刘彦锋
（2019年5月任职）
党委委员、副局长 陈绪明
（挂职）
（2019年3月离职）
党委委员、副局长 于建局
（挂职）
（2019年9月任职）

泸州市交通运输局

党组书记、局长 沈昭平
党组成员、副局长（兼市邮政管理局党组书记、局长） 虞卫国
党组成员、纪检组长 杨玲兰
党组成员、副局长 刘体文
党组成员、副局长 曾兴宇
副局长 陆曹蓉
党组成员、机关党委书记 肖云贵
党组成员、总工程师 王顺蓉
调研员 曾志刚
调研员 陈曲平
安全总监 徐　伟
副调研员 关　虹

德阳市交通运输局

党委书记、局长 廖立新
党委委员、副局长 郑国伟
（2019年1月29日免局党委委员；2月12日免副局长）
党委委员、副局长 李　明
党委委员、副局长 杨庆富
党委委员、副局长 李　争
党委委员、机关党委书记 陈　林
党委委员 、驻局纪检组组长 金　春
安全总监 杨清文
（2019年10月12日任命为局安全总监）
总工程师 林照明
（2019年10月12日任命为局总工程师）

绵阳市交通运输局

局党委书记、局长 寇子胜
局党委副书记、副局长 杨　涛
局党委委员、副局长 王明庚

局党委委员、副局长（兼） 景 炜
局党委委员、市纪委驻局纪检组组长 姜 文
局党委委员、副局长 康孝先
局党委委员、副局长 淳道松
局党委委员、安全总监 何 俊
局党委委员、机关党委书记 张 玲
局总工程师 何家荣

广元市交通运输局

党组书记、局长 田刚富
党组成员、副局长 吴文斌
党组成员、市交战办主任 夏长万
党组成员、副局长、市邮政管理局局长 李茂泉
党组成员、副局长 陈林河
党组成员、直属机关党委书记 马 军
党组成员、副局长 张立安
党组成员、副局长 杨映刚
党组成员、副局长 罗云杰（挂职）
安全总监 赵 华（2019年7月离职）
总工程师 郭金桥（2019年6月任职）

遂宁市交通运输局

党组书记局长 夏海荣（2019年2月调出）
党组书记、局长 唐 统（2019年2月任职）
党组成员、市公路局局长 袁仕平
党组成员、副局长 杨务荣（2019年2月免职）
党组成员、机关党委书记 余礼军（2019年1—10月任副局长，2019年11月任机关党委书记）
党组成员、副局长 肖 伟（2019年1—11月任总工程师，2019年12月任副局长）
党组成员、副局长 黄火平
安全总监 谢春容

内江市交通运输局

局党委书记、局长 陈代兵
局党委委员、副局长 刘 波
局党委委员、副局长 王 亮
局党委委员、副局长 朱 鹏
局党委委员、市路政支队长 肖忠祥
局党委委员、总工程师 徐洪友
局党委委员、机关党委书记 龙 岗

乐山市交通运输局

局党组书记、局长 何金文
局党组成员、副局长 吴礼刚
局党组成员、副局长 罗文智
局党组成员、副局长 涂泽江
局党组成员、副局长 陈 勇

南充市交通运输局

党委书记、局长 杨积义（2019年11月任职）
党委委员、副局长 黄 伟
党委委员、副局长 王熊骅
党委委员、副局长 张世民
党委委员、副局长、市邮政管理局局长 罗通明
党委委员、安全总监 杨准森
党委委员、纪检监察组组长 甘雨鑫
党委委员、机关党委书记 范雪峰
党委委员、市公路局局长 苏 彬
党委委员、市航务管理局局长 梁 超
党委委员、市道路运输管理局局长 曾 颖

宜宾市交通运输局

党委书记、局长 雷 涛
党委副书记 李果伟
副局长 李兴岷
党委委员、副局长 黄 斌
党委委员、纪检组长 常 军
党委委员、副局长 罗 昕
党委委员、市邮政管理局局长 赖 勇
党委委员、总工程师 游鹏飞
市交战办副主任 杨万明
高速公路管理办负责人 何 涛

达州市交通运输局

党组书记、局长 翟朝晖（2019年1月任职）
党组成员、副局长 岳万刚
党组成员、副局长 荆 林
党组成员、副局长 彭 铸
党组成员、副局长 蒋 波
党组成员、副局长 杜 俊（2019年1月下派挂职一年）
党组成员，市运管处处长 曾 俊
党组成员、机关党委书记 万玉霞
党组成员、交通工会主席 蒋 雷（2019年1月任职）
局总工程师 冷中海
局安全总监 薛奉荣
市交通战备办公室主任 张建军

广安市交通运输局

党组书记、局长 葛 勇
党组成员、副局长 李兴华
党组成员、副局长（兼）、市邮政管理局局长 陈武林
党组成员、副局长 郑永锋
党组成员、总工程师 杨 航
党组成员、机关党委书记 程财军
党组成员、副局长 王国明
党组成员、市公路处处长 刘 伟
党组成员、市运管处处长 柳维波
党组成员、市航务（海事）局局长 黄光军

巴中市交通运输局

局党委书记、局长 李本勇
局党委委员、副局长 杨述兰
局党委委员、副局长 周照森
局党委委员、驻局纪检组组长 杨天斌
局党委委员、市运管局局长 李 勇
局党委委员、总工程师 吴林益

局党委委员、机关党委书记　张　杰
局党委委员、正县级干部　杨培静
局工会主任　唐东风
调研员　王　平
副调研员　李丕俊

雅安市交通运输局

局党委书记、局长　李景峰
（2019年1月21日免职）
局党组书记、局长　余云峰
（2019年1月11日任党组书记，1月21日任局长）
局党组成员、副局长　王　翔
局党组成员、副局长　叶其林
局党组成员、副局长　赵飞勇
副局长　龙　兴
局党组成员、机关党委书记　文　平
局党组成员、市纪委监委驻局纪检组组长　苏　红
（2019年1月11日任职）
局安全总监　张　华
局总工程师　程　宜（女）
（2019年1月1日—6月13日任职）
局总工程师　裴廷伟
（2019年7月26日任职）
市交通战备办公室副主任　余文清

眉山市交通运输局

眉山市人民政府副秘书长、局党组书记　范纯文
（2019年8月任职）
局党组书记、局长　江昌淆
（2019年1月离任）
局党组副书记、副局长　韩　杰
（2019年1月任职）
局党组成员、市交通建设中心负责人　刘小伶
（2019年7月离任）
局党组成员、副局长　汪文毅
局党组成员、副局长　牟德明
（2019年7月改任局党组成员、市交通建设中心副主任）
局党组成员、总工程师　何永列
局党组成员、市纪委监委派驻市交通运输局纪检监察组组长　文万红
局党组成员、副局长　刘　帅
（2019年7月任职）
局党组成员、副局长　韩顺江
（2019年9月离任）
局党组成员、机关党委书记　杨　军
（2019年8月任职）
局党组成员、副局长　邱　鹏
（2019年9月任党组成员，10月任副局长）
副局长　彭俊文
（挂职）

资阳市交通运输局

局党委书记、局长，交战办主任　曾洪光
局党委委员、副局长　施　毅
局党委委员、副局长（市邮政管理局党组书记、局长）　周向阳
局党委委员、副局长　魏　鲲
局党委委员、机关党委书记　宋晓星
局党委委员、总工程师　张祖德
副局长　郑　勇
局党委委员、副局长　张学问
市交战办专职副主任　王永良

阿坝州交通运输局

局党组书记、局长　龚　明
局党组成员、副局长、州公路局党委书记、局长　益　英
局党组成员、机关党委书记　刘显辉
局党组成员、总工程师、副局长　詹永康
局党组成员、安全总监　尹　忠
局党组成员、交通战备办公室专职主任　杨太平
局党组成员、副局长　王志武
局党组成员、副局长　张　巍
（交通运输部挂职干部）
局党组成员、副局长　林　伟
（交通运输部挂职干部）
局党组成员、副局长　李　斌
（交通运输部挂职干部，2019年11月—12月）
局党组成员、副局长　樊增彬
（省交通运输厅挂职干部）
局党组成员、州运管处处长　马兴明

甘孜州交通运输局

党委书记、局长　王　强
党委副书记、副局长　丁　虹
党委委员、副局长　康秀英
党委委员、副局长　肖星义
党委委员、副局长　张　斌
党委委员、安全总监　高宝寿
党委委员、机关党委书记　张文淼
党委委员、政治部主任　曲　西
副局长　李王斌
总工程师　刘军儒

凉山州交通运输局

局党组书记　周大海
（2019年2月任局党组书记）
局长　龚　平
（2019年1月—4月任副局长，4月任局长）
州纪委派驻纪检组组长、党组成员　张春秋
局党组成员、交战办主任　雷鸣
局党组成员、州公路局局长　林　芳
局党组成员、副局长　杨腾斌
（2019年5月任局党组成员，6月任副局长）
局党组成员、副局长　杨华俊
局党组成员、副局长（挂职）　张炳文
局党组成员、安全总监　阿木古合
（2019年1月—4月任局党组成员、机关党委书记，5月任局安全总监）
机关党委书记　虞卫东
（2019年5月任机关党委书记）
副局长、州邮政局局长　邵建洲
总工程师　陈兵文
行业工会工委主任　伙补尔曲

（各市〈州〉交通局）

常用缩略语注释

治理公路“三乱”：乱设站卡、乱罚款、乱收费。

运输管理“三把关，一监督”：严把运输经营者市场准入关，严把营运车辆技术关，严把驾驶员资格关；强化源头管理，完善动态监督。

汽车客运站管理“三不进站，五不出站”：易燃、易爆、易腐蚀物品不进站，无关人员不进站，无关车辆不进站；行驶证、驾驶证、从业资格证、道路运输证、客运线路标志牌、超长客运派车通知单不全或不符合规定的，报班车辆安检不合格的，驾驶员酒后和不按规定配备驾驶员的，车辆超载、超高的，天气恶劣不宜行车等情况不能出站。

超长客运管理“五统一”：建立超长客运管理中心、客运站、代办点三级售票网络，将车票代售网点建到每一个乡镇，实行统一售票；实行政府指导价，统一超长客运票价；根据售票情况，统一运力调度；对客车线路牌收发、运行费用报销、单车服务质量实施统一管理；实行单车趟次结算、按座位系数结算的分配方式，统一营收分配。

严禁旅客携带“三品”：易燃品、易爆品、危险品。

安全管理“一岗双责”：主要负责人对安全工作负总责，其他副职领导既对各自分管的业务和部门负责，又对分管业务范围内的安全生产工作负责。

行政审批管理“两集中，两到位”：部门的行政审批职能向一个内设机构相对集中，该内设机构向政务服务中心集中；部门将行业审批权向政务服务中心窗口授权到位，行政审批事项在政务服务中心办理到位。

四江六港：四江即长江、岷江、嘉陵江、渠江，六港即宜宾港、泸州港、乐山港、广元港、南充港、广安港。

两客一危：指从事旅游的包车、三类以上班线客车和运输危险化学品、烟花爆竹、民用爆炸物品的道路专用车辆。两客是指单次运营里程超过800公里的客运车辆和高速公路客运车辆；一危是指危险品运输车辆。

交通行政执法形象“四统一”：统一执法标识标志、统一执法证件、统一执法服装、统一执法场所外观。

农村公路建设项目“七公开”：①建设计划。省（区、市）、市（地、州、盟）、县（市、区）、乡镇、村农村公路建设计划按层级公开。②补助政策。公开农村公路建设资金补助政策，包括县、乡、村道及危桥改造、安保工程等的补助标准和资金。③招投标。符合招标条件的农村公路建设项目，应公开建设规模、技术标准、招标方式、标段划分、评标方法、中标结果、监督机构等。④施工管理。公开工程概况、施工许可（以年度计划替代施工许可的小型项目除外）、参建单位（建设单位、设计、施工、监理等）、岗位职责、质量安全控制、进度计划、主要原材料等信息。⑤质量监管。公开质量管理单位或监督机构、主要职责、质监负责人、联系方式、检查内容及方法、检查结果等。聘请村民监督员的，相关信息也同时公开。⑥资金使用。公开建设资金筹措、资金来源、资金到位、拨付情况等。⑦工程验收。公开工程验收方式、评定结果、竣（交）工验收鉴定书等。

三严三实：指严以修身、严以用权、严以律己，谋事要实、创业要实、做人要实。严以修身，就是要加强党性修养，坚定理想信念，提升道德境界，追求高尚情操，自觉远离低级趣味，自觉抵制歪风邪气。严以用权，就是要坚持用权为民，按三严三实规则、按制度行使权力，把权力关进制度的笼子里，任何时候都不搞特权、不以权谋私。严以律己，就是要心存敬畏、手握戒尺，慎独慎微、勤于自省，遵守党纪国法，做到为政清廉。谋事要实，就是要从实际出发谋划事业和工作，使点子、政策、方案符合实际情况、符合客观规律、符合科学精神，不好高骛远，不脱离实际。创业要实，就是要脚踏实地、真抓实干，敢于担当责任，勇于直面矛盾，善于解决问题，努力创造经得起实践、人民、历史检验的实绩。做人要实，就是要对党、对组织、对人民、对同志忠诚老实，做老实人、说老实话、干老实事，襟怀坦白，公道正派。要发扬钉钉子精神，保持力度、保持韧劲，善始善终、善作善成，不断取得作风建设新成效。

党员干部六项承诺：坚定信念、对党忠诚，坚决维护党章权威;牢记宗旨、为民服务，切实践行群众路线;坚持原则、秉公执纪，依纪依法严惩腐败;艰苦奋斗、实事求是，大力弘扬优良作风;改革创新、敢于担当，始终保持昂扬锐气;清正廉洁、严于律己，自觉接受人民监督。

三基三化：基层执法队伍的职业化建设、基层执法站所的标准化建设、基础管理制度的规范化建设，全面推进交通运输依法行政。

六打六治：打击矿山企业无证开采、超越批准的矿区范围采矿行为，整治图纸造假、图实不符问题；打击破坏损害油气管道行为，整治管道周边乱建乱挖乱钻问题；打击危化品非法运输行为，整治无证经营、充装、运输，非法改装、认证，违法挂靠、外包，违规装载等问题；打击无资质施工行为，整治层层转包、违法分包问题；打击客车客船非法营运行为，整治无证经营、超范围经营、挂靠经营及超速、超员、疲劳驾驶和长途客车夜间违规行驶等问题；打击“三合一”“多合一”场所违法生产经营行为，整治违规住人、消防设施缺失损坏、安全出口疏散通道堵塞封闭等问题。

一带一路：“丝绸之路经济带”和“21世纪海上丝绸之路”的简称。它将充分依靠中国与有关国家既有的双多边机制，借助既有的、行之有效的区域合作平台。“一带一路”战略是目前中国最高的国家级顶层战略。

四川省道路旅客运输安全生产“六严禁”：严禁营运客车超速行驶，严禁营运客车超员运行，严禁营运客车驾驶员疲劳驾驶，严禁不按规定时间运行，严禁站外揽客、私拉乱跑，严禁故意损毁、屏蔽GPS监控系统。

六不发航：证照不齐不发航、超载不发航、船况不良不发航、停航封渡不发航、气候不良不发航、乘客不穿救生衣不发航。

监督执纪的“四种形态”：指党内关系要正常化，批评和自我批评要经常开展，让咬耳扯袖、红脸出汗成为常态；党纪轻处分和组织处理要成为大多数；对严重违纪的重处分、作出重大职务调整应当是少数；而严重违纪涉嫌违法立案审查的只能是极极少数。

法律七进：法律进机关、进学校、进乡村、进社区、进寺庙、进企业、进单位。

PPP：指政府和社会资本合资，是公共基础设施建设中一种项目融资模式。

三大发展战略：实施多点多极支撑发展战略，构建全省竞相发展新格局；实施“两化”互动、城乡统筹发展战略，形成“四化”同步发展新态势；实施创新驱动发展战略，增强转型发展、跨越提升新动力。

放管服：“放”即简政放权，降低准入门槛；“管”即公正监管，促进公平竞争；“服”即高效服务，营造便利环境。

“四好农村路”：是中共中央总书记、国家主席、中国共产党中央军事委员会主席习近平于2014年3月4日提出的。习近平指出“要求农村公路建设要因地制宜、以人为本，与优化村镇布局、农村经济发展和广大农民安全便捷出行相适应，要进一步把农村公路建好、管好、护好、运营好，逐步消除制约农村发展的交通瓶颈，为广大农民脱贫致富奔小康提供更好的保障。”

寄递物流“三个100%”：100%做到先验视，后封箱。100%寄递物流实名制。100%通过X光机安检制度。

“四个一律”：对非法生产经营建设和经停产整顿仍未达到要求的，一律关闭取缔；对非法违法生产经营建设的有关单位和责任人，一律按规定上限予以经济处罚；对存在违法生产经营建设行为的单位，一律责令停产整顿，并严格落实监管措施；对触犯法律的有关单位和人员，一律依法严格追究法律责任。

一干多支，五区协同：“一干多支”发展战略，是中共四川省委对站在新起点的四川作出的重要谋划，是促使四川走在西部全面开发开放前列的重要举措。做强“主干”，支持成都加快建设全面体现新发展理念的国家中心城市。发展“多支”，打造各具特色的区域经济板块，推动环成都经济圈、川南经济区、川东北经济区、攀西经济区竞相发展；大力促进“五区协同”发展，推动成都平原经济区、川南经济区、川东北经济区、攀西经济区、川西北生态示范区协同发展，推动成都与环成都经济圈协同发展，构建四川“一干多支、五区协同”区域发展新格局。

“四个意识”：政治意识、大局意识、核心意识、看齐意识。

“四个自信”：中国特色社会主义道路自信、理论自信、制度自信、文化自信。

“两个维护”：坚决维护习近平总书记党中央的核心、全党的核心地位，坚决维护党中央权威和集中统一领导。

“四向拓展，全域开放”：突出南向，重点对接国家中新合作机制、粤港澳大湾区、北部湾经济区，深化与南亚、东南亚等合作。提升东向，重点依托长江经济带，承接东部沿海地区和美日韩等发达国家先进生产力，加强与京津冀、长三角、中原经济区、华中经济区合作。深化西向，重点释放中欧班列（蓉欧快铁）、“空中丝绸之路”等泛欧泛亚通道能力，推进对欧高端合作。扩大北向，重点服务国家外交战略，主动参与中俄蒙经济走廊建设。同时，加强与周边省（区、市）合作，深化与扶贫协作、对口支援省份的全面合作。

“两检合一”：车辆年检（安全技术检验）和年审（综合性能检测）依法合并。

（厅史志总编室）

索引

SUOYIN

一、本索引按汉语拼音字母顺序排列。内文中包含的表格、内文插图、专文、资料在其款目后括号内分别注明“表”“图”“专”“资”，彩色插页标识注明“插”。

二、索引款目后的数字表示内容所在的页码，数字后的字母（a、b）表示栏别（即版面的左、右栏）。

A

B

C

D

E

F

G

H

J

M

N

P

Q

R

S

T 

W 

Y

Z